GOETHE · FAUST

Sonderausgabe

GOETHE · FAUST

Der Tragödie erster und zweiter Teil
Urfaust

Herausgegeben und kommentiert
von Erich Trunz

VERLAG C.H.BECK MÜNCHEN

Dieser Sonderausgabe liegt folgende Ausgabe zugrunde.
Goethes Werke, Band III (Hamburger Ausgabe).
Textkritisch durchgesehen und kommentiert von Erich Trunz.
10. Auflage, München 1976

Die ‚Hamburger Ausgabe‘ wurde begründet
im Christian Wegner Verlag, Hamburg.
Die erste bis achte Auflage des dritten Bandes
erschien dort in den Jahren 1949 bis 1967

ISBN 3 406 04723 8

220. bis 229. Tausend. 1982
Umschlagentwurf: Walter Kraus, München
© C. H. Beck'sche Verlagsbuchhandlung (Oscar Beck), München 1972
Druck und Einband: Carl Ueberreuter, Wien
Printed in Austria

INHALT

Die in den Anmerkungen ohne weiteren Zusatz
genannten Band- und Seitenzahlen beziehen sich auf
Goethes Werke · Hamburger Ausgabe in 14 Bänden

FAUST
EINE TRAGÖDIE

ZUEIGNUNG

Ihr naht euch wieder, schwankende Gestalten,
Die früh sich einst dem trüben Blick gezeigt.
Versuch' ich wohl, euch diesmal festzuhalten?
Fühl' ich mein Herz noch jenem Wahn geneigt?
Ihr drängt euch zu! nun gut, so mögt ihr walten,   5
Wie ihr aus Dunst und Nebel um mich steigt;
Mein Busen fühlt sich jugendlich erschüttert
Vom Zauberhauch, der euren Zug umwittert.

Ihr bringt mit euch die Bilder froher Tage,
Und manche liebe Schatten steigen auf;   10
Gleich einer alten, halbverklungnen Sage
Kommt erste Lieb' und Freundschaft mit herauf;
Der Schmerz wird neu, es wiederholt die Klage
Des Lebens labyrinthisch irren Lauf,
Und nennt die Guten, die, um schöne Stunden   15
Vom Glück getäuscht, vor mir hinweggeschwunden.

Sie hören nicht die folgenden Gesänge,
Die Seelen, denen ich die ersten sang;
Zerstoben ist das freundliche Gedränge,
Verklungen, ach! der erste Widerklang.   20
Mein Lied ertönt der unbekannten Menge,
Ihr Beifall selbst macht meinem Herzen bang,
Und was sich sonst an meinem Lied erfreuet,
Wenn es noch lebt, irrt in der Welt zerstreuet.

Und mich ergreift ein längst entwöhntes Sehnen   25
Nach jenem stillen, ernsten Geisterreich,
Es schwebet nun in unbestimmten Tönen
Mein lispelnd Lied, der Äolsharfe gleich,
Ein Schauer faßt mich, Träne folgt den Tränen,
Das strenge Herz, es fühlt sich mild und weich;   30
Was ich besitze, seh' ich wie im Weiten,
Und was verschwand, wird mir zu Wirklichkeiten.

Direktor. Theaterdichter. Lustige Person.

DIREKTOR. Ihr beiden, die ihr mir so oft,
In Not und Trübsal, beigestanden,
Sagt, was ihr wohl in deutschen Landen   35
Von unsrer Unternehmung hofft?
Ich wünschte sehr der Menge zu behagen,
Besonders weil sie lebt und leben läßt.
Die Pfosten sind, die Bretter aufgeschlagen,
Und jedermann erwartet sich ein Fest.   40
Sie sitzen schon, mit hohen Augenbraunen,
Gelassen da und möchten gern erstaunen.
Ich weiß, wie man den Geist des Volks versöhnt;
Doch so verlegen bin ich nie gewesen:
Zwar sind sie an das Beste nicht gewöhnt,   45
Allein sie haben schrecklich viel gelesen.
Wie machen wir's, daß alles frisch und neu
Und mit Bedeutung auch gefällig sei?
Denn freilich mag ich gern die Menge sehen,
Wenn sich der Strom nach unsrer Bude drängt   50
Und mit gewaltig wiederholten Wehen
Sich durch die enge Gnadenpforte zwängt,
Bei hellem Tage, schon vor vieren,
Mit Stößen sich bis an die Kasse ficht
Und, wie in Hungersnot um Brot an Bäckertüren,   55
Um ein Billett sich fast die Hälse bricht.
Dies Wunder wirkt auf so verschiedne Leute
Der Dichter nur; mein Freund, o tu es heute!
DICHTER.
O sprich mir nicht von jener bunten Menge,
Bei deren Anblick uns der Geist entflieht.   60
Verhülle mir das wogende Gedränge,
Das wider Willen uns zum Strudel zieht.
Nein, führe mich zur stillen Himmelsenge,
Wo nur dem Dichter reine Freude blüht,
Wo Lieb' und Freundschaft unsres Herzens Segen   65
Mit Götterhand erschaffen und erpflegen.

Ach! was in tiefer Brust uns da entsprungen,
Was sich die Lippe schüchtern vorgelallt,
Mißraten jetzt und jetzt vielleicht gelungen,
Verschlingt des wilden Augenblicks Gewalt.   70
Oft, wenn es erst durch Jahre durchgedrungen,
Erscheint es in vollendeter Gestalt.
Was glänzt, ist für den Augenblick geboren,
Das Echte bleibt der Nachwelt unverloren.

LUSTIGE PERSON.

Wenn ich nur nichts von Nachwelt hören sollte.   75
Gesetzt, daß ich von Nachwelt reden wollte,
Wer machte denn der Mitwelt Spaß?
Den will sie doch und soll ihn haben.
Die Gegenwart von einem braven Knaben
Ist, dächt' ich, immer auch schon was.   80
Wer sich behaglich mitzuteilen weiß,
Den wird des Volkes Laune nicht erbittern;
Er wünscht sich einen großen Kreis,
Um ihn gewisser zu erschüttern.
Drum seid nur brav und zeigt euch musterhaft,   85
Laßt Phantasie mit allen ihren Chören,
Vernunft, Verstand, Empfindung, Leidenschaft,
Doch, merkt euch wohl! nicht ohne Narrheit hören!

DIREKTOR.

Besonders aber laßt genug geschehn!
Man kommt zu schaun, man will am liebsten sehn.   90
Wird vieles vor den Augen abgesponnen,
So daß die Menge staunend gaffen kann,
Da habt Ihr in der Breite gleich gewonnen,
Ihr seid ein vielgeliebter Mann.
Die Masse könnt Ihr nur durch Masse zwingen,   95
Ein jeder sucht sich endlich selbst was aus.
Wer vieles bringt, wird manchem etwas bringen;
Und jeder geht zufrieden aus dem Haus.
Gebt Ihr ein Stück, so gebt es gleich in Stücken!
Solch ein Ragout, es muß Euch glücken;   100
Leicht ist es vorgelegt, so leicht als ausgedacht.
Was hilft's, wenn Ihr ein Ganzes dargebracht,
Das Publikum wird es Euch doch zerpflücken.

DICHTER.
Ihr fühlet nicht, wie schlecht ein solches Handwerk sei!
Wie wenig das dem echten Künstler zieme!   105
Der saubern Herren Pfuscherei
Ist, merk' ich, schon bei Euch Maxime.
DIREKTOR. Ein solcher Vorwurf läßt mich ungekränkt.
Ein Mann, der recht zu wirken denkt,
Muß auf das beste Werkzeug halten.   110
Bedenkt, Ihr habet weiches Holz zu spalten,
Und seht nur hin, für wen Ihr schreibt!
Wenn diesen Langeweile treibt,
Kommt jener satt vom übertischten Mahle,
Und, was das Allerschlimmste bleibt,   115
Gar mancher kommt vom Lesen der Journale.
Man eilt zerstreut zu uns, wie zu den Maskenfesten,
Und Neugier nur beflügelt jeden Schritt;
Die Damen geben sich und ihren Putz zum besten
Und spielen ohne Gage mit.   120
Was träumet Ihr auf Eurer Dichterhöhe?
Was macht ein volles Haus Euch froh?
Beseht die Gönner in der Nähe!
Halb sind sie kalt, halb sind sie roh.
Der, nach dem Schauspiel, hofft ein Kartenspiel,   125
Der eine wilde Nacht an einer Dirne Busen.
Was plagt ihr armen Toren viel,
Zu solchem Zweck, die holden Musen?
Ich sag' Euch, gebt nur mehr und immer, immer mehr,
So könnt Ihr Euch vom Ziele nie verirren.   130
Sucht nur die Menschen zu verwirren,
Sie zu befriedigen, ist schwer – –
Was fällt Euch an? Entzückung oder Schmerzen?
DICHTER. Geh hin und such dir einen andern Knecht!
Der Dichter sollte wohl das höchste Recht,   135
Das Menschenrecht, das ihm Natur vergönnt,
Um deinetwillen freventlich verscherzen!
Wodurch bewegt er alle Herzen?
Wodurch besiegt er jedes Element?
Ist es der Einklang nicht, der aus dem Busen dringt   140
Und in sein Herz die Welt zurücke schlingt?

Wenn die Natur des Fadens ew'ge Länge,
Gleichgültig drehend, auf die Spindel zwingt,
Wenn aller Wesen unharmon'sche Menge
Verdrießlich durcheinander klingt,   145
Wer teilt die fließend immer gleiche Reihe
Belebend ab, daß sie sich rhythmisch regt?
Wer ruft das Einzelne zur allgemeinen Weihe,
Wo es in herrlichen Akkorden schlägt?
Wer läßt den Sturm zu Leidenschaften wüten?   150
Das Abendrot im ernsten Sinne glühn?
Wer schüttet alle schönen Frühlingsblüten
Auf der Geliebten Pfade hin?
Wer flicht die unbedeutend grünen Blätter
Zum Ehrenkranz Verdiensten jeder Art?   155
Wer sichert den Olymp? vereinet Götter?
Des Menschen Kraft, im Dichter offenbart.
LUSTIGE PERSON. So braucht sie denn, die schönen Kräfte,
Und treibt die dichtrischen Geschäfte,
Wie man ein Liebesabenteuer treibt.   160
Zufällig naht man sich, man fühlt, man bleibt,
Und nach und nach wird man verflochten;
Es wächst das Glück, dann wird es angefochten,
Man ist entzückt, nun kommt der Schmerz heran,
Und eh' man sich's versieht, ist's eben ein Roman.   165
Laßt uns auch so ein Schauspiel geben!
Greift nur hinein ins volle Menschenleben!
Ein jeder lebt's, nicht vielen ist's bekannt,
Und wo ihr's packt, da ist's interessant.
In bunten Bildern wenig Klarheit,   170
Viel Irrtum und ein Fünkchen Wahrheit,
So wird der beste Trank gebraut,
Der alle Welt erquickt und auferbaut.
Dann sammelt sich der Jugend schönste Blüte
Vor eurem Spiel und lauscht der Offenbarung,   175
Dann sauget jedes zärtliche Gemüte
Aus eurem Werk sich melanchol'sche Nahrung,
Dann wird bald dies, bald jenes aufgeregt,
Ein jeder sieht, was er im Herzen trägt.
Noch sind sie gleich bereit, zu weinen und zu lachen,   180

Sie ehren noch den Schwung, erfreuen sich am Schein;
Wer fertig ist, dem ist nichts recht zu machen;
Ein Werdender wird immer dankbar sein.

DICHTER. So gib mir auch die Zeiten wieder, 185
Da ich noch selbst im Werden war,
Da sich ein Quell gedrängter Lieder
Ununterbrochen neu gebar,
Da Nebel mir die Welt verhüllten,
Die Knospe Wunder noch versprach, 190
Da ich die tausend Blumen brach,
Die alle Täler reichlich füllten.
Ich hatte nichts und doch genug:
Den Drang nach Wahrheit und die Lust am Trug.
Gib ungebändigt jene Triebe,
Das tiefe, schmerzenvolle Glück, 195
Des Hasses Kraft, die Macht der Liebe,
Gib meine Jugend mir zurück!

LUSTIGE PERSON.
Der Jugend, guter Freund, bedarfst du allenfalls,
Wenn dich in Schlachten Feinde drängen,
Wenn mit Gewalt an deinen Hals 200
Sich allerliebste Mädchen hängen,
Wenn fern des schnellen Laufes Kranz
Vom schwer erreichten Ziele winket,
Wenn nach dem heft'gen Wirbeltanz
Die Nächte schmausend man vertrinket. 205
Doch ins bekannte Saitenspiel
Mit Mut und Anmut einzugreifen,
Nach einem selbstgesteckten Ziel
Mit holdem Irren hinzuschweifen,
Das, alte Herrn, ist eure Pflicht, 210
Und wir verehren euch darum nicht minder.
Das Alter macht nicht kindisch, wie man spricht,
Es findet uns nur noch als wahre Kinder.

DIREKTOR. Der Worte sind genug gewechselt,
Laßt mich auch endlich Taten sehn! 215
Indes ihr Komplimente drechselt,
Kann etwas Nützliches geschehn.
Was hilft es viel von Stimmung reden?

Dem Zaudernden erscheint sie nie.
Gebt ihr euch einmal für Poeten,   220
So kommandiert die Poesie.
Euch ist bekannt, was wir bedürfen:
Wir wollen stark Getränke schlürfen;
Nun braut mir unverzüglich dran!
Was heute nicht geschieht, ist morgen nicht getan,   225
Und keinen Tag soll man verpassen.
Das Mögliche soll der Entschluß
Beherzt sogleich beim Schopfe fassen,
Er will es dann nicht fahren lassen
Und wirket weiter, weil er muß.   230

Ihr wißt, auf unsern deutschen Bühnen
Probiert ein jeder, was er mag;
Drum schonet mir an diesem Tag
Prospekte nicht und nicht Maschinen.
Gebraucht das groß' und kleine Himmelslicht,   235
Die Sterne dürfet ihr verschwenden;
An Wasser, Feuer, Felsenwänden,
An Tier und Vögeln fehlt es nicht.
So schreitet in dem engen Bretterhaus
Den ganzen Kreis der Schöpfung aus   240
Und wandelt mit bedächt'ger Schnelle
Vom Himmel durch die Welt zur Hölle.

PROLOG IM HIMMEL

Der Herr. Die himmlischen Heerscharen.

Nachher Mephistopheles.

Die drei Erzengel treten vor.

RAPHAEL. Die Sonne tönt nach alter Weise
In Bruderphären Wettgesang,
Und ihre vorgeschriebne Reise   245
Vollendet sie mit Donnergang.
Ihr Anblick gibt den Engeln Stärke,
Wenn keiner sie ergründen mag;
Die unbegreiflich hohen Werke
Sind herrlich wie am ersten Tag.   250
GABRIEL. Und schnell und unbegreiflich schnelle
Dreht sich umher der Erde Pracht;
Es wechselt Paradieseshelle
Mit tiefer, schauervoller Nacht;
Es schäumt das Meer in breiten Flüssen   255
Am tiefen Grund der Felsen auf,
Und Fels und Meer wird fortgerissen
In ewig schnellem Sphärenlauf.
MICHAEL. Und Stürme brausen um die Wette,
Vom Meer aufs Land, vom Land aufs Meer,   260
Und bilden wütend eine Kette
Der tiefsten Wirkung rings umher.
Da flammt ein blitzendes Verheeren
Dem Pfade vor des Donnerschlags;
Doch deine Boten, Herr, verehren   265
Das sanfte Wandeln deines Tags.
ZU DREI. Der Anblick gibt den Engeln Stärke,
Da keiner dich ergründen mag,
Und alle deine hohen Werke
Sind herrlich wie am ersten Tag.   270
MEPHISTOPHELES. Da du, o Herr, dich einmal wieder nahst
Und fragst, wie alles sich bei uns befinde,
Und du mich sonst gewöhnlich gerne sahst,
So siehst du mich auch unter dem Gesinde.
Verzeih, ich kann nicht hohe Worte machen,   275

Und wenn mich auch der ganze Kreis verhöhnt;
Mein Pathos brächte dich gewiß zum Lachen,
Hättst du dir nicht das Lachen abgewöhnt.
Von Sonn' und Welten weiß ich nichts zu sagen,
Ich sehe nur, wie sich die Menschen plagen. 280
Der kleine Gott der Welt bleibt stets von gleichem Schlag,
Und ist so wunderlich als wie am ersten Tag.
Ein wenig besser würd' er leben,
Hättst du ihm nicht den Schein des Himmelslichts gegeben;
Er nennt's Vernunft und braucht's allein, 285
Nur tierischer als jedes Tier zu sein.
Er scheint mir, mit Verlaub von Euer Gnaden,
Wie eine der langbeinigen Zikaden,
Die immer fliegt und fliegend springt
Und gleich im Gras ihr altes Liedchen singt; 290
Und läg' er nur noch immer in dem Grase!
In jeden Quark begräbt er seine Nase.
DER HERR. Hast du mir weiter nichts zu sagen?
Kommst du nur immer anzuklagen?
Ist auf der Erde ewig dir nichts recht? 295
MEPHISTOPHELES.
Nein, Herr! ich find' es dort, wie immer, herzlich schlecht.
Die Menschen dauern mich in ihren Jammertagen,
Ich mag sogar die armen selbst nicht plagen.
DER HERR. Kennst du den Faust?
MEPHISTOPHELES.   Den Doktor?
DER HERR.   Meinen Knecht!
MEPHISTOPHELES.
Fürwahr! er dient Euch auf besondre Weise. 300
Nicht irdisch ist des Toren Trank noch Speise.
Ihn treibt die Gärung in die Ferne,
Er ist sich seiner Tollheit halb bewußt;
Vom Himmel fordert er die schönsten Sterne
Und von der Erde jede höchste Lust, 305
Und alle Näh' und alle Ferne
Befriedigt nicht die tiefbewegte Brust.
DER HERR.
Wenn er mir jetzt auch nur verworren dient,
So werd' ich ihn bald in die Klarheit führen.

Weiß doch der Gärtner, wenn das Bäumchen grünt,   310
Daß Blüt' und Frucht die künft'gen Jahre zieren.

MEPHISTOPHELES.

Was wettet Ihr? den sollt Ihr noch verlieren,
Wenn Ihr mir die Erlaubnis gebt,
Ihn meine Straße sacht zu führen!

DER HERR. Solang' er auf der Erde lebt,   315
Solange sei dir's nicht verboten.
Es irrt der Mensch, solang' er strebt.

MEPHISTOPHELES.

Da dank' ich Euch; denn mit den Toten
Hab' ich mich niemals gern befangen.
Am meisten lieb' ich mir die vollen, frischen Wangen.   320
Für einen Leichnam bin ich nicht zu Haus;
Mir geht es wie der Katze mit der Maus.

DER HERR. Nun gut, es sei dir überlassen!
Zieh diesen Geist von seinem Urquell ab,
Und führ' ihn, kannst du ihn erfassen,   325
Auf deinem Wege mit herab,
Und steh beschämt, wenn du bekennen mußt:
Ein guter Mensch in seinem dunklen Drange
Ist sich des rechten Weges wohl bewußt.

MEPHISTOPHELES.

Schon gut! nur dauert es nicht lange.   330
Mir ist für meine Wette gar nicht bange.
Wenn ich zu meinem Zweck gelange,
Erlaubt Ihr mir Triumph aus voller Brust.
Staub soll er fressen, und mit Lust,
Wie meine Muhme, die berühmte Schlange.   335

DER HERR. Du darfst auch da nur frei erscheinen;
Ich habe deinesgleichen nie gehaßt.
Von allen Geistern, die verneinen,
Ist mir der Schalk am wenigsten zur Last.
Des Menschen Tätigkeit kann allzuleicht erschlaffen,   340
Er liebt sich bald die unbedingte Ruh;
Drum geb' ich gern ihm den Gesellen zu,
Der reizt und wirkt und muß als Teufel schaffen. –
Doch ihr, die echten Göttersöhne,
Erfreut euch der lebendig reichen Schöne!   345

Das Werdende, das ewig wirkt und lebt,
Umfass' euch mit der Liebe holden Schranken,
Und was in schwankender Erscheinung schwebt,
Befestiget mit dauernden Gedanken.

> Der Himmel schließt, die Erzengel verteilen sich.

MEPHISTOPHELES allein.

Von Zeit zu Zeit seh' ich den Alten gern,   350
Und hüte mich, mit ihm zu brechen.
Es ist gar hübsch von einem großen Herrn,
So menschlich mit dem Teufel selbst zu sprechen.

DER TRAGÖDIE ERSTER TEIL

NACHT

In einem hochgewölbten, engen gotischen Zimmer
Faust unruhig auf seinem Sessel am Pulte.

FAUST. Habe nun, ach! Philosophie,
Juristerei und Medizin,   355
Und leider auch Theologie
Durchaus studiert, mit heißem Bemühn.
Da steh' ich nun, ich armer Tor,
Und bin so klug als wie zuvor!
Heiße Magister, heiße Doktor gar,   360
Und ziehe schon an die zehen Jahr'
Herauf, herab und quer und krumm
Meine Schüler an der Nase herum –
Und sehe, daß wir nichts wissen können!
Das will mir schier das Herz verbrennen.   365
Zwar bin ich gescheiter als alle die Laffen,
Doktoren, Magister, Schreiber und Pfaffen;
Mich plagen keine Skrupel noch Zweifel,
Fürchte mich weder vor Hölle noch Teufel –
Dafür ist mir auch alle Freud' entrissen,   370
Bilde mir nicht ein, was Rechts zu wissen,
Bilde mir nicht ein, ich könnte was lehren,
Die Menschen zu bessern und zu bekehren.
Auch hab' ich weder Gut noch Geld,
Noch Ehr' und Herrlichkeit der Welt;   375
Es möchte kein Hund so länger leben!
Drum hab' ich mich der Magie ergeben,
Ob mir durch Geistes Kraft und Mund
Nicht manch Geheimnis würde kund;
Daß ich nicht mehr mit sauerm Schweiß   380
Zu sagen brauche, was ich nicht weiß;
Daß ich erkenne, was die Welt
Im Innersten zusammenhält,
Schau' alle Wirkenskraft und Samen,
Und tu' nicht mehr in Worten kramen.   385

O sähst du, voller Mondenschein,
Zum letztenmal auf meine Pein,
Den ich so manche Mitternacht
An diesem Pult herangewacht:
Dann über Büchern und Papier,   390
Trübsel'ger Freund, erschienst du mir!
Ach! könnt' ich doch auf Bergeshöhn
In deinem lieben Lichte gehn,
Um Bergeshöhle mit Geistern schweben,
Auf Wiesen in deinem Dämmer weben,   395
Von allem Wissensqualm entladen,
In deinem Tau gesund mich baden!

Weh! steck' ich in dem Kerker noch?
Verfluchtes dumpfes Mauerloch,
Wo selbst das liebe Himmelslicht   400
Trüb durch gemalte Scheiben bricht!
Beschränkt von diesem Bücherhauf,
Den Würme nagen, Staub bedeckt,
Den, bis ans hohe Gewölb' hinauf,
Ein angeraucht Papier umsteckt;   405
Mit Gläsern, Büchsen rings umstellt,
Mit Instrumenten vollgepfropft,
Urväter-Hausrat drein gestopft –
Das ist deine Welt! das heißt eine Welt!

Und fragst du noch, warum dein Herz   410
Sich bang in deinem Busen klemmt?
Warum ein unerklärter Schmerz
Dir alle Lebensregung hemmt?
Statt der lebendigen Natur,
Da Gott die Menschen schuf hinein,   415
Umgibt in Rauch und Moder nur
Dich Tiergeripp' und Totenbein.

Flieh! auf! hinaus ins weite Land!
Und dies geheimnisvolle Buch,
Von Nostradamus' eigner Hand,   420
Ist dir es nicht Geleit genug?
Erkennest dann der Sterne Lauf,

Und wenn Natur dich unterweist,
Dann geht die Seelenkraft dir auf,
Wie spricht ein Geist zum andern Geist.   425
Umsonst, daß trocknes Sinnen hier
Die heil'gen Zeichen dir erklärt:
Ihr schwebt, ihr Geister, neben mir;
Antwortet mir, wenn ihr mich hört!

Er schlägt das Buch auf und erblickt das Zeichen des Makrokosmus.

Ha! welche Wonne fließt in diesem Blick   430
Auf einmal mir durch alle meine Sinnen!
Ich fühle junges, heil'ges Lebensglück
Neuglühend mir durch Nerv' und Adern rinnen.
War es ein Gott, der diese Zeichen schrieb,
Die mir das innre Toben stillen,   435
Das arme Herz mit Freude füllen
Und mit geheimnisvollem Trieb
Die Kräfte der Natur rings um mich her enthüllen?
Bin ich ein Gott? Mir wird so licht!
Ich schau' in diesen reinen Zügen   440
Die wirkende Natur vor meiner Seele liegen.
Jetzt erst erkenn' ich, was der Weise spricht:
„Die Geisterwelt ist nicht verschlossen;
Dein Sinn ist zu, dein Herz ist tot!
Auf, bade, Schüler, unverdrossen   445
Die ird'sche Brust im Morgenrot!"

Er beschaut das Zeichen.

Wie alles sich zum Ganzen webt,
Eins in dem andern wirkt und lebt!
Wie Himmelskräfte auf und nieder steigen
Und sich die goldnen Eimer reichen!   450
Mit segenduftenden Schwingen
Vom Himmel durch die Erde dringen,
Harmonisch all das All durchklingen!

Welch Schauspiel! Aber ach! ein Schauspiel nur!
Wo fass' ich dich, unendliche Natur?   455
Euch Brüste, wo? Ihr Quellen alles Lebens,
An denen Himmel und Erde hängt,
Dahin die welke Brust sich drängt –

Ihr quellt, ihr tränkt, und schmacht' ich so vergebens?

Er schlägt unwillig das Buch um und erblickt das Zeichen des Erdgeistes.

Wie anders wirkt dies Zeichen auf mich ein! 460
Du, Geist der Erde, bist mir näher;
Schon fühl' ich meine Kräfte höher,
Schon glüh' ich wie von neuem Wein,
Ich fühle Mut, mich in die Welt zu wagen,
Der Erde Weh, der Erde Glück zu tragen, 465
Mit Stürmen mich herumzuschlagen
Und in des Schiffbruchs Knirschen nicht zu zagen.
Es wölkt sich über mir –
Der Mond verbirgt sein Licht –
Die Lampe schwindet! 470
Es dampft – Es zucken rote Strahlen
Mir um das Haupt – Es weht
Ein Schauer vom Gewölb' herab
Und faßt mich an!
Ich fühl's, du schwebst um mich, erflehter Geist. 475
Enthülle dich!
Ha! wie's in meinem Herzen reißt!
Zu neuen Gefühlen
All' meine Sinnen sich erwühlen!
Ich fühle ganz mein Herz dir hingegeben! 480
Du mußt! du mußt! und kostet' es mein Leben!

Er faßt das Buch und spricht das Zeichen des Geistes geheimnisvoll aus.
Es zuckt eine rötliche Flamme, der Geist erscheint in der Flamme.

GEIST. Wer ruft mir?
FAUST *abgewendet.*   Schreckliches Gesicht!
GEIST. Du hast mich mächtig angezogen,
  An meiner Sphäre lang' gesogen,
  Und nun –
FAUST.   Weh! ich ertrag' dich nicht! 485
GEIST. Du flehst eratmend, mich zu schauen,
  Meine Stimme zu hören, mein Antlitz zu sehn;
  Mich neigt dein mächtig Seelenflehn,
  Da bin ich! – Welch erbärmlich Grauen
  Faßt Übermenschen dich! Wo ist der Seele Ruf? 490
  Wo ist die Brust, die eine Welt in sich erschuf
  Und trug und hegte, die mit Freudebeben

Erschwoll, sich uns, den Geistern, gleich zu heben?
Wo bist du, Faust, des Stimme mir erklang,
Der sich an mich mit allen Kräften drang?   495
Bist du es, der, von meinem Hauch umwittert,
In allen Lebenstiefen zittert,
Ein furchtsam weggekrümmter Wurm?
FAUST. Soll ich dir, Flammenbildung, weichen?
Ich bin's, bin Faust, bin deinesgleichen!   500
GEIST. In Lebensfluten, im Tatensturm
Wall' ich auf und ab,
Webe hin und her!
Geburt und Grab,
Ein ewiges Meer,   505
Ein wechselnd Weben,
Ein glühend Leben,
So schaff' ich am sausenden Webstuhl der Zeit
Und wirke der Gottheit lebendiges Kleid.
FAUST. Der du die weite Welt umschweifst,   510
Geschäftiger Geist, wie nah fühl' ich mich dir!
GEIST. Du gleichst dem Geist, den du begreifst,
Nicht mir! Verschwindet.
FAUST zusammenstürzend. Nicht dir?
Wem denn?   515
Ich Ebenbild der Gottheit!
Und nicht einmal dir! Es klopft.
O Tod! ich kenn's – das ist mein Famulus –
Es wird mein schönstes Glück zunichte!
Daß diese Fülle der Gesichte   520
Der trockne Schleicher stören muß!
Wagner im Schlafrocke und der Nachtmütze, eine Lampe in der
        Hand. Faust wendet sich unwillig.
WAGNER. Verzeiht! ich hör' Euch deklamieren;
Ihr last gewiß ein griechisch Trauerspiel?
In dieser Kunst möcht' ich was profitieren,
Denn heutzutage wirkt das viel.   525
Ich hab' es öfters rühmen hören,
Ein Komödiant könnt' einen Pfarrer lehren.
FAUST. Ja, wenn der Pfarrer ein Komödiant ist;
Wie das denn wohl zu Zeiten kommen mag.

WAGNER. Ach! wenn man so in sein Museum gebannt ist, 530
Und sieht die Welt kaum einen Feiertag,
Kaum durch ein Fernglas, nur von weiten,
Wie soll man sie durch Überredung leiten?

FAUST. Wenn ihr's nicht fühlt, ihr werdet's nicht erjagen,
Wenn es nicht aus der Seele dringt 535
Und mit urkräftigem Behagen
Die Herzen aller Hörer zwingt.
Sitzt ihr nur immer! Leimt zusammen,
Braut ein Ragout von andrer Schmaus,
Und blast die kümmerlichen Flammen 540
Aus eurem Aschenhäufchen 'raus!
Bewundrung von Kindern und Affen,
Wenn euch darnach der Gaumen steht –
Doch werdet ihr nie Herz zu Herzen schaffen,
Wenn es euch nicht von Herzen geht. 545

WAGNER.
Allein der Vortrag macht des Redners Glück;
Ich fühl' es wohl, noch bin ich weit zurück.

FAUST. Such' Er den redlichen Gewinn!
Sei Er kein schellenlauter Tor!
Es trägt Verstand und rechter Sinn 550
Mit wenig Kunst sich selber vor;
Und wenn's euch Ernst ist, was zu sagen,
Ist's nötig, Worten nachzujagen?
Ja, eure Reden, die so blinkend sind,
In denen ihr der Menschheit Schnitzel kräuselt, 555
Sind unerquicklich wie der Nebelwind,
Der herbstlich durch die dürren Blätter säuselt!

WAGNER. Ach Gott! die Kunst ist lang,
Und kurz ist unser Leben.
Mir wird, bei meinem kritischen Bestreben, 560
Doch oft um Kopf und Busen bang.
Wie schwer sind nicht die Mittel zu erwerben,
Durch die man zu den Quellen steigt!
Und eh' man nur den halben Weg erreicht,
Muß wohl ein armer Teufel sterben. 565

FAUST. Das Pergament, ist das der heil'ge Bronnen,
Woraus ein Trunk den Durst auf ewig stillt?

Erquickung hast du nicht gewonnen,
Wenn sie dir nicht aus eigner Seele quillt.
WAGNER. Verzeiht! es ist ein groß Ergetzen,   570
Sich in den Geist der Zeiten zu versetzen;
Zu schauen, wie vor uns ein weiser Mann gedacht,
Und wie wir's dann zuletzt so herrlich weit gebracht.
FAUST. O ja, bis an die Sterne weit!
Mein Freund, die Zeiten der Vergangenheit   575
Sind uns ein Buch mit sieben Siegeln.
Was ihr den Geist der Zeiten heißt,
Das ist im Grund der Herren eigner Geist,
In dem die Zeiten sich bespiegeln.
Da ist's denn wahrlich oft ein Jammer!   580
Man läuft euch bei dem ersten Blick davon:
Ein Kehrichtfaß und eine Rumpelkammer
Und höchstens eine Haupt- und Staatsaktion
Mit trefflichen pragmatischen Maximen,
Wie sie den Puppen wohl im Munde ziemen!   585
WAGNER. Allein die Welt! des Menschen Herz und Geist!
Möcht' jeglicher doch was davon erkennen.
FAUST. Ja, was man so erkennen heißt!
Wer darf das Kind beim rechten Namen nennen?
Die wenigen, die was davon erkannt,   590
Die töricht gnug ihr volles Herz nicht wahrten,
Dem Pöbel ihr Gefühl, ihr Schauen offenbarten,
Hat man von je gekreuzigt und verbrannt.
Ich bitt' Euch, Freund, es ist tief in der Nacht,
Wir müssen's diesmal unterbrechen.   595
WAGNER. Ich hätte gern nur immer fortgewacht,
Um so gelehrt mit Euch mich zu besprechen.
Doch morgen, als am ersten Ostertage,
Erlaubt mir ein' und andre Frage.
Mit Eifer hab' ich mich der Studien beflissen;   600
Zwar weiß ich viel, doch möcht' ich alles wissen. Ab.
FAUST allein.
Wie nur dem Kopf nicht alle Hoffnung schwindet,
Der immerfort an schalem Zeuge klebt,
Mit gier'ger Hand nach Schätzen gräbt,
Und froh ist, wenn er Regenwürmer findet!   605

Darf eine solche Menschenstimme hier,
Wo Geisterfülle mich umgab, ertönen?
Doch ach! für diesmal dank' ich dir,
Dem ärmlichsten von allen Erdensöhnen.
Du rissest mich von der Verzweiflung los,   610
Die mir die Sinne schon zerstören wollte.
Ach! die Erscheinung war so riesengroß,
Daß ich mich recht als Zwerg empfinden sollte.

Ich, Ebenbild der Gottheit, das sich schon
Ganz nah gedünkt dem Spiegel ew'ger Wahrheit,   615
Sein selbst genoß in Himmelsglanz und Klarheit,
Und abgestreift den Erdensohn;
Ich, mehr als Cherub, dessen freie Kraft
Schon durch die Adern der Natur zu fließen
Und, schaffend, Götterleben zu genießen   620
Sich ahnungsvoll vermaß, wie muß ich's büßen!
Ein Donnerwort hat mich hinweggerafft.

Nicht darf ich dir zu gleichen mich vermessen!
Hab' ich die Kraft dich anzuziehn besessen,
So hatt' ich dich zu halten keine Kraft.   625
In jenem sel'gen Augenblicke
Ich fühlte mich so klein, so groß;
Du stießest grausam mich zurücke,
Ins ungewisse Menschenlos.
Wer lehret mich? was soll ich meiden?   630
Soll ich gehorchen jenem Drang?
Ach! unsre Taten selbst, so gut als unsre Leiden,
Sie hemmen unsres Lebens Gang.

Dem Herrlichsten, was auch der Geist empfangen,
Drängt immer fremd und fremder Stoff sich an;   635
Wenn wir zum Guten dieser Welt gelangen,
Dann heißt das Beßre Trug und Wahn.
Die uns das Leben gaben, herrliche Gefühle,
Erstarren in dem irdischen Gewühle.

Wenn Phantasie sich sonst mit kühnem Flug   640
Und hoffnungsvoll zum Ewigen erweitert,
So ist ein kleiner Raum ihr nun genug,

Wenn Glück auf Glück im Zeitenstrudel scheitert.
Die Sorge nistet gleich im tiefen Herzen,
Dort wirket sie geheime Schmerzen,   645
Unruhig wiegt sie sich und störet Lust und Ruh;
Sie deckt sich stets mit neuen Masken zu,
Sie mag als Haus und Hof, als Weib und Kind erscheinen,
Als Feuer, Wasser, Dolch und Gift;
Du bebst vor allem, was nicht trifft,   650
Und was du nie verlierst, das mußt du stets beweinen.

Den Göttern gleich' ich nicht! Zu tief ist es gefühlt;
Dem Wurme gleich' ich, der den Staub durchwühlt,
Den, wie er sich im Staube nährend lebt,
Des Wandrers Tritt vernichtet und begräbt.   655

Ist es nicht Staub, was diese hohe Wand
Aus hundert Fächern mir verenget,
Der Trödel, der mit tausendfachem Tand
In dieser Mottenwelt mich dränget?
Hier soll ich finden, was mir fehlt?   660
Soll ich vielleicht in tausend Büchern lesen,
Daß überall die Menschen sich gequält,
Daß hie und da ein Glücklicher gewesen? –
Was grinsest du mir, hohler Schädel, her,
Als daß dein Hirn wie meines einst verwirrt   665
Den leichten Tag gesucht und in der Dämmrung schwer,
Mit Lust nach Wahrheit, jämmerlich geirret?
Ihr Instrumente freilich spottet mein
Mit Rad und Kämmen, Walz' und Bügel:
Ich stand am Tor, ihr solltet Schlüssel sein;   670
Zwar euer Bart ist kraus, doch hebt ihr nicht die Riegel.
Geheimnisvoll am lichten Tag
Läßt sich Natur des Schleiers nicht berauben,
Und was sie deinem Geist nicht offenbaren mag,
Das zwingst du ihr nicht ab mit Hebeln und mit Schrauben. 675
Du alt Geräte, das ich nicht gebraucht,
Du stehst nur hier, weil dich mein Vater brauchte.
Du alte Rolle, du wirst angeraucht,
Solang' an diesem Pult die trübe Lampe schmauchte.
Weit besser hätt' ich doch mein weniges verpraßt,   680

Als mit dem wenigen belastet hier zu schwitzen!
Was du ererbt von deinen Vätern hast,
Erwirb es, um es zu besitzen.
Was man nicht nützt, ist eine schwere Last,
Nur was der Augenblick erschafft, das kann er nützen.   685

Doch warum heftet sich mein Blick auf jene Stelle?
Ist jenes Fläschchen dort den Augen ein Magnet?
Warum wird mir auf einmal lieblich helle,
Als wenn im nächt'gen Wald uns Mondenglanz umweht?

Ich grüße dich, du einzige Phiole,   690
Die ich mit Andacht nun herunterhole!
In dir verehr' ich Menschenwitz und Kunst.
Du Inbegriff der holden Schlummersäfte,
Du Auszug aller tödlich feinen Kräfte,
Erweise deinem Meister deine Gunst!   695
Ich sehe dich, es wird der Schmerz gelindert,
Ich fasse dich, das Streben wird gemindert,
Des Geistes Flutstrom ebbet nach und nach.
Ins hohe Meer werd' ich hinausgewiesen,
Die Spiegelflut erglänzt zu meinen Füßen,   700
Zu neuen Ufern lockt ein neuer Tag.

Ein Feuerwagen schwebt auf leichten Schwingen
An mich heran! Ich fühle mich bereit,
Auf neuer Bahn den Äther zu durchdringen,
Zu neuen Sphären reiner Tätigkeit.   705
Dies hohe Leben, diese Götterwonne,
Du, erst noch Wurm, und die verdienest du?
Ja, kehre nur der holden Erdensonne
Entschlossen deinen Rücken zu!
Vermesse dich, die Pforten aufzureißen,   710
Vor denen jeder gern vorüberschleicht.
Hier ist es Zeit, durch Taten zu beweisen,
Daß Manneswürde nicht der Götterhöhe weicht,
Vor jener dunkeln Höhle nicht zu beben,
In der sich Phantasie zu eigner Qual verdammt,   715
Nach jenem Durchgang hinzustreben,
Um dessen engen Mund die ganze Hölle flammt;

Zu diesem Schritt sich heiter zu entschließen,
Und wär' es mit Gefahr, ins Nichts dahinzufließen.

Nun komm herab, kristallne reine Schale!   720
Hervor aus deinem alten Futterale,
An die ich viele Jahre nicht gedacht!
Du glänztest bei der Väter Freudenfeste,
Erheitertest die ernsten Gäste,
Wenn einer dich dem andern zugebracht.   725
Der vielen Bilder künstlich reiche Pracht,
Des Trinkers Pflicht, sie reimweis zu erklären,
Auf einen Zug die Höhlung auszuleeren,
Erinnert mich an manche Jugendnacht;
Ich werde jetzt dich keinem Nachbar reichen,   730
Ich werde meinen Witz an deiner Kunst nicht zeigen;
Hier ist ein Saft, der eilig trunken macht;
Mit brauner Flut erfüllt er deine Höhle.
Den ich bereitet, den ich wähle,
Der letzte Trunk sei nun, mit ganzer Seele,   735
Als festlich hoher Gruß, dem Morgen zugebracht!
               Er setzt die Schale an den Mund.

          Glockenklang und Chorgesang.

CHOR DER ENGEL.   Christ ist erstanden!
                    Freude dem Sterblichen,
                    Den die verderblichen,
                    Schleichenden, erblichen   740
                    Mängel umwanden.

FAUST. Welch tiefes Summen, welch ein heller Ton
Zieht mit Gewalt das Glas von meinem Munde?
Verkündiget ihr dumpfen Glocken schon
Des Osterfestes erste Feierstunde?   745
Ihr Chöre, singt ihr schon den tröstlichen Gesang,
Der einst, um Grabes Nacht, von Engelslippen klang,
Gewißheit einem neuen Bunde?

CHOR DER WEIBER.   Mit Spezereien
                    Hatten wir ihn gepflegt,   750
                    Wir seine Treuen

Hatten ihn hingelegt;
Tücher und Binden
Reinlich umwanden wir,
Ach! und wir finden   755
Christ nicht mehr hier.

CHOR DER ENGEL.   Christ ist erstanden!
Selig der Liebende,
Der die betrübende,
Heilsam' und übende   760
Prüfung bestanden.

FAUST. Was sucht ihr, mächtig und gelind,
 Ihr Himmelstöne, mich am Staube?
 Klingt dort umher, wo weiche Menschen sind.
 Die Botschaft hör' ich wohl, allein mir fehlt der Glaube; 765
 Das Wunder ist des Glaubens liebstes Kind.
 Zu jenen Sphären wag' ich nicht zu streben,
 Woher die holde Nachricht tönt;
 Und doch, an diesen Klang von Jugend auf gewöhnt,
 Ruft er auch jetzt zurück mich in das Leben.   770
 Sonst stürzte sich der Himmelsliebe Kuß
 Auf mich herab, in ernster Sabbatstille;
 Da klang so ahnungsvoll des Glockentones Fülle,
 Und ein Gebet war brünstiger Genuß;
 Ein unbegreiflich holdes Sehnen   775
 Trieb mich, durch Wald und Wiesen hinzugehn,
 Und unter tausend heißen Tränen
 Fühlt' ich mir eine Welt entstehn.
 Dies Lied verkündete der Jugend muntre Spiele,
 Der Frühlingsfeier freies Glück;   780
 Erinnrung hält mich nun mit kindlichem Gefühle
 Vom letzten, ernsten Schritt zurück.
 O tönet fort, ihr süßen Himmelslieder!
 Die Träne quillt, die Erde hat mich wieder!

CHOR DER JÜNGER.   Hat der Begrabene   785
Schon sich nach oben,
Lebend Erhabene,
Herrlich erhoben,

Ist er in Werdelust
Schaffender Freude nah: 790
Ach! an der Erde Brust
Sind wir zum Leide da.
Ließ er die Seinen
Schmachtend uns hier zurück;
Ach! wir beweinen,   795
Meister, dein Glück!

CHOR DER ENGEL.   Christ ist erstanden,
Aus der Verwesung Schoß;
Reißet von Banden
Freudig euch los!   800
Tätig ihn Preisenden,
Liebe Beweisenden,
Brüderlich Speisenden,
Predigend Reisenden,
Wonne Verheißenden   805
Euch ist der Meister nah,
Euch ist er da!

VOR DEM TOR

Spaziergänger aller Art ziehen hinaus.

EINIGE HANDWERKSBURSCHEN. Warum denn dort hinaus?
ANDRE. Wir gehn hinaus aufs Jägerhaus.
DIE ERSTEN. Wir aber wollen nach der Mühle wandern   810
EIN HANDWERKSBURSCH.
    Ich rat' euch, nach dem Wasserhof zu gehn.
ZWEITER. Der Weg dahin ist gar nicht schön.
DIE ZWEITEN. Was tust denn du?
EIN DRITTER.   Ich gehe mit den andern.
VIERTER.Nach Burgdorf kommt herauf, gewiß dort findet ihr
    Die schönsten Mädchen und das beste Bier,   815
    Und Händel von der ersten Sorte.
FÜNFTER. Du überlustiger Gesell,
    Juckt dich zum drittenmal das Fell?
    Ich mag nicht hin, mir graut es vor dem Orte.
DIENSTMÄDCHEN.Nein, nein! ich gehe nach der Stadt zurück. 820

ANDRE. Wir finden ihn gewiß bei jenen Pappeln stehen.

ERSTE. Das ist für mich kein großes Glück;
  Er wird an deiner Seite gehen,
  Mit dir nur tanzt er auf dem Plan.
  Was gehn mich deine Freuden an!   825

ANDRE. Heut ist er sicher nicht allein,
  Der Krauskopf, sagt er, würde bei ihm sein.

SCHÜLER. Blitz, wie die wackern Dirnen schreiten!
  Herr Bruder, komm! wir müssen sie begleiten,
  Ein starkes Bier, ein beizender Toback   830
  Und eine Magd im Putz, das ist nun mein Geschmack.

BÜRGERMÄDCHEN. Da sieh mir nur die schönen Knaben!
  Es ist wahrhaftig eine Schmach:
  Gesellschaft könnten sie die allerbeste haben,
  Und laufen diesen Mägden nach!   835

ZWEITER SCHÜLER zum ersten.
  Nicht so geschwind! dort hinten kommen zwei,
  Sie sind gar niedlich angezogen,
  's ist meine Nachbarin dabei;
  Ich bin dem Mädchen sehr gewogen.
  Sie gehen ihren stillen Schritt   840
  Und nehmen uns doch auch am Ende mit.

ERSTER. Herr Bruder, nein! Ich bin nicht gern geniert.
  Geschwind! daß wir das Wildbret nicht verlieren.
  Die Hand, die Samstags ihren Besen führt,
  Wird Sonntags dich am besten karessieren.   845

BÜRGER. Nein, er gefällt mir nicht, der neue Burgemeister!
  Nun, da er's ist, wird er nur täglich dreister.
  Und für die Stadt was tut denn er?
  Wird es nicht alle Tage schlimmer?
  Gehorchen soll man mehr als immer,   850
  Und zahlen mehr als je vorher.

BETTLER singt. Ihr guten Herrn, ihr schönen Frauen,
      So wohlgeputzt und backenrot,
      Belieb' es euch, mich anzuschauen,
      Und seht und mildert meine Not!   855
      Laßt hier mich nicht vergebens leiern!

Nur der ist froh, der geben mag.
Ein Tag, den alle Menschen feiern,
Er sei für mich ein Erntetag.

ANDRER BÜRGER.
Nichts Bessers weiß ich mir an Sonn- und Feiertagen   860
Als ein Gespräch von Krieg und Kriegsgeschrei,
Wenn hinten, weit, in der Türkei,
Die Völker auf einander schlagen.
Man steht am Fenster, trinkt sein Gläschen aus
Und sieht den Fluß hinab die bunten Schiffe gleiten;   865
Dann kehrt man abends froh nach Haus,
Und segnet Fried' und Friedenszeiten.

DRITTER BÜRGER.
Herr Nachbar, ja! so laß ich's auch geschehn,
Sie mögen sich die Köpfe spalten,
Mag alles durch einander gehn;   870
Doch nur zu Hause bleib's beim alten.

ALTE zu den Bürgermädchen.
Ei! wie geputzt! das schöne junge Blut!
Wer soll sich nicht in euch vergaffen? –
Nur nicht so stolz! Es ist schon gut!
Und was ihr wünscht, das wüßt' ich wohl zu schaffen.   875

BÜRGERMÄDCHEN. Agathe, fort! ich nehme mich in acht,
Mit solchen Hexen öffentlich zu gehen;
Sie ließ mich zwar in Sankt Andreas' Nacht
Den künft'gen Liebsten leiblich sehen –

DIE ANDRE. Mir zeigte sie ihn im Kristall,   880
Soldatenhaft, mit mehreren Verwegnen;
Ich seh' mich um, ich such' ihn überall,
Allein mir will er nicht begegnen.

SOLDATEN.   Burgen mit hohen
                     Mauern und Zinnen,   885
                     Mädchen mit stolzen
                     Höhnenden Sinnen
                     Möcht' ich gewinnen!
                     Kühn ist das Mühen,
                     Herrlich der Lohn!   890

        Und die Trompete
    Lassen wir werben,
    Wie zu der Freude,
    So zum Verderben.
    Das ist ein Stürmen! 895
    Das ist ein Leben!
    Mädchen und Burgen
    Müssen sich geben.
    Kühn ist das Mühen,
    Herrlich der Lohn! 900
    Und die Soldaten
    Ziehen davon.

    Faust und Wagner.

FAUST. Vom Eise befreit sind Strom und Bäche
Durch des Frühlings holden, belebenden Blick;
Im Tale grünet Hoffnungsglück; 905
Der alte Winter, in seiner Schwäche,
Zog sich in rauhe Berge zurück.
Von dorther sendet er, fliehend, nur
Ohnmächtige Schauer körnigen Eises
In Streifen über die grünende Flur; 910
Aber die Sonne duldet kein Weißes:
Überall regt sich Bildung und Streben,
Alles will sie mit Farben beleben;
Doch an Blumen fehlt's im Revier,
Sie nimmt geputzte Menschen dafür. 915
Kehre dich um, von diesen Höhen
Nach der Stadt zurückzusehen.
Aus dem hohlen finstern Tor
Dringt ein buntes Gewimmel hervor.
Jeder sonnt sich heute so gern. 920
Sie feiern die Auferstehung des Herrn,
Denn sie sind selber auferstanden,
Aus niedriger Häuser dumpfen Gemächern,
Aus Handwerks- und Gewerbesbanden,
Aus dem Druck von Giebeln und Dächern, 925
Aus der Straßen quetschender Enge,
Aus der Kirchen ehrwürdiger Nacht

Sind sie alle ans Licht gebracht.
Sieh nur, sieh! wie behend sich die Menge
Durch die Gärten und Felder zerschlägt,   930
Wie der Fluß, in Breit' und Länge,
So manchen lustigen Nachen bewegt,
Und bis zum Sinken überladen
Entfernt sich dieser letzte Kahn.
Selbst von des Berges fernen Pfaden   935
Blinken uns farbige Kleider an.
Ich höre schon des Dorfs Getümmel,
Hier ist des Volkes wahrer Himmel,
Zufrieden jauchzet groß und klein;
Hier bin ich Mensch, hier darf ich's sein!   940
WAGNER. Mit Euch, Herr Doktor, zu spazieren,
Ist ehrenvoll und ist Gewinn;
Doch würd' ich nicht allein mich her verlieren,
Weil ich ein Feind von allem Rohen bin.
Das Fiedeln, Schreien, Kegelschieben   945
Ist mir ein gar verhaßter Klang;
Sie toben wie vom bösen Geist getrieben
Und nennen's Freude, nennen's Gesang.

BAUERN unter der Linde.

Tanz und Gesang.

Der Schäfer putzte sich zum Tanz,
Mit bunter Jacke, Band und Kranz,   950
Schmuck war er angezogen.
Schon um die Linde war es voll;
Und alles tanzte schon wie toll.
Juchhe! Juchhe!
Juchheisa! Heisa! He!   955
So ging der Fiedelbogen.

Er drückte hastig sich heran,
Da stieß er an ein Mädchen an
Mit seinem Ellenbogen;
Die frische Dirne kehrt' sich um   960
Und sagte: Nun, das find' ich dumm!

Juchhe! Juchhe!
Juchheisa! Heisa! He!
Seid nicht so ungezogen.

   Doch hurtig in dem Kreise ging's,   965
Sie tanzten rechts, sie tanzten links,
Und alle Röcke flogen.
Sie wurden rot, sie wurden warm
Und ruhten atmend Arm in Arm,
Juchhe! Juchhe!   970
Juchheisa! Heisa! He!
Und Hüft' an Ellenbogen.

   Und tu mir doch nicht so vertraut!
Wie mancher hat nicht seine Braut
Belogen und betrogen!   975
Er schmeichelte sie doch bei Seit',
Und von der Linde scholl es weit:
Juchhe! Juchhe!
Juchheisa! Heisa! He!
Geschrei und Fiedelbogen.   980

ALTER BAUER. Herr Doktor, das ist schön von Euch,
  Daß Ihr uns heute nicht verschmäht
  Und unter dieses Volksgedräng',
  Als ein so Hochgelahrter, geht.
So nehmet auch den schönsten Krug,   985
  Den wir mit frischem Trunk gefüllt,
Ich bring' ihn zu und wünsche laut,
  Daß er nicht nur den Durst Euch stillt:
Die Zahl der Tropfen, die er hegt,
  Sei Euren Tagen zugelegt.   990
FAUST. Ich nehme den Erquickungstrank,
  Erwidr' euch allen Heil und Dank.

       Das Volk sammelt sich im Kreis umher.

ALTER BAUER. Fürwahr, es ist sehr wohl getan,
  Daß Ihr am frohen Tag erscheint;
  Habt Ihr es vormals doch mit uns   995
  An bösen Tagen gut gemeint!

Gar mancher steht lebendig hier,
Den Euer Vater noch zuletzt
Der heißen Fieberwut entriß,
Als er der Seuche Ziel gesetzt.   1000
Auch damals Ihr, ein junger Mann,
Ihr gingt in jedes Krankenhaus;
Gar manche Leiche trug man fort,
Ihr aber kamt gesund heraus;
Bestandet manche harte Proben;   1005
Dem Helfer half der Helfer droben.
ALLE. Gesundheit dem bewährten Mann,
Daß er noch lange helfen kann!
FAUST. Vor jenem droben steht gebückt,
Der helfen lehrt und Hilfe schickt.   1010

        Er geht mit Wagnern weiter.

WAGNER. Welch ein Gefühl mußt du, o großer Mann,
Bei der Verehrung dieser Menge haben!
O glücklich, wer von seinen Gaben
Solch einen Vorteil ziehen kann!
Der Vater zeigt dich seinem Knaben,   1015
Ein jeder fragt und drängt und eilt,
Die Fiedel stockt, der Tänzer weilt.
Du gehst, in Reihen stehen sie,
Die Mützen fliegen in die Höh':
Und wenig fehlt, so beugten sich die Knie,   1020
Als käm' das Venerabile.
FAUST. Nur wenig Schritte noch hinauf zu jenem Stein,
Hier wollen wir von unsrer Wandrung rasten.
Hier saß ich oft gedankenvoll allein
Und quälte mich mit Beten und mit Fasten.   1025
An Hoffnung reich, im Glauben fest,
Mit Tränen, Seufzen, Händeringen
Dacht' ich das Ende jener Pest
Vom Herrn des Himmels zu erzwingen.
Der Menge Beifall tönt mir nun wie Hohn.   1030
O könntest du in meinem Innern lesen,
Wie wenig Vater und Sohn
Solch eines Ruhmes wert gewesen!

Mein Vater war ein dunkler Ehrenmann,
Der über die Natur und ihre heil'gen Kreise   1035
In Redlichkeit, jedoch auf seine Weise,
Mit grillenhafter Mühe sann;
Der, in Gesellschaft von Adepten,
Sich in die schwarze Küche schloß
Und, nach unendlichen Rezepten,   1040
Das Widrige zusammengoß.
Da ward ein roter Leu, ein kühner Freier,
Im lauen Bad der Lilie vermählt,
Und beide dann mit offnem Flammenfeuer
Aus einem Brautgemach ins andere gequält.   1045
Erschien darauf mit bunten Farben
Die junge Königin im Glas,
Hier war die Arzenei, die Patienten starben,
Und niemand fragte: wer genas?
So haben wir mit höllischen Latwergen   1050
In diesen Tälern, diesen Bergen
Weit schlimmer als die Pest getobt.
Ich habe selbst den Gift an Tausende gegeben,
Sie welkten hin, ich muß erleben,
Daß man die frechen Mörder lobt.   1055

WAGNER. Wie könnt Ihr Euch darum betrüben!
Tut nicht ein braver Mann genug,
Die Kunst, die man ihm übertrug,
Gewissenhaft und pünktlich auszuüben?
Wenn du, als Jüngling, deinen Vater ehrst,   1060
So wirst du gern von ihm empfangen;
Wenn du, als Mann, die Wissenschaft vermehrst,
So kann dein Sohn zu höhrem Ziel gelangen.

FAUST. O glücklich, wer noch hoffen kann
Aus diesem Meer des Irrtums aufzutauchen!   1065
Was man nicht weiß, das eben brauchte man,
Und was man weiß, kann man nicht brauchen.
Doch laß uns dieser Stunde schönes Gut
Durch solchen Trübsinn nicht verkümmern!
Betrachte, wie in Abendsonneglut   1070
Die grünumgebnen Hütten schimmern.

Sie ruckt und weicht, der Tag ist überlebt,
Dort eilt sie hin und fördert neues Leben.
O daß kein Flügel mich vom Boden hebt,
Ihr nach und immer nach zu streben!   1075
Ich säh' im ewigen Abendstrahl
Die stille Welt zu meinen Füßen,
Entzündet alle Höhn, beruhigt jedes Tal,
Den Silberbach in goldne Ströme fließen.
Nicht hemmte dann den göttergleichen Lauf   1080
Der wilde Berg mit allen seinen Schluchten;
Schon tut das Meer sich mit erwärmten Buchten
Vor den erstaunten Augen auf.
Doch scheint die Göttin endlich wegzusinken;
Allein der neue Trieb erwacht,   1085
Ich eile fort, ihr ew'ges Licht zu trinken,
Vor mir den Tag und hinter mir die Nacht,
Den Himmel über mir und unter mir die Wellen.
Ein schöner Traum, indessen sie entweicht.
Ach! zu des Geistes Flügeln wird so leicht   1090
Kein körperlicher Flügel sich gesellen.
Doch ist es jedem eingeboren,
Daß sein Gefühl hinauf und vorwärts dringt,
Wenn über uns, im blauen Raum verloren,
Ihr schmetternd Lied die Lerche singt;   1095
Wenn über schroffen Fichtenhöhen
Der Adler ausgebreitet schwebt,
Und über Flächen, über Seen
Der Kranich nach der Heimat strebt.

WAGNER. Ich hatte selbst oft grillenhafte Stunden,   1100
Doch solchen Trieb hab' ich noch nie empfunden.
Man sieht sich leicht an Wald und Feldern satt;
Des Vogels Fittich werd' ich nie beneiden.
Wie anders tragen uns die Geistesfreuden
Von Buch zu Buch, von Blatt zu Blatt!   1105
Da werden Winternächte hold und schön,
Ein selig Leben wärmet alle Glieder,
Und ach! entrollst du gar ein würdig Pergamen,
So steigt der ganze Himmel zu dir nieder.

FAUST. Du bist dir nur des einen Triebs bewußt;   1110
O lerne nie den andern kennen!
Zwei Seelen wohnen, ach! in meiner Brust,
Die eine will sich von der andern trennen;
Die eine hält, in derber Liebeslust,
Sich an die Welt mit klammernden Organen;   1115
Die andre hebt gewaltsam sich vom Dust
Zu den Gefilden hoher Ahnen.
O gibt es Geister in der Luft,
Die zwischen Erd' und Himmel herrschend weben,
So steiget nieder aus dem goldnen Duft   1120
Und führt mich weg, zu neuem, buntem Leben!
Ja, wäre nur ein Zaubermantel mein
Und trüg' er mich in fremde Länder!
Mir sollt' er um die köstlichsten Gewänder,
Nicht feil um einen Königsmantel sein.   1125
WAGNER. Berufe nicht die wohlbekannte Schar,
Die strömend sich im Dunstkreis überbreitet,
Dem Menschen tausendfältige Gefahr,
Von allen Enden her, bereitet.
Von Norden dringt der scharfe Geisterzahn   1130
Auf dich herbei, mit pfeilgespitzten Zungen;
Von Morgen ziehn, vertrocknend, sie heran
Und nähren sich von deinen Lungen;
Wenn sie der Mittag aus der Wüste schickt,
Die Glut auf Glut um deinen Scheitel häufen,   1135
So bringt der West den Schwarm, der erst erquickt
Um dich und Feld und Aue zu ersäufen.
Sie hören gern, zum Schaden froh gewandt,
Gehorchen gern, weil sie uns gern betrügen;
Sie stellen wie vom Himmel sich gesandt,   1140
Und lispeln englisch, wenn sie lügen.
Doch gehen wir! Ergraut ist schon die Welt,
Die Luft gekühlt, der Nebel fällt!
Am Abend schätzt man erst das Haus. –
Was stehst du so und blickst erstaunt hinaus?   1145
Was kann dich in der Dämmrung so ergreifen?
FAUST. Siehst du den schwarzen Hund durch Saat und
                              Stoppel streifen?

WAGNER. Ich sah ihn lange schon, nicht wichtig schien er mir.

FAUST. Betracht' ihn recht! für was hältst du das Tier?

WAGNER. Für einen Pudel, der auf seine Weise   1150
  Sich auf der Spur des Herren plagt.

FAUST. Bemerkst du, wie in weitem Schneckenkreise
  Er um uns her und immer näher jagt?
  Und irr' ich nicht, so zieht ein Feuerstrudel
  Auf seinen Pfaden hinterdrein.   1155

WAGNER. Ich sehe nichts als einen schwarzen Pudel;
  Es mag bei Euch wohl Augentäuschung sein.

FAUST. Mir scheint es, daß er magisch leise Schlingen
  Zu künft'gem Band um unsre Füße zieht.

WAGNER.
  Ich seh' ihn ungewiß und furchtsam uns umspringen,   1160
  Weil er, statt seines Herrn, zwei Unbekannte sieht.

FAUST. Der Kreis wird eng, schon ist er nah!

WAGNER. Du siehst! ein Hund, und kein Gespenst ist da.
  Er knurrt und zweifelt, legt sich auf den Bauch.
  Er wedelt. Alles Hundebrauch.   1165

FAUST. Geselle dich zu uns! Komm hier!

WAGNER. Es ist ein pudelnärrisch Tier.
  Du stehest still, er wartet auf;
  Du sprichst ihn an, er strebt an dir hinauf;
  Verliere was, er wird es bringen,   1170
  Nach deinem Stock ins Wasser springen.

FAUST. Du hast wohl recht, ich finde nicht die Spur
  Von einem Geist, und alles ist Dressur.

WAGNER. Dem Hunde, wenn er gut gezogen,
  Wird selbst ein weiser Mann gewogen.   1175
  Ja, deine Gunst verdient er ganz und gar,
  Er, der Studenten trefflicher Skolar.

Sie gehen in das Stadttor.

STUDIERZIMMER

FAUST mit dem Pudel hereintretend.
  Verlassen hab' ich Feld und Auen,
  Die eine tiefe Nacht bedeckt,
  Mit ahnungsvollem, heil'gem Grauen   1180
  In uns die beßre Seele weckt.

Entschlafen sind nun wilde Triebe
Mit jedem ungestümen Tun;
Es reget sich die Menschenliebe,
Die Liebe Gottes regt sich nun.   1185

Sei ruhig, Pudel! renne nicht hin und wider!
An der Schwelle was schnoperst du hier?
Lege dich hinter den Ofen nieder,
Mein bestes Kissen geb' ich dir.
Wie du draußen auf dem bergigen Wege   1190
Durch Rennen und Springen ergetzt uns hast,
So nimm nun auch von mir die Pflege,
Als ein willkommner stiller Gast.

Ach, wenn in unsrer engen Zelle
Die Lampe freundlich wieder brennt,   1195
Dann wird's in unserm Busen helle,
Im Herzen, das sich selber kennt.
Vernunft fängt wieder an zu sprechen,
Und Hoffnung wieder an zu blühn,
Man sehnt sich nach des Lebens Bächen,   1200
Ach! nach des Lebens Quelle hin.

Knurre nicht, Pudel! Zu den heiligen Tönen,
Die jetzt meine ganze Seel' umfassen,
Will der tierische Laut nicht passen.
Wir sind gewohnt, daß die Menschen verhöhnen,   1205
Was sie nicht verstehn,
Daß sie vor dem Guten und Schönen,
Das ihnen oft beschwerlich ist, murren;
Will es der Hund, wie sie, beknurren?

Aber ach! schon fühl' ich, bei dem besten Willen,   1210
Befriedigung nicht mehr aus dem Busen quillen.
Aber warum muß der Strom so bald versiegen,
Und wir wieder im Durste liegen?
Davon hab' ich so viel Erfahrung.
Doch dieser Mangel läßt sich ersetzen: 1215
Wir lernen das Überirdische schätzen,
Wir sehnen uns nach Offenbarung,
Die nirgends würd'ger und schöner brennt

Als in dem Neuen Testament.
Mich drängt's, den Grundtext aufzuschlagen,   1220
Mit redlichem Gefühl einmal
Das heilige Original
In mein geliebtes Deutsch zu übertragen.

Er schlägt ein Volum auf und schickt sich an.

Geschrieben steht: „Im Anfang war das Wort!"
Hier stock' ich schon! Wer hilft mir weiter fort?   1225
Ich kann das Wort so hoch unmöglich schätzen,
Ich muß es anders übersetzen,
Wenn ich vom Geiste recht erleuchtet bin.
Geschrieben steht: Im Anfang war der Sinn.
Bedenke wohl die erste Zeile,   1230
Daß deine Feder sich nicht übereile!
Ist es der Sinn, der alles wirkt und schafft?
Es sollte stehn: Im Anfang war die Kraft!
Doch, auch indem ich dieses niederschreibe,
Schon warnt mich was, daß ich dabei nicht bleibe.   1235
Mir hilft der Geist! Auf einmal seh' ich Rat
Und schreibe getrost: Im Anfang war die Tat!

Soll ich mit dir das Zimmer teilen,
Pudel, so laß das Heulen,
So laß das Bellen!   1240
Solch einen störenden Gesellen
Mag ich nicht in der Nähe leiden.
Einer von uns beiden
Muß die Zelle meiden.
Ungern heb' ich das Gastrecht auf,   1245
Die Tür ist offen, hast freien Lauf.
Aber was muß ich sehen!
Kann das natürlich geschehen?
Ist es Schatten? ist's Wirklichkeit?
Wie wird mein Pudel lang und breit!   1250
Er hebt sich mit Gewalt,
Das ist nicht eines Hundes Gestalt!
Welch ein Gespenst bracht' ich ins Haus!
Schon sieht er wie ein Nilpferd aus,

Mit feurigen Augen, schrecklichem Gebiß.   1255
O! du bist mir gewiß!
Für solche halbe Höllenbrut
Ist Salomonis Schlüssel gut.

GEISTER auf dem Gange. Drinnen gefangen ist einer!
          Bleibet haußen, folg' ihm keiner!   1260
          Wie im Eisen der Fuchs,
          Zagt ein alter Höllenluchs.
          Aber gebt acht!
          Schwebet hin, schwebet wider,
          Auf und nieder,   1265
          Und er hat sich losgemacht.
          Könnt ihr ihm nützen,
          Laßt ihn nicht sitzen!
          Denn er tat uns allen
          Schon viel zu Gefallen.   1270

FAUST. Erst zu begegnen dem Tiere,
Brauch' ich den Spruch der viere:

Salamander soll glühen,
Undene sich winden,
Sylphe verschwinden,   1275
Kobold sich mühen.

Wer sie nicht kennte,
Die Elemente,
Ihre Kraft
Und Eigenschaft,   128·
Wäre kein Meister
Über die Geister.

Verschwind in Flammen,
Salamander!
Rauschend fließe zusammen,   128)
Undene!
Leucht in Meteoren-Schöne,
Sylphe!
Bring häusliche Hilfe.
Incubus! Incubus!   1290
Tritt hervor und mache den Schluß.

Keines der viere
Steckt in dem Tiere.
Es liegt ganz ruhig und grinst mich an;
Ich hab' ihm noch nicht weh getan.   1295
Du sollst mich hören
Stärker beschwören.

Bist du Geselle
Ein Flüchtling der Hölle?
So sieh dies Zeichen,   1300
Dem sie sich beugen,
Die schwarzen Scharen!

Schon schwillt es auf mit borstigen Haaren.

Verworfnes Wesen!
Kannst du ihn lesen?   1305
Den nie Entsproßnen,
Unausgesprochnen,
Durch alle Himmel Gegoßnen,
Freventlich Durchstochnen?

Hinter den Ofen gebannt,   1310
Schwillt es wie ein Elefant,
Den ganzen Raum füllt es an,
Es will zum Nebel zerfließen.
Steige nicht zur Decke hinan!
Lege dich zu des Meisters Füßen!   1315
Du siehst, daß ich nicht vergebens drohe.
Ich versenge dich mit heiliger Lohe!
Erwarte nicht
Das dreimal glühende Licht!
Erwarte nicht   1320
Die stärkste von meinen Künsten!

MEPHISTOPHELES tritt, indem der Nebel fällt, gekleidet wie
ein fahrender Scholastikus, hinter dem Ofen hervor.

Wozu der Lärm? was steht dem Herrn zu Diensten?

FAUST. Das also war des Pudels Kern!
Ein fahrender Skolast? Der Casus macht mich lachen.

MEPHISTOPHELES. Ich salutiere den gelehrten Herrn! 1325
Ihr habt mich weidlich schwitzen machen.

FAUST. Wie nennst du dich?

MEPHISTOPHELES. Die Frage scheint mir klein
Für einen, der das Wort so sehr verachtet,
Der, weit entfernt von allem Schein,
Nur in der Wesen Tiefe trachtet. 1330

FAUST. Bei euch, ihr Herrn, kann man das Wesen
Gewöhnlich aus dem Namen lesen,
Wo es sich allzudeutlich weist,
Wenn man euch Fliegengott, Verderber, Lügner heißt.
Nun gut, wer bist du denn?

MEPHISTOPHELES. Ein Teil von jener Kraft, 1335
Die stets das Böse will und stets das Gute schafft.

FAUST. Was ist mit diesem Rätselwort gemeint?

MEPHISTOPHELES. Ich bin der Geist, der stets verneint!
Und das mit Recht; denn alles, was entsteht,
Ist wert, daß es zugrunde geht; 1340
Drum besser wär's, daß nichts entstünde.
So ist denn alles, was ihr Sünde,
Zerstörung, kurz das Böse nennt,
Mein eigentliches Element.

FAUST.
Du nennst dich einen Teil, und stehst doch ganz vor mir? 1345

MEPHISTOPHELES. Bescheidne Wahrheit sprech' ich dir.
Wenn sich der Mensch, die kleine Narrenwelt,
Gewöhnlich für ein Ganzes hält –
Ich bin ein Teil des Teils, der anfangs alles war,
Ein Teil der Finsternis, die sich das Licht gebar, 1350
Das stolze Licht, das nun der Mutter Nacht
Den alten Rang, den Raum ihr streitig macht,
Und doch gelingt's ihm nicht, da es, so viel es strebt,
Verhaftet an den Körpern klebt.
Von Körpern strömt's, die Körper macht es schön, 1355
Ein Körper hemmt's auf seinem Gange,
So, hoff' ich, dauert es nicht lange,
Und mit den Körpern wird's zugrunde gehn.

FAUST. Nun kenn' ich deine würd'gen Pflichten!
Du kannst im Großen nichts vernichten   1360
Und fängst es nun im Kleinen an.

MEPHISTOPHELES. Und freilich ist nicht viel damit getan.
Was sich dem Nichts entgegenstellt,
Das Etwas, diese plumpe Welt,
So viel als ich schon unternommen,   1365
Ich wußte nicht ihr beizukommen,
Mit Wellen, Stürmen, Schütteln, Brand –
Geruhig bleibt am Ende Meer und Land!
Und dem verdammten Zeug, der Tier- und Menschenbrut,
Dem ist nun gar nichts anzuhaben: 1370
Wie viele hab' ich schon begraben!
Und immer zirkuliert ein neues, frisches Blut.
So geht es fort, man möchte rasend werden!
Der Luft, dem Wasser, wie der Erden
Entwinden tausend Keime sich,   1375
Im Trocknen, Feuchten, Warmen, Kalten!
Hätt' ich mir nicht die Flamme vorbehalten,
Ich hätte nichts Aparts für mich.

FAUST. So setzest du der ewig regen,
Der heilsam schaffenden Gewalt   1380
Die kalte Teufelsfaust entgegen,
Die sich vergebens tückisch ballt!
Was anders suche zu beginnen,
Des Chaos wunderlicher Sohn!

MEPHISTOPHELES. Wir wollen wirklich uns besinnen,   1385
Die nächsten Male mehr davon!
Dürft' ich wohl diesmal mich entfernen?

FAUST. Ich sehe nicht, warum du fragst.
Ich habe jetzt dich kennen lernen,
Besuche nun mich, wie du magst.   1390
Hier ist das Fenster, hier die Türe,
Ein Rauchfang ist dir auch gewiß.

MEPHISTOPHELES. Gesteh' ich's nur! daß ich hinausspaziere,
Verbietet mir ein kleines Hindernis,
Der Drudenfuß auf Eurer Schwelle –   1395

FAUST. Das Pentagramma macht dir Pein?
Ei sage mir, du Sohn der Hölle,
Wenn das dich bannt, wie kamst du denn herein?
Wie ward ein solcher Geist betrogen?

MEPH. Beschaut es recht! Es ist nicht gut gezogen;   1400
Der eine Winkel, der nach außen zu,
Ist, wie du siehst, ein wenig offen.

FAUST. Das hat der Zufall gut getroffen!
Und mein Gefangner wärst denn du?
Das ist von ungefähr gelungen!   1405

MEPH. Der Pudel merkte nichts, als er hereingesprungen,
Die Sache sieht jetzt anders aus:
Der Teufel kann nicht aus dem Haus.

FAUST. Doch warum gehst du nicht durchs Fenster?

MEPH. 's ist ein Gesetz der Teufel und Gespenster: 1410
Wo sie hereingeschlüpft, da müssen sie hinaus.
Das erste steht uns frei, beim zweiten sind wir Knechte.

FAUST. Die Hölle selbst hat ihre Rechte?
Das find' ich gut, da ließe sich ein Pakt,
Und sicher wohl, mit euch, ihr Herren, schließen?   1415

MEPH. Was man verspricht, das sollst du rein genießen,
Dir wird davon nichts abgezwackt.
Doch das ist nicht so kurz zu fassen,
Und wir besprechen das zunächst;
Doch jetzo bitt' ich hoch und höchst,   1420
Für dieses Mal mich zu entlassen.

FAUST. So bleibe doch noch einen Augenblick,
Um mir erst gute Mär zu sagen.

MEPHISTOPHELES. Jetzt laß mich los! Ich komme bald zurück,
Dann magst du nach Belieben fragen.   1425

FAUST. Ich habe dir nicht nachgestellt,
Bist du doch selbst ins Garn gegangen.
Den Teufel halte, wer ihn hält!
Er wird ihn nicht so bald zum zweiten Male fangen.

MEPHISTOPHELES. Wenn dir's beliebt, so bin ich auch bereit, 1430
Dir zur Gesellschaft hier zu bleiben;
Doch mit Bedingnis, dir die Zeit
Durch meine Künste würdig zu vertreiben.

FAUST. Ich seh' es gern, das steht dir frei;
  Nur daß die Kunst gefällig sei!   1435
MEPHISTOPHELES. Du wirst, mein Freund, für deine Sinnen
  In dieser Stunde mehr gewinnen
  Als in des Jahres Einerlei.
  Was dir die zarten Geister singen,
  Die schönen Bilder, die sie bringen,   1440
  Sind nicht ein leeres Zauberspiel.
  Auch dein Geruch wird sich ergetzen,
  Dann wirst du deinen Gaumen letzen,
  Und dann entzückt sich dein Gefühl.
  Bereitung braucht es nicht voran,   1445
  Beisammen sind wir, fanget an!
GEISTER.   Schwindet, ihr dunkeln
                Wölbungen droben!
                Reizender schaue
                Freundlich der blaue   1450
                Äther herein!
                Wären die dunkeln
                Wolken zerronnen!
                Sternelein funkeln,
                Mildere Sonnen   1455
                Scheinen darein.
                Himmlischer Söhne
                Geistige Schöne,
                Schwankende Beugung
                Schwebet vorüber.   1460
                Sehnende Neigung
                Folget hinüber;
                Und der Gewänder
                Flatternde Bänder
                Decken die Länder,   1465
                Decken die Laube,
                Wo sich fürs Leben,
                Tief in Gedanken,
                Liebende geben.
                Laube bei Laube!   1470
                Sprossende Ranken!
                Lastende Traube

Stürzt ins Behälter
Drängender Kelter,
Stürzen in Bächen 1475
Schäumende Weine,
Rieseln durch reine,
Edle Gesteine,
Lassen die Höhen
Hinter sich liegen, 1480
Breiten zu Seen
Sich ums Genügen
Grünender Hügel.
Und das Geflügel
Schlürfet sich Wonne, 1485
Flieget der Sonne,
Flieget den hellen
Inseln entgegen,
Die sich auf Wellen
Gauklend bewegen; 1490
Wo wir in Chören
Jauchzende hören,
Über den Auen
Tanzende schauen,
Die sich im Freien 1495
Alle zerstreuen.
Einige klimmen
Über die Höhen,
Andere schwimmen
Über die Seen, 1500
Andere schweben;
Alle zum Leben,
Alle zur Ferne
Liebender Sterne,
Seliger Huld. 1505
MEPH. Er schläft! So recht, ihr luft'gen zarten Jungen!
Ihr habt ihn treulich eingesungen!
Für dies Konzert bin ich in eurer Schuld.
Du bist noch nicht der Mann, den Teufel festzuhalten!
Umgaukelt ihn mit süßen Traumgestalten,
Versenkt ihn in ein Meer des Wahns; 1510

Doch dieser Schwelle Zauber zu zerspalten,
Bedarf ich eines Rattenzahns.
Nicht lange brauch' ich zu beschwören,
Schon raschelt eine hier und wird sogleich mich hören.   1515

Der Herr der Ratten und der Mäuse,
Der Fliegen, Frösche, Wanzen, Läuse
Befiehlt dir, dich hervorzuwagen
Und diese Schwelle zu benagen,
Sowie er sie mit Öl betupft –   1520
Da kommst du schon hervorgehupft!
Nur frisch ans Werk! Die Spitze, die mich bannte,
Sie sitzt ganz vornen an der Kante.
Noch einen Biß, so ist's geschehn. –
Nun, Fauste, träume fort, bis wir uns wiedersehn.   1525

FAUST erwachend. Bin ich denn abermals betrogen?
Verschwindet so der geisterreiche Drang,
Daß mir ein Traum den Teufel vorgelogen,
Und daß ein Pudel mir entsprang?

STUDIERZIMMER

Faust. Mephistopheles.

FAUST. Es klopft? Herein! Wer will mich wieder plagen?   1530
MEPHISTOPHELES. Ich bin's.
FAUST.   Herein!
MEPHISTOPHELES.   Du mußt es dreimal sagen.
FAUST. Herein denn!
MEPHISTOPHELES.   So gefällst du mir.
Wir werden, hoff' ich, uns vertragen!
Denn dir die Grillen zu verjagen,
Bin ich als edler Junker hier,   1535
In rotem, goldverbrämtem Kleide,
Das Mäntelchen von starrer Seide,
Die Hahnenfeder auf dem Hut,
Mit einem langen spitzen Degen,
Und rate nun dir, kurz und gut,   1540
Dergleichen gleichfalls anzulegen;

Damit du, losgebunden, frei,
Erfahrest, was das Leben sei.

FAUST. In jedem Kleide werd' ich wohl die Pein
Des engen Erdelebens fühlen.   1545
Ich bin zu alt, um nur zu spielen,
Zu jung, um ohne Wunsch zu sein.
Was kann die Welt mir wohl gewähren?
Entbehren sollst du! sollst entbehren!
Das ist der ewige Gesang,   1550
Der jedem an die Ohren klingt,
Den, unser ganzes Leben lang,
Uns heiser jede Stunde singt.
Nur mit Entsetzen wach' ich morgens auf,
Ich möchte bittre Tränen weinen,   1555
Den Tag zu sehn, der mir in seinem Lauf
Nicht Einen Wunsch erfüllen wird, nicht Einen,
Der selbst die Ahnung jeder Lust
Mit eigensinnigem Krittel mindert,
Die Schöpfung meiner regen Brust   1560
Mit tausend Lebensfratzen hindert.
Auch muß ich, wenn die Nacht sich niedersenkt,
Mich ängstlich auf das Lager strecken;
Auch da wird keine Rast geschenkt,
Mich werden wilde Träume schrecken.   1565
Der Gott, der mir im Busen wohnt,
Kann tief mein Innerstes erregen;
Der über allen meinen Kräften thront,
Er kann nach außen nichts bewegen;
Und so ist mir das Dasein eine Last,   1570
Der Tod erwünscht, das Leben mir verhaßt.

MEPHISTOPHELES.
Und doch ist nie der Tod ein ganz willkommner Gast.

FAUST. O selig der, dem er im Siegesglanze
Die blut'gen Lorbeern um die Schläfe windet,
Den er, nach rasch durchrastem Tanze,   1575
In eines Mädchens Armen findet!
O wär' ich vor des hohen Geistes Kraft
Entzückt, entseelt dahingesunken!

MEPHISTOPHELES. Und doch hat jemand einen braunen Saft,
In jener Nacht, nicht ausgetrunken.   1580

FAUST. Das Spionieren, scheint's, ist deine Lust.

MEPH. Allwissend bin ich nicht; doch viel ist mir bewußt.

FAUST. Wenn aus dem schrecklichen Gewühle
Ein süß bekannter Ton mich zog,
Den Rest von kindlichem Gefühle   1585
Mit Anklang froher Zeit betrog,
So fluch' ich allem, was die Seele
Mit Lock- und Gaukelwerk umspannt,
Und sie in diese Trauerhöhle
Mit Blend- und Schmeichelkräften bannt!   1590
Verflucht voraus die hohe Meinung,
Womit der Geist sich selbst umfängt!
Verflucht das Blenden der Erscheinung,
Die sich an unsre Sinne drängt!
Verflucht, was uns in Träumen heuchelt,   1595
Des Ruhms, der Namensdauer Trug!
Verflucht, was als Besitz uns schmeichelt,
Als Weib und Kind, als Knecht und Pflug!
Verflucht sei Mammon, wenn mit Schätzen
Er uns zu kühnen Taten regt,   1600
Wenn er zu müßigem Ergetzen
Die Polster uns zurechtelegt!
Fluch sei dem Balsamsaft der Trauben!
Fluch jener höchsten Liebeshuld!
Fluch sei der Hoffnung! Fluch dem Glauben,   1605
Und Fluch vor allen der Geduld!

GEISTERCHOR unsichtbar. Weh! weh!
                        Du hast sie zerstört,
                        Die schöne Welt,
                        Mit mächtiger Faust;   1610
                        Sie stürzt, sie zerfällt!
                        Ein Halbgott hat sie zerschlagen!
                        Wir tragen
                        Die Trümmern ins Nichts hinüber,
                        Und klagen   1615
                        Über die verlorne Schöne.

Mächtiger
Der Erdensöhne,
Prächtiger
Baue sie wieder, 1620
In deinem Busen baue sie auf!
Neuen Lebenslauf
Beginne,
Mit hellem Sinne,
Und neue Lieder 1625
Tönen darauf!

MEPHISTOPHELES. Dies sind die Kleinen
Von den Meinen.
Höre, wie zu Lust und Taten
Altklug sie raten! 1630
In die Welt weit,
Aus der Einsamkeit,
Wo Sinnen und Säfte stocken,
Wollen sie dich locken.

Hör auf, mit deinem Gram zu spielen, 1635
Der, wie ein Geier, dir am Leben frißt;
Die schlechteste Gesellschaft läßt dich fühlen,
Daß du ein Mensch mit Menschen bist.
Doch so ist's nicht gemeint,
Dich unter das Pack zu stoßen. 1640
Ich bin keiner von den Großen;
Doch willst du mit mir vereint
Deine Schritte durchs Leben nehmen,
So will ich mich gern bequemen,
Dein zu sein, auf der Stelle. 1645
Ich bin dein Geselle,
Und mach' ich dir's recht,
Bin ich dein Diener, bin dein Knecht!

FAUST. Und was soll ich dagegen dir erfüllen?

MEPHISTOPHELES. Dazu hast du noch eine lange Frist. 1650

FAUST. Nein, nein! der Teufel ist ein Egoist
Und tut nicht leicht um Gottes willen,
Was einem andern nützlich ist.

Sprich die Bedingung deutlich aus;
Ein solcher Diener bringt Gefahr ins Haus.   1655

MEPH. Ich will mich hier zu deinem Dienst verbinden,
Auf deinen Wink nicht rasten und nicht ruhn;
Wenn wir uns drüben wiederfinden,
So sollst du mir das gleiche tun.

FAUST. Das Drüben kann mich wenig kümmern;   1660
Schlägst du erst diese Welt zu Trümmern,
Die andre mag darnach entstehn.
Aus dieser Erde quillen meine Freuden,
Und diese Sonne scheinet meinen Leiden;
Kann ich mich erst von ihnen scheiden,   1665
Dann mag, was will und kann, geschehn.
Davon will ich nichts weiter hören,
Ob man auch künftig haßt und liebt,
Und ob es auch in jenen Sphären
Ein Oben oder Unten gibt.   1670

MEPHISTOPHELES. In diesem Sinne kannst du's wagen.
Verbinde dich; du sollst, in diesen Tagen,
Mit Freuden meine Künste sehn,
Ich gebe dir, was noch kein Mensch gesehn.

FAUST. Was willst du armer Teufel geben?   1675
Ward eines Menschen Geist, in seinem hohen Streben,
Von deinesgleichen je gefaßt?
Doch hast du Speise, die nicht sättigt, hast
Du rotes Gold, das ohne Rast,
Quecksilber gleich, dir in der Hand zerrinnt,   1680
Ein Spiel, bei dem man nie gewinnt,
Ein Mädchen, das an meiner Brust
Mit Äugeln schon dem Nachbar sich verbindet,
Der Ehre schöne Götterlust,
Die, wie ein Meteor, verschwindet?   1685
Zeig mir die Frucht, die fault, eh' man sie bricht,
Und Bäume, die sich täglich neu begrünen!

MEPHISTOPHELES. Ein solcher Auftrag schreckt mich nicht,
Mit solchen Schätzen kann ich dienen.
Doch, guter Freund, die Zeit kommt auch heran,   1690
Wo wir was Guts in Ruhe schmausen mögen.

FAUST. Werd' ich beruhigt je mich auf ein Faulbett legen,
  So sei es gleich um mich getan!
  Kannst du mich schmeichelnd je belügen,
  Daß ich mir selbst gefallen mag,   1695
  Kannst du mich mit Genuß betrügen,
  Das sei für mich der letzte Tag!
  Die Wette biet' ich!
MEPHISTOPHELES.   Topp!
FAUST.   Und Schlag auf Schlag!
  Werd' ich zum Augenblicke sagen:
  Verweile doch! du bist so schön!   1700
  Dann magst du mich in Fesseln schlagen,
  Dann will ich gern zugrunde gehn!
  Dann mag die Totenglocke schallen,
  Dann bist du deines Dienstes frei,
  Die Uhr mag stehn, der Zeiger fallen,   1705
  Es sei die Zeit für mich vorbei!
MEPH. Bedenk es wohl, wir werden's nicht vergessen.
FAUST. Dazu hast du ein volles Recht;
  Ich habe mich nicht freventlich vermessen.
  Wie ich beharre, bin ich Knecht,   1710
  Ob dein, was frag' ich, oder wessen.
MEPH. Ich werde heute gleich, beim Doktorschmaus,
  Als Diener, meine Pflicht erfüllen.
  Nur eins! – Um Lebens oder Sterbens willen
  Bitt' ich mir ein paar Zeilen aus.   1715
FAUST. Auch was Geschriebnes forderst du Pedant?
  Hast du noch keinen Mann, nicht Manneswort gekannt?
  Ist's nicht genug, daß mein gesprochnes Wort
  Auf ewig soll mit meinen Tagen schalten?
  Rast nicht die Welt in allen Strömen fort,   1720
  Und mich soll ein Versprechen halten?
  Doch dieser Wahn ist uns ins Herz gelegt,
  Wer mag sich gern davon befreien?
  Beglückt, wer Treue rein im Busen trägt,
  Kein Opfer wird ihn je gereuen!   1725
  Allein ein Pergament, beschrieben und beprägt,
  Ist ein Gespenst, vor dem sich alle scheuen.
  Das Wort erstirbt schon in der Feder,

Die Herrschaft führen Wachs und Leder.
Was willst du böser Geist von mir?   1730
Erz, Marmor, Pergament, Papier?
Soll ich mit Griffel, Meißel, Feder schreiben?
Ich gebe jede Wahl dir frei.
MEPHISTOPHELES. Wie magst du deine Rednerei
Nur gleich so hitzig übertreiben?   1735
Ist doch ein jedes Blättchen gut.
Du unterzeichnest dich mit einem Tröpfchen Blut.
FAUST. Wenn dies dir völlig G'nüge tut,
So mag es bei der Fratze bleiben.
MEPHISTOPHELES. Blut ist ein ganz besondrer Saft.   1740
FAUST. Nur keine Furcht, daß ich dies Bündnis breche!
Das Streben meiner ganzen Kraft
Ist grade das, was ich verspreche.
Ich habe mich zu hoch gebläht,
In deinen Rang gehör' ich nur.   1745
Der große Geist hat mich verschmäht,
Vor mir verschließt sich die Natur.
Des Denkens Faden ist zerrissen,
Mir ekelt lange vor allem Wissen.
Laß in den Tiefen der Sinnlichkeit   1750
Uns glühende Leidenschaften stillen!
In undurchdrungnen Zauberhüllen
Sei jedes Wunder gleich bereit!
Stürzen wir uns in das Rauschen der Zeit,
Ins Rollen der Begebenheit!   1755
Da mag denn Schmerz und Genuß,
Gelingen und Verdruß
Mit einander wechseln, wie es kann;
Nur rastlos betätigt sich der Mann.
MEPHISTOPHELES. Euch ist kein Maß und Ziel gesetzt.   1760
Beliebt's Euch, überall zu naschen,
Im Fliehen etwas zu erhaschen,
Bekomm' Euch wohl, was Euch ergetzt.
Nur greift mir zu und seid nicht blöde!
FAUST. Du hörest ja, von Freud' ist nicht die Rede.   1765
Dem Taumel weih' ich mich, dem schmerzlichsten Genuß,
Verliebtem Haß, erquickendem Verdruß.

Mein Busen, der vom Wissensdrang geheilt ist,
Soll keinen Schmerzen künftig sich verschließen,
Und was der ganzen Menschheit zugeteilt ist,   1770
Will ich in meinem innern Selbst genießen,
Mit meinem Geist das Höchst' und Tiefste greifen,
Ihr Wohl und Weh auf meinen Busen häufen,
Und so mein eigen Selbst zu ihrem Selbst erweitern,
Und, wie sie selbst, am End' auch ich zerscheitern.   1775
MEPHISTOPHELES. O glaube mir, der manche tausend Jahre
An dieser harten Speise kaut,
Daß von der Wiege bis zur Bahre
Kein Mensch den alten Sauerteig verdaut!
Glaub unsereinem: dieses Ganze   1780
Ist nur für einen Gott gemacht!
Er findet sich in einem ew'gen Glanze,
Uns hat er in die Finsternis gebracht,
Und euch taugt einzig Tag und Nacht.
FAUST. Allein ich will!
MEPHISTOPHELES.   Das läßt sich hören!   1785
Doch nur vor einem ist mir bang:
Die Zeit ist kurz, die Kunst ist lang.
Ich dächt', Ihr ließet Euch belehren.
Assoziiert Euch mit einem Poeten,
Laßt den Herrn in Gedanken schweifen,   1790
Und alle edlen Qualitäten
Auf Euren Ehrenscheitel häufen,
Des Löwen Mut,
Des Hirsches Schnelligkeit,
Des Italieners feurig Blut,   1795
Des Nordens Dau'rbarkeit.
Laßt ihn Euch das Geheimnis finden,
Großmut und Arglist zu verbinden,
Und Euch, mit warmen Jugendtrieben,
Nach einem Plane zu verlieben.   1800
Möchte selbst solch einen Herren kennen,
Würd' ihn Herrn Mikrokosmus nennen.
FAUST. Was bin ich denn, wenn es nicht möglich ist,
Der Menschheit Krone zu erringen,
Nach der sich alle Sinne dringen?   1805

MEPHISTOPHELES. Du bist am Ende – was du bist.
Setz dir Perücken auf von Millionen Locken,
Setz deinen Fuß auf ellenhohe Socken,
Du bleibst doch immer, was du bist.
FAUST. Ich fühl's, vergebens hab' ich alle Schätze   1810
Des Menschengeists auf mich herbeigerafft,
Und wenn ich mich am Ende niedersetze,
Quillt innerlich doch keine neue Kraft;
Ich bin nicht um ein Haar breit höher,
Bin dem Unendlichen nicht näher.   1815
MEPHISTOPHELES. Mein guter Herr, Ihr seht die Sachen,
Wie man die Sachen eben sieht;
Wir müssen das gescheiter machen,
Eh' uns des Lebens Freude flieht.
Was Henker! freilich Händ' und Füße   1820
Und Kopf und H – –, die sind dein;
Doch alles, was ich frisch genieße,
Ist das drum weniger mein?
Wenn ich sechs Hengste zahlen kann,
Sind ihre Kräfte nicht die meine?   1825
Ich renne zu und bin ein rechter Mann,
Als hätt' ich vierundzwanzig Beine.
Drum frisch! Laß alles Sinnen sein,
Und grad' mit in die Welt hinein!
Ich sag' es dir: ein Kerl, der spekuliert,   1830
Ist wie ein Tier, auf dürrer Heide
Von einem bösen Geist im Kreis herumgeführt,
Und rings umher liegt schöne grüne Weide.
FAUST. Wie fangen wir das an?
MEPHISTOPHELES.   Wir gehen eben fort.
Was ist das für ein Marterort?   1835
Was heißt das für ein Leben führen,
Sich und die Jungens ennuyieren?
Laß du das dem Herrn Nachbar Wanst!
Was willst du dich das Stroh zu dreschen plagen?
Das Beste, was du wissen kannst,   1840
Darfst du den Buben doch nicht sagen.
Gleich hör' ich einen auf dem Gange!
FAUST. Mir ist's nicht möglich, ihn zu sehn.

MEPHISTOPHELES. Der arme Knabe wartet lange,
　　Der darf nicht ungetröstet gehn.   1845
　　Komm, gib mir deinen Rock und Mütze;
　　Die Maske muß mir köstlich stehn. Er kleidet sich um.
　　Nun überlaß es meinem Witze!
　　Ich brauche nur ein Viertelstündchen Zeit;
　　Indessen mache dich zur schönen Fahrt bereit! Faust ab.   1850
MEPHISTOPHELES in Fausts langem Kleide.
　　Verachte nur Vernunft und Wissenschaft,
　　Des Menschen allerhöchste Kraft,
　　Laß nur in Blend- und Zauberwerken
　　Dich von dem Lügengeist bestärken,
　　So hab’ ich dich schon unbedingt –   1855
　　Ihm hat das Schicksal einen Geist gegeben,
　　Der ungebändigt immer vorwärts dringt,
　　Und dessen übereiltes Streben
　　Der Erde Freuden überspringt.
　　Den schlepp’ ich durch das wilde Leben,   1860
　　Durch flache Unbedeutenheit,
　　Er soll mir zappeln, starren, kleben,
　　Und seiner Unersättlichkeit
　　Soll Speis’ und Trank vor gier’gen Lippen schweben;
　　Er wird Erquickung sich umsonst erflehn,   1865
　　Und hätt’ er sich auch nicht dem Teufel übergeben,
　　Er müßte doch zugrunde gehn!

　　　　　　　　Ein Schüler tritt auf.

SCHÜLER. Ich bin allhier erst kurze Zeit,
　　Und komme voll Ergebenheit,
　　Einen Mann zu sprechen und zu kennen,   1870
　　Den alle mir mit Ehrfurcht nennen.
MEPHISTOPHELES. Eure Höflichkeit erfreut mich sehr!
　　Ihr seht einen Mann wie andre mehr.
　　Habt Ihr Euch sonst schon umgetan?
SCHÜLER. Ich bitt’ Euch, nehmt Euch meiner an!   1875
　　Ich komme mit allem guten Mut,
　　Leidlichem Geld und frischem Blut;
　　Meine Mutter wollte mich kaum entfernen,
　　Möchte gern was Rechts hieraußen lernen.

MEPHISTOPHELES. Da seid Ihr eben recht am Ort. 1880
SCHÜLER. Aufrichtig, möchte schon wieder fort:
In diesen Mauern, diesen Hallen
Will es mir keineswegs gefallen.
Es ist ein gar beschränkter Raum,
Man sieht nichts Grünes, keinen Baum, 1885
Und in den Sälen auf den Bänken
Vergeht mir Hören, Sehn und Denken.
MEPHISTOPHELES. Das kommt nur auf Gewohnheit an.
So nimmt ein Kind der Mutter Brust
Nicht gleich im Anfang willig an, 1890
Doch bald ernährt es sich mit Lust.
So wird's Euch an der Weisheit Brüsten
Mit jedem Tage mehr gelüsten.
SCHÜLER. An ihrem Hals will ich mit Freuden hangen;
Doch sagt mir nur, wie kann ich hingelangen? 1895
MEPHISTOPHELES. Erklärt Euch, eh' Ihr weiter geht,
Was wählt Ihr für eine Fakultät?
SCHÜLER. Ich wünschte recht gelehrt zu werden,
Und möchte gern, was auf der Erden
Und in dem Himmel ist, erfassen, 1900
Die Wissenschaft und die Natur.
MEPHISTOPHELES. Da seid Ihr auf der rechten Spur;
Doch müßt Ihr Euch nicht zerstreuen lassen.
SCHÜLER. Ich bin dabei mit Seel' und Leib;
Doch freilich würde mir behagen 1905
Ein wenig Freiheit und Zeitvertreib
An schönen Sommerfeiertagen.
MEPH. Gebraucht der Zeit, sie geht so schnell von hinnen,
Doch Ordnung lehrt Euch Zeit gewinnen.
Mein teurer Freund, ich rat' Euch drum 1910
Zuerst Collegium Logicum.
Da wird der Geist Euch wohl dressiert,
In spanische Stiefeln eingeschnürt,
Daß er bedächtiger so fortan
Hinschleiche die Gedankenbahn, 1915
Und nicht etwa, die Kreuz und Quer,
Irrlichteliere hin und her.
Dann lehret man Euch manchen Tag,

Daß, was Ihr sonst auf einen Schlag
Getrieben, wie Essen und Trinken frei,   1920
Eins! Zwei! Drei! dazu nötig sei.
Zwar ist's mit der Gedankenfabrik
Wie mit einem Weber-Meisterstück,
Wo ein Tritt tausend Fäden regt,
Die Schifflein herüber hinüber schießen,   1925
Die Fäden ungesehen fließen,
Ein Schlag tausend Verbindungen schlägt:
Der Philosoph, der tritt herein
Und beweist Euch, es müßt' so sein:
Das Erst' wär' so, das Zweite so,   1930
Und drum das Dritt' und Vierte so,
Und wenn das Erst' und Zweit' nicht wär',
Das Dritt' und Viert' wär' nimmermehr.
Das preisen die Schüler aller Orten,
Sind aber keine Weber geworden.   1935
Wer will was Lebendigs erkennen und beschreiben,
Sucht erst den Geist heraus zu treiben,
Dann hat er die Teile in seiner Hand,
Fehlt leider! nur das geistige Band.
Encheiresin naturae nennt's die Chemie,   1940
Spottet ihrer selbst und weiß nicht wie.
SCHÜLER. Kann Euch nicht eben ganz verstehen.
MEPHISTOPHELES. Das wird nächstens schon besser gehen,
  Wenn Ihr lernt alles reduzieren
  Und gehörig klassifizieren.   1945
SCHÜLER. Mir wird von alle dem so dumm,
  Als ging' mir ein Mühlrad im Kopf herum.
MEPHISTOPHELES. Nachher, vor allen andern Sachen,
  Müßt Ihr Euch an die Metaphysik machen!
  Da seht, daß Ihr tiefsinnig faßt,   1950
  Was in des Menschen Hirn nicht paßt;
  Für was drein geht und nicht drein geht,
  Ein prächtig Wort zu Diensten steht.
  Doch vorerst dieses halbe Jahr
  Nehmt ja der besten Ordnung wahr.   1955
  Fünf Stunden habt Ihr jeden Tag;
  Seid drinnen mit dem Glockenschlag!

Habt Euch vorher wohl präpariert,
Paragraphos wohl einstudiert,
Damit Ihr nachher besser seht,   1960
Daß er nichts sagt, als was im Buche steht;
Doch Euch des Schreibens ja befleißt,
Als diktiert' Euch der Heilig' Geist!

SCHÜLER. Das sollt Ihr mir nicht zweimal sagen!
Ich denke mir, wie viel es nützt;   1965
Denn, was man schwarz auf weiß besitzt,
Kann man getrost nach Hause tragen.

MEPHISTOPHELES. Doch wählt mir eine Fakultät!

SCHÜLER.
Zur Rechtsgelehrsamkeit kann ich mich nicht bequemen.

MEPH. Ich kann es Euch so sehr nicht übel nehmen,   1970
Ich weiß, wie es um diese Lehre steht.
Es erben sich Gesetz' und Rechte
Wie eine ew'ge Krankheit fort,
Sie schleppen von Geschlecht sich zum Geschlechte
Und rücken sacht von Ort zu Ort.   1975
Vernunft wird Unsinn, Wohltat Plage;
Weh dir, daß du ein Enkel bist!
Vom Rechte, das mit uns geboren ist,
Von dem ist leider! nie die Frage.

SCHÜLER. Mein Abscheu wird durch Euch vermehrt.   1980
O glücklich der, den Ihr belehrt!
Fast möcht' ich nun Theologie studieren.

MEPHISTOPHELES. Ich wünschte nicht, Euch irre zu führen.
Was diese Wissenschaft betrifft,
Es ist so schwer, den falschen Weg zu meiden,   1985
Es liegt in ihr so viel verborgnes Gift,
Und von der Arzenei ist's kaum zu unterscheiden.
Am besten ist's auch hier, wenn Ihr nur Einen hört,
Und auf des Meisters Worte schwört.
Im ganzen – haltet Euch an Worte!   1990
Dann geht Ihr durch die sichre Pforte
Zum Tempel der Gewißheit ein.

SCHÜLER. Doch ein Begriff muß bei dem Worte sein.

MEPHISTOPHELES.
  Schon gut! Nur muß man sich nicht allzu ängstlich quälen;
  Denn eben wo Begriffe fehlen,   1995
  Da stellt ein Wort zur rechten Zeit sich ein.
  Mit Worten läßt sich trefflich streiten,
  Mit Worten ein System bereiten,
  An Worte läßt sich trefflich glauben,
  Von einem Wort läßt sich kein Jota rauben.   2000

SCHÜLER. Verzeiht, ich halt' Euch auf mit vielen Fragen,
  Allein ich muß Euch noch bemühn.
  Wollt Ihr mir von der Medizin
  Nicht auch ein kräftig Wörtchen sagen?
  Drei Jahr' ist eine kurze Zeit,   2005
  Und, Gott! das Feld ist gar zu weit.
  Wenn man einen Fingerzeig nur hat,
  Läßt sich's schon eher weiter fühlen.

MEPHISTOPHELES für sich. Ich bin des trocknen Tons nun satt,
  Muß wieder recht den Teufel spielen.   2010
  Laut. Der Geist der Medizin ist leicht zu fassen;
  Ihr durchstudiert die groß' und kleine Welt,
  Um es am Ende gehn zu lassen,
  Wie's Gott gefällt.
  Vergebens, daß Ihr ringsum wissenschaftlich schweift,   2015
  Ein jeder lernt nur, was er lernen kann;
  Doch der den Augenblick ergreift,
  Das ist der rechte Mann.
  Ihr seid noch ziemlich wohl gebaut,
  An Kühnheit wird's Euch auch nicht fehlen,   2020
  Und wenn Ihr Euch nur selbst vertraut,
  Vertrauen Euch die andern Seelen.
  Besonders lernt die Weiber führen;
  Es ist ihr ewig Weh und Ach
  So tausendfach   2025
  Aus einem Punkte zu kurieren,
  Und wenn Ihr halbweg ehrbar tut,
  Dann habt Ihr sie all' unterm Hut.
  Ein Titel muß sie erst vertraulich machen,
  Daß Eure Kunst viel Künste übersteigt;   2030

Zum Willkomm tappt Ihr dann nach allen Siebensachen,
Um die ein andrer viele Jahre streicht,
Versteht das Pülslein wohl zu drücken,
Und fasset sie, mit feurig schlauen Blicken,
Wohl um die schlanke Hüfte frei,   2035
Zu sehn, wie fest geschnürt sie sei.

SCHÜLER.
Das sieht schon besser aus! Man sieht doch, wo und wie.

MEPHISTOPHELES. Grau, teurer Freund, ist alle Theorie,
Und grün des Lebens goldner Baum.

SCHÜLER. Ich schwör' Euch zu, mir ist's als wie ein Traum. 2040
Dürft' ich Euch wohl ein andermal beschweren,
Von Eurer Weisheit auf den Grund zu hören?

MEPHISTOPHELES. Was ich vermag, soll gern geschehn.

SCHÜLER. Ich kann unmöglich wieder gehn,
Ich muß Euch noch mein Stammbuch überreichen.   2045
Gönn' Eure Gunst mir dieses Zeichen!

MEPHISTOPHELES. Sehr wohl. Er schreibt und gibt's.
SCHÜLER liest.
Eritis sicut Deus scientes bonum et malum.

          Macht's ehrerbietig zu und empfiehlt sich.

MEPHISTOPHELES. Folg' nur dem alten Spruch und meiner
                              Muhme, der Schlange,
Dir wird gewiß einmal bei deiner Gottähnlichkeit bange! 2050
          Faust tritt auf.

FAUST. Wohin soll es nun gehn?

MEPHISTOPHELES.   Wohin es dir gefällt.
Wir sehn die kleine, dann die große Welt.
Mit welcher Freude, welchem Nutzen
Wirst du den Cursum durchschmarutzen!

FAUST. Allein bei meinem langen Bart   2055
Fehlt mir die leichte Lebensart.
Es wird mir der Versuch nicht glücken;
Ich wußte nie mich in die Welt zu schicken.
Vor andern fühl' ich mich so klein;
Ich werde stets verlegen sein.   2060

MEPH. Mein guter Freund, das wird sich alles geben;
  Sobald du dir vertraust, sobald weißt du zu leben.

FAUST. Wie kommen wir denn aus dem Haus?
  Wo hast du Pferde, Knecht und Wagen?

MEPHISTOPHELES. Wir breiten nur den Mantel aus,   2065
  Der soll uns durch die Lüfte tragen.
  Du nimmst bei diesem kühnen Schritt
  Nur keinen großen Bündel mit.
  Ein bißchen Feuerluft, die ich bereiten werde,
  Hebt uns behend von dieser Erde.   2070
  Und sind wir leicht, so geht es schnell hinauf;
  Ich gratuliere dir zum neuen Lebenslauf!

AUERBACHS KELLER IN LEIPZIG

Zeche lustiger Gesellen.

FROSCH. Will keiner trinken? keiner lachen?
  Ich will euch lehren Gesichter machen!
  Ihr seid ja heut wie nasses Stroh,   2075
  Und brennt sonst immer lichterloh.

BRANDER. Das liegt an dir; du bringst ja nichts herbei,
  Nicht eine Dummheit, keine Sauerei.

FROSCH gießt ihm ein Glas Wein über den Kopf.
  Da hast du beides!

BRANDER.   Doppelt Schwein!

FROSCH. Ihr wollt es ja, man soll es sein!   2080

SIEBEL. Zur Tür hinaus, wer sich entzweit!
  Mit offner Brust singt Runda, sauft und schreit!
  Auf! Holla! Ho!

ALTMAYER.   Weh mir, ich bin verloren!
  Baumwolle her! der Kerl sprengt mir die Ohren.

SIEBEL. Wenn das Gewölbe widerschallt,   2085
  Fühlt man erst recht des Basses Grundgewalt.

FROSCH. So recht, hinaus mit dem, der etwas übel nimmt!
  A! tara lara da!

ALTMAYER. A! tara lara da!

FROSCH.   Die Kehlen sind gestimmt.

   Singt. Das liebe heil'ge Röm'sche Reich,   2090
      Wie hält's nur noch zusammen?

BRANDER. Ein garstig Lied! Pfui! ein politisch Lied
  Ein leidig Lied! Dankt Gott mit jedem Morgen,
  Daß ihr nicht braucht fürs Röm'sche Reich zu sorgen!
  Ich halt' es wenigstens für reichlichen Gewinn,   2095
  Daß ich nicht Kaiser oder Kanzler bin.
  Doch muß auch uns ein Oberhaupt nicht fehlen;
  Wir wollen einen Papst erwählen.
  Ihr wißt, welch eine Qualität
  Den Ausschlag gibt, den Mann erhöht.   2100

FROSCH singt. Schwing dich auf, Frau Nachtigall,
      Grüß' mir mein Liebchen zehentausendmal.

SIEBEL. Dem Liebchen keinen Gruß! ich will davon nichts

FROSCH.   [hören!
  Dem Liebchen Gruß und Kuß! du wirst mir's nicht
    Singt. Riegel auf! in stiller Nacht.   [verwehren!2105
    Riegel auf! der Liebste wacht.
    Riegel zu! des Morgens früh.

SIEBEL. Ja, singe, singe nur und lob' und rühme sie!
  Ich will zu meiner Zeit schon lachen.
  Sie hat mich angeführt, dir wird sie's auch so machen.   2110
  Zum Liebsten sei ein Kobold ihr beschert!
  Der mag mit ihr auf einem Kreuzweg schäkern;
  Ein alter Bock, wenn er vom Blocksberg kehrt,
  Mag im Galopp noch gute Nacht ihr meckern!
  Ein braver Kerl von echtem Fleisch und Blut   2115
  Ist für die Dirne viel zu gut.
  Ich will von keinem Gruße wissen,
  Als ihr die Fenster eingeschmissen!

BRANDER auf den Tisch schlagend.
  Paßt auf! paßt auf! Gehorchet mir!
  Ihr Herrn, gesteht, ich weiß zu leben;   2120
  Verliebte Leute sitzen hier,
  Und diesen muß, nach Standsgebühr,
  Zur guten Nacht ich was zum besten geben.

Gebt acht! Ein Lied vom neusten Schnitt!
Und singt den Rundreim kräftig mit!   2125
Er singt. Es war eine Ratt' im Kellernest,
         Lebte nur von Fett und Butter,
         Hatte sich ein Ränzlein angemäst't,
         Als wie der Doktor Luther.
         Die Köchin hatt' ihr Gift gestellt;   2130
         Da ward's so eng ihr in der Welt,
         Als hätte sie Lieb' im Leibe.
CHORUS jauchzend. Als hätte sie Lieb' im Leibe.
BRANDER. Sie fuhr herum, sie fuhr heraus,
         Und soff aus allen Pfützen,   2135
         Zernagt', zerkratzt' das ganze Haus,
         Wollte nichts ihr Wüten nützen;
         Sie tät gar manchen Ängstesprung,
         Bald hatte das arme Tier genung,
         Als hätt' es Lieb' im Leibe.   2140
CHORUS.   Als hätt' es Lieb' im Leibe.
BRANDER. Sie kam für Angst am hellen Tag
         Der Küche zugelaufen,
         Fiel an den Herd und zuckt' und lag,
         Und tät erbärmlich schnaufen.   2145
         Da lachte die Vergifterin noch:
         Ha! sie pfeift auf dem letzten Loch,
         Als hätte sie Lieb' im Leibe.
CHORUS.   Als hätte sie Lieb' im Leibe.
SIEBEL. Wie sich die platten Bursche freuen!   2150
Es ist mir eine rechte Kunst,
Den armen Ratten Gift zu streuen!
BRANDER. Sie stehn wohl sehr in deiner Gunst?
ALTMAYER. Der Schmerbauch mit der kahlen Platte!
Das Unglück macht ihn zahm und mild;   2155
Er sieht in der geschwollnen Ratte
Sein ganz natürlich Ebenbild.
        Faust und Mephistopheles treten auf.
MEPHISTOPHELES. Ich muß dich nun vor allen Dingen
In lustige Gesellschaft bringen,
Damit du siehst, wie leicht sich's leben läßt.   2160
Dem Volke hier wird jeder Tag ein Fest.

Mit wenig Witz und viel Behagen
Dreht jeder sich im engen Zirkeltanz,
Wie junge Katzen mit dem Schwanz.
Wenn sie nicht über Kopfweh klagen,   2165
So lang' der Wirt nur weiter borgt,
Sind sie vergnügt und unbesorgt.
BRANDER. Die kommen eben von der Reise,
Man sieht's an ihrer wunderlichen Weise;
Sie sind nicht eine Stunde hier.   2170
FROSCH.
Wahrhaftig, du hast recht! Mein Leipzig lob' ich mir!
Es ist ein klein Paris, und bildet seine Leute.
SIEBEL. Für was siehst du die Fremden an?
FROSCH. Laßt mich nur gehn! Bei einem vollen Glase
Zieh' ich, wie einen Kinderzahn,   2175
Den Burschen leicht die Würmer aus der Nase.
Sie scheinen mir aus einem edlen Haus,
Sie sehen stolz und unzufrieden aus.
BRANDER. Marktschreier sind's gewiß, ich wette!
ALTMAYER. Vielleicht.
FROSCH.   Gib acht, ich schraube sie!   2180
MEPH. zu Faust. Den Teufel spürt das Völkchen nie,
Und wenn er sie beim Kragen hätte.
FAUST. Seid uns gegrüßt, ihr Herrn!
SIEBEL.   Viel Dank zum Gegengruß.
        Leise, Mephistopheles von der Seite ansehend.
Was hinkt der Kerl auf einem Fuß?
MEPH. Ist es erlaubt, uns auch zu euch zu setzen?   2185
Statt eines guten Trunks, den man nicht haben kann,
Soll die Gesellschaft uns ergetzen.
ALTMAYER. Ihr scheint ein sehr verwöhnter Mann.
FROSCH. Ihr seid wohl spät von Rippach aufgebrochen?
Habt ihr mit Herren Hans noch erst zu Nacht gespeist? 2190
MEPHISTOPHELES. Heut sind wir ihn vorbeigereist!
Wir haben ihn das letzte Mal gesprochen.
Von seinen Vettern wußt' er viel zu sagen,
Viel Grüße hat er uns an jeden aufgetragen.
        Er neigt sich gegen Frosch.

ALTMAYER leise. Da hast du's! der versteht's!
SIEBEL.   Ein pfiffiger Patron! 2195
FROSCH. Nun, warte nur, ich krieg' ihn schon!
MEPHISTOPHELES. Wenn ich nicht irrte, hörten wir
  Geübte Stimmen Chorus singen?
  Gewiß, Gesang muß trefflich hier
  Von dieser Wölbung widerklingen!   2200
FROSCH. Seid Ihr wohl gar ein Virtuos?
MEPHISTOPHELES.
  O nein! die Kraft ist schwach, allein die Lust ist groß.
ALTMAYER. Gebt uns ein Lied!
MEPHISTOPHELES.   Wenn ihr begehrt, die Menge
SIEBEL. Nur auch ein nagelneues Stück!
MEPHISTOPHELES. Wir kommen erst aus Spanien zurück,2205
  Dem schönen Land des Weins und der Gesänge.
      Singt. Es war einmal ein König,
        Der hatt' einen großen Floh –
FROSCH. Horcht! Einen Floh! Habt ihr das wohl gefaßt?
  Ein Floh ist mir ein saubrer Gast.   2210
MEPHISTOPHELES singt. Es war einmal ein König,
        Der hatt' einen großen Floh,
        Den liebt' er gar nicht wenig,
        Als wie seinen eignen Sohn.
        Da rief er seinen Schneider,   2215
        Der Schneider kam heran:
        Da, miß dem Junker Kleider
        Und miß ihm Hosen an!
BRANDER. Vergeßt nur nicht, dem Schneider einzuschärfen,
  Daß er mir aufs genauste mißt,   2220
  Und daß, so lieb sein Kopf ihm ist,
  Die Hosen keine Falten werfen!
MEPHISTOPHELES. In Sammet und in Seide
        War er nun angetan,
        Hatte Bänder auf dem Kleide,   2225
        Hatt' auch ein Kreuz daran,
        Und war sogleich Minister,
        Und hatt' einen großen Stern.
        Da wurden seine Geschwister
        Bei Hof' auch große Herrn.   2230

           Und Herrn und Fraun am Hofe,
           Die waren sehr geplagt,
           Die Königin und die Zofe
           Gestochen und genagt,
           Und durften sie nicht knicken,   2235
           Und weg sie jucken nicht.
           Wir knicken und ersticken
           Doch gleich, wenn einer sticht.
CHORUS jauchzend. Wir knicken und ersticken
           Doch gleich, wenn einer sticht.   2240
FROSCH. Bravo! Bravo! Das war schön!
SIEBEL. So soll es jedem Floh ergehn!
BRANDER. Spitzt die Finger und packt sie fein!
ALTMAYER. Es lebe die Freiheit! Es lebe der Wein!
MEPHISTOPHELES.
    Ich tränke gern ein Glas, die Freiheit hoch zu ehren,   2245
    Wenn eure Weine nur ein bißchen besser wären.
SIEBEL. Wir mögen das nicht wieder hören!
MEPHISTOPHELES. Ich fürchte nur, der Wirt beschweret sich;
    Sonst gäb' ich diesen werten Gästen
    Aus unserm Keller was zum besten.   2250
SIEBEL. Nur immer her! ich nehm's auf mich.
FROSCH. Schafft Ihr ein gutes Glas, so wollen wir Euch loben.
    Nur gebt nicht gar zu kleine Proben;
    Denn wenn ich judizieren soll,
    Verlang' ich auch das Maul recht voll.   2255
ALTMAYER leise. Sie sind vom Rheine, wie ich spüre.
MEPHISTOPHELES. Schafft einen Bohrer an!
BRANDER.   Was soll mit dem geschehn?
    Ihr habt doch nicht die Fässer vor der Türe?
ALTMAYER.
    Dahinten hat der Wirt ein Körbchen Werkzeug stehn.
MEPHISTOPHELES nimmt den Bohrer.
    Zu Frosch. Nun sagt, was wünschet Ihr zu schmecken?   2260
FROSCH. Wie meint Ihr das? Habt Ihr so mancherlei?
MEPHISTOPHELES. Ich stell' es einem jeden frei.
ALTMAYER zu Frosch.
    Aha! du fängst schon an, die Lippen abzulecken.

FROSCH.
Gut! wenn ich wählen soll, so will ich Rheinwein haben.
Das Vaterland verleiht die allerbesten Gaben.   2265

MEPHISTOPHELES indem er an dem Platz, wo Frosch sitzt, ein Loch
in den Tischrand bohrt.

Verschafft ein wenig Wachs, die Pfropfen gleich zu machen!

ALTMAYER. Ach, das sind Taschenspielersachen.

MEPHISTOPHELES zu Brander. Und Ihr?

BRANDER.   Ich will Champagner Wein,
Und recht moussierend soll er sein!

MEPHISTOPHELES bohrt; einer hat indessen die Wachspfropfen
gemacht und verstopft.

BRANDER. Man kann nicht stets das Fremde meiden,   2270
Das Gute liegt uns oft so fern.
Ein echter deutscher Mann mag keinen Franzen leiden,
Doch ihre Weine trinkt er gern.

SIEBEL indem sich Mephistopheles seinem Platze nähert.
Ich muß gestehn, den sauren mag ich nicht,
Gebt mir ein Glas vom echten süßen!   2275

MEPHISTOPHELES bohrt. Euch soll sogleich Tokayer fließen.

ALTMAYER. Nein, Herren, seht mir ins Gesicht!
Ich seh' es ein, ihr habt uns nur zum besten.

MEPHISTOPHELES. Ei! Ei! Mit solchen edlen Gästen
Wär' es ein bißchen viel gewagt.   2280
Geschwind! Nur grad' heraus gesagt!
Mit welchem Weine kann ich dienen?

ALTMAYER. Mit jedem! Nur nicht lang gefragt.
          Nachdem die Löcher alle gebohrt und verstopft sind,

MEPHISTOPHELES mit seltsamen Gebärden.
          Trauben trägt der Weinstock!
          Hörner der Ziegenbock;   2285
          Der Wein ist saftig, Holz die Reben,
          Der hölzerne Tisch kann Wein auch geben.
          Ein tiefer Blick in die Natur!
          Hier ist ein Wunder, glaubet nur!
Nun zieht die Pfropfen und genießt!   2290

ALLE indem sie die Pfropfen ziehen und jedem der verlangte Wein
  ins Glas läuft. O schöner Brunnen, der uns fließt!
MEPHISTOPHELES. Nur hütet euch, daß ihr mir nichts
                    Sie trinken wiederholt.   [vergießt!
ALLE singen. Uns ist ganz kannibalisch wohl,
          Als wie fünfhundert Säuen!
MEPH. Das Volk ist frei, seht an, wie wohl's ihm geht!   2295
FAUST. Ich hätte Lust, nun abzufahren.
MEPHISTOPHELES. Gib nur erst acht, die Bestialität
  Wird sich gar herrlich offenbaren.
SIEBEL trinkt unvorsichtig, der Wein fließt auf die Erde und wird
  zur Flamme. Helft! Feuer! helft! Die Hölle brennt!
MEPHISTOPHELES die Flamme besprechend.
  Sei ruhig, freundlich Element!   2300
                  Zu dem Gesellen.
  Für diesmal war es nur ein Tropfen Fegefeuer.
SIEBEL. Was soll das sein? Wart! Ihr bezahlt es teuer!
  Es scheinet, daß Ihr uns nicht kennt.
FROSCH. Laß Er uns das zum zweiten Male bleiben!
ALTM. Ich dächt', wir hießen ihn ganz sachte seitwärts gehn. 2305
SIEBEL. Was, Herr? Er will sich unterstehn,
  Und hier sein Hokuspokus treiben?
MEPHISTOPHELES. Still, altes Weinfaß!
SIEBEL.   Besenstiel!
  Du willst uns gar noch grob begegnen?
BRANDER. Wart' nur, es sollen Schläge regnen!   2310
ALTMAYER zieht einen Pfropf aus dem Tisch, es springt ihm Feuer
  entgegen. Ich brenne! ich brenne!
SIEBEL.   Zauberei!
  Stoßt zu! der Kerl ist vogelfrei!
      Sie ziehen die Messer und gehn auf Mephistopheles los.
MEPHISTOPHELES mit ernsthafter Gebärde.
                  Falsch Gebild und Wort
                  Verändern Sinn und Ort!
                  Seid hier und dort!   2315
          Sie stehn erstaunt und sehn einander an.
ALTMAYER. Wo bin ich? Welches schöne Land!
FROSCH. Weinberge! Seh' ich recht?
SIEBEL.   Und Trauben gleich zur Hand!

BRANDER. Hier unter diesem grünen Laube,
  Seht, welch ein Stock! Seht, welche Traube!
    Er faßt Siebeln bei der Nase. Die andern tun es wechselseitig und
    heben die Messer.
MEPH. wie oben. Irrtum, laß los der Augen Band! 2320
  Und merkt euch, wie der Teufel spaße.
    Er verschwindet mit Faust, die Gesellen fahren auseinander.
SIEBEL. Was gibt's?
ALTMAYER.   Wie?
FROSCH.   War das deine Nase?
BRANDER zu Siebel. Und deine hab' ich in der Hand!
ALTMAYER. Es war ein Schlag, der ging durch alle Glieder!
  Schafft einen Stuhl, ich sinke nieder! 2325
FROSCH. Nein, sagt mir nur, was ist geschehn?
SIEBEL. Wo ist der Kerl? Wenn ich ihn spüre,
  Er soll mir nicht lebendig gehn!
ALTMAYER. Ich hab' ihn selbst hinaus zur Kellertüre –
  Auf einem Fasse reiten sehn – – 2330
  Es liegt mir bleischwer in den Füßen.
          Sich nach dem Tische wendend.
  Mein! Sollte wohl der Wein noch fließen?
SIEBEL. Betrug war alles, Lug und Schein.
FROSCH. Mir deuchte doch, als tränk' ich Wein.
BRANDER. Aber wie war es mit den Trauben? 2335
ALTMAYER.
  Nun sag' mir eins, man soll kein Wunder glauben!

HEXENKÜCHE

Auf einem niedrigen Herde steht ein großer Kessel über dem Feuer.
In dem Dampfe, der davon in die Höhe steigt, zeigen sich verschiedene Gestalten. Eine Meerkatze sitzt bei dem Kessel und schäumt
ihn, und sorgt, daß er nicht überläuft. Der Meerkater mit den
Jungen sitzt daneben und wärmt sich. Wände und Decke sind mit
dem seltsamsten Hexenhausrat ausgeschmückt.

    Faust. Mephistopheles.

FAUST. Mir widersteht das tolle Zauberwesen!
  Versprichst du mir, ich soll genesen
  In diesem Wust von Raserei?

Verlang' ich Rat von einem alten Weibe?   2340
Und schafft die Sudelköcherei
Wohl dreißig Jahre mir vom Leibe?
Weh mir, wenn du nichts Bessers weißt!
Schon ist die Hoffnung mir verschwunden.
Hat die Natur und hat ein edler Geist   2345
Nicht irgendeinen Balsam ausgefunden?

MEPHISTOPHELES. Mein Freund, nun sprichst du wieder klug!
Dich zu verjüngen, gibt's auch ein natürlich Mittel;
Allein es steht in einem andern Buch,
Und ist ein wunderlich Kapitel.   2350

FAUST. Ich will es wissen.
MEPHISTOPHELES.   Gut! Ein Mittel, ohne Geld
Und Arzt und Zauberei zu haben:
Begib dich gleich hinaus aufs Feld,
Fang an zu hacken und zu graben,
Erhalte dich und deinen Sinn   2355
In einem ganz beschränkten Kreise,
Ernähre dich mit ungemischter Speise,
Leb mit dem Vieh als Vieh, und acht es nicht für Raub,
Den Acker, den du erntest, selbst zu düngen;
Das ist das beste Mittel, glaub,   2360
Auf achtzig Jahr dich zu verjüngen!

FAUST.
Das bin ich nicht gewöhnt, ich kann mich nicht bequemen,
Den Spaten in die Hand zu nehmen.
Das enge Leben steht mir gar nicht an.

MEPHISTOPHELES. So muß denn doch die Hexe dran.   2365

FAUST. Warum denn just das alte Weib!
Kannst du den Trank nicht selber brauen?

MEPHISTOPHELES. Das wär' ein schöner Zeitvertreib!
Ich wollt' indes wohl tausend Brücken bauen.
Nicht Kunst und Wissenschaft allein,   2370
Geduld will bei dem Werke sein.
Ein stiller Geist ist Jahre lang geschäftig,
Die Zeit nur macht die feine Gärung kräftig.
Und alles, was dazu gehört,
Es sind gar wunderbare Sachen!   2375

Der Teufel hat sie's zwar gelehrt;
Allein der Teufel kann's nicht machen. *Die Tiere erblickend.*
Sieh, welch ein zierliches Geschlecht!
Das ist die Magd! das ist der Knecht!
Zu den Tieren. Es scheint, die Frau ist nicht zu Hause?   2380

DIE TIERE.   Beim Schmause,
            Aus dem Haus
            Zum Schornstein hinaus!

MEPHISTOPHELES. Wie lange pflegt sie wohl zu schwärmen?

DIE TIERE. So lange wir uns die Pfoten wärmen.   2385

MEPHISTOPHELES *zu Faust.* Wie findest du die zarten Tiere?

FAUST. So abgeschmackt, als ich nur jemand sah!

MEPHISTOPHELES. Nein, ein Diskurs wie dieser da
Ist grade der, den ich am liebsten führe!
Zu den Tieren. So sagt mir doch, verfluchte Puppen,   2390
Was quirlt ihr in dem Brei herum?

DIE TIERE. Wir kochen breite Bettelsuppen.

MEPHISTOPHELES. Da habt ihr ein groß Publikum.

DER KATER *macht sich herbei und schmeichelt dem Mephistopheles.*
       O würfle nur gleich
       Und mache mich reich,   2395
       Und laß mich gewinnen!
       Gar schlecht ist's bestellt,
       Und wär' ich bei Geld,
       So wär' ich bei Sinnen.

MEPH. Wie glücklich würde sich der Affe schätzen,   2400
Könnt' er nur auch ins Lotto setzen!
Indessen haben die jungen Meerkätzchen mit einer großen Kugel gespielt und rollen sie hervor.

DER KATER.   Das ist die Welt;
       Sie steigt und fällt
       Und rollt beständig;
       Sie klingt wie Glas –   2405
       Wie bald bricht das!
       Ist hohl inwendig.
       Hier glänzt sie sehr,
       Und hier noch mehr:

Ich bin lebendig!   2410
Mein lieber Sohn,
Halt dich davon!
Du mußt sterben!
Sie ist von Ton,
Es gibt Scherben.   2415

MEPHISTOPHELES. Was soll das Sieb?

DER KATER holt es herunter. Wärst du ein Dieb,
                    Wollt' ich dich gleich erkennen.

Er läuft zur Kätzin und läßt sie durchsehen.

Sieh durch das Sieb!
Erkennst du den Dieb,   2420
Und darfst ihn nicht nennen?

MEPHISTOPHELES sich dem Feuer nähernd. Und dieser Topf?

KATER UND KÄTZIN.   Der alberne Tropf!
                    Er kennt nicht den Topf,
                    Er kennt nicht den Kessel!   2425

MEPHISTOPHELES. Unhöfliches Tier!

DER KATER.   Den Wedel nimm hier
                    Und setz' dich in Sessel!

Er nötigt den Mephistopheles zu sitzen.

FAUST welcher diese Zeit über vor einem Spiegel gestanden, sich
   ihm bald genähert, bald sich von ihm entfernt hat.

Was seh' ich? Welch ein himmlisch Bild
Zeigt sich in diesem Zauberspiegel!   2430
O Liebe, leihe mir den schnellsten deiner Flügel,
Und führe mich in ihr Gefild!
Ach! wenn ich nicht auf dieser Stelle bleibe,
Wenn ich es wage, nah zu gehn,
Kann ich sie nur als wie im Nebel sehn! –   2435
Das schönste Bild von einem Weibe!
Ist's möglich, ist das Weib so schön?
Muß ich an diesem hingestreckten Leibe
Den Inbegriff von allen Himmeln sehn?
So etwas findet sich auf Erden?   2440

Meph. Natürlich, wenn ein Gott sich erst sechs Tage plagt,
  Und selbst am Ende Bravo sagt,
  Da muß es was Gescheites werden.
  Für diesmal sieh dich immer satt;
  Ich weiß dir so ein Schätzchen auszuspüren,   2445
  Und selig, wer das gute Schicksal hat,
  Als Bräutigam sie heimzuführen!

Faust sieht immerfort in den Spiegel. Mephistopheles, sich in dem
Sessel dehnend und mit dem Wedel spielend, fährt fort zu sprechen.

  Hier sitz' ich wie der König auf dem Throne,
  Den Zepter halt' ich hier, es fehlt nur noch die Krone.

Die Tiere welche bisher allerlei wunderliche Bewegungen durcheinander gemacht haben, bringen dem Mephistopheles eine Krone mit
großem Geschrei.

                 O sei doch so gut,   2450
                 Mit Schweiß und mit Blut
                 Die Krone zu leimen!

Sie gehn ungeschickt mit der Krone um und zerbrechen sie in zwei
        Stücke, mit welchen sie herumspringen.

                 Nun ist es geschehn!
                 Wir reden und sehn,
                 Wir hören und reimen –   2455

Faust gegen den Spiegel. Weh mir! ich werde schier verrückt.

Mephistopheles auf die Tiere deutend.
  Nun fängt mir an fast selbst der Kopf zu schwanken.

Die Tiere.   Und wenn es uns glückt,
                 Und wenn es sich schickt,
                 So sind es Gedanken!   2460

Faust wie oben. Mein Busen fängt mir an zu brennen!
  Entfernen wir uns nur geschwind!

Mephistopheles in obiger Stellung.
  Nun, wenigstens muß man bekennen,
  Daß es aufrichtige Poeten sind.

Der Kessel, welchen die Kätzin bisher außer acht gelassen, fängt an,
überzulaufen; es entsteht eine große Flamme, welche zum Schornstein
hinausschlägt. Die Hexe kommt durch die Flamme mit entsetzlichem
        Geschrei heruntergefahren.

DIE HEXE. Au! Au! Au! Au!   2465
Verdammtes Tier! verfluchte Sau!
Versäumst den Kessel, versengst die Frau!
Verfluchtes Tier! Faust und Mephistopheles erblickend.

        Was ist das hier?
        Wer seid ihr hier?   2470
        Was wollt ihr da?
        Wer schlich sich ein?
        Die Feuerpein
        Euch ins Gebein!

Sie fährt mit dem Schaumlöffel in den Kessel und spritzt Flammen
   nach Faust, Mephistopheles und den Tieren. Die Tiere winseln.

MEPHISTOPHELES welcher den Wedel, den er in der Hand hält, um-
kehrt und unter die Gläser und Töpfe schlägt.

        Entzwei! entzwei!   2475
        Da liegt der Brei!
        Da liegt das Glas!
        Es ist nur Spaß,
        Der Takt, du Aas,
        Zu deiner Melodei.   2480

   Indem die Hexe voll Grimm und Entsetzen zurücktritt.

Erkennst du mich? Gerippe! Scheusal du!
Erkennst du deinen Herrn und Meister?
Was hält mich ab, so schlag' ich zu,
Zerschmettre dich und deine Katzengeister!
Hast du vorm roten Wams nicht mehr Respekt?   2485
Kannst du die Hahnenfeder nicht erkennen?
Hab' ich dies Angesicht versteckt?
Soll ich mich etwa selber nennen?

DIE HEXE. O Herr, verzeiht den rohen Gruß!
Seh' ich doch keinen Pferdefuß.   2490
Wo sind denn Eure beiden Raben?

MEPHISTOPHELES. Für diesmal kommst du so davon;
Denn freilich ist es eine Weile schon,
Daß wir uns nicht gesehen haben.
Auch die Kultur, die alle Welt beleckt,   2495
Hat auf den Teufel sich erstreckt;

Das nordische Phantom ist nun nicht mehr zu schauen;
Wo siehst du Hörner, Schweif und Klauen?
Und was den Fuß betrifft, den ich nicht missen kann,
Der würde mir bei Leuten schaden; 2500
Darum bedien' ich mich, wie mancher junge Mann,
Seit vielen Jahren falscher Waden.

DIE HEXE tanzend. Sinn und Verstand verlier' ich schier,
Seh' ich den Junker Satan wieder hier!

MEPHISTOPHELES. Den Namen, Weib, verbitt' ich mir! 2505

DIE HEXE. Warum? Was hat er Euch getan?

MEPH. Er ist schon lang' ins Fabelbuch geschrieben;
Allein die Menschen sind nichts besser dran,
Den Bösen sind sie los, die Bösen sind geblieben.
Du nennst mich Herr Baron, so ist die Sache gut; 2510
Ich bin ein Kavalier, wie andre Kavaliere.
Du zweifelst nicht an meinem edlen Blut;
Sieh her, das ist das Wappen, das ich führe!
        Er macht eine unanständige Gebärde.

DIE HEXE lacht unmäßig. Ha! Ha! Das ist in Eurer Art!
Ihr seid ein Schelm, wie Ihr nur immer wart! 2515

MEPH. zu Faust. Mein Freund, das lerne wohl verstehn!
Dies ist die Art, mit Hexen umzugehn.

DIE HEXE. Nun sagt, ihr Herren, was ihr schafft.

MEPHISTOPHELES. Ein gutes Glas von dem bekannten Saft!
Doch muß ich Euch ums älteste bitten; 2520
Die Jahre doppeln seine Kraft.

DIE HEXE. Gar gern! Hier hab' ich eine Flasche,
Aus der ich selbst zuweilen nasche,
Die auch nicht mehr im mindsten stinkt;
Ich will euch gern ein Gläschen geben. 2525
        Leise.
Doch wenn es dieser Mann unvorbereitet trinkt,
So kann er, wißt Ihr wohl, nicht eine Stunde leben.

MEPH. Es ist ein guter Freund, dem es gedeihen soll;
Ich gönn' ihm gern das Beste deiner Küche.
Zieh deinen Kreis, sprich deine Sprüche, 2530
Und gib ihm eine Tasse voll!

Die Hexe, mit seltsamen Gebärden, zieht einen Kreis und stellt wunderbare Sachen hinein; indessen fangen die Gläser an zu klingen, die
Kessel zu tönen, und machen Musik. Zuletzt bringt sie ein großes
Buch, stellt die Meerkatzen in den Kreis, die ihr zum Pult dienen
und die Fackel halten müssen. Sie winkt Fausten, zu ihr zu treten.

FAUST zu Mephistopheles.
Nein, sage mir, was soll das werden?
Das tolle Zeug, die rasenden Gebärden,
Der abgeschmackteste Betrug,
Sind mir bekannt, verhaßt genug.   2535

MEPHISTOPHELES. Ei Possen! Das ist nur zum Lachen;
Sei nur nicht ein so strenger Mann!
Sie muß als Arzt ein Hokuspokus machen,
Damit der Saft dir wohl gedeihen kann.
                Er nötigt Fausten, in den Kreis zu treten.

DIE HEXE mit großer Emphase fängt an, aus dem Buche zu deklamieren.
                Du mußt verstehn!   2540
                Aus Eins mach Zehn,
                Und Zwei laß gehn,
                Und Drei mach gleich,
                So bist du reich.
                Verlier die Vier!   2545
                Aus Fünf und Sechs,
                So sagt die Hex',
                Mach Sieben und Acht,
                So ist's vollbracht:
                Und Neun ist Eins,   2550
                Und Zehn ist keins.
                Das ist das Hexen-Einmaleins.

FAUST. Mich dünkt, die Alte spricht im Fieber.

MEPHISTOPHELES. Das ist noch lange nicht vorüber,
Ich kenn' es wohl, so klingt das ganze Buch;   2555
Ich habe manche Zeit damit verloren,
Denn ein vollkommner Widerspruch
Bleibt gleich geheimnisvoll für Kluge wie für Toren.
Mein Freund, die Kunst ist alt und neu.
Es war die Art zu allen Zeiten,   2560
Durch Drei und Eins, und Eins und Drei

Irrtum statt Wahrheit zu verbreiten.
So schwätzt und lehrt man ungestört;
Wer will sich mit den Narrn befassen?
Gewöhnlich glaubt der Mensch, wenn er nur Worte hört, 2565
Es müsse sich dabei doch auch was denken lassen.

DIE HEXE fährt fort. Die hohe Kraft
                      Der Wissenschaft,
                      Der ganzen Welt verborgen!
                      Und wer nicht denkt,   2570
                      Dem wird sie geschenkt,
                      Er hat sie ohne Sorgen.

FAUST. Was sagt sie uns für Unsinn vor?
Es wird mir gleich der Kopf zerbrechen.
Mich dünkt, ich hör' ein ganzes Chor   2575
Von hunderttausend Narren sprechen.

MEPHISTOPHELES. Genug, genug, o treffliche Sibylle!
Gib deinen Trank herbei, und fülle
Die Schale rasch bis an den Rand hinan;
Denn meinem Freund wird dieser Trunk nicht schaden: 2580
Er ist ein Mann von vielen Graden,
Der manchen guten Schluck getan.

DIE HEXE, mit vielen Zeremonien, schenkt den Trank in eine Schale,
wie sie Faust an den Mund bringt, entsteht eine leichte Flamme.

MEPHISTOPHELES. Nur frisch hinunter! Immer zu!
Es wird dir gleich das Herz erfreuen.
Bist mit dem Teufel du und du,   2585
Und willst dich vor der Flamme scheuen?

            Die Hexe löst den Kreis. Faust tritt heraus.

MEPHISTOPHELES. Nun frisch hinaus! Du darfst nicht ruhn.

DIE HEXE. Mög' Euch das Schlückchen wohl behagen!

MEPH. zur Hexe. Und kann ich dir was zu Gefallen tun,
So darfst du mir's nur auf Walpurgis sagen.   2590

DIE HEXE. Hier ist ein Lied! wenn Ihr's zuweilen singt,
So werdet Ihr besondre Wirkung spüren.

MEPHISTOPHELES zu Faust.
Komm nur geschwind und laß dich führen;
Du mußt notwendig transpirieren,

Damit die Kraft durch Inn- und Äußres dringt.   2595
Den edlen Müßiggang lehr' ich hernach dich schätzen,
Und bald empfindest du mit innigem Ergetzen,
Wie sich Cupido regt und hin und wider springt.
FAUST. Laß mich nur schnell noch in den Spiegel schauen!
Das Frauenbild war gar zu schön!   2600
MEPH. Nein! Nein! Du sollst das Muster aller Frauen
Nun bald leibhaftig vor dir sehn.
Leise. Du siehst, mit diesem Trank im Leibe,
Bald Helenen in jedem Weibe.

STRASSE

Faust. Margarete vorübergehend.

FAUST. Mein schönes Fräulein, darf ich wagen,   2605
Meinen Arm und Geleit Ihr anzutragen?
MARGARETE. Bin weder Fräulein, weder schön,
Kann ungeleitet nach Hause gehn. Sie macht sich los und ab.
FAUST. Beim Himmel, dieses Kind ist schön!
So etwas hab' ich nie gesehn.   2610
Sie ist so sitt- und tugendreich,
Und etwas schnippisch doch zugleich.
Der Lippe Rot, der Wange Licht,
Die Tage der Welt vergess' ich's nicht!
Wie sie die Augen niederschlägt,   2615
Hat tief sich in mein Herz geprägt;
Wie sie kurz angebunden war,
Das ist nun zum Entzücken gar!

Mephistopheles tritt auf.

FAUST. Hör, du mußt mir die Dirne schaffen!
MEPHISTOPHELES. Nun, welche?
FAUST.   Sie ging just vorbei.   2620
MEPHISTOPHELES. Da die? Sie kam von ihrem Pfaffen,
Der sprach sie aller Sünden frei;
Ich schlich mich hart am Stuhl vorbei.
Es ist ein gar unschuldig Ding,
Das eben für nichts zur Beichte ging;   2625
Über die hab' ich keine Gewalt!

FAUST. Ist über vierzehn Jahr doch alt.

MEPHISTOPHELES. Du sprichst ja wie Hans Liederlich,
Der begehrt jede liebe Blum' für sich,
Und dünkelt ihm, es wär' kein' Ehr'   2630
Und Gunst, die nicht zu pflücken wär';
Geht aber doch nicht immer an.

FAUST. Mein Herr Magister Lobesan,
Lass' Er mich mit dem Gesetz in Frieden!
Und das sag' ich Ihm kurz und gut: 2635
Wenn nicht das süße junge Blut
Heut nacht in meinen Armen ruht,
So sind wir um Mitternacht geschieden.

MEPHISTOPHELES. Bedenkt, was gehn und stehen mag!
Ich brauche wenigstens vierzehn Tag',   2640
Nur die Gelegenheit auszuspüren.

FAUST. Hätt' ich nur sieben Stunden Ruh',
Brauchte den Teufel nicht dazu,
So ein Geschöpfchen zu verführen.

MEPHISTOPHELES. Ihr sprecht schon fast wie ein Franzos;   2645
Doch bitt' ich, laßt's Euch nicht verdrießen:
Was hilft's, nur grade zu genießen?
Die Freud' ist lange nicht so groß,
Als wenn Ihr erst herauf, herum,
Durch allerlei Brimborium,   2650
Das Püppchen geknetet und zugericht't,
Wie's lehret manche welsche Geschicht'.

FAUST. Hab' Appetit auch ohne das.

MEPHISTOPHELES. Jetzt ohne Schimpf und ohne Spaß.
Ich sag' Euch: mit dem schönen Kind   2655
Geht's ein- für allemal nicht geschwind.
Mit Sturm ist da nichts einzunehmen;
Wir müssen uns zur List bequemen.

FAUST. Schaff mir etwas vom Engelsschatz!
Führ mich an ihren Ruheplatz!   2660
Schaff mir ein Halstuch von ihrer Brust,
Ein Strumpfband meiner Liebeslust!

MEPHISTOPHELES. Damit Ihr seht, daß ich Eurer Pein
Will förderlich und dienstlich sein,
Wollen wir keinen Augenblick verlieren, 2665
Will Euch noch heut in ihr Zimmer führen.

FAUST. Und soll sie sehn? sie haben?

MEPHISTOPHELES.   Nein!
Sie wird bei einer Nachbarin sein.
Indessen könnt Ihr ganz allein
An aller Hoffnung künft'ger Freuden 2670
In ihrem Dunstkreis satt Euch weiden.

FAUST. Können wir hin?

MEPHISTOPHELES.   Es ist noch zu früh.

FAUST. Sorg du mir für ein Geschenk für sie! Ab.

MEPHISTOPHELES.
Gleich schenken? Das ist brav! Da wird er reüssieren!
Ich kenne manchen schönen Platz 2675
Und manchen altvergrabnen Schatz;
Ich muß ein bißchen revidieren. Ab.

ABEND

Ein kleines reinliches Zimmer.

MARGARETE ihre Zöpfe flechtend und aufbindend.
Ich gäb' was drum, wenn ich nur wüßt',
Wer heut der Herr gewesen ist!
Er sah gewiß recht wacker aus, 2680
Und ist aus einem edlen Haus;
Das konnt' ich ihm an der Stirne lesen –
Er wär' auch sonst nicht so keck gewesen. Ab.

Mephistopheles. Faust.

MEPHISTOPHELES. Herein, ganz leise, nur herein!

FAUST nach einigem Stillschweigen.
Ich bitte dich, laß mich allein! 2685

MEPHISTOPHELES herumspürend.
Nicht jedes Mädchen hält so rein. Ab.

FAUST rings aufschauend. Willkommen, süßer Dämmerschein,
Der du dies Heiligtum durchwebst!
Ergreif mein Herz, du süße Liebespein,
Die du vom Tau der Hoffnung schmachtend lebst!   2690
Wie atmet rings Gefühl der Stille,
Der Ordnung, der Zufriedenheit!
In dieser Armut welche Fülle!
In diesem Kerker welche Seligkeit!
            Er wirft sich auf den ledernen Sessel am Bette.
O nimm mich auf, der du die Vorwelt schon   2695
Bei Freud' und Schmerz im offnen Arm empfangen!
Wie oft, ach! hat an diesem Väterthron
Schon eine Schar von Kindern rings gehangen!
Vielleicht hat, dankbar für den heil'gen Christ,
Mein Liebchen hier, mit vollen Kinderwangen,   2700
Dem Ahnherrn fromm die welke Hand geküßt.
Ich fühl', o Mädchen, deinen Geist
Der Füll' und Ordnung um mich säuseln,
Der mütterlich dich täglich unterweist,
Den Teppich auf den Tisch dich reinlich breiten heißt, 2705
Sogar den Sand zu deinen Füßen kräuseln.
O liebe Hand! so göttergleich!
Die Hütte wird durch dich ein Himmelreich.
Und hier! Er hebt einen Bettvorhang auf.
            Was faßt mich für ein Wonnegraus!
Hier möcht' ich volle Stunden säumen.   2710
Natur! hier bildetest in leichten Träumen
Den eingebornen Engel aus!
Hier lag das Kind, mit warmem Leben
Den zarten Busen angefüllt,
Und hier mit heilig reinem Weben   2715
Entwirkte sich das Götterbild!

Und du! Was hat dich hergeführt?
Wie innig fühl' ich mich gerührt!
Was willst du hier? Was wird das Herz dir schwer?
Armsel'ger Faust! ich kenne dich nicht mehr.   2720

Umgibt mich hier ein Zauberduft?
Mich drang's, so grade zu genießen,

Und fühle mich in Liebestraum zerfließen!
Sind wir ein Spiel von jedem Druck der Luft?

Und träte sie den Augenblick herein,   2725
Wie würdest du für deinen Frevel büßen!
Der große Hans, ach wie so klein!
Läg', hingeschmolzen, ihr zu Füßen.

MEPHISTOPH. Geschwind! ich seh' sie unten kommen.

FAUST. Fort! Fort! Ich kehre nimmermehr!   2730

MEPHISTOPHELES. Hier ist ein Kästchen leidlich schwer,
Ich hab's wo anders hergenommen.
Stellt's hier nur immer in den Schrein,
Ich schwör' Euch, ihr vergehn die Sinnen;
Ich tat Euch Sächelchen hinein,   2735
Um eine andre zu gewinnen.
Zwar Kind ist Kind und Spiel ist Spiel.

FAUST. Ich weiß nicht, soll ich?

MEPHISTOPHELES.   Fragt Ihr viel?
Meint Ihr vielleicht den Schatz zu wahren?
Dann rat' ich Eurer Lüsternheit,   2740
Die liebe schöne Tageszeit
Und mir die weitere Müh' zu sparen.
Ich hoff' nicht, daß Ihr geizig seid!
Ich kratz' den Kopf, reib' an den Händen –

> Er stellt das Kästchen in den Schrein und drückt das Schloß
> wieder zu.

Nur fort! geschwind! –,   2745
Um Euch das süße junge Kind
Nach Herzens Wunsch und Will' zu wenden;
Und Ihr seht drein,
Als solltet Ihr in den Hörsaal hinein,
Als stünden grau leibhaftig vor Euch da   2750
Physik und Metaphysika!
Nur fort! Ab.

MARGARETE mit einer Lampe. Es ist so schwül, so dumpfig hie,
> (Sie macht das Fenster auf)
Und ist doch eben so warm nicht drauß.
Es wird mir so, ich weiß nicht wie –   2755

Ich wollt', die Mutter käm' nach Haus.
Mir läuft ein Schauer übern ganzen Leib –
Bin doch ein töricht furchtsam Weib!

Sie fängt an zu singen, indem sie sich auszieht.

Es war ein König in Thule
Gar treu bis an das Grab, 2760
Dem sterbend seine Buhle
Einen goldnen Becher gab.

Es ging ihm nichts darüber,
Er leert' ihn jeden Schmaus;
Die Augen gingen ihm über, 2765
So oft er trank daraus.

Und als er kam zu sterben,
Zählt' er seine Städt' im Reich,
Gönnt' alles seinem Erben,
Den Becher nicht zugleich. 2770

Er saß beim Königsmahle,
Die Ritter um ihn her,
Auf hohem Vätersaale,
Dort auf dem Schloß am Meer.

Dort stand der alte Zecher, 2775
Trank letzte Lebensglut,
Und warf den heiligen Becher
Hinunter in die Flut.

Er sah ihn stürzen, trinken
Und sinken tief ins Meer, 2780
Die Augen täten ihm sinken,
Trank nie einen Tropfen mehr.

Sie eröffnet den Schrein, ihre Kleider einzuräumen, und erblickt das Schmuckkästchen.

Wie kommt das schöne Kästchen hier herein?
Ich schloß doch ganz gewiß den Schrein.

Es ist doch wunderbar! Was mag wohl drinne sein?   2785
Vielleicht bracht's jemand als ein Pfand,
Und meine Mutter lieh darauf.
Da hängt ein Schlüsselchen am Band,
Ich denke wohl, ich mach' es auf!
Was ist das? Gott im Himmel! Schau,   2790
So was hab' ich mein' Tage nicht gesehn!
Ein Schmuck! Mit dem könnt' eine Edelfrau
Am höchsten Feiertage gehn.
Wie sollte mir die Kette stehn?
Wem mag die Herrlichkeit gehören?   2795

Sie putzt sich damit auf und tritt vor den Spiegel.

Wenn nur die Ohrring' meine wären!
Man sieht doch gleich ganz anders drein.
Was hilft euch Schönheit, junges Blut?
Das ist wohl alles schön und gut,
Allein man läßt's auch alles sein;   2800
Man lobt euch halb mit Erbarmen.
Nach Golde drängt,
Am Golde hängt
Doch alles. Ach wir Armen!

SPAZIERGANG

Faust in Gedanken auf und ab gehend.
Zu ihm Mephistopheles.

MEPHISTOPHELES.
   Bei aller verschmähten Liebe! Beim höllischen Elemente!   2805
   Ich wollt', ich wüßte was Ärgers, daß ich's fluchen könnte!
FAUST. Was hast? was kneipt dich denn so sehr?
   So kein Gesicht sah ich in meinem Leben!
MEPH. Ich möcht' mich gleich dem Teufel übergeben,
   Wenn ich nur selbst kein Teufel wär'!   2810
FAUST. Hat sich dir was im Kopf verschoben?
   Dich kleidet's, wie ein Rasender zu toben!
MEPH. Denkt nur, den Schmuck, für Gretchen angeschafft,
   Den hat ein Pfaff hinweggerafft! –
   Die Mutter kriegt das Ding zu schauen,   2815

Gleich fängt's ihr heimlich an zu grauen:
Die Frau hat gar einen feinen Geruch,
Schnuffelt immer im Gebetbuch,
Und riecht's einem jeden Möbel an,
Ob das Ding heilig ist oder profan;   2820
Und an dem Schmuck da spürt' sie's klar,
Daß dabei nicht viel Segen war.
Mein Kind, rief sie, ungerechtes Gut
Befängt die Seele, zehrt auf das Blut.
Wollen's der Mutter Gottes weihen,   2825
Wird uns mit Himmels-Manna erfreuen!
Margretlein zog ein schiefes Maul,
Ist halt, dacht' sie, ein geschenkter Gaul,
Und wahrlich! gottlos ist nicht der,
Der ihn so fein gebracht hierher.   2830
Die Mutter ließ einen Pfaffen kommen;
Der hatte kaum den Spaß vernommen,
Ließ sich den Anblick wohl behagen.
Er sprach: So ist man recht gesinnt!
Wer überwindet, der gewinnt.   2835
Die Kirche hat einen guten Magen,
Hat ganze Länder aufgefressen,
Und doch noch nie sich übergessen;
Die Kirch' allein, meine lieben Frauen,
Kann ungerechtes Gut verdauen.   2840

FAUST. Das ist ein allgemeiner Brauch,
Ein Jud' und König kann es auch.

MEPH. Strich drauf ein Spange, Kett' und Ring',
Als wären's eben Pfifferling',
Dankt' nicht weniger und nicht mehr,   2845
Als ob's ein Korb voll Nüsse wär',
Versprach ihnen allen himmlischen Lohn –
Und sie waren sehr erbaut davon.

FAUST. Und Gretchen?

MEPHISTOPHELES.   Sitzt nun unruhvoll,
Weiß weder, was sie will noch soll,   2850
Denkt ans Geschmeide Tag und Nacht,
Noch mehr an den, der's ihr gebracht.

FAUST. Des Liebchens Kummer tut mir leid.
  Schaff du ihr gleich ein neu Geschmeid'!
  Am ersten war ja so nicht viel.   2855
MEPHISTOPHELES. O ja, dem Herrn ist alles Kinderspiel!
FAUST. Und mach, und richt's nach meinem Sinn!
  Häng dich an ihre Nachbarin!
  Sei, Teufel, doch nur nicht wie Brei,
  Und schaff einen neuen Schmuck herbei!   2860
MEPHISTOPHELES. Ja, gnäd'ger Herr, von Herzen gerne.
FAUST ab.
MEPHISTOPHELES. So ein verliebter Tor verpufft
  Euch Sonne, Mond und alle Sterne
  Zum Zeitvertreib dem Liebchen in die Luft. Ab.

DER NACHBARIN HAUS

MARTHE allein. Gott verzeih's meinem lieben Mann,   2865
  Er hat an mir nicht wohl getan!
  Geht da stracks in die Welt hinein,
  Und läßt mich auf dem Stroh allein.
  Tät ihn doch wahrlich nicht betrüben,
  Tät ihn, weiß Gott, recht herzlich lieben.   2870
           Sie weint.
  Vielleicht ist er gar tot! – O Pein! – –
  Hätt' ich nur einen Totenschein!
           Margarete kommt.
MARGARETE. Frau Marthe!
MARTHE.   Gretelchen, was soll's?
MARGARETE. Fast sinken mir die Kniee nieder!
  Da find' ich so ein Kästchen wieder   2875
  In meinem Schrein, von Ebenholz,
  Und Sachen herrlich ganz und gar,
  Weit reicher, als das erste war.
MARTHE. Das muß Sie nicht der Mutter sagen;
  Tät's wieder gleich zur Beichte tragen.   2880
MARGARETE. Ach seh' Sie nur! ach schau' Sie nur!
MARTHE putzt sie auf. O du glücksel'ge Kreatur!
MARGARETE. Darf mich, leider, nicht auf der Gassen,
  Noch in der Kirche mit sehen lassen.

MARTHE. Komm du nur oft zu mir herüber, 2885
Und leg den Schmuck hier heimlich an;
Spazier ein Stündchen lang dem Spiegelglas vorüber,
Wir haben unsre Freude dran;
Und dann gibt's einen Anlaß, gibt's ein Fest,
Wo man's so nach und nach den Leuten sehen läßt. 2890
Ein Kettchen erst, die Perle dann ins Ohr;
Die Mutter sieht's wohl nicht, man macht ihr auch was vor.

MARGARETE. Wer konnte nur die beiden Kästchen bringen?
Es geht nicht zu mit rechten Dingen! Es klopft.
Ach Gott! mag das meine Mutter sein? 2895

MARTHE durchs Vorhängel guckend.
Es ist ein fremder Herr – Herein!

Mephistopheles tritt auf.

MEPHISTOPHELES. Bin so frei, grad' hereinzutreten,
Muß bei den Frauen Verzeihn erbeten.

Tritt ehrerbietig vor Margareten zurück.
Wollte nach Frau Marthe Schwerdtlein fragen!

MARTHE. Ich bin's, was hat der Herr zu sagen? 2900

MEPHISTOPHELES leise zu ihr.
Ich kenne Sie jetzt, mir ist das genug;
Sie hat da gar vornehmen Besuch.
Verzeiht die Freiheit, die ich genommen,
Will Nachmittage wiederkommen.

MARTHE laut. Denk, Kind, um alles in der Welt! 2905
Der Herr dich für ein Fräulein hält.

MARGARETE. Ich bin ein armes junges Blut;
Ach Gott! der Herr ist gar zu gut:
Schmuck und Geschmeide sind nicht mein.

MEPHISTOPHELES. Ach, es ist nicht der Schmuck allein; 2910
Sie hat ein Wesen, einen Blick so scharf!
Wie freut mich's, daß ich bleiben darf.

MARTHE. Was bringt Er denn? Verlange sehr –

MEPHISTOPHELES. Ich wollt', ich hätt' eine frohere Mär!
Ich hoffe, Sie läßt mich's drum nicht büßen: 2915
Ihr Mann ist tot und läßt Sie grüßen.

MARTHE. Ist tot? das treue Herz! O weh!
Mein Mann ist tot! Ach, ich vergeh'!

MARGARETE. Ach! liebe Frau, verzweifelt nicht!

MEPHISTOPHELES. So hört die traurige Geschicht'!   2920

MARGARETE. Ich möchte drum mein' Tag' nicht lieben,
Würde mich Verlust zu Tode betrüben.

MEPHISTOPHELES. Freud' muß Leid, Leid muß Freude haben.

MARTHE. Erzählt mir seines Lebens Schluß!

MEPHISTOPHELES. Er liegt in Padua begraben   2925
Beim heiligen Antonius,
An einer wohlgeweihten Stätte
Zum ewig kühlen Ruhebette.

MARTHE. Habt Ihr sonst nichts an mich zu bringen?

MEPHISTOPHELES. Ja, eine Bitte, groß und schwer;   2930
Lass' Sie doch ja für ihn dreihundert Messen singen!
Im übrigen sind meine Taschen leer.

MARTHE. Was! nicht ein Schaustück? Kein Geschmeid'?
Was jeder Handwerksbursch im Grund des Säckels spart,
Zum Angedenken aufbewahrt,   2935
Und lieber hungert, lieber bettelt!

MEPHISTOPHELES. Madam, es tut mir herzlich leid;
Allein er hat sein Geld wahrhaftig nicht verzettelt.
Auch er bereute seine Fehler sehr,
Ja, und bejammerte sein Unglück noch viel mehr.   2940

MARGARETE. Ach! daß die Menschen so unglücklich sind!
Gewiß, ich will für ihn manch Requiem noch beten.

MEPHISTOPHELES. Ihr wäret wert, gleich in die Eh' zu treten:
Ihr seid ein liebenswürdig Kind.

MARGARETE. Ach nein, das geht jetzt noch nicht an.   2945

MEPH. Ist's nicht ein Mann, sei's derweil ein Galan.
's ist eine der größten Himmelsgaben,
So ein lieb Ding im Arm zu haben.

MARGARETE. Das ist des Landes nicht der Brauch.

MEPHISTOPHELES. Brauch oder nicht! Es gibt sich auch.   2950

MARTHE. Erzählt mir doch!

MEPHISTOPHELES.   Ich stand an seinem Sterbebette,
Es war was besser als von Mist,
Von halbgefaultem Stroh; allein er starb als Christ,

Und fand, daß er weit mehr noch auf der Zeche hätte.
„Wie“, rief er, „muß ich mich von Grund aus hassen,   2955
So mein Gewerb, mein Weib so zu verlassen!
Ach, die Erinnrung tötet mich.
Vergäb’ sie mir nur noch in diesem Leben!“

MARTHE weinend.
Der gute Mann! ich hab’ ihm längst vergeben.

MEPH. „Allein, weiß Gott! sie war mehr schuld als ich.“   2960

MARTHE. Das lügt er! Was! am Rand des Grabs zu lügen!

MEPHISTOPHELES. Er fabelte gewiß in letzten Zügen,
Wenn ich nur halb ein Kenner bin.
„Ich hatte“, sprach er, „nicht zum Zeitvertreib zu gaffen,
Erst Kinder, und dann Brot für sie zu schaffen,   2965
Und Brot im allerweitsten Sinn,
Und konnte nicht einmal mein Teil in Frieden essen.“

MARTHE. Hat er so aller Treu’, so aller Lieb’ vergessen,
Der Plackerei bei Tag und Nacht!

MEPHISTOPHELES.
Nicht doch, er hat Euch herzlich dran gedacht.   2970
Er sprach: „Als ich nun weg von Malta ging,
Da betet’ ich für Frau und Kinder brünstig;
Uns war denn auch der Himmel günstig,
Daß unser Schiff ein türkisch Fahrzeug fing,
Das einen Schatz des großen Sultans führte.   2975
Da ward der Tapferkeit ihr Lohn,
Und ich empfing denn auch, wie sich gebührte,
Mein wohlgemeßnes Teil davon.“

MARTHE. Ei wie? Ei wo? Hat er’s vielleicht vergraben?

MEPHISTOPHELES. Wer weiß, wo nun es die vier Winde   2980
Ein schönes Fräulein nahm sich seiner an,   [haben.
Als er in Napel fremd umherspazierte;
Sie hat an ihm viel Lieb’s und Treu’s getan,
Daß er’s bis an sein selig Ende spürte.

MARTHE. Der Schelm! der Dieb an seinen Kindern!   2985
Auch alles Elend, alle Not
Konnt’ nicht sein schändlich Leben hindern!

MEPHISTOPHELES. Ja seht! dafür ist er nun tot.
Wär’ ich nun jetzt an Eurem Platze,

Betraurt' ich ihn ein züchtig Jahr,   2990
Visierte dann unterweil nach einem neuen Schatze.
MARTHE. Ach Gott! wie doch mein erster war,
Find' ich nicht leicht auf dieser Welt den andern!
Es konnte kaum ein herziger Närrchen sein.
Er liebte nur das allzuviele Wandern;   2995
Und fremde Weiber, und fremden Wein,
Und das verfluchte Würfelspiel.
MEPHISTOPHELES. Nun, nun, so konnt' es gehn und stehen,
Wenn er Euch ungefähr so viel
Von seiner Seite nachgesehen.   3000
Ich schwör' Euch zu, mit dem Beding
Wechselt' ich selbst mit Euch den Ring!
MARTHE. O es beliebt dem Herrn, zu scherzen!
MEPHISTOPHELES für sich. Nun mach' ich mich beizeiten fort!
Die hielte wohl den Teufel selbst beim Wort.   3005
Zu Gretchen. Wie steht es denn mit Ihrem Herzen?
MARGARETE. Was meint der Herr damit?
MEPHISTOPHELES für sich.   Du gut's, unschuldig's Kind!
Laut. Lebt wohl, ihr Fraun!
MARGARETE.   Lebt wohl!
MARTHE.   O sagt mir doch geschwind!
Ich möchte gern ein Zeugnis haben,
Wo, wie und wann mein Schatz gestorben und begraben.3010
Ich bin von je der Ordnung Freund gewesen,
Möcht' ihn auch tot im Wochenblättchen lesen.
MEPHISTOPHELES. Ja, gute Frau, durch zweier Zeugen Mund
Wird allerwegs die Wahrheit kund;
Habe noch gar einen feinen Gesellen,   3015
Den will ich Euch vor den Richter stellen.
Ich bring' ihn her.
MARTHE.   O tut das ja!
MEPHISTOPHELES. Und hier die Jungfrau ist auch da? –
Ein braver Knab'! ist viel gereist,
Fräuleins alle Höflichkeit erweist.   3020
MARGARETE. Müßte vor dem Herren schamrot werden.
MEPHISTOPHELES. Vor keinem Könige der Erden.
MARTHE. Da hinterm Haus in meinem Garten
Wollen wir der Herrn heut' abend warten.

STRASSE

Faust. Mephistopheles.

FAUST. Wie ist's? Will's fördern? Will's bald gehn?   3025
MEPHISTOPHELES. Ah bravo! Find' ich Euch in Feuer?
In kurzer Zeit ist Gretchen Euer.
Heut' abend sollt Ihr sie bei Nachbar' Marthen sehn:
Das ist ein Weib wie auserlesen
Zum Kuppler- und Zigeunerwesen!   3030
FAUST. So recht!
MEPHISTOPHELES. Doch wird auch was von uns begehrt.
FAUST. Ein Dienst ist wohl des andern wert.
MEPHISTOPHELES. Wir legen nur ein gültig Zeugnis nieder,
Daß ihres Ehherrn ausgereckte Glieder
In Padua an heil'ger Stätte ruhn.   3035
FAUST. Sehr klug! Wir werden erst die Reise machen müssen!
MEPHISTOPHELES.
Sancta Simplicitas! darum ist's nicht zu tun;
Bezeugt nur, ohne viel zu wissen.
FAUST. Wenn Er nichts Bessers hat, so ist der Plan zerrissen.
MEPHISTOPHELES. O heil'ger Mann! Da wärt Ihr's nun!   3040
Ist es das erstemal in Eurem Leben,
Daß Ihr falsch Zeugnis abgelegt?
Habt Ihr von Gott, der Welt und was sich drin bewegt,
Vom Menschen, was sich ihm in Kopf und Herzen regt,
Definitionen nicht mit großer Kraft gegeben?   3045
Mit frecher Stirne, kühner Brust?
Und wollt Ihr recht ins Innre gehen,
Habt Ihr davon, Ihr müßt es grad' gestehen,
So viel als von Herrn Schwerdtleins Tod gewußt!
FAUST. Du bist und bleibst ein Lügner, ein Sophiste.   3050
MEPH. Ja, wenn man's nicht ein bißchen tiefer wüßte.
Denn morgen wirst, in allen Ehren,
Das arme Gretchen nicht betören
Und alle Seelenlieb' ihr schwören?
FAUST. Und zwar von Herzen.

MEPHISTOPHELES.   Gut und schön!   3055
  Dann wird von ewiger Treu' und Liebe,
  Von einzig überallmächt'gem Triebe –
  Wird das auch so von Herzen gehn?
FAUST. Laß das! Es wird! – Wenn ich empfinde,
  Für das Gefühl, für das Gewühl   3060
  Nach Namen suche, keinen finde,
  Dann durch die Welt mit allen Sinnen schweife,
  Nach allen höchsten Worten greife,
  Und diese Glut, von der ich brenne,
  Unendlich, ewig, ewig nenne,   3065
  Ist das ein teuflisch Lügenspiel?
MEPHISTOPHELES. Ich hab' doch recht!
FAUST.   Hör! merk dir dies –
  Ich bitte dich, und schone meine Lunge –:
  Wer recht behalten will und hat nur eine Zunge,
  Behält's gewiß.   3070
  Und komm, ich hab' des Schwätzens Überdruß,
  Denn du hast recht, vorzüglich weil ich muß.

GARTEN

Margarete an Faustens Arm. Marthe mit Mephistopheles
auf und ab spazierend.

MARGARETE. Ich fühl' es wohl, daß mich der Herr nur schont,
  Herab sich läßt, mich zu beschämen.
  Ein Reisender ist so gewohnt,   3075
  Aus Gütigkeit fürlieb zu nehmen;
  Ich weiß zu gut, daß solch erfahrnen Mann
  Mein arm Gespräch nicht unterhalten kann.
FAUST. Ein Blick von dir, ein Wort mehr unterhält
  Als alle Weisheit dieser Welt. Er küßt ihre Hand.   3080
MARGARETE.
  Inkommodiert Euch nicht! Wie könnt Ihr sie nur küssen?
  Sie ist so garstig, ist so rauh!
  Was hab' ich nicht schon alles schaffen müssen!
  Die Mutter ist gar zu genau.
                          Gehn vorüber.

MARTHE. Und Ihr, mein Herr, Ihr reist so immer fort?   3085
MEPH. Ach, daß Gewerb' und Pflicht uns dazu treiben!
  Mit wieviel Schmerz verläßt man manchen Ort,
  Und darf doch nun einmal nicht bleiben!
MARTHE. In raschen Jahren geht's wohl an,
  So um und um frei durch die Welt zu streifen;   3090
  Doch kömmt die böse Zeit heran,
  Und sich als Hagestolz allein zum Grab zu schleifen,
  Das hat noch keinem wohlgetan.
MEPHISTOPHELES. Mit Grausen seh' ich das von weiten.
MARTHE. Drum, werter Herr, beratet Euch in Zeiten.   3095

                    Gehn vorüber.

MARGARETE. Ja, aus den Augen aus dem Sinn!
  Die Höflichkeit ist Euch geläufig;
  Allein Ihr habt der Freunde häufig,
  Sie sind verständiger, als ich bin.
FAUST. O Beste! glaube, was man so verständig nennt,   3100
  Ist oft mehr Eitelkeit und Kurzsinn.
MARGARETE.   Wie?
FAUST. Ach, daß die Einfalt, daß die Unschuld nie
  Sich selbst und ihren heil'gen Wert erkennt!
  Daß Demut, Niedrigkeit, die höchsten Gaben
  Der liebevoll austeilenden Natur –   3105
MARGARETE. Denkt Ihr an mich ein Augenblickchen nur,
  Ich werde Zeit genug an Euch zu denken haben.
FAUST. Ihr seid wohl viel allein?
MARGARETE. Ja, unsre Wirtschaft ist nur klein,
  Und doch will sie versehen sein.   3110
  Wir haben keine Magd; muß kochen, fegen, stricken
  Und nähn, und laufen früh und spat;
  Und meine Mutter ist in allen Stücken
  So akkurat!
  Nicht daß sie just so sehr sich einzuschränken hat;   3115
  Wir könnten uns weit eh'r als andre regen:
  Mein Vater hinterließ ein hübsch Vermögen,
  Ein Häuschen und ein Gärtchen vor der Stadt.
  Doch hab' ich jetzt so ziemlich stille Tage;
  Mein Bruder ist Soldat,   3120

Mein Schwesterchen ist tot.
Ich hatte mit dem Kind wohl meine liebe Not;
Doch übernähm' ich gern noch einmal alle Plage,
So lieb war mir das Kind.
FAUST.   Ein Engel, wenn dir's glich.
MARGARETE. Ich zog es auf, und herzlich liebt' es mich.   3125
Es war nach meines Vaters Tod geboren.
Die Mutter gaben wir verloren,
So elend wie sie damals lag,
Und sie erholte sich sehr langsam, nach und nach.
Da konnte sie nun nicht dran denken,   3130
Das arme Würmchen selbst zu tränken,
Und so erzog ich's ganz allein,
Mit Milch und Wasser; so ward's mein.
Auf meinem Arm, in meinem Schoß
War's freundlich, zappelte, ward groß.   3135
FAUST. Du hast gewiß das reinste Glück empfunden.
MARGARETE. Doch auch gewiß gar manche schwere Stunden
Des Kleinen Wiege stand zu Nacht
An meinem Bett; es durfte kaum sich regen,
War ich erwacht;   3140
Bald mußt' ich's tränken, bald es zu mir legen,
Bald, wenn's nicht schwieg, vom Bett aufstehn
Und tänzelnd in der Kammer auf und nieder gehn,
Und früh am Tage schon am Waschtrog stehn;
Dann auf dem Markt und an dem Herde sorgen,   3145
Und immer fort wie heut so morgen.
Da geht's, mein Herr, nicht immer mutig zu;
Doch schmeckt dafür das Essen, schmeckt die Ruh.

Gehn vorüber.

MARTHE. Die armen Weiber sind doch übel dran:
Ein Hagestolz ist schwerlich zu bekehren.   3150
MEPHISTOPHELES. Es käme nur auf Euresgleichen an,
Mich eines Bessern zu belehren.
MARTHE. Sagt grad', mein Herr, habt Ihr noch nichts
Hat sich das Herz nicht irgendwo gebunden? [gefunden?
MEPHISTOPHELES. Das Sprichwort sagt: Ein eigner Herd,   3155
Ein braves Weib sind Gold und Perlen wert.

MARTHE. Ich meine, ob Ihr niemals Lust bekommen?

MEPH. Man hat mich überall recht höflich aufgenommen.

MARTHE. Ich wollte sagen: ward's nie Ernst in Eurem

MEPHISTOPHELES.   [Herzen?

  Mit Frauen soll man sich nie unterstehn zu scherzen.   3160

MARTHE. Ach, Ihr versteht mich nicht!

MEPHISTOPHELES.   Das tut mir herzlich leid!

  Doch ich versteh' – daß Ihr sehr gütig seid. Gehn vorüber.

FAUST. Du kanntest mich, o kleiner Engel, wieder,

  Gleich als ich in den Garten kam?

MARG. Saht Ihr es nicht? ich schlug die Augen nieder.   3165

FAUST. Und du verzeihst die Freiheit, die ich nahm?

  Was sich die Frechheit unterfangen,

  Als du jüngst aus dem Dom gegangen?

MARGARETE. Ich war bestürzt, mir war das nie geschehn;

  Es konnte niemand von mir Übels sagen.   3170

  Ach, dacht' ich, hat er in deinem Betragen

  Was Freches, Unanständiges gesehn?

  Es schien ihn gleich nur anzuwandeln,

  Mit dieser Dirne gradehin zu handeln.

  Gesteh' ich's doch! Ich wußte nicht, was sich   3175

  Zu Eurem Vorteil hier zu regen gleich begonnte;

  Allein gewiß, ich war recht bös' auf mich,

  Daß ich auf Euch nicht böser werden konnte.

FAUST. Süß Liebchen!

MARGARETE.   Laßt einmal!

     Sie pflückt eine Sternblume und zupft die Blätter ab,

          eins nach dem andern.

FAUST.   Was soll das? Einen Strauß?

MARGARETE. Nein, es soll nur ein Spiel.

FAUST.   Wie?

MARGARETE.   Geht! Ihr lacht mich aus. 3180

        Sie rupft und murmelt.

FAUST. Was murmelst du?

MARGARETE halb laut.   Er liebt mich – liebt mich nicht.

FAUST. Du holdes Himmelsangesicht!

MARG. fährt fort. Liebt mich – Nicht – Liebt mich – Nicht –

    Das letzte Blatt ausrupfend, mit holder Freude.

Er liebt mich!

FAUST.   Ja, mein Kind! Laß dieses Blumenwort
Dir Götterausspruch sein. Er liebt dich!   3185
Verstehst du, was das heißt? Er liebt dich!

Er faßt ihre beiden Hände.

MARGARETE. Mich überläuft's!
FAUST. O schaudre nicht! Laß diesen Blick,
Laß diesen Händedruck dir sagen,
Was unaussprechlich ist: 3190
Sich hinzugeben ganz und eine Wonne
Zu fühlen, die ewig sein muß!
Ewig! – Ihr Ende würde Verzweiflung sein.
Nein, kein Ende! Kein Ende!

MARGARETE *drückt ihm die Hände, macht sich los und läuft weg.*
Er steht einen Augenblick in Gedanken, dann folgt er ihr.

MARTHE *kommend.* Die Nacht bricht an.
MEPHISTOPHELES.   Ja, und wir wollen fort. 3195
MARTHE. Ich bät' Euch, länger hier zu bleiben,
Allein es ist ein gar zu böser Ort.
Es ist, als hätte niemand nichts zu treiben
Und nichts zu schaffen,
Als auf des Nachbarn Schritt und Tritt zu gaffen,   3200
Und man kommt ins Gered', wie man sich immer stellt.
Und unser Pärchen?
MEPHISTOPHELES.   Ist den Gang dort aufgeflogen.
Mutwill'ge Sommervögel!
MARTHE.   Er scheint ihr gewogen.
MEPHISTOPHELES. Und sie ihm auch. Das ist der Lauf der Welt.

EIN GARTENHÄUSCHEN

Margarete springt herein, steckt sich hinter die Tür, hält die Finger-
spitze an die Lippen, und guckt durch die Ritze.

MARGARETE. Er kommt!
FAUST *kommt.*   Ach Schelm, so neckst du mich! 3205
Treff' ich dich! *Er küßt sie.*
MARGARETE *ihn fassend und den Kuß zurückgebend.*
          Bester Mann! von Herzen lieb' ich dich!
     Mephistopheles klopft an.

FAUST stampfend. Wer da?
MEPHISTOPHELES.   Gut Freund!
FAUST.   Ein Tier!
MEPHISTOPHELES.   Es ist wohl Zeit zu scheiden.
MARTHE kommt. Ja, es ist spät, mein Herr.
FAUST.   Darf ich Euch nicht geleiten?
MARGARETE. Die Mutter würde mich – Lebt wohl!
FAUST.   Muß ich denn gehn?
  Lebt wohl!
MARTHE.   Ade!
MARGARETE.   Auf baldig Wiedersehn!   3210
              Faust und Mephistopheles ab.
MARGARETE. Du lieber Gott! was so ein Mann
  Nicht alles, alles denken kann!
  Beschämt nur steh' ich vor ihm da,
  Und sag' zu allen Sachen ja.
  Bin doch ein arm unwissend Kind,   3215
  Begreife nicht, was er an mir find't. Ab.

WALD UND HÖHLE

FAUST allein. Erhabner Geist, du gabst mir, gabst mir alles,
  Warum ich bat. Du hast mir nicht umsonst
  Dein Angesicht im Feuer zugewendet.
  Gabst mir die herrliche Natur zum Königreich,   3220
  Kraft, sie zu fühlen, zu genießen. Nicht
  Kalt staunenden Besuch erlaubst du nur,
  Vergönnest mir, in ihre tiefe Brust,
  Wie in den Busen eines Freunds, zu schauen.
  Du führst die Reihe der Lebendigen   3225
  Vor mir vorbei, und lehrst mich meine Brüder
  Im stillen Busch, in Luft und Wasser kennen.
  Und wenn der Sturm im Walde braust und knarrt,
  Die Riesenfichte stürzend Nachbaräste
  Und Nachbarstämme quetschend niederstreift,   3230
  Und ihrem Fall dumpf hohl der Hügel donnert,
  Dann führst du mich zur sichern Höhle, zeigst
  Mich dann mir selbst, und meiner eignen Brust
  Geheime tiefe Wunder öffnen sich.

Und steigt vor meinem Blick der reine Mond   3235
Besänftigend herüber, schweben mir
Von Felsenwänden, aus dem feuchten Busch
Der Vorwelt silberne Gestalten auf
Und lindern der Betrachtung strenge Lust.

O daß dem Menschen nichts Vollkommnes wird,   3240
Empfind' ich nun. Du gabst zu dieser Wonne,
Die mich den Göttern nah und näher bringt,
Mir den Gefährten, den ich schon nicht mehr
Entbehren kann, wenn er gleich, kalt und frech,
Mich vor mir selbst erniedrigt, und zu Nichts,   3245
Mit einem Worthauch, deine Gaben wandelt.
Er facht in meiner Brust ein wildes Feuer
Nach jenem schönen Bild geschäftig an.
So tauml' ich von Begierde zu Genuß,
Und im Genuß verschmacht' ich nach Begierde.   3250
                Mephistopheles tritt auf.
MEPH. Habt Ihr nun bald das Leben gnug geführt?
Wie kann's Euch in die Länge freuen?
Es ist wohl gut, daß man's einmal probiert;
Dann aber wieder zu was Neuen!
FAUST. Ich wollt', du hättest mehr zu tun,   3255
Als mich am guten Tag zu plagen.
MEPHISTOPHELES. Nun, nun! ich lass' dich gerne ruhn,
Du darfst mir's nicht im Ernste sagen.
An dir Gesellen, unhold, barsch und toll,
Ist wahrlich wenig zu verlieren.   3260
Den ganzen Tag hat man die Hände voll!
Was ihm gefällt und was man lassen soll,
Kann man dem Herrn nie an der Nase spüren.
FAUST. Das ist so just der rechte Ton!
Er will noch Dank, daß er mich ennuyiert.   3265
MEPHISTOPHELES. Wie hättst du, armer Erdensohn,
Dein Leben ohne mich geführt?
Vom Kribskrabs der Imagination
Hab' ich dich doch auf Zeiten lang kuriert;
Und wär' ich nicht, so wärst du schon   3270
Von diesem Erdball abspaziert.

Was hast du da in Höhlen, Felsenritzen
Dich wie ein Schuhu zu versitzen?
Was schlurfst aus dumpfem Moos und triefendem Gestein,
Wie eine Kröte, Nahrung ein? 3275
Ein schöner, süßer Zeitvertreib!
Dir steckt der Doktor noch im Leib.
FAUST. Verstehst du, was für neue Lebenskraft
Mir dieser Wandel in der Öde schafft?
Ja, würdest du es ahnen können, 3280
Du wärest Teufel gnug, mein Glück mir nicht zu gönnen.
MEPHISTOPHELES. Ein überirdisches Vergnügen!
In Nacht und Tau auf den Gebirgen liegen,
Und Erd' und Himmel wonniglich umfassen,
Zu einer Gottheit sich aufschwellen lassen, 3285
Der Erde Mark mit Ahnungsdrang durchwühlen,
Alle sechs Tagewerk' im Busen fühlen,
In stolzer Kraft ich weiß nicht was genießen,
Bald liebewonniglich in alles überfließen,
Verschwunden ganz der Erdensohn, 3290
Und dann die hohe Intuition –
(mit einer Gebärde)
Ich darf nicht sagen, wie – zu schließen.
FAUST. Pfui über dich!
MEPHISTOPHELES. Das will Euch nicht behagen;
Ihr habt das Recht, gesittet Pfui zu sagen.
Man darf das nicht vor keuschen Ohren nennen, 3295
Was keusche Herzen nicht entbehren können.
Und kurz und gut, ich gönn' Ihm das Vergnügen,
Gelegentlich sich etwas vorzulügen;
Doch lange hält Er das nicht aus.
Du bist schon wieder abgetrieben, 3300
Und, währt es länger, aufgerieben
In Tollheit oder Angst und Graus!
Genug damit! Dein Liebchen sitzt dadrinne,
Und alles wird ihr eng und trüb.
Du kommst ihr gar nicht aus dem Sinne, 3305
Sie hat dich übermächtig lieb.
Erst kam deine Liebeswut übergeflossen,
Wie vom geschmolznen Schnee ein Bächlein übersteigt;

Du hast sie ihr ins Herz gegossen,
Nun ist dein Bächlein wieder seicht.   3310
Mich dünkt, anstatt in Wäldern zu thronen,
Ließ' es dem großen Herren gut,
Das arme affenjunge Blut
Für seine Liebe zu belohnen.
Die Zeit wird ihr erbärmlich lang;   3315
Sie steht am Fenster, sieht die Wolken ziehn
Über die alte Stadtmauer hin.
Wenn ich ein Vöglein wär'! so geht ihr Gesang
Tage lang, halbe Nächte lang.
Einmal ist sie munter, meist betrübt,   3320
Einmal recht ausgeweint,
Dann wieder ruhig, wie's scheint,
Und immer verliebt.
FAUST. Schlange! Schlange!
MEPHISTOPHELES für sich. Gelt! daß ich dich fange!   3325
FAUST. Verruchter! hebe dich von hinnen,
   Und nenne nicht das schöne Weib!
   Bring die Begier zu ihrem süßen Leib
   Nicht wieder vor die halb verrückten Sinnen!
MEPHISTOPHELES.
   Was soll es denn? Sie meint, du seist entflohn,   3330
   Und halb und halb bist du es schon.
FAUST. Ich bin ihr nah, und wär' ich noch so fern,
   Ich kann sie nie vergessen, nie verlieren;
   Ja, ich beneide schon den Leib des Herrn,
   Wenn ihre Lippen ihn indes berühren.   3335
MEPHISTOPHELES.
   Gar wohl, mein Freund! Ich hab' Euch oft beneidet
   Ums Zwillingspaar, das unter Rosen weidet.
FAUST. Entfliehe, Kuppler!
MEPHISTOPHELES.   Schön! Ihr schimpft, und ich muß
   Der Gott, der Bub und Mädchen schuf,   [lachen.
   Erkannte gleich den edelsten Beruf,   3340
   Auch selbst Gelegenheit zu machen.
   Nur fort, es ist ein großer Jammer!
   Ihr sollt in Eures Liebchens Kammer,
   Nicht etwa in den Tod.

FAUST. Was ist die Himmelsfreud' in ihren Armen?   3345
  Laß mich an ihrer Brust erwarmen!
  Fühl' ich nicht immer ihre Not?
  Bin ich der Flüchtling nicht? der Unbehauste?
  Der Unmensch ohne Zweck und Ruh',
  Der wie ein Wassersturz von Fels zu Felsen brauste   3350
  Begierig wütend nach dem Abgrund zu?
  Und seitwärts sie, mit kindlich dumpfen Sinnen,
  Im Hüttchen auf dem kleinen Alpenfeld,
  Und all ihr häusliches Beginnen
  Umfangen in der kleinen Welt.   3355
  Und ich, der Gottverhaßte,
  Hatte nicht genug,
  Daß ich die Felsen faßte
  Und sie zu Trümmern schlug!
  Sie, ihren Frieden mußt' ich untergraben!   3360
  Du, Hölle, mußtest dieses Opfer haben!
  Hilf, Teufel, mir die Zeit der Angst verkürzen!
  Was muß geschehn, mag's gleich geschehn!
  Mag ihr Geschick auf mich zusammenstürzen
  Und sie mit mir zugrunde gehn!   3365

MEPHISTOPHELES. Wie's wieder siedet, wieder glüht!
  Geh ein und tröste sie, du Tor!
  Wo so ein Köpfchen keinen Ausgang sieht,
  Stellt er sich gleich das Ende vor.
  Es lebe, wer sich tapfer hält!   3370
  Du bist doch sonst so ziemlich eingeteufelt.
  Nichts Abgeschmackters find' ich auf der Welt
  Als einen Teufel, der verzweifelt.

GRETCHENS STUBE

GRETCHEN am Spinnrade allein.
           Meine Ruh' ist hin,
           Mein Herz ist schwer;   3375
           Ich finde sie nimmer
           Und nimmermehr.

Wo ich ihn nicht hab',
Ist mir das Grab,
Die ganze Welt 3380
Ist mir vergällt.

Mein armer Kopf
Ist mir verrückt,
Mein armer Sinn
Ist mir zerstückt. 3385

Meine Ruh' ist hin,
Mein Herz ist schwer;
Ich finde sie nimmer
Und nimmermehr.

Nach ihm nur schau' ich 3390
Zum Fenster hinaus,
Nach ihm nur geh' ich
Aus dem Haus.

Sein hoher Gang,
Sein' edle Gestalt, 3395
Seines Mundes Lächeln,
Seiner Augen Gewalt,

Und seiner Rede
Zauberfluß,
Sein Händedruck, 3400
Und ach sein Kuß!

Meine Ruh' ist hin,
Mein Herz ist schwer;
Ich finde sie nimmer
Und nimmermehr. 3405

Mein Busen drängt
Sich nach ihm hin.
Ach dürft' ich fassen
Und halten ihn,

Und küssen ihn, 3410
So wie ich wollt',
An seinen Küssen
Vergehen sollt'!

MARTHENS GARTEN

Margarete. Faust.

MARGARETE. Versprich mir, Heinrich!

FAUST. Was ich kann!

MARGARETE. Nun sag, wie hast du's mit der Religion? 3415
Du bist ein herzlich guter Mann,
Allein ich glaub', du hältst nicht viel davon.

FAUST. Laß das, mein Kind! Du fühlst, ich bin dir gut;
Für meine Lieben ließ' ich Leib und Blut,
Will niemand sein Gefühl und seine Kirche rauben. 3420

MARGARETE. Das ist nicht recht, man muß dran glauben!

FAUST. Muß man?

MARGARETE. Ach! wenn ich etwas auf dich könnte!
Du ehrst auch nicht die heil'gen Sakramente.

FAUST. Ich ehre sie.

MARGARETE. Doch ohne Verlangen.
Zur Messe, zur Beichte bist du lange nicht gegangen. 3425
Glaubst du an Gott?

FAUST. Mein Liebchen, wer darf sagen:
Ich glaub' an Gott?
Magst Priester oder Weise fragen,
Und ihre Antwort scheint nur Spott
Über den Frager zu sein.

MARGARETE. So glaubst du nicht? 3430

FAUST. Mißhör mich nicht, du holdes Angesicht!
Wer darf ihn nennen?
Und wer bekennen:
Ich glaub' ihn.
Wer empfinden, 3435
Und sich unterwinden
Zu sagen: ich glaub' ihn nicht?
Der Allumfasser,
Der Allerhalter,

Faßt und erhält er nicht   3440
Dich, mich, sich selbst?
Wölbt sich der Himmel nicht dadroben?
Liegt die Erde nicht hierunten fest?
Und steigen freundlich blickend
Ewige Sterne nicht herauf?   3445
Schau' ich nicht Aug' in Auge dir,
Und drängt nicht alles
Nach Haupt und Herzen dir,
Und webt in ewigem Geheimnis
Unsichtbar sichtbar neben dir?   3450
Erfüll davon dein Herz, so groß es ist,
Und wenn du ganz in dem Gefühle selig bist,
Nenn es dann, wie du willst,
Nenn's Glück! Herz! Liebe! Gott!
Ich habe keinen Namen   3455
Dafür! Gefühl ist alles;
Name ist Schall und Rauch,
Umnebelnd Himmelsglut.
MARGARETE. Das ist alles recht schön und gut;
  Ungefähr sagt das der Pfarrer auch,   3460
  Nur mit ein bißchen andern Worten.
FAUST. Es sagen's allerorten
  Alle Herzen unter dem himmlischen Tage,
  Jedes in seiner Sprache;
  Warum nicht ich in der meinen?   3465
MARGARETE. Wenn man's so hört, möcht's leidlich scheinen,
  Steht aber doch immer schief darum;
  Denn du hast kein Christentum.
FAUST. Liebs Kind!
MARGARETE.   Es tut mir lang schon weh,
  Daß ich dich in der Gesellschaft seh'.   3470
FAUST. Wieso?
MARGARETE.   Der Mensch, den du da bei dir hast,
  Ist mir in tiefer innrer Seele verhaßt;
  Es hat mir in meinem Leben
  So nichts einen Stich ins Herz gegeben,
  Als des Menschen widrig Gesicht.   3475
FAUST. Liebe Puppe, fürcht ihn nicht!

MARGARETE. Seine Gegenwart bewegt mir das Blut.
Ich bin sonst allen Menschen gut;
Aber wie ich mich sehne, dich zu schauen,
Hab' ich vor dem Menschen ein heimlich Grauen,   3480
Und halt' ihn für einen Schelm dazu!
Gott verzeih' mir's, wenn ich ihm unrecht tu'!
FAUST. Es muß auch solche Käuze geben.
MARGARETE. Wollte nicht mit seinesgleichen leben!
Kommt er einmal zur Tür herein,   3485
Sieht er immer so spöttisch drein
Und halb ergrimmt;
Man sieht, daß er an nichts keinen Anteil nimmt;
Es steht ihm an der Stirn geschrieben,
Daß er nicht mag eine Seele lieben.   3490
Mir wird's so wohl in deinem Arm,
So frei, so hingegeben warm,
Und seine Gegenwart schnürt mir das Innre zu.
FAUST. Du ahnungsvoller Engel du!
MARGARETE. Das übermannt mich so sehr,   3495
Daß, wo er nur mag zu uns treten,
Mein' ich sogar, ich liebte dich nicht mehr.
Auch, wenn er da ist, könnt' ich nimmer beten,
Und das frißt mir ins Herz hinein;
Dir, Heinrich, muß es auch so sein.   3500
FAUST. Du hast nun die Antipathie!
MARGARETE. Ich muß nun fort.
FAUST.   Ach, kann ich nie
Ein Stündchen ruhig dir am Busen hängen,
Und Brust an Brust und Seel' in Seele drängen?
MARGARETE. Ach, wenn ich nur alleine schlief'!   3505
Ich ließ' dir gern heut nacht den Riegel offen;
Doch meine Mutter schläft nicht tief,
Und würden wir von ihr betroffen,
Ich wär' gleich auf der Stelle tot!
FAUST. Du Engel, das hat keine Not.   3510
Hier ist ein Fläschchen! Drei Tropfen nur
In ihren Trank umhüllen
Mit tiefem Schlaf gefällig die Natur.

MARGARETE. Was tu' ich nicht um deinetwillen?
Es wird ihr hoffentlich nicht schaden!   3515

FAUST. Würd' ich sonst, Liebchen, dir es raten?

MARGARETE. Seh' ich dich, bester Mann, nur an,
Weiß nicht, was mich nach deinem Willen treibt;
Ich habe schon so viel für dich getan,
Daß mir zu tun fast nichts mehr übrig bleibt. Ab.   3520

　　　　Mephistopheles tritt auf.

MEPHISTOPHELES. Der Grasaff'! ist er weg?

FAUST.   Hast wieder spioniert?

MEPHISTOPHELES. Ich hab's ausführlich wohl vernommen,
Herr Doktor wurden da katechisiert;
Hoff', es soll Ihnen wohl bekommen.
Die Mädels sind doch sehr interessiert,   3525
Ob einer fromm und schlicht nach altem Brauch.
Sie denken: duckt er da, folgt er uns eben auch.

FAUST. Du Ungeheuer siehst nicht ein,
Wie diese treue liebe Seele
Von ihrem Glauben voll,   3530
Der ganz allein
Ihr selig machend ist, sich heilig quäle,
Daß sie den liebsten Mann verloren halten soll.

MEPHISTOPHELES. Du übersinnlicher sinnlicher Freier,
Ein Mägdelein nasführet dich.   3535

FAUST. Du Spottgeburt von Dreck und Feuer!

MEPHISTOPHELES.
Und die Physiognomie versteht sie meisterlich:
In meiner Gegenwart wird's ihr, sie weiß nicht wie,
Mein Mäskchen da weissagt verborgnen Sinn;
Sie fühlt, daß ich ganz sicher ein Genie,   3540
Vielleicht wohl gar der Teufel bin.
Nun, heute nacht –?

FAUST.   Was geht dich's an?

MEPHISTOPHELES. Hab' ich doch meine Freude dran!

AM BRUNNEN

Gretchen und Lieschen mit Krügen.

LIESCHEN. Hast nichts von Bärbelchen gehört?

GRETCHEN. Kein Wort. Ich komm' gar wenig unter Leute. 3545

LIESCHEN. Gewiß, Sibylle sagt' mir's heute!
Die hat sich endlich auch betört.
Das ist das Vornehmtun!

GRETCHEN.   Wieso?

LIESCHEN.   Es stinkt!
Sie füttert zwei, wenn sie nun ißt und trinkt.

GRETCHEN. Ach!   3550

LIESCHEN. So ist's ihr endlich recht ergangen.
Wie lange hat sie an dem Kerl gehangen!
Das war ein Spazieren,
Auf Dorf und Tanzplatz Führen,
Mußt' überall die Erste sein,   3555
Kurtesiert' ihr immer mit Pastetchen und Wein;
Bild't' sich was auf ihre Schönheit ein,
War doch so ehrlos, sich nicht zu schämen,
Geschenke von ihm anzunehmen.
War ein Gekos' und ein Geschleck';   3560
Da ist denn auch das Blümchen weg!

GRETCHEN. Das arme Ding!

LIESCHEN.   Bedauerst sie noch gar!
Wenn unsereins am Spinnen war,
Uns nachts die Mutter nicht hinunterließ,
Stand sie bei ihrem Buhlen süß,   3565
Auf der Türbank und im dunkeln Gang
Ward ihnen keine Stunde zu lang.
Da mag sie denn sich ducken nun,
Im Sünderhemdchen Kirchbuß' tun!

GRETCHEN. Er nimmt sie gewiß zu seiner Frau.   3570

LIESCHEN. Er wär' ein Narr! Ein flinker Jung'
Hat anderwärts noch Luft genung.
Er ist auch fort.

GRETCHEN.   Das ist nicht schön!

LIESCHEN. Kriegt sie ihn, soll's ihr übel gehn.
Das Kränzel reißen die Buben ihr,   3575
Und Häckerling streuen wir vor die Tür! Ab.
GRETCHEN nach Hause gehend.
Wie konnt' ich sonst so tapfer schmälen,
Wenn tät ein armes Mägdlein fehlen!
Wie konnt' ich über andrer Sünden
Nicht Worte gnug der Zunge finden!   3580
Wie schien mir's schwarz, und schwärzt's noch gar,
Mir's immer doch nicht schwarz gnug war,
Und segnet' mich und tat so groß,
Und bin nun selbst der Sünde bloß!
Doch – alles, was dazu mich trieb,   3585
Gott! war so gut! ach war so lieb!

ZWINGER

In der Mauerhöhle ein Andachtsbild der Mater dolorosa, Blumenkrüge davor.

GRETCHEN steckt frische Blumen in die Krüge. Ach neige,
        Du Schmerzenreiche,
        Dein Antlitz gnädig meiner Not!

        Das Schwert im Herzen,   3590
        Mit tausend Schmerzen
        Blickst auf zu deines Sohnes Tod.

        Zum Vater blickst du,
        Und Seufzer schickst du
        Hinauf um sein' und deine Not.   3595

        Wer fühlet,
        Wie wühlet
        Der Schmerz mir im Gebein?
        Was mein armes Herz hier banget,
        Was es zittert, was verlanget,   3600
        Weißt nur du, nur du allein!

        Wohin ich immer gehe,
        Wie weh, wie weh, wie wehe

Wird mir im Busen hier!
Ich bin, ach, kaum alleine,   3605
Ich wein', ich wein', ich weine,
Das Herz zerbricht in mir.

Die Scherben vor meinem Fenster
Betaut' ich mit Tränen, ach,
Als ich am frühen Morgen   3610
Dir diese Blumen brach.

Schien hell in meine Kammer
Die Sonne früh herauf,
Saß ich in allem Jammer
In meinem Bett schon auf.   3615

Hilf! rette mich von Schmach und Tod!
Ach neige,
Du Schmerzenreiche,
Dein Antlitz gnädig meiner Not!

NACHT

Straße vor Gretchens Tůre.

VALENTIN, Soldat, Gretchens Bruder.
Wenn ich so saß bei einem Gelag,   3620
Wo mancher sich berühmen mag,
Und die Gesellen mir den Flor
Der Mägdlein laut gepriesen vor,
Mit vollem Glas das Lob verschwemmt –
Den Ellenbogen aufgestemmt   3625
Saß ich in meiner sichern Ruh',
Hört' all dem Schwadronieren zu,
Und streiche lächelnd meinen Bart,
Und kriege das volle Glas zur Hand
Und sage: Alles nach seiner Art!   3630
Aber ist eine im ganzen Land,
Die meiner trauten Gretel gleicht,
Die meiner Schwester das Wasser reicht?
Topp! Topp! Kling! Klang! das ging herum;

Die einen schrieen: Er hat recht,   3635
Sie ist die Zier vom ganzen Geschlecht!
Da saßen alle die Lober stumm.
Und nun! – um 's Haar sich auszuraufen
Und an den Wänden hinaufzulaufen! –
Mit Stichelreden, Naserümpfen   3640
Soll jeder Schurke mich beschimpfen!
Soll wie ein böser Schuldner sitzen,
Bei jedem Zufallswörtchen schwitzen!
Und möcht' ich sie zusammenschmeißen,
Könnt' ich sie doch nicht Lügner heißen.   3645

Was kommt heran? Was schleicht herbei?
Irr' ich nicht, es sind ihrer zwei.
Ist er's, gleich pack' ich ihn beim Felle,
Soll nicht lebendig von der Stelle!

Faust. Mephistopheles.

FAUST. Wie von dem Fenster dort der Sakristei   3650
Aufwärts der Schein des ew'gen Lämpchens flämmert
Und schwach und schwächer seitwärts dämmert,
Und Finsternis drängt ringsum bei!
So sieht's in meinem Busen nächtig.

MEPHISTOPHELES.
Und mir ist's wie dem Kätzlein schmächtig,   3655
Das an den Feuerleitern schleicht,
Sich leis' dann um die Mauern streicht;
Mir ist's ganz tugendlich dabei,
Ein bißchen Diebsgelüst, ein bißchen Rammelei.
So spukt mir schon durch alle Glieder   3660
Die herrliche Walpurgisnacht.
Die kommt uns übermorgen wieder,
Da weiß man doch, warum man wacht.

FAUST. Rückt wohl der Schatz indessen in die Höh',
Den ich dort hinten flimmern seh?   3665

MEPHISTOPHELES. Du kannst die Freude bald erleben,
Das Kesselchen herauszuheben.
Ich schielte neulich so hinein,
Sind herrliche Löwentaler drein.

FAUST. Nicht ein Geschmeide, nicht ein Ring,   3670
Meine liebe Buhle damit zu zieren?
MEPHISTOPHELES. Ich sah dabei wohl so ein Ding,
Als wie eine Art von Perlenschnüren.
FAUST. So ist es recht! Mir tut es weh,
Wenn ich ohne Geschenke zu ihr geh'.   3675
MEPHISTOPHELES. Es sollt' Euch eben nicht verdrießen,
Umsonst auch etwas zu genießen.
Jetzt, da der Himmel voller Sterne glüht,
Sollt Ihr ein wahres Kunststück hören:
Ich sing' ihr ein moralisch Lied,   3680
Um sie gewisser zu betören.

> Singt zur Zither.
>
> Was machst du mir
> Vor Liebchens Tür,
> Kathrinchen, hier
> Bei frühem Tagesblicke?   3685
> Laß, laß es sein!
> Er läßt dich ein,
> Als Mädchen ein,
> Als Mädchen nicht zurücke.
>
> Nehmt euch in acht!   3690
> Ist es vollbracht,
> Dann gute Nacht,
> Ihr armen, armen Dinger!
> Habt ihr euch lieb,
> Tut keinem Dieb   3695
> Nur nichts zu Lieb',
> Als mit dem Ring am Finger.

VALENTIN tritt vor. Wen lockst du hier? beim Element!
Vermaledeiter Rattenfänger!
Zum Teufel erst das Instrument!   3700
Zum Teufel hinterdrein den Sänger!
MEPH. Die Zither ist entzwei! an der ist nichts zu halten.
VALENTIN. Nun soll es an ein Schädelspalten!
MEPH. zu Faust. Herr Doktor, nicht gewichen! Frisch!
Hart an mich an, wie ich Euch führe.   3705

Heraus mit Eurem Flederwisch!
Nur zugestoßen! ich pariere.
VALENTIN. Pariere den!
MEPHISTOPHELES.   Warum denn nicht?
VALENTIN. Auch den!
MEPHISTOPHELES.   Gewiß!
VALENTIN.   Ich glaub', der Teufel ficht!
Was ist denn das? Schon wird die Hand mir lahm.   3710
MEPHISTOPHELES zu Faust. Stoß zu!
VALENTIN fällt.   O weh!
MEPHISTOPHELES.   Nun ist der Lümmel zahm!
Nun aber fort! Wir müssen gleich verschwinden:
Denn schon entsteht ein mörderlich Geschrei.
Ich weiß mich trefflich mit der Polizei,
Doch mit dem Blutbann schlecht mich abzufinden.   3715
MARTHE am Fenster. Heraus! Heraus!
GRETCHEN am Fenster.   Herbei ein Licht!
MARTHE wie oben. Man schilt und rauft, man schreit und ficht.
VOLK. Da liegt schon einer tot!
MARTHE heraustretend. Die Mörder, sind sie denn entflohn?
GRETCHEN heraustretend. Wer liegt hier?
VOLK.   Deiner Mutter Sohn. 3720
GRETCHEN. Allmächtiger! welche Not!
VALENTIN. Ich sterbe! das ist bald gesagt
Und bälder noch getan.
Was steht ihr Weiber, heult und klagt?
Kommt her und hört mich an! Alle treten um ihn.   3725
Mein Gretchen, sieh! du bist noch jung,
Bist gar noch nicht gescheit genung,
Machst deine Sachen schlecht.
Ich sag' dir's im Vertrauen nur:
Du bist doch nun einmal eine Hur';   3730
So sei's auch eben recht.
GRETCHEN. Mein Bruder! Gott! Was soll mir das?
VALENTIN. Laß unsern Herrgott aus dem Spaß.
Geschehn ist leider nun geschehn,
Und wie es gehn kann, so wird's gehn.   3735
Du fingst mit einem heimlich an,
Bald kommen ihrer mehre dran,

Und wenn dich erst ein Dutzend hat,
So hat dich auch die ganze Stadt.

Wenn erst die Schande wird geboren,   3740
Wird sie heimlich zur Welt gebracht,
Und man zieht den Schleier der Nacht
Ihr über Kopf und Ohren;
Ja, man möchte sie gern ermorden.
Wächst sie aber und macht sich groß,   3745
Dann geht sie auch bei Tage bloß,
Und ist doch nicht schöner geworden.
Je häßlicher wird ihr Gesicht,
Je mehr sucht sie des Tages Licht.

Ich seh' wahrhaftig schon die Zeit,   3750
Daß alle brave Bürgersleut',
Wie von einer angesteckten Leichen,
Von dir, du Metze! seitab weichen.
Dir soll das Herz im Leib verzagen,
Wenn sie dir in die Augen sehn!   3755
Sollst keine goldne Kette mehr tragen!
In der Kirche nicht mehr am Altar stehn!
In einem schönen Spitzenkragen
Dich nicht beim Tanze wohlbehagen!
In eine finstre Jammerecken   3760
Unter Bettler und Krüppel dich verstecken
Und, wenn dir dann auch Gott verzeiht,
Auf Erden sein vermaledeit!
MARTHE. Befehlt Eure Seele Gott zu Gnaden!
Wollt Ihr noch Lästrung auf Euch laden?   3765
VALENTIN. Könnt' ich dir nur an den dürren Leib,
Du schändlich kupplerisches Weib!
Da hofft' ich aller meiner Sünden
Vergebung reiche Maß zu finden.
GRETCHEN. Mein Bruder! Welche Höllenpein!   3770
VALENTIN. Ich sage, laß die Tränen sein!
Da du dich sprachst der Ehre los,
Gabst mir den schwersten Herzensstoß.
Ich gehe durch den Todesschlaf
Zu Gott ein als Soldat und brav. Stirbt.   3775

DOM

Amt, Orgel und Gesang.
Gretchen unter vielem Volke. Böser Geist hinter Gretchen.

BÖSER GEIST. Wie anders, Gretchen, war dir's,
Als du noch voll Unschuld
Hier zum Altar tratst,
Aus dem vergriffnen Büchelchen
Gebete lalltest,   3780
Halb Kinderspiele,
Halb Gott im Herzen!
Gretchen!
Wo steht dein Kopf?
In deinem Herzen   3785
Welche Missetat?
Betst du für deiner Mutter Seele, die
Durch dich zur langen, langen Pein hinüberschlief?
Auf deiner Schwelle wessen Blut?
– Und unter deinem Herzen   3790
Regt sich's nicht quillend schon
Und ängstet dich und sich
Mit ahnungsvoller Gegenwart?
GRETCHEN. Weh! Weh!
Wär' ich der Gedanken los,   3795
Die mir herüber und hinüber gehen
Wider mich!
CHOR. Dies irae, dies illa
Solvet saeclum in favilla.
                              Orgelton.
BÖSER GEIST. Grimm faßt dich!   3800
Die Posaune tönt!
Die Gräber beben!
Und dein Herz,
Aus Aschenruh
Zu Flammenqualen   3805
Wieder aufgeschaffen,
Bebt auf!
GRETCHEN. Wär' ich hier weg!
Mir ist, als ob die Orgel mir

Den Atem versetzte,   3810
Gesang mein Herz
Im Tiefsten löste.
CHOR. Judex ergo cum sedebit,
   Quidquid latet adparebit,
   Nil inultum remanebit.   3815
GRETCHEN. Mir wird so eng!
   Die Mauernpfeiler
   Befangen mich!
   Das Gewölbe
   Drängt mich! – Luft!   3820
BÖSER GEIST. Verbirg dich! Sünd' und Schande
   Bleibt nicht verborgen.
   Luft? Licht?
   Weh dir!
CHOR. Quid sum miser tunc dicturus?   3825
   Quem patronum rogaturus?
   Cum vix justus sit securus.
BÖSER GEIST. Ihr Antlitz wenden
   Verklärte von dir ab.
   Die Hände dir zu reichen,   3830
   Schauert's den Reinen.
   Weh!
CHOR. Quid sum miser tunc dicturus?
GRETCHEN. Nachbarin! Euer Fläschchen! –
              Sie fällt in Ohnmacht.

WALPURGISNACHT

Harzgebirg. Gegend von Schierke und Elend.
Faust. Mephistopheles.

MEPH. Verlangst du nicht nach einem Besenstiele?   3835
   Ich wünschte mir den allerderbsten Bock.
   Auf diesem Weg sind wir noch weit vom Ziele.
FAUST. So lang' ich mich noch frisch auf meinen Beinen fühle,
   Genügt mir dieser Knotenstock.
   Was hilft's, daß man den Weg verkürzt! –   3840
   Im Labyrinth der Täler hinzuschleichen,
   Dann diesen Felsen zu ersteigen,
   Von dem der Quell sich ewig sprudelnd stürzt,

Das ist die Lust, die solche Pfade würzt!
Der Frühling webt schon in den Birken,   384
Und selbst die Fichte fühlt ihn schon;
Sollt' er nicht auch auf unsre Glieder wirken?
MEPHISTOPHELES. Fürwahr, ich spüre nichts davon!
Mir ist es winterlich im Leibe,
Ich wünschte Schnee und Frost auf meiner Bahn.   385
Wie traurig steigt die unvollkommne Scheibe
Des roten Monds mit später Glut heran,
Und leuchtet schlecht, daß man bei jedem Schritte
Vor einen Baum, vor einen Felsen rennt!
Erlaub', daß ich ein Irrlicht bitte!   385
Dort seh' ich eins, das eben lustig brennt.
He da! mein Freund! darf ich dich zu uns fodern?
Was willst du so vergebens lodern?
Sei doch so gut und leucht' uns da hinauf!
IRRLICHT. Aus Ehrfurcht, hoff' ich, soll es mir gelingen, 386
Mein leichtes Naturell zu zwingen;
Nur zickzack geht gewöhnlich unser Lauf.
MEPH. Ei! Ei! Er denkt's den Menschen nachzuahmen.
Geh' Er nur grad', in 's Teufels Namen!
Sonst blas' ich Ihm sein Flackerleben aus.   386
IRRLICHT. Ich merke wohl, Ihr seid der Herr vom Haus,
Und will mich gern nach Euch bequemen.
Allein bedenkt! der Berg ist heute zaubertoll,
Und wenn ein Irrlicht Euch die Wege weisen soll,
So müßt Ihr's so genau nicht nehmen.   387

FAUST, MEPHISTOPHELES, IRRLICHT im Wechselgesang.
            In die Traum- und Zaubersphäre
            Sind wir, scheint es, eingegangen.
            Führ' uns gut und mach' dir Ehre,
            Daß wir vorwärts bald gelangen
            In den weiten, öden Räumen!   387

            Seh' die Bäume hinter Bäumen,
            Wie sie schnell vorüberrücken,
            Und die Klippen, die sich bücken,
            Und die langen Felsennasen,
            Wie sie schnarchen, wie sie blasen!   388

Durch die Steine, durch den Rasen
Eilet Bach und Bächlein nieder.
Hör' ich Rauschen? hör' ich Lieder?
Hör' ich holde Liebesklage,
Stimmen jener Himmelstage?   3885
Was wir hoffen, was wir lieben!
Und das Echo, wie die Sage
Alter Zeiten, hallet wider.

Uhu! Schuhu! tönt es näher,
Kauz und Kiebitz und der Häher,   3890
Sind sie alle wach geblieben?
Sind das Molche durchs Gesträuche?
Lange Beine, dicke Bäuche!
Und die Wurzeln, wie die Schlangen,
Winden sich aus Fels und Sande,   3895
Strecken wunderliche Bande,
Uns zu schrecken, uns zu fangen;
Aus belebten derben Masern
Strecken sie Polypenfasern
Nach dem Wandrer. Und die Mäuse   3900
Tausendfärbig, scharenweise,
Durch das Moos und durch die Heide!
Und die Funkenwürmer fliegen
Mit gedrängten Schwärmezügen
Zum verwirrenden Geleite.   3905

Aber sag' mir, ob wir stehen,
Oder ob wir weitergehen?
Alles, alles scheint zu drehen,
Fels und Bäume, die Gesichter
Schneiden, und die irren Lichter,   3910
Die sich mehren, die sich blähen.

MEPHISTOPHELES. Fasse wacker meinen Zipfel!
Hier ist so ein Mittelgipfel,
Wo man mit Erstaunen sieht,
Wie im Berg der Mammon glüht.   3915
FAUST. Wie seltsam glimmert durch die Gründe
Ein morgenrötlich trüber Schein!
Und selbst bis in die tiefen Schlünde

Des Abgrunds wittert er hinein.
Da steigt ein Dampf, dort ziehen Schwaden,   3920
Hier leuchtet Glut aus Dunst und Flor,
Dann schleicht sie wie ein zarter Faden,
Dann bricht sie wie ein Quell hervor.
Hier schlingt sie eine ganze Strecke
Mit hundert Adern sich durchs Tal,   3925
Und hier in der gedrängten Ecke
Vereinzelt sie sich auf einmal.
Da sprühen Funken in der Nähe,
Wie ausgestreuter goldner Sand.
Doch schau! in ihrer ganzen Höhe   3930
Entzündet sich die Felsenwand.
MEPHISTOPHELES. Erleuchtet nicht zu diesem Feste
  Herr Mammon prächtig den Palast?
  Ein Glück, daß du's gesehen hast;
  Ich spüre schon die ungestümen Gäste.   3935
FAUST. Wie rast die Windsbraut durch die Luft!
  Mit welchen Schlägen trifft sie meinen Nacken!
MEPHISTOPHELES. Du mußt des Felsens alte Rippen packen,
  Sonst stürzt sie dich hinab in dieser Schlünde Gruft.
  Ein Nebel verdichtet die Nacht.   3940
  Höre, wie's durch die Wälder kracht!
  Aufgescheucht fliegen die Eulen.
  Hör', es splittern die Säulen
  Ewig grüner Paläste.
  Girren und Brechen der Äste!   3945
  Der Stämme mächtiges Dröhnen!
  Der Wurzeln Knarren und Gähnen!
  Im fürchterlich verworrenen Falle
  Übereinander krachen sie alle,
  Und durch die übertrümmerten Klüfte   3950
  Zischen und heulen die Lüfte.
  Hörst du Stimmen in der Höhe?
  In der Ferne, in der Nähe?
  Ja, den ganzen Berg entlang
  Strömt ein wütender Zaubergesang!   3955
HEXEN IM CHOR. Die Hexen zu dem Brocken ziehn,
    Die Stoppel ist gelb, die Saat ist grün.

Dort sammelt sich der große Hauf,
Herr Urian sitzt oben auf.
So geht es über Stein und Stock,   3960
Es f–t die Hexe, es stinkt der Bock.
STIMME. Die alte Baubo kommt allein,
Sie reitet auf einem Mutterschwein.
CHOR.   So Ehre denn, wem Ehre gebührt!
Frau Baubo vor! und angeführt!   3965
Ein tüchtig Schwein und Mutter drauf,
Da folgt der ganze Hexenhauf.
STIMME. Welchen Weg kommst du her?
STIMME.   Übern Ilsenstein!
Da guckt' ich der Eule ins Nest hinein.
Die macht' ein Paar Augen!
STIMME.   O fahre zur Hölle!   3970
Was reitst du so schnelle!
STIMME. Mich hat sie geschunden,
Da sieh nur die Wunden!
HEXEN. CHOR. Der Weg ist breit, der Weg ist lang,
Was ist das für ein toller Drang?   3975
Die Gabel sticht, der Besen kratzt,
Das Kind erstickt, die Mutter platzt.
HEXENMEISTER. HALBES CHOR.
Wir schleichen wie die Schneck' im Haus,
Die Weiber alle sind voraus.
Denn, geht es zu des Bösen Haus,   3980
Das Weib hat tausend Schritt voraus.
ANDRE HÄLFTE. Wir nehmen das nicht so genau,
Mit tausend Schritten macht's die Frau;
Doch, wie sie auch sich eilen kann,
Mit einem Sprunge macht's der Mann.   3985
STIMME oben. Kommt mit, kommt mit, vom Felsensee!
STIMMEN von unten. Wir möchten gerne mit in die Höh'.
Wir waschen, und blank sind wir ganz und gar;
Aber auch ewig unfruchtbar.
BEIDE CHÖRE. Es schweigt der Wind, es flieht der Stern,   3990
Der trübe Mond verbirgt sich gern.
Im Sausen sprüht das Zauberchor
Viel tausend Feuerfunken hervor.

STIMME von unten. Halte! Halte!

STIMME von oben. Wer ruft da aus der Felsenspalte?   3995

STIMME unten. Nehmt mich mit! Nehmt mich mit!
  Ich steige schon dreihundert Jahr,
  Und kann den Gipfel nicht erreichen.
  Ich wäre gern bei meinesgleichen.

BEIDE CHÖRE. Es trägt der Besen, trägt der Stock,   4000
        Die Gabel trägt, es trägt der Bock;
        Wer heute sich nicht heben kann,
        Ist ewig ein verlorner Mann.

HALBHEXE unten. Ich tripple nach, so lange Zeit;
  Wie sind die andern schon so weit!   4005
  Ich hab' zu Hause keine Ruh,
  Und komme hier doch nicht dazu.

CHOR DER HEXEN. Die Salbe gibt den Hexen Mut,
        Ein Lumpen ist zum Segel gut,
        Ein gutes Schiff ist jeder Trog;   4010
        Der flieget nie, der heut nicht flog.

BEIDE CHÖRE. Und wenn wir um den Gipfel ziehn,
        So streichet an dem Boden hin,
        Und deckt die Heide weit und breit
        Mit eurem Schwarm der Hexenheit.   4015

          Sie lassen sich nieder.

MEPH. Das drängt und stößt, das ruscht und klappert!
Das zischt und quirlt, das zieht und plappert!
Das leuchtet, sprüht und stinkt und brennt!
Ein wahres Hexenelement!
Nur fest an mir! sonst sind wir gleich getrennt.   4020
Wo bist du?

FAUST in der Ferne. Hier!

MEPHISTOPHELES.   Was! dort schon hingerissen?
Da werd' ich Hausrecht brauchen müssen.
Platz! Junker Voland kommt. Platz! süßer Pöbel, Platz!
Hier, Doktor, fasse mich! und nun, in einem Satz,
Laß uns aus dem Gedräng' entweichen;   4025
Es ist zu toll, sogar für meinesgleichen.
Dort neben leuchtet was mit ganz besondrem Schein,
Es zieht mich was nach jenen Sträuchen.
Komm, komm! wir schlupfen da hinein.

FAUST.
Du Geist des Widerspruchs! Nur zu! du magst mich führen. 4030
Ich denke doch, das war recht klug gemacht:
Zum Brocken wandeln wir in der Walpurgisnacht,
Um uns beliebig nun hieselbst zu isolieren.
MEPHISTOPHELES. Da sieh nur, welche bunten Flammen!
Es ist ein muntrer Klub beisammen. 4035
Im Kleinen ist man nicht allein.
FAUST. Doch droben möcht' ich lieber sein!
Schon seh' ich Glut und Wirbelrauch.
Dort strömt die Menge zu dem Bösen;
Da muß sich manches Rätsel lösen. 4040
MEPHISTOPHELES. Doch manches Rätsel knüpft sich auch.
Laß du die große Welt nur sausen,
Wir wollen hier im Stillen hausen.
Es ist doch lange hergebracht,
Daß in der großen Welt man kleine Welten macht. 4045
Da seh' ich junge Hexchen nackt und bloß,
Und alte, die sich klug verhüllen.
Seid freundlich, nur um meinetwillen;
Die Müh' ist klein, der Spaß ist groß.
Ich höre was von Instrumenten tönen! 4050
Verflucht Geschnarr! Man muß sich dran gewöhnen.
Komm mit! Komm mit! Es kann nicht anders sein,
Ich tret' heran und führe dich herein,
Und ich verbinde dich aufs neue.
Was sagst du, Freund? das ist kein kleiner Raum. 4055
Da sieh nur hin! du siehst das Ende kaum.
Ein Hundert Feuer brennen in der Reihe;
Man tanzt, man schwatzt, man kocht, man trinkt, man liebt;
Nun sage mir, wo es was Bessers gibt?
FAUST. Willst du dich nun, um uns hier einzuführen, 4060
Als Zaubrer oder Teufel produzieren?
MEPH. Zwar bin ich sehr gewohnt, inkognito zu gehn,
Doch läßt am Galatag man seinen Orden sehn.
Ein Knieband zeichnet mich nicht aus,
Doch ist der Pferdefuß hier ehrenvoll zu Haus. 4065
Siehst du die Schnecke da? Sie kommt herangekrochen;
Mit ihrem tastenden Gesicht

Hat sie mir schon was abgerochen.
Wenn ich auch will, verleugn' ich hier mich nicht.
Komm nur! von Feuer gehen wir zu Feuer,   4070
Ich bin der Werber, und du bist der Freier.

     Zu einigen, die um verglimmende Kohlen sitzen.

Ihr alten Herrn, was macht ihr hier am Ende?
Ich lob' euch, wenn ich euch hübsch in der Mitte fände,
Von Saus umzirkt und Jugendbraus;
Genug allein ist jeder ja zu Haus.   4075

GENERAL. Wer mag auf Nationen trauen,
  Man habe noch so viel für sie getan;
  Denn bei dem Volk, wie bei den Frauen,
  Steht immerfort die Jugend oben an.

MINISTER. Jetzt ist man von dem Rechten allzu weit,   4080
  Ich lobe mir die guten Alten;
  Denn freilich, da wir alles galten,
  Da war die rechte goldne Zeit.

PARVENU. Wir waren wahrlich auch nicht dumm,
  Und taten oft, was wir nicht sollten;   4085
  Doch jetzo kehrt sich alles um und um,
  Und eben da wir's fest erhalten wollten.

AUTOR. Wer mag wohl überhaupt jetzt eine Schrift
  Von mäßig klugem Inhalt lesen!
  Und was das liebe junge Volk betrifft,   4090
  Das ist noch nie so naseweis gewesen.

MEPHISTOPHELES, *der auf einmal sehr alt erscheint.*
  Zum jüngsten Tag fühl' ich das Volk gereift,
  Da ich zum letzten Mal den Hexenberg ersteige,
  Und weil mein Fäßchen trübe läuft,
  So ist die Welt auch auf der Neige.   4095

TRÖDELHEXE. Ihr Herren, geht nicht so vorbei!
  Laßt die Gelegenheit nicht fahren!
  Aufmerksam blickt nach meinen Waren,
  Es steht dahier gar mancherlei.
  Und doch ist nichts in meinem Laden,   4100
  Dem keiner auf der Erde gleicht,
  Das nicht einmal zum tücht'gen Schaden
  Der Menschen und der Welt gereicht.
  Kein Dolch ist hier, von dem nicht Blut geflossen,

Kein Kelch, aus dem sich nicht, in ganz gesunden Leib, 4105
Verzehrend heißes Gift ergossen,
Kein Schmuck, der nicht ein liebenswürdig Weib
Verführt, kein Schwert, das nicht den Bund gebrochen,
Nicht etwa hinterrücks den Gegenmann durchstochen.

MEPHISTOPHELES.
Frau Muhme! Sie versteht mir schlecht die Zeiten. 4110
Getan geschehn! Geschehn getan!
Verleg' Sie sich auf Neuigkeiten!
Nur Neuigkeiten ziehn uns an.

FAUST. Daß ich mich nur nicht selbst vergesse!
Heiß' ich mir das doch eine Messe! 4115

MEPHISTOPHELES. Der ganze Strudel strebt nach oben;
Du glaubst zu schieben und du wirst geschoben.

FAUST. Wer ist denn das?

MEPHISTOPHELES.   Betrachte sie genau!
Lilith ist das.

FAUST.   Wer?

MEPHISTOPHELES.   Adams erste Frau.
Nimm dich in acht vor ihren schönen Haaren, 4120
Vor diesem Schmuck, mit dem sie einzig prangt.
Wenn sie damit den jungen Mann erlangt,
So läßt sie ihn so bald nicht wieder fahren.

FAUST. Da sitzen zwei, die Alte mit der Jungen;
Die haben schon was Rechts gesprungen! 4125

MEPHISTOPHELES. Das hat nun heute keine Ruh.
Es geht zum neuen Tanz; nun komm! wir greifen zu.

FAUST mit der Jungen tanzend.
                Einst hatt' ich einen schönen Traum:
                Da sah ich einen Apfelbaum,
                Zwei schöne Äpfel glänzten dran, 4130
                Sie reizten mich, ich stieg hinan.

DIE SCHÖNE. Der Äpfelchen begehrt ihr sehr,
                Und schon vom Paradiese her.
                Von Freuden fühl' ich mich bewegt,
                Daß auch mein Garten solche trägt. 4135

MEPHISTOPHELES mit der Alten.
　　　　　　　Einst hatt' ich einen wüsten Traum;
　　　　　　　Da sah ich einen gespaltnen Baum,
　　　　　　　Der hatt' ein – – –;
　　　　　　　So – es war, gefiel mir's doch.
DIE ALTE.　　Ich biete meinen besten Gruß   4140
　　　　　　　Dem Ritter mit dem Pferdefuß!
　　　　　　　Halt' Er einen – – bereit,
　　　　　　　Wenn Er – – – nicht scheut.
PROKTOPHANTASMIST.
　Verfluchtes Volk! was untersteht ihr euch?
　Hat man euch lange nicht bewiesen: 4145
　Ein Geist steht nie auf ordentlichen Füßen?
　Nun tanzt ihr gar, uns andern Menschen gleich!
DIE SCHÖNE tanzend. Was will denn der auf unserm Ball?
FAUST tanzend. Ei! der ist eben überall.
　Was andre tanzen, muß er schätzen.   4150
　Kann er nicht jeden Schritt beschwätzen,
　So ist der Schritt so gut als nicht geschehn.
　Am meisten ärgert ihn, sobald wir vorwärtsgehn.
　Wenn ihr euch so im Kreise drehen wolltet,
　Wie er's in seiner alten Mühle tut,   4155
　Das hieß' er allenfalls noch gut;
　Besonders wenn ihr ihn darum begrüßen solltet.
PROKTOPHANTASMIST.
　Ihr seid noch immer da! Nein, das ist unerhört.
　Verschwindet doch! Wir haben ja aufgeklärt!
　Das Teufelspack, es fragt nach keiner Regel.   4160
　Wir sind so klug, und dennoch spukt's in Tegel.
　Wie lange hab' ich nicht am Wahn hinausgekehrt,
　Und nie wird's rein; das ist doch unerhört!
DIE SCHÖNE. So hört doch auf, uns hier zu ennuyieren!
PROKTOPHANTASMIST. Ich sag's euch Geistern ins Gesicht, 4165
　Den Geistesdespotismus leid' ich nicht;
　Mein Geist kann ihn nicht exerzieren. Es wird fortgetanzt.
　Heut', seh' ich, will mir nichts gelingen;
　Doch eine Reise nehm' ich immer mit
　Und hoffe noch, vor meinem letzten Schritt,   4170
　Die Teufel und die Dichter zu bezwingen.

MEPHISTOPHELES. Er wird sich gleich in eine Pfütze setzen,
Das ist die Art, wie er sich soulagiert,
Und wenn Blutegel sich an seinem Steiß ergetzen,
Ist er von Geistern und von Geist kuriert. 4175

Zu Faust, der aus dem Tanz getreten ist.

Was lässest du das schöne Mädchen fahren,
Das dir zum Tanz so lieblich sang?

FAUST. Ach! mitten im Gesange sprang
Ein rotes Mäuschen ihr aus dem Munde.

MEPHISTOPHELES.
Das ist was Rechts! das nimmt man nicht genau; 4180
Genug, die Maus war doch nicht grau.
Wer fragt darnach in einer Schäferstunde?

FAUST. Dann sah ich –

MEPHISTOPHELES. Was?

FAUST. Mephisto, siehst du dort
Ein blasses, schönes Kind allein und ferne stehen?
Sie schiebt sich langsam nur vom Ort, 4185
Sie scheint mit geschloßnen Füßen zu gehen.
Ich muß bekennen, daß mir deucht,
Daß sie dem guten Gretchen gleicht.

MEPH. Laß das nur stehn! dabei wird's niemand wohl.
Es ist ein Zauberbild, ist leblos, ein Idol. 4190
Ihm zu begegnen, ist nicht gut;
Vom starren Blick erstarrt des Menschen Blut,
Und er wird fast in Stein verkehrt,
Von der Meduse hast du ja gehört.

FAUST. Fürwahr, es sind die Augen eines Toten, 4195
Die eine liebende Hand nicht schloß.
Das ist die Brust, die Gretchen mir geboten,
Das ist der süße Leib, den ich genoß.

MEPH. Das ist die Zauberei, du leicht verführter Tor!
Denn jedem kommt sie wie sein Liebchen vor. 4200

FAUST. Welch eine Wonne! welch ein Leiden!
Ich kann von diesem Blick nicht scheiden.
Wie sonderbar muß diesen schönen Hals
Ein einzig rotes Schnürchen schmücken,
Nicht breiter als ein Messerrücken! 4205

MEPHISTOPHELES. Ganz recht! ich seh' es ebenfalls.
Sie kann das Haupt auch unterm Arme tragen;
Denn Perseus hat's ihr abgeschlagen. –
Nur immer diese Lust zum Wahn!
Komm doch das Hügelchen heran, 4210
Hier ist's so lustig wie im Prater;
Und hat man mir's nicht angetan,
So seh' ich wahrlich ein Theater.
Was gibt's denn da?
SERVIBILIS.   Gleich fängt man wieder an.
Ein neues Stück, das letzte Stück von sieben; 4215
So viel zu geben, ist allhier der Brauch.
Ein Dilettant hat es geschrieben,
Und Dilettanten spielen's auch.
Verzeiht, ihr Herrn, wenn ich verschwinde;
Mich dilettiert's, den Vorhang aufzuziehn. 4220
MEPHISTOPHELES. Wenn ich euch auf dem Blocksberg finde,
Das find' ich gut; denn da gehört ihr hin.

WALPURGISNACHTSTRAUM
oder
OBERONS UND TITANIAS GOLDNE HOCHZEIT
INTERMEZZO

THEATERMEISTER. Heute ruhen wir einmal,
          Miedings wackre Söhne.
          Alter Berg und feuchtes Tal,
          Das ist die ganze Szene! 4225
HEROLD.   Daß die Hochzeit golden sei,
          Solln funfzig Jahr sein vorüber;
          Aber ist der Streit vorbei,
          Das Golden ist mir lieber. 4230
OBERON.   Seid ihr Geister, wo ich bin,
          So zeigt's in diesen Stunden;
          König und die Königin,
          Sie sind aufs neu verbunden.
PUCK.   Kommt der Puck und dreht sich quer 4235
          Und schleift den Fuß im Reihen,

Hundert kommen hinterher,
Sich auch mit ihm zu freuen.

ARIEL. Ariel bewegt den Sang
In himmlisch reinen Tönen; 4240
Viele Fratzen lockt sein Klang,
Doch lockt er auch die Schönen.

OBERON. Gatten, die sich vertragen wollen,
Lernen's von uns beiden!
Wenn sich zweie lieben sollen, 4245
Braucht man sie nur zu scheiden.

TITANIA. Schmollt der Mann und grillt die Frau,
So faßt sie nur behende,
Führt mir nach dem Mittag Sie,
Und Ihn an Nordens Ende. 4250

ORCHESTER TUTTI. Fortissimo. Fliegenschnauz' und Mücken-
Mit ihren Anverwandten, [nas'
Frosch im Laub und Grill' im Gras,
Das sind die Musikanten!

SOLO. Seht, da kommt der Dudelsack! 4255
Es ist die Seifenblase.
Hört den Schneckeschnickeschnack
Durch seine stumpfe Nase.

GEIST, DER SICH ERST BILDET. Spinnenfuß und Krötenbauch
Und Flügelchen dem Wichtchen! 4260
Zwar ein Tierchen gibt es nicht,
Doch gibt es ein Gedichtchen.

EIN PÄRCHEN. Kleiner Schritt und hoher Sprung
Durch Honigtau und Düfte;
Zwar du trippelst mir genung, 4265
Doch geht's nicht in die Lüfte.

NEUGIERIGER REISENDER. Ist das nicht Maskeraden-Spott?
Soll ich den Augen trauen,
Oberon den schönen Gott
Auch heute hier zu schauen! 4270

ORTHODOX. Keine Klauen, keinen Schwanz!
Doch bleibt es außer Zweifel:
So wie die Götter Griechenlands,
So ist auch er ein Teufel.

NORDISCHER KÜNSTLER. Was ich ergreife, das ist heut   4275
            Fürwahr nur skizzenweise;
            Doch ich bereite mich bei Zeit
            Zur italien'schen Reise.

PURIST.   Ach! mein Unglück führt mich her:
            Wie wird nicht hier geludert!   4280
            Und von dem ganzen Hexenheer
            Sind zweie nur gepudert.

JUNGE HEXE. Der Puder ist so wie der Rock
            Für alt' und graue Weibchen;
            Drum sitz' ich nackt auf meinem Bock   4285
            Und zeig' ein derbes Leibchen.

MATRONE.   Wir haben zu viel Lebensart,
            Um hier mit euch zu maulen,
            Doch, hoff' ich, sollt ihr jung und zart,
            So wie ihr seid, verfaulen.   4290

KAPELLMEISTER. Fliegenschnauz' und Mückennas',
            Umschwärmt mir nicht die Nackte!
            Frosch im Laub und Grill' im Gras,
            So bleibt doch auch im Takte!

WINDFAHNE nach der einen Seite.
            Gesellschaft wie man wünschen kann.   4295
            Wahrhaftig lauter Bräute!
            Und Junggesellen, Mann für Mann,
            Die hoffnungsvollsten Leute.

WINDFAHNE nach der andern Seite.
            Und tut sich nicht der Boden auf,
            Sie alle zu verschlingen,   4300
            So will ich mit behendem Lauf
            Gleich in die Hölle springen.

XENIEN.   Als Insekten sind wir da,
            Mit kleinen scharfen Scheren,
            Satan, unsern Herrn Papa,   4305
            Nach Würden zu verehren.

HENNINGS.   Seht, wie sie in gedrängter Schar
            Naiv zusammen scherzen!
            Am Ende sagen sie noch gar,
            Sie hätten gute Herzen.   4310

MUSAGET.   Ich mag in diesem Hexenheer
                  Mich gar zu gern verlieren;
                  Denn freilich diese wüßt' ich eh'r
                  Als Musen anzuführen.

CI-DEVANT GENIUS DER ZEIT.
                  Mit rechten Leuten wird man was.   4315
                  Komm, fasse meinen Zipfel!
                  Der Blocksberg, wie der deutsche Parnaß,
                  Hat gar einen breiten Gipfel.

NEUGIERIGER REISENDER. Sagt, wie heißt der steife Mann?
                  Er geht mit stolzen Schritten.   4320
                  Er schnopert, was er schnopern kann.
                  „Er spürt nach Jesuiten."

KRANICH.   In dem Klaren mag ich gern
                  Und auch im Trüben fischen;
                  Darum seht ihr den frommen Herrn   4325
                  Sich auch mit Teufeln mischen.

WELTKIND.   Ja für die Frommen, glaubet mir,
                  Ist alles ein Vehikel;
                  Sie bilden auf dem Blocksberg hier
                  Gar manches Konventikel.   4330

TÄNZER.   Da kommt ja wohl ein neues Chor?
                  Ich höre ferne Trommeln.
                  Nur ungestört! es sind im Rohr
                  Die unisonen Dommeln.

TANZMEISTER. Wie jeder doch die Beine lupft!   4335
                  Sich, wie er kann, herauszieht!
                  Der Krumme springt, der Plumpe hupft
                  Und fragt nicht, wie es aussieht.

FIDELER.   Das haßt sich schwer, das Lumpenpack,
                  Und gäb' sich gern das Restchen;   4340
                  Es eint sie hier der Dudelsack,
                  Wie Orpheus' Leier die Bestjen.

DOGMATIKER. Ich lasse mich nicht irre schrein,
                  Nicht durch Kritik noch Zweifel.
                  Der Teufel muß doch etwas sein;   4345
                  Wie gäb's denn sonst auch Teufel?

IDEALIST.   Die Phantasie in meinem Sinn
                  Ist diesmal gar zu herrisch.

Fürwahr, wenn ich das alles bin,
So bin ich heute närrisch.   4350

REALIST.   Das Wesen ist mir recht zur Qual
Und muß mich baß verdrießen;
Ich stehe hier zum ersten Mal
Nicht fest auf meinen Füßen.

SUPERNATURALIST. Mit viel Vergnügen bin ich da   4355
Und freue mich mit diesen;
Denn von den Teufeln kann ich ja
Auf gute Geister schließen.

SKEPTIKER.   Sie gehn den Flämmchen auf der Spur,
Und glaub'n sich nah dem Schatze.   4360
Auf Teufel reimt der Zweifel nur,
Da bin ich recht am Platze.

KAPELLMEISTER. Frosch im Laub und Grill' im Gras,
Verfluchte Dilettanten!
Fliegenschnauz' und Mückennas',   4365
Ihr seid doch Musikanten!

DIE GEWANDTEN. Sanssouci, so heißt das Heer
Von lustigen Geschöpfen;
Auf den Füßen geht's nicht mehr,
Drum gehn wir auf den Köpfen.   4370

DIE UNBEHÜLFLICHEN.
Sonst haben wir manchen Bissen erschranzt,
Nun aber Gott befohlen!
Unsere Schuhe sind durchgetanzt,
Wir laufen auf nackten Sohlen.

IRRLICHTER. Von dem Sumpfe kommen wir,   4375
Woraus wir erst entstanden;
Doch sind wir gleich im Reihen hier
Die glänzenden Galanten.

STERNSCHNUPPE. Aus der Höhe schoß ich her
Im Stern- und Feuerscheine,   4380
Liege nun im Grase quer –
Wer hilft mir auf die Beine?

DIE MASSIVEN. Platz und Platz! und ringsherum!
So gehn die Gräschen nieder,
Geister kommen, Geister auch   4385
Sie haben plumpe Glieder.

PUCK.   Tretet nicht so mastig auf
        Wie Elefantenkälber,
        Und der Plumpst' an diesem Tag
        Sei Puck, der Derbe, selber.   4390

ARIEL. Gab die liebende Natur,
        Gab der Geist euch Flügel,
        Folget meiner leichten Spur,
        Auf zum Rosenhügel!

ORCHESTER. Pianissimo. Wolkenzug und Nebelflor   4395
        Erhellen sich von oben.
        Luft im Laub und Wind im Rohr,
        Und alles ist zerstoben.

TRÜBER TAG · FELD

Faust. Mephistopheles.

FAUST. Im Elend! Verzweifelnd! Erbärmlich auf der Erde
lange verirrt und nun gefangen! Als Missetäterin im Kerker
zu entsetzlichen Qualen eingesperrt das holde unselige Ge-   5
schöpf! Bis dahin! dahin! – Verräterischer, nichtswürdiger
Geist, und das hast du mir verheimlicht! – Steh nur, steh!
Wälze die teuflischen Augen ingrimmend im Kopf herum!
Steh und trutze mir durch deine unerträgliche Gegenwart!
Gefangen! Im unwiederbringlichen Elend! Bösen Geistern   10
übergeben und der richtenden gefühllosen Menschheit!
Und mich wiegst du indes in abgeschmackten Zerstreuun-
gen, verbirgst mir ihren wachsenden Jammer und lässest
sie hülflos verderben!

MEPHISTOPHELES. Sie ist die erste nicht.   15

FAUST. Hund! abscheuliches Untier! – Wandle ihn, du
unendlicher Geist! wandle den Wurm wieder in seine Hundsgestalt, wie er sich oft nächtlicher Weile gefiel, vor mir herzutrotten, dem harmlosen Wandrer vor die Füße zu kollern
und sich dem niederstürzenden auf die Schultern zu hängen. 20
Wandl' ihn wieder in seine Lieblingsbildung, daß er vor mir
im Sand auf dem Bauch krieche, ich ihn mit Füßen trete, den
Verworfnen! – Die erste nicht! – Jammer! Jammer! von
keiner Menschenseele zu fassen, daß mehr als ein Geschöpf
in die Tiefe dieses Elendes versank, daß nicht das erste genug 25
tat für die Schuld aller übrigen in seiner windenden Todes-

not vor den Augen des ewig Verzeihenden! Mir wühlt es
Mark und Leben durch, das Elend dieser Einzigen; du grinsest gelassen über das Schicksal von Tausenden hin!

MEPHISTOPHELES. Nun sind wir schon wieder an der
Grenze unsres Witzes, da wo euch Menschen der Sinn überschnappt. Warum machst du Gemeinschaft mit uns, wenn
du sie nicht durchführen kannst? Willst fliegen und bist
vorm Schwindel nicht sicher? Drangen wir uns dir auf, oder
du dich uns?

FAUST. Fletsche deine gefräßigen Zähne mir nicht so entgegen! Mir ekelt's! – Großer herrlicher Geist, der du mir
zu erscheinen würdigtest, der du mein Herz kennest und
meine Seele, warum an den Schandgesellen mich schmieden,
der sich am Schaden weidet und am Verderben sich letzt?

MEPHISTOPHELES. Endigst du?

FAUST. Rette sie! oder weh dir! Den gräßlichsten Fluch
über dich auf Jahrtausende!

MEPHISTOPHELES. Ich kann die Bande des Rächers nicht
lösen, seine Riegel nicht öffnen. – Rette sie! – Wer war's,
der sie ins Verderben stürzte? Ich oder du?

FAUST blickt wild umher.

MEPHISTOPHELES. Greifst du nach dem Donner? Wohl,
daß er euch elenden Sterblichen nicht gegeben ward! Den
unschuldig Entgegnenden zu zerschmettern, das ist so
Tyrannenart, sich in Verlegenheiten Luft zu machen.

FAUST. Bringe mich hin! Sie soll frei sein!

MEPHISTOPHELES. Und die Gefahr, der du dich aussetzest?
Wisse, noch liegt auf der Stadt Blutschuld von deiner Hand.
Über des Erschlagenen Stätte schweben rächende Geister
und lauern auf den wiederkehrenden Mörder.

FAUST. Noch das von dir? Mord und Tod einer Welt über
dich Ungeheuer! Führe mich hin, sag' ich, und befrei sie!

MEPHISTOPHELES. Ich führe dich, und was ich tun kann,
höre! Habe ich alle Macht im Himmel und auf Erden? Des
Türners Sinne will ich umnebeln, bemächtige dich der
Schlüssel und führe sie heraus mit Menschenhand! Ich
wache! die Zauberpferde sind bereit, ich entführe euch.
Das vermag ich.

FAUST. Auf und davon!

NACHT · OFFEN FELD

Faust, Mephistopheles, auf schwarzen Pferden daherbrausend.

FAUST. Was weben die dort um den Rabenstein?
MEPHISTOPHELES. Weiß nicht, was sie kochen und schaffen. 4400
FAUST. Schweben auf, schweben ab, neigen sich, beugen sich.
MEPHISTOPHELES. Eine Hexenzunft.
FAUST. Sie streuen und weihen.
MEPHISTOPHELES. Vorbei! Vorbei!

KERKER

FAUST
mit einem Bund Schlüssel und einer Lampe, vor einem eisernen Türchen.

Mich faßt ein längst entwohnter Schauer,   4405
Der Menschheit ganzer Jammer faßt mich an.
Hier wohnt sie, hinter dieser feuchten Mauer,
Und ihr Verbrechen war ein guter Wahn!
Du zauderst, zu ihr zu gehen!
Du fürchtest, sie wiederzusehen!   4410
Fort! Dein Zagen zögert den Tod heran.

Er ergreift das Schloß. Es singt inwendig:

Meine Mutter, die Hur',
Die mich umgebracht hat!
Mein Vater, der Schelm,
Der mich gessen hat!   4415
Mein Schwesterlein klein
Hub auf die Bein',
An einem kühlen Ort;
Da ward ich ein schönes Waldvögelein;
Fliege fort, fliege fort!   4420

FAUST aufschließend. Sie ahnet nicht, daß der Geliebte lauscht,
Die Ketten klirren hört, das Stroh, das rauscht.

Er tritt ein.

MARGARETE sich auf dem Lager verbergend.
Weh! Weh! Sie kommen. Bittrer Tod!
FAUST leise. Still! Still! ich komme, dich zu befreien.
MARGARETE sich vor ihn hinwälzend.
Bist du ein Mensch, so fühle meine Not.   4425

FAUST. Du wirst die Wächter aus dem Schlafe schreien!

Er faßt die Ketten, sie aufzuschließen.

MARGARETE auf den Knieen. Wer hat dir, Henker, diese Macht
  Über mich gegeben!
  Du holst mich schon um Mitternacht.
  Erbarme dich und laß mich leben!   4430
  Ist's morgen früh nicht zeitig genung?

Sie steht auf.

  Bin ich doch noch so jung, so jung!
  Und soll schon sterben!
  Schön war ich auch, und das war mein Verderben.
  Nah war der Freund, nun ist er weit;   4435
  Zerrissen liegt der Kranz, die Blumen zerstreut.
  Fasse mich nicht so gewaltsam an!
  Schone mich! Was hab' ich dir getan?
  Laß mich nicht vergebens flehen,
  Hab' ich dich doch mein Tage nicht gesehen!   4440
FAUST. Werd' ich den Jammer überstehen!
MARGARETE. Ich bin nun ganz in deiner Macht.
  Laß mich nur erst das Kind noch tränken.
  Ich herzt' es diese ganze Nacht;
  Sie nahmen mir's, um mich zu kränken,   4445
  Und sagen nun, ich hätt' es umgebracht.
  Und niemals werd' ich wieder froh.
  Sie singen Lieder auf mich! Es ist bös von den Leuten!
  Ein altes Märchen endigt so,
  Wer heißt sie's deuten?   4450
FAUST wirft sich nieder. Ein Liebender liegt dir zu Füßen,
  Die Jammerknechtschaft aufzuschließen.
MARGARETE wirft sich zu ihm.
  O laß uns knien, die Heil'gen anzurufen!
  Sieh! unter diesen Stufen,
  Unter der Schwelle   4455
  Siedet die Hölle!
  Der Böse,
  Mit furchtbarem Grimme,
  Macht ein Getöse!
FAUST laut. Gretchen! Gretchen!   4460

MARGARETE aufmerksam. Das war des Freundes Stimme!
Sie springt auf. Die Ketten fallen ab.

Wo ist er? Ich hab' ihn rufen hören.
Ich bin frei! Mir soll niemand wehren.
An seinen Hals will ich fliegen,
An seinem Busen liegen! 4465
Er rief: Gretchen! Er stand auf der Schwelle.
Mitten durchs Heulen und Klappen der Hölle,
Durch den grimmigen, teuflischen Hohn
Erkannt' ich den süßen, den liebenden Ton.
FAUST. Ich bin's!
MARGARETE. Du bist's! O sag' es noch einmal! 4470
Ihn fassend.

Er ist's! Er ist's! Wohin ist alle Qual?
Wohin die Angst des Kerkers? der Ketten?
Du bist's! Kommst, mich zu retten!
Ich bin gerettet! –
Schon ist die Straße wieder da, 4475
Auf der ich dich zum ersten Male sah.
Und der heitere Garten,
Wo ich und Marthe deiner warten.
FAUST fortstrebend. Komm mit! Komm mit!
MARGARETE. O weile!
Weil' ich doch so gern, wo du weilest. 4480
Liebkosend.

FAUST. Eile!
Wenn du nicht eilest,
Werden wir's teuer büßen müssen.
MARGARETE. Wie? du kannst nicht mehr küssen?
Mein Freund, so kurz von mir entfernt, 4485
Und hast 's Küssen verlernt?
Warum wird mir an deinem Halse so bang?
Wenn sonst von deinen Worten, deinen Blicken
Ein ganzer Himmel mich überdrang,
Und du mich küßtest, als wolltest du mich ersticken. 4490
Küsse mich!
Sonst küss' ich dich!
Sie umfaßt ihn.

O weh! deine Lippen sind kalt,
Sind stumm.
Wo ist dein Lieben   4495
Geblieben?
Wer brachte mich drum?

                    Sie wendet sich von ihm.

FAUST. Komm! Folge mir! Liebchen, fasse Mut!
Ich herze dich mit tausendfacher Glut;
Nur folge mir! Ich bitte dich nur dies!   4500

MARGARETE *zu ihm gewendet.*
Und bist du's denn? Und bist du's auch gewiß?

FAUST. Ich bin's! Komm mit!

MARGARETE.   Du machst die Fesseln los,
Nimmst wieder mich in deinen Schoß.
Wie kommt es, daß du dich vor mir nicht scheust? –
Und weißt du denn, mein Freund, wen du befreist?   4505

FAUST. Komm! komm! schon weicht die tiefe Nacht.

MARGARETE. Meine Mutter hab' ich umgebracht,
Mein Kind hab' ich ertränkt.
War es nicht dir und mir geschenkt?
Dir auch. – Du bist's! ich glaub' es kaum.   4510
Gib deine Hand! Es ist kein Traum!
Deine liebe Hand! – Ach aber sie ist feucht!
Wische sie ab! Wie mich deucht,
Ist Blut dran.
Ach Gott! was hast du getan!   4515
Stecke den Degen ein,
Ich bitte dich drum!

FAUST. Laß das Vergangne vergangen sein,
Du bringst mich um.

MARGARETE. Nein, du mußt übrigbleiben!   4520
Ich will dir die Gräber beschreiben.
Für die mußt du sorgen
Gleich morgen;
Der Mutter den besten Platz geben,
Meinen Bruder sogleich darneben,   4525
Mich ein wenig beiseit',
Nur nicht gar zu weit!
Und das Kleine mir an die rechte Brust.

Niemand wird sonst bei mir liegen!
Mich an deine Seite zu schmiegen,   4530
Das war ein süßes, ein holdes Glück!
Aber es will mir nicht mehr gelingen;
Mir ist's, als müßt' ich mich zu dir zwingen,
Als stießest du mich von dir zurück;
Und doch bist du's und blickst so gut, so fromm.   4535
FAUST. Fühlst du, daß ich es bin, so komm!
MARGARETE. Dahinaus?
FAUST. Ins Freie.
MARGARETE.   Ist das Grab drauß,
Lauert der Tod, so komm!
Von hier ins ewige Ruhebett   4540
Und weiter keinen Schritt –
Du gehst nun fort? O Heinrich, könnt' ich mit!
FAUST. Du kannst! So wolle nur! Die Tür steht offen.
MARGARETE. Ich darf nicht fort; für mich ist nichts zu hoffen.
Was hilft es fliehn? Sie lauern doch mir auf.   4545
Es ist so elend, betteln zu müssen,
Und noch dazu mit bösem Gewissen!
Es ist so elend, in der Fremde schweifen,
Und sie werden mich doch ergreifen!
FAUST. Ich bleibe bei dir.   4550
MARGARETE. Geschwind! Geschwind!
Rette dein armes Kind.
Fort! Immer den Weg
Am Bach hinauf,
Über den Steg,   4555
In den Wald hinein,
Links, wo die Planke steht,
Im Teich.
Faß es nur gleich!
Es will sich heben,   4560
Es zappelt noch!
Rette! rette!
FAUST. Besinne dich doch!
Nur einen Schritt, so bist du frei!
MARGARETE. Wären wir nur den Berg vorbei!   4565
Da sitzt meine Mutter auf einem Stein,

Es faßt mich kalt beim Schopfe!
Da sitzt meine Mutter auf einem Stein
Und wackelt mit dem Kopfe;
Sie winkt nicht, sie nickt nicht, der Kopf ist ihr schwer,   4570
Sie schlief so lange, sie wacht nicht mehr.
Sie schlief, damit wir uns freuten.
Es waren glückliche Zeiten!
FAUST. Hilft hier kein Flehen, hilft kein Sagen,
So wag' ich's, dich hinweg zu tragen.   4575
MARGARETE. Laß mich! Nein, ich leide keine Gewalt!
Fasse mich nicht so mörderisch an!
Sonst hab' ich dir ja alles zu Lieb' getan.
FAUST. Der Tag graut! Liebchen! Liebchen!
MARGARETE.
Tag! Ja es wird Tag! der letzte Tag dringt herein;   4580
Mein Hochzeittag sollt' es sein!
Sag niemand, daß du schon bei Gretchen warst.
Weh meinem Kranze!
Es ist eben geschehn!
Wir werden uns wiedersehn;   4585
Aber nicht beim Tanze.
Die Menge drängt sich, man hört sie nicht.
Der Platz, die Gassen
Können sie nicht fassen.
Die Glocke ruft, das Stäbchen bricht.   4590
Wie sie mich binden und packen!
Zum Blutstuhl bin ich schon entrückt.
Schon zuckt nach jedem Nacken
Die Schärfe, die nach meinem zückt.
Stumm liegt die Welt wie das Grab!   4595
FAUST. O wär' ich nie geboren!
MEPHISTOPHELES erscheint draußen. Auf! oder ihr seid verloren.
Unnützes Zagen! Zaudern und Plaudern!
Meine Pferde schaudern,
Der Morgen dämmert auf.   4600
MARGARETE. Was steigt aus dem Boden herauf?
Der! der! Schick' ihn fort!
Was will der an dem heiligen Ort?
Er will mich!

FAUST.   Du sollst leben!

MARGARETE. Gericht Gottes! dir hab' ich mich übergeben! 4605

MEPHISTOPHELES zu Faust.
  Komm! komm! Ich lasse dich mit ihr im Stich.

MARGARETE. Dein bin ich, Vater! Rette mich!
  Ihr Engel! Ihr heiligen Scharen,
  Lagert euch umher, mich zu bewahren!
  Heinrich! Mir graut's vor dir.   4610

MEPHISTOPHELES. Sie ist gerichtet!

STIMME von oben.   Ist gerettet!

MEPHISTOPHELES zu Faust.   Her zu mir!
                Verschwindet mit Faust.

STIMME von innen, verhallend. Heinrich! Heinrich!

DER TRAGÖDIE ZWEITER TEIL

IN FÜNF AKTEN

ERSTER AKT

ANMUTIGE GEGEND

Faust auf blumigen Rasen gebettet, ermüdet, unruhig, schlafsuchend.
Dämmerung.
Geisterkreis schwebend bewegt, anmutige kleine Gestalten.

ARIEL. Gesang, von Äolsharfen begleitet.

> Wenn der Blüten Frühlingsregen
> Über alle schwebend sinkt,
> Wenn der Felder grüner Segen   4610
> Allen Erdgebornen blinkt,
> Kleiner Elfen Geistergröße
> Eilet, wo sie helfen kann,
> Ob er heilig, ob er böse,
> Jammert sie der Unglücksmann.   4620

Die ihr dies Haupt umschwebt im luft'gen Kreise,
Erzeigt euch hier nach edler Elfen Weise,
Besänftiget des Herzens grimmen Strauß,
Entfernt des Vorwurfs glühend bittre Pfeile,
Sein Innres reinigt von erlebtem Graus.   4625
Vier sind die Pausen nächtiger Weile,
Nun ohne Säumen füllt sie freundlich aus.
Erst senkt sein Haupt aufs kühle Polster nieder,
Dann badet ihn im Tau aus Lethes Flut;
Gelenk sind bald die krampferstarrten Glieder, 4630
Wenn er gestärkt dem Tag entgegenruht;
Vollbringt der Elfen schönste Pflicht,
Gebt ihn zurück dem heiligen Licht.

CHOR. Einzeln, zu zweien und vielen, abwechselnd und gesammelt
> Wenn sich lau die Lüfte füllen
> Um den grünumschränkten Plan,   4635
> Süße Düfte, Nebelhüllen
> Senkt die Dämmerung heran.

Lispelt leise süßen Frieden,
Wiegt das Herz in Kindesruh;
Und den Augen dieses Müden   4640
Schließt des Tages Pforte zu.

Nacht ist schon hereingesunken,
Schließt sich heilig Stern an Stern,
Große Lichter, kleine Funken
Glitzern nah und glänzen fern;   4645
Glitzern hier im See sich spiegelnd,
Glänzen droben klarer Nacht,
Tiefsten Ruhens Glück besiegelnd
Herrscht des Mondes volle Pracht.

Schon verloschen sind die Stunden,   4650
Hingeschwunden Schmerz und Glück;
Fühl es vor! Du wirst gesunden;
Traue neuem Tagesblick.
Täler grünen, Hügel schwellen,
Buschen sich zu Schattenruh;   4655
Und in schwanken Silberwellen
Wogt die Saat der Ernte zu.

Wunsch um Wünsche zu erlangen,
Schaue nach dem Glanze dort!
Leise bist du nur umfangen,   4660
Schlaf ist Schale, wirf sie fort!
Säume nicht, dich zu erdreisten,
Wenn die Menge zaudernd schweift;
Alles kann der Edle leisten,
Der versteht und rasch ergreift.   4665

Ungeheures Getöse verkündet das Herannahen der Sonne.

ARIEL.   Horchet! horcht dem Sturm der Horen!
                Tönend wird für Geistesohren
                Schon der neue Tag geboren.
                Felsentore knarren rasselnd,
                Phöbus' Räder rollen prasselnd,   4670
                Welch Getöse bringt das Licht!
                Es trommetet, es posaunet,

Auge blinzt und Ohr erstaunet,
Unerhörtes hört sich nicht.
Schlüpfet zu den Blumenkronen,   4675
Tiefer, tiefer, still zu wohnen,
In die Felsen, unters Laub;
Trifft es euch, so seid ihr taub.

FAUST. Des Lebens Pulse schlagen frisch lebendig,
Ätherische Dämmerung milde zu begrüßen;   4680
Du, Erde, warst auch diese Nacht beständig
Und atmest neu erquickt zu meinen Füßen,
Beginnest schon, mit Lust mich zu umgeben,
Du regst und rührst ein kräftiges Beschließen,
Zum höchsten Dasein immerfort zu streben. –   4685
In Dämmerschein liegt schon die Welt erschlossen,
Der Wald ertönt von tausendstimmigem Leben,
Tal aus, Tal ein ist Nebelstreif ergossen,
Doch senkt sich Himmelsklarheit in die Tiefen,
Und Zweig und Äste, frisch erquickt, entsprossen 4690
Dem duft'gen Abgrund, wo versenkt sie schliefen;
Auch Farb' an Farbe klärt sich los vom Grunde,
Wo Blum' und Blatt von Zitterperle triefen –
Ein Paradies wird um mich her die Runde.

Hinaufgeschaut! – Der Berge Gipfelriesen   4695
Verkünden schon die feierlichste Stunde;
Sie dürfen früh des ewigen Lichts genießen,
Das später sich zu uns hernieder wendet.
Jetzt zu der Alpe grüngesenkten Wiesen
Wird neuer Glanz und Deutlichkeit gespendet,   4700
Und stufenweis herab ist es gelungen; –
Sie tritt hervor! – und leider schon geblendet,
Kehr' ich mich weg, vom Augenschmerz durchdrungen.

So ist es also, wenn ein sehnend Hoffen
Dem höchsten Wunsch sich traulich zugerungen,   4705
Erfüllungspforten findet flügeloffen;
Nun aber bricht aus jenen ewigen Gründen
Ein Flammenübermaß, wir stehn betroffen;
Des Lebens Fackel wollten wir entzünden,

Ein Feuermeer umschlingt uns, welch ein Feuer!   4710
Ist's Lieb'? ist's Haß? die glühend uns umwinden,
Mit Schmerz und Freuden wechselnd ungeheuer,
So daß wir wieder nach der Erde blicken,
Zu bergen uns in jugendlichstem Schleier.

So bleibe denn die Sonne mir im Rücken!   4715
Der Wassersturz, das Felsenriff durchbrausend,
Ihn schau' ich an mit wachsendem Entzücken.
Von Sturz zu Sturzen wälzt er jetzt in tausend,
Dann abertausend Strömen sich ergießend,
Hoch in die Lüfte Schaum an Schäume sausend.   4720
Allein wie herrlich, diesem Sturm ersprießend,
Wölbt sich des bunten Bogens Wechseldauer,
Bald rein gezeichnet, bald in Luft zerfließend,
Umher verbreitend duftig kühle Schauer.
Der spiegelt ab das menschliche Bestreben.   4725
Ihm sinne nach, und du begreifst genauer:
Am farbigen Abglanz haben wir das Leben.

KAISERLICHE PFALZ · SAAL DES THRONES

Staatsrat in Erwartung des Kaisers.
Trompeten.

Hofgesinde aller Art, prächtig gekleidet, tritt vor.

Der Kaiser gelangt auf den Thron, zu seiner Rechten der Astrolog.

KAISER. Ich grüße die Getreuen, Lieben,
Versammelt aus der Näh' und Weite; –
Den Weisen seh' ich mir zur Seite,   4730
Allein wo ist der Narr geblieben?

JUNKER. Gleich hinter deiner Mantelschleppe
Stürzt' er zusammen auf der Treppe,
Man trug hinweg das Fettgewicht,
Tot oder trunken? weiß man nicht.   4735

ZWEITER JUNKER. Sogleich mit wunderbarer Schnelle
Drängt sich ein andrer an die Stelle.
Gar köstlich ist er aufgeputzt,

Doch fratzenhaft, daß jeder stutzt;
Die Wache hält ihm an der Schwelle   4740
Kreuzweis die Hellebarden vor –
Da ist er doch, der kühne Tor!
MEPHISTOPHELES am Throne knieend.
Was ist verwünscht und stets willkommen?
Was ist ersehnt und stets verjagt?
Was immerfort in Schutz genommen?   4745
Was hart gescholten und verklagt?
Wen darfst du nicht herbeiberufen?
Wen höret jeder gern genannt?
Was naht sich deines Thrones Stufen?
Was hat sich selbst hinweggebannt?   4750
KAISER. Für diesmal spare deine Worte!
Hier sind die Rätsel nicht am Orte,
Das ist die Sache dieser Herrn. –
Da löse du! das hört' ich gern.
Mein alter Narr ging, fürcht' ich, weit ins Weite;   4755
Nimm seinen Platz und komm an meine Seite.
    Mephistopheles steigt hinauf und stellt sich zur Linken.
GEMURMEL DER MENGE. Ein neuer Narr – Zu neuer Pein –
Wo kommt er her? – Wie kam er ein? –
Der alte fiel – Der hat vertan –
Es war ein Faß – Nun ist's ein Span –   4760
KAISER. Und also, ihr Getreuen, Lieben,
Willkommen aus der Näh' und Ferne!
Ihr sammelt euch mit günstigem Sterne,
Da droben ist uns Glück und Heil geschrieben.
Doch sagt, warum in diesen Tagen,   4765
Wo wir der Sorgen uns entschlagen,
Schönbärte mummenschänzlich tragen
Und Heitres nur genießen wollten,
Warum wir uns ratschlagend quälen sollten?
Doch weil ihr meint, es ging' nicht anders an,   4770
Geschehen ist's, so sei's getan.
KANZLER. Die höchste Tugend, wie ein Heiligenschein,
Umgibt des Kaisers Haupt; nur er allein
Vermag sie gültig auszuüben:
Gerechtigkeit! — Was alle Menschen lieben,   4775

Was alle fordern, wünschen, schwer entbehren,
Es liegt an ihm, dem Volk es zu gewähren.
Doch ach! Was hilft dem Menschengeist Verstand,
Dem Herzen Güte, Willigkeit der Hand,
Wenn's fieberhaft durchaus im Staate wütet   4780
Und Übel sich in Übeln überbrütet?
Wer schaut hinab von diesem hohen Raum
Ins weite Reich, ihm scheint's ein schwerer Traum,
Wo Mißgestalt in Mißgestalten schaltet,
Das Ungesetz gesetzlich überwaltet   4785
Und eine Welt des Irrtums sich entfaltet.

Der raubt sich Herden, der ein Weib,
Kelch, Kreuz und Leuchter vom Altare,
Berühmt sich dessen manche Jahre
Mit heiler Haut, mit unverletztem Leib.   4790
Jetzt drängen Kläger sich zur Halle,
Der Richter prunkt auf hohem Pfühl,
Indessen wogt in grimmigem Schwalle
Des Aufruhrs wachsendes Gewühl.
Der darf auf Schand' und Frevel pochen,   4795
Der auf Mitschuldigste sich stützt,
Und: Schuldig! hörst du ausgesprochen,
Wo Unschuld nur sich selber schützt.
So will sich alle Welt zerstückeln,
Vernichtigen, was sich gebührt;   4800
Wie soll sich da der Sinn entwickeln,
Der einzig uns zum Rechten führt?
Zuletzt ein wohlgesinnter Mann
Neigt sich dem Schmeichler, dem Bestecher,
Ein Richter, der nicht strafen kann,   4805
Gesellt sich endlich zum Verbrecher.
Ich malte schwarz, doch dichtern Flor
Zög' ich dem Bilde lieber vor. Pause.
Entschlüsse sind nicht zu vermeiden;
Wenn alle schädigen, alle leiden,   4810
Geht selbst die Majestät zu Raub.

HEERMEISTER. Wie tobt's in diesen wilden Tagen!
Ein jeder schlägt und wird erschlagen,

Und fürs Kommando bleibt man taub.
Der Bürger hinter seinen Mauern,   4815
Der Ritter auf dem Felsennest
Verschwuren sich, uns auszudauern,
Und halten ihre Kräfte fest.
Der Mietsoldat wird ungeduldig,
Mit Ungestüm verlangt er seinen Lohn,   4820
Und wären wir ihm nichts mehr schuldig,
Er liefe ganz und gar davon.
Verbiete wer, was alle wollten,
Der hat ins Wespennest gestört;
Das Reich, das sie beschützen sollten,   4825
Es liegt geplündert und verheert.
Man läßt ihr Toben wütend hausen,
Schon ist die halbe Welt vertan;
Es sind noch Könige da draußen,
Doch keiner denkt, es ging' ihn irgend an.   4830

SCHATZMEISTER.
Wer wird auf Bundsgenossen pochen!
Subsidien, die man uns versprochen,
Wie Röhrenwasser bleiben aus.
Auch, Herr, in deinen weiten Staaten
An wen ist der Besitz geraten?   4835
Wohin man kommt, da hält ein Neuer Haus,
Und unabhängig will er leben,
Zusehen muß man, wie er's treibt;
Wir haben so viel Rechte hingegeben,
Daß uns auf nichts ein Recht mehr übrigbleibt.   4840
Auch auf Parteien, wie sie heißen,
Ist heutzutage kein Verlaß;
Sie mögen schelten oder preisen,
Gleichgültig wurden Lieb' und Haß.
Die Ghibellinen wie die Guelfen   4845
Verbergen sich, um auszuruhn;
Wer jetzt will seinem Nachbar helfen?
Ein jeder hat für sich zu tun.
Die Goldespforten sind verrammelt,
Ein jeder kratzt und scharrt und sammelt,   4850
Und unsre Kassen bleiben leer.

MARSCHALK. Welch Unheil muß auch ich erfahren.
Wir wollen alle Tage sparen
Und brauchen alle Tage mehr,
Und täglich wächst mir neue Pein. 4855
Den Köchen tut kein Mangel wehe;
Wildschweine, Hirsche, Hasen, Rehe,
Welschhühner, Hühner, Gäns' und Enten,
Die Deputate, sichre Renten,
Sie gehen noch so ziemlich ein. 4860
Jedoch am Ende fehlt's an Wein.
Wenn sonst im Keller Faß an Faß sich häufte,
Der besten Berg' und Jahresläufte,
So schlürft unendliches Gesäufte
Der edlen Herrn den letzten Tropfen aus. 4865
Der Stadtrat muß sein Lager auch verzapfen,
Man greift zu Humpen, greift zu Napfen,
Und unterm Tische liegt der Schmaus.
Nun soll ich zahlen, alle lohnen;
Der Jude wird mich nicht verschonen, 4870
Der schafft Antizipationen,
Die speisen Jahr um Jahr voraus.
Die Schweine kommen nicht zu Fette,
Verpfändet ist der Pfühl im Bette,
Und auf den Tisch kommt vorgegessen Brot. 4875
KAISER nach einigem Nachdenken zu Mephistopheles.
Sag, weißt du Narr nicht auch noch eine Not?
MEPHISTOPHELES.
Ich? Keineswegs. Den Glanz umher zu schauen,
Dich und die Deinen! – Mangelte Vertrauen,
Wo Majestät unweigerlich gebeut,
Bereite Macht Feindseliges zerstreut? 4880
Wo guter Wille, kräftig durch Verstand,
Und Tätigkeit, vielfältige, zur Hand?
Was könnte da zum Unheil sich vereinen,
Zur Finsternis, wo solche Sterne scheinen?
GEMURMEL. Das ist ein Schalk – Der's wohl versteht – 4885
Er lügt sich ein – So lang' es geht –
Ich weiß schon – Was dahinter steckt –
Und was denn weiter? – Ein Projekt –

MEPH. Wo fehlt's nicht irgendwo auf dieser Welt?
Dem dies, dem das, hier aber fehlt das Geld.   4890
Vom Estrich zwar ist es nicht aufzuraffen;
Doch Weisheit weiß das Tiefste herzuschaffen.
In Bergesadern, Mauergründen
Ist Gold gemünzt und ungemünzt zu finden,
Und fragt ihr mich, wer es zutage schafft: 4895
Begabten Manns Natur- und Geisteskraft.
KANZLER.
Natur und Geist – so spricht man nicht zu Christen.
Deshalb verbrennt man Atheisten,
Weil solche Reden höchst gefährlich sind.
Natur ist Sünde, Geist ist Teufel,   4900
Sie hegen zwischen sich den Zweifel,
Ihr mißgestaltet Zwitterkind.
Uns nicht so! – Kaisers alten Landen
Sind zwei Geschlechter nur entstanden,
Sie stützen würdig seinen Thron: 4905
Die Heiligen sind es und die Ritter;
Sie stehen jedem Ungewitter
Und nehmen Kirch' und Staat zum Lohn.
Dem Pöbelsinn verworrner Geister
Entwickelt sich ein Widerstand: 4910
Die Ketzer sind's! die Hexenmeister!
Und sie verderben Stadt und Land.
Die willst du nun mit frechen Scherzen
In diese hohen Kreise schwärzen;
Ihr hegt euch an verderbtem Herzen,   4915
Dem Narren sind sie nah verwandt.
MEPHISTOPHELES. Daran erkenn' ich den gelehrten Herrn!
Was ihr nicht tastet, steht euch meilenfern,
Was ihr nicht faßt, das fehlt euch ganz und gar,
Was ihr nicht rechnet, glaubt ihr, sei nicht wahr,   4920
Was ihr nicht wägt, hat für euch kein Gewicht,
Was ihr nicht münzt, das, meint ihr, gelte nicht.
KAISER. Dadurch sind unsre Mängel nicht erledigt,
Was willst du jetzt mit deiner Fastenpredigt?
Ich habe satt das ewige Wie und Wenn;   4925
Es fehlt an Geld, nun gut, so schaff es denn.

MEPH. Ich schaffe, was ihr wollt, und schaffe mehr;
  Zwar ist es leicht, doch ist das Leichte schwer;
  Es liegt schon da, doch um es zu erlangen,
  Das ist die Kunst, wer weiß es anzufangen?   4930
  Bedenkt doch nur: in jenen Schreckensläuften,
  Wo Menschenfluten Land und Volk ersäuften,
  Wie der und der, so sehr es ihn erschreckte,
  Sein Liebstes da- und dortwohin versteckte.
  So war's von je in mächtiger Römer Zeit,   4935
  Und so fortan, bis gestern, ja bis heut.
  Das alles liegt im Boden still begraben,
  Der Boden ist des Kaisers, der soll's haben.
SCHATZMEISTER. Für einen Narren spricht er gar nicht
  Das ist fürwahr des alten Kaisers Recht.   [schlecht,4940
KANZLER. Der Satan legt euch goldgewirkte Schlingen:
  Es geht nicht zu mit frommen rechten Dingen.
MARSCHALK. Schafft' er uns nur zu Hof willkommne Gaben,
  Ich wollte gern ein bißchen Unrecht haben.
HEERMEISTER. Der Narr ist klug, verspricht, was jedem   4945
  Fragt der Soldat doch nicht, woher es kommt. [frommt;
MEPH. Und glaubt ihr euch vielleicht durch mich betrogen,
  Hier steht ein Mann! da, fragt den Astrologen!
  In Kreis' um Kreise kennt er Stund' und Haus;
  So sage denn: wie sieht's am Himmel aus?   4950
GEMURMEL. Zwei Schelme sind's – Verstehn sich schon –
  Narr und Phantast – So nah dem Thron –
  Ein mattgesungen – Alt Gedicht –
  Der Tor bläst ein – Der Weise spricht –
ASTROLOG spricht, Mephistopheles bläst ein.
  Die Sonne selbst, sie ist ein lautres Gold,   4955
  Merkur, der Bote, dient um Gunst und Sold,
  Frau Venus hat's euch allen angetan,
  So früh als spat blickt sie euch lieblich an;
  Die keusche Luna launet grillenhaft;
  Mars, trifft er nicht, so dräut euch seine Kraft.   4960
  Und Jupiter bleibt doch der schönste Schein,
  Saturn ist groß, dem Auge fern und klein.
  Ihn als Metall verehren wir nicht sehr,
  An Wert gering, doch im Gewichte schwer.

Ja! wenn zu Sol sich Luna fein gesellt,   4965
Zum Silber Gold, dann ist es heitre Welt;
Das übrige ist alles zu erlangen:
Paläste, Gärten, Brüstlein, rote Wangen,
Das alles schafft der hochgelahrte Mann,
Der das vermag, was unser keiner kann.   4970
KAISER. Ich höre doppelt, was er spricht,
Und dennoch überzeugt's mich nicht.
GEMURMEL. Was soll uns das? – Gedroschner Spaß –
Kalenderei – Chymisterei –
Das hört' ich oft – Und falsch gehofft –   4975
Und kommt er auch – So ist's ein Gauch –
MEPHISTOPHELES. Da stehen sie umher und staunen,
Vertrauen nicht dem hohen Fund,
Der eine faselt von Alraunen,
Der andre von dem schwarzen Hund.   4980
Was soll es, daß der eine witzelt,
Ein andrer Zauberei verklagt,
Wenn ihm doch auch einmal die Sohle kitzelt,
Wenn ihm der sichre Schritt versagt.
Ihr alle fühlt geheimes Wirken   4985
Der ewig waltenden Natur,
Und aus den untersten Bezirken
Schmiegt sich herauf lebend'ge Spur.
Wenn es in allen Gliedern zwackt,
Wenn es unheimlich wird am Platz,   4990
Nur gleich entschlossen grabt und hackt,
Da liegt der Spielmann, liegt der Schatz!
GEMURMEL. Mir liegt's im Fuß wie Bleigewicht –
Mir krampft's im Arme – Das ist Gicht –
Mir krabbelt's an der großen Zeh' –   4995
Mir tut der ganze Rücken weh –
Nach solchen Zeichen wäre hier
Das allerreichste Schatzrevier.
KAISER. Nur eilig! du entschlüpfst nicht wieder,
Erprobe deine Lügenschäume   5000
Und zeig uns gleich die edlen Räume.
Ich lege Schwert und Zepter nieder
Und will mit eignen hohen Händen,

Wenn du nicht lügst, das Werk vollenden,
Dich, wenn du lügst, zur Hölle senden!   5005
MEPH. Den Weg dahin wüßt' allenfalls zu finden –
Doch kann ich nicht genug verkünden,
Was überall besitzlos harrend liegt.
Der Bauer, der die Furche pflügt,
Hebt einen Goldtopf mit der Scholle,   5010
Salpeter hofft er von der Leimenwand
Und findet golden-goldne Rolle
Erschreckt, erfreut in kümmerlicher Hand.
Was für Gewölbe sind zu sprengen,
In welchen Klüften, welchen Gängen   5015
Muß sich der Schatzbewußte drängen,
Zur Nachbarschaft der Unterwelt!
In weiten, altverwahrten Kellern
Von goldnen Humpen, Schüsseln, Tellern
Sieht er sich Reihen aufgestellt;   5020
Pokale stehen aus Rubinen,
Und will er deren sich bedienen,
Daneben liegt uraltes Naß.
Doch – werdet ihr dem Kundigen glauben –
Verfault ist längst das Holz der Dauben,   5025
Der Weinstein schuf dem Wein ein Faß.
Essenzen solcher edlen Weine,
Gold und Juwelen nicht alleine
Umhüllen sich mit Nacht und Graus.
Der Weise forscht hier unverdrossen;   5030
Am Tag erkennen, das sind Possen,
Im Finstern sind Mysterien zu Haus.
KAISER. Die lass' ich dir! Was will das Düstre frommen?
Hat etwas Wert, es muß zu Tage kommen.
Wer kennt den Schelm in tiefer Nacht genau?   5035
Schwarz sind die Kühe, so die Katzen grau.
Die Töpfe drunten, voll von Goldgewicht –
Zieh deinen Pflug und ackre sie ans Licht.
MEPHISTOPHELES. Nimm Hack' und Spaten, grabe selber,
Die Bauernarbeit macht dich groß,   5040
Und eine Herde goldner Kälber,
Sie reißen sich vom Boden los.

Dann ohne Zaudern, mit Entzücken
Kannst du dich selbst, wirst die Geliebte schmücken;
Ein leuchtend Farb- und Glanzgestein erhöht   5045
Die Schönheit wie die Majestät.
KAISER. Nur gleich, nur gleich! Wie lange soll es währen!
ASTROLOG wie oben. Herr, mäßige solch dringendes Begehren,
  Laß erst vorbei das bunte Freudenspiel;
  Zerstreutes Wesen führt uns nicht zum Ziel.   5050
  Erst müssen wir in Fassung uns versühnen,
  Das Untre durch das Obere verdienen.
  Wer Gutes will, der sei erst gut;
  Wer Freude will, besänftige sein Blut;
  Wer Wein verlangt, der keltre reife Trauben;   5055
  Wer Wunder hofft, der stärke seinen Glauben.
KAISER. So sei die Zeit in Fröhlichkeit vertan!
  Und ganz erwünscht kommt Aschermittwoch an.
  Indessen feiern wir, auf jeden Fall,
  Nur lustiger das wilde Karneval.   5060
            Trompeten. Exeunt.
MEPHISTOPHELES. Wie sich Verdienst und Glück verketten,
  Das fällt den Toren niemals ein;
  Wenn sie den Stein der Weisen hätten,
  Der Weise mangelte dem Stein.

WEITLÄUFIGER SAAL MIT NEBENGEMÄCHERN

verziert und aufgeputzt zur Mummenschanz

HEROLD. Denkt nicht, ihr seid in deutschen Grenzen   5065
  Von Teufels-, Narren- und Totentänzen;
  Ein heitres Fest erwartet euch.
  Der Herr, auf seinen Römerzügen,
  Hat, sich zu Nutz, euch zum Vergnügen,
  Die hohen Alpen überstiegen,   5070
  Gewonnen sich ein heitres Reich.
  Der Kaiser, er, an heiligen Sohlen
  Erbat sich erst das Recht zur Macht,
  Und als er ging, die Krone sich zu holen,
  Hat er uns auch die Kappe mitgebracht.   5075
  Nun sind wir alle neugeboren;

Ein jeder weltgewandte Mann
Zieht sie behaglich über Kopf und Ohren;
Sie ähnelt ihn verrückten Toren,
Er ist darunter weise, wie er kann.   5080
Ich sehe schon, wie sie sich scharen,
Sich schwankend sondern, traulich paaren;
Zudringlich schließt sich Chor an Chor.
Herein, hinaus, nur unverdrossen;
Es bleibt doch endlich nach wie vor   5085
Mit ihren hunderttausend Possen
Die Welt ein einzig großer Tor.

GÄRTNERINNEN. Gesang, begleitet von Mandolinen.
    Euren Beifall zu gewinnen,
    Schmückten wir uns diese Nacht,
    Junge Florentinerinnen   5090
    Folgten deutschen Hofes Pracht;

    Tragen wir in braunen Locken
    Mancher heitern Blume Zier;
    Seidenfäden, Seidenflocken
    Spielen ihre Rolle hier.   5095

    Denn wir halten es verdienstlich,
    Lobenswürdig ganz und gar,
    Unsere Blumen, glänzend künstlich,
    Blühen fort das ganze Jahr.

    Allerlei gefärbten Schnitzeln   5100
    Ward symmetrisch Recht getan;
    Mögt ihr Stück für Stück bewitzeln,
    Doch das Ganze zieht euch an.

    Niedlich sind wir anzuschauen,
    Gärtnerinnen und galant;   5105
    Denn das Naturell der Frauen
    Ist so nah mit Kunst verwandt.

HEROLD. Laßt die reichen Körbe sehen,
  Die ihr auf den Häupten traget,

Die sich bunt am Arme blähen, 5110
Jeder wähle, was behaget.
Eilig, daß in Laub und Gängen
Sich ein Garten offenbare!
Würdig sind sie zu umdrängen,
Krämerinnen wie die Ware. 5115

GÄRTNERINNEN. Feilschet nun am heitern Orte,
Doch kein Markten finde statt!
Und mit sinnig kurzem Worte
Wisse jeder, was er hat.

OLIVENZWEIG MIT FRÜCHTEN.
Keinen Blumenflor beneid' ich, 5120
Allen Widerstreit vermeid' ich;
Mir ist's gegen die Natur:
Bin ich doch das Mark der Lande
Und, zum sichern Unterpfande,
Friedenszeichen jeder Flur. 5125
Heute, hoff' ich, soll mir's glücken,
Würdig schönes Haupt zu schmücken.

ÄHRENKRANZ, golden. Ceres' Gaben, euch zu putzen,
Werden hold und lieblich stehn:
Das Erwünschteste dem Nutzen 5130
Sei als eure Zierde schön.

PHANTASIEKRANZ. Bunte Blumen, Malven ähnlich,
Aus dem Moos ein Wunderflor!
Der Natur ist's nicht gewöhnlich,
Doch die Mode bringt's hervor. 5135

PHANTASIESTRAUSS. Meinen Namen euch zu sagen,
Würde Theophrast nicht wagen;
Und doch hoff' ich, wo nicht allen,
Aber mancher zu gefallen,
Der ich mich wohl eignen möchte, 5140
Wenn sie mich ins Haar verflöchte,
Wenn sie sich entschließen könnte,
Mir am Herzen Platz vergönnte.

ROSENKNOSPEN. Ausforderung.
Mögen bunte Phantasieen
Für des Tages Mode blühen, 5145

Wunderseltsam sein gestaltet,
Wie Natur sich nie entfaltet;
Grüne Stiele, goldne Glocken,
Blickt hervor aus reichen Locken! –
Doch wir – halten uns versteckt: 5150
Glücklich, wer uns frisch entdeckt.
Wenn der Sommer sich verkündet,
Rosenknospe sich entzündet,
Wer mag solches Glück entbehren?
Das Versprechen, das Gewähren,   5155
Das beherrscht in Florens Reich
Blick und Sinn und Herz zugleich.

Unter grünen Laubgängen putzen die Gärtnerinnen zierlich ihren
Kram auf.

GÄRTNER. *Gesang, begleitet von Theorben.*
Blumen sehet ruhig sprießen,
Reizend euer Haupt umzieren;
Früchte wollen nicht verführen,   5160
Kostend mag man sie genießen.

Bieten bräunliche Gesichter
Kirschen, Pfirschen, Königspflaumen,
Kauft! denn gegen Zung' und Gaumen
Hält sich Auge schlecht als Richter.   5165

Kommt, von allerreifsten Früchten
Mit Geschmack und Lust zu speisen!
Über Rosen läßt sich dichten,
In die Äpfel muß man beißen.

Sei's erlaubt, uns anzupaaren   5170
Eurem reichen Jugendflor,
Und wir putzen reifer Waren
Fülle nachbarlich empor.

Unter lustigen Gewinden,
In geschmückter Lauben Bucht,   5175
Alles ist zugleich zu finden:
Knospe, Blätter, Blume, Frucht.

Unter Wechselgesang, begleitet von Gitarren und Theorben, fahren
beide Chöre fort, ihre Waren stufenweis in die Höhe zu schmücken
und auszubieten.

Mutter und Tochter.

MUTTER. Mädchen, als du kamst ans Licht,
Schmückt' ich dich im Häubchen;
Warst so lieblich von Gesicht   5180
Und so zart am Leibchen.
Dachte dich sogleich als Braut,
Gleich dem Reichsten angetraut,
Dachte dich als Weibchen.

Ach! Nun ist schon manches Jahr   5185
Ungenützt verflogen,
Der Sponsierer bunte Schar
Schnell vorbeigezogen;
Tanztest mit dem einen flink,
Gabst dem andern feinen Wink   5190
Mit dem Ellenbogen.

Welches Fest man auch ersann,
Ward umsonst begangen,
Pfänderspiel und dritter Mann
Wollten nicht verfangen;   5195
Heute sind die Narren los,
Liebchen, öffne deinen Schoß,
Bleibt wohl einer hangen.

Gespielinnen, jung und schön, gesellen sich hinzu, ein vertrau-
liches Geplauder wird laut.

Fischer und Vogelsteller mit Netzen, Angeln und Leimruten,
auch sonstigem Geräte treten auf, mischen sich unter die schönen
Kinder. Wechselseitige Versuche, zu gewinnen, zu fangen, zu entgehen und festzuhalten, geben zu den angenehmsten Dialogen Gelegenheit.

HOLZHAUER treten ein, ungestüm und ungeschlacht.
Nur Platz! nur Blöße!
Wir brauchen Räume,   5200
Wir fällen Bäume,
Die krachen, schlagen;

Und wenn wir tragen,
Da gibt es Stöße.
Zu unserm Lobe   5205
Bringt dies ins reine;
Denn wirkten Grobe
Nicht auch im Lande,
Wie kämen Feine
Für sich zustande,   5210
So sehr sie witzten?
Des seid belehret!
Denn ihr erfröret,
Wenn wir nicht schwitzten.

PULCINELLE, täppisch, fast läppisch. Ihr seid die Toren,   5215
Gebückt geboren.
Wir sind die Klugen,
Die nie was trugen;
Denn unsre Kappen,
Jacken und Lappen   5220
Sind leicht zu tragen;
Und mit Behagen
Wir immer müßig,
Pantoffelfüßig,
Durch Markt und Haufen   5225
Einherzulaufen,
Gaffend zu stehen,
Uns anzukrähen;
Auf solche Klänge
Durch Drang und Menge   5230
Aalgleich zu schlüpfen,
Gesamt zu hüpfen,
Vereint zu toben.
Ihr mögt uns loben,
Ihr mögt uns schelten,   5235
Wir lassen's gelten.

PARASITEN, schmeichelnd-lüstern. Ihr wackern Träger
Und eure Schwäger,
Die Kohlenbrenner,
Sind unsre Männer.   5240

Denn alles Bücken,
Bejahndes Nicken,
Gewundne Phrasen,
Das Doppelblasen,
Das wärmt und kühlet,   5245
Wie's einer fühlet,
Was könnt' es frommen?
Es möchte Feuer
Selbst ungeheuer
Vom Himmel kommen,   5250
Gäb' es nicht Scheite
Und Kohlentrachten,
Die Herdesbreite
Zur Glut entfachten.
Da brät's und prudelt's,   5255
Da kocht's und strudelt's.
Der wahre Schmecker,
Der Tellerlecker,
Er riecht den Braten,
Er ahnet Fische;   5260
Das regt zu Taten
An Gönners Tische.

TRUNKNER unbewußt. Sei mir heute nichts zuwider!
Fühle mich so frank und frei;
Frische Lust und heitre Lieder,   5265
Holt' ich selbst sie doch herbei.
Und so trink' ich! Trinke, trinke!
Stoßet an, ihr! Tinke, Tinke!
Du dorthinten, komm heran!
Stoßet an, so ist's getan.   5270

Schrie mein Weibchen doch entrüstet,
Rümpfte diesem bunten Rock,
Und, wie sehr ich mich gebrüstet,
Schalt mich einen Maskenstock.
Doch ich trinke! Trinke, trinke!   5275
Angeklungen! Tinke, Tinke!
Maskenstöcke, stoßet an!
Wenn es klingt, so ist's getan.

Saget nicht, daß ich verirrt bin,
Bin ich doch, wo mir's behagt.   5280
Borgt der Wirt nicht, borgt die Wirtin,
Und am Ende borgt die Magd.
Immer trink' ich! Trinke, trinke!
Auf, ihr andern! Tinke, Tinke!
Jeder jedem! so fortan!   5285
Dünkt mich's doch, es sei getan.

Wie und wo ich mich vergnüge,
Mag es immerhin geschehn;
Laßt mich liegen, wo ich liege,
Denn ich mag nicht länger stehn.   5290

CHOR.   Jeder Bruder trinke, trinke!
Toastet frisch ein Tinke, Tinke!
Sitzet fest auf Bank und Span!
Unterm Tisch dem ist's getan.

Der Herold kündigt verschiedene Poeten an, Naturdichter, Hof-
und Rittersänger, zärtliche sowie Enthusiasten. Im Gedräng von Mit-
werbern aller Art läßt keiner den andern zum Vortrag kommen. Einer
schleicht mit wenigen Worten vorüber.

SATIRIKER.   Wißt ihr, was mich Poeten   5295
Erst recht erfreuen sollte?
Dürft' ich singen und reden,
Was niemand hören wollte.

Die Nacht- und Grabdichter lassen sich entschuldigen, weil sie soeben im interessantesten Gespräch mit einem frisch erstandenen
Vampyren begriffen seien, woraus eine neue Dichtart sich vielleicht
entwickeln könnte; der Herold muß es gelten lassen und ruft indessen die griechische Mythologie hervor, die, selbst in moderner
Maske, weder Charakter noch Gefälliges verliert.

Die Grazien.
AGLAIA.   Anmut bringen wir ins Leben;
Leget Anmut in das Geben.   5300
HEGEMONE.   Leget Anmut ins Empfangen,
Lieblich ist's, den Wunsch erlangen.
EUPHROSYNE. Und in stiller Tage Schranken
Höchst anmutig sei das Danken.

Die Parzen.

ATROPOS.   Mich, die Älteste, zum Spinnen   550
               Hat man diesmal eingeladen;
               Viel zu denken, viel zu sinnen
               Gibt's beim zarten Lebensfaden.

               Daß er euch gelenk und weich sei,
               Wußt' ich feinsten Flachs zu sichten;   5311
               Daß er glatt und schlank und gleich sei,
               Wird der kluge Finger schlichten.

               Wolltet ihr bei Lust und Tänzen
               Allzu üppig euch erweisen,
               Denkt an dieses Fadens Grenzen,   531
               Hütet euch! Er möchte reißen.

KLOTHO.   Wißt, in diesen letzten Tagen
               Ward die Schere mir vertraut;
               Denn man war von dem Betragen
               Unsrer Alten nicht erbaut.   5320

               Zerrt unnützeste Gespinste
               Lange sie an Licht und Luft,
               Hoffnung herrlichster Gewinste
               Schleppt sie schneidend zu der Gruft.

               Doch auch ich im Jugendwalten   532
               Irrte mich schon hundertmal;
               Heute mich im Zaum zu halten,
               Schere steckt im Futteral.

               Und so bin ich gern gebunden,
               Blicke freundlich diesem Ort;   5330
               Ihr in diesen freien Stunden
               Schwärmt nur immer fort und fort.

LACHESIS.   Mir, die ich allein verständig,
               Blieb das Ordnen zugeteilt;
               Meine Weife, stets lebendig,   533
               Hat noch nie sich übereilt.

Fäden kommen, Fäden weifen,
Jeden lenk' ich seine Bahn,
Keinen lass' ich überschweifen,
Füg' er sich im Kreis heran.   5340

Könnt' ich einmal mich vergessen,
Wär' es um die Welt mir bang;
Stunden zählen, Jahre messen,
Und der Weber nimmt den Strang.

HEROLD. Die jetzo kommen, werdet ihr nicht kennen,   5345
Wärt ihr noch so gelehrt in alten Schriften;
Sie anzusehn, die so viel Übel stiften,
Ihr würdet sie willkommne Gäste nennen.

Die Furien sind es, niemand wird uns glauben,
Hübsch, wohlgestaltet, freundlich, jung von Jahren;   5350
Laßt euch mit ihnen ein, ihr sollt erfahren,
Wie schlangenhaft verletzen solche Tauben.

Zwar sind sie tückisch, doch am heutigen Tage,
Wo jeder Narr sich rühmet seiner Mängel,
Auch sie verlangen nicht den Ruhm als Engel,   5355
Bekennen sich als Stadt- und Landesplage.

Die Furien.

ALEKTO. Was hilft es euch? ihr werdet uns vertrauen,
Denn wir sind hübsch und jung und Schmeichelkätzchen;
Hat einer unter euch ein Liebeschätzchen,
Wir werden ihm so lang die Ohren krauen,   5360

Bis wir ihm sagen dürfen, Aug' in Auge:
Daß sie zugleich auch dem und jenem winke,
Im Kopfe dumm, im Rücken krumm, und hinke
Und, wenn sie seine Braut ist, gar nichts tauge.

So wissen wir die Braut auch zu bedrängen: 5365
Es hat sogar der Freund, vor wenig Wochen,
Verächtliches von ihr zu der gesprochen! —
Versöhnt man sich, so bleibt doch etwas hängen.

MEGÄRA. Das ist nur Spaß! denn, sind sie erst verbunden,
Ich nehm' es auf und weiß, in allen Fällen,   5370
Das schönste Glück durch Grille zu vergällen;
Der Mensch ist ungleich, ungleich sind die Stunden.

Und niemand hat Erwünschtes fest in Armen,
Der sich nicht nach Erwünschterem töricht sehnte,
Vom höchsten Glück, woran er sich gewöhnte;   5375
Die Sonne flieht er, will den Frost erwarmen.

Mit diesem allen weiß ich zu gebaren
Und führe her Asmodi, den Getreuen,
Zu rechter Zeit Unseliges auszustreuen,
Verderbe so das Menschenvolk in Paaren.   5380

TISIPHONE. Gift und Dolch statt böser Zungen
Misch' ich, schärf' ich dem Verräter;
Liebst du andre, früher, später
Hat Verderben dich durchdrungen.

Muß der Augenblicke Süßtes   5385
Sich zu Gischt und Galle wandeln!
Hier kein Markten, hier kein Handeln –
Wie er es beging', er büßt es.

Singe keiner vom Vergeben!
Felsen klag' ich meine Sache,   5390
Echo! horch! erwidert: Rache!
Und wer wechselt, soll nicht leben.

HEROLD. Belieb' es euch, zur Seite wegzuweichen,
Denn was jetzt kommt, ist nicht von euresgleichen.
Ihr seht, wie sich ein Berg herangedrängt,   5395
Mit bunten Teppichen die Weichen stolz behängt,
Ein Haupt mit langen Zähnen, Schlangenrüssel,
Geheimnisvoll, doch zeig' ich euch den Schlüssel.
Im Nacken sitzt ihm zierlich-zarte Frau,
Mit feinem Stäbchen lenkt sie ihn genau;   5400

Die andre, droben stehend herrlich-hehr,
Umgibt ein Glanz, der blendet mich zu sehr.
Zur Seite gehn gekettet edle Frauen,
Die eine bang, die andre froh zu schauen;
Die eine wünscht, die andre fühlt sich frei.   5405
Verkünde jede, wer sie sei.

FURCHT.   Dunstige Fackeln, Lampen, Lichter
          Dämmern durchs verworrne Fest;
          Zwischen diese Truggesichter
          Bannt mich, ach! die Kette fest.   5410

          Fort, ihr lächerlichen Lacher!
          Euer Grinsen gibt Verdacht;
          Alle meine Widersacher
          Drängen mich in dieser Nacht.

          Hier! ein Freund ist Feind geworden,   5415
          Seine Maske kenn' ich schon;
          Jener wollte mich ermorden,
          Nun entdeckt schleicht er davon.

          Ach wie gern in jeder Richtung
          Flöh' ich zu der Welt hinaus;   5420
          Doch von drüben droht Vernichtung,
          Hält mich zwischen Dunst und Graus.

HOFFNUNG.   Seid gegrüßt, ihr lieben Schwestern!
          Habt ihr euch schon heut' und gestern
          In Vermummungen gefallen,   5425
          Weiß ich doch gewiß von allen:
          Morgen wollt ihr euch enthüllen.
          Und wenn wir bei Fackelscheine
          Uns nicht sonderlich behagen,
          Werden wir in heitern Tagen   5430
          Ganz nach unserm eignen Willen
          Bald gesellig, bald alleine
          Frei durch schöne Fluren wandeln,
          Nach Belieben ruhn und handeln
          Und in sorgenfreiem Leben   5435

Nie entbehren, stets erstreben;
Überall willkommne Gäste,
Treten wir getrost hinein:
Sicherlich, es muß das Beste
Irgendwo zu finden sein.   5440

KLUGHEIT.   Zwei der größten Menschenfeinde,
Furcht und Hoffnung, angekettet,
Halt' ich ab von der Gemeinde;
Platz gemacht! ihr seid gerettet.

Den lebendigen Kolossen   5445
Führ' ich, seht ihr, turmbeladen,
Und er wandelt unverdrossen
Schritt vor Schritt auf steilen Pfaden.

Droben aber auf der Zinne
Jene Göttin, mit behenden   5450
Breiten Flügeln, zum Gewinne
Allerseits sich hinzuwenden.

Rings umgibt sie Glanz und Glorie,
Leuchtend fern nach allen Seiten;
Und sie nennet sich Viktorie,   5455
Göttin aller Tätigkeiten.

ZOILO-THERSITES.
Hu! Hu! da komm' ich eben recht,
Ich schelt' euch allzusammen schlecht!
Doch was ich mir zum Ziel ersah,
Ist oben Frau Viktoria.   5460
Mit ihrem weißen Flügelpaar
Sie dünkt sich wohl, sie sei ein Aar,
Und wo sie sich nur hingewandt,
Gehör' ihr alles Volk und Land;
Doch, wo was Rühmliches gelingt,   5465
Es mich sogleich in Harnisch bringt.
Das Tiefe hoch, das Hohe tief,
Das Schiefe grad, das Grade schief,
Das ganz allein macht mich gesund,
So will ich's auf dem Erdenrund.   5470

HEROLD. So treffe dich, du Lumpenhund,
Des frommen Stabes Meisterstreich!
Da krümm und winde dich sogleich! –
Wie sich die Doppelzwerggestalt
So schnell zum eklen Klumpen ballt! – 5475
– Doch Wunder! – Klumpen wird zum Ei,
Das bläht sich auf und platzt entzwei.
Nun fällt ein Zwillingspaar heraus,
Die Otter und die Fledermaus;
Die eine fort im Staube kriecht, 5480
Die andre schwarz zur Decke fliegt.
Sie eilen draußen zum Verein;
Da möcht' ich nicht der dritte sein.
GEMURMEL. Frisch! dahinten tanzt man schon –
Nein! Ich wollt', ich wär' davon – 5485
Fühlst du, wie uns das umflicht,
Das gespenstische Gezücht? –
Saust es mir doch übers Haar –
Ward ich's doch am Fuß gewahr –
Keiner ist von uns verletzt – 5490
Alle doch in Furcht gesetzt –
Ganz verdorben ist der Spaß –
Und die Bestien wollten das.
HEROLD. Seit mir sind bei Maskeraden
Heroldspflichten aufgeladen, 5495
Wach' ich ernstlich an der Pforte,
Daß euch hier am lustigen Orte
Nichts Verderbliches erschleiche,
Weder wanke, weder weiche.
Doch ich fürchte, durch die Fenster 5500
Ziehen luftige Gespenster,
Und von Spuk und Zaubereien
Wüßt' ich euch nicht zu befreien.
Machte sich der Zwerg verdächtig,
Nun! dort hinten strömt es mächtig. 5505
Die Bedeutung der Gestalten
Möcht' ich amtsgemäß entfalten.
Aber was nicht zu begreifen,
Wüßt' ich auch nicht zu erklären;

Helfet alle mich belehren! – 5510
Seht ihr's durch die Menge schweifen?
Vierbespannt ein prächtiger Wagen
Wird durch alles durchgetragen;
Doch er teilet nicht die Menge,
Nirgend seh' ich ein Gedränge. 5515
Farbig glitzert's in der Ferne,
Irrend leuchten bunte Sterne
Wie von magischer Laterne,
Schnaubt heran mit Sturmgewalt.
Platz gemacht! Mich schaudert's!

KNABE WAGENLENKER.   Halt! 5520
Rosse, hemmet eure Flügel,
Fühlet den gewohnten Zügel,
Meistert euch, wie ich euch meistre,
Rauschet hin, wenn ich begeistre –
Diese Räume laßt uns ehren! 5525
Schaut umher, wie sie sich mehren,
Die Bewundrer, Kreis um Kreise.
Herold auf! nach deiner Weise,
Ehe wir von euch entfliehen,
Uns zu schildern, uns zu nennen; 5530
Denn wir sind Allegorien,
Und so solltest du uns kennen.

HEROLD. Wüßte nicht, dich zu benennen;
Eher könnt' ich dich beschreiben.

KNABE LENKER. So probier's!

HEROLD.   Man muß gestehn: 5535
Erstlich bist du jung und schön.
Halbwüchsiger Knabe bist du; doch die Frauen,
Sie möchten dich ganz ausgewachsen schauen.
Du scheinest mir ein künftiger Sponsierer,
Recht so von Haus aus ein Verführer. 5540

KNABE LENKER. Das läßt sich hören! fahre fort,
Erfinde dir des Rätsels heitres Wort.

HEROLD. Der Augen schwarzer Blitz, die Nacht der Locken,
Erheitert von juwelnem Band!
Und welch ein zierliches Gewand 5545

Fließt dir von Schultern zu den Socken,
Mit Purpursaum und Glitzertand!
Man könnte dich ein Mädchen schelten;
Doch würdest du, zu Wohl und Weh,
Auch jetzo schon bei Mädchen gelten,   5550
Sie lehrten dich das ABC.

KNABE LENKER. Und dieser, der als Prachtgebilde
Hier auf dem Wagenthrone prangt?

HEROLD. Er scheint ein König reich und milde,
Wohl dem, der seine Gunst erlangt!   5555
Er hat nichts weiter zu erstreben,
Wo's irgend fehlte, späht sein Blick,
Und seine reine Lust zu geben
Ist größer als Besitz und Glück.

KNABE LENKER. Hiebei darfst du nicht stehen bleiben,   5560
Du mußt ihn recht genau beschreiben.

HEROLD. Das Würdige beschreibt sich nicht.
Doch das gesunde Mondgesicht,
Ein voller Mund, erblühte Wangen,
Die unterm Schmuck des Turbans prangen;   5565
Im Faltenkleid ein reich Behagen!
Was soll ich von dem Anstand sagen?
Als Herrscher scheint er mir bekannt.

KNABE LENKER. Plutus, des Reichtums Gott genannt!
Derselbe kommt in Prunk daher,   5570
Der hohe Kaiser wünscht ihn sehr.

HEROLD. Sag von dir selber auch das Was und Wie!

KNABE LENKER. Bin die Verschwendung, bin die Poesie;
Bin der Poet, der sich vollendet,
Wenn er sein eigenst Gut verschwendet.   5575
Auch ich bin unermeßlich reich
Und schätze mich dem Plutus gleich,
Beleb' und schmück' ihm Tanz und Schmaus,
Das, was ihm fehlt, das teil' ich aus.

HEROLD. Das Prahlen steht dir gar zu schön,   5580
Doch laß uns deine Künste sehn.

KNABE LENKER. Hier seht mich nur ein Schnippchen schla-
Schon glänzt's und glitzert's um den Wagen.   [gen,
Da springt eine Perlenschnur hervor!

Immerfort umherschnippend.

Nehmt goldne Spange für Hals und Ohr;   5585
Auch Kamm und Krönchen ohne Fehl,
In Ringen köstlichstes Juwel;
Auch Flämmchen spend' ich dann und wann,
Erwartend, wo es zünden kann.

HEROLD. Wie greift und hascht die liebe Menge!   5590
Fast kommt der Geber ins Gedränge.
Kleinode schnippt er wie ein Traum,
Und alles hascht im weiten Raum.
Doch da erleb' ich neue Pfiffe:
Was einer noch so emsig griffe,   5595
Des hat er wirklich schlechten Lohn,
Die Gabe flattert ihm davon.
Es löst sich auf das Perlenband,
Ihm krabbeln Käfer in der Hand,
Er wirft sie weg, der arme Tropf,   5600
Und sie umsummen ihm den Kopf.
Die andern statt solider Dinge
Erhaschen frevle Schmetterlinge.
Wie doch der Schelm so viel verheißt
Und nur verleiht, was golden gleißt!   5605

KNABE LENKER.
Zwar Masken, merk' ich, weißt du zu verkünden,
Allein der Schale Wesen zu ergründen,
Sind Herolds Hofgeschäfte nicht;
Das fordert schärferes Gesicht.
Doch hüt' ich mich vor jeder Fehde;   5610
An dich, Gebieter, wend' ich Frag' und Rede.

Zu Plutus gewendet.

Hast du mir nicht die Windesbraut
Des Viergespannes anvertraut?
Lenk' ich nicht glücklich, wie du leitest?
Bin ich nicht da, wohin du deutest?   5615
Und wußt' ich nicht auf kühnen Schwingen

Für dich die Palme zu erringen?
Wie oft ich auch für dich gefochten,
Mir ist es jederzeit geglückt:
Wenn Lorbeer deine Stirne schmückt, 5620
Hab' ich ihn nicht mit Sinn und Hand geflochten?
PLUTUS. Wenn's nötig ist, daß ich dir Zeugnis leiste
So sag' ich gern: Bist Geist von meinem Geiste.
Du handelst stets nach meinem Sinn,
Bist reicher, als ich selber bin. 5625
Ich schätze, deinen Dienst zu lohnen,
Den grünen Zweig vor allen meinen Kronen.
Ein wahres Wort verkünd' ich allen:
Mein lieber Sohn, an dir hab' ich Gefallen.
KNABE LENKER zur Menge.
Die größten Gaben meiner Hand, 5630
Seht! hab' ich rings umher gesandt.
Auf dem und jenem Kopfe glüht
Ein Flämmchen, das ich angesprüht;
Von einem zu dem andern hüpft's,
An diesem hält sich's, dem entschlüpft's, 5635
Gar selten aber flammt's empor,
Und leuchtet rasch in kurzem Flor;
Doch vielen, eh' man's noch erkannt,
Verlischt es, traurig ausgebrannt.
WEIBERGEKLATSCH. Da droben auf dem Viergespann 5640
Das ist gewiß ein Scharlatan;
Gekauzt da hintendrauf Hanswurst,
Doch abgezehrt von Hunger und Durst,
Wie man ihn niemals noch erblickt;
Er fühlt wohl nicht, wenn man ihn zwickt. 5645
DER ABGEMAGERTE. Vom Leibe mir, ekles Weibsgeschlecht!
Ich weiß, dir komm' ich niemals recht. –
Wie noch die Frau den Herd versah,
Da hieß ich Avaritia;
Da stand es gut um unser Haus: 5650
Nur viel herein und nichts hinaus!
Ich eiferte für Kist' und Schrein;
Das sollte wohl gar ein Laster sein
Doch als in allerneusten Jahren

Das Weib nicht mehr gewohnt zu sparen,   5655
Und, wie ein jeder böser Zahler,
Weit mehr Begierden hat als Taler,
Da bleibt dem Manne viel zu dulden,
Wo er nur hinsieht, da sind Schulden.
Sie wendet's, kann sie was erspulen,   5660
An ihren Leib, an ihren Buhlen;
Auch speist sie besser, trinkt noch mehr
Mit der Sponsierer leidigem Heer;
Das steigert mir des Goldes Reiz:
Bin männlichen Geschlechts, der Geiz!   5665

HAUPTWEIB. Mit Drachen mag der Drache geizen;
Ist's doch am Ende Lug und Trug!
Er kommt, die Männer aufzureizen,
Sie sind schon unbequem genug.

WEIBER IN MASSE.
          Der Strohmann! Reich ihm eine Schlappe!   5670
          Was will das Marterholz uns dräun?
          Wir sollen seine Fratze scheun!
          Die Drachen sind von Holz und Pappe,
          Frisch an und dringt auf ihn hinein!

HEROLD. Bei meinem Stabe! Ruh gehalten! –   5675
Doch braucht es meiner Hülfe kaum;
Seht, wie die grimmen Ungestalten,
Bewegt im rasch gewonnenen Raum,
Das Doppel-Flügelpaar entfalten.
Entrüstet schütteln sich der Drachen   5680
Umschuppte, feuerspeiende Rachen;
Die Menge flieht, rein ist der Platz.
                    Plutus steigt vom Wagen.

HEROLD. Er tritt herab, wie königlich!
Er winkt, die Drachen rühren sich,
Die Kiste haben sie vom Wagen   5685
Mit Gold und Geiz herangetragen,
Sie steht zu seinen Füßen da:
Ein Wunder ist es, wie's geschah.

PLUTUS zum Lenker.
Nun bist du los der allzulästigen Schwere,

Bist frei und frank, nun frisch zu deiner Sphäre! 5690
Hier ist sie nicht! Verworren, scheckig, wild
Umdrängt uns hier ein fratzenhaft Gebild.
Nur wo du klar ins holde Klare schaust,
Dir angehörst und dir allein vertraust,
Dorthin, wo Schönes, Gutes nur gefällt, 5695
Zur Einsamkeit! – Da schaffe deine Welt.

KNABE LENKER. So acht' ich mich als werten Abgesandten,
So lieb' ich dich als nächsten Anverwandten.
Wo du verweilst, ist Fülle; wo ich bin,
Fühlt jeder sich im herrlichsten Gewinn. 5700
Auch schwankt er oft im widersinnigen Leben:
Soll er sich dir? soll er sich mir ergeben?
Die Deinen freilich können müßig ruhn,
Doch wer mir folgt, hat immer was zu tun.
Nicht insgeheim vollführ' ich meine Taten, 5705
Ich atme nur, und schon bin ich verraten.
So lebe wohl! Du gönnst mir ja mein Glück;
Doch lisple leis', und gleich bin ich zurück. Ab, wie er kam.

PLUTUS. Nun ist es Zeit, die Schätze zu entfesseln!
Die Schlösser treff' ich mit des Herolds Rute. 5710
Es tut sich auf! schaut her! in ehrnen Kesseln
Entwickelt sich's und wallt von goldnem Blute,
Zunächst der Schmuck von Kronen, Ketten, Ringen;
Es schwillt und droht, ihn schmelzend zu verschlingen.

WECHSELGESCHREI DER MENGE.
            Seht hier, o hin! wie's reichlich quillt, 5715
            Die Kiste bis zum Rande füllt. –
            Gefäße, goldne, schmelzen sich,
            Gemünzte Rollen wälzen sich. –
            Dukaten hüpfen wie geprägt,
            O wie mir das den Busen regt – 5720
            Wie schau' ich alle mein Begehr!
            Da kollern sie am Boden her. –
            Man bietet's euch, benutzt's nur gleich
            Und bückt euch nur und werdet reich. –
            Wir andern, rüstig wie der Blitz, 5725
            Wir nehmen den Koffer in Besitz.

HEROLD. Was soll's, ihr Toren? soll mir das?
   Es ist ja nur ein Maskenspaß.
   Heut abend wird nicht mehr begehrt;
   Glaubt ihr, man geb' euch Gold und Wert?   5730
   Sind doch für euch in diesem Spiel
   Selbst Rechenpfennige zuviel.
   Ihr Täppischen! ein artiger Schein
   Soll gleich die plumpe Wahrheit sein.
   Was soll euch Wahrheit? – Dumpfen Wahn   5735
   Packt ihr an allen Zipfeln an. –
   Vermummter Plutus, Maskenheld,
   Schlag dieses Volk mir aus dem Feld.
PLUTUS. Dein Stab ist wohl dazu bereit,
   Verleih ihn mir auf kurze Zeit. –   5740
   Ich tauch' ihn rasch in Sud und Glut. –
   Nun, Masken, seid auf eurer Hut!
   Wie's blitzt und platzt, in Funken sprüht!
   Der Stab, schon ist er angeglüht.
   Wer sich zu nah herangedrängt,   5745
   Ist unbarmherzig gleich versengt. –
   Jetzt fang' ich meinen Umgang an.
GESCHREI UND GEDRÄNG.
      O weh! Es ist um uns getan. –
      Entfliehe, wer entfliehen kann! –
      Zurück, zurück, du Hintermann! –   5750
      Mir sprüht es heiß ins Angesicht. –
      Mich drückt des glühenden Stabs Gewicht –
      Verloren sind wir all' und all'. –
      Zurück, zurück, du Maskenschwall!
      Zurück, zurück, unsinniger Hauf'! –   5755
      O hätt' ich Flügel, flög' ich auf. –
PLUTUS. Schon ist der Kreis zurückgedrängt,
   Und niemand, glaub' ich, ist versengt.
   Die Menge weicht,
   Sie ist verscheucht. –   5760
   Doch solcher Ordnung Unterpfand
   Zieh' ich ein unsichtbares Band.
HEROLD. Du hast ein herrlich Werk vollbracht,
   Wie dank' ich deiner klugen Macht!

PLUTUS. Noch braucht es, edler Freund, Geduld: 5765
Es droht noch mancherlei Tumult.
GEIZ. So kann man doch, wenn es beliebt,
Vergnüglich diesen Kreis beschauen;
Denn immerfort sind vornenan die Frauen,
Wo's was zu gaffen, was zu naschen gibt.   5770
Noch bin ich nicht so völlig eingerostet!
Ein schönes Weib ist immer schön;
Und heute, weil es mich nichts kostet,
So wollen wir getrost sponsieren gehn.
Doch weil am überfüllten Orte   5775
Nicht jedem Ohr vernehmlich alle Worte,
Versuch' ich klug und hoff', es soll mir glücken,
Mich pantomimisch deutlich auszudrücken.
Hand, Fuß, Gebärde reicht mir da nicht hin,
Da muß ich mich um einen Schwank bemühn.   5780
Wie feuchten Ton will ich das Gold behandeln,
Denn dies Metall läßt sich in alles wandeln.
HEROLD. Was fängt der an, der magre Tor!
Hat so ein Hungermann Humor?
Er knetet alles Gold zu Teig,   5785
Ihm wird es untern Händen weich;
Wie er es drückt und wie es ballt,
Bleibt's immer doch nur ungestalt.
Er wendet sich zu den Weibern dort,
Sie schreien alle, möchten fort,   5790
Gebärden sich gar widerwärtig;
Der Schalk erweist sich übelfertig.
Ich fürchte, daß er sich ergetzt,
Wenn er die Sittlichkeit verletzt.
Dazu darf ich nicht schweigsam bleiben,   5795
Gib meinen Stab, ihn zu vertreiben.
PLUTUS. Er ahnet nicht, was uns von außen droht;
Laß ihn die Narrenteidung treiben!
Ihm wird kein Raum für seine Possen bleiben;
Gesetz ist mächtig, mächtiger ist die Not.   5800
GETÜMMEL UND GESANG.
            Das wilde Heer, es kommt zumal
            Von Bergeshöh' und Waldestal,

Unwiderstehlich schreitet's an:
Sie feiern ihren großen Pan.
Sie wissen doch, was keiner weiß,
Und drängen in den leeren Kreis.

PLUTUS. Ich kenn' euch wohl und euren großen Pan!   5805
Zusammen habt ihr kühnen Schritt getan.
Ich weiß recht gut, was nicht ein jeder weiß,
Und öffne schuldig diesen engen Kreis.
Mag sie ein gut Geschick begleiten!
Das Wunderlichste kann geschehn;   5810
Sie wissen nicht, wohin sie schreiten,
Sie haben sich nicht vorgesehn.

WILDGESANG.
    Geputztes Volk du, Flitterschau!
    Sie kommen roh, sie kommen rauh,
    In hohem Sprung, in raschem Lauf,   5815
    Sie treten derb und tüchtig auf.

FAUNEN. Die Faunenschar
Im lustigen Tanz,
Den Eichenkranz
Im krausen Haar,   5820
Ein feines zugespitztes Ohr
Dringt an dem Lockenkopf hervor,
Ein stumpfes Näschen, ein breit Gesicht,
Das schadet alles bei Frauen nicht:
Dem Faun, wenn er die Patsche reicht,   5825
Versagt die Schönste den Tanz nicht leicht.

SATYR. Der Satyr hüpft nun hinterdrein
Mit Ziegenfuß und dürrem Bein,
Ihm sollen sie mager und sehnig sein,
Und gemsenartig auf Bergeshöhn   5830
Belustigt er sich, umherzusehn.
In Freiheitsluft erquickt alsdann,
Verhöhnt er Kind und Weib und Mann,
Die tief in Tales Dampf und Rauch
Behaglich meinen, sie lebten auch,   5835
Da ihm doch rein und ungestört
Die Welt dort oben allein gehört.

GNOMEN. Da trippelt ein die kleine Schar,   5840
Sie hält nicht gern sich Paar und Paar;
Im moosigen Kleid mit Lämplein hell
Bewegt sich's durcheinander schnell,
Wo jedes für sich selber schafft,
Wie Leucht-Ameisen wimmelhaft;   5845
Und wuselt emsig hin und her,
Beschäftigt in die Kreuz und Quer.
   Den frommen Gütchen nah verwandt,
Als Felschirurgen wohlbekannt;
Die hohen Berge schröpfen wir,   5850
Aus vollen Adern schöpfen wir;
Metalle stürzen wir zuhauf,
Mit Gruß getrost: Glück auf! Glück auf!
Das ist von Grund aus wohlgemeint:
Wir sind der guten Menschen Freund.   5855
Doch bringen wir das Gold zu Tag,
Damit man stehlen und kuppeln mag,
Nicht Eisen fehle dem stolzen Mann,
Der allgemeinen Mord ersann.
Und wer die drei Gebot' veracht't,   5860
Sich auch nichts aus den andern macht.
Das alles ist nicht unsre Schuld;
Drum habt so fort, wie wir, Geduld.
RIESEN. Die wilden Männer sind s' genannt,
Am Harzgebirge wohlbekannt;   5865
Natürlich nackt in aller Kraft,
Sie kommen sämtlich riesenhaft.
Den Fichtenstamm in rechter Hand
Und um den Leib ein wulstig Band,
Den derbsten Schurz von Zweig und Blatt,   5870
Leibwache, wie der Papst nicht hat.
NYMPHEN IM CHOR. Sie umschließen den großen Pan.
Auch kommt er an! –
Das All der Welt
Wird vorgestellt
Im großen Pan.   5875
Ihr Heitersten, umgebet ihn,
Im Gaukeltanz umschwebet ihn:

Denn weil er ernst und gut dabei,
So will er, daß man fröhlich sei.
Auch unterm blauen Wölbedach   5880
Verhielt' er sich beständig wach;
Doch rieseln ihm die Bäche zu,
Und Lüftlein wiegen ihn mild in Ruh.
Und wenn er zu Mittage schläft,
Sich nicht das Blatt am Zweige regt;   5885
Gesunder Pflanzen Balsamduft
Erfüllt die schweigsam stille Luft;
Die Nymphe darf nicht munter sein,
Und wo sie stand, da schläft sie ein.
Wenn unerwartet mit Gewalt   5890
Dann aber seine Stimm' erschallt,
Wie Blitzes Knattern, Meergebraus,
Dann niemand weiß, wo ein noch aus,
Zerstreut sich tapfres Heer im Feld,
Und im Getümmel bebt der Held.   5895
So Ehre dem, dem Ehre gebührt,
Und Heil ihm, der uns hergeführt!

DEPUTATION DER GNOMEN an den großen Pan.

    Wenn das glänzend reiche Gute
    Fadenweis durch Klüfte streicht,
    Nur der klugen Wünschelrute   5900
    Seine Labyrinthe zeigt,

    Wölben wir in dunklen Grüften
    Troglodytisch unser Haus,
    Und an reinen Tageslüften
    Teilst du Schätze gnädig aus.   5905

    Nun entdecken wir hieneben
    Eine Quelle wunderbar,
    Die bequem verspricht zu geben,
    Was kaum zu erreichen war.

    Dies vermagst du zu vollenden,   5915
    Nimm es, Herr, in deine Hut:
    Jeder Schatz in deinen Händen
    Kommt der ganzen Welt zugut.

PLUTUS zum Herold. Wir müssen uns im hohen Sinne fassen
  Und, was geschieht, getrost geschehen lassen,   5915
  Du bist ja sonst des stärksten Mutes voll.
  Nun wird sich gleich ein Greulichstes eräugnen,
  Hartnäckig wird es Welt und Nachwelt leugnen:
  Du schreib es treulich in dein Protokoll.

HEROLD den Stab anfassend, welchen Plutus in der Hand behält.
  Die Zwerge führen den großen Pan   5920
  Zur Feuerquelle sacht heran;
  Sie siedet auf vom tiefsten Schlund,
  Dann sinkt sie wieder hinab zum Grund,
  Und finster steht der offne Mund;
  Wallt wieder auf in Glut und Sud,   5925
  Der große Pan steht wohlgemut,
  Freut sich des wundersamen Dings,
  Und Perlenschaum sprüht rechts und links.
  Wie mag er solchem Wesen traun?
  Er bückt sich tief hineinzuschaun. –   5930
  Nun aber fällt sein Bart hinein! –
  Wer mag das glatte Kinn wohl sein?
  Die Hand verbirgt es unserm Blick. –
  Nun folgt ein großes Ungeschick:
  Der Bart entflammt und fliegt zurück,   5935
  Entzündet Kranz und Haupt und Brust,
  Zu Leiden wandelt sich die Lust. –
  Zu löschen läuft die Schar herbei,
  Doch keiner bleibt von Flammen frei,
  Und wie es patscht und wie es schlägt,   5940
  Wird neues Flammen aufgeregt;
  Verflochten in das Element,
  Ein ganzer Maskenklump verbrennt.

  Was aber, hör' ich, wird uns kund
  Von Ohr zu Ohr, von Mund zu Mund!   5945
  O ewig unglücksel'ge Nacht,
  Was hast du uns für Leid gebracht!
  Verkünden wird der nächste Tag,
  Was niemand willig hören mag;
  Doch hör' ich aller Orten schrein: 5950

„Der Kaiser leidet solche Pein."
O wäre doch ein andres wahr!
Der Kaiser brennt und seine Schar.
Sie sei verflucht, die ihn verführt,
In harzig Reis sich eingeschnürt,   5955
Zu toben her mit Brüllgesang
Zu allerseitigem Untergang.
O Jugend, Jugend, wirst du nie
Der Freude reines Maß bezirken?
O Hoheit, Hoheit, wirst du nie   5960
Vernünftig wie allmächtig wirken?

Schon geht der Wald in Flammen auf,
Sie züngeln leckend spitz hinauf
Zum holzverschränkten Deckenband;
Uns droht ein allgemeiner Brand.   5965
Des Jammers Maß ist übervoll,
Ich weiß nicht, wer uns retten soll.
Ein Aschenhaufen einer Nacht
Liegt morgen reiche Kaiserpracht.

PLUTUS.   Schrecken ist genug verbreitet,   5970
            Hilfe sei nun eingeleitet! –
            Schlage, heil'gen Stabs Gewalt,
            Daß der Boden bebt und schallt!
            Du, geräumig weite Luft,
            Fülle dich mit kühlem Duft!   5975
            Zieht heran, umherzuschweifen,
            Nebeldünste, schwangre Streifen,
            Deckt ein flammendes Gewühl!
            Rieselt, säuselt, Wölkchen kräuselt,
            Schlüpfet wallend, leise dämpfet,   5980
            Löschend überall bekämpfet,
            Ihr, die lindernden, die feuchten,
            Wandelt in ein Wetterleuchten
            Solcher eitlen Flamme Spiel! –
            Drohen Geister, uns zu schädigen,   5985
            Soll sich die Magie betätigen.

LUSTGARTEN

Morgensonne.

Der Kaiser, Hofleute · Faust, Mephistopheles,
anständig, nicht auffallend, nach Sitte gekleidet; beide knieen.

FAUST. Verzeihst du, Herr, das Flammengaukelspiel?

KAISER zum Aufstehn winkend.

Ich wünsche mir dergleichen Scherze viel. –
Auf einmal sah ich mich in glühnder Sphäre,
Es schien mir fast, als ob ich Pluto wäre.   5990
Aus Nacht und Kohlen lag ein Felsengrund,
Von Flämmchen glühend. Dem und jenem Schlund
Aufwirbelten viel tausend wilde Flammen
Und flackerten in ein Gewölb' zusammen.
Zum höchsten Dome züngelt' es empor,   5995
Der immer ward und immer sich verlor.
Durch fernen Raum gewundner Feuersäulen
Sah ich bewegt der Völker lange Zeilen,
Sie drängten sich im weiten Kreis heran
Und huldigten, wie sie es stets getan.   6000
Von meinem Hof erkannt' ich ein und andern,
Ich schien ein Fürst von tausend Salamandern.

MEPHISTOPHELES. Das bist du, Herr! weil jedes Element
Die Majestät als unbedingt erkennt.
Gehorsam Feuer hast du nun erprobt;   6005
Wirf dich ins Meer, wo es am wildsten tobt,
Und kaum betrittst du perlenreichen Grund,
So bildet wallend sich ein herrlich Rund;
Siehst auf und ab lichtgrüne schwanke Wellen,
Mit Purpursaum, zur schönsten Wohnung schwellen   6010
Um dich, den Mittelpunkt. Bei jedem Schritt,
Wohin du gehst, gehn die Paläste mit.
Die Wände selbst erfreuen sich des Lebens,
Pfeilschnellen Wimmlens, Hin- und Widerstrebens.
Meerwunder drängen sich zum neuen milden Schein,   6015
Sie schießen an, und keines darf herein.
Da spielen farbig goldbeschuppte Drachen,
Der Haifisch klafft, du lachst ihm in den Rachen.

Wie sich auch jetzt der Hof um dich entzückt,
Hast du doch nie ein solch Gedräng' erblickt.   6020
Doch bleibst du nicht vom Lieblichsten geschieden:
Es nahen sich neugierige Nereiden
Der prächt'gen Wohnung in der ew'gen Frische,
Die jüngsten scheu und lüstern wie die Fische,
Die spätern klug. Schon wird es Thetis kund,   6025
Dem zweiten Peleus reicht sie Hand und Mund. –
Den Sitz alsdann auf des Olymps Revier...

KAISER. Die luft'gen Räume, die erlass' ich dir:
Noch früh genug besteigt man jenen Thron.

MEPHISTOPHELES.
Und, höchster Herr! die Erde hast du schon.   6030

KAISER. Welch gut Geschick hat dich hieher gebracht,
Unmittelbar aus Tausend Einer Nacht?
Gleichst du an Fruchtbarkeit Scheherazaden,
Versichr' ich dich der höchsten aller Gnaden.
Sei stets bereit, wenn eure Tageswelt,   6035
Wie's oft geschieht, mir widerlichst mißfällt.

MARSCHALK tritt eilig auf.
Durchlauchtigster, ich dacht' in meinem Leben
Vom schönsten Glück Verkündung nicht zu geben
Als diese, die mich hoch beglückt,
In deiner Gegenwart entzückt: 6040
Rechnung für Rechnung ist berichtigt,
Die Wucherklauen sind beschwichtigt,
Los bin ich solcher Höllenpein;
Im Himmel kann's nicht heitrer sein.

HEERMEISTER folgt eilig.
Abschläglich ist der Sold entrichtet,   6045
Das ganze Heer aufs neu' verpflichtet,
Der Landsknecht fühlt sich frisches Blut,
Und Wirt und Dirnen haben's gut.

KAISER. Wie atmet eure Brust erweitert!
Das faltige Gesicht erheitert!   6050
Wie eilig tretet ihr heran!

SCHATZMEISTER der sich einfindet.
Befrage diese, die das Werk getan.

FAUST. Dem Kanzler ziemt's, die Sache vorzutragen.

KANZLER, der langsam herankommt.
Beglückt genug in meinen alten Tagen. –
So hört und schaut das schicksalschwere Blatt,   6055
Das alles Weh in Wohl verwandelt hat.
Er liest. „Zu wissen sei es jedem, der's begehrt:
Der Zettel hier ist tausend Kronen wert.
Ihm liegt gesichert, als gewisses Pfand,
Unzahl vergrabnen Guts im Kaiserland.   6060
Nun ist gesorgt, damit der reiche Schatz,
Sogleich gehoben, diene zum Ersatz."
KAISER. Ich ahne Frevel, ungeheuren Trug!
Wer fälschte hier des Kaisers Namenszug?
Ist solch Verbrechen ungestraft geblieben?   6065
SCHATZMEISTER. Erinnre dich! hast selbst es unterschrieben;
Erst heute nacht. Du standst als großer Pan,
Der Kanzler sprach mit uns zu dir heran:
„Gewähre dir das hohe Festvergnügen,
Des Volkes Heil, mit wenig Federzügen."   6070
Du zogst sie rein, dann ward's in dieser Nacht
Durch Tausendkünstler schnell vertausendfacht.
Damit die Wohltat allen gleich gedeihe,
So stempelten wir gleich die ganze Reihe,
Zehn, Dreißig, Funfzig, Hundert sind parat.   6075
Ihr denkt euch nicht, wie wohl's dem Volke tat.
Seht eure Stadt, sonst halb im Tod verschimmelt,
Wie alles lebt und lustgenießend wimmelt!
Obschon dein Name längst die Welt beglückt,
Man hat ihn nie so freundlich angeblickt.   6080
Das Alphabet ist nun erst überzählig,
In diesem Zeichen wird nun jeder selig.
KAISER. Und meinen Leuten gilt's für gutes Gold?
Dem Heer, dem Hofe gnügt's zu vollem Sold?
So sehr mich's wundert, muß ich's gelten lassen.   6085
MARSCHALK. Unmöglich wär's, die Flüchtigen einzufassen;
Mit Blitzeswink zerstreute sich's im Lauf.
Die Wechslerbänke stehen sperrig auf:
Man honoriert daselbst ein jedes Blatt
Durch Gold und Silber, freilich mit Rabatt.   6090
Nun geht's von da zum Fleischer, Bäcker, Schenken;

Die halbe Welt scheint nur an Schmaus zu denken,
Wenn sich die andre neu in Kleidern bläht.
Der Krämer schneidet aus, der Schneider näht.
Bei „Hoch dem Kaiser!" sprudelt's in den Kellern,   6095
Dort kocht's und brät's und klappert mit den Tellern.
MEPHISTOPHELES.
Wer die Terrassen einsam abspaziert,
Gewahrt die Schönste, herrlich aufgeziert,
Ein Aug' verdeckt vom stolzen Pfauenwedel,
Sie schmunzelt uns und blickt nach solcher Schedel;   6100
Und hurt'ger als durch Witz und Redekunst
Vermittelt sich die reichste Liebesgunst.
Man wird sich nicht mit Börs' und Beutel plagen,
Ein Blättchen ist im Busen leicht zu tragen,
Mit Liebesbrieflein paart's bequem sich hier.   6105
Der Priester trägt's andächtig im Brevier,
Und der Soldat, um rascher sich zu wenden,
Erleichtert schnell den Gürtel seiner Lenden.
Die Majestät verzeihe, wenn ins Kleine
Das hohe Werk ich zu erniedern scheine.   6110
FAUST. Das Übermaß der Schätze, das, erstarrt,
In deinen Landen tief im Boden harrt,
Liegt ungenutzt. Der weiteste Gedanke
Ist solchen Reichtums kümmerlichste Schranke;
Die Phantasie, in ihrem höchsten Flug,   6115
Sie strengt sich an und tut sich nie genug.
Doch fassen Geister, würdig, tief zu schauen,
Zum Grenzenlosen grenzenlos Vertrauen.
MEPHISTOPHELES.
Ein solch Papier, an Gold und Perlen Statt,
Ist so bequem, man weiß doch, was man hat;   6120
Man braucht nicht erst zu markten, noch zu tauschen,
Kann sich nach Lust in Lieb' und Wein berauschen.
Will man Metall, ein Wechsler ist bereit,
Und fehlt es da, so gräbt man eine Zeit.
Pokal und Kette wird verauktioniert,   6125
Und das Papier, sogleich amortisiert,
Beschämt den Zweifler, der uns frech verhöhnt.
Man will nichts anders, ist daran gewöhnt.

So bleibt von nun an allen Kaiserlanden
An Kleinod, Gold, Papier genug vorhanden.   6130
KAISER. Das hohe Wohl verdankt euch unser Reich;
Wo möglich sei der Lohn dem Dienste gleich.
Vertraut sei euch des Reiches innrer Boden,
Ihr seid der Schätze würdigste Kustoden.
Ihr kennt den weiten, wohlverwahrten Hort,   6135
Und wenn man gräbt, so sei's auf euer Wort.
Vereint euch nun, ihr Meister unsres Schatzes,
Erfüllt mit Lust die Würden eures Platzes,
Wo mit der obern sich die Unterwelt,
In Einigkeit beglückt, zusammenstellt.   6140
SCHATZMEISTER.
  Soll zwischen uns kein fernster Zwist sich regen,
  Ich liebe mir den Zaubrer zum Kollegen. Ab mit Faust.
KAISER. Beschenk' ich nun bei Hofe Mann für Mann,
  Gesteh' er mir, wozu er's brauchen kann.
PAGE empfangend. Ich lebe lustig, heiter, guter Dinge.   6145
EIN ANDRER gleichfalls.
  Ich schaffe gleich dem Liebchen Kett' und Ringe.
KÄMMERER annehmend.
  Von nun an trink' ich doppelt beßre Flasche.
EIN ANDRER gleichfalls.
  Die Würfel jucken mich schon in der Tasche.
BANNERHERR mit Bedacht.
  Mein Schloß und Feld, ich mach' es schuldenfrei.
EIN ANDRER gleichfalls.
  Es ist ein Schatz, den leg' ich Schätzen bei.   6150
KAISER. Ich hoffte Lust und Mut zu neuen Taten;
  Doch wer euch kennt, der wird euch leicht erraten.
  Ich merk' es wohl: bei aller Schätze Flor,
  Wie ihr gewesen, bleibt ihr nach wie vor.
NARR, herbeikommend.
  Ihr spendet Gnaden, gönnt auch mir davon!   6155
KAISER. Und lebst du wieder, du vertrinkst sie schon.
NARR. Die Zauberblätter! ich versteh's nicht recht.
KAISER. Das glaub' ich wohl, denn du gebrauchst sie schlecht.
NARR. Da fallen andere; weiß nicht, was ich tu'.
KAISER. Nimm sie nur hin, sie fielen dir ja zu. Ab.   6160

NARR. Fünftausend Kronen wären mir zu Handen!
MEPH. Zweibeiniger Schlauch, bist wieder auferstanden?
NARR. Geschieht mir oft, doch nicht so gut als jetzt.
MEPH. Du freust dich so, daß dich's in Schweiß versetzt.
NARR. Da seht nur her, ist das wohl Geldes wert?   6165
MEPH. Du hast dafür, was Schlund und Bauch begehrt.
NARR. Und kaufen kann ich Acker, Haus und Vieh?
MEPHISTOPHELES. Versteht sich! Biete nur, das fehlt dir nie.
NARR. Und Schloß, mit Wald und Jagd und Fischbach?
MEPHISTOPHELES.   Traun!
   Ich möchte dich gestrengen Herrn wohl schaun!   6170
NARR. Heut abend wieg' ich mich im Grundbesitz! – Ab.
MEPHISTOPHELES solus.
   Wer zweifelt noch an unsres Narren Witz!

FINSTERE GALERIE

Faust. Mephistopheles.

MEPHISTOPHELES. Was ziehst du mich in diese düstern
   Ist nicht da drinnen Lust genug,   [Gänge?
   Im dichten, bunten Hofgedränge   6175
   Gelegenheit zu Spaß und Trug?
FAUST. Sag mir das nicht, du hast's in alten Tagen
   Längst an den Sohlen abgetragen;
   Doch jetzt dein Hin- und Widergehn
   Ist nur, um mir nicht Wort zu stehn.   6180
   Ich aber bin gequält zu tun:
   Der Marschalk und der Kämmrer treibt mich nun.
   Der Kaiser will, es muß sogleich geschehn,
   Will Helena und Paris vor sich sehn;
   Das Musterbild der Männer so der Frauen   6185
   In deutlichen Gestalten will er schauen.
   Geschwind ans Werk! ich darf mein Wort nicht brechen.
MEPHISTOPHELES.
   Unsinnig war's, leichtsinnig zu versprechen.
FAUST. Du hast, Geselle, nicht bedacht,
   Wohin uns deine Künste führen;   6190
   Erst haben wir ihn reich gemacht,
   Nun sollen wir ihn amüsieren.

MEPHISTOPHELES. Du wähnst, es füge sich sogleich,
  Hier stehen wir vor steilern Stufen,
  Greifst in ein fremdestes Bereich,   6195
  Machst frevelhaft am Ende neue Schulden,
  Denkst Helenen so leicht hervorzurufen
  Wie das Papiergespenst der Gulden. –
  Mit Hexen-Fexen, mit Gespenst-Gespinsten,
  Kielkröpfigen Zwergen steh' ich gleich zu Diensten;   6200
  Doch Teufels-Liebchen, wenn auch nicht zu schelten,
  Sie können nicht für Heroinen gelten.
FAUST. Da haben wir den alten Leierton!
  Bei dir gerät man stets ins Ungewisse.
  Der Vater bist du aller Hindernisse,   6205
  Für jedes Mittel willst du neuen Lohn.
  Mit wenig Murmeln, weiß ich, ist's getan;
  Wie man sich umschaut, bringst du sie zur Stelle.
MEPHISTOPHELES. Das Heidenvolk geht mich nichts an,
  Es haust in seiner eignen Hölle;   6210
  Doch gibt's ein Mittel.
FAUST.   Sprich, und ohne Säumnis!
MEPHISTOPHELES. Ungern entdeck' ich höheres Geheimnis.
  Göttinnen thronen hehr in Einsamkeit,
  Um sie kein Ort, noch weniger eine Zeit;
  Von ihnen sprechen ist Verlegenheit.   6215
  Die Mütter sind es!
FAUST, aufgeschreckt.   Mütter!
MEPHISTOPHELES.   Schaudert's dich?
FAUST. Die Mütter! Mütter! – 's klingt so wunderlich!
MEPHISTOPHELES. Das ist es auch. Göttinnen, ungekannt
  Euch Sterblichen, von uns nicht gern genannt.
  Nach ihrer Wohnung magst ins Tiefste schürfen;   6220
  Du selbst bist schuld, daß ihrer wir bedürfen.
FAUST. Wohin der Weg?
MEPHISTOPHELES.   Kein Weg! Ins Unbetretene,
  Nicht zu Betretende; ein Weg ans Unerbetene,
  Nicht zu Erbittende. Bist du bereit? –
  Nicht Schlösser sind, nicht Riegel wegzuschieben,   6225
  Von Einsamkeiten wirst umhergetrieben.
  Hast du Begriff von Öd' und Einsamkeit?

FAUST. Du spartest, dächt' ich, solche Sprüche;
  Hier wittert's nach der Hexenküche,
  Nach einer längst vergangnen Zeit.   6230
  Mußt' ich nicht mit der Welt verkehren?
  Das Leere lernen, Leeres lehren? —
  Sprach ich vernünftig, wie ich's angeschaut,
  Erklang der Widerspruch gedoppelt laut;
  Mußt' ich sogar vor widerwärtigen Streichen   6235
  Zur Einsamkeit, zur Wildernis entweichen
  Und, um nicht ganz versäumt allein zu leben,
  Mich doch zuletzt dem Teufel übergeben.
MEPHISTOPHELES.
  Und hättest du den Ozean durchschwommen,
  Das Grenzenlose dort geschaut,   6240
  So sähst du dort doch Well' auf Welle kommen,
  Selbst wenn es dir vorm Untergange graut.
  Du sähst doch etwas. Sähst wohl in der Grüne
  Gestillter Meere streichende Delphine;
  Sähst Wolken ziehen, Sonne, Mond und Sterne -   6245
  Nichts wirst du sehn in ewig leerer Ferne,
  Den Schritt nicht hören, den du tust,
  Nichts Festes finden, wo du ruhst.
FAUST. Du sprichst als erster aller Mystagogen,
  Die treue Neophyten je betrogen;   6250
  Nur umgekehrt. Du sendest mich ins Leere,
  Damit ich dort so Kunst als Kraft vermehre;
  Behandelst mich, daß ich, wie jene Katze,
  Dir die Kastanien aus den Gluten kratze.
  Nur immer zu! wir wollen es ergründen,   6255
  In deinem Nichts hoff' ich das All zu finden.
MEPH. Ich rühme dich, eh' du dich von mir trennst,
  Und sehe wohl, daß du den Teufel kennst;
  Hier diesen Schlüssel nimm.
FAUST.   Das kleine Ding!
MEPH. Erst faß ihn an und schätz ihn nicht gering.   6260
FAUST. Er wächst in meiner Hand! er leuchtet, blitzt!
MEPH. Merkst du nun bald, was man an ihm besitzt?
  Der Schlüssel wird die rechte Stelle wittern,
  Folg ihm hinab, er führt dich zu den Müttern.

FAUST schaudernd.

Den Müttern! Trifft's mich immer wie ein Schlag! 6265
Was ist das Wort, das ich nicht hören mag?

MEPH. Bist du beschränkt, daß neues Wort dich stört?
Willst du nur hören, was du schon gehört?
Dich störe nichts, wie es auch weiter klinge,
Schon längst gewohnt der wunderbarsten Dinge. 6270

FAUST. Doch im Erstarren such' ich nicht mein Heil,
Das Schaudern ist der Menschheit bestes Teil;
Wie auch die Welt ihm das Gefühl verteure,
Ergriffen, fühlt er tief das Ungeheure.

MEPH. Versinke denn! Ich könnt' auch sagen: steige! 6275
's ist einerlei. Entfliehe dem Entstandnen
In der Gebilde losgebundne Reiche!
Ergetze dich am längst nicht mehr Vorhandnen;
Wie Wolkenzüge schlingt sich das Getreibe,
Den Schlüssel schwinge, halte sie vom Leibe! 6280

FAUST begeistert. Wohl! fest ihn fassend fühl' ich neue Stärke,
Die Brust erweitert, hin zum großen Werke.

MEPH. Ein glühnder Dreifuß tut dir endlich kund,
Du seist im tiefsten, allertiefsten Grund.
Bei seinem Schein wirst du die Mütter sehn, 6285
Die einen sitzen, andre stehn und gehn,
Wie's eben kommt. Gestaltung, Umgestaltung,
Des ewigen Sinnes ewige Unterhaltung.
Umschwebt von Bildern aller Kreatur;
Sie sehn dich nicht, denn Schemen sehn sie nur. 6290
Da faß ein Herz, denn die Gefahr ist groß,
Und gehe grad' auf jenen Dreifuß los,
Berühr ihn mit dem Schlüssel!

FAUST macht eine entschieden gebietende Attitüde mit dem Schlüssel.

MEPHISTOPHELES ihn betrachtend. So ist's recht!
Er schließt sich an, er folgt als treuer Knecht;
Gelassen steigst du, dich erhebt das Glück, 6295
Und eh' sie's merken, bist mit ihm zurück.
Und hast du ihn einmal hierher gebracht,
So rufst du Held und Heldin aus der Nacht,
Der erste, der sich jener Tat erdreistet;
Sie ist getan, und du hast es geleistet. 6300

Dann muß fortan, nach magischem Behandeln,
Der Weihrauchsnebel sich in Götter wandeln.
FAUST. Und nun was jetzt?
MEPHISTOPHELES.   Dein Wesen strebe nieder;
Versinke stampfend, stampfend steigst du wieder.
FAUST stampft und versinkt.
MEPH. Wenn ihm der Schlüssel nur zum besten frommt! 6305
Neugierig bin ich, ob er wiederkommt.

HELL ERLEUCHTETE SÄLE

Kaiser und Fürsten, Hof in Bewegung.

KÄMMERER zu Mephistopheles.
Ihr seid uns noch die Geisterszene schuldig;
Macht Euch daran! der Herr ist ungeduldig.
MARSCHALK. Soeben fragt der Gnädigste darnach;
Ihr! zaudert nicht der Majestät zur Schmach.   6310
MEPHISTOPHELES.
Ist mein Kumpan doch deshalb weggegangen;
Er weiß schon, wie es anzufangen,
Und laboriert verschlossen still,
Muß ganz besonders sich befleißen;
Denn wer den Schatz, das Schöne, heben will,   6315
Bedarf der höchsten Kunst, Magie der Weisen.
MARSCHALK. Was ihr für Künste braucht, ist einerlei:
Der Kaiser will, daß alles fertig sei.
BLONDINE zu Mephistopheles.
Ein Wort, mein Herr! Ihr seht ein klar Gesicht,
Jedoch so ist's im leidigen Sommer nicht!   6320
Da sprossen hundert bräunlich rote Flecken,
Die zum Verdruß die weiße Haut bedecken.
Ein Mittel!
MEPHISTOPHELES. Schade! so ein leuchtend Schätzchen
Im Mai getupft wie eure Pantherkätzchen.
Nehmt Froschlaich, Krötenzungen, kohobiert,   6325
Im vollsten Mondlicht sorglich distilliert
Und, wenn er abnimmt, reinlich aufgestrichen,
Der Frühling kommt, die Tupfen sind entwichen.

BRAUNE. Die Menge drängt heran, Euch zu umschranzen.
Ich bitt' um Mittel! Ein erfrorner Fuß   6330
Verhindert mich am Wandeln wie am Tanzen,
Selbst ungeschickt beweg' ich mich zum Gruß.
MEPHISTOPHELES. Erlaubet einen Tritt von meinem Fuß.
BRAUNE. Nun, das geschieht wohl unter Liebesleuten.
MEPH. Mein Fußtritt, Kind! hat Größres zu bedeuten.   6335
Zu Gleichem Gleiches, was auch einer litt;
Fuß heilet Fuß, so ist's mit allen Gliedern.
Heran! Gebt acht! Ihr sollt es nicht erwidern.
BRAUNE schreiend.
Weh! Weh! das brennt! das war ein harter Tritt,
Wie Pferdehuf.
MEPHISTOPHELES. Die Heilung nehmt Ihr mit.   6340
Du kannst nunmehr den Tanz nach Lust verüben,
Bei Tafel schwelgend füßle mit dem Lieben.
DAME herandringend.
Laßt mich hindurch! Zu groß sind meine Schmerzen,
Sie wühlen siedend mir im tiefsten Herzen;
Bis gestern sucht' Er Heil in meinen Blicken,   6345
Er schwatzt mit ihr und wendet mir den Rücken.
MEPHISTOPHELES. Bedenklich ist es, aber höre mich.
An ihn heran mußt du dich leise drücken;
Nimm diese Kohle, streich ihm einen Strich
Auf Ärmel, Mantel, Schulter, wie sich's macht;   6350
Er fühlt im Herzen holden Reuestich.
Die Kohle doch mußt du sogleich verschlingen,
Nicht Wein, nicht Wasser an die Lippen bringen;
Er seufzt vor deiner Tür noch heute nacht.
DAME. Ist doch kein Gift?
MEPHISTOPHELES entrüstet. Respekt, wo sich's gebührt!   6355
Weit müßtet Ihr nach solcher Kohle laufen;
Sie kommt von einem Scheiterhaufen,
Den wir sonst emsiger angeschürt.
PAGE. Ich bin verliebt, man hält mich nicht für voll.
MEPHISTOPHELES beiseite.
Ich weiß nicht mehr, wohin ich hören soll.   6360
Zum Pagen. Müßt Euer Glück nicht auf die Jüngste setzen.

Die Angejahrten wissen Euch zu schätzen. –
Andere drängen sich herzu.
Schon wieder Neue! Welch ein harter Strauß!
Ich helfe mir zuletzt mit Wahrheit aus;
Der schlechteste Behelf! Die Not ist groß. –   6365
O Mütter, Mütter! Laßt nur Fausten los! Umherschauend.
Die Lichter brennen trübe schon im Saal,
Der ganze Hof bewegt sich auf einmal.
Anständig seh' ich sie in Folge ziehn
Durch lange Gänge, ferne Galerien.   6370
Nun! sie versammeln sich im weiten Raum
Des alten Rittersaals, er faßt sie kaum.
Auf breite Wände Teppiche spendiert,
Mit Rüstung Eck' und Nischen ausgeziert.
Hier braucht es, dächt' ich, keine Zauberworte;   6375
Die Geister finden sich von selbst zum Orte.

RITTERSAAL

Dämmernde Beleuchtung.

Kaiser und Hof sind eingezogen.

HEROLD. Mein alt Geschäft, das Schauspiel anzukünden,
  Verkümmert mir der Geister heimlich Walten;
  Vergebens wagt man, aus verständigen Gründen
  Sich zu erklären das verworrene Schalten.   6380
  Die Sessel sind, die Stühle schon zur Hand;
  Den Kaiser setzt man grade vor die Wand;
  Auf den Tapeten mag er da die Schlachten
  Der großen Zeit bequemlichstens betrachten.
  Hier sitzt nun alles, Herr und Hof im Runde,   6385
  Die Bänke drängen sich im Hintergrunde;
  Auch Liebchen hat, in düstern Geisterstunden,
  Zur Seite Liebchens lieblich Raum gefunden.
  Und so, da alle schicklich Platz genommen,
  Sind wir bereit; die Geister mögen kommen! Posaunen.   6390
ASTROLOG. Beginne gleich das Drama seinen Lauf,
  Der Herr befiehlt's, ihr Wände tut euch auf!
  Nichts hindert mehr, hier ist Magie zur Hand:

Die Teppiche schwinden, wie gerollt vom Brand;
Die Mauer spaltet sich, sie kehrt sich um,   6395
Ein tief Theater scheint sich aufzustellen,
Geheimnisvoll ein Schein uns zu erhellen,
Und ich besteige das Proszenium.
MEPHISTOPHELES, aus dem Souffleurloche auftauchend.
Von hier aus hoff' ich allgemeine Gunst,
Einbläsereien sind des Teufels Redekunst.   6400
                    Zum Astrologen.
Du kennst den Takt, in dem die Sterne gehn,
Und wirst mein Flüstern meisterlich verstehn.
ASTROLOG. Durch Wunderkraft erscheint allhier zur Schau,
Massiv genug, ein alter Tempelbau.
Dem Atlas gleich, der einst den Himmel trug,   6405
Stehn reihenweis der Säulen hier genug;
Sie mögen wohl der Felsenlast genügen,
Da zweie schon ein groß Gebäude trügen.
ARCHITEKT. Das wär' antik! Ich wüßt' es nicht zu preisen,
Es sollte plump und überlästig heißen.   6410
Roh nennt man edel, unbehülflich groß.
Schmalpfeiler lieb' ich, strebend, grenzenlos;
Spitzbögiger Zenit erhebt den Geist;
Solch ein Gebäu erbaut uns allermeist.
ASTROLOG. Empfangt mit Ehrfurcht sterngegönnte Stunden;6415
Durch magisch Wort sei die Vernunft gebunden;
Dagegen weit heran bewege frei
Sich herrliche verwegne Phantasei.
Mit Augen schaut nun, was ihr kühn begehrt,
Unmöglich ist's, drum eben glaubenswert.   6420
        Faust steigt auf der andern Seite des Proszeniums herauf.
ASTROLOG. Im Priesterkleid, bekränzt, ein Wundermann,
Der nun vollbringt, was er getrost begann.
Ein Dreifuß steigt mit ihm aus hohler Gruft,
Schon ahn' ich aus der Schale Weihrauchduft.
Er rüstet sich, das hohe Werk zu segnen;   6425
Es kann fortan nur Glückliches begegnen.
FAUST großartig. In eurem Namen, Mütter, die ihr thront
Im Grenzenlosen, ewig einsam wohnt,
Und doch gesellig. Euer Haupt umschweben

Des Lebens Bilder, regsam, ohne Leben.   6430
Was einmal war, in allem Glanz und Schein,
Es regt sich dort; denn es will ewig sein.
Und ihr verteilt es, allgewaltige Mächte,
Zum Zelt des Tages, zum Gewölb der Nächte
Die einen faßt des Lebens holder Lauf,   6435
Die andern sucht der kühne Magier auf;
In reicher Spende läßt er, voll Vertrauen,
Was jeder wünscht, das Wunderwürdige schauen.

ASTROLOG.
Der glühnde Schlüssel rührt die Schale kaum,
Ein dunstiger Nebel deckt sogleich den Raum;   6440
Er schleicht sich ein, er wogt nach Wolkenart,
Gedehnt, geballt, verschränkt, geteilt, gepaart.
Und nun erkennt ein Geister-Meisterstück!
So wie sie wandeln, machen sie Musik.
Aus luft'gen Tönen quillt ein Weißnichtwie   6445
Indem sie ziehn, wird alles Melodie.
Der Säulenschaft, auch die Triglyphe klingt,
Ich glaube gar, der ganze Tempel singt.
Das Dunstige senkt sich; aus dem leichten Flor
Ein schöner Jüngling tritt im Takt hervor.   6450
Hier schweigt mein Amt, ich brauch' ihn nicht zu nennen,
Wer sollte nicht den holden Paris kennen!
                    Paris hervortretend.
DAME. O! welch ein Glanz aufblühender Jugendkraft!
ZWEITE. Wie eine Pfirsche frisch und voller Saft!
DRITTE. Die fein gezognen, süß geschwollnen Lippen!   6455
VIERTE. Du möchtest wohl an solchem Becher nippen?
FÜNFTE. Er ist gar hübsch, wenn auch nicht eben fein.
SECHSTE. Ein bißchen könnt' er doch gewandter sein.
RITTER. Den Schäferknecht glaub' ich allhier zu spüren,
    Vom Prinzen nichts und nichts von Hofmanieren.   6460
ANDRER. Eh nun! halb nackt ist wohl der Junge schön,
    Doch müßten wir ihn erst im Harnisch sehn!
DAME. Er setzt sich nieder, weichlich, angenehm.
RITTER. Auf seinem Schoße wär' Euch wohl bequem?
ANDRE. Er lehnt den Arm so zierlich übers Haupt   6465
KÄMMERER. Die Flegelei! Das find' ich unerlaubt!

DAME. Ihr Herren wißt an allem was zu mäkeln.
DERSELBE. In Kaisers Gegenwart sich hinzuräkeln!
DAME. Er stellt's nur vor! Er glaubt sich ganz allein.
DERSELBE. Das Schauspiel selbst, hier sollt' es höflich sein. 6470
DAME. Sanft hat der Schlaf den Holden übernommen.
DERSELBE.
  Er schnarcht nun gleich; natürlich ist's, vollkommen!
JUNGE DAME entzückt.
  Zum Weihrauchsdampf was duftet so gemischt,
  Das mir das Herz zum innigsten erfrischt?
ÄLTERE. Fürwahr! Es dringt ein Hauch tief ins Gemüte, 6475
  Er kommt von ihm!
ÄLTESTE.   Es ist des Wachstums Blüte,
  Im Jüngling als Ambrosia bereitet
  Und atmosphärisch ringsumher verbreitet.
         Helena hervortretend.
MEPHISTOPHELES.
  Das wär' sie denn! Vor dieser hätt' ich Ruh';
  Hübsch ist sie wohl, doch sagt sie mir nicht zu. 6480
ASTROLOG. Für mich ist diesmal weiter nichts zu tun,
  Als Ehrenmann gesteh', bekenn' ich's nun.
  Die Schöne kommt, und hätt' ich Feuerzungen! –
  Von Schönheit ward von jeher viel gesungen –
  Wem sie erscheint, wird aus sich selbst entrückt, 6485
  Wem sie gehörte, ward zu hoch beglückt.
FAUST. Hab' ich noch Augen? Zeigt sich tief im Sinn
  Der Schönheit Quelle reichlichstens ergossen?
  Mein Schreckensgang bringt seligsten Gewinn.
  Wie war die Welt mir nichtig, unerschlossen! 6490
  Was ist sie nun seit meiner Priesterschaft?
  Erst wünschenswert, gegründet, dauerhaft!
  Verschwinde mir des Lebens Atemkraft,
  Wenn ich mich je von dir zurückgewöhne! –
  Die Wohlgestalt, die mich voreinst entzückte, 6495
  In Zauberspiegelung beglückte,
  War nur ein Schaumbild solcher Schöne! –
  Du bist's, der ich die Regung aller Kraft,
  Den Inbegriff der Leidenschaft,
  Dir Neigung, Lieb', Anbetung, Wahnsinn zolle. 6500

MEPHISTOPHELES aus dem Kasten.
  So faßt Euch doch und fallt nicht aus der Rolle!
ÄLTERE DAME. Groß, wohlgestaltet, nur der Kopf zu klein.
JÜNGERE. Seht nur den Fuß! Wie könnt' er plumper sein!
DIPLOMAT. Fürstinnen hab' ich dieser Art gesehn,
  Mich deucht, sie ist vom Kopf zum Fuße schön,   650
HOFMANN. Sie nähert sich dem Schläfer listig mild.
DAME. Wie häßlich neben jugendreinem Bild!
POET. Von ihrer Schönheit ist er angestrahlt.
DAME. Endymion und Luna! wie gemalt!
DERSELBE. Ganz recht! Die Göttin scheint herabzusinken, 654
  Sie neigt sich über, seinen Hauch zu trinken;
  Beneidenswert! – Ein Kuß! – Das Maß ist voll.
DUENNA. Vor allen Leuten! Das ist doch zu toll!
FAUST. Furchtbare Gunst dem Knaben! –
MEPHISTOPHELES.   Ruhig! still!
  Laß das Gespenst doch machen, was es will.   655
HOFMANN. Sie schleicht sich weg, leichtfüßig; er erwacht.
DAME. Sie sieht sich um! Das hab' ich wohl gedacht.
HOFMANN. Er staunt! Ein Wunder ist's, was ihm geschieht.
DAME. Ihr ist kein Wunder, was sie vor sich sieht.
HOFMANN. Mit Anstand kehrt sie sich zu ihm herum.   652
DAME. Ich merke schon, sie nimmt ihn in die Lehre;
  In solchem Fall sind alle Männer dumm,
  Er glaubt wohl auch, daß er der erste wäre.
RITTER. Laßt mir sie gelten! Majestätisch fein! –
DAME. Die Buhlerin! Das nenn' ich doch gemein!   652
PAGE. Ich möchte wohl an seiner Stelle sein!
HOFMANN. Wer würde nicht in solchem Netz gefangen?
DAME. Das Kleinod ist durch manche Hand gegangen,
  Auch die Verguldung ziemlich abgebraucht.
ANDRE. Vom zehnten Jahr an hat sie nichts getaugt.   653
RITTER. Gelegentlich nimmt jeder sich das Beste;
  Ich hielte mich an diese schönen Reste.
GELAHRTER. Ich seh' sie deutlich, doch gesteh' ich frei:
  Zu zweiflen ist, ob sie die rechte sei.
  Die Gegenwart verführt ins Übertriebne,   655
  Ich halte mich vor allem ans Geschriebne.
  Da les' ich denn, sie habe wirklich allen

Graubärten Trojas sonderlich gefallen;
Und wie mich dünkt, vollkommen paßt das hier:
Ich bin nicht jung, und doch gefällt sie mir.   6540
ASTROLOG. Nicht Knabe mehr! Ein kühner Heldenmann,
  Umfaßt er sie, die kaum sich wehren kann.
  Gestärkten Arms hebt er sie hoch empor,
  Entführt er sie wohl gar?
FAUST.   Verwegner Tor!
  Du wagst! Du hörst nicht! halt! das ist zu viel!   6545
MEPHISTOPHELES.
  Machst du's doch selbst, das Fratzengeisterspiel!
ASTROLOG. Nur noch ein Wort! Nach allem, was geschah,
  Nenn' ich das Stück den R a u b d e r H e l e n a.
FAUST. Was Raub! Bin ich für nichts an dieser Stelle!
  Ist dieser Schlüssel nicht in meiner Hand!   6550
  Er führte mich, durch Graus und Wog' und Welle
  Der Einsamkeiten, her zum festen Strand.
  Hier fass' ich Fuß! Hier sind es Wirklichkeiten,
  Von hier aus darf der Geist mit Geistern streiten,
  Das Doppelreich, das große, sich bereiten.   6555
  So fern sie war, wie kann sie näher sein!
  Ich rette sie, und sie ist doppelt mein.
  Gewagt! Ihr Mütter! Mütter! müßt's gewähren!
  Wer sie erkannt, der darf sie nicht entbehren.
ASTROLOG. Was tust du, Fauste! Fauste! – Mit Gewalt   6560
  Faßt er sie an, schon trübt sich die Gestalt.
  Den Schlüssel kehrt er nach dem Jüngling zu,
  Berührt ihn! – Weh uns, Wehe! Nu! im Nu!

                    Explosion, Faust liegt am Boden.
                    Die Geister gehen in Dunst auf.

MEPHISTOPHELES, der Fausten auf die Schulter nimmt.
  Da habt ihr's nun! mit Narren sich beladen,
  Das kommt zuletzt dem Teufel selbst zu Schaden.   6565

                    Finsternis, Tumult

ZWEITER AKT

HOCHGEWÖLBTES ENGES GOTISCHES ZIMMER
ehemals Faustens, unverändert

MEPHISTOPHELES hinter einem Vorhang hervortretend. Indem
er ihn aufhebt und zurücksieht, erblickt man Fausten hingestreckt
auf einem altväterischen Bette.

Hier lieg, Unseliger! verführt
Zu schwergelöstem Liebesbande!
Wen Helena paralysiert,
Der kommt so leicht nicht zu Verstande. Sich umschauend.
Blick' ich hinauf, hierher, hinüber,   6570
Allunverändert ist es, unversehrt;
Die bunten Scheiben sind, so dünkt mich, trüber,
Die Spinneweben haben sich vermehrt;
Die Tinte starrt, vergilbt ist das Papier;
Doch alles ist am Platz geblieben;   6575
Sogar die Feder liegt noch hier,
Mit welcher Faust dem Teufel sich verschrieben.
Ja! tiefer in dem Rohre stockt
Ein Tröpflein Blut, wie ich's ihm abgelockt.
Zu einem solchen einzigen Stück   6580
Wünscht' ich dem größten Sammler Glück.
Auch hängt der alte Pelz am alten Haken,
Erinnert mich an jene Schnaken,
Wie ich den Knaben einst belehrt,
Woran er noch vielleicht als Jüngling zehrt.   6585
Es kommt mir wahrlich das Gelüsten,
Rauchwarme Hülle, dir vereint
Mich als Dozent noch einmal zu erbrüsten,
Wie man so völlig recht zu haben meint.
Gelehrte wissen's zu erlangen,   6590
Dem Teufel ist es längst vergangen.

Er schüttelt den herabgenommenen Pelz; Zikaden, Käfer und
Farfarellen fahren heraus.

CHOR DER INSEKTEN. Willkommen! willkommen,
                Du alter Patron!
                Wir schweben und summen

Und kennen dich schon.   6595
Nur einzeln im stillen
Du hast uns gepflanzt;
Zu Tausenden kommen wir,
Vater, getanzt.
Der Schalk in dem Busen   6600
Verbirgt sich so sehr,
Vom Pelze die Läuschen
Enthüllen sich eh'r.

MEPHISTOPHELES.
Wie überraschend mich die junge Schöpfung freut!
Man säe nur, man erntet mit der Zeit.   6605
Ich schüttle noch einmal den alten Flaus,
Noch eines flattert hier und dort hinaus. –
Hinauf! umher! in hunderttausend Ecken
Eilt euch, ihr Liebchen, zu verstecken.
Dort, wo die alten Schachteln stehn,   6610
Hier im bebräunten Pergamen,
In staubigen Scherben alter Töpfe,
Dem Hohlaug' jener Totenköpfe.
In solchem Wust und Moderleben
Muß es für ewig Grillen geben. Schlüpft in den Pelz.   6615
Komm, decke mir die Schultern noch einmal!
Heut bin ich wieder Prinzipal.
Doch hilft es nichts, mich so zu nennen;
Wo sind die Leute, die mich anerkennen?

Er zieht die Glocke, die einen gellenden, durchdringenden Ton erschallen läßt, wovon die Hallen erbeben und die Türen aufspringen.

FAMULUS, den langen finstern Gang herwankend.
Welch ein Tönen! welch ein Schauer!   6620
Treppe schwankt, es bebt die Mauer;
Durch der Fenster buntes Zittern
Seh' ich wetterleuchtend Wittern.
Springt das Estrich, und von oben
Rieselt Kalk und Schutt verschoben.   6625
Und die Türe, fest verriegelt,
Ist durch Wunderkraft entsiegelt. –
Dort! Wie fürchterlich! Ein Riese

Steht in Faustens altem Vliese!
Seinen Blicken, seinem Winken   6630
Möcht' ich in die Kniee sinken.
Soll ich fliehen? Soll ich stehn?
Ach, wie wird es mir ergehn!
MEPHISTOPHELES winkend.
  Heran, mein Freund! – Ihr heißet Nikodemus.
FAMULUS. Hochwürdiger Herr! so ist mein Nam' – Oremus.6635
MEPHISTOPHELES. Das lassen wir!
FAMULUS.   Wie froh, daß Ihr mich kennt!
MEPHISTOPHELES.
  Ich weiß es wohl, bejahrt und noch Student,
Bemooster Herr! Auch ein gelehrter Mann
Studiert so fort, weil er nicht anders kann.
So baut man sich ein mäßig Kartenhaus,   6640
Der größte Geist baut's doch nicht völlig aus.
Doch Euer Meister, das ist ein Beschlagner:
Wer kennt ihn nicht, den edlen Doktor Wagner,
Den Ersten jetzt in der gelehrten Welt!
Er ist's allein, der sie zusammenhält,   6645
Der Weisheit täglicher Vermehrer.
Allwißbegierige Horcher, Hörer
Versammeln sich um ihn zuhauf.
Er leuchtet einzig vom Katheder;
Die Schlüssel übt er wie Sankt Peter,   6650
Das Untre so das Obre schließt er auf.
Wie er vor allen glüht und funkelt,
Kein Ruf, kein Ruhm hält weiter stand;
Selbst Faustus' Name wird verdunkelt,
Er ist es, der allein erfand.   6655
FAMULUS.
  Verzeiht, hochwürdiger Herr! wenn ich Euch sage,
Wenn ich zu widersprechen wage:
Von allem dem ist nicht die Frage;
Bescheidenheit ist sein beschieden Teil.
Ins unbegreifliche Verschwinden   6660
Des hohen Manns weiß er sich nicht zu finden;
Von dessen Wiederkunft erfleht er Trost und Heil.
Das Zimmer, wie zu Doktor Faustus' Tagen,

Noch unberührt seitdem er fern,
Erwartet seinen alten Herrn.   6665
Kaum wag' ich's, mich hereinzuwagen.
Was muß die Sternenstunde sein? –
Gemäuer scheint mir zu erbangen;
Türpfosten bebten, Riegel sprangen,
Sonst kamt Ihr selber nicht herein.   6670

MEPHISTOPHELES. Wo hat der Mann sich hingetan?
Führt mich zu ihm, bringt ihn heran!

FAMULUS. Ach! sein Verbot ist gar zu scharf,
Ich weiß nicht, ob ich's wagen darf.
Monatelang, des großen Werkes willen,   6675
Lebt' er im allerstillsten Stillen.
Der zarteste gelehrter Männer,
Er sieht aus wie ein Kohlenbrenner,
Geschwärzt vom Ohre bis zur Nasen,
Die Augen rot vom Feuerblasen,   6680
So lechzt er jedem Augenblick;
Geklirr der Zange gibt Musik.

MEPHISTOPHELES. Sollt' er den Zutritt mir verneinen?
Ich bin der Mann, das Glück ihm zu beschleunen.

Der Famulus geht ab, Mephistopheles setzt sich gravitätisch nieder.

Kaum hab' ich Posto hier gefaßt,   6685
Regt sich dort hinten, mir bekannt, ein Gast.
Doch diesmal ist er von den Neusten,
Er wird sich grenzenlos erdreusten.

BACCALAUREUS, *den Gang herstürmend.*

Tor und Türe find' ich offen!
Nun, da läßt sich endlich hoffen,   6690
Daß nicht, wie bisher, im Moder
Der Lebendige wie ein Toter
Sich verkümmere, sich verderbe
Und am Leben selber sterbe.

Diese Mauern, diese Wände   6695
Neigen, senken sich zum Ende,
Und wenn wir nicht bald entweichen,
Wird uns Fall und Sturz erreichen.

Bin verwegen, wie nicht einer,
Aber weiter bringt mich keiner.   6700

Doch was soll ich heut erfahren!
War's nicht hier, vor so viel Jahren,
Wo ich, ängstlich und beklommen,
War als guter Fuchs gekommen?
Wo ich diesen Bärtigen traute,   6705
Mich an ihrem Schnack erbaute?

Aus den alten Bücherkrusten
Logen sie mir, was sie wußten,
Was sie wußten, selbst nicht glaubten,
Sich und mir das Leben raubten.   6710
Wie? – Dort hinten in der Zelle
Sitzt noch einer dunkel-helle!

Nahend seh' ich's mit Erstaunen,
Sitzt er noch im Pelz, dem braunen,
Wahrlich, wie ich ihn verließ,   6715
Noch gehüllt im rauhen Vlies!
Damals schien er zwar gewandt,
Als ich ihn noch nicht verstand.
Heute wird es nichts verfangen,
Frisch an ihn herangegangen!   6720

Wenn, alter Herr, nicht Lethes trübe Fluten
Das schiefgesenkte, kahle Haupt durchschwommen,
Seht anerkennend hier den Schüler kommen,
Entwachsen akademischen Ruten.
Ich find' Euch noch, wie ich Euch sah;   6725
Ein anderer bin ich wieder da.

MEPHISTOPHELES. Mich freut, daß ich Euch hergeläutet.
Ich schätzt' Euch damals nicht gering;
Die Raupe schon, die Chrysalide deutet
Den künftigen bunten Schmetterling.   6730
Am Lockenkopf und Spitzenkragen
Empfandet Ihr ein kindliches Behagen. –
Ihr trugt wohl niemals einen Zopf? –
Heut schau' ich Euch im Schwedenkopf.

Ganz resolut und wacker seht Ihr aus;   6735
Kommt nur nicht absolut nach Haus.
BACCALAUREUS. Mein alter Herr! Wir sind am alten Orte;
   Bedenkt jedoch erneuter Zeiten Lauf
   Und sparet doppelsinnige Worte;
   Wir passen nun ganz anders auf.   6740
   Ihr hänseltet den guten treuen Jungen;
   Das ist Euch ohne Kunst gelungen,
   Was heutzutage niemand wagt.
MEPH. Wenn man der Jugend reine Wahrheit sagt,
   Die gelben Schnäbeln keineswegs behagt,   6745
   Sie aber hinterdrein nach Jahren
   Das alles derb an eigner Haut erfahren,
   Dann dünkeln sie, es käm' aus eignem Schopf;
   Da heißt es denn: der Meister war ein Tropf.
BACCALAUREUS.
   Ein Schelm vielleicht! – denn welcher Lehrer spricht   6750
   Die Wahrheit uns direkt ins Angesicht?
   Ein jeder weiß zu mehren wie zu mindern,
   Bald ernst, bald heiter klug zu frommen Kindern.
MEPHISTOPHELES. Zum Lernen gibt es freilich eine Zeit;
   Zum Lehren seid Ihr, merk' ich, selbst bereit.   6755
   Seit manchen Monden, einigen Sonnen
   Erfahrungsfülle habt Ihr wohl gewonnen.
BACCALAUREUS. Erfahrungswesen! Schaum und Dust!
   Und mit dem Geist nicht ebenbürtig.
   Gesteht! was man von je gewußt,   6760
   Es ist durchaus nicht wissenswürdig.
MEPHISTOPHELES nach einer Pause.
   Mich deucht es längst. Ich war ein Tor,
   Nun komm' ich mir recht schal und albern vor.
BACC. Das freut mich sehr! Da hör' ich doch Verstand;
   Der erste Greis, den ich vernünftig fand!   6765
MEPH. Ich suchte nach verborgen-goldnem Schatze,
   Und schauerliche Kohlen trug ich fort.
BACCALAUREUS. Gesteht nur, Euer Schädel, Eure Glatze
   Ist nicht mehr wert als jene hohlen dort?
MEPHISTOPHELES gemütlich.
   Du weißt wohl nicht, mein Freund, wie grob du bist?   6770

BACCALAUREUS.
Im Deutschen lügt man, wenn man höflich ist.
MEPHISTOPHELES, der mit seinem Rollstuhle immer näher ins
Proszenium rückt, zum Parterre.
Hier oben wird mir Licht und Luft benommen;
Ich finde wohl bei euch ein Unterkommen?
BACCALAUREUS.
Anmaßlich find' ich, daß zur schlechtsten Frist
Man etwas sein will, wo man nichts mehr ist.   6775
Des Menschen Leben lebt im Blut, und wo
Bewegt das Blut sich wie im Jüngling so?
Das ist lebendig Blut in frischer Kraft,
Das neues Leben sich aus Leben schafft.
Da regt sich alles, da wird was getan,   6780
Das Schwache fällt, das Tüchtige tritt heran.
Indessen wir die halbe Welt gewonnen,
Was habt Ihr denn getan? genickt, gesonnen,
Geträumt, erwogen, Plan und immer Plan.
Gewiß! das Alter ist ein kaltes Fieber   6785
Im Frost von grillenhafter Not.
Hat einer dreißig Jahr vorüber,
So ist er schon so gut wie tot.
Am besten wär's, euch zeitig totzuschlagen.
MEPH. Der Teufel hat hier weiter nichts zu sagen.   6790
BACC. Wenn ich nicht will, so darf kein Teufel sein.
MEPHISTOPHELES abseits.
Der Teufel stellt dir nächstens doch ein Bein.
BACCALAUREUS. Dies ist der Jugend edelster Beruf!
Die Welt, sie war nicht, eh' ich sie erschuf;
Die Sonne führt' ich aus dem Meer herauf;   6795
Mit mir begann der Mond des Wechsels Lauf;
Da schmückte sich der Tag auf meinen Wegen,
Die Erde grünte, blühte mir entgegen.
Auf meinen Wink, in jener ersten Nacht,
Entfaltete sich aller Sterne Pracht.   6800
Wer, außer mir, entband euch aller Schranken
Philisterhaft einklemmender Gedanken?
Ich aber frei, wie mir's im Geiste spricht,
Verfolge froh mein innerliches Licht,

Und wandle rasch, im eigensten Entzücken,   6805
Das Helle vor mir, Finsternis im Rücken. Ab.
MEPHISTOPHELES. Original, fahr hin in deiner Pracht! –
Wie würde dich die Einsicht kränken:
Wer kann was Dummes, wer was Kluges denken,
Das nicht die Vorwelt schon gedacht? –   6810
Doch sind wir auch mit diesem nicht gefährdet,
In wenig Jahren wird es anders sein:
Wenn sich der Most auch ganz absurd gebärdet,
Es gibt zuletzt doch noch e' Wein.
        Zu dem jüngern Parterre, das nicht applaudiert.
Ihr bleibt bei meinem Worte kalt,   6815
Euch guten Kindern laß ich's gehen;
Bedenkt: der Teufel, der ist alt,
So werdet alt, ihn zu verstehen!

LABORATORIUM

im Sinne des Mittelalters, weitläufige unbehülfliche Apparate zu
phantastischen Zwecken

WAGNER am Herde. Die Glocke tönt, die fürchterliche,
Durchschauert die berußten Mauern.   6820
Nicht länger kann das Ungewisse
Der ernstesten Erwartung dauern.
Schon hellen sich die Finsternisse;
Schon in der innersten Phiole
Erglüht es wie lebendige Kohle,   6825
Ja wie der herrlichste Karfunkel,
Verstrahlend Blitze durch das Dunkel.
Ein helles weißes Licht erscheint!
O daß ich's diesmal nicht verliere! –
Ach Gott! was rasselt an der Türe?   6830
MEPH. eintretend. Willkommen! es ist gut gemeint.
WAGNER ängstlich. Willkommen zu dem Stern der Stunde!
Leise. Doch haltet Wort und Atem fest im Munde,
Ein herrlich Werk ist gleich zustand gebracht.
MEPHISTOPHELES leiser.
Was gibt es denn?
WAGNER leiser.   Es wird ein Mensch gemacht.   6835

MEPHISTOPHELES. Ein Mensch? Und welch verliebtes Paar
　Habt ihr ins Rauchloch eingeschlossen?
WAGNER. Behüte Gott! wie sonst das Zeugen Mode war,
　Erklären wir für eitel Possen.
Der zarte Punkt, aus dem das Leben sprang,　　　　　　　6840
Die holde Kraft, die aus dem Innern drang
Und nahm und gab, bestimmt sich selbst zu zeichnen,
Erst Nächstes, dann sich Fremdes anzueignen,
Die ist von ihrer Würde nun entsetzt;
Wenn sich das Tier noch weiter dran ergetzt,　　　　　　6845
So muß der Mensch mit seinen großen Gaben
Doch künftig höhern, höhern Ursprung haben.
　　　　　　Zum Herd gewendet.
Es leuchtet! seht! – Nun läßt sich wirklich hoffen,
Daß, wenn wir aus viel hundert Stoffen
Durch Mischung – denn auf Mischung kommt es an –　6850
Den Menschenstoff gemächlich komponieren,
In einen Kolben verlutieren
Und ihn gehörig kohobieren,
So ist das Werk im stillen abgetan.
　　　　　　Zum Herd gewendet.
Es wird! die Masse regt sich klarer!　　　　　　　　　6855
Die Überzeugung wahrer, wahrer:
Was man an der Natur Geheimnisvolles pries,
Das wagen wir verständig zu probieren,
Und was sie sonst organisieren ließ,
Das lassen wir kristallisieren.　　　　　　　　　　6860
MEPHISTOPHELES. Wer lange lebt, hat viel erfahren,
Nichts Neues kann für ihn auf dieser Welt geschehn.
Ich habe schon in meinen Wanderjahren
Kristallisiertes Menschenvolk gesehn.
WAGNER, bisher immer aufmerksam auf die Phiole.
Es steigt, es blitzt, es häuft sich an,　　　　　　　6865
Im Augenblick ist es getan.
Ein großer Vorsatz scheint im Anfang toll;
Doch wollen wir des Zufalls künftig lachen,
Und so ein Hirn, das trefflich denken soll,
Wird künftig auch ein Denker machen.　　　　　　　6870
　　　　　　Entzückt die Phiole betrachtend.

Das Glas erklingt von lieblicher Gewalt,
Es trübt, es klärt sich; also muß es werden!
Ich seh' in zierlicher Gestalt
Ein artig Männlein sich gebärden.
Was wollen wir, was will die Welt nun mehr?   6875
Denn das Geheimnis liegt am Tage.
Gebt diesem Laute nur Gehör,
Er wird zur Stimme, wird zur Sprache.

HOMUNCULUS in der Phiole zu Wagner.
Nun Väterchen! wie steht's? es war kein Scherz.
Komm, drücke mich recht zärtlich an dein Herz!   6880
Doch nicht zu fest, damit das Glas nicht springe.
Das ist die Eigenschaft der Dinge:
Natürlichem genügt das Weltall kaum,
Was künstlich ist, verlangt geschloßnen Raum.
                    Zu Mephistopheles.
Du aber, Schalk, Herr Vetter, bist du hier   6885
Im rechten Augenblick? ich danke dir.
Ein gut Geschick führt dich zu uns herein;
Dieweil ich bin, muß ich auch tätig sein.
Ich möchte mich sogleich zur Arbeit schürzen.
Du bist gewandt, die Wege mir zu kürzen.   6890

WAGNER. Nur noch ein Wort! Bisher mußt' ich mich schä-
Denn alt und jung bestürmt mich mit Problemen. [men,
Zum Beispiel nur: noch niemand konnt' es fassen,
Wie Seel' und Leib so schön zusammenpassen,
So fest sich halten, als um nie zu scheiden,   6895
Und doch den Tag sich immerfort verleiden.
Sodann –

MEPHISTOPHELES. Halt ein! ich wollte lieber fragen:
Warum sich Mann und Frau so schlecht vertragen?
Du kommst, mein Freund, hierüber nie ins reine.
Hier gibt's zu tun, das eben will der Kleine.   6900

HOMUNCULUS. Was gibt's zu tun?
MEPHISTOPHELES, auf eine Seitentüre deutend.
                    Hier zeige deine Gabe!

WAGNER, immer in die Phiole schauend.
Fürwahr, du bist ein allerliebster Knabe!
Die Seitentür öffnet sich, man sieht Faust auf dem Lager hingestreckt.

HOMUNCULUS erstaunt. Bedeutend! –
   Die Phiole entschlüpft aus Wagners Händen, schwebt über Faust
      und beleuchtet ihn.
                Schön umgeben! – Klar Gewässer
Im dichten Haine! Fraun, die sich entkleiden,
Die allerliebsten! – Das wird immer besser.   6905
Doch eine läßt sich glänzend unterscheiden,
Aus höchstem Helden-, wohl aus Götterstamme.
Sie setzt den Fuß in das durchsichtige Helle;
Des edlen Körpers holde Lebensflamme
Kühlt sich im schmiegsamen Kristall der Welle. –   6910
Doch welch Getöse rasch bewegter Flügel,
Welch Sausen, Plätschern wühlt im glatten Spiegel?
Die Mädchen fliehn verschüchtert; doch allein
Die Königin, sie blickt gelassen drein
Und sieht mit stolzem weiblichem Vergnügen   6915
Der Schwäne Fürsten ihrem Knie sich schmiegen,
Zudringlich-zahm. Er scheint sich zu gewöhnen. –
Auf einmal aber steigt ein Dunst empor
Und deckt mit dichtgewebtem Flor
Die lieblichste von allen Szenen.   6920
MEPHISTOPHELES. Was du nicht alles zu erzählen hast!
So klein du bist, so groß bist du Phantast.
Ich sehe nichts –
HOMUNCULUS.   Das glaub' ich. Du aus Norden,
Im Nebelalter jung geworden,
Im Wust von Rittertum und Pfäfferei,   6925
Wo wäre da dein Auge frei!
Im Düstern bist du nur zu Hause. Umherschauend.
Verbräunt Gestein, bemodert, widrig,
Spitzbögig, schnörkelhaftest, niedrig! –
Erwacht uns dieser, gibt es neue Not,   6930
Er bleibt gleich auf der Stelle tot.
Waldquellen, Schwäne, nackte Schönen,
Das war sein ahnungsvoller Traum;
Wie wollt' er sich hierher gewöhnen!
Ich, der Bequemste, duld' es kaum.   6935
Nun fort mit ihm!
MEPHISTOPHELES.   Der Ausweg soll mich freuen.

HOMUNCULUS. Befiehl den Krieger in die Schlacht,
Das Mädchen führe du zum Reihen,
So ist gleich alles abgemacht.
Jetzt eben, wie ich schnell bedacht,   6940
Ist klassische Walpurgisnacht;
Das Beste, was begegnen könnte.
Bringt ihn zu seinem Elemente!
MEPHISTOPHELES. Dergleichen hab' ich nie vernommen.
HOMUNCULUS.
Wie wollt' es auch zu euren Ohren kommen?   6945
Romantische Gespenster kennt ihr nur allein;
Ein echt Gespenst, auch klassisch hat's zu sein.
MEPHISTOPHELES.
Wohin denn aber soll die Fahrt sich regen?
Mich widern schon antikische Kollegen.
HOMUNCULUS. Nordwestlich, Satan, ist dein Lustrevier, 6950
Südöstlich diesmal aber segeln wir –
An großer Fläche fließt Peneios frei,
Umbuscht, umbaumt, in still- und feuchten Buchten;
Die Ebne dehnt sich zu der Berge Schluchten,
Und oben liegt Pharsalus, alt und neu.   6955
MEPHISTOPHELES. O weh! hinweg! und laßt mir jene Streite
Von Tyrannei und Sklaverei beiseite.
Mich langeweilt's; denn kaum ist's abgetan,
So fangen sie von vorne wieder an;
Und keiner merkt: er ist doch nur geneckt   6960
Vom Asmodeus, der dahinter steckt.
Sie streiten sich, so heißt's, um Freiheitsrechte;
Genau besehn, sind's Knechte gegen Knechte.
HOMUNCULUS. Den Menschen laß ihr widerspenstig Wesen,
Ein jeder muß sich wehren, wie er kann,   6965
Vom Knaben auf, so wird's zuletzt ein Mann.
Hier fragt sich's nur, wie dieser kann genesen.
Hast du ein Mittel, so erprob' es hier,
Vermagst du's nicht, so überlaß es mir.
MEPH. Manch Brockenstückchen wäre durchzuproben,   6970
Doch Heidenriegel find' ich vorgeschoben.
Das Griechenvolk, es taugte nie recht viel!
Doch blendet's euch mit freiem Sinnenspiel,

Verlockt des Menschen Brust zu heitern Sünden;
Die unsern wird man immer düster finden.   6975
Und nun, was soll's?
HOMUNCULUS.   Du bist ja sonst nicht blöde;
Und wenn ich von thessalischen Hexen rede,
So denk' ich, hab' ich was gesagt.
MEPHISTOPHELES lüstern.
Thessalische Hexen! Wohl! das sind Personen,
Nach denen hab' ich lang' gefragt.   6980
Mit ihnen Nacht für Nacht zu wohnen,
Ich glaube nicht, daß es behagt;
Doch zum Besuch, Versuch –
HOMUNCULUS.   Den Mantel her,
Und um den Ritter umgeschlagen!
Der Lappen wird euch, wie bisher,   6985
Den einen mit dem andern tragen;
Ich leuchte vor.
WAGNER ängstlich. Und ich?
HOMUNCULUS.   Eh nun,
Du bleibst zu Hause, Wichtigstes zu tun.
Entfalte du die alten Pergamente,
Nach Vorschrift sammle Lebenselemente   6990
Und füge sie mit Vorsicht eins ans andre.
Das Was bedenke, mehr bedenke Wie.
Indessen ich ein Stückchen Welt durchwandre,
Entdeck' ich wohl das Tüpfchen auf das i.
Dann ist der große Zweck erreicht;   6995
Solch einen Lohn verdient ein solches Streben:
Gold, Ehre, Ruhm, gesundes langes Leben,
Und Wissenschaft und Tugend – auch vielleicht.
Leb wohl!
WAGNER betrübt. Leb wohl! Das drückt das Herz mir nieder.
Ich fürchte schon, ich seh' dich niemals wieder.   7000
MEPHISTOPHELES. Nun zum Peneios frisch hinab!
Herr Vetter ist nicht zu verachten.
Ad spectatores. Am Ende hängen wir doch ab
Von Kreaturen, die wir machten.

KLASSISCHE WALPURGISNACHT

PHARSALISCHE FELDER

Finsternis.

ERICHTHO. Zum Schauderfeste dieser Nacht, wie öfter schon, 7005
Tret' ich einher, Erichtho, ich, die düstere;
Nicht so abscheulich, wie die leidigen Dichter mich
Im Übermaß verlästern... Endigen sie doch nie
In Lob und Tadel... Überbleicht erscheint mir schon
Von grauer Zelten Woge weit das Tal dahin,   7010
Als Nachgesicht der sorg- und grauenvollsten Nacht.
Wie oft schon wiederholt' sich's! wird sich immerfort
Ins Ewige wiederholen... Keiner gönnt das Reich
Dem andern; dem gönnt's keiner, der's mit Kraft erwarb
Und kräftig herrscht. Denn jeder, der sein innres Selbst 7015
Nicht zu regieren weiß, regierte gar zu gern
Des Nachbars Willen, eignem stolzem Sinn gemäß...
Hier aber ward ein großes Beispiel durchgekämpft:
Wie sich Gewalt Gewaltigerem entgegenstellt,
Der Freiheit holder, tausendblumiger Kranz zerreißt,   7020
Der starre Lorbeer sich ums Haupt des Herrschers biegt.
Hier träumte Magnus früher Größe Blütentag,
Dem schwanken Zünglein lauschend wachte Cäsar dort!
Das wird sich messen. Weiß die Welt doch, wem's gelang.

Wachfeuer glühen, rote Flammen spendende,   7025
Der Boden haucht vergoßnen Blutes Widerschein,
Und angelockt von seltnem Wunderglanz der Nacht,
Versammelt sich hellenischer Sage Legion.
Um alle Feuer schwankt unsicher oder sitzt
Behaglich alter Tage fabelhaft Gebild...   7030
Der Mond, zwar unvollkommen, aber leuchtend hell,
Erhebt sich, milden Glanz verbreitend überall;
Der Zelten Trug verschwindet, Feuer brennen blau.

Doch über mir! welch unerwartet Meteor?
Es leuchtet und beleuchtet körperlichen Ball.   7035
Ich wittre Leben. Da geziemen will mir's nicht,
Lebendigem zu nahen, dem ich schädlich bin;

Das bringt mir bösen Ruf und frommt mir nicht.
Schon sinkt es nieder. Weich' ich aus mit Wohlbedacht!
Entfernt sich.
Die Luftfahrer oben.

HOMUNCULUS.   Schwebe noch einmal die Runde   7040
Über Flamm- und Schaudergrauen;
Ist es doch in Tal und Grunde
Gar gespenstisch anzuschauen.
MEPHISTOPHELES. Seh' ich, wie durchs alte Fenster
In des Nordens Wust und Graus,   7045
Ganz abscheuliche Gespenster,
Bin ich hier wie dort zu Haus.
HOMUNCULUS.   Sieh! da schreitet eine Lange
Weiten Schrittes vor uns hin.
MEPHISTOPHELES. Ist es doch, als wär' ihr bange;   7050
Sah uns durch die Lüfte ziehn.
HOMUNCULUS.   Laß sie schreiten! setz ihn nieder,
Deinen Ritter, und sogleich
Kehret ihm das Leben wieder,
Denn er sucht's im Fabelreich.   7055
FAUST, den Boden berührend.
Wo ist sie? –
HOMUNCULUS.   Wüßten's nicht zu sagen,
Doch hier wahrscheinlich zu erfragen.
In Eile magst du, eh' es tagt,
Von Flamm' zu Flamme spürend gehen:
Wer zu den Müttern sich gewagt,   7060
Hat weiter nichts zu überstehen.
MEPHISTOPHELES. Auch ich bin hier an meinem Teil;
Doch wüßt' ich Besseres nicht zu unserm Heil,
Als: jeder möge durch die Feuer
Versuchen sich sein eigen Abenteuer.   7065
Dann, um uns wieder zu vereinen,
Laß deine Leuchte, Kleiner, tönend scheinen.
HOMUNCULUS. So soll es blitzen, soll es klingen.
Das Glas dröhnt und leuchtet gewaltig.
Nun frisch zu neuen Wunderdingen!
FAUST allein. Wo ist sie? – Frage jetzt nicht weiter nach...   7070
Wär's nicht die Scholle, die sie trug,

Die Welle nicht, die ihr entgegenschlug,
So ist's die Luft, die ihre Sprache sprach.
Hier! durch ein Wunder, hier in Griechenland!
Ich fühlte gleich den Boden, wo ich stand;   7075
Wie mich, den Schläfer, frisch ein Geist durchglühte,
So steh' ich, ein Antäus an Gemüte.
Und find' ich hier das Seltsamste beisammen,
Durchforsch' ich ernst dies Labyrinth der Flammen.

Entfernt sich.

AM OBEREN PENEIOS

MEPHISTOPHELES umherspürend.
Und wie ich diese Feuerchen durchschweite,   7080
So find' ich mich doch ganz und gar entfremdet,
Fast alles nackt, nur hie und da behemdet:
Die Sphinxe schamlos, unverschämt die Greife,
Und was nicht alles, lockig und beflügelt,
Von vorn und hinten sich im Auge spiegelt...   7085
Zwar sind auch wir von Herzen unanständig,
Doch das Antike find' ich zu lebendig;
Das müßte man mit neustem Sinn bemeistern
Und mannigfaltig modisch überkleistern...
Ein widrig Volk! Doch darf mich's nicht verdrießen,   7090
Als neuer Gast anständig sie zu grüßen...
Glückzu den schönen Fraun, den klugen Greisen!
GREIF schnarrend.
Nicht Greisen! Greifen! — Niemand hört es gern,
Daß man ihn Greis nennt. Jedem Worte klingt
Der Ursprung nach, wo es sich her bedingt: 7095
Grau, grämlich, griesgram, greulich, Gräber, grimmig,
Etymologisch gleicherweise stimmig,
Verstimmen uns.
MEPHISTOPHELES. Und doch, nicht abzuschweifen,
Gefällt das G r e i im Ehrentitel G r e i f e n.
GREIF wie oben und immer so fort.
Natürlich! Die Verwandtschaft ist erprobt,   7100
Zwar oft gescholten, mehr jedoch gelobt;
Man greife nun nach Mädchen, Kronen, Gold,
Dem Greifenden ist meist Fortuna hold.

AMEISEN von der kolossalen Art.
Ihr sprecht von Gold, wir hatten viel gesammelt,
In Fels- und Höhlen heimlich eingerammelt;   7105
Das Arimaspen-Volk hat's ausgespürt,
Sie lachen dort, wie weit sie's weggeführt.
GREIFE. Wir wollen sie schon zum Geständnis bringen.
ARIMASPEN. Nur nicht zur freien Jubelnacht.
Bis morgen ist's alles durchgebracht,   7110
Es wird uns diesmal wohl gelingen.
MEPHISTOPHELES hat sich zwischen die Sphinxe gesetzt.
Wie leicht und gern ich mich hierher gewöhne,
Denn ich verstehe Mann für Mann.
SPHINX. Wir hauchen unsre Geistertöne,
Und ihr verkörpert sie alsdann.   7115
Jetzt nenne dich, bis wir dich weiter kennen.
MEPH. Mit vielen Namen glaubt man mich zu nennen –
Sind Briten hier? Sie reisen sonst so viel,
Schlachtfeldern nachzuspüren, Wasserfällen,
Gestürzten Mauern, klassisch dumpfen Stellen;   7120
Das wäre hier für sie ein würdig Ziel.
Sie zeugten auch: Im alten Bühnenspiel
Sah man mich dort als old Iniquity.
SPHINX. Wie kam man drauf?
MEPHISTOPHELES.   Ich weiß es selbst nicht wie.
SPHINX. Mag sein! Hast du von Sternen einige Kunde?   7125
Was sagst du zu der gegenwärt'gen Stunde?
MEPHISTOPHELES aufschauend.
Stern schießt nach Stern, beschnittner Mond scheint helle,
Und mir ist wohl an dieser trauten Stelle,
Ich wärme mich an deinem Löwenfelle.
Hinauf sich zu versteigen, wär' zum Schaden;   7130
Gib Rätsel auf, gib allenfalls Scharaden.
SPHINX. Sprich nur dich selbst aus, wird schon Rätsel sein.
Versuch einmal, dich innigst aufzulösen:
„Dem frommen Manne nötig wie dem bösen,
Dem ein Plastron, aszetisch zu rapieren,   7135
Kumpan dem andern, Tolles zu vollführen,
Und beides nur, um Zeus zu amüsieren."

ERSTER GREIF schnarrend. Den mag ich nicht!
ZWEITER GREIF stärker schnarrend.   Was will uns der?
BEIDE. Der Garstige gehöret nicht hierher!
MEPHISTOPHELES brutal.
  Du glaubst vielleicht, des Gastes Nägel krauen   /140
  Nicht auch so gut wie deine scharfen Klauen?
  Versuch's einmal!
SPHINX milde.   Du magst nur immer bleiben,
  Wird dich's doch selbst aus unsrer Mitte treiben;
  In deinem Lande tust dir was zugute,
  Doch, irr' ich nicht, hier ist dir schlecht zumute.   7145
MEPHISTOPHELES. Du bist recht appetitlich oben anzuschau-
  Doch unten hin die Bestie macht mir Grauen.   [en,
SPHINX. Du Falscher kommst zu deiner bittern Buße,
  Denn unsre Tatzen sind gesund;
  Dir mit verschrumpftem Pferdefuße   7150
  Behagt es nicht in unserem Bund.
          Sirenen präludieren oben.
MEPHISTOPHELES. Wer sind die Vögel, in den Ästen
  Des Pappelstromes hingewiegt?
SPHINX. Gewahrt euch nur! Die Allerbesten
  Hat solch ein Singsang schon besiegt.   7155
SIRENEN.   Ach was wollt ihr euch verwöhnen
        In dem Häßlich-Wunderbaren!
        Horcht, wir kommen hier zu Scharen
        Und in wohlgestimmten Tönen;
        So geziemet es Sirenen.   7160
SPHINXE, sie verspottend in derselben Melodie.
        Nötigt sie, herabzusteigen!
        Sie verbergen in den Zweigen
        Ihre garstigen Habichtskrallen,
        Euch verderblich anzufallen,
        Wenn ihr euer Ohr verleiht.   7165
SIRENEN.   Weg das Hassen! weg das Neiden!
        Sammeln wir die klarsten Freuden,
        Unterm Himmel ausgestreut!
        Auf dem Wasser, auf der Erde
        Sei's die heiterste Gebärde,   7170
        Die man dem Willkommnen beut.

MEPHISTOPHELES. Das sind die saubern Neuigkeiten,
  Wo aus der Kehle, von den Saiten
  Ein Ton sich um den andern flicht.
  Das Trallern ist bei mir verloren: 7175
  Es krabbelt wohl mir um die Ohren,
  Allein zum Herzen dringt es nicht.
SPHINXE. Sprich nicht vom Herzen! das ist eitel;
  Ein lederner verschrumpfter Beutel,
  Das paßt dir eher zu Gesicht.   7180
FAUST herantretend.
  Wie wunderbar! das Anschaun tut mir Gnüge,
  Im Widerwärtigen große, tüchtige Züge.
  Ich ahne schon ein günstiges Geschick;
  Wohin versetzt mich dieser ernste Blick?
                    Auf Sphinxe bezüglich.
  Vor solchen hat einst Ödipus gestanden;   7185
                    Auf Sirenen bezüglich.
  Vor solchen krümmte sich Ulyß in hänfnen Banden;
                    Auf Ameisen bezüglich.
  Von solchen ward der höchste Schatz gespart,
                    Auf Greife bezüglich.
  Von diesen treu und ohne Fehl bewahrt.
  Vom frischen Geiste fühl' ich mich durchdrungen;
  Gestalten groß, groß die Erinnerungen.   7190
MEPHISTOPHELES. Sonst hättest du dergleichen weggeflucht,
  Doch jetzo scheint es dir zu frommen;
  Denn wo man die Geliebte sucht,
  Sind Ungeheuer selbst willkommen.
FAUST zu den Sphinxen.
  Ihr Frauenbilder müßt mir Rede stehn: 7195
  Hat eins der Euren Helena gesehn?
SPHINXE. Wir reichen nicht hinauf zu ihren Tagen,
  Die letztesten hat Herkules erschlagen.
  Von Chiron könntest du's erfragen;
  Der sprengt herum in dieser Geisternacht;   7200
  Wenn er dir steht, so hast du's weit gebracht.
SIRENEN.   Sollte dir's doch auch nicht fehlen! ...
                Wie Ulyß bei uns verweilte,
                Schmähend nicht vorübereilte,

Wußt' er vieles zu erzählen;   7205
Würden alles dir vertrauen,
Wolltest du zu unsern Gauen
Dich ans grüne Meer verfügen.

SPHINX. Laß dich, Edler, nicht betrügen.
Statt daß Ulyß sich binden ließ,   7210
Laß unsern guten Rat dich binden;
Kannst du den hohen Chiron finden,
Erfährst du, was ich dir verhieß.

Faust entfernt sich.

MEPHISTOPHELES verdrießlich.
Was krächzt vorbei mit Flügelschlag?
So schnell, daß man's nicht sehen mag,   7215
Und immer eins dem andern nach,
Den Jäger würden sie ermüden.

SPHINX. Dem Sturm des Winterwinds vergleichbar,
Alcides' Pfeilen kaum erreichbar;
Es sind die raschen Stymphaliden,   7220
Und wohlgemeint ihr Krächzegruß,
Mit Geierschnabel und Gänsefuß.
Sie möchten gern in unsern Kreisen
Als Stammverwandte sich erweisen.

MEPHISTOPHELES, wie verschüchtert.
Noch andres Zeug zischt zwischen drein.   7225

SPHINX. Vor diesen sei Euch ja nicht bange!
Es sind die Köpfe der lernäischen Schlange,
Vom Rumpf getrennt, und glauben was zu sein.
Doch sagt, was soll nur aus Euch werden?
Was für unruhige Gebärden?   7230
Wo wollt Ihr hin? Begebt Euch fort!...
Ich sehe, jener Chorus dort
Macht Euch zum Wendehals. Bezwingt Euch nicht,
Geht hin! begrüßt manch reizendes Gesicht!
Die Lamien sind's, lustfeine Dirnen,   7235
Mit Lächelmund und frechen Stirnen,
Wie sie dem Satyrvolk behagen;
Ein Bocksfuß darf dort alles wagen.

MEPH. Ihr bleibt doch hier? daß ich euch wiederfinde

SPHINXE. Ja! Mische dich zum luftigen Gesinde.   7240
  Wir, von Ägypten her, sind längst gewohnt,
  Daß unsereins in tausend Jahre thront.
  Und respektiert nur unsre Lage,
  So regeln wir die Mond- und Sonnentage.
        Sitzen vor den Pyramiden,   7245
        Zu der Völker Hochgericht;
        Überschwemmung, Krieg und Frieden –
        Und verziehen kein Gesicht.

AM UNTERN PENEIOS

Peneios umgeben von Gewässern und Nymphen.

PENEIOS. Rege dich, du Schilfgeflüster!
  Hauche leise, Rohrgeschwister,   7250
  Säuselt, leichte Weidensträuche,
  Lispelt, Pappelzitterzweige,
  Unterbrochnen Träumen zu!...
  Weckt mich doch ein grauslich Wittern,
  Heimlich allbewegend Zittern   7255
  Aus dem Wallestrom und Ruh'.
FAUST, an den Fluß tretend.
  Hör' ich recht, so muß ich glauben:
  Hinter den verschränkten Lauben
  Dieser Zweige, dieser Stauden
  Tönt ein menschenähnlichs Lauten.   7260
  Scheint die Welle doch ein Schwätzen,
  Lüftlein wie – ein Scherzergetzen.
NYMPHEN zu Faust. Am besten geschäh' dir,
        Du legtest dich nieder,
        Erholtest im Kühlen   7265
        Ermüdete Glieder,
        Genössest der immer
        Dich meidenden Ruh;
        Wir säuseln, wir rieseln,
        Wir flüstern dir zu.   7270
FAUST. Ich wache ja! O laßt sie walten,
  Die unvergleichlichen Gestalten,
  Wie sie dorthin mein Auge schickt.

So wunderbar bin ich durchdrungen!
Sind's Träume? Sind's Erinnerungen?   7275
Schon einmal warst du so beglückt.
Gewässer schleichen durch die Frische
Der dichten, sanft bewegten Büsche,
Nicht rauschen sie, sie rieseln kaum;
Von allen Seiten hundert Quellen   7280
Vereinen sich im reinlich hellen,
Zum Bade flach vertieften Raum.
Gesunde junge Frauenglieder,
Vom feuchten Spiegel doppelt wieder
Ergetztem Auge zugebracht!   7285
Gesellig dann und fröhlich badend,
Erdreistet schwimmend, furchtsam watend;
Geschrei zuletzt und Wasserschlacht.
Begnügen sollt' ich mich an diesen,
Mein Auge sollte hier genießen,   7290
Doch immer weiter strebt mein Sinn.
Der Blick dringt scharf nach jener Hülle,
Das reiche Laub der grünen Fülle
Verbirgt die hohe Königin.
    Wundersam! auch Schwäne kommen   7295
Aus den Buchten hergeschwommen,
Majestätisch rein bewegt.
Ruhig schwebend, zart gesellig,
Aber stolz und selbstgefällig,
Wie sich Haupt und Schnabel regt...   7300
Einer aber scheint vor allen
Brüstend kühn sich zu gefallen,
Segelnd rasch durch alle fort;
Sein Gefieder bläht sich schwellend,
Welle selbst, auf Wogen wellend,   7305
Dringt er zu dem heiligen Ort...
Die andern schwimmen hin und wider
Mit ruhig glänzendem Gefieder,
Bald auch in regem prächtigen Streit,
Die scheuen Mädchen abzulenken,   7310
Daß sie an ihren Dienst nicht denken,
Nur an die eigne Sicherheit.

NYMPHEN. Leget, Schwestern, euer Ohr
    An des Ufers grüne Stufe;
    Hör' ich recht, so kommt mir's vor   7315
    Als der Schall von Pferdes Hufe.
    Wüßt' ich nur, wer dieser Nacht
    Schnelle Botschaft zugebracht.
FAUST. Ist mir doch, als dröhnt' die Erde,
 Schallend unter eiligem Pferde.   7320
 Dorthin mein Blick!
 Ein günstiges Geschick,
 Soll es mich schon erreichen?
 O Wunder ohnegleichen!
 Ein Reuter kommt herangetrabt,   7325
 Er scheint von Geist und Mut begabt,
 Von blendend-weißem Pferd getragen...
 Ich irre nicht, ich kenn' ihn schon,
 Der Philyra berühmter Sohn! –
 Halt, Chiron! halt! Ich habe dir zu sagen...   7330
CHIRON. Was gibt's? Was ist's?
FAUST.   Bezähme deinen Schritt!
CHIRON. Ich raste nicht.
FAUST.   So bitte! nimm mich mit!
CHIRON. Sitz auf! so kann ich nach Belieben fragen:
 Wohin des Wegs? Du stehst am Ufer hier,
 Ich bin bereit, dich durch den Fluß zu tragen.   7335
FAUST aufsitzend.
 Wohin du willst. Für ewig dank' ich's dir...
 Der große Mann, der edle Pädagog,
 Der, sich zum Ruhm, ein Heldenvolk erzog,
 Den schönen Kreis der edlen Argonauten
 Und alle, die des Dichters Welt erbauten.   7340
CHIRON. Das lassen wir an seinem Ort!
 Selbst Pallas kommt als Mentor nicht zu Ehren;
 Am Ende treiben sie's nach ihrer Weise fort,
 Als wenn sie nicht erzogen wären.
FAUST. Den Arzt, der jede Pflanze nennt,   7345
 Die Wurzeln bis ins tiefste kennt,
 Dem Kranken Heil, dem Wunden Lindrung schafft,
 Umarm' ich hier in Geist- und Körperkraft!

CHIRON. Ward neben mir ein Held verletzt,
Da wußt' ich Hülf' und Rat zu schaffen;   7350
Doch ließ ich meine Kunst zuletzt
Den Wurzelweibern und den Pfaffen.
FAUST. Du bist der wahre große Mann,
Der Lobeswort nicht hören kann.
Er sucht bescheiden auszuweichen   7355
Und tut, als gäb' es seinesgleichen.
CHIRON. Du scheinest mir geschickt zu heucheln,
Dem Fürsten wie dem Volk zu schmeicheln.
FAUST. So wirst du mir denn doch gestehn:
Du hast die Größten deiner Zeit gesehn,   7360
Dem Edelsten in Taten nachgestrebt,
Halbgöttlich ernst die Tage durchgelebt.
Doch unter den heroischen Gestalten
Wen hast du für den Tüchtigsten gehalten?
CHIRON. Im hehren Argonautenkreise   7365
War jeder brav nach seiner eignen Weise,
Und nach der Kraft, die ihn beseelte,
Konnt' er genügen, wo's den andern fehlte.
Die Dioskuren haben stets gesiegt,
Wo Jugendfüll' und Schönheit überwiegt.   7370
Entschluß und schnelle Tat zu andrer Heil,
Den Boreaden ward's zum schönen Teil.
Nachsinnend, kräftig, klug, im Rat bequem,
So herrschte Jason, Frauen angenehm.
Dann Orpheus: zart und immer still bedächtig,   7375
Schlug er die Leier allen übermächtig.
Scharfsichtig Lynceus, der bei Tag und Nacht
Das heil'ge Schiff durch Klipp' und Strand gebracht...
Gesellig nur läßt sich Gefahr erproben:
Wenn einer wirkt, die andern alle loben.   7380
FAUST. Von Herkules willst nichts erwähnen?
CHIRON. O weh! errege nicht mein Sehnen...
Ich hatte Phöbus nie gesehn,
Noch Ares, Hermes, wie sie heißen;
Da sah ich mir vor Augen stehn,   7385
Was alle Menschen göttlich preisen.
So war er ein geborner König,

Als Jüngling herrlichst anzuschaun;
Dem ältern Bruder untertänig
Und auch den allerliebsten Fraun.   7390
Den zweiten zeugt nicht Gäa wieder,
Nicht führt ihn Hebe himmelein;
Vergebens mühen sich die Lieder,
Vergebens quälen sie den Stein.

FAUST. So sehr auch Bildner auf ihn pochen,   7395
So herrlich kam er nie zur Schau.
Vom schönsten Mann hast du gesprochen,
Nun sprich auch von der schönsten Frau!

CHIRON. Was!... Frauenschönheit will nichts heißen,
Ist gar zu oft ein starres Bild;   7400
Nur solch ein Wesen kann ich preisen,
Das froh und lebenslustig quillt.
Die Schöne bleibt sich selber selig;
Die Anmut macht unwiderstehlich,
Wie Helena, da ich sie trug.   7405

FAUST. Du trugst sie?

CHIRON.   Ja, auf diesem Rücken.

FAUST. Bin ich nicht schon verwirrt genug?
Und solch ein Sitz muß mich beglücken!

CHIRON. Sie faßte so mich in das Haar,
Wie du es tust.

FAUST.   O ganz und gar   7410
Verlier' ich mich! Erzähle, wie?
Sie ist mein einziges Begehren!
Woher, wohin, ach, trugst du sie?

CHIRON. Die Frage läßt sich leicht gewähren.
Die Dioskuren hatten jener Zeit   7415
Das Schwesterchen aus Räuberfaust befreit.
Doch diese, nicht gewohnt, besiegt zu sein,
Ermannten sich und stürmten hinterdrein.
Da hielten der Geschwister eiligen Lauf
Die Sümpfe bei Eleusis auf;   7420
Die Brüder wateten, ich patschte, schwamm hinüber;
Da sprang sie ab und streichelte
Die feuchte Mähne, schmeichelte
Und dankte lieblich-klug und selbstbewußt.

Wie war sie reizend! jung, des Alten Lust!   7425
FAUST. Erst zehen Jahr!...
CHIRON.   Ich seh', die Philologen,
  Sie haben dich so wie sich selbst betrogen.
  Ganz eigen ist's mit mythologischer Frau,
  Der Dichter bringt sie, wie er's braucht, zur Schau:
  Nie wird sie mündig, wird nicht alt,   7430
  Stets appetitlicher Gestalt,
  Wird jung entführt, im Alter noch umfreit;
  Gnug, den Poeten bindet keine Zeit.
FAUST. So sei auch sie durch keine Zeit gebunden!
  Hat doch Achill auf Pherä sie gefunden,   7435
  Selbst außer aller Zeit. Welch seltnes Glück:
  Errungen Liebe gegen das Geschick!
  Und sollt' ich nicht, sehnsüchtigster Gewalt,
  Ins Leben ziehn die einzigste Gestalt?
  Das ewige Wesen, Göttern ebenbürtig,   7440
  So groß als zart, so hehr als liebenswürdig?
  Du sahst sie einst; heut hab' ich sie gesehn,
  So schön wie reizend, wie ersehnt so schön.
  Nun ist mein Sinn, mein Wesen streng umfangen;
  Ich lebe nicht, kann ich sie nicht erlangen.   7445
CHIRON. Mein fremder Mann! als Mensch bist du entzückt;
  Doch unter Geistern scheinst du wohl verrückt.
  Nun trifft sich's hier zu deinem Glücke;
  Denn alle Jahr, nur wenig Augenblicke,
  Pfleg' ich bei Manto vorzutreten,   7450
  Der Tochter Äskulaps; im stillen Beten
  Fleht sie zum Vater, daß, zu seiner Ehre,
  Er endlich doch der Ärzte Sinn verkläre
  Und vom verwegnen Totschlag sie bekehre...
  Die liebste mir aus der Sibyllengilde,   7455
  Nicht fratzenhaft bewegt, wohltätig milde;
  Ihr glückt es wohl, bei einigem Verweilen,
  Mit Wurzelkräften dich von Grund zu heilen.
FAUST. Geheilt will ich nicht sein, mein Sinn ist mächtig;
  Da wär' ich ja wie andre niederträchtig.   7460
CHIRON. Versäume nicht das Heil der edlen Quelle!
  Geschwind herab! Wir sind zur Stelle.

FAUST. Sag an! Wohin hast du, in grauser Nacht,
    Durch Kiesgewässer mich ans Land gebracht?

CHIRON. Hier trotzten Rom und Griechenland im Streite,   7465
    Peneios rechts, links den Olymp zur Seite,
    Das größte Reich, das sich im Sand verliert;
    Der König flieht, der Bürger triumphiert.
    Blick auf! hier steht, bedeutend nah,
    Im Mondenschein der ewige Tempel da.   7470

MANTO inwendig träumend.
              Von Pferdes Hufe
              Erklingt die heilige Stufe,
              Halbgötter treten heran.

CHIRON.   Ganz recht!
              Nur die Augen aufgetan!   7475

MANTO erwachend.
    Willkommen! ich seh', du bleibst nicht aus.

CHIRON. Steht dir doch auch dein Tempelhaus!

MANTO. Streifst du noch immer unermüdet?

CHIRON. Wohnst du doch immer still umfriedet,
    Indes zu kreisen mich erfreut.   7480

MANTO. Ich harre, mich umkreist die Zeit.
    Und dieser?

CHIRON.   Die verrufene Nacht
    Hat strudelnd ihn hierher gebracht.
    Helenen, mit verrückten Sinnen,
    Helenen will er sich gewinnen   7485
    Und weiß nicht, wie und wo beginnen;
    Asklepischer Kur vor andern wert.

MANTO. Den lieb' ich, der Unmögliches begehrt.

            Chiron ist schon weit weg.

MANTO. Tritt ein, Verwegner, sollst dich freuen!
    Der dunkle Gang führt zu Persephoneien.   7490
    In des Olympus hohlem Fuß
    Lauscht sie geheim verbotnem Gruß.
    Hier hab' ich einst den Orpheus eingeschwärzt;
    Benutz es besser! frisch! beherzt!

            Sie steigen hinab.

AM OBERN PENEIOS
wie zuvor

SIRENEN.	Stürzt euch in Peneios' Flut!

SIRENEN.   Stürzt euch in Peneios' Flut!   7495
    Plätschernd ziemt es da zu schwimmen,
    Lied um Lieder anzustimmen,
    Dem unseligen Volk zugut.
    Ohne Wasser ist kein Heil!
    Führen wir mit hellem Heere   7500
    Eilig zum Ägäischen Meere,
    Würd' uns jede Lust zuteil.

Erdbeben.

SIRENEN.   Schäumend kehrt die Welle wieder,
    Fließt nicht mehr im Bett darnieder;
    Grund erbebt, das Wasser staucht,   7505
    Kies und Ufer berstend raucht.
    Flüchten wir! Kommt alle, kommt!
    Niemand, dem das Wunder frommt.

    Fort! ihr edlen frohen Gäste,
    Zu dem seeisch heitern Feste,   7510
    Blinkend, wo die Zitterwellen,
    Ufernetzend, leise schwellen;
    Da, wo Luna doppelt leuchtet,
    Uns mit heil'gem Tau befeuchtet.
    Dort ein freibewegtes Leben,   7515
    Hier ein ängstlich Erdebeben;
    Eile jeder Kluge fort!
    Schauderhaft ist's um den Ort.

SEISMOS, *in der Tiefe brummend und polternd.*
    Einmal noch mit Kraft geschoben,
    Mit den Schultern brav gehoben!   7520
    So gelangen wir nach oben,
    Wo uns alles weichen muß.

SPHINXE.   Welch ein widerwärtig Zittern,
    Häßlich grausenhaftes Wittern!
    Welch ein Schwanken, welches Beben,   7525
    Schaukelnd Hin- und Widerstreben!

Welch unleidlicher Verdruß!
Doch wir ändern nicht die Stelle,
Bräche los die ganze Hölle.

Nun erhebt sich ein Gewölbe   7530
Wundersam. Es ist derselbe,
Jener Alte, längst Ergraute,
Der die Insel Delos baute,
Einer Kreißenden zulieb'
Aus der Wog' empor sie trieb.   7535
Er, mit Streben, Drängen, Drücken,
Arme straff, gekrümmt den Rücken,
Wie ein Atlas an Gebärde,
Hebt er Boden, Rasen, Erde,
Kies und Grieß und Sand und Letten,   7540
Unsres Ufers stille Betten.
So zerreißt er eine Strecke
Quer des Tales ruhige Decke.
Angestrengtest, nimmer müde,
Kolossale Karyatide,   7545
Trägt ein furchtbar Steingerüste,
Noch im Boden bis zur Büste;
Weiter aber soll's nicht kommen,
Sphinxe haben Platz genommen.

SEISMOS. Das hab' ich ganz allein vermittelt,   7550
  Man wird mir's endlich zugestehn;
  Und hätt' ich nicht geschüttelt und gerüttelt,
Wie wäre diese Welt so schön? –
Wie ständen eure Berge droben
In prächtig-reinem Ätherblau,   7555
Hätt' ich sie nicht hervorgeschoben
Zu malerisch-entzückter Schau?
Als, angesichts der höchsten Ahnen,
Der Nacht, des Chaos, ich mich stark betrug
Und, in Gesellschaft von Titanen,   7560
Mit Pelion und Ossa als mit Ballen schlug,
Wir tollten fort in jugendlicher Hitze,
Bis überdrüssig noch zuletzt
Wir dem Parnaß, als eine Doppelmütze,

Die beiden Berge frevelnd aufgesetzt... 7565
Apollen hält ein froh Verweilen
Dort nun mit seliger Musen Chor.
Selbst Jupitern und seinen Donnerkeilen
Hob ich den Sessel hoch empor.
Jetzt so, mit ungeheurem Streben, 7570
Drang aus dem Abgrund ich herauf
Und fordre laut, zu neuem Leben,
Mir fröhliche Bewohner auf.

SPHINXE. Uralt, müßte man gestehen,
Sei das hier Emporgebürgte, 7575
Hätten wir nicht selbst gesehen,
Wie sich's aus dem Boden würgte.
Bebuschter Wald verbreitet sich hinan,
Noch drängt sich Fels auf Fels bewegt heran;
Ein Sphinx wird sich daran nicht kehren: 7580
Wir lassen uns im heiligen Sitz nicht stören.

GREIFE. Gold in Blättchen, Gold in Flittern
Durch die Ritzen seh ich zittern.
Laßt euch solchen Schatz nicht rauben,
Imsen, auf! es auszuklauben. 7585

CHOR DER AMEISEN.
                    Wie ihn die Riesigen
                    Emporgeschoben,
                    Ihr Zappelfüßigen,
                    Geschwind nach oben!
                    Behendest aus und ein! 7590
                    In solchen Ritzen
                    Ist jedes Bröselein
                    Wert zu besitzen.
                    Das Allermindeste
                    Müßt ihr entdecken 7595
                    Auf das geschwindeste
                    In allen Ecken.
                    Allemsig müßt ihr sein,
                    Ihr Wimmelscharen;
                    Nur mit dem Gold herein! 7600
                    Den Berg laßt fahren.

GREIFE. Herein! Herein! Nur Gold zu Hauf!
  Wir legen unsre Klauen drauf;
  Sind Riegel von der besten Art,
  Der größte Schatz ist wohlverwahrt.   7605

PYGMÄEN. Haben wirklich Platz genommen,
  Wissen nicht, wie es geschah.
  Fraget nicht, woher wir kommen,
  Denn wir sind nun einmal da!
  Zu des Lebens lustigem Sitze   7610
  Eignet sich ein jedes Land;
  Zeigt sich eine Felsenritze,
  Ist auch schon der Zwerg zur Hand.
  Zwerg und Zwergin, rasch zum Fleiße,
  Musterhaft ein jedes Paar;   7615
  Weiß nicht, ob es gleicher Weise
  Schon im Paradiese war.
  Doch wir finden's hier zum besten,
  Segnen dankbar unsern Stern;
  Denn im Osten wie im Westen   7620
  Zeugt die Mutter Erde gern.

DAKTYLE.   Hat sie in einer Nacht
            Die Kleinen hervorgebracht,
            Sie wird die Kleinsten erzeugen;
            Finden auch ihresgleichen.   7625

PYGMÄEN-ÄLTESTE. Eilet, bequemen
            Sitz einzunehmen!
            Eilig zum Werke!
            Schnelle für Stärke!
            Noch ist es Friede;   7630
            Baut euch die Schmiede,
            Harnisch und Waffen
            Dem Heer zu schaffen.

            Ihr Imsen alle,
            Rührig im Schwalle,   7635
            Schafft uns Metalle!
            Und ihr Daktyle,
            Kleinste, so viele,
            Euch sei befohlen,

Hölzer zu holen!   7640
Schichtet zusammen
Heimliche Flammen,
Schaffet uns Kohlen.

GENERALISSIMUS. Mit Pfeil und Bogen
Frisch ausgezogen!   7645
An jenem Weiher
Schießt mir die Reiher,
Unzählig nistende,
Hochmütig brüstende,
Auf einen Ruck,   7650
Alle wie einen!
Daß wir erscheinen
Mit Helm und Schmuck.

IMSEN UND DAKTYLE. Wer wird uns retten:
Wir schaffen 's Eisen,   7655
Sie schmieden Ketten.
Uns loszureißen,
Ist noch nicht zeitig,
Drum seid geschmeidig.

DIE KRANICHE DES IBYKUS.
Mordgeschrei und Sterbeklagen!   7660
Ängstlich Flügelflatterschlagen!
Welch ein Ächzen, welch Gestöhn
Dringt herauf zu unsern Höhn!
Alle sind sie schon ertötet,
See von ihrem Blut gerötet.   7665
Mißgestaltete Begierde
Raubt des Reihers edle Zierde.
Weht sie doch schon auf dem Helme
Dieser Fettbauch-Krummbein-Schelme.
Ihr Genossen unsres Heeres,   7670
Reihenwanderer des Meeres,
Euch berufen wir zur Rache
In so nahverwandter Sache.
Keiner spare Kraft und Blut,
Ewige Feindschaft dieser Brut!   7675
Zerstreuen sich krächzend in den Lüften.

MEPHISTOPHELES, in der Ebne.

Die nordischen Hexen wußt' ich wohl zu meistern,
Mir wird's nicht just mit diesen fremden Geistern.
Der Blocksberg bleibt ein gar bequem Lokal,
Wo man auch sei, man findet sich zumal.
Frau Ilse wacht für uns auf ihrem Stein,   7680
Auf seiner Höh' wird Heinrich munter sein,
Die Schnarcher schnauzen zwar das Elend an,
Doch alles ist für tausend Jahr getan.
Wer weiß denn hier nur, wo er geht und steht,
Ob unter ihm sich nicht der Boden bläht?...   7685
Ich wandle lustig durch ein glattes Tal,
Und hinter mir erhebt sich auf einmal
Ein Berg, zwar kaum ein Berg zu nennen,
Von meinen Sphinxen mich jedoch zu trennen
Schon hoch genug – hier zuckt noch manches Feuer   7690
Das Tal hinab und flammt ums Abenteuer...
Noch tanzt und schwebt mir lockend, weichend vor,
Spitzbübisch gaukelnd, der galante Chor.
Nur sachte drauf! Allzugewohnt ans Naschen,
Wo es auch sei, man sucht was zu erhaschen.   7695

LAMIEN, Mephistopheles nach sich ziehend.

      Geschwind, geschwinder!
      Und immer weiter!
      Dann wieder zaudernd,
      Geschwätzig plaudernd.
      Es ist so heiter,   7700
      Den alten Sünder
      Uns nachzuziehen,
      Zu schwerer Buße.
      Mit starrem Fuße
      Kommt er geholpert,   7705
      Einhergestolpert;
      Er schleppt das Bein,
      Wie wir ihn fliehen,
      Uns hinterdrein!

MEPHISTOPHELES stillstehend.

Verflucht Geschick! Betrogne Mannsen!   7710
Von Adam her verführte Hansen!

Alt wird man wohl, wer aber klug?
Warst du nicht schon vernarrt genug!

Man weiß, das Volk taugt aus dem Grunde nichts,
Geschnürten Leibs, geschminkten Angesichts.   7715
Nichts haben sie Gesundes zu erwidern,
Wo man sie anfaßt, morsch in allen Gliedern.
Man weiß, man sieht's, man kann es greifen,
Und dennoch tanzt man, wenn die Luder pfeifen!

LAMIEN innehaltend. Halt! er besinnt sich, zaudert, steht;   7720
Entgegnet ihm, daß er euch nicht entgeht!

MEPHISTOPHELES fortschreitend.
Nur zu! und laß dich ins Gewebe
Der Zweifelei nicht törig ein;
Denn wenn es keine Hexen gäbe,
Wer Teufel möchte Teufel sein!   7725

LAMIEN anmutigst. Kreisen wir um diesen Helden!
Liebe wird in seinem Herzen
Sich gewiß für eine melden.

MEPHISTOPHELES. Zwar bei ungewissem Schimmer
Scheint ihr hübsche Frauenzimmer,   7730
Und so möcht' ich euch nicht schelten.

EMPUSE eindringend. Auch nicht mich! als eine solche
Laßt mich ein in eure Folge.

LAMIEN. Die ist in unserm Kreis zuviel,
Verdirbt doch immer unser Spiel.   7735

EMPUSE zu Meph. Begrüßt von Mühmichen Empuse,
Der Trauten mit dem Eselsfuße!
Du hast nur einen Pferdefuß,
Und doch, Herr Vetter, schönsten Gruß!

MEPHISTOPHELES. Hier dacht' ich lauter Unbekannte   7740
Und finde leider Nahverwandte;
Es ist ein altes Buch zu blättern:
Vom Harz bis Hellas immer Vettern!

EMPUSE. Entschieden weiß ich gleich zu handeln,
In vieles könnt' ich mich verwandeln;   7745
Doch Euch zu Ehren hab' ich jetzt
Das Eselsköpfchen aufgesetzt.

MEPHISTOPHELES. Ich merk', es hat bei diesen Leuten

Verwandtschaft Großes zu bedeuten;
Doch mag sich, was auch will, eräugnen,   7750
Den Eselskopf möcht' ich verleugnen.
LAMIEN. Laß diese Garstige, sie verscheucht,
Was irgend schön und lieblich deucht;
Was irgend schön und lieblich wär' –
Sie kommt heran, es ist nicht mehr!   7755
MEPHISTOPHELES.
Auch diese Mühmchen zart und schmächtig,
Sie sind mir allesamt verdächtig;
Und hinter solcher Wänglein Rosen
Fürcht' ich doch auch Metamorphosen.
LAMIEN. Versuch es doch! sind unsrer viele.   7760
Greif zu! Und hast du Glück im Spiele,
Erhasche dir das beste Los.
Was soll das lüsterne Geleier?
Du bist ein miserabler Freier,
Stolzierst einher und tust so groß! –   7765
Nun mischt er sich in unsre Scharen;
Laßt nach und nach die Masken fahren
Und gebt ihm euer Wesen bloß.
MEPHISTOPHELES. Die Schönste hab' ich mir erlesen...
Sie umfassend. O weh mir! welch ein dürrer Besen!   7770
      Eine andere ergreifend.
Und diese?... Schmähliches Gesicht!
LAMIEN. Verdienst du's besser? dünk es nicht.
MEPHISTOPHELES. Die Kleine möcht' ich mir verpfänden...
Lacerte schlüpft mir aus den Händen!
Und schlangenhaft der glatte Zopf.   7775
Dagegen fass' ich mir die Lange...
Da pack' ich eine Thyrsusstange,
Den Pinienapfel als den Kopf!
Wo will's hinaus? ... Noch eine Dicke,
An der ich mich vielleicht erquicke;   7780
Zum letztenmal gewagt! Es sei!
Recht quammig, quappig, das bezahlen
Mit hohem Preis Orientalen...
Doch ach! der Bovist platzt entzwei!
LAMIEN. Fahrt auseinander, schwankt und schwebet   7785

Blitzartig, schwarzen Flugs umgebet
Den eingedrungnen Hexensohn!
Unsichre, schauderhafte Kreise!
Schweigsamen Fittichs, Fledermäuse!
Zu wohlfeil kommt er doch davon.   7790
MEPHISTOPHELES sich schüttelnd.
Viel klüger, scheint es, bin ich nicht geworden;
Absurd ist's hier, absurd im Norden,
Gespenster hier wie dort vertrackt,
Volk und Poeten abgeschmackt.
Ist eben hier eine Mummenschanz   7795
Wie überall, ein Sinnentanz.
Ich griff nach holden Maskenzügen
Und faßte Wesen, daß mich's schauerte...
Ich möchte gerne mich betrügen,
Wenn es nur länger dauerte.   7800
          Sich zwischen dem Gestein verirrend.
Wo bin ich denn? Wo will's hinaus?
Das war ein Pfad, nun ist's ein Graus.
Ich kam daher auf glatten Wegen,
Und jetzt steht mir Geröll entgegen.
Vergebens klettr' ich auf und nieder,   7805
Wo find' ich meine Sphinxe wieder?
So toll hätt' ich mir's nicht gedacht,
Ein solch Gebirg in einer Nacht!
Das heiß' ich frischen Hexenritt,
Die bringen ihren Blocksberg mit.   7810
OREAS vom Naturfels. Herauf hier! Mein Gebirg ist alt,
Steht in ursprünglicher Gestalt.
Verehre schroffe Felsensteige,
Des Pindus letztgedehnte Zweige!
Schon stand ich unerschüttert so,   7815
Als über mich Pompejus floh.
Daneben das Gebild des Wahns
Verschwindet schon beim Krähn des Hahns.
Dergleichen Märchen seh' ich oft entstehn
Und plötzlich wieder untergehn.   7820
MEPHISTOPHELES. Sei Ehre dir, ehrwürdiges Haupt,
Von hoher Eichenkraft umlaubt!

Der allerklarste Mondenschein
Dringt nicht zur Finsternis herein. –
Doch neben am Gebüsche zieht   7825
Ein Licht, das gar bescheiden glüht.
Wie sich das alles fügen muß!
Fürwahr, es ist Homunculus!
Woher des Wegs, du Kleingeselle?

HOMUNCULUS. Ich schwebe so von Stell' zu Stelle   7830
Und möchte gern im besten Sinn entstehn,
Voll Ungeduld, mein Glas entzweizuschlagen;
Allein, was ich bisher gesehn,
Hinein da möcht' ich mich nicht wagen.
Nur, um dir's im Vertraun zu sagen: 7835
Zwei Philosophen bin ich auf der Spur,
Ich horchte zu, es hieß: Natur, Natur!
Von diesen will ich mich nicht trennen,
Sie müssen doch das irdische Wesen kennen;
Und ich erfahre wohl am Ende,   7840
Wohin ich mich am allerklügsten wende.

MEPHISTOPHELES. Das tu auf deine eigne Hand.
Denn wo Gespenster Platz genommen,
Ist auch der Philosoph willkommen.
Damit man seiner Kunst und Gunst sich freue,   7845
Erschafft er gleich ein Dutzend neue.
Wenn du nicht irrst, kommst du nicht zu Verstand.
Willst du entstehn, entsteh auf eigne Hand!

HOMUNCULUS. Ein guter Rat ist auch nicht zu verschmähn.

MEPHISTOPHELES.
So fahre hin! Wir wollen's weiter sehn. Trennen sich.   7850

ANAXAGORAS zu Thales.
Dein starrer Sinn will sich nicht beugen;
Bedarf es Weitres, dich zu überzeugen?

THALES. Die Welle beugt sich jedem Winde gern,
Doch hält sie sich vom schroffen Felsen fern.

ANAXAGORAS. Durch Feuerdunst ist dieser Fels zu Handen. 7855

THALES. Im Feuchten ist Lebendiges erstanden.

HOMUNCULUS, zwischen beiden.
Laßt mich an eurer Seite gehn.
Mir selbst gelüstet's, zu entstehn!

ANAXAGORAS. Hast du, o Thales, je in e i n e r Nacht
Solch einen Berg aus Schlamm hervorgebracht?   7860
THALES. Nie war Natur und ihr lebendiges Fließen
Auf Tag und Nacht und Stunden angewiesen.
Sie bildet regelnd jegliche Gestalt,
Und selbst im Großen ist es nicht Gewalt.
ANAXAGORAS. Hier aber war's! Plutonisch grimmig Feuer, 7865
Äolischer Dünste Knallkraft, ungeheuer,
Durchbrach des flachen Bodens alte Kruste,
Daß neu ein Berg sogleich entstehen mußte.
THALES. Was wird dadurch nun weiter fortgesetzt?
Er ist auch da, und das ist gut zuletzt.   7870
Mit solchem Streit verliert man Zeit und Weile
Und führt doch nur geduldig Volk am Seile.
ANAXAGORAS. Schnell quillt der Berg von Myrmidonen,
Die Felsenspalten zu bewohnen;
Pygmäen, Imsen, Däumerlinge   7875
Und andre tätig kleine Dinge.

                    Zum Homunculus.

Nie hast du Großem nachgestrebt,
Einsiedlerisch-beschränkt gelebt;
Kannst du zur Herrschaft dich gewöhnen,
So laß ich dich als König krönen.   7880
HOMUNCULUS. Was sagt mein Thales?
THALES.   Will's nicht raten;
Mit Kleinen tut man kleine Taten,
Mit Großen wird der Kleine groß.
Sieh hin! die schwarze Kranichwolke!
Sie droht dem aufgeregten Volke   7885
Und würde so dem König drohn.
Mit scharfen Schnäbeln, krallen Beinen,
Sie stechen nieder auf die Kleinen;
Verhängnis wetterleuchtet schon.
Ein Frevel tötete die Reiher,   7890
Umstellend ruhigen Friedensweiher.
Doch jener Mordgeschosse Regen
Schafft grausam-blut'gen Rachesegen,
Erregt der Nahverwandten Wut
Nach der Pygmäen frevlem Blut.   7895

Was nützt nun Schild und Helm und Speer?
Was hilft der Reiherstrahl den Zwergen?
Wie sich Daktyl und Imse bergen!
Schon wankt, es flieht, es stürzt das Heer.
ANAXAGORAS nach einer Pause feierlich.
Konnt' ich bisher die Unterirdischen loben,   7900
So wend' ich mich in diesem Fall nach oben...
Du! droben ewig Unveraltete,
Dreinamig-Dreigestaltete,
Dich ruf' ich an bei meines Volkes Weh,
Diana, Luna, Hekate!   7905
Du Brusterweiternde, im Tiefsten Sinnige,
Du Ruhigscheinende, Gewaltsam-Innige,
Eröffne deiner Schatten grausen Schlund,
Die alte Macht sei ohne Zauber kund! Pause.

        Bin ich zu schnell erhört?   7910
        Hat mein Flehn
        Nach jenen Höhn
        Die Ordnung der Natur gestört?

Und größer, immer größer nahet schon
Der Göttin rundumschriebner Thron,   7915
Dem Auge furchtbar, ungeheuer!
Ins Düstre rötet sich sein Feuer...
Nicht näher, drohend-mächtige Runde!
Du richtest uns und Land und Meer zugrunde!

So wär' es wahr, daß dich thessalische Frauen   7920
In frevelnd magischem Vertrauen
Von deinem Pfad herabgesungen,
Verderblichstes dir abgerungen?...
Das lichte Schild hat sich umdunkelt,
Auf einmal reißt's und blitzt und funkelt!   7925
Welch ein Geprassel! Welch ein Zischen!
Ein Donnern, Windgetüm dazwischen! –
Demütig zu des Thrones Stufen! –
Verzeiht! Ich hab' es hergerufen. Wirft sich aufs Angesicht.
THALES. Was dieser Mann nicht alles hört' und sah!   7930
Ich weiß nicht recht, wie uns geschah,
Auch hab' ich's nicht mit ihm empfunden.

Gestehen wir, es sind verrückte Stunden,
Und Luna wiegt sich ganz bequem
An ihrem Platz, so wie vordem.   7935

HOMUNCULUS. Schaut hin nach der Pygmäen Sitz!
Der Berg war rund, jetzt ist er spitz.
Ich spürt' ein ungeheures Prallen,
Der Fels war aus dem Mond gefallen;
Gleich hat er, ohne nachzufragen,   7940
So Freund als Feind gequetscht, erschlagen.
Doch muß ich solche Künste loben,
Die schöpferisch, in einer Nacht,
Zugleich von unten und von oben,
Dies Berggebäu zustand gebracht.   7945

THALES. Sei ruhig! Es war nur gedacht.
Sie fahre hin, die garstige Brut!
Daß du nicht König warst, ist gut.
Nun fort zum heitern Meeresfeste,
Dort hofft und ehrt man Wundergäste.   7950
          Entfernen sich.

MEPHISTOPHELES, an der Gegenseite kletternd.
Da muß ich mich durch steile Felsentreppen,
Durch alter Eichen starre Wurzeln schleppen!
Auf meinem Harz der harzige Dunst
Hat was vom Pech, und das hat meine Gunst,
Zunächst dem Schwefel... Hier, bei diesen Griechen   7955
Ist von dergleichen kaum die Spur zu riechen;
Neugierig aber wär' ich, nachzuspüren,
Womit sie Höllenqual und -flamme schüren.

DRYAS. In deinem Lande sei einheimisch klug,
Im fremden bist du nicht gewandt genug.   7960
Du solltest nicht den Sinn zur Heimat kehren,
Der heiligen Eichen Würde hier verehren.

MEPHISTOPHELES. Man denkt an das, was man verließ;
Was man gewohnt war, bleibt ein Paradies.
Doch sagt: was in der Höhle dort,   7965
Bei schwachem Licht, sich dreifach hingekauert?

DRYAS. Die Phorkyaden! Wage dich zum Ort
Und sprich sie an, wenn dich nicht schauert.

MEPHISTOPHELES.
Warum denn nicht! – Ich sehe was, und staune!
So stolz ich bin, muß ich mir selbst gestehn: 7970
Dergleichen hab' ich nie gesehn,
Die sind ja schlimmer als Alraune...
Wird man die urverworfnen Sünden
Im mindesten noch häßlich finden,
Wenn man dies Dreigetüm erblickt?   7975
Wir litten sie nicht auf den Schwellen
Der grauenvollsten unsrer Höllen.
Hier wurzelt's in der Schönheit Land,
Das wird mit Ruhm antik genannt...
Sie regen sich, sie scheinen mich zu spüren,   7980
Sie zwitschern pfeifend, Fledermaus-Vampyren.
PHORKYAS. Gebt mir das Auge, Schwestern, daß es frage,
Wer sich so nah an unsre Tempel wage.
MEPHISTOPHELES. Verehrteste! Erlaubt mir, euch zu nahen
Und euren Segen dreifach zu empfahen.   7985
Ich trete vor, zwar noch als Unbekannter,
Doch, irr' ich nicht, weitläufiger Verwandter.
Altwürdige Götter hab' ich schon erblickt,
Vor Ops und Rhea tiefstens mich gebückt;
Die Parzen selbst, des Chaos, eure Schwestern,   7990
Ich sah sie gestern – oder ehegestern;
Doch euresgleichen hab' ich nie erblickt.
Ich schweige nun und fühle mich entzückt.
PHORKYADEN. Er scheint Verstand zu haben, dieser Geist.
MEPHISTOPHELES.
Nur wundert's mich, daß euch kein Dichter preist.   7995
Und sagt: wie kam's, wie konnte das geschehn?
Im Bilde hab' ich nie euch Würdigste gesehn;
Versuch's der Meißel doch, euch zu erreichen,
Nicht Juno, Pallas, Venus und dergleichen.
PHORKYADEN. Versenkt in Einsamkeit und stillste Nacht,   8000
Hat unser Drei noch nie daran gedacht!
MEPHISTOPHELES.
Wie sollt' es auch? da ihr, der Welt entrückt,
Hier niemand seht und niemand euch erblickt.
Da müßtet ihr an solchen Orten wohnen,

Wo Pracht und Kunst auf gleichem Sitze thronen,   8005
Wo jeden Tag, behend, im Doppelschritt,
Ein Marmorblock als Held ins Leben tritt.
Wo –
PHORKYADEN. Schweige still und gib uns kein Gelüsten!
  Was hülf' es uns, und wenn wir's besser wüßten?
  In Nacht geboren, Nächtlichem verwandt,   8010
  Beinah uns selbst, ganz allen unbekannt.
MEPHISTOPHELES. In solchem Fall hat es nicht viel zu sagen,
  Man kann sich selbst auch andern übertragen.
  Euch dreien gnügt ein Auge, gnügt ein Zahn;
  Da ging' es wohl auch mythologisch an,   8015
  In zwei die Wesenheit der drei zu fassen,
  Der Dritten Bildnis mir zu überlassen,
  Auf kurze Zeit.
EINE.   Wie dünkt's euch? ging' es an?
DIE ANDERN.
  Versuchen wir's! – doch ohne Aug' und Zahn.
MEPHISTOPHELES.
  Nun habt ihr grad das Beste weggenommen;   8020
  Wie würde da das strengste Bild vollkommen!
EINE. Drück du ein Auge zu, 's ist leicht geschehn,
  Laß alsofort den einen Raffzahn sehn,
  Und im Profil wirst du sogleich erreichen,
  Geschwisterlich vollkommen uns zu gleichen.   8025
MEPHISTOPHELES. Viel Ehr'! Es sei!
PHORKYADEN.   Es sei!
MEPHISTOPHELES als Phorkyas im Profil.
                              Da steh' ich schon,
  Des Chaos vielgeliebter Sohn!
PHORKYADEN. Des Chaos Töchter sind wir unbestritten.
MEPHISTOPHELES.
  Man schilt mich nun, o Schmach, Hermaphroditen.
PHORKYADEN.
  Im neuen Drei der Schwestern welche Schöne!   8030
  Wir haben zwei der Augen, zwei der Zähne.
MEPHISTOPHELES.
  Vor aller Augen muß ich mich verstecken,
  Im Höllenpfuhl die Teufel zu erschrecken. Ab.

FELSBUCHTEN DES ÄGÄISCHEN MEERS

Mond im Zenit verharrend.

SIRENEN, auf den Klippen umher gelagert, flötend und singend.
Haben sonst bei nächtigem Grauen
Dich thessalische Zauberfrauen   8035
Frevelhaft herabgezogen,
Blicke ruhig von dem Bogen
Deiner Nacht auf Zitterwogen
Mildeblitzend Glanzgewimmel
Und erleuchte das Getümmel,   8040
Das sich aus den Wogen hebt!
Dir zu jedem Dienst erbötig,
Schöne Luna, sei uns gnädig!

NEREIDEN UND TRITONEN, als Meerwunder.
Tönet laut in schärfern Tönen,
Die das breite Meer durchdröhnen,   8045
Volk der Tiefe ruft fortan!
Vor des Sturmes grausen Schlünden
Wichen wir zu stillsten Gründen,
Holder Sang zieht uns heran.

Seht, wie wir im Hochentzücken   8050
Uns mit goldenen Ketten schmücken,
Auch zu Kron' und Edelsteinen
Spang- und Gürtelschmuck vereinen!
Alles das ist eure Frucht.
Schätze, scheiternd hier verschlungen,   8055
Habt ihr uns herangesungen,
Ihr Dämonen unsrer Bucht.

SIRENEN. Wissen's wohl, in Meeresfrische
Glatt behagen sich die Fische,
Schwanken Lebens ohne Leid;   8060
Doch, ihr festlich regen Scharen,
Heute möchten wir erfahren,
Daß ihr mehr als Fische seid.

NEREIDEN UND TRITONEN. Ehe wir hieher gekommen,
Haben wir's zu Sinn genommen;   8065

Schwestern, Brüder, jetzt geschwind!
Heut bedarf's der kleinsten Reise
Zum vollgültigsten Beweise,
Daß wir mehr als Fische sind. Entfernen sich.

SIRENEN. Fort sind sie im Nu!   8070
Nach Samothrace grade zu,
Verschwunden mit günstigem Wind.
Was denken sie zu vollführen
Im Reiche der hohen Kabiren?
Sind Götter! Wundersam eigen,   8075
Die sich immerfort selbst erzeugen
Und niemals wissen, was sie sind.

Bleibe auf deinen Höhn,
Holde Luna, gnädig stehn,
Daß es nächtig verbleibe,   8080
Uns der Tag nicht vertreibe!

THALES am Ufer zu Homunculus.
Ich führte dich zum alten Nereus gern,
Zwar sind wir nicht von seiner Höhle fern,
Doch hat er einen harten Kopf,
Der widerwärtige Sauertopf.   8085
Das ganze menschliche Geschlecht
Macht's ihm, dem Griesgram, nimmer recht.
Doch ist die Zukunft ihm entdeckt,
Dafür hat jedermann Respekt
Und ehret ihn auf seinem Posten,   8090
Auch hat er manchem wohlgetan.

HOMUNCULUS. Probieren wir's und klopfen an!
Nicht gleich wird's Glas und Flamme kosten

NEREUS.
Sind's Menschenstimmen, die mein Ohr vernimmt?
Wie es mir gleich im tiefsten Herzen grimmt!   8095
Gebilde, strebsam, Götter zu erreichen,
Und doch verdammt, sich immer selbst zu gleichen.
Seit alten Jahren konnt' ich göttlich ruhn,
Doch trieb mich's an, den Besten wohlzutun,
Und schaut' ich dann zuletzt vollbrachte Taten,   8100
So war es ganz, als hätt' ich nicht geraten.

THALES. Und doch, o Greis des Meers, vertraut man dir;
Du bist der Weise, treib uns nicht von hier!
Schau diese Flamme, menschenähnlich zwar,
Sie deinem Rat ergibt sich ganz und gar.   8105
NEREUS. Was Rat! Hat Rat bei Menschen je gegolten?
Ein kluges Wort erstarrt im harten Ohr.
So oft auch Tat sich grimmig selbst gescholten,
Bleibt doch das Volk selbstwillig wie zuvor.
Wie hab' ich Paris väterlich gewarnt,   8110
Eh sein Gelüst ein fremdes Weib umgarnt.
Am griechischen Ufer stand er kühnlich da,
Ihm kündet' ich, was ich im Geiste sah:
Die Lüfte qualmend, überströmend Rot,
Gebälke glühend, unten Mord und Tod: 8115
Trojas Gerichtstag, rhythmisch festgebannt,
Jahrtausenden so schrecklich als gekannt.
Des Alten Wort, dem Frechen schien's ein Spiel,
Er folgte seiner Lust, und Ilios fiel –
Ein Riesenleichnam, starr nach langer Qual,   8120
Des Pindus Adlern gar willkommnes Mahl.
Ulyssen auch! sagt' ich ihm nicht voraus
Der Circe Listen, des Zyklopen Graus?
Das Zaudern sein, der Seinen leichten Sinn,
Und was nicht alles! Bracht' ihm das Gewinn?   8125
Bis vielgeschaukelt ihn, doch spät genug,
Der Woge Gunst an gastlich Ufer trug.
THALES. Dem weisen Mann gibt solch Betragen Qual;
Der gute doch versucht es noch einmal.
Ein Quentchen Danks wird, hoch ihn zu vergnügen,   8130
Die Zentner Undanks völlig überwiegen.
Denn nichts Geringes haben wir zu flehn:
Der Knabe da wünscht weislich zu entstehn.
NEREUS. Verderbt mir nicht den seltensten Humor!
Ganz andres steht mir heute noch bevor: 8135
Die Töchter hab' ich alle herbeschieden,
Die Grazien des Meeres, die Doriden.
Nicht der Olymp, nicht euer Boden trägt
Ein schön Gebild, das sich so zierlich regt.
Sie werfen sich, anmutigster Gebärde,   8140

Vom Wasserdrachen auf Neptunus' Pferde,
Dem Element aufs zarteste vereint,
Daß selbst der Schaum sie noch zu heben scheint.
Im Farbenspiel von Venus' Muschelwagen
Kommt Galatee, die Schönste, nun getragen,   8145
Die, seit sich Kypris von uns abgekehrt,
In Paphos wird als Göttin selbst verehrt.
Und so besitzt die Holde lange schon,
Als Erbin, Tempelstadt und Wagenthron.
    Hinweg! Es ziemt in Vaterfreudenstunde   8150
Nicht Haß dem Herzen, Scheltwort nicht dem Munde.
Hinweg zu Proteus! Fragt den Wundermann:
Wie man entstehn und sich verwandlen kann.
                Entfernt sich gegen das Meer.

THALES. Wir haben nichts durch diesen Schritt gewonnen,
    Trifft man auch Proteus, gleich ist er zerronnen;   8155
    Und steht er euch, so sagt er nur zuletzt,
    Was staunen macht und in Verwirrung setzt.
    Du bist einmal bedürftig solchen Rats,
    Versuchen wir's und wandlen unsres Pfads!
                Entfernen sich.

SIRENEN *oben auf den Felsen.* Was sehen wir von weiten   8160
    Das Wellenreich durchgleiten?
    Als wie nach Windes Regel
    Anzögen weiße Segel,
    So hell sind sie zu schauen,
    Verklärte Meeresfrauen.   8165
    Laßt uns herunterklimmen,
    Vernehmt ihr doch die Stimmen.

NEREIDEN UND TRITONEN. Was wir auf Händen tragen,
    Soll allen euch behagen.
    Chelonens Riesenschilde   8170
    Entglänzt ein streng Gebilde:
    Sind Götter, die wir bringen;
    Müßt hohe Lieder singen.

SIRENEN. Klein von Gestalt,
    Groß von Gewalt,   8175
    Der Scheiternden Retter,
    Uralt verehrte Götter.

NEREIDEN UND TRITONEN. Wir bringen die Kabiren,
    Ein friedlich Fest zu führen;
    Denn wo sie heilig walten,   8180
    Neptun wird freundlich schalten.
SIRENEN. Wir stehen euch nach;
    Wenn ein Schiff zerbrach,
    Unwiderstehbar an Kraft
    Schützt ihr die Mannschaft.   8185
NEREIDEN UND TRITONEN. Drei haben wir mitgenommen,
    Der vierte wollte nicht kommen;
    Er sagte, er sei der Rechte,
    Der für sie alle dächte.
SIRENEN. Ein Gott den andern Gott   8190
    Macht wohl zu Spott.
    Ehrt ihr alle Gnaden,
    Fürchtet jeden Schaden.
NEREIDEN UND TRITONEN. Sind eigentlich ihrer sieben.
SIRENEN. Wo sind die drei geblieben?   8195
NEREIDEN UND TRITONEN. Wir wüßten's nicht zu sagen,
    Sind im Olymp zu erfragen;
    Dort west auch wohl der achte,
    An den noch niemand dachte!
    In Gnaden uns gewärtig,   8200
    Doch alle noch nicht fertig.
      Diese Unvergleichlichen
    Wollen immer weiter,
    Sehnsuchtsvolle Hungerleider
    Nach dem Unerreichlichen.   8205
SIRENEN. Wir sind gewohnt,
    Wo es auch thront,
    In Sonn' und Mond
    Hinzubeten; es lohnt.
NEREIDEN UND TRITONEN.
    Wie unser Ruhm zum höchsten prangt,   8210
    Dieses Fest anzuführen!
SIRENEN. Die Helden des Altertums
    Ermangeln des Ruhms,
    Wo und wie er auch prangt,
    Wenn sie das goldne Vlies erlangt,   8215

Ihr die Kabiren.
Wiederholt als Allgesang.
Wenn sie das goldne Vlies erlangt,
Wir ⎫
Ihr ⎭ die Kabiren.

Nereiden und Tritonen ziehen vorüber.

HOMUNCULUS. Die Ungestalten seh' ich an
Als irden-schlechte Töpfe,   8220
Nun stoßen sich die Weisen dran
Und brechen harte Köpfe.
THALES. Das ist es ja, was man begehrt:
Der Rost macht erst die Münze wert.
PROTEUS unbemerkt. So etwas freut mich alten Fabler!   8225
Je wunderlicher, desto respektabler.
THALES. Wo bist du, Proteus?
PROTEUS, bauchrednerisch, bald nah, bald fern. Hier! und hier!
THALES. Den alten Scherz verzeih' ich dir;
Doch einem Freund nicht eitle Worte!
Ich weiß, du sprichst vom falschen Orte.   8230
PROTEUS als aus der Ferne. Leb' wohl!
THALES leise zu Homunculus.
                    Er ist ganz nah. Nun leuchte frisch!
Er ist neugierig wie ein Fisch;
Und wo er auch gestaltet stockt,
Durch Flammen wird er hergelockt.
HOMUNCULUS. Ergieß' ich gleich des Lichtes Menge,   8235
Bescheiden doch, daß ich das Glas nicht sprenge.
PROTEUS in Gestalt einer Riesenschildkröte.
Was leuchtet so anmutig schön?
THALES, den Homunculus verhüllend.
Gut! Wenn du Lust hast, kannst du's näher sehn.
Die kleine Mühe laß dich nicht verdrießen
Und zeige dich auf menschlich beiden Füßen.   8240
Mit unsern Gunsten sei's, mit unserm Willen,
Wer schauen will, was wir verhüllen.
PROTEUS, edel gestaltet.
Weltweise Kniffe sind dir noch bewußt.
THALES. Gestalt zu wechseln, bleibt noch deine Lust.
Hat den Homunculus enthüllt.

PROTEUS erstaunt.
Ein leuchtend Zwerglein! Niemals noch gesehn!   8245
THALES. Es fragt um Rat und möchte gern entstehn.
Er ist, wie ich von ihm vernommen,
Gar wundersam nur halb zur Welt gekommen.
Ihm fehlt es nicht an geistigen Eigenschaften,
Doch gar zu sehr am greiflich Tüchtighaften.   8250
Bis jetzt gibt ihm das Glas allein Gewicht,
Doch wär' er gern zunächst verkörperlicht.
PROTEUS. Du bist ein wahrer Jungfernsohn,
Eh' du sein solltest, bist du schon!
THALES leise.
Auch scheint es mir von andrer Seite kritisch: 8255
Er ist, mich dünkt, hermaphroditisch.
PROTEUS. Da muß es desto eher glücken;
So wie er anlangt, wird sich's schicken.
Doch gilt es hier nicht viel Besinnen:
Im weiten Meere mußt du anbeginnen!   8260
Da fängt man erst im kleinen an
Und freut sich, Kleinste zu verschlingen,
Man wächst so nach und nach heran
Und bildet sich zu höherem Vollbringen.
HOMUNCULUS. Hier weht gar eine weiche Luft,   8265
Es grunelt so, und mir behagt der Duft!
PROTEUS. Das glaub' ich, allerliebster Junge!
Und weiter hin wird's viel behäglicher,
Auf dieser schmalen Strandeszunge
Der Dunstkreis noch unsäglicher;   8270
Da vorne sehen wir den Zug,
Der eben herschwebt, nah genug.
Kommt mit dahin!
THALES.   Ich gehe mit.
HOMUNCULUS. Dreifach merkwürd'ger Geisterschritt!
Telchinen von Rhodus auf Hippokampen und Meerdrachen,
Neptunens Dreizack handhabend.
CHOR. Wir haben den Dreizack Neptunen geschmiedet,   8275
Womit er die regesten Wellen begütet.
Entfaltet der Donnrer die Wolken, die vollen,

Entgegnet Neptunus dem greulichen Rollen;
Und wie auch von oben es zackig erblitzt,
Wird Woge nach Woge von unten gespritzt;   8280
Und was auch dazwischen in Ängsten gerungen,
Wird, lange geschleudert, vom Tiefsten verschlungen;
Weshalb er uns heute den Zepter gereicht –
Nun schweben wir festlich, beruhigt und leicht.
SIRENEN. Euch, dem Helios Geweihten,   8285
    Heitern Tags Gebenedeiten,
    Gruß zur Stunde, die bewegt
    Lunas Hochverehrung regt!
TELCHINEN. Allieblichste Göttin am Bogen da droben!
Du hörst mit Entzücken den Bruder beloben.   8290
Der seligen Rhodus verleihst du ein Ohr,
Dort steigt ihm ein ewiger Päan hervor.
Beginnt er den Tagslauf und ist es getan,
Er blickt uns mit feurigem Strahlenblick an.
Die Berge, die Städte, die Ufer, die Welle   8295
Gefallen dem Gotte, sind lieblich und helle.
Kein Nebel umschwebt uns, und schleicht er sich ein,
Ein Strahl und ein Lüftchen, die Insel ist rein!
Da schaut sich der Hohe in hundert Gebilden,
Als Jüngling, als Riesen, den großen, den milden.   8300
Wir ersten, wir waren's, die Göttergewalt
Aufstellten in würdiger Menschengestalt.
PROTEUS. Laß du sie singen, laß sie prahlen!
    Der Sonne heiligen Lebestrahlen
    Sind tote Werke nur ein Spaß.   8305
    Das bildet, schmelzend, unverdrossen;
    Und haben sie's in Erz gegossen,
    Dann denken sie, es wäre was.
    Was ist's zuletzt mit diesen Stolzen?
    Die Götterbilder standen groß –   8310
    Zerstörte sie ein Erdestoß;
    Längst sind sie wieder eingeschmolzen.
    Das Erdetreiben, wie's auch sei,
    Ist immer doch nur Plackerei;
    Dem Leben frommt die Welle besser;   8315
    Dich trägt ins ewige Gewässer

Proteus-Delphin. Er verwandelt sich.
                                    Schon ist's getan!
Da soll es dir zum schönsten glücken:
Ich nehme dich auf meinen Rücken,
Vermähle dich dem Ozean.   8320
THALES. Gib nach dem löblichen Verlangen,
Von vorn die Schöpfung anzufangen!
Zu raschem Wirken sei bereit!
Da regst du dich nach ewigen Normen,
Durch tausend, abertausend Formen,   8325
Und bis zum Menschen hast du Zeit.
          Homunculus besteigt den Proteus-Delphin.
PROTEUS. Komm geistig mit in feuchte Weite,
Da lebst du gleich in Läng' und Breite,
Beliebig regest du dich hier;
Nur strebe nicht nach höheren Orden: 8330
Denn bist du erst ein Mensch geworden,
Dann ist es völlig aus mit dir.
THALES. Nachdem es kommt; 's ist auch wohl fein,
Ein wackrer Mann zu seiner Zeit zu sein.
PROTEUS zu Thales. So einer wohl von deinem Schlag! 8335
Das hält noch eine Weile nach;
Denn unter bleichen Geisterscharen
Seh' ich dich schon seit vielen hundert Jahren.
SIRENEN auf den Felsen. Welch ein Ring von Wölkchen ründet
          Um den Mond so reichen Kreis?   8340
          Tauben sind es, liebentzündet,
          Fittiche, wie Licht so weiß.
          Paphos hat sie hergesendet,
          Ihre brünstige Vogelschar;
          Unser Fest, es ist vollendet,   8345
          Heitre Wonne voll und klar!
NEREUS, zu Thales tretend.
Nennte wohl ein nächtiger Wanderer
Diesen Mondhof Lufterscheinung;
Doch wir Geister sind ganz anderer
Und der einzig richtigen Meinung: 8350
Tauben sind es, die begleiten
Meiner Tochter Muschelfahrt,

Wunderflugs besondrer Art,
Angelernt vor alten Zeiten.
THALES. Auch ich halte das fürs Beste,   8355
Was dem wackern Mann gefällt,
Wenn im stillen, warmen Neste
Sich ein Heiliges lebend hält.
PSYLLEN UND MARSEN auf Meerstieren, Meerkälbern und -widdern.
In Cyperns rauhen Höhlegrüften,
Vom Meergott nicht verschüttet,   8360
Vom Seismos nicht zerrüttet,
Umweht von ewigen Lüften,
Und, wie in den ältesten Tagen,
In stillbewußtem Behagen
Bewahren wir Cypriens Wagen   8365
Und führen, beim Säuseln der Nächte,
Durch liebliches Wellengeflechte,
Unsichtbar dem neuen Geschlechte,
Die lieblichste Tochter heran.
Wir leise Geschäftigen scheuen   8370
Weder Adler noch geflügelten Leuen,
Weder Kreuz noch Mond,
Wie es oben wohnt und thront,
Sich wechselnd wegt und regt,
Sich vertreibt und totschlägt,   8375
Saaten und Städte niederlegt.
Wir, so fortan,
Bringen die lieblichste Herrin heran.
SIRENEN. Leicht bewegt, in mäßiger Eile,
Um den Wagen, Kreis um Kreis,   8380
Bald verschlungen Zeil' an Zeile,
Schlangenartig reihenweis,
Naht euch, rüstige Nereiden,
Derbe Fraun, gefällig wild,
Bringet, zärtliche Doriden,   8385
Galateen, der Mutter Bild:
Ernst, den Göttern gleich zu schauen,
Würdiger Unsterblichkeit,
Doch wie holde Menschenfrauen
Lockender Anmutigkeit.   8390

DORIDEN im Chor an Nereus vorbeiziehend, sämtlich auf Delphinen.
  Leih uns, Luna, Licht und Schatten,
  Klarheit diesem Jugendflor!
  Denn wir zeigen liebe Gatten
  Unserm Vater bittend vor. Zu Nereus.
  Knaben sind's, die wir gerettet   8395
  Aus der Brandung grimmem Zahn,
  Sie, auf Schilf und Moos gebettet,
  Aufgewärmt zum Licht heran,
  Die es nun mit heißen Küssen
  Treulich uns verdanken müssen;   8400
  Schau die Holden günstig an!
NEREUS. Hoch ist der Doppelgewinn zu schätzen:
  Barmherzig sein, und sich zugleich ergetzen.
DORIDEN. Lobst du, Vater, unser Walten,
  Gönnst uns wohlerworbene Lust,   8405
  Laß uns fest, unsterblich halten
  Sie an ewiger Jugendbrust.
NEREUS. Mögt euch des schönen Fanges freuen,
  Den Jüngling bildet euch als Mann;
  Allein ich könnte nicht verleihen,   8410
  Was Zeus allein gewähren kann.
  Die Welle, die euch wogt und schaukelt,
  Läßt auch der Liebe nicht Bestand,
  Und hat die Neigung ausgegaukelt,
  So setzt gemächlich sie ans Land.   8415
DORIDEN. Ihr, holde Knaben, seid uns wert,
  Doch müssen wir traurig scheiden;
  Wir haben ewige Treue begehrt,
  Die Götter wollen's nicht leiden.
DIE JÜNGLINGE. Wenn ihr uns nur so ferner labt, 8420
  Uns wackre Schifferknaben;
  Wir haben's nie so gut gehabt
  Und wollen's nicht besser haben.
   Galatee auf dem Muschelwagen nähert sich.
NEREUS. Du bist es, mein Liebchen!
GALATEE.   O Vater! das Glück!
  Delphine, verweilet! mich fesselt der Blick. 8425

NEREUS. Vorüber schon, sie ziehen vorüber
In kreisenden Schwunges Bewegung;
Was kümmert sie die innre herzliche Regung!
Ach, nähmen sie mich mit hinüber!
Doch ein einziger Blick ergetzt,   8430
Daß er das ganze Jahr ersetzt.
THALES. Heil! Heil! aufs neue!
Wie ich mich blühend freue,
Vom Schönen, Wahren durchdrungen...
Alles ist aus dem Wasser entsprungen!!   8435
Alles wird durch das Wasser erhalten!
Ozean, gönn uns dein ewiges Walten.
Wenn du nicht Wolken sendetest,
Nicht reiche Bäche spendetest,
Hin und her nicht Flüsse wendetest,   8440
Die Ströme nicht vollendetest,
Was wären Gebirge, was Ebnen und Welt?
Du bist's, der das frischeste Leben erhält.
ECHO, Chorus der sämtlichen Kreise.
Du bist's, dem das frischeste Leben entquellt.
NEREUS. Sie kehren schwankend fern zurück,   8445
Bringen nicht mehr Blick zu Blick;
In gedehnten Kettenkreisen,
Sich festgemäß zu erweisen,
Windet sich die unzählige Schar.
Aber Galateas Muschelthron   8450
Seh' ich schon und aber schon.
Er glänzt wie ein Stern
Durch die Menge.
Geliebtes leuchtet durchs Gedränge!
Auch noch so fern   8455
Schimmert's hell und klar,
Immer nah und wahr.
HOMUNCULUS. In dieser holden Feuchte
Was ich auch hier beleuchte,
Ist alles reizend schön.   8460
PROTEUS. In dieser Lebensfeuchte
Erglänzt erst deine Leuchte
Mit herrlichem Getön.

NEREUS. Welch neues Geheimnis in Mitte der Scharen
  Will unseren Augen sich offengebaren? 8465
  Was flammt um die Muschel, um Galatees Füße?
  Bald lodert es mächtig, bald lieblich, bald süße,
  Als wär' es von Pulsen der Liebe gerührt.

THALES. Homunculus ist es, von Proteus verführt...
  Es sind die Symptome des herrischen Sehnens, 8470
  Mir ahnet das Ächzen beängsteten Dröhnens;
  Er wird sich zerschellen am glänzenden Thron;
  Jetzt flammt es, nun blitzt es, ergießet sich schon.

SIRENEN. Welch feuriges Wunder verklärt uns die Wellen,
  Die gegeneinander sich funkelnd zerschellen? 8475
  So leuchtet's und schwanket und hellet hinan:
  Die Körper, sie glühen auf nächtlicher Bahn,
  Und ringsum ist alles vom Feuer umronnen;
  So herrsche denn Eros, der alles begonnen!

    Heil dem Meere! Heil den Wogen, 8480
    Von dem heiligen Feuer umzogen!
    Heil dem Wasser! Heil dem Feuer!
    Heil dem seltnen Abenteuer!

ALL-ALLE! Heil den mildgewogenen Lüften!
    Heil geheimnisreichen Grüften! 8485
    Hochgefeiert seid allhier,
    Element' ihr alle vier!

DRITTER AKT

VOR DEM PALASTE DES MENELAS ZU SPARTA

Helena tritt auf und Chor gefangener Trojanerinnen.
Panthalis, Chorführerin.

HELENA. Bewundert viel und viel gescholten, Helena,
Vom Strande komm' ich, wo wir erst gelandet sind,
Noch immer trunken von des Gewoges regsamem   8490
Geschaukel, das vom phrygischen Blachgefild uns her
Auf sträubig-hohem Rücken, durch Poseidons Gunst
Und Euros' Kraft, in vaterländische Buchten trug.
Dort unten freuet nun der König Menelas
Der Rückkehr samt den tapfersten seiner Krieger sich.   8495
Du aber heiße mich willkommen, hohes Haus,
Das Tyndareos, mein Vater, nah dem Hange sich
Von Pallas' Hügel wiederkehrend aufgebaut
Und, als ich hier mit Klytämnestren schwesterlich,
Mit Kastor auch und Pollux fröhlich spielend wuchs,   8500
Vor allen Häusern Spartas herrlich ausgeschmückt.
Gegrüßet seid mir, der ehrnen Pforte Flügel ihr!
Durch euer gastlich ladendes Weit-Eröffnen einst
Geschah's, daß mir, erwählt aus vielen, Menelas
In Bräutigamsgestalt entgegenleuchtete.   8505
Eröffnet mir sie wieder, daß ich ein Eilgebot
Des Königs treu erfülle, wie der Gattin ziemt.
Laßt mich hinein! und alles bleibe hinter mir,
Was mich umstürmte bis hieher, verhängnisvoll.
Denn seit ich diese Schwelle sorgenlos verließ,   8510
Cytherens Tempel besuchend, heiliger Pflicht gemäß,
Mich aber dort ein Räuber griff, der phrygische,
Ist viel geschehen, was die Menschen weit und breit
So gern erzählen, aber der nicht gerne hört,
Von dem die Sage wachsend sich zum Märchen spann.   8515
CHOR.   Verschmähe nicht, o herrliche Frau,
         Des höchsten Gutes Ehrenbesitz!
         Denn das größte Glück ist dir einzig beschert,
         Der Schönheit Ruhm, der vor allen sich hebt.
         Dem Helden tönt sein Name voran,   8520

Drum schreitet er stolz;
Doch beugt sogleich hartnäckigster Mann
Vor der allbezwingenden Schöne den Sinn.

HELENA. Genug! mit meinem Gatten bin ich hergeschifft
Und nun von ihm zu seiner Stadt vorausgesandt;   8525
Doch welchen Sinn er hegen mag, errat' ich nicht.
Komm' ich als Gattin? komm' ich eine Königin?
Komm' ich ein Opfer für des Fürsten bittern Schmerz
Und für der Griechen lang' erduldetes Mißgeschick?
Erobert bin ich; ob gefangen, weiß ich nicht!   8530
Denn Ruf und Schicksal bestimmten fürwahr die Unsterb-
Zweideutig mir, der Schöngestalt bedenkliche   [lichen
Begleiter, die an dieser Schwelle mir sogar
Mit düster drohender Gegenwart zur Seite stehn.
Denn schon im hohlen Schiffe blickte mich der Gemahl   8535
Nur selten an, auch sprach er kein erquicklich Wort.
Als wenn er Unheil sänne, saß er gegen mir.
Nun aber, als des Eurotas tiefem Buchtgestad
Hinangefahren der vordern Schiffe Schnäbel kaum
Das Land begrüßten, sprach er, wie vom Gott bewegt: 8540
„Hier steigen meine Krieger nach der Ordnung aus,
Ich mustere sie, am Strand des Meeres hingereiht;
Du aber ziehe weiter, ziehe des heiligen
Eurotas fruchtbegabtem Ufer immer auf,
Die Rosse lenkend auf der feuchten Wiese Schmuck,   8545
Bis daß zur schönen Ebene du gelangen magst,
Wo Lakedämon, einst ein fruchtbar weites Feld,
Von ernsten Bergen nah umgeben, angebaut.
Betrete dann das hochgetürmte Fürstenhaus
Und mustere mir die Mägde, die ich dort zurück   8550
Gelassen, samt der klugen alten Schaffnerin.
Die zeige dir der Schätze reiche Sammlung vor,
Wie sie dein Vater hinterließ und die ich selbst
In Krieg und Frieden, stets vermehrend, aufgehäuft.
Du findest alles nach der Ordnung stehen; denn   8555
Das ist des Fürsten Vorrecht, daß er alles treu
In seinem Hause, wiederkehrend, finde, noch
An seinem Platze jedes, wie er's dort verließ.
Denn nichts zu ändern hat für sich der Knecht Gewalt."

CHOR. Erquicke nun am herrlichen Schatz,   8560
Dem stets vermehrten, Augen und Brust!
Denn der Kette Zier, der Krone Geschmuck,
Da ruhn sie stolz, und sie dünken sich was;
Doch tritt nur ein und fordre sie auf,
Sie rüsten sich schnell.   8565
Mich freuet, zu sehn Schönheit in dem Kampf
Gegen Gold und Perlen und Edelgestein.

HELENA. Sodann erfolgte des Herren ferneres Herrscherwort:
„Wenn du nun alles nach der Ordnung durchgesehn,
Dann nimm so manchen Dreifuß, als du nötig glaubst,   8570
Und mancherlei Gefäße, die der Opfrer sich
Zur Hand verlangt, vollziehend heiligen Festgebrauch.
Die Kessel, auch die Schalen, wie das flache Rund;
Das reinste Wasser aus der heiligen Quelle sei
In hohen Krügen; ferner auch das trockne Holz,   8575
Der Flammen schnell empfänglich, halte da bereit;
Ein wohlgeschliffnes Messer fehle nicht zuletzt;
Doch alles andre geb' ich deiner Sorge hin."
So sprach er, mich zum Scheiden drängend; aber nichts
Lebendigen Atems zeichnet mir der Ordnende,   8580
Das er, die Olympier zu verehren, schlachten will.
Bedenklich ist es; doch ich sorge weiter nicht,
Und alles bleibe hohen Göttern heimgestellt,
Die das vollenden, was in ihrem Sinn sie deucht,
Es möge gut von Menschen oder möge bös   8585
Geachtet sein; die Sterblichen, wir ertragen das.
Schon manchmal hob das schwere Beil der Opfernde
Zu des erdgebeugten Tieres Nacken weihend auf
Und konnt' es nicht vollbringen, denn ihn hinderte
Des nahen Feindes oder Gottes Zwischenkunft.   8590

CHOR. Was geschehen werde, sinnst du nicht aus;
Königin, schreite dahin
Guten Muts!
Gutes und Böses kommt
Unerwartet dem Menschen;   8595
Auch verkündet, glauben wir's nicht.
Brannte doch Troja, sahen wir doch
Tod vor Augen, schmählichen Tod;

Und sind wir nicht hier
Dir gesellt, dienstbar freudig,   8600
Schauen des Himmels blendende Sonne
Und das Schönste der Erde
Huldvoll, dich, uns Glücklichen?

HELENA. Sei's, wie es sei! Was auch bevorsteht, mir geziemt,
Hinaufzusteigen ungesäumt in das Königshaus,   8605
Das, lang' entbehrt und viel ersehnt und fast verscherzt,
Mir abermals vor Augen steht, ich weiß nicht wie.
Die Füße tragen mich so mutig nicht empor
Die hohen Stufen, die ich kindisch übersprang. *Ab.*

CHOR.   Werfet, o Schwestern, ihr   8610
Traurig gefangenen,
Alle Schmerzen ins Weite;
Teilet der Herrin Glück,
Teilet Helenens Glück,
Welche zu Vaterhauses Herd,   8615
Zwar mit spät zurückkehrendem,
Aber mit desto festerem
Fuße freudig herannaht.
    Preiset die heiligen,
Glücklich herstellenden   8620
Und heimführenden Götter!
Schwebt der Entbundene
Doch wie auf Fittichen
Über das Rauhste, wenn umsonst
Der Gefangene sehnsuchtsvoll   8625
Über die Zinne des Kerkers hin
Armausbreitend sich abhärmt.
    Aber sie ergriff ein Gott,
Die Entfernte;
Und aus Ilios' Schutt   8630
Trug er hierher sie zurück
In das alte, das neugeschmückte
Vaterhaus,
Nach unsäglichen
Freuden und Qualen,   8635
Früher Jugendzeit
Angefrischt zu gedenken.

PANTHALIS als Chorführerin.
Verlasset nun des Gesanges freudumgebnen Pfad
Und wendet nach der Türe Flügeln euren Blick!
Was seh' ich, Schwestern? Kehret nicht die Königin   8640
Mit heftigen Schrittes Regung wieder zu uns her?
Was ist es, große Königin, was konnte dir
In deines Hauses Hallen, statt der Deinen Gruß,
Erschütterndes begegnen? Du verbirgst es nicht;
Denn Widerwillen seh' ich an der Stirne dir,   8645
Ein edles Zürnen, das mit Überraschung kämpft.
HELENA, welche die Türflügel offen gelassen hat, bewegt.
Der Tochter Zeus' geziemet nicht gemeine Furcht,
Und flüchtig-leise Schreckenshand berührt sie nicht;
Doch das Entsetzen, das, dem Schoß der alten Nacht
Von Urbeginn entsteigend, vielgestaltet noch   8650
Wie glühende Wolken aus des Berges Feuerschlund
Herauf sich wälzt, erschüttert auch des Helden Brust.
So haben heute grauenvoll die Stygischen
Ins Haus den Eintritt mir bezeichnet, daß ich gern
Von oft betretner, langersehnter Schwelle mich,   8655
Entlaßnem Gaste gleich, entfernend scheiden mag.
Doch nein! gewichen bin ich her ans Licht, und sollt
Ihr weiter nicht mich treiben, Mächte, wer ihr seid.
Auf Weihe will ich sinnen, dann gereinigt mag
Des Herdes Glut die Frau begrüßen wie den Herrn.   8660
CHORFÜHRERIN. Entdecke deinen Dienerinnen, edle Frau,
Die dir verehrend beistehn, was begegnet ist.
HELENA. Was ich gesehen, sollt ihr selbst mit Augen sehn
Wenn ihr Gebilde nicht die alte Nacht sogleich
Zurückgeschlungen in ihrer Tiefe Wunderschoß.   8665
Doch daß ihr's wisset, sag' ich's euch mit Worten an:
Als ich des Königshauses ernsten Binnenraum,
Der nächsten Pflicht gedenkend, feierlich betrat,
Erstaunt' ich ob der öden Gänge Schweigsamkeit.
Nicht Schall der emsig Wandelnden begegnete   8670
Dem Ohr, nicht raschgeschäftiges Eiligtun dem Blick,
Und keine Magd erschien mir, keine Schaffnerin,
Die jeden Fremden freundlich sonst begrüßenden.
Als aber ich dem Schoße des Herdes mich genaht,

Da sah ich, bei verglommner Asche lauem Rest,   8675
Am Boden sitzen welch verhülltes großes Weib,
Der Schlafenden nicht vergleichbar, wohl der Sinnenden.
Mit Herrscherworten ruf' ich sie zur Arbeit auf,
Die Schaffnerin mir vermutend, die indes vielleicht
Des Gatten Vorsicht hinterlassend angestellt;   8680
Doch eingefaltet sitzt die Unbewegliche;
Nur endlich rührt sie auf mein Dräun den rechten Arm,
Als wiese sie von Herd und Halle mich hinweg.
Ich wende zürnend mich ab von ihr und eile gleich
Den Stufen zu, worauf empor der Thalamos   8685
Geschmückt sich hebt und nah daran das Schatzgemach;
Allein das Wunder reißt sich schnell vom Boden auf,
Gebietrisch mir den Weg vertretend, zeigt es sich
In hagrer Größe, hohlen, blutig-trüben Blicks,
Seltsamer Bildung, wie sie Aug' und Geist verwirrt.   8690
Doch red' ich in die Lüfte; denn das Wort bemüht
Sich nur umsonst, Gestalten schöpferisch aufzubaun.
Da seht sie selbst! sie wagt sogar sich ans Licht hervor!
Hier sind wir Meister, bis der Herr und König kommt.
Die grausen Nachtgeburten drängt der Schönheitsfreund   8695
Phöbus hinweg in Höhlen, oder bändigt sie.

Phorkyas auf der Schwelle zwischen den Türpfosten auftretend.

CHOR.   Vieles erlebt' ich, obgleich die Locke
          Jugendlich wallet mir um die Schläfe!
          Schreckliches hab' ich vieles gesehen,
          Kriegrischen Jammer, Ilios' Nacht,   8700
          Als es fiel.

          Durch das umwölkte, staubende Tosen
          Drängender Krieger hört' ich die Götter
          Fürchterlich rufen, hört' ich der Zwietracht
          Eherne Stimme schallen durchs Feld,   8705
          Mauerwärts.

          Ach! sie standen noch, Ilios'
          Mauern, aber die Flammenglut
          Zog vom Nachbar zum Nachbar schon,
          Sich verbreitend von hier und dort   8710

Mit des eignen Sturmes Wehn
Über die nächtliche Stadt hin.

Flüchtend sah ich durch Rauch und Glut
Und der züngelnden Flamme Loh'n
Gräßlich zürnender Götter Nahn,   8715
Schreitend Wundergestalten
Riesengroß, durch düsteren
Feuerumleuchteten Qualm hin.

Sah ich's, oder bildete
Mir der angstumschlungene Geist   8720
Solches Verworrene? sagen kann
Nimmer ich's, doch daß ich dies
Gräßliche hier mit Augen schau',
Solches gewiß ja weiß ich;
Könnt' es mit Händen fassen gar,   8725
Hielte von dem Gefährlichen
Nicht zurücke die Furcht mich.

Welche von Phorkys'
Töchtern nur bist du?
Denn ich vergleiche dich   8730
Diesem Geschlechte.
Bist du vielleicht der graugebornen,
Eines Auges und eines Zahns
Wechselsweis teilhaftigen
Graien eine gekommen?   8735

Wagest du Scheusal
Neben der Schönheit
Dich vor dem Kennerblick
Phöbus' zu zeigen?
Tritt du dennoch hervor nur immer;   8740
Denn das Häßliche schaut er nicht,
Wie sein heilig Auge noch
Nie erblickte den Schatten.

Doch uns Sterbliche nötigt, ach,
Leider trauriges Mißgeschick   8745
Zu dem unsäglichen Augenschmerz,

Den das Verwerfliche, Ewig-Unselige
Schönheitliebenden rege macht.

Ja, so höre denn, wenn du frech
Uns entgegenest, höre Fluch,   8750
Höre jeglicher Schelte Drohn
Aus dem verwünschenden Munde der Glücklichen,
Die von Göttern gebildet sind.

PHORKYAS.
Alt ist das Wort, doch bleibet hoch und wahr der Sinn,
Daß Scham und Schönheit nie zusammen, Hand in Hand, 8755
Den Weg verfolgen über der Erde grünen Pfad.
Tief eingewurzelt wohnt in beiden alter Haß,
Daß, wo sie immer irgend auch des Weges sich
Begegnen, jede der Gegnerin den Rücken kehrt.
Dann eilet jede wieder heftiger, weiter fort,   8760
Die Scham betrübt, die Schönheit aber frech gesinnt,
Bis sie zuletzt des Orkus hohle Nacht umfängt,
Wenn nicht das Alter sie vorher gebändigt hat.
Euch find' ich nun, ihr Frechen, aus der Fremde her
Mit Übermut ergossen, gleich der Kraniche   8765
Laut-heiser klingendem Zug, der über unser Haupt,
In langer Wolke, krächzend sein Getön herab
Schickt, das den stillen Wandrer über sich hinauf
Zu blicken lockt; doch ziehn sie ihren Weg dahin,
Er geht den seinen; also wird's mit uns geschehn.   8770
Wer seid denn ihr, daß ihr des Königes Hochpalast
Mänadisch wild, Betrunknen gleich, umtoben dürft?
Wer seid ihr denn, daß ihr des Hauses Schaffnerin
Entgegenheulet, wie dem Mond der Hunde Schar?
Wähnt ihr, verborgen sei mir, welch Geschlecht ihr seid, 8775
Du kriegerzeugte, schlachterzogne junge Brut?
Mannlustige du, so wie verführt verführende,
Entnervend beide, Kriegers auch und Bürgers Kraft!
Zu Hauf euch sehend, scheint mir ein Zikadenschwarm
Herabzustürzen, deckend grüne Feldersaat.   8780
Verzehrerinnen fremden Fleißes! Naschende
Vernichterinnen aufgekeimten Wohlstands ihr!
Erobert-marktverkauft-vertauschte Ware du!

HELENA. Wer gegenwarts der Frau die Dienerinnen schilt,
Der Gebietrin Hausrecht tastet er vermessen an;   8785
Denn ihr gebührt allein, das Lobenswürdige
Zu rühmen, wie zu strafen, was verwerflich ist.
Auch bin des Dienstes ich wohl zufrieden, den sie mir
Geleistet, als die hohe Kraft von Ilios
Umlagert stand und fiel und lag; nicht weniger,   8790
Als wir der Irrfahrt kummervolle Wechselnot
Ertrugen, wo sonst jeder sich der Nächste bleibt.
Auch hier erwart' ich Gleiches von der muntern Schar;
Nicht, was der Knecht sei, fragt der Herr, nur, wie er dient.
Drum schweige du und grinse sie nicht länger an.   8795
Hast du das Haus des Königs wohl verwahrt bisher
Anstatt der Hausfrau, solches dient zum Ruhme dir;
Doch jetzo kommt sie selber, tritt nun du zurück,
Damit nicht Strafe werde statt verdienten Lohns
PHORKYAS.
Den Hausgenossen drohen bleibt ein großes Recht,   8800
Das gottbeglückten Herrschers hohe Gattin sich
Durch langer Jahre weise Leitung wohl verdient.
Da du, nun Anerkannte, neu den alten Platz
Der Königin und Hausfrau wiederum betrittst,
So fasse längst erschlaffte Zügel, herrsche nun,   8805
Nimm in Besitz den Schatz und sämtlich uns dazu.
Vor allem aber schütze mich, die Ältere,
Vor dieser Schar, die neben deiner Schönheit Schwan
Nur schlecht befitticht', schnatterhafte Gänse sind.
CHORFÜHRERIN.
Wie häßlich neben Schönheit zeigt sich Häßlichkeit.   8810
PHORKYAS. Wie unverständig neben Klugheit Unverstand.

Von hier an erwidern die Choretiden, einzeln aus dem Chor
heraustretend.

CHORETIDE 1.
Von Vater Erebus melde, melde von Mutter Nacht.
PHORKYAS.
So sprich von Scylla, leiblich dir Geschwisterkind.
CHORETIDE 2.
An deinem Stammbaum steigt manch Ungeheur empor.
PHORKYAS. Zum Orkus hin! da suche deine Sippschaft auf. 8815

CHORETIDE 3.
Die dorten wohnen, sind dir alle viel zu jung.
PHORKYAS. Tiresias, den Alten, gehe buhlend an.
CHORETIDE 4. Orions Amme war dir Ur-Urenkelin.
PHORKYAS.
Harpyen, wähn' ich, fütterten dich im Unflat auf.
CHORETIDE 5.
Mit was ernährst du so gepflegte Magerkeit?   8820
PHORKYAS. Mit Blute nicht, wonach du allzulüstern bist.
CHORETIDE 6. Begierig du auf Leichen, ekle Leiche selbst!
PHORKYAS. Vampyren-Zähne glänzen dir im frechen Maul.
CHORFÜHRERIN.
Das deine stopf' ich, wenn ich sage, wer du seist.
PHORKYAS. So nenne dich zuerst; das Rätsel hebt sich auf. 8825
HELENA.
Nicht zürnend, aber traurend schreit' ich zwischen euch,
Verbietend solchen Wechselstreites Ungestüm!
Denn Schädlicheres begegnet nichts dem Herrscherherrn
Als treuer Diener heimlich unterschworner Zwist.
Das Echo seiner Befehle kehrt alsdann nicht mehr   8830
In schnell vollbrachter Tat wohlstimmig ihm zurück,
Nein, eigenwillig brausend tost es um ihn her,
Den selbstverirrten, ins Vergebne scheltenden.
Dies nicht allein. Ihr habt in sittelosem Zorn
Unsel'ger Bilder Schreckgestalten hergebannt,   8835
Die mich umdrängen, daß ich selbst zum Orkus mich
Gerissen fühle, vaterländ'scher Flur zum Trutz.
Ist's wohl Gedächtnis? war es Wahn, der mich ergreift?
War ich das alles? Bin ich's? Werd' ich's künftig sein,
Das Traum- und Schreckbild jener Städteverwüstenden? 8840
Die Mädchen schaudern, aber du, die Älteste,
Du stehst gelassen; rede mir verständig Wort.
PHORKYAS. Wer langer Jahre mannigfaltigen Glücks gedenkt,
Ihm scheint zuletzt die höchste Göttergunst ein Traum.
Du aber, hochbegünstigt sonder Maß und Ziel,   8845
In Lebensreihe sahst nur Liebesbrünstige,
Entzündet rasch zum kühnsten Wagstück jeder Art.
Schon Theseus haschte früh dich, gierig aufgeregt,
Wie Herakles stark, ein herrlich schön geformter Mann.

HELENA. Entführte mich, ein zehenjährig schlankes Reh,   8850
Und mich umschloß Aphidnus' Burg in Attika.

PHORKYAS.
Durch Kastor und durch Pollux aber bald befreit,
Umworben standst du ausgesuchter Heldenschar.

HELENA. Doch stille Gunst vor allen, wie ich gern gesteh',
Gewann Patroklus, er, des Peliden Ebenbild.   8855

PHORKYAS. Doch Vaterwille traute dich an Menelas,
Den kühnen Seedurchstreicher, Hausbewahrer auch.

HELENA. Die Tochter gab er, gab des Reichs Bestellung ihm.
Aus ehlichem Beisein sproßte dann Hermione.

PHORKYAS. Doch als er fern sich Kretas Erbe kühn erstritt, 8860
Dir Einsamen da erschien ein allzuschöner Gast.

HELENA. Warum gedenkst du jener halben Witwenschaft,
Und welch Verderben gräßlich mir daraus erwuchs?

PHORKYAS. Auch jene Fahrt, mir freigebornen Kreterin
Gefangenschaft erschuf sie, lange Sklaverei.   8865

HELENA. Als Schaffnerin bestellt' er dich sogleich hieher,
Vertrauend vieles, Burg und kühn erworbnen Schatz.

PHORKYAS. Die du verließest, Ilios' umtürmter Stadt
Und unerschöpften Liebesfreuden zugewandt.

HELENA. Gedenke nicht der Freuden! allzuherben Leids   8870
Unendlichkeit ergoß sich über Brust und Haupt.

PHORKYAS.
Doch sagt man, du erschienst ein doppelhaft Gebild,
In Ilios gesehen und in Ägypten auch.

HELENA. Verwirre wüsten Sinnes Aberwitz nicht gar.
Selbst jetzo, welche denn ich sei, ich weiß es nicht.   8875

PHORKYAS.
Dann sagen sie: aus hohlem Schattenreich herauf
Gesellte sich inbrünstig noch Achill zu dir!
Dich früher liebend gegen allen Geschicks Beschluß.

HELENA. Ich als Idol, ihm dem Idol verband ich mich.
Es war ein Traum, so sagen ja die Worte selbst.   8880
Ich schwinde hin und werde selbst mir ein Idol.

Sinkt dem Halbchor in die Arme.

CHOR.   Schweige, schweige!
          Mißblickende, Mißredende du!

Aus so gräßlichen einzahnigen
Lippen, was enthaucht wohl   8885
Solchem furchtbaren Greuelschlund!

Denn der Bösartige, wohltätig erscheinend,
Wolfesgrimm unter schafwolligem Vlies,
Mir ist er weit schrecklicher als des drei-
köpfigen Hundes Rachen.   8890
Ängstlich lauschend stehn wir da:
Wann? wie? wo nur bricht's hervor,
Solcher Tücke
Tiefauflauerndes Ungetüm?

Nun denn, statt freundlich mit Trost reich begabten,   8895
Letheschenkenden, holdmildesten Worts
Regest du auf aller Vergangenheit
Bösestes mehr denn Gutes
Und verdüsterst allzugleich
Mit dem Glanz der Gegenwart   8900
Auch der Zukunft
Mild aufschimmerndes Hoffnungslicht.

Schweige, schweige!
Daß der Königin Seele,
Schon zu entfliehen bereit,   8905
Sich noch halte, festhalte
Die Gestalt aller Gestalten,
Welche die Sonne jemals beschien.

     Helena hat sich erholt und steht wieder in der Mitte.

PHORKYAS.
Tritt hervor aus flüchtigen Wolken, hohe Sonne dieses Tags,
Die verschleiert schon entzückte, blendend nun im Glanze
                       herrscht.   8910
Wie die Welt sich dir entfaltet, schaust du selbst mit holdem
                       Blick.
Schelten sie mich auch für häßlich, kenn' ich doch das Schöne
                       wohl.

HELENA.
Tret' ich schwankend aus der Öde, die im Schwindel mich
                       umgab,

Pflegt' ich gern der Ruhe wieder, denn so müd' ist mein
                              Gebein:
Doch es ziemet Königinnen, allen Menschen ziemt es
                              wohl,   8915
Sich zu fassen, zu ermannen, was auch drohend überrascht.
PHORKYAS.
Stehst du nun in deiner Größheit, deiner Schöne vor uns da,
Sagt dein Blick, daß du befiehlest; was befiehlst du? sprich
                              es aus.
HELENA.
Eures Haders frech Versäumnis auszugleichen, seid bereit;
Eilt, ein Opfer zu bestellen, wie der König mir gebot.   8920
PHORKYAS.
Alles ist bereit im Hause, Schale, Dreifuß, scharfes Beil,
Zum Besprengen, zum Beräuchern; das zu Opfernde zeig' an!
HELENA.
Nicht bezeichnet' es der König.
PHORKYAS.   Sprach's nicht aus? O Jammerwort!
HELENA. Welch ein Jammer überfällt dich?
PHORKYAS.   Königin, du bist gemeint!
HELENA. Ich?
PHORKYAS.   Und diese.
CHOR.   Weh und Jammer!
PHORKYAS.   Fallen wirst du durch das Beil. 8925
HELENA. Gräßlich! doch geahnt; ich Arme!
PHORKYAS.   Unvermeidlich scheint es mir
CHOR. Ach! Und uns? was wird begegnen?
PHORKYAS.   Sie stirbt einen edlen Tod,
Doch am hohen Balken drinnen, der des Daches Giebel trägt,
Wie im Vogelfang die Drosseln, zappelt ihr der Reihe nach.

Helena und Chor stehen erstaunt und erschreckt, in bedeutender,
                    wohlvorbereiteter Gruppe.

PHORKYAS.
Gespenster! – Gleich erstarrten Bildern steht ihr da,   8930
Geschreckt, vom Tag zu scheiden, der euch nicht gehört.
Die Menschen, die Gespenster sämtlich gleich wie ihr,
Entsagen auch nicht willig hehrem Sonnenschein;
Doch bittet oder rettet niemand sie vom Schluß;

Sie wissen's alle, wenigen doch gefällt es nur.   8935
Genug, ihr seid verloren! Also frisch ans Werk.

Klatscht in die Hände; darauf erscheinen an der Pforte vermummte
Zwerggestalten, welche die ausgesprochenen Befehle alsobald mit
                    Behendigkeit ausführen.

Herbei, du düstres, kugelrundes Ungetüm!
Wälzt euch hieher, zu schaden gibt es hier nach Lust.
Dem Tragaltar, dem goldgehörnten, gebet Platz,
Das Beil, es liege blinkend über dem Silberrand,   8940
Die Wasserkrüge füllet, abzuwaschen gibt's
Des schwarzen Blutes greuelvolle Besudelung.
Den Teppich breitet köstlich hier am Staube hin,
Damit das Opfer niederkniee königlich
Und eingewickelt, zwar getrennten Haupts, sogleich   8945
Anständig würdig aber doch bestattet sei.

CHORFÜHRERIN. Die Königin stehet sinnend an der Seite hier,
Die Mädchen welken gleich gemähtem Wiesengras;
Mir aber deucht, der Ältesten, heiliger Pflicht gemäß,
Mit dir das Wort zu wechseln, Ur-Urälteste.   8950
Du bist erfahren, weise, scheinst uns gut gesinnt,
Obschon verkennend hirnlos diese Schar dich traf.
Drum sage, was du möglich noch von Rettung weißt.

PHORKYAS.
Ist leicht gesagt: von der Königin hängt allein es ab,
Sich selbst zu erhalten, euch Zugaben auch mit ihr.   8955
Entschlossenheit ist nötig und die behendeste.

CHOR. Ehrenwürdigste der Parzen, weiseste Sibylle du,
Halte gesperrt die goldene Schere, dann verkünd' uns Tag
                                                        und Heil;
Denn wir fühlen schon im Schweben, Schwanken, Bammeln
                                                    unergetzlich
Unsere Gliederchen, die lieber erst im Tanze sich ergetzten, 8960
Ruhten drauf an Liebchens Brust.

HELENA.
Laß diese bangen! Schmerz empfind' ich, keine Furcht;
Doch kennst du Rettung, dankbar sei sie anerkannt.
Dem Klugen, Weitumsichtigen zeigt fürwahr sich oft
Unmögliches noch als möglich. Sprich und sag' es an.   8965

CHOR.
Sprich und sage, sag uns eilig: wie entrinnen wir den grausen,
Garstigen Schlingen, die bedrohlich, als die schlechtesten
　　　　　　　　　　　　　　　　　　　　　Geschmeide,
Sich um unsre Hälse ziehen? Vorempfinden wir's, die Armen,
Zum Entatmen, zum Ersticken, wenn du, Rhea, aller Götter
Hohe Mutter, dich nicht erbarmst.　　　　　　　　　　　8970
PHORKYAS.
Habt ihr Geduld, des Vortrags langgedehnten Zug
Still anzuhören? Mancherlei Geschichten sind's.
CHOR. Geduld genug! Zuhörend leben wir indes.
PHORKYAS.
Dem, der zu Hause verharrend edlen Schatz bewahrt
Und hoher Wohnung Mauern auszukitten weiß,　　　　　　8975
Wie auch das Dach zu sichern vor des Regens Drang,
Dem wird es wohlgehn lange Lebenstage durch;
Wer aber seiner Schwelle heilige Richte leicht
Mit flüchtigen Sohlen überschreitet freventlich,
Der findet wiederkehrend wohl den alten Platz,　　　　　8980
Doch umgeändert alles, wo nicht gar zerstört.
HELENA. Wozu dergleichen wohlbekannte Sprüche hier?
Du willst erzählen; rege nicht an Verdrießliches.
PHORKYAS.
Geschichtlich ist es, ist ein Vorwurf keineswegs.
Raubschiffend ruderte Menelas von Bucht zu Bucht,　　　8985
Gestad' und Inseln, alles streift' er feindlich an,
Mit Beute wiederkehrend, wie sie drinnen starrt.
Vor Ilios verbracht' er langer Jahre zehn;
Zur Heimfahrt aber weiß ich nicht wie viel es war.
Allein wie steht es hier am Platz um Tyndareos'　　　　8990
Erhabnes Haus? wie stehet es mit dem Reich umher?
HELENA. Ist dir denn so das Schelten gänzlich einverleibt,
Daß ohne Tadeln du keine Lippe regen kannst?
PHORKYAS. So viele Jahre stand verlassen das Talgebirg,
Das hinter Sparta nordwärts in die Höhe steigt,　　　　8995
Taygetos im Rücken, wo als muntrer Bach
Herab Eurotas rollt und dann, durch unser Tal
An Rohren breit hinfließend, eure Schwäne nährt.
Dort hinten still im Gebirgtal hat ein kühn Geschlecht

Sich angesiedelt, dringend aus cimmerischer Nacht,   9000
Und unersteiglich feste Burg sich aufgetürmt,
Von da sie Land und Leute placken, wie's behagt.
HELENA.
Das konnten sie vollführen? Ganz unmöglich scheint's.
PHORKYAS.
Sie hatten Zeit, vielleicht an zwanzig Jahre sind's.
HELENA.
Ist einer Herr? sind's Räuber viel, verbündete?   9005
PHORKYAS. Nicht Räuber sind es, einer aber ist der Herr.
Ich schelt' ihn nicht, und wenn er schon mich heimgesucht.
Wohl konnt' er alles nehmen, doch begnügt' er sich
Mit wenigen Freigeschenken, nannt' er's, nicht Tribut.
HELENA. Wie sieht er aus?
PHORKYAS.   Nicht übel! mir gefällt er schon.9010
Es ist ein munterer, kecker, wohlgebildeter,
Wie unter Griechen wenig', ein verständ'ger Mann.
Man schilt das Volk Barbaren, doch ich dächte nicht,
Daß grausam einer wäre, wie vor Ilios
Gar mancher Held sich menschenfresserisch erwies.   9015
Ich acht' auf seine Großheit, ihm vertraut' ich mich.
Und seine Burg! die solltet ihr mit Augen sehn!
Das ist was anderes gegen plumpes Mauerwerk,
Das eure Väter, mir nichts dir nichts, aufgewälzt,
Zyklopisch wie Zyklopen, rohen Stein sogleich   9020
Auf rohe Steine stürzend; dort hingegen, dort
Ist alles senk- und waagerecht und regelhaft.
Von außen schaut sie! himmelan sie strebt empor,
So starr, so wohl in Fugen, spiegelglatt wie Stahl.
Zu klettern hier – ja selbst der Gedanke gleitet ab.   9025
Und innen großer Höfe Raumgelasse, rings
Mit Baulichkeit umgeben, aller Art und Zweck.
Da seht ihr Säulen, Säulchen, Bogen, Bögelchen,
Altane, Galerien, zu schauen aus und ein,
Und Wappen.
CHOR.   Was sind Wappen?
PHORKYAS.   Ajax führte ja   9030
Geschlungene Schlang' im Schilde, wie ihr selbst gesehn.
Die Sieben dort vor Theben trugen Bildnerein

Ein jeder auf seinem Schilde, reich bedeutungsvoll.
Da sah man Mond und Stern' am nächtigen Himmelsraum,
Auch Göttin, Held und Leiter, Schwerter, Fackeln auch, 9035
Und was Bedrängliches guten Städten grimmig droht.
Ein solch Gebilde führt auch unsre Heldenschar
Von seinen Ur-Urahnen her in Farbenglanz.
Da seht ihr Löwen, Adler, Klau' und Schnabel auch,
Dann Büffelhörner, Flügel, Rosen, Pfauenschweif, 9040
Auch Streifen, gold und schwarz und silbern, blau und rot.
Dergleichen hängt in Sälen Reih' an Reihe fort,
In Sälen, grenzenlosen, wie die Welt so weit;
Da könnt ihr tanzen!

CHOR.   Sage, gibt's auch Tänzer da?

PHORKYAS. Die besten! goldgelockte, frische Bubenschar. 9045
Die duften Jugend! Paris duftete einzig so,
Als er der Königin zu nahe kam.

HELENA.   Du fällst
Ganz aus der Rolle; sage mir das letzte Wort!

PHORKYAS.
Du sprichst das letzte, sagst mit Ernst vernehmlich Ja!
Sogleich umgeb' ich dich mit jener Burg.

CHOR.   O sprich   9050
Das kurze Wort und rette dich und uns zugleich!

HELENA. Wie? sollt' ich fürchten, daß der König Menelas
So grausam sich verginge, mich zu schädigen?

PHORKYAS. Hast du vergessen, wie er deinen Deiphobus,
Des totgekämpften Paris Bruder, unerhört   9055
Verstümmelte, der starrsinnig Witwe dich erstritt
Und glücklich kebste? Nas' und Ohren schnitt er ab
Und stümmelte mehr so: Greuel war es anzuschaun.

HELENA. Das tat er jenem, meinetwegen tat er das.

PHORKYAS. Um jenes willen wird er dir das gleiche tun. 9060
Unteilbar ist die Schönheit; der sie ganz besaß,
Zerstört sie lieber, fluchend jedem Teilbesitz.

Trompeten in der Ferne; der Chor fährt zusammen.

Wie scharf der Trompete Schmettern Ohr und Eingeweid'
Zerreißend anfaßt, also krallt sich Eifersucht
Im Busen fest des Mannes, der das nie vergißt, 9065
Was einst er besaß und nun verlor, nicht mehr besitzt.

CHOR. Hörst du nicht die Hörner schallen? siehst der Waffen
        Blitze nicht?
PHORKYAS. Sei willkommen, Herr und König, gerne geb' ich
        Rechenschaft.
CHOR. Aber wir?
PHORKYAS. Ihr wißt es deutlich, seht vor Augen ihren Tod,
 Merkt den eurigen da drinne; nein, zu helfen ist euch nicht. 9070

Pause.

HELENA. Ich sann mir aus das Nächste, was ich wagen darf.
 Ein Widerdämon bist du, das empfind' ich wohl
 Und fürchte, Gutes wendest du zum Bösen um.
 Vor allem aber folgen will ich dir zur Burg;
 Das andre weiß ich; was die Königin dabei   9075
 Im tiefen Busen geheimnisvoll verbergen mag,
 Sei jedem unzugänglich. Alte, geh voran!
CHOR.   O wie gern gehen wir hin,
    Eilenden Fußes;
    Hinter uns Tod,   9080
    Vor uns abermals
    Ragender Feste
    Unzugängliche Mauer.
    Schütze sie ebenso gut,
    Eben wie Ilios' Burg,   9085
    Die doch endlich nur
    Niederträchtiger List erlag.

Nebel verbreiten sich, umhüllen den Hintergrund,
auch die Nähe, nach Belieben.

    Wie? aber wie?
    Schwestern, schaut euch um!
    War es nicht heiterer Tag?   9090
    Nebel schwanken streifig empor
    Aus Eurotas' heil'ger Flut;
    Schon entschwand das liebliche
    Schilfumkränzte Gestade dem Blick,
    Auch die frei, zierlich-stolz   9095
    Sanfthingleitenden Schwäne

In gesell'ger Schwimmlust
Seh' ich, ach, nicht mehr!

   Doch, aber doch
Tönen hör' ich sie,   9100
Tönen fern heiseren Ton!
Tod verkündenden, sagen sie.
Ach daß uns er nur nicht auch,
Statt verheißener Rettung Heil,
Untergang verkünde zuletzt;   9105
Uns, den Schwangleichen, Lang-
Schön-Weißhalsigen, und ach!
Unsrer Schwanerzeugten.
Weh uns, weh, weh!

   Alles deckte sich schon   9110
Rings mit Nebel umher.
Sehen wir doch einander nicht!
Was geschieht? gehen wir?
Schweben wir nur
Trippelnden Schrittes am Boden hin?   9115
Siehst du nichts? Schwebt nicht etwa gar
Hermes voran? Blinkt nicht der goldne Stab
Heischend, gebietend uns wieder zurück
Zu dem unerfreulichen, grautagenden,
Ungreifbarer Gebilde vollen,   9120
Überfüllten, ewig leeren Hades?

Ja auf einmal wird es düster, ohne Glanz entschwebt der
                          Nebel
Dunkelgräulich, mauerbräunlich. Mauern stellen sich dem
                          Blicke,
Freiem Blicke starr entgegen. Ist's ein Hof? ist's tiefe Grube?
Schauerlich in jedem Falle! Schwestern, ach! wir sind ge-
                        fangen,   9125
So gefangen wie nur je.

INNERER BURGHOF

umgeben von reichen phantastischen Gebäuden des Mittelalters

CHORFÜHRERIN.
Vorschnell und töricht, echt wahrhaftes Weibsgebild!
Vom Augenblick abhängig, Spiel der Witterung,
Des Glücks und Unglücks! Keins von beiden wißt ihr je
Zu bestehn mit Gleichmut. Eine widerspricht ja stets   9130
Der andern heftig, überquer die andern ihr;
In Freud' und Schmerz nur heult und lacht ihr gleichen Tons.
Nun schweigt! und wartet horchend, was die Herrscherin
Hochsinnig hier beschließen mag für sich und uns.

HELENA. Wo bist du, Pythonissa? heiße, wie du magst;   9135
Aus diesen Gewölben tritt hervor der düstern Burg.
Gingst etwa du, dem wunderbaren Heldenherrn
Mich anzukündigen, Wohlempfang bereitend mir,
So habe Dank und führe schnell mich ein zu ihm;
Beschluß der Irrfahrt wünsch' ich. Ruhe wünsch' ich nur. 9140

CHORFÜHRERIN.
Vergebens blickst du, Königin, allseits um dich her;
Verschwunden ist das leidige Bild, verblieb vielleicht
Im Nebel dort, aus dessen Busen wir hieher,
Ich weiß nicht wie, gekommen, schnell und sonder Schritt.
Vielleicht auch irrt sie zweifelhaft im Labyrinth   9145
Der wundersam aus vielen einsgewordnen Burg,
Den Herrn erfragend fürstlicher Hochbegrüßung halb.
Doch sieh, dort oben regt in Menge sich allbereits,
In Galerien, am Fenster, in Portalen rasch
Sich hin und her bewegend, viele Dienerschaft;   9150
Vornehm-willkommnen Gastempfang verkündet es.

CHOR. Aufgeht mir das Herz! o, seht nur dahin,
        Wie so sittig herab mit verweilendem Tritt
        Jungholdeste Schar anständig bewegt
        Den geregelten Zug. Wie? auf wessen Befehl   9155
        Nur erscheinen, gereiht und gebildet so früh,
        Von Jünglingsknaben das herrliche Volk?
        Was bewundr' ich zumeist? Ist es zierlicher Gang,
        Etwa des Haupts Lockhaar um die blendende Stirn,

Etwa der Wänglein Paar, wie die Pfirsiche rot 9160
Und eben auch so weichwollig beflaumt?
Gern biss' ich hinein, doch ich schaudre davor;
Denn in ähnlichem Fall, da erfüllte der Mund
Sich, gräßlich zu sagen! mit Asche.

Aber die schönsten, 9165
Sie kommen daher;
Was tragen sie nur?
Stufen zum Thron,
Teppich und Sitz,
Umhang und zelt- 9170
artigen Schmuck;
Über überwallt er,
Wolkenkränze bildend,
Unsrer Königin Haupt;
Denn schon bestieg sie 9175
Eingeladen herrlichen Pfühl.
Tretet heran,
Stufe für Stufe
Reihet euch ernst.
Würdig, o würdig, dreifach würdig 9180
Sei gesegnet ein solcher Empfang!

Alles vom Chor Ausgesprochene geschieht nach und nach.

Faust. Nachdem Knaben und Knappen in langem Zug herabgestiegen,
erscheint er oben an der Treppe in ritterlicher Hofkleidung des Mittelalters und kommt langsam würdig herunter.

CHORFÜHRERIN, ihn aufmerksam beschauend.
Wenn diesem nicht die Götter, wie sie öfter tun,
Für wenige Zeit nur wundernswürdige Gestalt,
Erhabnen Anstand, liebenswerte Gegenwart
Vorübergänglich liehen, wird ihm jedesmal, 9185
Was er beginnt, gelingen, sei's in Männerschlacht,
So auch im kleinen Kriege mit den schönsten Fraun.
Er ist fürwahr gar vielen andern vorzuziehn,
Die ich doch auch als hochgeschätzt mit Augen sah.
Mit langsam-ernstem, ehrfurchtsvoll gehaltnem Schritt 9190
Seh' ich den Fürsten; wende dich, o Königin!

FAUST, herantretend, einen Gefesselten zur Seite.
Statt feierlichsten Grußes, wie sich ziemte,
Statt ehrfurchtsvollem Willkomm bring' ich dir
In Ketten hart geschlossen solchen Knecht,
Der, Pflicht verfehlend, mir die Pflicht entwand.   9195
Hier kniee nieder, dieser höchsten Frau
Bekenntnis abzulegen deiner Schuld.
Dies ist, erhabne Herrscherin, der Mann,
Mit seltnem Augenblitz vom hohen Turm
Umherzuschaun bestellt, dort Himmelsraum   9200
Und Erdenbreite scharf zu überspähn,
Was etwa da und dort sich melden mag,
Vom Hügelkreis ins Tal zur festen Burg
Sich regen mag, der Herden Woge sei's,
Ein Heereszug vielleicht; wir schützen jene,   9205
Begegnen diesem. Heute, welch Versäumnis!
Du kommst heran, er meldet's nicht; verfehlt
Ist ehrenvoller, schuldigster Empfang
So hohen Gastes. Freventlich verwirkt
Das Leben hat er, läge schon im Blut   9210
Verdienten Todes; doch nur du allein
Bestrafst, begnadigst, wie dir's wohlgefällt.

HELENA. So hohe Würde, wie du sie vergönnst,
Als Richterin, als Herrscherin, und wär's
Versuchend nur, wie ich vermuten darf –   9215
So üb' ich nun des Richters erste Pflicht,
Beschuldigte zu hören. Rede denn.

TURMWÄRTER LYNKEUS.
        Laß mich knieen, laß mich schauen,
        Laß mich sterben, laß mich leben,
        Denn schon bin ich hingegeben   9220
        Dieser gottgegebnen Frauen.

        Harrend auf des Morgens Wonne,
        Östlich spähend ihren Lauf,
        Ging auf einmal mir die Sonne
        Wunderbar im Süden auf.   9225

Zog den Blick nach jener Seite,
Statt der Schluchten, statt der Höhn,
Statt der Erd- und Himmelsweite
Sie, die Einzige, zu spähn.

Augenstrahl ist mir verliehen   9230
Wie dem Luchs auf höchstem Baum;
Doch nun mußt' ich mich bemühen
Wie aus tiefem, düsterm Traum.

Wüßt' ich irgend mich zu finden?
Zinne? Turm? geschloßnes Tor?   9235
Nebel schwanken, Nebel schwinden,
Solche Göttin tritt hervor!

Aug' und Brust ihr zugewendet,
Sog ich an den milden Glanz;
Diese Schönheit, wie sie blendet,   9240
Blendete mich Armen ganz.

Ich vergaß des Wächters Pflichten,
Völlig das beschworne Horn;
Drohe nur, mich zu vernichten –
Schönheit bändigt allen Zorn.   9245

HELENA. Das Übel, das ich brachte, darf ich nicht
  Bestrafen. Wehe mir! Welch streng Geschick
  Verfolgt mich, überall der Männer Busen
  So zu betören, daß sie weder sich
  Noch sonst ein Würdiges verschonten. Raubend jetzt,   9250
  Verführend, fechtend, hin und her entrückend,
  Halbgötter, Helden, Götter, ja Dämonen,
  Sie führten mich im Irren her und hin.
  Einfach die Welt verwirrt' ich, doppelt mehr;
  Nun dreifach, vierfach bring' ich Not auf Not.   9255
  Entferne diesen Guten, laß ihn frei;
  Den Gottbetörten treffe keine Schmach.
FAUST. Erstaunt, o Königin, seh' ich zugleich
  Die sicher Treffende, hier den Getroffnen;
  Ich seh' den Bogen, der den Pfeil entsandt,   9260
  Verwundet jenen. Pfeile folgen Pfeilen,

Mich treffend. Allwärts ahn' ich überquer
Gefiedert schwirrend sie in Burg und Raum.
Was bin ich nun? Auf einmal machst du mir
Rebellisch die Getreusten, meine Mauern   9265
Unsicher. Also fürcht' ich schon, mein Heer
Gehorcht der siegend unbesiegten Frau.
Was bleibt mir übrig, als mich selbst und alles,
Im Wahn das Meine, dir anheimzugeben?
Zu deinen Füßen laß mich, frei und treu,   9270
Dich Herrin anerkennen, die sogleich
Auftretend sich Besitz und Thron erwarb.

LYNKEUS mit einer Kiste, und Männer, die ihm andere nachtragen.
        Du siehst mich, Königin, zurück!
        Der Reiche bettelt einen Blick,
        Er sieht dich an und fühlt sogleich   9275
        Sich bettelarm und fürstenreich.

        Was war ich erst? was bin ich nun?
        Was ist zu wollen? was zu tun?
        Was hilft der Augen schärfster Blitz!
        Er prallt zurück an deinem Sitz.   9280

        Von Osten kamen wir heran,
        Und um den Westen war's getan;
        Ein lang und breites Volksgewicht,
        Der erste wußte vom letzten nicht.

        Der erste fiel, der zweite stand,   9285
        Des dritten Lanze war zur Hand;
        Ein jeder hundertfach gestärkt,
        Erschlagne Tausend unbemerkt.

        Wir drängten fort, wir stürmten fort,
        Wir waren Herrn von Ort zu Ort;   9290
        Und wo ich herrisch heut befahl,
        Ein andrer morgen raubt' und stahl.

        Wir schauten – eilig war die Schau,
        Der griff die allerschönste Frau,
        Der griff den Stier von festem Tritt,   9295
        Die Pferde mußten alle mit.

Ich aber liebte, zu erspähn
Das Seltenste, was man gesehn;
Und was ein andrer auch besaß,
Das war für mich gedörrtes Gras.   9300

Den Schätzen war ich auf der Spur,
Den scharfen Blicken folgt' ich nur,
In alle Taschen blickt' ich ein,
Durchsichtig war mir jeder Schrein.

Und Haufen Goldes waren mein,   9305
Am herrlichsten der Edelstein:
Nun der Smaragd allein verdient,
Daß er an deinem Herzen grünt.

Nun schwanke zwischen Ohr und Mund
Das Tropfenei aus Meeresgrund;   9310
Rubinen werden gar verscheucht,
Das Wangenrot sie niederbleicht.

Und so den allergrößten Schatz
Versetz' ich hier auf deinen Platz;
Zu deinen Füßen sei gebracht   9315
Die Ernte mancher blut'gen Schlacht.

So viele Kisten schlepp' ich her,
Der Eisenkisten hab' ich mehr;
Erlaube mich auf deiner Bahn,
Und Schatzgewölbe füll' ich an.   9320

Denn du bestiegest kaum den Thron,
So neigen schon, so beugen schon
Verstand und Reichtum und Gewalt
Sich vor der einzigen Gestalt.

Das alles hielt ich fest und mein,   9325
Nun aber, lose, wird es dein.
Ich glaubt' es würdig, hoch und bar,
Nun seh' ich, daß es nichtig war.

Verschwunden ist, was ich besaß,
Ein abgemähtes, welkes Gras.   9330
O gib mit einem heitern Blick
Ihm seinen ganzen Wert zurück!

FAUST. Entferne schnell die kühn erworbne Last,
Zwar nicht getadelt, aber unbelohnt.
Schon ist Ihr alles eigen, was die Burg   9335
Im Schoß verbirgt; Besondres Ihr zu bieten,
Ist unnütz. Geh und häufe Schatz auf Schatz
Geordnet an. Der ungesehnen Pracht
Erhabnes Bild stell' auf! Laß die Gewölbe
Wie frische Himmel blinken, Paradiese   9340
Von lebelosem Leben richte zu.
Voreilend ihren Tritten laß beblümt
An Teppich Teppiche sich wälzen; ihrem Tritt
Begegne sanfter Boden; ihrem Blick,
Nur Göttliche nicht blendend, höchster Glanz.   9345
LYNKEUS.   Schwach ist, was der Herr befiehlt,
            Tut's der Diener, es ist gespielt:
            Herrscht doch über Gut und Blut
            Dieser Schönheit Übermut.
            Schon das ganze Heer ist zahm,   9350
            Alle Schwerter stumpf und lahm,
            Vor der herrlichen Gestalt
            Selbst die Sonne matt und kalt,
            Vor dem Reichtum des Gesichts
            Alles leer und alles nichts. Ab.   9355
HELENA zu Faust. Ich wünsche dich zu sprechen, doch herauf
An meine Seite komm! Der leere Platz
Beruft den Herrn und sichert mir den meinen.
FAUST. Erst knieend laß die treue Widmung dir
Gefallen, hohe Frau; die Hand, die mich   9360
An deine Seite hebt, laß mich sie küssen.
Bestärke mich als Mitregenten deines
Grenzunbewußten Reichs, gewinne dir
Verehrer, Diener, Wächter all' in einem!
HELENA. Vielfache Wunder seh' ich, hör' ich an,   9365
Erstaunen trifft mich, fragen möcht' ich viel.
Doch wünscht' ich Unterricht, warum die Rede
Des Manns mir seltsam klang, seltsam und freundlich.
Ein Ton scheint sich dem andern zu bequemen,
Und hat ein Wort zum Ohre sich gesellt,   9370
Ein andres kommt, dem ersten liebzukosen.

FAUST. Gefällt dir schon die Sprechart unsrer Völker,
  O so gewiß entzückt auch der Gesang,
  Befriedigt Ohr und Sinn im tiefsten Grunde.
  Doch ist am sichersten, wir üben's gleich;   9375
  Die Wechselrede lockt es, ruft's hervor.
HELENA. So sage denn, wie sprech' ich auch so schön?
FAUST. Das ist gar leicht, es muß von Herzen gehn
  Und wenn die Brust von Sehnsucht überfließt,
  Man sieht sich um und fragt –
HELENA.   wer mitgenießt.   9380
FAUST. Nun schaut der Geist nicht vorwärts, nicht zurück,
  Die Gegenwart allein –
HELENA.   ist unser Glück.
FAUST. Schatz ist sie, Hochgewinn, Besitz und Pfand;
  Bestätigung, wer gibt sie?
HELENA.   Meine Hand.

CHOR.   Wer verdächt' es unsrer Fürstin,   9385
         Gönnet sie dem Herrn der Burg
         Freundliches Erzeigen?
         Denn gesteht, sämtliche sind wir
         Ja Gefangene, wie schon öfter
         Seit dem schmählichen Untergang   9390
         Ilios' und der ängstlich-
         labyrinthischen Kummerfahrt.

         Fraun, gewöhnt an Männerliebe,
         Wählerinnen sind sie nicht,
         Aber Kennerinnen.   9395
         Und wie goldlockigen Hirten
         Vielleicht schwarzborstigen Faunen,
         Wie es bringt die Gelegenheit,
         Über die schwellenden Glieder
         Vollerteilen sie gleiches Recht.   9400

         Nah und näher sitzen sie schon
         An einander gelehnet,
         Schulter an Schulter, Knie an Knie,
         Hand in Hand wiegen sie sich
         Über des Throns   9405

Aufgepolsterter Herrlichkeit.
Nicht versagt sich die Majestät
Heimlicher Freuden
Vor den Augen des Volkes
Übermütiges Offenbarsein.   9410

HELENA. Ich fühle mich so fern und doch so nah,
Und sage nur zu gern: Da bin ich! da!

FAUST. Ich atme kaum, mir zittert, stockt das Wort;
Es ist ein Traum, verschwunden Tag und Ort.

HELENA. Ich scheine mir verlebt und doch so neu,   9415
In dich verwebt, dem Unbekannten treu.

FAUST. Durchgrüble nicht das einzigste Geschick!
Dasein ist Pflicht, und wär's ein Augenblick.

PHORKYAS, heftig eintretend.
Buchstabiert in Liebesfibeln,
Tändelnd grübelt nur am Liebeln,   9420
Müßig liebelt fort im Grübeln,
Doch dazu ist keine Zeit.
Fühlt ihr nicht ein dumpfes Wettern?
Hört nur die Trompete schmettern,
Das Verderben ist nicht weit.   9425
Menelas mit Volkeswogen
Kommt auf euch herangezogen;
Rüstet euch zu herbem Streit!
Von der Siegerschar umwimmelt,
Wie Deiphobus verstümmelt,   9430
Büßest du das Fraungeleit.
Bammelt erst die leichte Ware,
Dieser gleich ist am Altare
Neugeschliffnes Beil bereit.

FAUST. Verwegne Störung! widerwärtig dringt sie ein;   9435
Auch nicht in Gefahren mag ich sinnlos Ungestüm.
Den schönsten Boten, Unglücksbotschaft häßlicht ihn;
Du Häßlichste gar, nur schlimme Botschaft bringst du gern.
Doch diesmal soll dir's nicht geraten; leeren Hauchs
Erschüttere du die Lüfte. Hier ist nicht Gefahr,   9440
Und selbst Gefahr erschiene nur als eitles Dräun.

Signale, Explosionen von den Türmen, Trompeten und Zinken,
kriegerische Musik, Durchmarsch gewaltiger Heereskraft.

FAUST.   Nein, gleich sollst du versammelt schauen
Der Helden ungetrennten Kreis:
Nur der verdient die Gunst der Frauen,
Der kräftigst sie zu schützen weiß.   9445

Zu den Heerführern, die sich von den Kolonnen
absondern und herantreten.

Mit angehaltnem stillen Wüten,
Das euch gewiß den Sieg verschafft,
Ihr, Nordens jugendliche Blüten,
Ihr, Ostens blumenreiche Kraft.

In Stahl gehüllt, vom Strahl umwittert,   9450
Die Schar, die Reich um Reich zerbrach,
Sie treten auf, die Erde schüttert,
Sie schreiten fort, es donnert nach.

An Pylos traten wir zu Lande,
Der alte Nestor ist nicht mehr,   9455
Und alle kleinen Königsbande
Zersprengt das ungebundne Heer.

Drängt ungesäumt von diesen Mauern
Jetzt Menelas dem Meer zurück;
Dort irren mag er, rauben, lauern,   9460
Ihm war es Neigung und Geschick.

Herzoge soll ich euch begrüßen,
Gebietet Spartas Königin;
Nun legt ihr Berg und Tal zu Füßen,
Und euer sei des Reichs Gewinn.   9465

Germane du! Korinthus' Buchten
Verteidige mit Wall und Schutz!
Achaia dann mit hundert Schluchten
Empfehl' ich, Gote, deinem Trutz.

Nach Elis ziehn der Franken Heere,   9470
Messene sei der Sachsen Los,

Normanne reinige die Meere
Und Argolis erschaff' er groß.

Dann wird ein jeder häuslich wohnen,
Nach außen richten Kraft und Blitz;   9475
Doch Sparta soll euch überthronen,
Der Königin verjährter Sitz.

All-einzeln sieht sie euch genießen
Des Landes, dem kein Wohl gebricht;
Ihr sucht getrost zu ihren Füßen   9480
Bestätigung und Recht und Licht.

Faust steigt herab, die Fürsten schließen einen Kreis um ihn, Befehl
und Anordnung näher zu vernehmen.

CHOR.   Wer die Schönste für sich begehrt,
Tüchtig vor allen Dingen
Seh' er nach Waffen weise sich um;
Schmeichelnd wohl gewann er sich,   9485
Was auf Erden das Höchste;
Aber ruhig besitzt er's nicht:
Schleicher listig entschmeicheln sie ihm,
Räuber kühnlich entreißen sie ihm;
Dieses zu hindern, sei er bedacht.   9490

Unsern Fürsten lob' ich drum,
Schätz' ihn höher vor andern,
Wie er so tapfer klug sich verband,
Daß die Starken gehorchend stehn,
Jedes Winkes gewärtig.   9495
Seinen Befehl vollziehn sie treu,
Jeder sich selbst zu eignem Nutz
Wie dem Herrscher zu lohnendem Dank,
Beiden zu höchlichem Ruhmesgewinn.

Denn wer entreißet sie jetzt   9500
Dem gewalt'gen Besitzer?
Ihm gehört sie, ihm sei sie gegönnt,
Doppelt von uns gegönnt, die er
Samt ihr zugleich innen mit sicherster Mauer,
Außen mit mächtigstem Heer umgab.   9505

FAUST. Die Gaben, diesen hier verliehen –
        An jeglichen ein reiches Land –,
        Sind groß und herrlich; laß sie ziehen!
        Wir halten in der Mitte stand.

        Und sie beschützen um die Wette,   9510
        Ringsum von Wellen angehüpft,
        Nichtinsel dich, mit leichter Hügelkette
        Europens letztem Bergast angeknüpft.

        Das Land, vor aller Länder Sonnen,
        Sei ewig jedem Stamm beglückt,   9515
        Nun meiner Königin gewonnen,
        Das früh an ihr hinaufgeblickt,

        Als mit Eurotas' Schilfgeflüster
        Sie leuchtend aus der Schale brach,
        Der hohen Mutter, dem Geschwister   9520
        Das Licht der Augen überstach.

        Dies Land, allein zu dir gekehret,
        Entbietet seinen höchsten Flor;
        Dem Erdkreis, der dir angehöret,
        Dein Vaterland, o zieh es vor!   9525

        Und duldet auch auf seiner Berge Rücken
        Das Zackenhaupt der Sonne kalten Pfeil,
        Läßt nun der Fels sich angegrünt erblicken,
        Die Ziege nimmt genäschig kargen Teil.

        Die Quelle springt, vereinigt stürzen Bäche,   9530
        Und schon sind Schluchten, Hänge, Matten grün.
        Auf hundert Hügeln unterbrochner Fläche
        Siehst Wollenherden ausgebreitet ziehn.

        Verteilt, vorsichtig abgemessen schreitet
        Gehörntes Rind hinan zum jähen Rand;   9535
        Doch Obdach ist den sämtlichen bereitet,
        Zu hundert Höhlen wölbt sich Felsenwand.

        Pan schützt sie dort, und Lebensnymphen wohnen
        In buschiger Klüfte feucht erfrischtem Raum,

Und sehnsuchtsvoll nach höhern Regionen 9540
Erhebt sich zweighaft Baum gedrängt an Baum.

Alt-Wälder sind's! Die Eiche starret mächtig,
Und eigensinnig zackt sich Ast an Ast;
Der Ahorn mild, von süßem Safte trächtig,
Steigt rein empor und spielt mit seiner Last. 9545

Und mütterlich im stillen Schattenkreise
Quillt laue Milch bereit für Kind und Lamm;
Obst ist nicht weit, der Ebnen reife Speise,
Und Honig trieft vom ausgehöhlten Stamm.

Hier ist das Wohlbehagen erblich, 9550
Die Wange heitert wie der Mund,
Ein jeder ist an seinem Platz unsterblich:
Sie sind zufrieden und gesund.

Und so entwickelt sich am reinen Tage
Zu Vaterkraft das holde Kind. 9555
Wir staunen drob; noch immer bleibt die Frage:
Ob's Götter, ob es Menschen sind?

So war Apoll den Hirten zugestaltet,
Daß ihm der schönsten einer glich;
Denn wo Natur im reinen Kreise waltet, 9560
Ergreifen alle Welten sich.

Neben ihr sitzend.

So ist es mir, so ist es dir gelungen;
Vergangenheit sei hinter uns getan!
O fühle dich vom höchsten Gott entsprungen,
Der ersten Welt gehörst du einzig an. 9565

Nicht feste Burg soll dich umschreiben!
Noch zirkt in ewiger Jugendkraft
Für uns, zu wonnevollem Bleiben,
Arkadien in Spartas Nachbarschaft.

Gelockt, auf sel'gem Grund zu wohnen, 9570
Du flüchtetest ins heiterste Geschick!
Zur Laube wandeln sich die Thronen,
Arkadisch frei sei unser Glück!

Der Schauplatz verwandelt sich durchaus. An eine Reihe von
Felsenhöhlen lehnen sich geschloßne Lauben. Schattiger Hain bis an
die rings umgebende Felsensteile hinan. Faust und Helena werden
nicht gesehen. Der Chor liegt schlafend verteilt umher.

PHORKYAS.
  Wie lange Zeit die Mädchen schlafen, weiß ich nicht;
  Ob sie sich träumen ließen, was ich hell und klar   9575
  Vor Augen sah, ist ebenfalls mir unbekannt.
  Drum weck' ich sie. Erstaunen soll das junge Volk;
  Ihr Bärtigen auch, die ihr da drunten sitzend harrt,
  Glaubhafter Wunder Lösung endlich anzuschaun.
  Hervor! hervor! Und schüttelt eure Locken rasch!   9580
  Schlaf aus den Augen! Blinzt nicht so und hört mich an!
CHOR. Rede nur, erzähl', erzähle, was sich Wunderlichs
                              begeben!
  Hören möchten wir am liebsten, was wir gar nicht
                              glauben können;
  Denn wir haben Langeweile, diese Felsen anzusehn.
PHORKYAS. Kaum die Augen ausgerieben, Kinder,
                              langeweilt ihr schon? 9585
  So vernehmt: in diesen Höhlen, diesen Grotten,
                              diesen Lauben
  Schutz und Schirmung war verliehen, wie idyllischem
  Unserm Herrn und unsrer Frauen.   [Liebespaare,
CHOR.   Wie, da drinnen?
PHORKYAS.   Abgesondert
  Von der Welt, nur mich, die eine, riefen sie zu stillem
                              Dienste.
  Hochgeehrt stand ich zur Seite, doch, wie es Vertrauten
                              ziemet,   9590
  Schaut' ich um nach etwas andrem. Wendete mich hier-
                              und dorthin,
  Suchte Wurzeln, Moos und Rinden, kundig aller
  Und so blieben sie allein.   [Wirksamkeiten,
CHOR. Tust du doch, als ob da drinnen ganze Welten-
                              räume wären,
  Wald und Wiese, Bäche, Seen; welche Märchen
                              spinnst du ab! 9595

PHORKYAS.
Allerdings, ihr Unerfahrnen! das sind unerforschte Tiefen:
Saal an Sälen, Hof an Höfen, diese spürt' ich sinnend aus.
Doch auf einmal ein Gelächter echot in den Höhlenräumen;
Schau' ich hin, da springt ein Knabe von der Frauen
                              Schoß zum Manne,
Von dem Vater zu der Mutter; das Gekose, das Getändel,9600
Töriger Liebe Neckereien, Scherzgeschrei und Lustge-
Wechselnd übertäuben mich.   [jauchze
Nackt, ein Genius ohne Flügel, faunenartig ohne Tierheit,
Springt er auf den festen Boden; doch der Boden gegen-
                              wirkend
Schnellt ihn zu der luft'gen Höhe, und im zweiten,   9605
Rührt er an das Hochgewölb.   [dritten Sprunge
   Ängstlich ruft die Mutter: Springe wiederholt und
                              nach Belieben,
Aber hüte dich, zu fliegen, freier Flug ist dir versagt.
Und so mahnt der treue Vater: In der Erde liegt die
                              Schnellkraft,
Die dich aufwärts treibt; berühre mit der Zehe nur den
                              Boden,   9610
Wie der Erdensohn Antäus bist du alsobald gestärkt.
Und so hüpft er auf die Masse dieses Felsens, von der Kante
Zu dem andern und umher, so wie ein Ball geschlagen springt.
   Doch auf einmal in der Spalte rauher Schlucht ist er
                              verschwunden,
Und nun scheint er uns verloren. Mutter jammert,
                              Vater tröstet,   9615
Achselzuckend steh' ich ängstlich. Doch nun wieder
                              welch Erscheinen!
Liegen Schätze dort verborgen? Blumenstreifige Gewande
Hat er würdig angetan.
Quasten schwanken von den Armen, Binden flattern um
                              den Busen,
In der Hand die goldne Leier, völlig wie ein kleiner Phöbus,9620
Tritt er wohlgemut zur Kante, zu dem Überhang;
                              wir staunen.
Und die Eltern vor Entzücken werfen wechselnd sich
                              ans Herz.

Denn wie leuchtet's ihm zu Haupten? Was erglänzt, ist
                              schwer zu sagen,
Ist es Goldschmuck, ist es Flamme übermächtiger
                              Geisteskraft?
Und so regt er sich gebärdend, sich als Knabe schon
                              verkündend   9625
Künftigen Meister alles Schönen, dem die ewigen Melodien
Durch die Glieder sich bewegen; und so werdet ihr ihn hören,
Und so werdet ihr ihn sehn zu einzigster Bewunderung.

CHOR.   Nennst du ein Wunder dies,
        Kretas Erzeugte?   9630
        Dichtend belehrendem Wort
        Hast du gelauscht wohl nimmer?
        Niemals noch gehört Ioniens,
        Nie vernommen auch Hellas'
        Urväterlicher Sagen   9635
        Göttlich-heldenhaften Reichtum?

        Alles, was je geschieht
        Heutigen Tages,
        Trauriger Nachklang ist's
        Herrlicher Ahnherrntage;   9640
        Nicht vergleicht sich dein Erzählen
        Dem, was liebliche Lüge,
        Glaubhaftiger als Wahrheit,
        Von dem Sohne sang der Maja

        Diesen zierlich und kräftig doch   9645
        Kaum geborenen Säugling
        Faltet in reinster Windeln Flaum,
        Strenget in köstlicher Wickeln Schmuck
        Klatschender Wärterinnen Schar
        Unvernünftigen Wähnens.   9650
        Kräftig und zierlich aber zieht
        Schon der Schalk die geschmeidigen
        Doch elastischen Glieder
        Listig heraus, die purpurne,
        Ängstlich drückende Schale   9655
        Lassend ruhig an seiner Statt;
        Gleich dem fertigen Schmetterling,

Der aus starrem Puppenzwang
Flügel entfaltend behendig schlüpft,
Sonnedurchstrahlten Äther kühn   9660
Und mutwillig durchflatternd.

So auch er, der Behendeste,
Daß er Dieben und Schälken,
Vorteilsuchenden allen auch
Ewig günstiger Dämon sei,   9665
Dies betätigt er alsobald
Durch gewandteste Künste.
Schnell des Meeres Beherrscher stiehlt
Er den Trident, ja dem Ares selbst
Schlau das Schwert aus der Scheide;   9670
Bogen und Pfeil dem Phöbus auch,
Wie dem Hephästos die Zange;
Selber Zeus', des Vaters, Blitz
Nähm' er, schreckt' ihn das Feuer nicht;
Doch dem Eros siegt er ob   9675
In beinstellendem Ringerspiel;
Raubt auch Cyprien, wie sie ihm kost,
Noch vom Busen den Gürtel.

*Ein reizendes, reinmelodisches Saitenspiel erklingt aus der Höhle. Alle
merken auf und scheinen bald innig gerührt. Von hier an bis zur be-
merkten Pause durchaus mit vollstimmiger Musik.*

PHORKYAS.   Höret allerliebste Klänge,
              Macht euch schnell von Fabeln frei!   9680
              Eurer Götter alt Gemenge,
              Laßt es hin, es ist vorbei.

              Niemand will euch mehr verstehen,
              Fordern wir doch höhern Zoll:
              Denn es muß von Herzen gehen,   9685
              Was auf Herzen wirken soll.

              Sie zieht sich nach den Felsen zurück.

CHOR.   Bist du, fürchterliches Wesen,
              Diesem Schmeichelton geneigt,
              Fühlen wir, als frisch genesen,
              Uns zur Tränenlust erweicht.   9690

Laß der Sonne Glanz verschwinden,
Wenn es in der Seele tagt,
Wir im eignen Herzen finden,
Was die ganze Welt versagt.

Helena, Faust, Euphorion in dem oben beschriebenen Kostüm.

EUPHORION.   Hört ihr Kindeslieder singen,   9695
Gleich ist's euer eigner Scherz;
Seht ihr mich im Takte springen,
Hüpft euch elterlich das Herz.

HELENA.   Liebe, menschlich zu beglücken,
Nähert sie ein edles Zwei,   9700
Doch zu göttlichem Entzücken
Bildet sie ein köstlich Drei.

FAUST.   Alles ist sodann gefunden.
Ich bin dein, und du bist mein;
Und so stehen wir verbunden,   9705
Dürft' es doch nicht anders sein!

CHOR.   Wohlgefallen vieler Jahre
In des Knaben mildem Schein
Sammelt sich auf diesem Paare.
O, wie rührt mich der Verein!   9710

EUPHORION. Nun laßt mich hüpfen,
Nun laßt mich springen!
Zu allen Lüften
Hinaufzudringen,
Ist mir Begierde,   9715
Sie faßt mich schon.

FAUST.   Nur mäßig! mäßig!
Nicht ins Verwegne,
Daß Sturz und Unfall
Dir nicht begegne,   9720
Zugrund uns richte
Der teure Sohn!

EUPHORION. Ich will nicht länger
Am Boden stocken;
Laßt meine Hände,
Laßt meine Locken,   9725
Laßt meine Kleider!
Sie sind ja mein.

HELENA.   O denk! o denke,
              Wem du gehörest!   9730
              Wie es uns kränke,
              Wie du zerstörest
              Das schön errungene
              Mein, Dein und Sein.
CHOR.   Bald löst, ich fürchte,   9735
              Sich der Verein!
HELENA UND FAUST. Bändige! bändige
              Eltern zuliebe
              Überlebendige,
              Heftige Triebe!   9740
              Ländlich im stillen
              Ziere den Plan.
EUPHORION. Nur euch zu Willen
              Halt' ich mich an.

Durch den Chor sich schlingend und ihn zum Tanze fortziehend.

              Leichter umschweb' ich hie   9745
              Muntres Geschlecht.
              Ist nun die Melodie,
              Ist die Bewegung recht?
HELENA.   Ja, das ist wohlgetan;
              Führe die Schönen an   9750
              Künstlichem Reihn.
FAUST.   Wäre das doch vorbei!
              Mich kann die Gaukelei
              Gar nicht erfreun.

*Euphorion und Chor tanzend und singend bewegen sich
in verschlungenem Reihen.*

CHOR.   Wenn du der Arme Paar   9755
              Lieblich bewegest,
              Im Glanz dein lockig Haar
              Schüttelnd erregest,
              Wenn dir der Fuß so leicht
              Über die Erde schleicht,   9760
              Dort und da wieder hin
              Glieder um Glied sich ziehn,
              Hast du dein Ziel erreicht,

Liebliches Kind;
All' unsre Herzen sind   9765
All' dir geneigt.

Pause.

EUPHORION. Ihr seid so viele
Leichtfüßige Rehe;
Zu neuem Spiele
Frisch aus der Nähe!   9770
Ich bin der Jäger,
Ihr seid das Wild.

CHOR.   Willst du uns fangen,
Sei nicht behende,
Denn wir verlangen   9775
Doch nur am Ende,
Dich zu umarmen,
Du schönes Bild!

EUPHORION. Nur durch die Haine!
Zu Stock und Steine!   9780
Das leicht Errungene,
Das widert mir,
Nur das Erzwungene
Ergetzt mich schier.

HELENA UND FAUST.
Welch ein Mutwill'! welch ein Rasen!   9785
Keine Mäßigung ist zu hoffen.
Klingt es doch wie Hörnerblasen
Über Tal und Wälder dröhnend;
Welch ein Unfug! welch Geschrei!

CHOR, einzeln schnell eintretend.
Uns ist er vorbeigelaufen;   9790
Mit Verachtung uns verhöhnend,
Schleppt er von dem ganzen Haufen
Nun die Wildeste herbei.

EUPHORION, ein junges Mädchen hereintragend.
Schlepp' ich her die derbe Kleine
Zu erzwungenem Genusse;   9795
Mir zur Wonne, mir zur Lust
Drück' ich widerspenstige Brust,

Küss' ich widerwärtigen Mund,
Tue Kraft und Willen kund.

MÄDCHEN. Laß mich los! In dieser Hülle   9800
Ist auch Geistes Mut und Kraft;
Deinem gleich ist unser Wille
Nicht so leicht hinweggerafft.
Glaubst du wohl mich im Gedränge?
Deinem Arm vertraust du viel!   9805
Halte fest, und ich versenge
Dich, den Toren, mir zum Spiel.

    Sie flammt auf und lodert in die Höhe.

Folge mir in leichte Lüfte,
Folge mir in starre Grüfte,
Hasche das verschwundne Ziel!   9810

EUPHORION, *die letzten Flammen abschüttelnd.*
Felsengedränge hier
Zwischen dem Waldgebüsch,
Was soll die Enge mir,
Bin ich doch jung und frisch.
Winde, sie sausen ja,   9815
Wellen, sie brausen da;
Hör' ich doch beides fern,
Nah wär' ich gern.

    Er springt immer höher felsauf.

HELENA, FAUST UND CHOR.
Wolltest du den Gemsen gleichen?
Vor dem Falle muß uns graun.   9820

EUPHORION. Immer höher muß ich steigen,
Immer weiter muß ich schaun.
Weiß ich nun, wo ich bin!
Mitten der Insel drin,
Mitten in Pelops' Land,   9825
Erde- wie seeverwandt.

CHOR. Magst nicht in Berg und Wald
Friedlich verweilen?
Suchen wir alsobald
Reben in Zeilen,   9830
Reben am Hügelrand,

```
                Feigen und Apfelgold.
                Ach in dem holden Land
                Bleibe du hold!
EUPHORION. Träumt ihr den Friedenstag?                        9835
                Träume, wer träumen mag.
                Krieg! ist das Losungswort.
                Sieg! und so klingt es fort.
CHOR.           Wer im Frieden
                Wünschet sich Krieg zurück,                    9840
                Der ist geschieden
                Vom Hoffnungsglück.
EUPHORION. Welche dies Land gebar
                Aus Gefahr in Gefahr,
                Frei, unbegrenzten Muts,                       9845
                Verschwendrisch eignen Bluts,
                Den nicht zu dämpfenden
                Heiligen Sinn –
                Alle den Kämpfenden
                Bring' es Gewinn!                              9850
CHOR.           Seht hinauf, wie hoch gestiegen!
                Und er scheint uns doch nicht klein:
                Wie im Harnisch, wie zum Siegen,
                Wie von Erz und Stahl der Schein.
EUPHORION. Keine Wälle, keine Mauern,                          9855
                Jeder nur sich selbst bewußt;
                Feste Burg, um auszudauern,
                Ist des Mannes ehrne Brust.
                Wollt ihr unerobert wohnen,
                Leicht bewaffnet rasch ins Feld;               9860
                Frauen werden Amazonen
                Und ein jedes Kind ein Held.
CHOR.           Heilige Poesie,
                Himmelan steige sie!
                Glänze, der schönste Stern,                    9865
                Fern und so weiter fern!
                Und sie erreicht uns doch
                Immer, man hört sie noch,
                Vernimmt sie gern.
```

EUPHORION. Nein, nicht ein Kind bin ich erschienen,   9870
      In Waffen kommt der Jüngling an;
      Gesellt zu Starken, Freien, Kühnen,
      Hat er im Geiste schon getan.
      Nun fort!
      Nun dort   9875
      Eröffnet sich zum Ruhm die Bahn.

HELENA UND FAUST.
      Kaum ins Leben eingerufen,
      Heitrem Tag gegeben kaum,
      Sehnest du von Schwindelstufen
      Dich zu schmerzenvollem Raum.   9880
      Sind denn wir
      Gar nichts dir?
      Ist der holde Bund ein Traum?

EUPHORION. Und hört ihr donnern auf dem Meere?
      Dort widerdonnern Tal um Tal,   9885
      In Staub und Wellen, Heer dem Heere,
      In Drang um Drang, zu Schmerz und Qual.
      Und der Tod
      Ist Gebot,
      Das versteht sich nun einmal.   9890

HELENA, FAUST UND CHOR.
      Welch Entsetzen! welches Grauen!
      Ist der Tod denn dir Gebot?

EUPHORION. Sollt' ich aus der Ferne schauen?
      Nein! ich teile Sorg' und Not.

Die VORIGEN. Übermut und Gefahr,   9895
      Tödliches Los!

EUPHORION. Doch! – und ein Flügelpaar
      Faltet sich los!
      Dorthin! Ich muß! ich muß!
      Gönnt mir den Flug!   9900

Er wirft sich in die Lüfte, die Gewande tragen ihn einen Augenblick,
    sein Haupt strahlt, ein Lichtschweif zieht nach.

CHOR.   Ikarus! Ikarus!
      Jammer genug.

Ein schöner Jüngling stürzt zu der Eltern Füßen, man glaubt in dem
Toten eine bekannte Gestalt zu erblicken; doch das Körperliche verschwindet sogleich, die Aureole steigt wie ein Komet zum Himmel
auf, Kleid, Mantel und Lyra bleiben liegen.

HELENA UND FAUST. Der Freude folgt sogleich
   Grimmige Pein.

EUPHORIONS STIMME aus der Tiefe.
   Laß mich im düstern Reich,   9905
   Mutter, mich nicht allein! Pause.

CHOR. Trauergesang.
    Nicht allein! – wo du auch weilest,
    Denn wir glauben dich zu kennen;
    Ach! wenn du dem Tag enteilest,
    Wird kein Herz von dir sich trennen.   9910
    Wüßten wir doch kaum zu klagen,
    Neidend singen wir dein Los:
    Dir in klar- und trüben Tagen
    Lied und Mut war schön und groß.

    Ach! zum Erdenglück geboren,   9915
    Hoher Ahnen, großer Kraft,
    Leider früh dir selbst verloren,
    Jugendblüte weggerafft!
    Scharfer Blick, die Welt zu schauen,
    Mitsinn jedem Herzensdrang,   9920
    Liebesglut der besten Frauen
    Und ein eigenster Gesang.

    Doch du ranntest unaufhaltsam
    Frei ins willenlose Netz,
    So entzweitest du gewaltsam   9925
    Dich mit Sitte, mit Gesetz;
    Doch zuletzt das höchste Sinnen
    Gab dem reinen Mut Gewicht,
    Wolltest Herrliches gewinnen,
    Aber es gelang dir nicht.   9930

    Wem gelingt es? – Trübe Frage,
    Der das Schicksal sich vermummt,

Wenn am unglückseligsten Tage
Blutend alles Volk verstummt.
Doch erfrischet neue Lieder,   9935
Steht nicht länger tief gebeugt:
Denn der Boden zeugt sie wieder,
Wie von je er sie gezeugt.

Völlige Pause. Die Musik hört auf.

HELENA *zu Faust.*
Ein altes Wort bewährt sich leider auch an mir:
Daß Glück und Schönheit dauerhaft sich nicht vereint.   9940
Zerrissen ist des Lebens wie der Liebe Band;
Bejammernd beide, sag' ich schmerzlich Lebewohl
Und werfe mich noch einmal in die Arme dir.
Persephoneia, nimm den Knaben auf und mich!

*Sie umarmt Faust, das Körperliche verschwindet, Kleid und Schleier
bleiben ihm in den Armen.*

PHORKYAS *zu Faust.*
Halte fest, was dir von allem übrigblieb.   9945
Das Kleid, laß es nicht los. Da zupfen schon
Dämonen an den Zipfeln, möchten gern
Zur Unterwelt es reißen. Halte fest!
Die Göttin ist's nicht mehr, die du verlorst,
Doch göttlich ist's. Bediene dich der hohen,   9950
Unschätzbaren Gunst und hebe dich empor:
Es trägt dich über alles Gemeine rasch
Am Äther hin, so lange du dauern kannst.
Wir sehn uns wieder, weit, gar weit von hier.

*Helenens Gewande lösen sich in Wolken auf, umgeben Faust, heben
ihn in die Höhe und ziehen mit ihm vorüber.*

PHORKYAS *nimmt Euphorions Kleid, Mantel und Lyra von der Erde,
tritt ins Proszenium, hebt die Exuvien in die Höhe und spricht:*

Noch immer glücklich aufgefunden!   9955
Die Flamme freilich ist verschwunden,
Doch ist mir um die Welt nicht leid.
Hier bleibt genug, Poeten einzuweihen,
Zu stiften Gild- und Handwerksneid;

Und kann ich die Talente nicht verleihen,   996o
Verborg' ich wenigstens das Kleid.
Sie setzt sich im Proszenium an eine Säule nieder.

PANTHALIS.
Nun eilig, Mädchen! Sind wir doch den Zauber los,
Der alt-thessalischen Vettel wüsten Geisteszwang,
So des Geklimpers vielverworrner Töne Rausch,
Das Ohr verwirrend, schlimmer noch den innern Sinn.   9965
Hinab zum Hades! Eilte doch die Königin
Mit ernstem Gang hinunter. Ihrer Sohle sei
Unmittelbar getreuer Mägde Schritt gefügt.
Wir finden sie am Throne der Unerforschlichen.

CHOR.   Königinnen freilich, überall sind sie gern;   9970
        Auch im Hades stehen sie obenan,
        Stolz zu ihresgleichen gesellt,
        Mit Persephonen innigst vertraut;
        Aber wir im Hintergrunde
        Tiefer Asphodelos-Wiesen,   9975
        Langgestreckten Pappeln,
        Unfruchtbaren Weiden zugesellt,
        Welchen Zeitvertreib haben wir?
        Fledermausgleich zu piepsen,
        Geflüster, unerfreulich, gespenstig.   9980

PANTHALIS. Wer keinen Namen sich erwarb noch Edles will,
Gehört den Elementen an; so fahret hin!
Mit meiner Königin zu sein, verlangt mich heiß;
Nicht nur Verdienst, auch Treue wahrt uns die Person. Ab.

ALLE.   Zurückgegeben sind wir dem Tageslicht,   9985
        Zwar Personen nicht mehr,
        Das fühlen, das wissen wir,
        Aber zum Hades kehren wir nimmer.
        Ewig lebendige Natur
        Macht auf uns Geister,   9990
        Wir auf sie vollgültigen Anspruch.

EIN TEIL DES CHORS.
Wir in dieser tausend Äste Flüsterzittern, Säuselschweben
Reizen tändlnd, locken leise wurzelauf des Lebens Quellen
Nach den Zweigen; bald mit Blättern, bald mit Blüten
                                        überschwenglich

Zieren wir die Flatterhaare frei zu luftigem Gedeihn.　9995
Fällt die Frucht, sogleich versammeln lebenslustig Volk
und Herden
Sich zum Greifen, sich zum Naschen, eilig kommend,
emsig drängend;
Und wie vor den ersten Göttern bückt sich alles um uns her.

EIN ANDRER TEIL.

Wir, an dieser Felsenwände weithinleuchtend glattem
Spiegel
Schmiegen wir, in sanften Wellen uns bewegend,
schmeichelnd an;　10000
Horchen, lauschen jedem Laute, Vogelsängen, Röhrigflöten,
Sei es Pans furchtbarer Stimme, Antwort ist sogleich bereit;
Säuselt's, säuseln wir erwidernd, donnert's, rollen unsre
Donner
In erschütterndem Verdoppeln, dreifach, zehnfach
hintennach.

EIN DRITTER TEIL.

Schwestern! Wir, bewegtern Sinnes, eilen mit den Bächen
weiter;　10005
Denn es reizen jener Ferne reichgeschmückte Hügelzüge.
Immer abwärts, immer tiefer wässern wir, mäandrisch
wallend,
Jetzt die Wiese, dann die Matten, gleich den Garten um
das Haus.
Dort bezeichnen's der Zypressen schlanke Wipfel, über
Landschaft,
Uferzug und Wellenspiegel nach dem Äther steigende.　10010

EIN VIERTER TEIL.

Wallt ihr andern, wo's beliebet; wir umzingeln, wir
umrauschen
Den durchaus bepflanzten Hügel, wo am Stab die Rebe
grünt;
Dort zu aller Tage Stunden läßt die Leidenschaft des
Winzers
Uns des liebevollsten Fleißes zweifelhaft Gelingen sehn.
Bald mit Hacke, bald mit Spaten, bald mit Häufeln,
Schneiden, Binden　10015
Betet er zu allen Göttern, fördersamst zum Sonnengott.

Bacchus kümmert sich, der Weichling, wenig um den
                                    treuen Diener,
Ruht in Lauben, lehnt in Höhlen, faselnd mit dem
                                    jüngsten Faun.
Was zu seiner Träumereien halbem Rausch er je bedurfte,
Immer bleibt es ihm in Schläuchen, ihm in Krügen und
                                    Gefäßen,   10020
Rechts und links der kühlen Grüfte, ewige Zeiten aufbewahrt.
Haben aber alle Götter, hat nun Helios vor allen,
Lüftend, feuchtend, wärmend, glutend, Beeren-Füllhorn
                                    aufgehäuft,
Wo der stille Winzer wirkte, dort auf einmal wird's lebendig,
Und es rauscht in jedem Laube, raschelt um von Stock
                                    zu Stock.   10025
Körbe knarren, Eimer klappern, Tragebutten ächzen hin,
Alles nach der großen Kufe zu der Keltrer kräft'gem Tanz;
Und so wird die heilige Fülle reingeborner saftiger Beeren
Frech zertreten, schäumend, sprühend mischt sich's,
                                    widerlich zerquetscht.
Und nun gellt ins Ohr der Zimbeln mit der Becken Erz-
                                    getöne,   10030
Denn es hat sich Dionysos aus Mysterien enthüllt;
Kommt hervor mit Ziegenfüßlern, schwenkend
                                    Ziegenfüßlerinnen,
Und dazwischen schreit unbändig grell Silenus' öhrig Tier.
Nichts geschont! Gespaltne Klauen treten alle Sitte nieder,
Alle Sinne wirbeln taumlich, gräßlich übertäubt das Ohr. 10035
Nach der Schale tappen Trunkne, überfüllt sind Kopf
                                    und Wänste,
Sorglich ist noch ein und andrer, doch vermehrt er
                                    die Tumulte,
Denn um neuen Most zu bergen, leert man rasch den
                                    alten Schlauch!

Der Vorhang fällt. Phorkyas im Proszenium richtet sich riesenhaft
auf, tritt aber von den Kothurnen herunter, lehnt Maske und Schleier
zurück und zeigt sich als Mephistopheles, um, insofern es nötig wäre,
im Epilog das Stück zu kommentieren.

VIERTER AKT

HOCHGEBIRG

starre, zackige Felsengipfel

Eine Wolke zieht herbei, lehnt sich an, senkt sich auf eine vorstehende
Platte herab. Sie teilt sich.

FAUST tritt hervor.

Der Einsamkeiten tiefste schauend unter meinem Fuß,
Betret' ich wohlbedächtig dieser Gipfel Saum,   1000
Entlassend meiner Wolke Tragewerk, die mich sanft
An klaren Tagen über Land und Meer geführt.
Sie löst sich langsam, nicht zerstiebend, von mir ab.
Nach Osten strebt die Masse mit geballtem Zug,
Ihr strebt das Auge staunend in Bewundrung nach.   1004
Sie teilt sich wandelnd, wogenhaft, veränderlich.
Doch will sich's modeln. – Ja! das Auge trügt mich nicht! –
Auf sonnbeglänzten Pfühlen herrlich hingestreckt,
Zwar riesenhaft, ein göttergleiches Fraungebild,
Ich seh's! Junonen ähnlich, Leda'n, Helenen,   1008
Wie majestätisch lieblich mir's im Auge schwankt.
Ach! schon verrückt sich's! Formlos breit und aufgetürmt
Ruht es in Osten, fernen Eisgebirgen gleich,
Und spiegelt blendend flücht'ger Tage großen Sinn.

Doch mir umschwebt ein zarter lichter Nebelstreif   1013
Noch Brust und Stirn, erheiternd, kühl und schmeichelhaft.
Nun steigt es leicht und zaudernd hoch und höher auf,
Fügt sich zusammen. – Täuscht mich ein entzückend Bild,
Als jugenderstes, längstentbehrtes höchstes Gut?
Des tiefsten Herzens frühste Schätze quellen auf: 1018
Aurorens Liebe, leichten Schwung bezeichnet's mir,
Den schnellempfundnen, ersten, kaum verstandnen Blick,
Der, festgehalten, überglänzte jeden Schatz.
Wie Seelenschönheit steigert sich die holde Form,
Löst sich nicht auf, erhebt sich in den Äther hin   1023
Und zieht das Beste meines Innern mit sich fort.

Ein Siebenmeilenstiefel tappt auf. Ein anderer folgt alsbald.
Mephistopheles steigt ab. Die Stiefel schreiten eilig weiter.

MEPHISTOPHELES. Das heiß' ich endlich vorgeschritten!
Nun aber sag, was fällt dir ein?
Steigst ab in solcher Greuel Mitten,
Im gräßlich gähnenden Gestein?   10070
Ich kenn' es wohl, doch nicht an dieser Stelle,
Denn eigentlich war das der Grund der Hölle.
FAUST. Es fehlt dir nie an närrischen Legenden;
Fängst wieder an, dergleichen auszuspenden.
MEPHISTOPHELES ernsthaft.
Als Gott der Herr – ich weiß auch wohl, warum –   10075
Uns aus der Luft in tiefste Tiefen bannte,
Da, wo zentralisch glühend, um und um,
Ein ewig Feuer flammend sich durchbrannte,
Wir fanden uns bei allzugroßer Hellung
In sehr gedrängter, unbequemer Stellung.   10080
Die Teufel fingen sämtlich an zu husten,
Von oben und von unten auszupusten;
Die Hölle schwoll von Schwefelstank und -säure,
Das gab ein Gas! Das ging ins Ungeheure,
So daß gar bald der Länder flache Kruste,   10085
So dick sie war, zerkrachend bersten mußte.
Nun haben wir's an einem andern Zipfel,
Was ehmals Grund war, ist nun Gipfel.
Sie gründen auch hierauf die rechten Lehren,
Das Unterste ins Oberste zu kehren.   10090
Denn wir entrannen knechtisch-heißer Gruft
Ins Übermaß der Herrschaft freier Luft.
Ein offenbar Geheimnis, wohl verwahrt,
Und wird nur spät den Völkern offenbart. (Ephes. 6, 12.)
FAUST. Gebirgesmasse bleibt mir edel-stumm,   10095
Ich frage nicht woher und nicht warum.
Als die Natur sich in sich selbst gegründet,
Da hat sie rein den Erdball abgeründet,
Der Gipfel sich, der Schluchten sich erfreut
Und Fels an Fels und Berg an Berg gereiht,   10100
Die Hügel dann bequem hinabgebildet,
Mit sanftem Zug sie in das Tal gemildet.
Da grünt's und wächst's, und um sich zu erfreuen,
Bedarf sie nicht der tollen Strudeleien.

MEPHISTOPHELES.
Das sprecht Ihr so! Das scheint Euch sonnenklar; 10105
Doch weiß es anders, der zugegen war.
Ich war dabei, als noch da drunten siedend
Der Abgrund schwoll und strömend Flammen trug;
Als Molochs Hammer, Fels an Felsen schmiedend,
Gebirgstrümmer in die Ferne schlug. 10110
Noch starrt das Land von fremden Zentnermassen;
Wer gibt Erklärung solcher Schleudermacht?
Der Philosoph, er weiß es nicht zu fassen,
Da liegt der Fels, man muß ihn liegen lassen,
Zuschanden haben wir uns schon gedacht. – 10115
Das treu-gemeine Volk allein begreift
Und läßt sich im Begriff nicht stören;
Ihm ist die Weisheit längst gereift:
Ein Wunder ist's, der Satan kommt zu Ehren.
Mein Wandrer hinkt an seiner Glaubenskrücke 10120
Zum Teufelsstein, zur Teufelsbrücke.
FAUST. Es ist doch auch bemerkenswert zu achten,
Zu sehn, wie Teufel die Natur betrachten.
MEPHISTOPHELES. Was geht mich's an! Natur sei, wie sie sei!
's ist Ehrenpunkt: der Teufel war dabei! 10125
Wir sind die Leute, Großes zu erreichen;
Tumult, Gewalt und Unsinn! sieh das Zeichen! –
Doch, daß ich endlich ganz verständlich spreche,
Gefiel dir nichts an unsrer Oberfläche?
Du übersahst, in ungemeßnen Weiten, 10130
Die Reiche der Welt und ihre Herrlichkeiten. (Matth. 4.)
Doch, ungenügsam, wie du bist,
Empfandest du wohl kein Gelüst?
FAUST. Und doch! ein Großes zog mich an.
Errate!
MEPHISTOPHELES. Das ist bald getan. 10135
Ich suchte mir so eine Hauptstadt aus,
Im Kerne Bürger-Nahrungs-Graus,
Krummenge Gäßchen, spitze Giebeln,
Beschränkten Markt, Kohl, Rüben, Zwiebeln;
Fleischbänke, wo die Schmeißen hausen, 10140
Die fetten Braten anzuschmausen;

Da findest du zu jeder Zeit
Gewiß Gestank und Tätigkeit.
Dann weite Plätze, breite Straßen,
Vornehmen Schein sich anzumaßen; 10145
Und endlich, wo kein Tor beschränkt,
Vorstädte grenzenlos verlängt.
Da freut' ich mich an Rollekutschen,
Am lärmigen Hin- und Widerrutschen,
Am ewigen Hin- und Widerlaufen 10150
Zerstreuter Ameis-Wimmelhaufen.
Und wenn ich führe, wenn ich ritte,
Erschien' ich immer ihre Mitte,
Von Hunderttausenden verehrt.

FAUST. Das kann mich nicht zufriedenstellen. 10155
Man freut sich, daß das Volk sich mehrt,
Nach seiner Art behäglich nährt,
Sogar sich bildet, sich belehrt –
Und man erzieht sich nur Rebellen.

MEPH. Dann baut' ich, grandios, mir selbst bewußt, 10160
Am lustigen Ort ein Schloß zur Lust.
Wald, Hügel, Flächen, Wiesen, Feld
Zum Garten prächtig umbestellt.
Vor grünen Wänden Sammetmatten,
Schnurwege, kunstgerechte Schatten, 10165
Kaskadensturz, durch Fels zu Fels gepaart,
Und Wasserstrahlen aller Art;
Ehrwürdig steigt es dort, doch an den Seiten
Da zischt's und pißt's in tausend Kleinigkeiten.
Dann aber ließ ich allerschönsten Frauen 10170
Vertraut-bequeme Häuslein bauen;
Verbrächte da grenzenlose Zeit
In allerliebst-geselliger Einsamkeit.
Ich sage Fraun; denn ein für allemal
Denk' ich die Schönen im Plural. 10175

FAUST. Schlecht und modern! Sardanapal!

MEPHISTOPHELES. Errät man wohl, wornach du strebtest?
Es war gewiß erhaben kühn.
Der du dem Mond um so viel näher schwebtest,
Dich zog wohl deine Sucht dahin? 10180

FAUST. Mit nichten! dieser Erdenkreis
　Gewährt noch Raum zu großen Taten.
　Erstaunenswürdiges soll geraten,
　Ich fühle Kraft zu kühnem Fleiß.
MEPH. Und also willst du Ruhm verdienen? 10185
　Man merkt's, du kommst von Heroinen.
FAUST. Herrschaft gewinn' ich, Eigentum!
　Die Tat ist alles, nichts der Ruhm.
MEPHISTOPHELES. Doch werden sich Poeten finden,
　Der Nachwelt deinen Glanz zu künden, 10190
　Durch Torheit Torheit zu entzünden.
FAUST. Von allem ist dir nichts gewährt.
　Was weißt du, was der Mensch begehrt?
　Dein widrig Wesen, bitter, scharf,
　Was weiß es, was der Mensch bedarf? 10195
MEPHISTOPHELES. Geschehe denn nach deinem Willen!
　Vertraue mir den Umfang deiner Grillen.
FAUST. Mein Auge war aufs hohe Meer gezogen;
　Es schwoll empor, sich in sich selbst zu türmen,
　Dann ließ es nach und schüttete die Wogen, 10200
　Des flachen Ufers Breite zu bestürmen.
　Und das verdroß mich; wie der Übermut
　Den freien Geist, der alle Rechte schätzt,
　Durch leidenschaftlich aufgeregtes Blut
　Ins Mißbehagen des Gefühls versetzt. 10205
　Ich hielt's für Zufall, schärfte meinen Blick.
　Die Woge stand und rollte dann zurück,
　Entfernte sich vom stolz erreichten Ziel;
　Die Stunde kommt, sie wiederholt das Spiel.
MEPHISTOPHELES ad spectatores.
　Da ist für mich nichts Neues zu erfahren, 10210
　Das kenn' ich schon seit hunderttausend Jahren.
FAUST, leidenschaftlich fortfahrend.
　Sie schleicht heran, an abertausend Enden,
　Unfruchtbar selbst, Unfruchtbarkeit zu spenden;
　Nun schwillt's und wächst und rollt und überzieht
　Der wüsten Strecke widerlich Gebiet. 10215
　Da herrschet Well' auf Welle kraftbegeistet,
　Zieht sich zurück, und es ist nichts geleistet,

Was zur Verzweiflung mich beängstigen könnte!
Zwecklose Kraft unbändiger Elemente!
Da wagt mein Geist, sich selbst zu überfliegen;   10220
Hier möcht' ich kämpfen, dies möcht' ich besiegen.

Und es ist möglich! – Flutend wie sie sei,
An jedem Hügel schmiegt sie sich vorbei;
Sie mag sich noch so übermütig regen,
Geringe Höhe ragt ihr stolz entgegen,   10225
Geringe Tiefe zieht sie mächtig an.
Da faßt' ich schnell im Geiste Plan auf Plan:
Erlange dir das köstliche Genießen,
Das herrische Meer vom Ufer auszuschließen,
Der feuchten Breite Grenzen zu verengen   10230
Und, weit hinein, sie in sich selbst zu drängen.
Von Schritt zu Schritt wußt' ich mir's zu erörtern;
Das ist mein Wunsch, den wage zu befördern!

*Trommeln und kriegerische Musik im Rücken der Zuschauer, aus
der Ferne, von der rechten Seite her.*

MEPH. Wie leicht ist das! Hörst du die Trommeln fern?

FAUST.
Schon wieder Krieg! der Kluge hört's nicht gern.   10235

MEPHISTOPHELES.
Krieg oder Frieden. Klug ist das Bemühen,
Zu seinem Vorteil etwas auszuziehen.
Man paßt, man merkt auf jedes günstige Nu.
Gelegenheit ist da, nun, Fauste, greife zu!

FAUST. Mit solchem Rätselkram verschone mich!   10240
Und kurz und gut, was soll's? Erkläre dich.

MEPHISTOPHELES.
Auf meinem Zuge blieb mir nicht verborgen:
Der gute Kaiser schwebt in großen Sorgen.
Du kennst ihn ja. Als wir ihn unterhielten,
Ihm falschen Reichtum in die Hände spielten,   10245
Da war die ganze Welt ihm feil.
Denn jung ward ihm der Thron zuteil,
Und ihm beliebt' es, falsch zu schließen,
Es könne wohl zusammengehn

Und sei recht wünschenswert und schön: 1025
Regieren und zugleich genießen.
FAUST. Ein großer Irrtum. Wer befehlen soll,
  Muß im Befehlen Seligkeit empfinden.
  Ihm ist die Brust von hohem Willen voll,
  Doch was er will, es darf's kein Mensch ergründen.   1025
  Was er den Treusten in das Ohr geraunt,
  Es ist getan, und alle Welt erstaunt.
  So wird er stets der Allerhöchste sein,
  Der Würdigste –; Genießen macht gemein.
MEPH. So ist er nicht. Er selbst genoß, und wie!   1026
  Indes zerfiel das Reich in Anarchie,
  Wo groß und klein sich kreuz und quer befehdeten
  Und Brüder sich vertrieben, töteten,
  Burg gegen Burg, Stadt gegen Stadt,
  Zunft gegen Adel Fehde hat,   1026
  Der Bischof mit Kapitel und Gemeinde;
  Was sich nur ansah, waren Feinde.
  In Kirchen Mord und Totschlag, vor den Toren
  Ist jeder Kauf- und Wandersmann verloren.
  Und allen wuchs die Kühnheit nicht gering;   1027
  Denn leben hieß sich wehren. – Nun, das ging.
FAUST. Es ging – es hinkte, fiel, stand wieder auf,
  Dann überschlug sich's, rollte plump zuhauf.
MEPH. Und solchen Zustand durfte niemand schelten,
  Ein jeder konnte, jeder wollte gelten.   1027
  Der Kleinste selbst, er galt für voll.
  Doch war's zuletzt den Besten allzutoll.
  Die Tüchtigen, sie standen auf mit Kraft
  Und sagten: Herr ist, der uns Ruhe schafft.
  Der Kaiser kann's nicht, will's nicht – laßt uns wählen, 1028
  Den neuen Kaiser neu das Reich beseelen,
  Indem er jeden sicher stellt,
  In einer frisch geschaffnen Welt
  Fried' und Gerechtigkeit vermählen.
FAUST. Das klingt sehr pfäffisch.
MEPHISTOPHELES.   Pfaffen waren's auch, 1028
  Sie sicherten den wohlgenährten Bauch.
  Sie waren mehr als andere beteiligt.

Der Aufruhr schwoll, der Aufruhr ward geheiligt;
Und unser Kaiser, den wir froh gemacht,
Zieht sich hieher, vielleicht zur letzten Schlacht. 10290
FAUST. Er jammert mich; er war so gut und offen.
MEPH. Komm, sehn wir zu! der Lebende soll hoffen.
Befrein wir ihn aus diesem engen Tale!
Einmal gerettet, ist's für tausend Male.
Wer weiß, wie noch die Würfel fallen? 10295
Und hat er Glück, so hat er auch Vasallen.

Sie steigen über das Mittelgebirg herüber und beschauen die Anordnung des Heeres im Tal. Trommeln und Kriegsmusik schallt von
unten auf.

MEPH. Die Stellung, seh' ich, gut ist sie genommen;
Wir treten zu, dann ist der Sieg vollkommen.
FAUST. Was kann da zu erwarten sein?
Trug! Zauberblendwerk! Hohler Schein. 10300
MEPHISTOPHELES. Kriegslist, um Schlachten zu gewinnen!
Befestige dich bei großen Sinnen,
Indem du deinen Zweck bedenkst.
Erhalten wir dem Kaiser Thron und Lande,
So kniest du nieder und empfängst 10305
Die Lehn von grenzenlosem Strande.
FAUST. Schon manches hast du durchgemacht,
Nun, so gewinn auch eine Schlacht!
MEPHISTOPHELES. Nein, du gewinnst sie! Diesesmal
Bist du der Obergeneral. 10310
FAUST. Das wäre mir die rechte Höhe,
Da zu befehlen, wo ich nichts verstehe!
MEPHISTOPHELES. Laß du den Generalstab sorgen,
Und der Feldmarschall ist geborgen.
Kriegsunrat hab' ich längst verspürt, 10315
Den Kriegsrat gleich voraus formiert
Aus Urgebirgs Urmenschenkraft;
Wohl dem, der sie zusammenrafft.
FAUST. Was seh' ich dort, was Waffen trägt?
Hast du das Bergvolk aufgeregt? 10320
MEPHISTOPHELES. Nein! aber, gleich Herrn Peter Squenz,
Vom ganzen Praß die Quintessenz.

Die drei Gewaltigen treten auf. (Sam. II, 23, 8.)
MEPHISTOPHELES. Da kommen meine Bursche ja!
Du siehst, von sehr verschiednen Jahren,
Verschiednem Kleid und Rüstung sind sie da;   1032
Du wirst nicht schlecht mit ihnen fahren.
Ad spectatores. Es liebt sich jetzt ein jedes Kind
Den Harnisch und den Ritterkragen;
Und, allegorisch wie die Lumpe sind,
Sie werden nur um desto mehr behagen.   10330
RAUFEBOLD jung, leicht bewaffnet, bunt gekleidet.
Wenn einer mir ins Auge sieht,
Werd' ich ihm mit der Faust gleich in die Fresse fahren,
Und eine Memme, wenn sie flieht,
Fass' ich bei ihren letzten Haaren.
HABEBALD männlich, wohlbewaffnet, reich gekleidet.
So leere Händel, das sind Possen,   10335
Damit verdirbt man seinen Tag;
Im Nehmen sei nur unverdrossen,
Nach allem andern frag' hernach.
HALTEFEST bejahrt, stark bewaffnet, ohne Gewand.
Damit ist auch nicht viel gewonnen!
Bald ist ein großes Gut zerronnen,   10340
Es rauscht im Lebensstrom hinab.
Zwar nehmen ist recht gut, doch besser ist's, behalten,
Laß du den grauen Kerl nur walten,
Und niemand nimmt dir etwas ab.
                Sie steigen allzusammen tiefer.

AUF DEM VORGEBIRG

Trommeln und kriegerische Musik von unten
Des Kaisers Zelt wird aufgeschlagen.

Kaiser. Obergeneral. Trabanten.

OBERGENERAL. Noch immer scheint der Vorsatz wohl-   10345
Daß wir in dies gelegene Tal   [erwogen,
Das ganze Heer gedrängt zurückgezogen;
Ich hoffe fest, uns glückt die Wahl.
KAISER. Wie es nun geht, es muß sich zeigen;
Doch mich verdrießt die halbe Flucht, das Weichen.   10350

OBERGENERAL. Schau hier, mein Fürst, auf unsre rechte Flanke!
  Solch ein Terrain wünscht sich der Kriegsgedanke:
  Nicht steil die Hügel, doch nicht allzu gänglich,
  Den Unsern vorteilhaft, dem Feind verfänglich;
  Wir, halb versteckt, auf wellenförmigem Plan;   10355
  Die Reiterei, sie wagt sich nicht heran.
KAISER. Mir bleibt nichts übrig, als zu loben;
  Hier kann sich Arm und Brust erproben.
OBERGEN. Hier, auf der Mittelwiese flachen Räumlichkeiten,
  Siehst du den Phalanx, wohlgemut zu streiten.   10360
  Die Piken blinken flimmernd in der Luft,
  Im Sonnenglanz, durch Morgennebelduft.
  Wie dunkel wogt das mächtige Quadrat!
  Zu Tausenden glüht's hier auf große Tat.
  Du kannst daran der Masse Kraft erkennen,   10365
  Ich trau' ihr zu, der Feinde Kraft zu trennen.
KAISER. Den schönen Blick hab' ich zum erstenmal.
  Ein solches Heer gilt für die Doppelzahl.
OBERGENERAL. Von unsrer Linken hab' ich nichts zu melden,
  Den starren Fels besetzen wackere Helden,   10370
  Das Steingeklipp, das jetzt von Waffen blitzt,
  Den wichtigen Paß der engen Klause schützt.
  Ich ahne schon, hier scheitern Feindeskräfte
  Unvorgesehn im blutigen Geschäfte.
KAISER. Dort ziehn sie her, die falschen Anverwandten,   10375
  Wie sie mich Oheim, Vetter, Bruder nannten,
  Sich immer mehr und wieder mehr erlaubten,
  Dem Zepter Kraft, dem Thron Verehrung raubten,
  Dann, unter sich entzweit, das Reich verheerten
  Und nun gesamt sich gegen mich empörten.   10380
  Die Menge schwankt im ungewissen Geist,
  Dann strömt sie nach, wohin der Strom sie reißt.
OBERGENERAL.
  Ein treuer Mann, auf Kundschaft ausgeschickt,
  Kommt eilig felsenab; sei's ihm geglückt!
ERSTER KUNDSCHAFTER. Glücklich ist sie uns gelungen,   10385
          Listig, mutig, unsre Kunst,
          Daß wir hin und her gedrungen;
          Doch wir bringen wenig Gunst.

Viele schwören reine Huldigung
Dir, wie manche treue Schar;   1039·
Doch Untätigkeits-Entschuldigung:
Innere Gärung, Volksgefahr.

KAISER. Sich selbst erhalten bleibt der Selbstsucht Lehre,
Nicht Dankbarkeit und Neigung, Pflicht und Ehre.
Bedenkt ihr nicht, wenn eure Rechnung voll,   1039·
Daß Nachbars Hausbrand euch verzehren soll?

OBERGEN. Der zweite kommt, nur langsam steigt er nieder,
Dem müden Manne zittern alle Glieder.

ZWEITER KUNDSCHAFTER. Erst gewahrten wir vergnüglich
Wilden Wesens irren Lauf;   1040·
Unerwartet, unverzüglich
Trat ein neuer Kaiser auf.
Und auf vorgeschriebnen Bahnen
Zieht die Menge durch die Flur;
Den entrollten Lügenfahnen   1040·
Folgen alle. – Schafsnatur!

KAISER. Ein Gegenkaiser kommt mir zum Gewinn:
Nun fühl’ ich erst, daß ich der Kaiser bin.
Nur als Soldat legt’ ich den Harnisch an,
Zu höherm Zweck ist er nun umgetan.   1041·
Bei jedem Fest, wenn’s noch so glänzend war,
Nichts ward vermißt, mir fehlte die Gefahr.
Wie ihr auch seid, zum Ringspiel rietet ihr,
Mir schlug das Herz, ich atmete Turnier;
Und hättet ihr mir nicht vom Kriegen abgeraten,   1041·
Jetzt glänzt’ ich schon in lichten Heldentaten.
Selbständig fühlt’ ich meine Brust besiegelt,
Als ich mich dort im Feuerreich bespiegelt;
Das Element drang gräßlich auf mich los,
Es war nur Schein, allein der Schein war groß.   1042·
Von Sieg und Ruhm hab’ ich verwirrt geträumt;
Ich bringe nach, was frevelhaft versäumt.

Die Herolde werden abgefertigt zu Herausforderung
des Gegenkaisers.
Faust geharnischt, mit halbgeschloßnem Helme.
Die drei Gewaltigen gerüstet und gekleidet wie oben

FAUST. Wir treten auf und hoffen, ungescholten;
Auch ohne Not hat Vorsicht wohl gegolten.
Du weißt, das Bergvolk denkt und simuliert,   10425
Ist in Natur- und Felsenschrift studiert.
Die Geister, längst dem flachen Land entzogen,
Sind mehr als sonst dem Felsgebirg gewogen.
Sie wirken still durch labyrinthische Klüfte
Im edlen Gas metallisch reicher Düfte;   10430
In stetem Sondern, Prüfen und Verbinden
Ihr einziger Trieb ist, Neues zu erfinden.
Mit leisem Finger geistiger Gewalten
Erbauen sie durchsichtige Gestalten;
Dann im Kristall und seiner ewigen Schweignis   10435
Erblicken sie der Oberwelt Ereignis.
KAISER. Vernommen hab' ich's, und ich glaube dir;
Doch, wackrer Mann, sag an: was soll das hier?
FAUST. Der Nekromant von Norcia, der Sabiner,
Ist dein getreuer, ehrenhafter Diener.   10440
Welch greulich Schicksal droht' ihm ungeheuer!
Das Reisig prasselte, schon züngelte das Feuer;
Die trocknen Scheite, ringsumher verschränkt,
Mit Pech und Schwefelruten untermengt;
Nicht Mensch, noch Gott, noch Teufel konnte retten,   10445
Die Majestät zersprengte glühende Ketten.
Dort war's in Rom. Er bleibt dir hoch verpflichtet,
Auf deinen Gang in Sorge stets gerichtet.
Von jener Stund' an ganz vergaß er sich,
Er fragt den Stern, die Tiefe nur für dich.   10450
Er trug uns auf, als eiligstes Geschäfte,
Bei dir zu stehn. Groß sind des Berges Kräfte,
Da wirkt Natur so übermächtig frei,
Der Pfaffen Stumpfsinn schilt es Zauberei.
KAISER. Am Freudentag, wenn wir die Gäste grüßen,   10455
Die heiter kommen, heiter zu genießen,
Da freut uns jeder, wie er schiebt und drängt
Und, Mann für Mann, der Säle Raum verengt.
Doch höchst willkommen muß der Biedre sein,
Tritt er als Beistand kräftig zu uns ein   10460
Zur Morgenstunde, die bedenklich waltet,

Weil über ihr des Schicksals Waage schaltet.
Doch lenket hier im hohen Augenblick
Die starke Hand vom willigen Schwert zurück,
Ehrt den Moment, wo manche Tausend schreiten,   1046
Für oder wider mich zu streiten.
Selbst ist der Mann! Wer Thron und Kron' begehrt,
Persönlich sei er solcher Ehren wert.
Sei das Gespenst, das, gegen uns erstanden,
Sich Kaiser nennt und Herr von unsern Landen,   1047
Des Heeres Herzog, Lehnherr unsrer Großen,
Mit eigner Faust ins Totenreich gestoßen!
FAUST. Wie es auch sei, das Große zu vollenden,
Du tust nicht wohl, dein Haupt so zu verpfänden.
Ist nicht der Helm mit Kamm und Busch geschmückt?   1047
Er schützt das Haupt, das unsern Mut entzückt.
Was, ohne Haupt, was förderten die Glieder?
Denn schläfert jenes, alle sinken nieder;
Wird es verletzt, gleich alle sind verwundet,
Erstehen frisch, wenn jenes rasch gesundet.   1048
Schnell weiß der Arm sein starkes Recht zu nützen;
Er hebt den Schild, den Schädel zu beschützen;
Das Schwert gewahret seiner Pflicht sogleich,
Lenkt kräftig ab und wiederholt den Streich;
Der tüchtige Fuß nimmt teil an ihrem Glück,   1048
Setzt dem Erschlagnen frisch sich ins Genick.
KAISER. Das ist mein Zorn, so möcht' ich ihn behandeln,
Das stolze Haupt in Schemeltritt verwandeln!
HEROLDE kommen zurück. Wenig Ehre, wenig Geltung
          Haben wir daselbst genossen,   1049
          Unsrer kräftig edlen Meldung
          Lachten sie als schaler Possen:
          „Euer Kaiser ist verschollen,
          Echo dort im engen Tal;
          Wenn wir sein gedenken sollen,   1049
          Märchen sagt: – Es war einmal."
FAUST. Dem Wunsch gemäß der Besten ist's geschehn,
Die fest und treu an deiner Seite stehn.
Dort naht der Feind, die Deinen harren brünstig;
Befiehl den Angriff, der Moment ist günstig.   1050

KAISER. Auf das Kommando leist' ich hier Verzicht.
Zum Oberfeldherrn.
In deinen Händen, Fürst, sei deine Pflicht.
OBERGENERAL. So trete denn der rechte Flügel an!
  Des Feindes Linke, eben jetzt im Steigen,
  Soll, eh' sie noch den letzten Schritt getan,   10505
  Der Jugendkraft geprüfter Treue weichen.
FAUST. Erlaube denn, daß dieser muntre Held
  Sich ungesäumt in deine Reihen stellt,
  Sich deinen Reihen innigst einverleibt
  Und, so gesellt, sein kräftig Wesen treibt.   10510
Er deutet zur Rechten.
RAUFEBOLD *tritt vor.*
  Wer das Gesicht mir zeigt, der kehrt's nicht ab
  Als mit zerschlagnen Unter- und Oberbacken;
  Wer mir den Rücken kehrt, gleich liegt ihm schlapp
  Hals, Kopf und Schopf hinschlotternd graß im Nacken.
  Und schlagen deine Männer dann   10515
  Mit Schwert und Kolben, wie ich wüte,
  So stürzt der Feind, Mann über Mann,
  Ersäuft im eigenen Geblüte. *Ab.*
OBERGENERAL. Der Phalanx unsrer Mitte folge sacht,
  Dem Feind begegn' er, klug mit aller Macht;   10520
  Ein wenig rechts, dort hat bereits, erbittert,
  Der Unsern Streitkraft ihren Plan erschüttert.
FAUST, *auf den Mittelsten deutend.*
  So folge denn auch dieser deinem Wort!
  Er ist behend, reißt alles mit sich fort.
HABEBALD *tritt hervor.* Dem Heldenmut der Kaiserscharen 10525
  Soll sich der Durst nach Beute paaren;
  Und allen sei das Ziel gestellt:
  Des Gegenkaisers reiches Zelt.
  Er prahlt nicht lang auf seinem Sitze,
  Ich ordne mich dem Phalanx an die Spitze.   10530
EILEBEUTE, *Marketenderin, sich an ihn anschmiegend.*
  Bin ich auch ihm nicht angeweibt,
  Er mir der liebste Buhle bleibt.
  Für uns ist solch ein Herbst gereift!
  Die Frau ist grimmig, wenn sie greift,

Ist ohne Schonung, wenn sie raubt;   1053
Im Sieg voran! und alles ist erlaubt. Beide ab.
OBERGENERAL. Auf unsre Linke, wie vorauszusehn,
Stürzt ihre Rechte, kräftig. Widerstehn
Wird Mann für Mann dem wütenden Beginnen,
Den engen Paß des Felswegs zu gewinnen.   1054
FAUST winkt nach der Linken.
So bitte, Herr, auch diesen zu bemerken;
Es schadet nichts, wenn Starke sich verstärken.
HALTEFEST tritt vor. Dem linken Flügel keine Sorgen!
Da, wo ich bin, ist der Besitz geborgen;
In ihm bewähret sich der Alte,   1054
Kein Strahlblitz spaltet, was ich halte. Ab.
MEPHISTOPHELES von oben herunterkommend.
Nun schauet, wie im Hintergrunde
Aus jedem zackigen Felsenschlunde
Bewaffnete hervor sich drängen,
Die schmalen Pfade zu verengen,   1055
Mit Helm und Harnisch, Schwertern, Schilden
In unserm Rücken eine Mauer bilden,
Den Wink erwartend, zuzuschlagen.
                    Leise zu den Wissenden.
Woher das kommt, müßt ihr nicht fragen.
Ich habe freilich nicht gesäumt,   1055
Die Waffensäle ringsum ausgeräumt;
Da standen sie zu Fuß, zu Pferde,
Als wären sie noch Herrn der Erde;
Sonst waren's Ritter, König, Kaiser,
Jetzt sind es nichts als leere Schneckenhäuser;   1056
Gar manch Gespenst hat sich darein geputzt,
Das Mittelalter lebhaft aufgestutzt.
Welch Teufelchen auch drinne steckt,
Für diesmal macht es doch Effekt.
Laut. Hört, wie sie sich voraus erbosen,   1056
Blechklappernd aneinander stoßen!
Auch flattern Fahnenfetzen bei Standarten,
Die frischer Lüftchen ungeduldig harrten.
Bedenkt, hier ist ein altes Volk bereit
Und mischte gern sich auch zum neuen Streit.   1057

Furchtbarer Posaunenschall von oben, im feindlichen Heere
merkliche Schwankung.

FAUST. Der Horizont hat sich verdunkelt,
Nur hie und da bedeutend funkelt
Ein roter ahnungsvoller Schein;
Schon blutig blinken die Gewehre;
Der Fels, der Wald, die Atmosphäre,   10575
Der ganze Himmel mischt sich ein.

MEPHISTOPHELES. Die rechte Flanke hält sich kräftig;
Doch seh' ich ragend unter diesen
Hans Raufbold, den behenden Riesen,
Auf seine Weise rasch geschäftig.   10580

KAISER. Erst sah ich einen Arm erhoben,
Jetzt seh' ich schon ein Dutzend toben;
Naturgemäß geschieht es nicht.

FAUST. Vernahmst du nichts von Nebelstreifen,
Die auf Siziliens Küsten schweifen?   10585
Dort, schwankend klar, im Tageslicht,
Erhoben zu den Mittellüften,
Gespiegelt in besondern Düften,
Erscheint ein seltsames Gesicht:
Da schwanken Städte hin und wider,   10590
Da steigen Gärten auf und nieder,
Wie Bild um Bild den Äther bricht.

KAISER. Doch wie bedenklich! Alle Spitzen
Der hohen Speere seh' ich blitzen;
Auf unsres Phalanx blanken Lanzen   10595
Seh' ich behende Flämmchen tanzen.
Das scheint mir gar zu geisterhaft.

FAUST. Verzeih, o Herr, das sind die Spuren
Verschollner geistiger Naturen,
Ein Widerschein der Dioskuren,   10600
Bei denen alle Schiffer schwuren;
Sie sammeln hier die letzte Kraft.

KAISER. Doch sage: wem sind wir verpflichtet,
Daß die Natur, auf uns gerichtet,
Das Seltenste zusammenrafft?   10605

MEPHISTOPHELES. Wem als dem Meister, jenem hohen,
Der dein Geschick im Busen trägt?

Durch deiner Feinde starkes Drohen
Ist er im Tiefsten aufgeregt.
Sein Dank will dich gerettet sehen,   10610
Und sollt' er selbst daran vergehen.
KAISER. Sie jubelten, mich pomphaft umzuführen;
Ich war nun was, das wollt' ich auch probieren
Und fand's gelegen, ohne viel zu denken,
Dem weißen Barte kühle Luft zu schenken.   10615
Dem Klerus hab' ich eine Lust verdorben,
Und ihre Gunst mir freilich nicht erworben.
Nun sollt' ich, seit so manchen Jahren,
Die Wirkung frohen Tuns erfahren?
FAUST. Freiherzige Wohltat wuchert reich;   10620
Laß deinen Blick sich aufwärts wenden!
Mich deucht, er will ein Zeichen senden,
Gib acht, es deutet sich sogleich.
KAISER. Ein Adler schwebt im Himmelhohen,
Ein Greif ihm nach mit wildem Drohen.   10625
FAUST. Gib acht: gar günstig scheint es mir.
Greif ist ein fabelhaftes Tier;
Wie kann er sich so weit vergessen,
Mit echtem Adler sich zu messen?
KAISER. Nunmehr, in weitgedehnten Kreisen,   10630
Umziehn sie sich; – in gleichem Nu
Sie fahren aufeinander zu,
Sich Brust und Hälse zu zerreißen.
FAUST. Nun merke, wie der leidige Greif,
Zerzerrt, zerzaust, nur Schaden findet   10635
Und mit gesenktem Löwenschweif,
Zum Gipfelwald gestürzt, verschwindet.
KAISER. Sei's, wie gedeutet, so getan!
Ich nehm' es mit Verwundrung an.
MEPHISTOPHELES gegen die Rechte.
Dringend wiederholten Streichen   10640
Müssen unsre Feinde weichen,
Und mit ungewissem Fechten
Drängen sie nach ihrer Rechten
Und verwirren so im Streite
Ihrer Hauptmacht linke Seite.   10645

Unsers Phalanx feste Spitze
Zieht sich rechts, und gleich dem Blitze
Fährt sie in die schwache Stelle. –
Nun, wie sturmerregte Welle
Sprühend, wüten gleiche Mächte   10650
Wild in doppeltem Gefechte;
Herrlichers ist nichts ersonnen,
Uns ist diese Schlacht gewonnen!
KAISER an der linken Seite zu Faust.
Schau! Mir scheint es dort bedenklich,
Unser Posten steht verfänglich.   10655
Keine Steine seh' ich fliegen,
Niedre Felsen sind erstiegen,
Obre stehen schon verlassen.
Jetzt! – Der Feind, zu ganzen Massen
Immer näher angedrungen,   10660
Hat vielleicht den Paß errungen,
Schlußerfolg unheiligen Strebens!
Eure Künste sind vergebens. Pause.
MEPHISTOPHELES. Da kommen meine beiden Raben,
Was mögen die für Botschaft haben?   10665
Ich fürchte gar, es geht uns schlecht.
KAISER. Was sollen diese leidigen Vögel?
Sie richten ihre schwarzen Segel
Hierher vom heißen Felsgefecht.
MEPHISTOPHELES zu den Raben.
Setzt euch ganz nah zu meinen Ohren.   10670
Wen ihr beschützt, ist nicht verloren,
Denn euer Rat ist folgerecht.
FAUST zum Kaiser. Von Tauben hast du ja vernommen,
Die aus den fernsten Landen kommen
Zu ihres Nestes Brut und Kost.   10675
Hier ist's mit wichtigen Unterschieden:
Die Taubenpost bedient den Frieden,
Der Krieg befiehlt die Rabenpost.
MEPHISTOPHELES. Es meldet sich ein schwer Verhängnis:
Seht hin! gewahret die Bedrängnis   10680
Um unsrer Helden Felsenrand!
Die nächsten Höhen sind erstiegen.

Und würden sie den Paß besiegen,
Wir hätten einen schweren Stand.
KAISER. So bin ich endlich doch betrogen!   10685
Ihr habt mich in das Netz gezogen;
Mir graut, seitdem es mich umstrickt.
MEPHISTOPHELES. Nur Mut! Noch ist es nicht mißglückt.
Geduld und Pfiff zum letzten Knoten!
Gewöhnlich geht's am Ende scharf.   10690
Ich habe meine sichern Boten;
Befehlt, daß ich befehlen darf!
OBERGENERAL, der indessen herangekommen.
Mit diesen hast du dich vereinigt,
Mich hat's die ganze Zeit gepeinigt,
Das Gaukeln schafft kein festes Glück.   10695
Ich weiß nichts an der Schlacht zu wenden;
Begannen sie's, sie mögen's enden,
Ich gebe meinen Stab zurück.
KAISER. Behalt ihn bis zu bessern Stunden,
Die uns vielleicht das Glück verleiht.   10700
Mir schaudert vor dem garstigen Kunden
Und seiner Rabentraulichkeit.
Zu Meph. Den Stab kann ich dir nicht verleihen,
Du scheinst mir nicht der rechte Mann;
Befiehl und such uns zu befreien!   10705
Geschehe, was geschehen kann.
                    Ab ins Zelt mit dem Obergeneral.
MEPHISTOPHELES. Mag ihn der stumpfe Stab beschützen!
Uns andern könnt' er wenig nützen,
Es war so was vom Kreuz daran.
FAUST. Was ist zu tun?
MEPHISTOPHELES.   Es ist getan! –   10710
Nun, schwarze Vettern, rasch im Dienen,
Zum großen Bergsee! grüßt mir die Undinen
Und bittet sie um ihrer Fluten Schein.
Durch Weiberkünste, schwer zu kennen,
Verstehen sie vom Sein den Schein zu trennen,   10715
Und jeder schwört, das sei das Sein. Pause.
FAUST. Den Wasserfräulein müssen unsre Raben
Recht aus dem Grund geschmeichelt haben;

Dort fängt es schon zu rieseln an.
An mancher trocknen, kahlen Felsenstelle   10720
Entwickelt sich die volle, rasche Quelle;
Um jener Sieg ist es getan.

MEPHISTOPHELES. Das ist ein wunderbarer Gruß,
Die kühnsten Klettrer sind konfus.

FAUST. Schon rauscht ein Bach zu Bächen mächtig nieder,10725
Aus Schluchten kehren sie gedoppelt wieder,
Ein Strom nun wirft den Bogenstrahl;
Auf einmal legt er sich in flache Felsenbreite
Und rauscht und schäumt nach der und jener Seite,
Und stufenweise wirft er sich ins Tal.   10730
Was hilft ein tapfres, heldenmäßiges Stemmen?
Die mächtige Woge strömt, sie wegzuschwemmen.
Mir schaudert selbst vor solchem wilden Schwall.

MEPHISTOPHELES. Ich sehe nichts von diesen Wasserlügen,
Nur Menschenaugen lassen sich betrügen,   10735
Und mich ergetzt der wunderliche Fall.
Sie stürzen fort zu ganzen hellen Haufen,
Die Narren wähnen zu ersaufen,
Indem sie frei auf festem Lande schnaufen
Und lächerlich mit Schwimmgebärden laufen.   10740
Nun ist Verwirrung überall.

Die Raben sind wiedergekommen.

Ich werd' euch bei dem hohen Meister loben;
Wollt ihr euch nun als Meister selbst erproben,
So eilet zu der glühnden Schmiede,
Wo das Gezwergvolk, nimmer müde,   10745
Metall und Stein zu Funken schlägt.
Verlangt, weitläufig sie beschwatzend,
Ein Feuer, leuchtend, blinkend, platzend,
Wie man's im hohen Sinne hegt.
Zwar Wetterleuchten in der weiten Ferne,   10750
Blickschnelles Fallen allerhöchster Sterne
Mag jede Sommernacht geschehn;
Doch Wetterleuchten in verworrnen Büschen
Und Sterne, die am feuchten Boden zischen,
Das hat man nicht so leicht gesehn.   10755

So müßt ihr, ohn' euch viel zu quälen,
Zuvörderst bitten, dann befehlen.

Raben ab. Es geschieht, wie vorgeschrieben.

MEPHISTOPHELES. Den Feinden dichte Finsternisse!
Und Tritt und Schritt ins Ungewisse!
Irrfunkenblick an allen Enden,   1076
Ein Leuchten, plötzlich zu verblenden!
Das alles wäre wunderschön,
Nun aber braucht's noch Schreckgetön.
FAUST. Die hohlen Waffen aus der Säle Grüften
Empfinden sich erstarkt in freien Lüften;   1076
Da droben klappert's, rasselt's lange schon,
Ein wunderbarer falscher Ton.
MEPHISTOPHELES.
Ganz recht! Sie sind nicht mehr zu zügeln;
Schon schallt's von ritterlichen Prügeln,
Wie in der holden alten Zeit.   1077
Armschienen wie der Beine Schienen,
Als Guelfen und als Ghibellinen,
Erneuen rasch den ewigen Streit.
Fest, im ererbten Sinne wöhnlich,
Erweisen sie sich unversöhnlich;   1077
Schon klingt das Tosen weit und breit.
Zuletzt, bei allen Teufelsfesten,
Wirkt der Parteihaß doch zum besten,
Bis in den allerletzten Graus;
Schallt wider-widerwärtig panisch,   1078
Mitunter grell und scharf satanisch,
Erschreckend in das Tal hinaus.

Kriegstumult im Orchester, zuletzt übergehend in militärisch
heitre Weisen.

DES GEGENKAISERS ZELT

Thron, reiche Umgebung.

Habebald. Eilebeute.

EILEBEUTE. So sind wir doch die ersten hier!
HABEBALD. Kein Rabe fliegt so schnell als wir.

EILEBEUTE. O! welch ein Schatz liegt hier zuhauf!   10785
Wo fang' ich an? Wo hör' ich auf?

HABEBALD. Steht doch der ganze Raum so voll!
Weiß nicht, wozu ich greifen soll.

EILEBEUTE. Der Teppich wär' mir eben recht,
Mein Lager ist oft gar zu schlecht.   10790

HABEBALD. Hier hängt von Stahl ein Morgenstern,
Dergleichen hätt' ich lange gern.

EILEBEUTE. Den roten Mantel goldgesäumt,
So etwas hatt' ich mir geträumt.

HABEBALD, die Waffe nehmend.
Damit ist es gar bald getan,   10795
Man schlägt ihn tot und geht voran.
Du hast so viel schon aufgepackt
Und doch nichts Rechtes eingesackt.
Den Plunder laß an seinem Ort,
Nehm' eines dieser Kistchen fort!   10800
Dies ist des Heers beschiedner Sold,
In seinem Bauche lauter Gold.

EILEBEUTE. Das hat ein mörderisch Gewicht!
Ich heb' es nicht, ich trag' es nicht.

HABEBALD. Geschwinde duck' dich! Mußt dich bücken!   10805
Ich hucke dir's auf den starken Rücken.

EILEBEUTE. O weh! O weh, nun ist's vorbei!
Die Last bricht mir das Kreuz entzwei.

Das Kistchen stürzt und springt auf.

HABEBALD. Da liegt das rote Gold zuhauf –
Geschwinde zu und raff es auf!   10810

EILEBEUTE kauert nieder.
Geschwinde nur zum Schoß hinein!
Noch immer wird's zur Gnüge sein.

HABEBALD. Und so genug! und eile doch!
Sie steht auf.

O weh, die Schürze hat ein Loch!
Wohin du gehst und wo du stehst,   10815
Verschwenderisch die Schätze säst.

TRABANTEN unsres Kaisers.
Was schafft ihr hier am heiligen Platz?
Was kramt ihr in dem Kaiserschatz?
HABEBALD. Wir trugen unsre Glieder feil
Und holen unser Beuteteil.   1082…
In Feindeszelten ist's der Brauch,
Und wir, Soldaten sind wir auch.
TRABANTEN. Das passet nicht in unsern Kreis:
Zugleich Soldat und Diebsgeschmeiß;
Und wer sich unserm Kaiser naht,   1082…
Der sei ein redlicher Soldat.
HABEBALD. Die Redlichkeit, die kennt man schon,
Sie heißet: Kontribution.
Ihr alle seid auf gleichem Fuß:
Gib her! das ist der Handwerksgruß.   10830
Zu Eilebeute. Mach fort und schleppe, was du hast,
Hier sind wir nicht willkommner Gast. Ab.
ERSTER TRABANT. Sag, warum gabst du nicht sogleich
Dem frechen Kerl einen Backenstreich?
ZWEITER. Ich weiß nicht, mir verging die Kraft,   10835
Sie waren so gespensterhaft.
DRITTER. Mir ward es vor den Augen schlecht,
Da flimmert' es, ich sah nicht recht.
VIERTER. Wie ich es nicht zu sagen weiß.
Es war den ganzen Tag so heiß,   10840
So bänglich, so beklommen schwül,
Der eine stand, der andre fiel,
Man tappte hin und schlug zugleich,
Der Gegner fiel vor jedem Streich,
Vor Augen schwebt' es wie ein Flor,   10845
Dann summt's und saust's und zischt' im Ohr;
Das ging so fort, nun sind wir da
Und wissen selbst nicht, wie's geschah.

Kaiser mit vier Fürsten treten auf.
Die Trabanten entfernen sich.

KAISER.
Es sei nun, wie ihm sei! uns ist die Schlacht gewonnen,
Des Feinds zerstreute Flucht im flachen Feld zerronnen. 10850

Hier steht der leere Thron, verräterischer Schatz,
Von Teppichen umhüllt, verengt umher den Platz.
Wir, ehrenvoll geschützt von eigenen Trabanten,
Erwarten kaiserlich der Völker Abgesandten;
Von allen Seiten her kommt frohe Botschaft an: 10855
Beruhigt sei das Reich, uns freudig zugetan.
Hat sich in unsern Kampf auch Gaukelei geflochten,
Am Ende haben wir uns nur allein gefochten.
Zufälle kommen ja dem Streitenden zugut:
Vom Himmel fällt ein Stein, dem Feinde regnet's Blut,   10860
Aus Felsenhöhlen tönt's von mächtigen Wunderklängen,
Die unsre Brust erhöhn, des Feindes Brust verengen.
Der Überwundne fiel, zu stets erneutem Spott,
Der Sieger, wie er prangt, preist den gewognen Gott.
Und alles stimmt mit ein, er braucht nicht zu befehlen, 10865
Herr Gott, dich loben wir! aus Millionen Kehlen.
Jedoch zum höchsten Preis wend' ich den frommen Blick,
Das selten sonst geschah, zur eignen Brust zurück.
Ein junger, muntrer Fürst mag seinen Tag vergeuden,
Die Jahre lehren ihn des Augenblicks Bedeuten.   10870
Deshalb denn ungesäumt verbind' ich mich sogleich
Mit euch vier Würdigen, für Haus und Hof und Reich.
            Zum ersten.
Dein war, o Fürst! des Heers geordnet kluge Schichtung,
Sodann im Hauptmoment heroisch kühne Richtung;
Im Frieden wirke nun, wie es die Zeit begehrt,   10875
Erzmarschall nenn' ich dich, verleihe dir das Schwert.
ERZMARSCHALL.
Dein treues Heer, bis jetzt im Inneren beschäftigt,
Wenn's an der Grenze dich und deinen Thron bekräftigt,
Dann sei es uns vergönnt, bei Festesdrang im Saal
Geräumiger Väterburg zu rüsten dir das Mahl.   10880
Blank trag' ich's dir dann vor, blank halt' ich dir's zur Seite,
Der höchsten Majestät zu ewigem Geleite.
DER KAISER zum zweiten.
Der sich als tapfrer Mann auch zart gefällig zeigt,
Du! sei Erzkämmerer; der Auftrag ist nicht leicht.
Du bist der Oberste von allem Hausgesinde,   10885
Bei deren innerm Streit ich schlechte Diener finde;

Dein Beispiel sei fortan in Ehren aufgestellt,
Wie man dem Herrn, dem Hof und allen wohlgefällt.

ERZKÄMMERER.

Des Herren großen Sinn zu fördern, bringt zu Gnaden:
Den Besten hülfreich sein, den Schlechten selbst nicht
                                    schaden,   1089
Dann klar sein ohne List und ruhig ohne Trug!
Wenn du mich, Herr, durchschaust, geschieht mir schon
                                    genug.
Darf sich die Phantasie auf jenes Fest erstrecken?
Wenn du zur Tafel gehst, reich' ich das goldne Becken,
Die Ringe halt' ich dir, damit zur Wonnezeit   1089
Sich deine Hand erfrischt, wie mich dein Blick erfreut.

KAISER.

Zwar fühl' ich mich zu ernst, auf Festlichkeit zu sinnen,
Doch sei's! Es fördert auch frohmütiges Beginnen.

                    Zum dritten.

Dich wähl' ich zum Erztruchseß! Also sei fortan
Dir Jagd, Geflügelhof und Vorwerk untertan;   1090
Der Lieblingsspeisen Wahl laß mir zu allen Zeiten,
Wie sie der Monat bringt, und sorgsam zubereiten.

ERZTRUCHSESS.

Streng Fasten sei für mich die angenehmste Pflicht,
Bis, vor dich hingestellt, dich freut ein Wohlgericht.
Der Küche Dienerschaft soll sich mit mir vereinigen,   1090
Das Ferne beizuziehn, die Jahrszeit zu beschleunigen.
Dich reizt nicht Fern und Früh, womit die Tafel prangt,
Einfach und kräftig ist's, wornach dein Sinn verlangt.

KAISER zum vierten.

Weil unausweichlich hier sich's nur von Festen handelt,
So sei mir, junger Held, zum Schenken umgewandelt.   1091
Erzschenke, sorge nun, daß unsre Kellerei
Aufs reichlichste versorgt mit gutem Weine sei.
Du selbst sei mäßig, laß nicht über Heiterkeiten
Durch der Gelegenheit Verlocken dich verleiten!

ERZSCHENK.

Mein Fürst, die Jugend selbst, wenn man ihr nur vertraut, 1091
Steht, eh' man sich's versieht, zu Männern auferbaut.

Auch ich versetze mich zu jenem großen Feste;
Ein kaiserlich Büfett schmück' ich aufs allerbeste
Mit Prachtgefäßen, gülden, silbern allzumal,
Doch wähl' ich dir voraus den lieblichsten Pokal: 10920
Ein blank venedisch Glas, worin Behagen lauschet,
Des Weins Geschmack sich stärkt und nimmermehr
                                        berauschet.
Auf solchen Wunderschatz vertraut man oft zu sehr;
Doch deine Mäßigkeit, du Höchster, schützt noch mehr.

KAISER.
Was ich euch zugedacht in dieser ernsten Stunde,   10925
Vernahmt ihr mit Vertraun aus zuverlässigem Munde.
Des Kaisers Wort ist groß und sichert jede Gift,
Doch zur Bekräftigung bedarf's der edlen Schrift,
Bedarf's der Signatur. Die förmlich zu bereiten,
Seh' ich den rechten Mann zu rechter Stunde schreiten.   10930

    Der Erzbischof *(Erzkanzler)* tritt auf.

KAISER.
Wenn ein Gewölbe sich dem Schlußstein anvertraut,
Dann ist's mit Sicherheit für ewige Zeit erbaut.
Du siehst vier Fürsten da! Wir haben erst erörtert,
Was den Bestand zunächst von Haus und Hof befördert.
Nun aber, was das Reich in seinem Ganzen hegt,   10935
Sei, mit Gewicht und Kraft, der Fünfzahl auferlegt.
An Ländern sollen sie vor allen andern glänzen;
Deshalb erweitr' ich gleich jetzt des Besitztums Grenzen
Vom Erbteil jener, die sich von uns abgewandt.
Euch Treuen sprech' ich zu so manches schöne Land,   10940
Zugleich das hohe Recht, euch nach Gelegenheiten
Durch Anfall, Kauf und Tausch ins Weitre zu verbreiten;
Dann sei bestimmt – vergönnt, zu üben ungestört –,
Was von Gerechtsamen euch Landesherrn gehört.
Als Richter werdet ihr die Endurteile fällen,   10945
Berufung gelte nicht von euern höchsten Stellen.
Dann Steuer, Zins und Beth', Lehn und Geleit und Zoll,
Berg-, Salz- und Münzregal euch angehören soll.
Denn meine Dankbarkeit vollgültig zu erproben,
Hab ich euch ganz zunächst der Majestät erhoben.   10950

ERZBISCHOF.

Im Namen aller sei dir tiefster Dank gebracht!
Du machst uns stark und fest und stärkest deine Macht.

KAISER. Euch fünfen will ich noch erhöhtere Würde geben.

Noch leb' ich meinem Reich und habe Lust, zu leben;
Doch hoher Ahnen Kette zieht bedächtigen Blick   10955
Aus rascher Strebsamkeit ins Drohende zurück.
Auch werd' ich seinerzeit mich von den Teuren trennen,
Dann sei es eure Pflicht, den Folger zu ernennen.
Gekrönt erhebt ihn hoch auf heiligem Altar,
Und friedlich ende dann, was jetzt so stürmisch war.   10960

ERZKANZLER.

Mit Stolz in tiefster Brust, mit Demut an Gebärde,
Stehn Fürsten dir gebeugt, die ersten auf der Erde.
Solang das treue Blut die vollen Adern regt,
Sind wir der Körper, den dein Wille leicht bewegt.

KAISER. Und also sei, zum Schluß, was wir bisher betätigt,   10965
Für alle Folgezeit durch Schrift und Zug bestätigt.
Zwar habt ihr den Besitz als Herren völlig frei,
Mit dem Beding jedoch, daß er unteilbar sei.
Und wie ihr auch vermehrt, was ihr von uns empfangen,
Es soll's der älteste Sohn in gleichem Maß erlangen.   10970

ERZKANZLER.

Dem Pergament alsbald vertrau' ich wohlgemut,
Zum Glück dem Reich und uns, das wichtigste Statut;
Reinschrift und Sieglung soll die Kanzelei beschäftigen,
Mit heiliger Signatur wirst du's, der Herr, bekräftigen.

KAISER. Und so entlass' ich euch, damit den großen Tag   10975
Gesammelt jedermann sich überlegen mag.

Die weltlichen Fürsten entfernen sich.

DER GEISTLICHE bleibt und spricht pathetisch.

Der Kanzler ging hinweg, der Bischof ist geblieben,
Vom ernsten Warnegeist zu deinem Ohr getrieben!
Sein väterliches Herz, von Sorge bangt's um dich.

KAISER. Was hast du Bängliches zur frohen Stunde? sprich! 10980

ERZBISCHOF.

Mit welchem bittern Schmerz find' ich, in dieser Stunde,
Dein hochgeheiligt Haupt mit Satanas im Bunde!

Zwar, wie es scheinen will, gesichert auf dem Thron,
Doch leider! Gott dem Herrn, dem Vater Papst zum Hohn.
Wenn dieser es erfährt, schnell wird er sträflich richten, 10985
Mit heiligem Strahl dein Reich, das sündige, zu vernichten.
Denn noch vergaß er nicht, wie du, zur höchsten Zeit,
An deinem Krönungstag, den Zauberer befreit.
Von deinem Diadem, der Christenheit zum Schaden,
Traf das verfluchte Haupt der erste Strahl der Gnaden. 10990
Doch schlag an deine Brust und gib vom frevlen Glück
Ein mäßig Scherflein gleich dem Heiligtum zurück:
Den breiten Hügelraum, da, wo dein Zelt gestanden,
Wo böse Geister sich zu deinem Schutz verbanden,
Dem Lügenfürsten du ein horchsam Ohr geliehn, 10995
Den stifte, fromm belehrt, zu heiligem Bemühn;
Mit Berg und dichtem Wald, so weit sie sich erstrecken,
Mit Höhen, die sich grün zu fetter Weide decken,
Fischreichen, klaren Seen, dann Bächlein ohne Zahl,
Wie sie sich, eilig schlängelnd, stürzen ab zu Tal; 11000
Das breite Tal dann selbst, mit Wiesen, Gauen, Gründen:
Die Reue spricht sich aus, und du wirst Gnade finden.

KAISER.
Durch meinen schweren Fehl bin ich so tief erschreckt;
Die Grenze sei von dir nach eignem Maß gesteckt.

ERZBISCHOF.
Erst! der entweihte Raum, wo man sich so versündigt, 11005
Sei alsobald zum Dienst des Höchsten angekündigt.
Behende steigt im Geist Gemäuer stark empor,
Der Morgensonne Blick erleuchtet schon das Chor,
Zum Kreuz erweitert sich das wachsende Gebäude,
Das Schiff erlängt, erhöht sich zu der Gläubigen Freude; 11010
Sie strömen brünstig schon durchs würdige Portal,
Der erste Glockenruf erscholl durch Berg und Tal,
Von hohen Türmen tönt's, wie sie zum Himmel streben,
Der Büßer kommt heran zu neugeschaffnem Leben.
Dem hohen Weihetag – er trete bald herein! – 11015
Wird deine Gegenwart die höchste Zierde sein.

KAISER. Mag ein so großes Werk den frommen Sinn
                                   verkündigen,

Zu preisen Gott den Herrn, so wie mich zu entsündigen.
Genug! Ich fühle schon, wie sich mein Sinn erhöht.
ERZBISCHOF. Als Kanzler fördr' ich nun Schluß und
                                   Formalität.   1102
KAISER. Ein förmlich Dokument, der Kirche das zu eignen,
Du legst es vor, ich will's mit Freuden unterzeichnen.
ERZBISCHOF hat sich beurlaubt, kehrt aber beim Ausgang um.
Dann widmest du zugleich dem Werke, wie's entsteht,
Gesamte Landsgefälle: Zehnten, Zinsen, Beth',
Für ewig. Viel bedarf's zu würdiger Unterhaltung,   1102
Und schwere Kosten macht die sorgliche Verwaltung.
Zum schnellen Aufbau selbst auf solchem wüsten Platz
Reichst du uns einiges Gold, aus deinem Beuteschatz.
Daneben braucht man auch, ich kann es nicht
                                 verschweigen,
Entferntes Holz und Kalk und Schiefer und dergleichen. 1103
Die Fuhren tut das Volk, vom Predigtstuhl belehrt,
Die Kirche segnet den, der ihr zu Diensten fährt. Ab.
KAISER. Die Sünd' ist groß und schwer, womit ich mich
                                 beladen;
Das leidige Zaubervolk bringt mich in harten Schaden.
ERZBISCHOF, abermals zurückkehrend, mit tiefster Verbeugung.
Verzeih, o Herr! Es ward dem sehr verrufnen Mann   1103
Des Reiches Strand verliehn; doch diesen trifft der Bann,
Verleihst du reuig nicht der hohen Kirchenstelle
Auch dort den Zehnten, Zins und Gaben und Gefälle.
KAISER verdrießlich.
Das Land ist noch nicht da, im Meere liegt es breit.
ERZBISCHOF.
Wer 's Recht hat und Geduld, für den kommt auch
                                 die Zeit.   1104
Für uns mög' Euer Wort in seinen Kräften bleiben!
KAISER allein.
So könnt' ich wohl zunächst das ganze Reich
                                 verschreiben.

FÜNFTER AKT

OFFENE GEGEND

WANDRER. Ja! sie sind's, die dunkeln Linden,
Dort, in ihres Alters Kraft.
Und ich soll sie wiederfinden,   11045
Nach so langer Wanderschaft!
Ist es doch die alte Stelle,
Jene Hütte, die mich barg,
Als die sturmerregte Welle
Mich an jene Dünen warf!   11050
Meine Wirte möcht' ich segnen,
Hilfsbereit, ein wackres Paar,
Das, um heut mir zu begegnen,
Alt schon jener Tage war.
Ach! das waren fromme Leute!   11055
Poch' ich? ruf' ich? – Seid gegrüßt,
Wenn gastfreundlich auch noch heute
Ihr des Wohltuns Glück genießt!

BAUCIS, Mütterchen, sehr alt.
Lieber Kömmling! Leise! Leise!
Ruhe! laß den Gatten ruhn!   11060
Langer Schlaf verleiht dem Greise
Kurzen Wachens rasches Tun.

WANDRER. Sage, Mutter: bist du's eben,
Meinen Dank noch zu empfahn,
Was du für des Jünglings Leben   11065
Mit dem Gatten einst getan?
Bist du Baucis, die geschäftig
Halberstorbnen Mund erquickt?

Der Gatte tritt auf.

Du Philemon, der so kräftig
Meinen Schatz der Flut entrückt?   11070
Eure Flammen raschen Feuers,
Eures Glöckchens Silberlaut,
Jenes grausen Abenteuers
Lösung war euch anvertraut.

Und nun laßt hervor mich treten, 1107
Schaun das grenzenlose Meer;
Laßt mich knieen, laßt mich beten,
Mich bedrängt die Brust so sehr.

Er schreitet vorwärts auf der Düne.

PHILEMON *zu Baucis.* Eile nur, den Tisch zu decken,
Wo's im Gärtchen munter blüht. 1108
Laß ihn rennen, ihn erschrecken,
Denn er glaubt nicht, was er sieht.

Neben dem Wandrer stehend.

Das Euch grimmig mißgehandelt,
Wog' auf Woge, schäumend wild,
Seht als Garten Ihr behandelt, 1108
Seht ein paradiesisch Bild.
Älter, war ich nicht zuhanden,
Hülfreich nicht wie sonst bereit;
Und wie meine Kräfte schwanden,
War auch schon die Woge weit. 1109
Kluger Herren kühne Knechte
Gruben Gräben, dämmten ein,
Schmälerten des Meeres Rechte,
Herrn an seiner Statt zu sein.
Schaue grünend Wies' an Wiese, 1109
Anger, Garten, Dorf und Wald. –
Komm nun aber und genieße,
Denn die Sonne scheidet bald. –
Dort im Fernsten ziehen Segel,
Suchen nächtlich sichern Port. 1110
Kennen doch ihr Nest die Vögel;
Denn jetzt ist der Hafen dort.
So erblickst du in der Weite
Erst des Meeres blauen Saum,
Rechts und links, in aller Breite, 1110
Dichtgedrängt bewohnten Raum.

Am Tische zu drei, im Gärtchen.

BAUCIS. Bleibst du stumm? und keinen Bissen
Bringst du zum verlechzten Mund?

PHILEMON. Möcht' er doch vom Wunder wissen;
Sprichst so gerne, tu's ihm kund.   11110

BAUCIS. Wohl! ein Wunder ist's gewesen!
Läßt mich heut noch nicht in Ruh;
Denn es ging das ganze Wesen
Nicht mit rechten Dingen zu.

PHILEMON. Kann der Kaiser sich versünd'gen,   11115
Der das Ufer ihm verliehn?
Tät's ein Herold nicht verkünd'gen
Schmetternd im Vorüberziehn?
Nicht entfernt von unsern Dünen
Ward der erste Fuß gefaßt,   11120
Zelte, Hütten! – Doch im Grünen
Richtet bald sich ein Palast.

BAUCIS. Tags umsonst die Knechte lärmten,
Hack' und Schaufel, Schlag um Schlag;
Wo die Flämmchen nächtig schwärmten,   11125
Stand ein Damm den andern Tag.
Menschenopfer mußten bluten,
Nachts erscholl des Jammers Qual;
Meerab flossen Feuergluten,
Morgens war es ein Kanal.   11130
Gottlos ist er, ihn gelüstet
Unsre Hütte, unser Hain;
Wie er sich als Nachbar brüstet,
Soll man untertänig sein.

PHILEMON. Hat er uns doch angeboten   11135
Schönes Gut im neuen Land!

BAUCIS. Traue nicht dem Wasserboden,
Halt auf deiner Höhe stand!

PHILEMON. Laßt uns zur Kapelle treten,
Letzten Sonnenblick zu schaun!   11140
Laßt uns läuten, knieen, beten
Und dem alten Gott vertraun!

PALAST

Weiter Ziergarten, großer, gradgeführter Kanal.

Faust im höchsten Alter, wandelnd, nachdenkend.

LYNKEUS DER TÜRMER durchs Sprachrohr.
Die Sonne sinkt, die letzten Schiffe,
Sie ziehen munter hafenein.
Ein großer Kahn ist im Begriffe,　　　　　　　　　　　11145
Auf dem Kanale hier zu sein.
Die bunten Wimpel wehen fröhlich,
Die starren Masten stehn bereit;
In dir preist sich der Bootsmann selig,
Dich grüßt das Glück zur höchsten Zeit.　　　　　　　11150

Das Glöckchen läutet auf der Düne.

FAUST auffahrend. Verdammtes Läuten! Allzuschändlich
Verwundet's, wie ein tückischer Schuß;
Vor Augen ist mein Reich unendlich,
Im Rücken neckt mich der Verdruß,
Erinnert mich durch neidische Laute:　　　　　　　　11155
Mein Hochbesitz, er ist nicht rein,
Der Lindenraum, die braune Baute,
Das morsche Kirchlein ist nicht mein.
Und wünscht' ich, dort mich zu erholen,
Vor fremdem Schatten schaudert mir,　　　　　　　　11160
Ist Dorn den Augen, Dorn den Sohlen;
O! wär' ich weit hinweg von hier!

TÜRMER wie oben. Wie segelt froh der bunte Kahn
Mit frischem Abendwind heran!
Wie türmt sich sein behender Lauf　　　　　　　　　11165
In Kisten, Kasten, Säcken auf!

Prächtiger Kahn, reich und bunt beladen mit Erzeugnissen
fremder Weltgegenden.

Mephistopheles. Die drei gewaltigen Gesellen.

CHORUS.　　　　　　　Da landen wir,
　　　　　　　　　　　Da sind wir schon.

Glückan dem Herren,
Dem Patron!   11170

Sie steigen aus, die Güter werden ans Land geschafft.

MEPHISTOPHELES. So haben wir uns wohl erprobt,
Vergnügt, wenn der Patron es lobt.
Nur mit zwei Schiffen ging es fort,
Mit zwanzig sind wir nun im Port.
Was große Dinge wir getan,   11175
Das sieht man unsrer Ladung an.
Das freie Meer befreit den Geist,
Wer weiß da, was Besinnen heißt!
Da fördert nur ein rascher Griff,
Man fängt den Fisch, man fängt ein Schiff,   11180
Und ist man erst der Herr zu drei,
Dann hakelt man das vierte bei;
Da geht es denn dem fünften schlecht,
Man hat Gewalt, so hat man Recht.
Man fragt ums Was, und nicht ums Wie.   11185
Ich müßte keine Schiffahrt kennen:
Krieg, Handel und Piraterie,
Dreieinig sind sie, nicht zu trennen.

DIE DREI GEWALTIGEN GESELLEN.
Nicht Dank und Gruß!
Nicht Gruß und Dank!   11190
Als brächten wir
Dem Herrn Gestank.
Er macht ein
Widerlich Gesicht;
Das Königsgut   11195
Gefällt ihm nicht.

MEPHISTOPHELES. Erwartet weiter
Keinen Lohn!
Nahmt ihr doch
Euren Teil davon.   11200

DIE GESELLEN. Das ist nur für
Die Langeweil';
Wir alle fordern
Gleichen Teil.

MEPHISTOPHELES. Erst ordnet oben   11205
                    Saal an Saal
                    Die Kostbarkeiten
                    Allzumal!
                    Und tritt er zu
                    Der reichen Schau,   11210
                    Berechnet er alles
                    Mehr genau,
                    Er sich gewiß
                    Nicht lumpen läßt
                    Und gibt der Flotte   11215
                    Fest nach Fest.
                    Die bunten Vögel kommen morgen,
                    Für die werd' ich zum besten sorgen.

           Die Ladung wird weggeschafft.

MEPHISTOPHELES zu Faust.
  Mit ernster Stirn, mit düstrem Blick
  Vernimmst du dein erhaben Glück.
  Die hohe Weisheit wird gekrönt,   11220
  Das Ufer ist dem Meer versöhnt;
  Vom Ufer nimmt, zu rascher Bahn,
  Das Meer die Schiffe willig an;
  So sprich, daß hier, hier vom Palast   11225
  Dein Arm die ganze Welt umfaßt.
  Von dieser Stelle ging es aus,
  Hier stand das erste Bretterhaus;
  Ein Gräbchen ward hinabgeritzt,
  Wo jetzt das Ruder emsig spritzt.   11230
  Dein hoher Sinn, der Deinen Fleiß
  Erwarb des Meers, der Erde Preis.
  Von hier aus –

FAUST.   Das verfluchte Hier!
  Das eben, leidig lastet's mir.
  Dir Vielgewandtem muß ich's sagen,   11235
  Mir gibt's im Herzen Stich um Stich,
  Mir ist's unmöglich zu ertragen!
  Und wie ich's sage, schäm' ich mich.
  Die Alten droben sollten weichen,

Die Linden wünscht' ich mir zum Sitz, 11240
Die wenig Bäume, nicht mein eigen,
Verderben mir den Weltbesitz.
Dort wollt' ich, weit umherzuschauen,
Von Ast zu Ast Gerüste bauen,
Dem Blick eröffnen weite Bahn, 11245
Zu sehn, was alles ich getan,
Zu überschaun mit einem Blick
Des Menschengeistes Meisterstück,
Betätigend mit klugem Sinn
Der Völker breiten Wohngewinn. 11250

So sind am härtsten wir gequält,
Im Reichtum fühlend, was uns fehlt.
Des Glöckchens Klang, der Linden Duft
Umfängt mich wie in Kirch' und Gruft.
Des allgewaltigen Willens Kür 11255
Bricht sich an diesem Sande hier.
Wie schaff' ich mir es vom Gemüte!
Das Glöcklein läutet, und ich wüte.

MEPHISTOPHELES. Natürlich! daß ein Hauptverdruß
Das Leben dir vergällen muß. 11260
Wer leugnet's! Jedem edlen Ohr
Kommt das Geklingel widrig vor.
Und das verfluchte Bim-Baum-Bimmel,
Umnebelnd heitern Abendhimmel,
Mischt sich in jegliches Begebnis, 11265
Vom ersten Bad bis zum Begräbnis,
Als wäre zwischen Bim und Baum
Das Leben ein verschollner Traum.

FAUST. Das Widerstehn, der Eigensinn
Verkümmern herrlichsten Gewinn, 11270
Daß man, zu tiefer, grimmiger Pein,
Ermüden muß, gerecht zu sein.

MEPHISTOPHELES. Was willst du dich denn hier genieren?
Mußt du nicht längst kolonisieren?

FAUST. So geht und schafft sie mir zur Seite! – 11275
Das schöne Gütchen kennst du ja,
Das ich den Alten aversah.

MEPHISTOPHÉLES. Man trägt sie fort und setzt sie nieder,
Eh' man sich umsieht, stehn sie wieder;
Nach überstandener Gewalt 11286
Versöhnt ein schöner Aufenthalt.

Er pfeift gellend.
Die Drei treten auf.

MEPHISTOPHELES. Kommt, wie der Herr gebieten läßt!
Und morgen gibt's ein Flottenfest.
DIE DREI. Der alte Herr empfing uns schlecht,
Ein flottes Fest ist uns zu Recht. 11289
MEPHISTOPHELES ad spectatores.
Auch hier geschieht, was längst geschah,
Denn Naboths Weinberg war schon da. (Regum I, 21.)

TIEFE NACHT

LYNKEUS DER TÜRMER auf der Schloßwarte, singend.
Zum Sehen geboren,
Zum Schauen bestellt,
Dem Turme geschworen, 11290
Gefällt mir die Welt.
Ich blick' in die Ferne,
Ich seh' in der Näh'
Den Mond und die Sterne,
Den Wald und das Reh. 11295
So seh' ich in allen
Die ewige Zier,
Und wie mir's gefallen,
Gefall' ich auch mir.
Ihr glücklichen Augen, 11300
Was je ihr gesehn,
Es sei wie es wolle,
Es war doch so schön! Pause.

Nicht allein mich zu ergetzen,
Bin ich hier so hoch gestellt; 11305
Welch ein greuliches Entsetzen
Droht mir aus der finstern Welt!
Funkenblicke seh' ich sprühen
Durch der Linden Doppelnacht,

Immer stärker wühlt ein Glühen,   11310
Von der Zugluft angefacht.
Ach! die innre Hütte lodert,
Die bemoost und feucht gestanden;
Schnelle Hülfe wird gefodert,
Keine Rettung ist vorhanden.   11315
Ach! die guten alten Leute,
Sonst so sorglich um das Feuer,
Werden sie dem Qualm zur Beute!
Welch ein schrecklich Abenteuer!
Flamme flammet, rot in Gluten   11320
Steht das schwarze Moosgestelle;
Retteten sich nur die Guten
Aus der wildentbrannten Hölle!
Züngelnd lichte Blitze steigen
Zwischen Blättern, zwischen Zweigen;   11325
Äste dürr, die flackernd brennen,
Glühen schnell und stürzen ein.
Sollt ihr Augen dies erkennen!
Muß ich so weitsichtig sein!
Das Kapellchen bricht zusammen   11330
Von der Äste Sturz und Last.
Schlängelnd sind, mit spitzen Flammen,
Schon die Gipfel angefaßt.
Bis zur Wurzel glühn die hohlen
Stämme, purpurrot im Glühn. –   11335

Lange Pause, Gesang.

Was sich sonst dem Blick empfohlen,
Mit Jahrhunderten ist hin.

FAUST auf dem Balkon, gegen die Dünen.
Von oben welch ein singend Wimmern?
Das Wort ist hier, der Ton zu spat.
Mein Türmer jammert; mich, im Innern,   11340
Verdrießt die ungeduld'ge Tat.
Doch sei der Lindenwuchs vernichtet
Zu halbverkohlter Stämme Graun,
Ein Luginsland ist bald errichtet,
Um ins Unendliche zu schaun.   11345

Da seh' ich auch die neue Wohnung,
Die jenes alte Paar umschließt,
Das, im Gefühl großmütiger Schonung,
Der späten Tage froh genießt.

MEPHISTOPHELES UND DIE DREIE unten.
Da kommen wir mit vollem Trab;   11355
Verzeiht! es ging nicht gütlich ab.
Wir klopften an, wir pochten an,
Und immer ward nicht aufgetan;
Wir rüttelten, wir pochten fort,
Da lag die morsche Türe dort;   11355
Wir riefen laut und drohten schwer,
Allein wir fanden kein Gehör.
Und wie's in solchem Fall geschicht,
Sie hörten nicht, sie wollten nicht;
Wir aber haben nicht gesäumt,   11360
Behende dir sie weggeräumt.
Das Paar hat sich nicht viel gequält,
Vor Schrecken fielen sie entseelt.
Ein Fremder, der sich dort versteckt
Und fechten wollte, ward gestreckt.   11365
In wilden Kampfes kurzer Zeit
Von Kohlen, ringsumher gestreut,
Entflammte Stroh. Nun lodert's frei,
Als Scheiterhaufen dieser drei.

FAUST. Wart ihr für meine Worte taub?   11370
Tausch wollt' ich, wollte keinen Raub.
Dem unbesonnenen wilden Streich,
Ihm fluch' ich; teilt es unter euch!

CHORUS. Das alte Wort, das Wort erschallt:
Gehorche willig der Gewalt!   11375
Und bist du kühn und hältst du Stich,
So wage Haus und Hof und – dich. Ab.

FAUST auf dem Balkon. Die Sterne bergen Blick und Schein,
Das Feuer sinkt und lodert klein;
Ein Schauerwindchen fächelt's an,   11380
Bringt Rauch und Dunst zu mir heran.
Geboten schnell, zu schnell getan! –
Was schwebet schattenhaft heran?

MITTERNACHT

Vier graue Weiber treten auf.

ERSTE. Ich heiße der Mangel.
ZWEITE.   Ich heiße die Schuld.
DRITTE. Ich heiße die Sorge.
VIERTE.   Ich heiße die Not.   11385
ZU DREI. Die Tür ist verschlossen, wir können nicht ein;
  Drin wohnet ein Reicher, wir mögen nicht 'nein.
MANGEL. Da werd' ich zum Schatten.
SCHULD.   Da werd' ich zunicht.
NOT. Man wendet von mir das verwöhnte Gesicht.
SORGE.
  Ihr Schwestern, ihr könnt nicht und dürft nicht hinein.   11390
  Die Sorge, sie schleicht sich durchs Schlüsselloch ein.

Sorge verschwindet.

MANGEL. Ihr, graue Geschwister, entfernt euch von hier.
SCHULD. Ganz nah an der Seite verbind' ich mich dir.
NOT. Ganz nah an der Ferse begleitet die Not.
ZU DREI. Es ziehen die Wolken, es schwinden die Sterne!   11395
  Dahinten, dahinten! von ferne, von ferne,
  Da kommt er, der Bruder, da kommt er, der – – – Tod.
FAUST im Palast. Vier sah ich kommen, drei nur gehn;
  Den Sinn der Rede konnt' ich nicht verstehn.
  Es klang so nach, als hieß' es – Not,   11400
  Ein düstres Reimwort folgte – Tod.
  Es tönte hohl, gespensterhaft gedämpft.
  Noch hab' ich mich ins Freie nicht gekämpft.
  Könnt' ich Magie von meinem Pfad entfernen,
  Die Zaubersprüche ganz und gar verlernen,   11405
  Stünd' ich, Natur, vor dir ein Mann allein,
  Da wär's der Mühe wert, ein Mensch zu sein.

  Das war ich sonst, eh' ich's im Düstern suchte,
  Mit Frevelwort mich und die Welt verfluchte.
  Nun ist die Luft von solchem Spuk so voll,   11410
  Daß niemand weiß, wie er ihn meiden soll.
  Wenn auch ein Tag uns klar vernünftig lacht,
  In Traumgespinst verwickelt uns die Nacht;

Wir kehren froh von junger Flur zurück,
Ein Vogel krächzt; was krächzt er? Mißgeschick.   11415
Von Aberglauben früh und spat umgarnt:
Es eignet sich, es zeigt sich an, es warnt.
Und so verschüchtert, stehen wir allein.
Die Pforte knarrt, und niemand kommt herein.
Erschüttert. Ist jemand hier?

SORGE.   Die Frage fordert Ja!   11420
FAUST. Und du, wer bist denn du?
SORGE.   Bin einmal da.
FAUST. Entferne dich!

SORGE.   Ich bin am rechten Ort.
FAUST erst ergrimmt, dann besänftigt, für sich.
Nimm dich in acht und sprich kein Zauberwort.

SORGE.   Würde mich kein Ohr vernehmen,
            Müßt' es doch im Herzen dröhnen;   11425
            In verwandelter Gestalt
            Üb' ich grimmige Gewalt.
            Auf den Pfaden, auf der Welle,
            Ewig ängstlicher Geselle,
            Stets gefunden, nie gesucht,   11430
            So geschmeichelt wie verflucht. –
Hast du die Sorge nie gekannt?

FAUST. Ich bin nur durch die Welt gerannt;
Ein jed' Gelüst ergriff ich bei den Haaren,
Was nicht genügte, ließ ich fahren,
Was mir entwischte, ließ ich ziehn.   11435
Ich habe nur begehrt und nur vollbracht
Und abermals gewünscht und so mit Macht
Mein Leben durchgestürmt; erst groß und mächtig,
Nun aber geht es weise, geht bedächtig.   11440
Der Erdenkreis ist mir genug bekannt,
Nach drüben ist die Aussicht uns verrannt;
Tor, wer dorthin die Augen blinzelnd richtet,
Sich über Wolken seinesgleichen dichtet!
Er stehe fest und sehe hier sich um;   11445
Dem Tüchtigen ist diese Welt nicht stumm.
Was braucht er in die Ewigkeit zu schweifen!

Was er erkennt, läßt sich ergreifen.
Er wandle so den Erdentag entlang;
Wenn Geister spuken, geh' er seinen Gang,   11450
Im Weiterschreiten find' er Qual und Glück,
Er, unbefriedigt jeden Augenblick!

SORGE.   Wen ich einmal mir besitze,
                Dem ist alle Welt nichts nütze;
                Ewiges Düstre steigt herunter,   11455
                Sonne geht nicht auf noch unter,
                Bei vollkommnen äußern Sinnen
                Wohnen Finsternisse drinnen,
                Und er weiß von allen Schätzen
                Sich nicht in Besitz zu setzen.   11460
                Glück und Unglück wird zur Grille,
                Er verhungert in der Fülle;
                Sei es Wonne, sei es Plage,
                Schiebt er's zu dem andern Tage,
                Ist der Zukunft nur gewärtig,   11465
                Und so wird er niemals fertig.

FAUST. Hör auf! so kommst du mir nicht bei!
Ich mag nicht solchen Unsinn hören.
Fahr hin! die schlechte Litanei,
Sie könnte selbst den klügsten Mann betören.   11470

SORGE.   Soll er gehen, soll er kommen?
                Der Entschluß ist ihm genommen;
                Auf gebahnten Weges Mitte
                Wankt er tastend halbe Schritte.
                Er verliert sich immer tiefer,   11475
                Siehet alle Dinge schiefer,
                Sich und andre lästig drückend,
                Atemholend und erstickend;
                Nicht erstickt und ohne Leben,
                Nicht verzweiflend, nicht ergeben.   11480
                So ein unaufhaltsam Rollen,
                Schmerzlich Lassen, widrig Sollen,
                Bald Befreien, bald Erdrücken,
                Halber Schlaf und schlecht Erquicken
                Heftet ihn an seine Stelle   11485
                Und bereitet ihn zur Hölle.

FAUST. Unselige Gespenster! so behandelt ihr
Das menschliche Geschlecht zu tausend Malen;
Gleichgültige Tage selbst verwandelt ihr
In garstigen Wirrwarr netzumstrickter Qualen.   1149
Dämonen, weiß ich, wird man schwerlich los,
Das geistig-strenge Band ist nicht zu trennen;
Doch deine Macht, o Sorge, schleichend groß,
Ich werde sie nicht anerkennen.

SORGE. Erfahre sie, wie ich geschwind   1149
      Mich mit Verwünschung von dir wende!
      Die Menschen sind im ganzen Leben blind,
      Nun, Fauste, werde du's am Ende!

                   Sie haucht ihn an.
FAUST, erblindet.
Die Nacht scheint tiefer tief hereinzudringen,
Allein im Innern leuchtet helles Licht;   1150
Was ich gedacht, ich eil' es zu vollbringen;
Des Herren Wort, es gibt allein Gewicht.
Vom Lager auf, ihr Knechte! Mann für Mann!
Laßt glücklich schauen, was ich kühn ersann.
Ergreift das Werkzeug, Schaufel rührt und Spaten!   1150
Das Abgesteckte muß sogleich geraten.
Auf strenges Ordnen, raschen Fleiß
Erfolgt der allerschönste Preis;
Daß sich das größte Werk vollende,
Genügt ein Geist für tausend Hände.   1151

GROSSER VORHOF DES PALASTS

Fackeln.

MEPHISTOPHELES als Aufseher voran.
      Herbei, herbei! Herein, herein!
      Ihr schlotternden Lemuren,
      Aus Bändern, Sehnen und Gebein
      Geflickte Halbnaturen.

LEMUREN im Chor. Wir treten dir sogleich zur Hand,   1151
      Und wie wir halb vernommen,

Es gilt wohl gar ein weites Land,
Das sollen wir bekommen.

Gespitzte Pfähle, die sind da,
Die Kette lang zum Messen;   11520
Warum an uns der Ruf geschah,
Das haben wir vergessen.

MEPHISTOPHELES. Hier gilt kein künstlerisch Bemühn;
Verfahret nur nach eignen Maßen!
Der Längste lege längelang sich hin,   11525
Ihr andern lüftet ringsumher den Rasen;
Wie man's für unsre Väter tat,
Vertieft ein längliches Quadrat!
Aus dem Palast ins enge Haus,
So dumm läuft es am Ende doch hinaus.   11530

LEMUREN, mit neckischen Gebärden grabend.
Wie jung ich war und lebt' und liebt',
Mich deucht, das war wohl süße;
Wo's fröhlich klang und lustig ging,
Da rührten sich meine Füße.
Nun hat das tückische Alter mich   11535
Mit seiner Krücke getroffen;
Ich stolpert' über Grabes Tür,
Warum stand sie just offen!

FAUST, aus dem Palaste tretend, tastet an den Türpfosten.
Wie das Geklirr der Spaten mich ergetzt!
Es ist die Menge, die mir frönet,   11540
Die Erde mit sich selbst versöhnet,
Den Wellen ihre Grenze setzt,
Das Meer mit strengem Band umzieht.

MEPHISTOPHELES beiseite. Du bist doch nur für uns bemüht
Mit deinen Dämmen, deinen Buhnen;   11545
Denn du bereitest schon Neptunen,
Dem Wasserteufel, großen Schmaus.
In jeder Art seid ihr verloren; –
Die Elemente sind mit uns verschworen,
Und auf Vernichtung läuft's hinaus.   11550

FAUST. Aufseher!

MEPHISTOPHELES. Hier!

FAUST.   Wie es auch möglich sei,
Arbeiter schaffe Meng' auf Menge,
Ermuntere durch Genuß und Strenge,
Bezahle, locke, presse bei!
Mit jedem Tage will ich Nachricht haben,   11555
Wie sich verlängt der unternommene Graben.

MEPH. halblaut. Man spricht, wie man mir Nachricht gab,
Von keinem Graben, doch vom Grab.

FAUST. Ein Sumpf zieht am Gebirge hin,
Verpestet alles schon Errungene;   11560
Den faulen Pfuhl auch abzuziehn,
Das Letzte wär' das Höchsterrungene.
Eröffn' ich Räume vielen Millionen,
Nicht sicher zwar, doch tätig-frei zu wohnen.
Grün das Gefilde, fruchtbar; Mensch und Herde   11565
Sogleich behaglich auf der neusten Erde,
Gleich angesiedelt an des Hügels Kraft,
Den aufgewälzt kühn-emsige Völkerschaft.
Im Innern hier ein paradiesisch Land,
Da rase draußen Flut bis auf zum Rand,   11570
Und wie sie nascht, gewaltsam einzuschießen,
Gemeindrang eilt, die Lücke zu verschließen.
Ja! diesem Sinne bin ich ganz ergeben,
Das ist der Weisheit letzter Schluß:
Nur der verdient sich Freiheit wie das Leben,   11575
Der täglich sie erobern muß.
Und so verbringt, umrungen von Gefahr,
Hier Kindheit, Mann und Greis sein tüchtig Jahr.
Solch ein Gewimmel möcht' ich sehn,
Auf freiem Grund mit freiem Volke stehn.   11580
Zum Augenblicke dürft' ich sagen:
Verweile doch, du bist so schön!
Es kann die Spur von meinen Erdetagen
Nicht in Äonen untergehn. –
Im Vorgefühl von solchem hohen Glück   11585
Genieß' ich jetzt den höchsten Augenblick.

Faust sinkt zurück,
die Lemuren fassen ihn auf und legen ihn auf den Boden.

MEPH. Ihn sättigt keine Lust, ihm gnügt kein Glück,
So buhlt er fort nach wechselnden Gestalten;
Den letzten, schlechten, leeren Augenblick,
Der Arme wünscht ihn festzuhalten.   11590
Der mir so kräftig widerstand,
Die Zeit wird Herr, der Greis hier liegt im Sand.
Die Uhr steht still –
CHOR.   Steht still! Sie schweigt wie Mitternacht.
Der Zeiger fällt.
MEPHISTOPHELES. Er fällt, es ist vollbracht.
CHOR. Es ist vorbei.
MEPHISTOPHELES.   Vorbei! ein dummes Wort.   11595
Warum vorbei?
Vorbei und reines Nicht, vollkommnes Einerlei!
Was soll uns denn das ew'ge Schaffen!
Geschaffenes zu nichts hinwegzuraffen!
„Da ist's vorbei!" Was ist daran zu lesen?   11600
Es ist so gut, als wär' es nicht gewesen,
Und treibt sich doch im Kreis, als wenn es wäre.
Ich liebte mir dafür das Ewig-Leere.

GRABLEGUNG

LEMUR. Solo.   Wer hat das Haus so schlecht gebaut,
                Mit Schaufeln und mit Spaten?   11605
LEMUREN. Chor. Dir, dumpfer Gast im hänfnen Gewand,
                Ist's viel zu gut geraten.
LEMUR. Solo.   Wer hat den Saal so schlecht versorgt?
                Wo blieben Tisch und Stühle?
LEMUREN. Chor. Es war auf kurze Zeit geborgt;   11610
                Der Gläubiger sind so viele.
MEPH. Der Körper liegt, und will der Geist entfliehn,
Ich zeig' ihm rasch den blutgeschriebnen Titel; –
Doch leider hat man jetzt so viele Mittel,
Dem Teufel Seelen zu entziehn.   11615
Auf altem Wege stößt man an,
Auf neuem sind wir nicht empfohlen;
Sonst hätt' ich es allein getan,
Jetzt muß ich Helfershelfer holen.

Uns geht's in allen Dingen schlecht!   11620
Herkömmliche Gewohnheit, altes Recht,
Man kann auf gar nichts mehr vertrauen.
Sonst mit dem letzten Atem fuhr sie aus,
Ich paßt' ihr auf und, wie die schnellste Maus,
Schnapps! hielt ich sie in fest verschloßnen Klauen.   11625
Nun zaudert sie und will den düstern Ort,
Des schlechten Leichnams ekles Haus nicht lassen;
Die Elemente, die sich hassen,
Die treiben sie am Ende schmählich fort.
Und wenn ich Tag' und Stunden mich zerplage,   11630
Wann? wie? und wo? das ist die leidige Frage;
Der alte Tod verlor die rasche Kraft,
Das Ob? sogar ist lange zweifelhaft;
Oft sah ich lüstern auf die starren Glieder –
Es war nur Schein, das rührte, das regte sich wieder.   11635

Phantastisch-flügelmännische Beschwörungsgebärden.

Nur frisch heran! verdoppelt euren Schritt,
Ihr Herrn vom graden, Herrn vom krummen Horne,
Von altem Teufelsschrot und -korne,
Bringt ihr zugleich den Höllenrachen mit.
Zwar hat die Hölle Rachen viele! viele!   11640
Nach Standsgebühr und Würden schlingt sie ein;
Doch wird man auch bei diesem letzten Spiele
Ins künftige nicht so bedenklich sein.

Der greuliche Höllenrachen tut sich links auf.

Eckzähne klaffen; dem Gewölb des Schlundes
Entquillt der Feuerstrom in Wut,   11645
Und in dem Siedequalm des Hintergrundes
Seh' ich die Flammenstadt in ewiger Glut.
Die rote Brandung schlägt hervor bis an die Zähne,
Verdammte, Rettung hoffend, schwimmen an;
Doch kolossal zerknirscht sie die Hyäne,   11650
Und sie erneuen ängstlich heiße Bahn.
In Winkeln bleibt noch vieles zu entdecken,
So viel Erschrecklichstes im engsten Raum!
Ihr tut sehr wohl, die Sünder zu erschrecken;

Sie halten's doch für Lug und Trug und Traum.   11655

Zu den Dickteufeln vom kurzen, graden Horne.

Nun, wanstige Schuften mit den Feuerbacken!
Ihr glüht so recht vom Höllenschwefel feist;
Klotzartige, kurze, nie bewegte Nacken!
Hier unten lauert, ob's wie Phosphor gleißt:
Das ist das Seelchen, Psyche mit den Flügeln,   11660
Die rupft ihr aus, so ist's ein garstiger Wurm;
Mit meinem Stempel will ich sie besiegeln,
Dann fort mit ihr im Feuerwirbelsturm!

Paßt auf die niedern Regionen,
Ihr Schläuche, das ist eure Pflicht;   11665
Ob's ihr beliebte, da zu wohnen,
So akkurat weiß man das nicht.
Im Nabel ist sie gern zu Haus –
Nehmt es in acht, sie wischt euch dort heraus.

Zu den Dürrteufeln vom langen, krummen Horne.

Ihr Firlefanze, flügelmännische Riesen,   11670
Greift in die Luft, versucht euch ohne Rast!
Die Arme strack, die Klauen scharf gewiesen,
Daß ihr die Flatternde, die Flüchtige faßt.
Es ist ihr sicher schlecht im alten Haus,
Und das Genie, es will gleich obenaus.   11675

G l o r i e von oben rechts.

HIMMLISCHE HEERSCHAR. Folget, Gesandte,
                    Himmelsverwandte,
                    Gemächlichen Flugs:
                    Sündern vergeben,
                    Staub zu beleben;   11680
                    Allen Naturen
                    Freundliche Spuren
                    Wirket im Schweben
                    Des weilenden Zugs!

MEPH. Mißtöne hör' ich, garstiges Geklimper,   11685
Von oben kommt's mit unwillkommnem Tag;
Es ist das bübisch-mädchenhafte Gestümper,
Wie frömmelnder Geschmack sich's lieben mag.

Ihr wißt, wie wir in tiefverruchten Stunden
Vernichtung sannen menschlichem Geschlecht,   11690
Das Schändlichste, was wir erfunden,
Ist ihrer Andacht eben recht.

Sie kommen gleisnerisch, die Laffen!
So haben sie uns manchen weggeschnappt,
Bekriegen uns mit unsern eignen Waffen;   11695
Es sind auch Teufel, doch verkappt.
Hier zu verlieren, wär' euch ew'ge Schande;
Ans Grab heran und haltet fest am Rande!

CHOR DER ENGEL, Rosen streuend.
        Rosen, ihr blendenden,
        Balsam versendenden!   11700
        Flatternde, schwebende,
        Heimlich belebende,
        Zweiglein beflügelte,
        Knospen entsiegelte,
        Eilet zu blühn.   11705

        Frühling entsprieße,
        Purpur und Grün!
        Tragt Paradiese
        Dem Ruhenden hin.

MEPHISTOPHELES zu den Satanen.
Was duckt und zuckt ihr? ist das Höllenbrauch?   11710
So haltet stand und laßt sie streuen.
An seinen Platz ein jeder Gauch!
Sie denken wohl, mit solchen Blümeleien
Die heißen Teufel einzuschneien;
Das schmilzt und schrumpft vor eurem Hauch.   11715
Nun pustet, Püstriche! – Genug, genug!
Vor eurem Broden bleicht der ganze Flug. –
Nicht so gewaltsam! schließet Maul und Nasen!
Fürwahr, ihr habt zu stark geblasen.
Daß ihr doch nie die rechten Maße kennt!   11720
Das schrumpft nicht nur, es bräunt sich, dorrt, es brennt!
Schon schwebt's heran mit giftig klaren Flammen,

Stemmt euch dagegen, drängt euch fest zusammen! –
Die Kraft erlischt! dahin ist aller Mut!
Die Teufel wittern fremde Schmeichelglut.   11725

CHOR DER ENGEL. Blüten, die seligen,
                 Flammen, die fröhlichen,
                 Liebe verbreiten sie,
                 Wonne bereiten sie,
                 Herz wie es mag.   11730
                 Worte, die wahren,
                 Äther im Klaren,
                 Ewigen Scharen
                 Überall Tag!

MEPHISTOPHELES. O Fluch! o Schande solchen Tröpfen!   11735
Satane stehen auf den Köpfen,
Die Plumpen schlagen Rad auf Rad
Und stürzen ärschlings in die Hölle.
Gesegn' euch das verdiente heiße Bad!
Ich aber bleib' auf meiner Stelle. –   11740

        Sich mit den schwebenden Rosen herumschlagend.

Irrlichter, fort! Du, leuchte noch so stark,
Du bleibst, gehascht, ein ekler Gallert-Quark.
Was flatterst du? Willst du dich packen! –
Es klemmt wie Pech und Schwefel mir im Nacken

CHOR DER ENGEL. Was euch nicht angehört,   11745
                 Müsset ihr meiden,
                 Was euch das Innre stört,
                 Dürft ihr nicht leiden.
                 Dringt es gewaltig ein,
                 Müssen wir tüchtig sein   11750
                 Liebe nur Liebende
                 Führet herein!

MEPH. Mir brennt der Kopf, das Herz, die Leber brennt,
Ein überteuflisch Element!
Weit spitziger als Höllenfeuer! –   11755
Drum jammert ihr so ungeheuer,
Unglückliche Verliebte! die, verschmäht,
Verdrehten Halses nach der Liebsten späht.

Auch mir! Was zieht den Kopf auf jene Seite?
Bin ich mit ihr doch in geschwornem Streite!   1176
Der Anblick war mir sonst so feindlich scharf.
Hat mich ein Fremdes durch und durch gedrungen?
Ich mag sie gerne sehn, die allerliebsten Jungen;
Was hält mich ab, daß ich nicht fluchen darf? –
Und wenn ich mich betören lasse,   1176
Wer heißt denn künftighin der Tor?
Die Wetterbuben, die ich hasse,
Sie kommen mir doch gar zu lieblich vor! –

Ihr schönen Kinder, laßt mich wissen:
Seid ihr nicht auch von Luzifers Geschlecht?   1177
Ihr seid so hübsch, fürwahr ich möcht' euch küssen,
Mir ist's, als kämt ihr eben recht.
Es ist mir so behaglich, so natürlich,
Als hätt' ich euch schon tausendmal gesehn;
So heimlich-kätzchenhaft begierlich;   1177
Mit jedem Blick aufs neue schöner schön.
O nähert euch, o gönnt mir einen Blick!

ENGEL. Wir kommen schon, warum weichst du zurück?
    Wir nähern uns, und wenn du kannst, so bleib!

          Die Engel nehmen, umherziehend, den ganzen Raum ein.

MEPHISTOPHELES, der ins Proszenium gedrängt wird.
    Ihr scheltet uns verdammte Geister   1178
    Und seid die wahren Hexenmeister;
    Denn ihr verführet Mann und Weib. –
    Welch ein verfluchtes Abenteuer!
    Ist dies das Liebeselement?
    Der ganze Körper steht in Feuer,   1178
    Ich fühle kaum, daß es im Nacken brennt. –
    Ihr schwanket hin und her, so senkt euch nieder,
    Ein bißchen weltlicher bewegt die holden Glieder;
    Fürwahr, der Ernst steht euch recht schön;
    Doch möcht' ich euch nur einmal lächeln sehn!   1179
    Das wäre mir ein ewiges Entzücken.
    Ich meine so, wie wenn Verliebte blicken:
    Ein kleiner Zug am Mund, so ist's getan.

Dich, langer Bursche, dich mag ich am liebsten leiden,
Die Pfaffenmiene will dich gar nicht kleiden,   11795
So sieh mich doch ein wenig lüstern an!
Auch könntet ihr anständig-nackter gehen,
Das lange Faltenhemd ist übersittlich –
Sie wenden sich – von hinten anzusehen! –
Die Racker sind doch gar zu appetitlich!   11800

CHOR DER ENGEL. Wendet zur Klarheit
                 Euch, liebende Flammen!
                 Die sich verdammen,
                 Heile die Wahrheit;
                 Daß sie vom Bösen   11805
                 Froh sich erlösen,
                 Um in dem Allverein
                 Selig zu sein.

MEPHISTOPHELES sich fassend.
  Wie wird mir! – Hiobsartig, Beul' an Beule
  Der ganze Kerl, dem's vor sich selber graut,   11810
  Und triumphiert zugleich, wenn er sich ganz durchschaut,
  Wenn er auf sich und seinen Stamm vertraut;
  Gerettet sind die edlen Teufelsteile,
  Der Liebespuk, er wirft sich auf die Haut;
  Schon ausgebrannt sind die verruchten Flammen,   11815
  Und wie es sich gehört, fluch' ich euch allzusammen!

CHOR DER ENGEL. Heilige Gluten!
                 Wen sie umschweben,
                 Fühlt sich im Leben
                 Selig mit Guten.   11820
                 Alle vereinigt
                 Hebt euch und preist!
                 Luft ist gereinigt,
                 Atme der Geist!

        Sie eheben sich, Faustens Unsterbliches entführend.

MEPHISTOPHELES, sich umsehend.
  Doch wie? – wo sind sie hingezogen?   11825
  Unmündiges Volk, du hast mich überrascht,
  Sind mit der Beute himmelwärts entflogen;
  Drum haben sie an dieser Gruft genascht!

Mir ist ein großer, einziger Schatz entwendet:
Die hohe Seele, die sich mir verpfändet,   11830
Die haben sie mir pfiffig weggepascht.

Bei wem soll ich mich nun beklagen?
Wer schafft mir mein erworbenes Recht?
Du bist getäuscht in deinen alten Tagen,
Du hast's verdient, es geht dir grimmig schlecht.   11835
Ich habe schimpflich mißgehandelt,
Ein großer Aufwand, schmählich! ist vertan;
Gemein Gelüst, absurde Liebschaft wandelt
Den ausgepichten Teufel an.
Und hat mit diesem kindisch-tollen Ding   11840
Der Klugerfahrne sich beschäftigt,
So ist fürwahr die Torheit nicht gering,
Die seiner sich am Schluß bemächtigt.

BERGSCHLUCHTEN

Wald, Fels, Einöde.

Heilige Anachoreten gebirgauf verteilt, gelagert zwischen Klüften.

CHOR UND ECHO. Waldung, sie schwankt heran,
        Felsen, sie lasten dran,   11845
        Wurzeln, sie klammern an,
        Stamm dicht an Stamm hinan.
        Woge nach Woge spritzt,
        Höhle, die tiefste, schützt.
        Löwen, sie schleichen stumm-   11850
        freundlich um uns herum,
        Ehren geweihten Ort,
        Heiligen Liebeshort.

PATER ECSTATICUS, auf und ab schwebend.
        Ewiger Wonnebrand,
        Glühendes Liebeband,   11855
        Siedender Schmerz der Brust,
        Schäumende Gotteslust.
        Pfeile, durchdringet mich,

Lanzen, bezwinget mich,
Keulen, zerschmettert mich, 11860
Blitze, durchwettert mich!
Daß ja das Nichtige
Alles verflüchtige,
Glänze der Dauerstern,
Ewiger Liebe Kern. 11865

PATER PROFUNDUS, tiefe Region.
Wie Felsenabgrund mir zu Füßen
Auf tieferm Abgrund lastend ruht,
Wie tausend Bäche strahlend fließen
Zum grausen Sturz des Schaums der Flut,
Wie strack mit eignem kräftigen Triebe 11870
Der Stamm sich in die Lüfte trägt:
So ist es die allmächtige Liebe,
Die alles bildet, alles hegt.

Ist um mich her ein wildes Brausen,
Als wogte Wald und Felsengrund, 11875
Und doch stürzt, liebevoll im Sausen,
Die Wasserfülle sich zum Schlund,
Berufen, gleich das Tal zu wässern;
Der Blitz, der flammend niederschlug,
Die Atmosphäre zu verbessern, 11880
Die Gift und Dunst im Busen trug –

Sind Liebesboten, sie verkünden,
Was ewig schaffend uns umwallt.
Mein Innres mög' es auch entzünden,
Wo sich der Geist, verworren, kalt, 11885
Verquält in stumpfer Sinne Schranken,
Scharfangeschloßnem Kettenschmerz.
O Gott! beschwichtige die Gedanken,
Erleuchte mein bedürftig Herz!

PATER SERAPHICUS, mittlere Region.
Welch ein Morgenwölkchen schwebet 11890
Durch der Tannen schwankend Haar!
Ahn' ich, was im Innern lebet?
Es ist junge Geisterschar.

CHOR SELIGER KNABEN.
>   Sag uns, Vater, wo wir wallen,
>   Sag uns, Guter, wer wir sind?   11895
>   Glücklich sind wir: allen, allen
>   Ist das Dasein so gelind.

PATER SERAPHICUS.
>   Knaben! Mitternachts Geborne,
>   Halb erschlossen Geist und Sinn,
>   Für die Eltern gleich Verlorne,   11900
>   Für die Engel zum Gewinn.
>   Daß ein Liebender zugegen,
>   Fühlt ihr wohl, so naht euch nur;
>   Doch von schroffen Erdewegen,
>   Glückliche! habt ihr keine Spur.   11905
>   Steigt herab in meiner Augen
>   Welt- und erdgemäß Organ,
>   Könnt sie als die euern brauchen,
>   Schaut euch diese Gegend an!

Er nimmt sie in sich.

>   Das sind Bäume, das sind Felsen,   11910
>   Wasserstrom, der abestürzt
>   Und mit ungeheurem Wälzen
>   Sich den steilen Weg verkürzt.

SELIGE KNABEN, von innen.
>   Das ist mächtig anzuschauen,
>   Doch zu düster ist der Ort,   11915
>   Schüttelt uns mit Schreck und Grauen.
>   Edler, Guter, laß uns fort!

PATER SERAPHICUS.
>   Steigt hinan zu höherm Kreise,
>   Wachset immer unvermerkt,
>   Wie, nach ewig reiner Weise,   11920
>   Gottes Gegenwart verstärkt.
>   Denn das ist der Geister Nahrung,
>   Die im freisten Äther waltet:
>   Ewigen Liebens Offenbarung,
>   Die zur Seligkeit entfaltet.   11925

CHOR SELIGER KNABEN um die höchsten Gipfel kreisend.
>Hände verschlinget
>Freudig zum Ringverein,
>Regt euch und singet
>Heil'ge Gefühle drein!
>Göttlich belehret,   11930
>Dürft ihr vertrauen;
>Den ihr verehret,
>Werdet ihr schauen.

ENGEL schwebend in der höheren Atmosphäre, Faustens Unsterbliches tragend.
>Gerettet ist das edle Glied
>Der Geisterwelt vom Bösen,   11935
>Wer immer strebend sich bemüht,
>Den können wir erlösen.
>Und hat an ihm die Liebe gar
>Von oben teilgenommen,
>Begegnet ihm die selige Schar   11940
>Mit herzlichem Willkommen.

DIE JÜNGEREN ENGEL.
>Jene Rosen aus den Händen
>Liebend-heiliger Büßerinnen
>Halfen uns den Sieg gewinnen,
>Uns das hohe Werk vollenden,   11945
>Diesen Seelenschatz erbeuten.
>Böse wichen, als wir streuten,
>Teufel flohen, als wir trafen.
>Statt gewohnter Höllenstrafen
>Fühlten Liebesqual die Geister;   11950
>Selbst der alte Satansmeister
>War von spitzer Pein durchdrungen.
>Jauchzet auf! es ist gelungen.

DIE VOLLENDETEREN ENGEL.
>Uns bleibt ein Erdenrest
>Zu tragen peinlich,   11955
>Und wär' er von Asbest,
>Er ist nicht reinlich.
>Wenn starke Geisteskraft

Die Elemente
An sich herangerafft,   11960
Kein Engel trennte
Geeinte Zwienatur
Der innigen beiden,
Die ewige Liebe nur
Vermag's zu scheiden.   11965

DIE JÜNGEREN ENGEL.

Nebelnd um Felsenhöh'
Spür' ich soeben,
Regend sich in der Näh',
Ein Geisterleben.
Die Wölkchen werden klar,   11970
Ich seh' bewegte Schar
Seliger Knaben,
Los von der Erde Druck,
Im Kreis gesellt,
Die sich erlaben   11975
Am neuen Lenz und Schmuck
Der obern Welt.
Sei er zum Anbeginn,
Steigendem Vollgewinn
Diesen gesellt!   11980

DIE SELIGEN KNABEN.

Freudig empfangen wir
Diesen im Puppenstand;
Also erlangen wir
Englisches Unterpfand.
Löset die Flocken los,   11985
Die ihn umgeben!
Schon ist er schön und groß
Von heiligem Leben.

DOCTOR MARIANUS, in der höchsten, reinlichsten Zelle.

Hier ist die Aussicht frei,
Der Geist erhoben.
Dort ziehen Fraun vorbei,   11990
Schwebend nach oben.
Die Herrliche mitteninn

Im Sternenkranze,
Die Himmelskönigin,   11995
Ich seh's am Glanze.

        Entzückt.

Höchste Herrscherin der Welt!
Lasse mich im blauen,
Ausgespannten Himmelszelt
Dein Geheimnis schauen.   12000
Billige, was des Mannes Brust
Ernst und zart beweget
Und mit heiliger Liebeslust
Dir entgegenträget.

Unbezwinglich unser Mut,   12005
Wenn du hehr gebietest;
Plötzlich mildert sich die Glut,
Wie du uns befriedest.
Jungfrau, rein im schönsten Sinn,
Mutter, Ehren würdig,   12010
Uns erwählte Königin,
Göttern ebenbürtig.

     Um sie verschlingen
     Sich leichte Wölkchen,
     Sind Büßerinnen,   12015
     Ein zartes Völkchen,
     Um Ihre Kniee
     Den Äther schlürfend,
     Gnade bedürfend.

Dir, der Unberührbaren,   12020
Ist es nicht benommen,
Daß die leicht Verführbaren
Traulich zu dir kommen.

In die Schwachheit hingerafft,
Sind sie schwer zu retten;   12025
Wer zerreißt aus eigner Kraft
Der Gelüste Ketten?
Wie entgleitet schnell der Fuß
Schiefem, glattem Boden?

Wen betört nicht Blick und Gruß,   1203
Schmeichelhafter Odem?

Mater gloriosa schwebt einher.

CHOR DER BÜSSERINNEN.

Du schwebst zu Höhen
Der ewigen Reiche,
Vernimm das Flehen,
Du Ohnegleiche,   1203;
Du Gnadenreiche!

MAGNA PECCATRIX. (St. Lucae VII, 36.)

Bei der Liebe, die den Füßen
Deines gottverklärten Sohnes
Tränen ließ zum Balsam fließen,
Trotz des Pharisäerhohnes;   12040
Beim Gefäße, das so reichlich
Tropfte Wohlgeruch hernieder,
Bei den Locken, die so weichlich
Trockneten die heil'gen Glieder –

MULIER SAMARITANA. (St. Joh. IV.)

Bei dem Bronn, zu dem schon weiland   12045
Abram ließ die Herde führen,
Bei dem Eimer, der dem Heiland
Kühl die Lippe durft' berühren;
Bei der reinen, reichen Quelle,
Die nun dorther sich ergießet,   12050
Überflüssig, ewig helle
Rings durch alle Welten fließet –

MARIA AEGYPTIACA. Acta Sanctorum.

Bei dem hochgeweihten Orte,
Wo den Herrn man niederließ,
Bei dem Arm, der von der Pforte   12055
Warnend mich zurücke stieß;
Bei der vierzigjährigen Buße,
Der ich treu in Wüsten blieb,
Bei dem seligen Scheidegruße,
Den im Sand ich niederschrieb –   12060

ZU DREI.   Die du großen Sünderinnen
                Deine Nähe nicht verweigerst

Und ein büßendes Gewinnen
In die Ewigkeiten steigerst,
Gönn auch dieser guten Seele,   12065
Die sich einmal nur vergessen,
Die nicht ahnte, daß sie fehle,
Dein Verzeihen angemessen!

UNA POENITENTIUM, sonst Gretchen genannt. Sich anschmiegend.
Neige, neige,
Du Ohnegleiche,   12070
Du Strahlenreiche,
Dein Antlitz gnädig meinem Glück!
Der früh Geliebte,
Nicht mehr Getrübte,
Er kommt zurück.   12075

SELIGE KNABEN in Kreisbewegung sich nähernd.
Er überwächst uns schon
An mächtigen Gliedern,
Wird treuer Pflege Lohn
Reichlich erwidern.
Wir wurden früh entfernt   12080
Von Lebechören;
Doch dieser hat gelernt,
Er wird uns lehren.

DIE EINE BÜSSERIN, sonst Gretchen genannt.
Vom edlen Geisterchor umgeben,
Wird sich der Neue kaum gewahr,   12085
Er ahnet kaum das frische Leben,
So gleicht er schon der heiligen Schar.
Sieh, wie er jedem Erdenbande
Der alten Hülle sich entrafft
Und aus ätherischem Gewande   12090
Hervortritt erste Jugendkraft.
Vergönne mir, ihn zu belehren,
Noch blendet ihn der neue Tag.

MATER GLORIOSA.
Komm! hebe dich zu höhern Sphären!
Wenn er dich ahnet, folgt er nach.   12095

DOCTOR MARIANUS, auf dem Angesicht anbetend.

> Blicket auf zum Retterblick,
> Alle reuig Zarten,
> Euch zu seligem Geschick
> Dankend umzuarten.
> Werde jeder beßre Sinn 12100
> Dir zum Dienst erbötig,
> Jungfrau, Mutter, Königin,
> Göttin, bleibe gnädig!

CHORUS MYSTICUS.

> Alles Vergängliche
> Ist nur ein Gleichnis; 12105
> Das Unzulängliche,
> Hier wird's Ereignis;
> Das Unbeschreibliche,
> Hier ist's getan;
> Das Ewig-Weibliche 12110
> Zieht uns hinan.

FINIS.

FAUST

in ursprünglicher Gestalt
(Urfaust)

NACHT

In einem hochgewölbten engen gotischen Zimmer

Faust unruhig auf seinem Sessel am Pulten

FAUST. Hab nun, ach, die Philosophei,
Medizin und Juristerei,
Und leider auch die Theologie
Durchaus studiert mit heißer Müh.
Da steh ich nun, ich armer Tor,   5
Und bin so klug, als wie zuvor.
Heiße Doktor und Professor gar,
Und ziehe schon an die zehen Jahr'
Herauf, herab und quer und krumm
Meine Schüler an der Nas' herum   10
Und seh, daß wir nichts wissen können,
Das will mir schier das Herz verbrennen.
Zwar bin ich gescheuter als alle die Laffen,
Doktors, Professors, Schreiber und Pfaffen,
Mich plagen keine Skrupel noch Zweifel,   15
Fürcht mich weder vor Höll noch Teufel.
Dafür ist mir auch all Freud entrissen,
Bild mir nicht ein, was Rechts zu wissen,
Bild mir nicht ein, ich könnt was lehren,
Die Menschen zu bessern und zu bekehren;   20
Auch hab ich weder Gut noch Geld,
Noch Ehr und Herrlichkeit der Welt.
Es möcht kein Hund so länger leben!
Drum hab ich mich der Magie ergeben,
Ob mir durch Geistes Kraft und Mund   25
Nicht manch Geheimnis werde kund.
Daß ich nicht mehr mit saurem Schweiß
Rede von dem, was ich nicht weiß.
Daß ich erkenne, was die Welt
Im Innersten zusammenhält,   30
Schau alle Würkungskraft und Samen
Und tu nicht mehr in Worten kramen.

O sähst du, voller Mondenschein,
Zum letztenmal auf meine Pein,

Den ich so manche Mitternacht   35
An diesem Pult herangewacht!
Dann über Bücher und Papier,
Trübselger Freund, erschienst du mir.
Ach könnt ich doch auf Bergeshöhn
In deinem lieben Lichte gehn,   40
Um Bergeshöhl' mit Geistern schweben,
Auf Wiesen in deinem Dämmer weben,
Von all dem Wissensqualm entladen
In deinem Tau gesund mich baden!

Weh! steck ich in dem Kerker noch?   45
Verfluchtes dumpfes Mauerloch,
Wo selbst das liebe Himmelslicht
Trüb durch gemalte Scheiben bricht!
Beschränkt von all dem Bücherhauf,
Den Würme nagen, Staub bedeckt,   50
Und bis ans hohe Gewölb hinauf
Mit angeraucht Papier besteckt,
Mit Gläsern, Büchsen rings bestellt,
Mit Instrumenten vollgepfropft,
Urväter Hausrat drein gestopft –   55
Das ist deine Welt, das heißt eine Welt!

Und fragst du noch, warum dein Herz
Sich inn in deinem Busen klemmt?
Warum ein unerklärter Schmerz
Dir alle Lebensregung hemmt?   60
Statt all der lebenden Natur,
Da Gott die Menschen schuf hinein,
Umgibt in Rauch und Moder nur
Dich Tiergeripp und Totenbein.

Flieh! Auf! hinaus ins weite Land!   65
Und dies geheimnisvolle Buch
Von Nostradamus' eigner Hand –
Ist dir das nicht Geleit genug?
Erkennest dann der Sterne Lauf,
Und wenn Natur dich unterweist,   70

Dann geht die Seelenkraft dir auf,
Wie spricht ein Geist zum andern Geist.
Umsonst, daß trocknes Sinnen hier
Die heilgen Zeichen dir erklärt.
Ihr schwebt, ihr Geister, neben mir,   75
Antwortet mir, wenn ihr mich hört!

Er schlägt das Buch auf und erblickt das Zeichen des Makrokosmus.

Ha! welche Wonne fließt in diesem Blick
Auf einmal mir durch alle meine Sinnen.
Ich fühle junges heilges Lebensglück,
Fühl neue Glut durch Nerv und Adern rinnen.   80
War es ein Gott, der diese Zeichen schrieb,
Die all das innre Toben stillen,
Das arme Herz mit Freude füllen
Und mit geheimnisvollem Trieb
Die Kräfte der Natur enthüllen?   85
Bin ich ein Gott? mir wird so licht!
Ich schau in diesen reinen Zügen
Die würkende Natur vor meiner Seele liegen.
Jetzt erst erkenn ich, was der Weise spricht:
„Die Geisterwelt ist nicht verschlossen,   90
Dein Sinn ist zu, dein Herz ist tot.
Auf! bade, Schüler, unverdrossen
Die irdsche Brust im Morgenrot."

Er beschaut das Zeichen.

Wie alles sich zum Ganzen webt,
Eins in dem andern würkt und lebt!   95
Wie Himmelskräfte auf und nieder steigen
Und sich die goldnen Eimer reichen!
Mit segenduftenden Schwingen
Vom Himmel durch die Erde dringen,
Harmonisch all das All durchklingen!   100

Welch Schauspiel! aber, ach, ein Schauspiel nur!
Wo faß ich dich, unendliche Natur?
Euch Brüste, wo? Ihr Quellen alles Lebens,
An denen Himmel und Erde hängt,
Dahin die welke Brust sich drängt —   105

Ihr quellt, ihr tränkt, und schmacht ich so vergebens?

Er schlägt unwillig das Buch um und erblickt das Zeichen des Erd-
geistes.

Wie anders würkt dies Zeichen auf mich ein!
Du, Geist der Erde, bist mir näher;
Schon fühl ich meine Kräfte höher,
Schon glüh ich wie vom neuen Wein.   110
Ich fühle Mut, mich in die Welt zu wagen,
All Erden Weh und all ihr Glück zu tragen,
Mit Stürmen mich herumzuschlagen
Und in des Schiffbruchs Knirschen nicht zu zagen.
Es wölkt sich über mir –   115
Der Mond verbirgt sein Licht!
Die Lampe schwindet!
Es dampft! Es zucken rote Strahlen
Mir um das Haupt. Es weht
Ein Schauer vom Gewölb herab   120
Und faßt mich an.
Ich fühls, du schwebst um mich,
Erflehter Geist!
Enthülle dich!
Ha! wie's in meinem Herzen reißt!   125
Zu neuen Gefühlen
All meine Sinne sich erwühlen!
Ich fühle ganz mein Herz dir hingegeben!
Du mußt, du mußt! Und kostet es mein Leben.

Er faßt das Buch und spricht das Zeichen des Geists geheimnisvoll
aus. Es zuckt eine rötliche Flamme, der Geist erscheint in der Flamme
in widerlicher Gestalt.

GEIST. Wer ruft mir?
FAUST *abwendend.*   Schröckliches Gesicht!   130
GEIST. Du hast mich mächtig angezogen,
An meiner Sphäre lang gesogen,
Und nun –
FAUST.   Weh! ich ertrag dich nicht.
GEIST. Du flehst eratmend mich zu schauen,
Meine Stimme zu hören, mein Antlitz zu sehn.   135
Mich neigt dein mächtig Seelenflehn.
Da bin ich! Welch erbärmlich Grauen

Faßt Übermenschen dich! Wo ist der Seele Ruf?
Wo ist die Brust, die eine Welt in sich erschuf,
Und trug, und hegte, und mit Freudebeben   140
Erschwoll, sich uns, den Geistern, gleich zu heben?
Wo bist du, Faust, des Stimme mir erklang,
Der sich an mich mit allen Kräften drang?
Du! der, den kaum mein Hauch umwittert,
In allen Lebenstiefen zittert,   145
Ein furchtsam weggekrümmter Wurm.
FAUST. Soll ich dir Flammenbildung weichen?
Ich bins, bin Faust, bin deinesgleichen.
GEIST. In Lebensfluten, im Tatensturm
Wall ich auf und ab,   150
Webe hin und her!
Geburt und Grab,
Ein ewges Meer,
Ein wechselnd Leben!
So schaff ich am sausenden Webstuhl der Zeit   155
Und würke der Gottheit lebendiges Kleid.
FAUST. Der du die weite Welt umschweifst,
Geschäft'ger Geist, wie nah fühl' ich mich dir!
GEIST. Du gleichst dem Geist, den du begreifst,
Nicht mir! Verschwindet.   160
FAUST zusammenstürzend. Nicht dir?
Wem denn?
Ich, Ebenbild der Gottheit,
Und nicht einmal dir? Es klopft.
O Tod! ich kenns, das ist mein Famulus.   165
Nun werd ich tiefer tief zunichte!
Daß diese Fülle der Gesichte
Der trockne Schwärmer stören muß!
Wagner im Schlafrock und der Nachtmütze, eine Lampe in der Hand.
Faust wendet sich unwillig.
WAGNER. Verzeiht, ich hört Euch deklamieren.
Ihr last gewiß ein griechisch Trauerspiel?   170
In dieser Kunst möcht ich was profitieren,
Denn heutzutage würkt das viel;
Ich hab es öfters rühmen hören,
Ein Komödiant könnt einen Pfarrer lehren.

FAUST. Ja, wenn der Pfarrer ein Komödiant ist;   175
Wie das denn wohl zu Zeiten kommen mag.

WAGNER. Ach, wenn man in sein Museum gebannt ist,
Und sieht die Welt kaum einen Feiertag,
Man weiß nicht eigentlich, wie sie zu guten Dingen
Durch Überredung hinzubringen.   180

FAUST. Wenn Ihrs nicht fühlt, Ihr werdets nicht erjagen,
Wenns Euch nicht aus der Seele dringt
Und mit urkräftigem Behagen
Die Herzen aller Hörer zwingt.
Sitzt Ihr einweil und leimt zusammen,   185
Braut ein Ragout von andrer Schmaus
Und blast die kümmerlichen Flammen
Aus Eurem Aschenhäufchen aus!
Bewundrung von Kindern und Affen,
Wenn Euch darnach der Gaumen steht!   190
Doch werdet Ihr nie Herz zu Herzen schaffen,
Wenn es Euch nicht von Herzen geht.

WAGNER. Allein der Vortrag nützt dem Redner viel.

FAUST. Was Vortrag! der ist gut im Puppenspiel.
Mein Herr Magister, hab Er Kraft!   195
Sei Er kein schellenlauter Tor!
Und Freundschaft, Liebe, Brüderschaft,
Trägt die sich nicht von selber vor?
Und wenns Euch Ernst ist was zu sagen,
Ist's nötig Worten nachzujagen?   200
Und all die Reden, die so blinkend sind,
In denen Ihr der Menschheit Schnitzel kräuselt,
Sind unerquicklich wie der Nebelwind,
Der herbstlich durch die dürren Blätter säuselt.

WAGNER. Ach Gott, die Kunst ist lang   205
Und kurz ist unser Leben!
Mir wird bei meinem kritischen Bestreben
Doch oft um Kopf und Busen bang.
Wie schwer sind nicht die Mittel zu erwerben,
Durch die man zu den Quellen steigt!   210
Und eh man nur den halben Weg erreicht,
Muß wohl ein armer Teufel sterben.

FAUST. Das Pergament, ist das der heilge Bronnen,
Woraus ein Trunk den Durst auf ewig stillt?
Erquickung hast du nicht gewonnen,   215
Wenn sie dir nicht aus eigner Seele quillt.

WAGNER. Verzeiht, es ist ein groß Ergetzen,
Sich in den Geist der Zeiten zu versetzen,
Zu schauen, wie vor uns ein weiser Mann gedacht,
Und wie wir's dann zuletzt so herrlich weit gebracht.   220

FAUST. O ja, bis an die Sterne weit!
Mein Freund, die Zeiten der Vergangenheit
Sind uns ein Buch mit sieben Siegeln.
Was ihr den Geist der Zeiten heißt,
Das ist im Grund der Herren eigner Geist,   225
In dem die Zeiten sich bespiegeln.
Da ist's denn wahrlich oft ein Jammer!
Man läuft euch bei dem ersten Blick davon.
Ein Kehrichtfaß und eine Rumpelkammer,
Und höchstens eine Haupt- und Staatsaktion   230
Mit trefflichen pragmatischen Maximen,
Wie sie den Puppen wohl im Munde ziemen.

WAGNER. Allein die Welt! Des Menschen Herz und Geist!
Möcht jeglicher doch was davon erkennen.

FAUST. Ja, was man so erkennen heißt!   235
Wer darf das Kind beim rechten Namen nennen?
Die wenigen, die was davon erkannt,
Die töricht g'nug ihr volles Herz nicht wahrten,
Dem Pöbel ihr Gefühl, ihr Schauen offenbarten,
Hat man von je gekreuzigt und verbrannt. –   240
Ich bitt Euch, Freund, es ist tief in der Nacht,
Wir müssen diesmal unterbrechen.

WAGNER. Ich hätte gern bis morgen früh gewacht,
Um so gelehrt mit Euch mich zu besprechen. Ab.

FAUST. Wie nur dem Kopf nicht alle Hoffnung schwindet, 245
Der immerfort an schalem Zeuge klebt,
Mit gierger Hand nach Schätzen gräbt,
Und froh ist, wenn er Regenwürmer findet!

Mephistopheles im Schlafrock, eine große Perücke auf. Student.

STUDENT. Ich bin allhier erst kurze Zeit,
Und komme voll Ergebenheit, 250
Einen Mann zu sprechen und zu kennen,
Den alle mir mit Ehrfurcht nennen.
MEPHISTOPHELES. Eure Höflichkeit erfreut mich sehr,
Ihr seht einen Mann wie andre mehr.
Habt Ihr Euch hier schon umgetan? 255
STUDENT. Ich bitt Euch, nehmt Euch meiner an!
Ich komm' mit allem guten Mut,
Eim leidlich Geld und frischem Blut,
Meine Mutter wollt mich kaum entfernen.
Möchte gern was Rechts hieraußen lernen. 260
MEPHISTOPHELES. Da seid Ihr eben recht am Ort.
STUDENT. Aufrichtig! Möcht schon wieder fort!
Sieht all so trocken ringsum aus,
Als säß Heißhunger in jedem Haus.
MEPHISTOPHELES. Bitt Euch! Dran Euch nicht weiter kehrt, 265
Hier alles sich vom Studenten nährt.
Doch erst, wo werdet Ihr logieren?
Das ist ein Hauptstück!
STUDENT.   Wolltet mich führen!
Bin wahrlich ganz ein irres Lamm.
Möcht gern das Gute so allzusamm, 270
Möcht gern das Böse mir all vom Leib,
Und Freiheit, auch wohl Zeitvertreib!
Möcht auch dabei studieren tief,
Daß mir's über Kopf und Ohren lief!
O Herr, helft, daß's meiner Seel 275
Am guten Wesen nimmer fehl.
MEPH. kratzt sich. Kein Logis habt Ihr, wie Ihr sagt?
STUDENT. Hab noch nicht 'mal darnach gefragt.
Mein Wirtshaus nährt mich leidlich gut,
Feines Mägdlein drin aufwarten tut. 280
MEPHISTOPHELES. Behüte Gott, das führt Euch weit!
Kaffee und Billard! Weh dem Spiel!
Die Mägdlein, ach, sie geilen viel!
Vertripplistreichelt Eure Zeit.
Dagegen sehn wirs leidlich gern, 285

Daß alle Studiosi nah und fern
Uns wenigstens einmal die Wochen
Kommen untern Absatz gekrochen.
Will einer an unserm Speichel sich letzen,
Den tun wir zu unsrer Rechten setzen.   290
STUDENT. Mir wird ganz greulich vorm Gesicht!
MEPHISTOPHELES. Das schadt der guten Sache nicht.
Dann vordersamst mit dem Logis
Wüßt ich Euch wohl nichts Bessers hie,
Als geht zu Frau Spritzbierlein morgen;   295
Weiß Studiosos zu versorgen,
Hats Haus von oben bis unten voll,
Und versteht weidlich, was sie soll.
Zwar Noaes Arche war saubrer gefacht
Doch ist's einmal so hergebracht.   300
Ihr zahlt, was andre vor Euch zahlten,
Die ihren Nam aufs Scheißhaus malten.
STUDENT. Wird mir fast so eng ums Herz herum
Als zu Haus im Kollegium.
MEPHISTOPHELES. Euer Logis wär nun bestellt.   305
Nun Euren Tisch für leidlich Geld!
STUDENT. Mich dünkt, das gäb sich alle nach,
Wer erst von Geists Erweitrung sprach!
MEPH. Mein Schatz! Das wird Euch wohl verziehn,
Kennt nicht den Geist der Akademien.   310
Der Mutter Tisch müßt Ihr vergessen,
Klar Wasser, geschiedne Butter fressen,
Statt Hopfenkeim und jung Gemüs'
Genießen mit Dank Brennesseln süß,
Sie tun einen Gänsestuhlgang treiben,   315
Aber eben drum nicht baß bekleiben,
Hammel und Kalb küren ohne End,
Als wie unsers Herrgotts Firmament.
Doch zahlend wird von Euch ergänzt,
Was Schwärmerian vor Euch geschwänzt.   320
Müßt Euren Beutel wohl versorgen,
Besonders keinem Freunde borgen,
Aber redlich zu allen Malen
Wirt, Schneider und Professor zahlen.

STUDENT. Hochwürdger Herr, das findet sich.   325
  Aber nun bitt ich, leitet mich!
  Mir steht das Feld der Weisheit offen,
  Wäre gern so gradezu geloffen,
  Aber sieht drin so bunt und kraus,
  Auch seitwärts wüst und trocken aus.   330
  Fern tät sich's mir vor die Sinnen stellen
  Als wie ein Tempe voll frischer Quellen.
MEPHISTOPHELES. Sagt mir erst, eh Ihr weiter geht,
  Was wählt Ihr für eine Fakultät?
STUDENT. Soll zwar ein Mediziner werden,   335
  Doch wünscht ich rings von aller Erden,
  Von allem Himmel und all Natur,
  Soviel mein Geist vermöcht, zu fassen.
MEPHISTOPHELES. Ihr seid da auf der rechten Spur,
  Doch müßt Ihr Euch nicht zerstreuen lassen.   340
  Mein teurer Freund, ich rat Euch drum,
  Zuerst Collegium logicum.
  Da wird der Geist Euch wohl dressiert,
  In Spansche Stiefeln eingeschnürt,
  Daß er bedächtger so fortan   345
  Hinschleiche die Gedankenbahn,
  Und nicht etwa die Kreuz und Quer
  Irrlichteliere den Weg daher.
  Dann lehret man Euch manchen Tag,
  Daß, was Ihr sonst auf einen Schlag   350
  Getrieben, wie Essen und Trinken frei –
  Eins, Zwei, Drei – dazu nötig sei.
  Zwar ist's mit der Gedankenfabrik
  Wie mit einem Webermeisterstück,
  Wo ein Tritt tausend Fäden regt,   355
  Die Schifflein 'rüber hinüber schießen,
  Die Fäden ungesehen fließen,
  Ein Schlag tausend Verbindungen schlägt.
  Der Philosoph, der tritt herein
  Und beweist Euch, es müßt so sein.   360
  Das Erst wär so, das Zweite so
  Und drum das Dritt und Vierte so.
  Und wenn das Erst und Zweit nicht wär,

Das Dritt und Viert wär nimmermehr.
Das preisen die Schüler allerorten, 365
Sind aber keine Weber worden.
Wer will was Lebigs erkennen und beschreiben,
Muß erst den Geist heraußer treiben,
Dann hat er die Teil' in seiner Hand,
Fehlt leider nur das geistlich Band. 370
Encheiresin naturae nennt's die Chimie!
Bohrt sich selbst einen Esel und weiß nicht wie.
STUDENT. Kann Euch nicht eben ganz verstehen.
MEPHISTOPHELES. Das wird nächstens schon besser gehen,
Wenn Ihr lernt alles reduzieren 375
Und gehörig klassifizieren.
STUDENT. Mir wird von allem dem so dumm,
Als ging mir ein Mühlrad im Kopf herum.
MEPHISTOPHELES. Nachher vor allen andern Sachen
Müßt Ihr Euch an die Metaphysik machen, 380
Da seht, daß Ihr tiefsinnig faßt,
Was in des Menschen Hirn nicht paßt,
Für was drein geht und nicht drein geht,
Ein prächtig Wort zu Diensten steht.
Doch vorerst dieses halbe Jahr 385
Nehmt Euch der besten Ordnung wahr.
Fünf Stunden nehmt Ihr jeden Tag,
Seid drinne mit dem Glockenschlag.
Habt Euch zu Hause wohl präpariert,
Paragraphos wohl einstudiert, 390
Damit Ihr nachher besser seht,
Daß er nichts sagt, als was im Buche steht.
Doch Euch des Schreibens ja befleißt,
Als diktiert Euch der heilig Geist!
STUDENT. Verzeiht, ich halt Euch auf mit vielen Fragen, 395
Allein ich muß Euch noch bemühn:
Wollt Ihr mir von der Medizin
Nicht auch ein kräftig Wörtchen sagen?
Drei Jahr ist eine kurze Zeit,
Und, Gott! das Feld ist gar zu weit. 400
Wenn man ein' Fingerzeig nur hat,
Läßt sich's schon ehe weiter fühlen.

MEPHISTOPHELES vor sich. Bin des Professortons nun satt,
  Will wieder einmal den Teufel spielen.
  Laut. Der Geist der Medizin ist leicht zu fassen.   405
  Ihr durchstudiert die groß und kleine Welt,
  Um es am Ende gehn zu lassen,
  Wie's Gott gefällt.
  Vergebens, daß Ihr ringsum wissenschaftlich schweift,
  Ein jeder lernt nur, was er lernen kann.   410
  Doch der den Augenblick ergreift,
  Das ist der rechte Mann.
  Ihr seid noch ziemlich wohl gebaut,
  An Kühnheit wirds Euch auch nicht fehlen,
  Und wenn Ihr Euch nur selbst vertraut,   415
  Vertrauen Euch die andern Seelen.
  Besonders lernt die Weiber führen!
  Es ist ihr ewig Weh und Ach
  So tausendfach
  Aus einem Punkte zu kurieren.   420
  Und wenn Ihr halbweg ehrbar tut,
  Dann habt Ihr sie all unterm Hut.
  Ein Titel muß sie erst vertraulich machen,
  Daß Eure Kunst viel Künste übersteigt,
  Zum Willkomm tappt Ihr dann nach allen Siebensachen,   425
  Um die ein andrer viele Jahre streicht.
  Versteht das Pülslein wohl zu drücken,
  Und fasset sie mit feurig schlauen Blicken
  Wohl um die schlanke Hüfte frei,
  Zu sehn, wie fest geschnürt sie sei.   430
STUDENT. Das sieht schon besser aus als die Philosophie.
MEPHISTOPHELES. Grau, teurer Freund, ist alle Theorie
  Und grün des Lebens goldner Baum.
STUDENT. Ich schwör Euch zu, mir ist's als wie ein Traum.
  Dürft ich Euch wohl ein andermal beschweren,   435
  Von Eurer Weisheit auf den Grund zu hören?
MEPHISTOPHELES. Was ich vermag, soll gern geschehn
STUDENT. Ich kann ohnmöglich wieder gehn,
  Ich muß Euch noch mein Stammbuch überreichen,
  Gönn Eure Gunst mir dieses Zeichen.   440
MEPHISTOPHELES. Sehr wohl. Er schreibt und gibts.

STUDENT liest. Eritis sicut Deus scientes bonum et malum.
Machts ehrbietig zu und empfiehlt sich.
MEPHISTOPHELES. Folg nur dem alten Spruch von meiner
Muhme der Schlange,
Dir wird gewiß einmal bei deiner Gottähnlichkeit bange.

AUERBACHS KELLER IN LEIPZIG
Zeche lustiger Gesellen.

FROSCH. Will keiner saufen, keiner lachen?   445
Ich werd euch lehren Gesichter machen!
Ihr seid ja heut wie nasses Stroh
Und brennt sonst immer lichterloh.
BRANDER. Das liegt an dir, du bringst ja nichts herbei,
Nicht eine Dummheit, keine Sauerei.   450
FROSCH gießt ihm ein Glas Wein übern Kopf.
Da hast du beides!
BRANDER.   Esel! Schwein!
FROSCH. Muß man mit euch nicht beides sein?   452
SIEBEL. Drei Teufel! ruht! und singt runda! und drein ge-
soffen, drein gekrischen. Holla he! Auf! He da!
ALTEN. Baumwolle her! Der sprengt uns die Ohren.
SIEBEL. Kann ich davor, daß das verflucht niedrige Gewölbe
so widerschallt? Sing!   5
FROSCH. A! Tara! tara! lara! di! – Gestimmt ist! Und was
nun?
Das liebe heil'ge Röm'sche Reich,
Wie hält's nur noch zusammen?
BRANDER. Pfui, ein garstig Lied, ein politisch Lied, ein   10
leidig Lied! Dankt Gott, daß euch das heilige Römische
Reich nichts angeht. Wir wollen einen Papst wählen.
FROSCH.   Schwing dich auf, Frau Nachtigall,
Grüß mein Liebchen zehntausendmal!
SIEBEL. Wetter und Tod! Grüß mein Liebchen! – Eine   15
Hammelmauspastete mit gestopften dürren Eichenblättern
vom Blocksberg, durch einen geschundnen Hasen mit dem
Hahnenkopf überschickt, und keinen Gruß von der Nach-

tigall. Hat sie mich nicht – Meinen Stutzbart und alle Appartinenzien hinter die Türe geworfen wie einen stumpfen
Besen, und das um... Drei Teufel! – Keinen Gruß, sag
ich, als die Fenster eingeschmissen!

FROSCH, den Krug auf den Tisch stoßend. Ruh jetzt! – Ein neu
Lied, Kameraden, ein alt Lied, wenn ihr wollt! – Aufge-
merkt und den Rundreim mitgesungen! Frisch und hoch
auf! –   Es war ein Ratt im Kellernest,
          Lebt nur von Fett und Butter,   10
          Hätt sich ein Ränzlein angemäst
          Als wie der Doktor Luther.
          Die Köchin hätt ihr Gift gestellt,
          Da wards so eng ihr in der Welt,
          Als hätt sie Lieb im Leibe!   5

CHORUS, jauchzend. Als hätt sie Lieb im Leibe.

FROSCH.   Sie fuhr herum, sie fuhr heraus
           Und soff aus allen Pfützen,
           Zernagt, zerkratzt das ganze Haus,
           Wollt nichts ihr Wüten nützen.   20
           Sie tät so manchen Ängstesprung,
           Bald hätt das arme Tier genung,
           Als hätt es Lieb im Leibe.

CHORUS.   Als hätt es Lieb im Leibe.

FROSCH.   Sie kam vor Angst am hellen Tag   25
           Der Küche zu gelaufen,
           Fiel an den Herd und zuckt und lag
           Und tät erbärmlich schnaufen.
           Da lachte die Vergiftrin noch:
           Ha! sie pfeift auf dem letzten Loch,   30
           Als hätt sie Lieb im Leibe.

CHORUS.   Als hätt sie Lieb im Leibe.

SIEBEL. Und eine hinlängliche Portion Rattenpulver der
Köchin in die Suppe! Ich bin nit mitleidig, aber so eine
Ratte könnte einen Stein erbarmen.   35

BRANDER. Selbst Ratte! Ich möchte den Schmerbauch so
am Herde sein Seelchen ausblasen sehn!

             Faust, Mephistopheles.

MEPHISTOPHELES. Nun schau wie sie's hier treiben! Wenn dirs gefällt, dergleichen Sozietät schaff ich dir nachtnächtlich.

FAUST. Guten Abend, ihr Herren.

ALLE. Großen Dank!

SIEBEL. Wer ist der Storcher da?

BRANDER. Still! das ist was Vornehmes inkognito, sie haben so was Unzufriednes Böses im Gesicht.

SIEBEL. Pah! Komödianten, wenns hoch kommt.

MEPHISTOPHELES, leise. Merks! den Teufel vermuten die Kerls nie, so nah er ihnen immer ist.

FROSCH. Ich will 'en die Würme schon aus der Nase ziehn, wo sie herkommen! – Ist der Weg von Rippach herüber so schlimm, daß Ihr so tief in die Nacht habt reisen müssen?

FAUST. Wir kommen den Weg nit.

FROSCH. Ich meinte etwa, Ihr hättet bei dem berühmten Hans drüben zu Mittag gespeist.

FAUST. Ich kenn ihn nicht.

Die andern lachen.

FROSCH. O, er ist von altem Geschlecht. Hat eine weitläufige Familie.

MEPHISTOPHELES. Ihr seid wohl seiner Vettern einer?

BRANDER, leise zu Frosch. Stecks ein! der versteht den Rummel.

FROSCH. Bei Wurzen ists fatal, da muß man so lang auf die Fähre manchmal warten.

FAUST. So?

SIEBEL, leise. Sie kommen aus dem Reiche, man siehts 'en an. Laßt sie nur erst fidel werden. – Seid Ihr Freunde von einem herzhaften Schluck? Herbei mit Euch!

MEPHISTOPHELES. Immer zu.

Sie stoßen an und trinken.

FROSCH. Nun, Herrn, ein Liedchen. Für einen Krug ein Liedchen, das ist billig.

FAUST. Ich habe keine Stimme.

MEPHISTOPHELES. Ich sing eins für mich, zwei für meinen Kameraden, hundert wenn Ihr wollt; wir kommen aus Spanien, wo nachts so viel Lieder gesungen werden als Sterne am Himmel stehn.

BRANDER. Das verbät ich mir, ich hasse das Geklimpere, außer wenn ich einen Rausch habe und schlafe, daß die Welt untergehen dürfte. – Für kleine Mädchen ist's sowas, die nit schlafen können, und am Fenster stehen Mondenkühlung einzusuckeln.

MEPHISTOPHELES. Es war einmal ein König,
　　　　Der hätt einen großen Floh –

SIEBEL. Stille! Horch! Schöne Rarität! schöne Liebhaberei!

FROSCH. Noch einmal!

MEPHISTOPHELES. Es war einmal ein König,
　　　　Der hätt einen großen Floh,
　　　　Den liebt er gar nit wenig
　　　　Als wie sein eignen Sohn.
　　　　Da rief er seinen Schneider,
　　　　Der Schneider kam heran:
　　　　Da, meß dem Junker Kleider
　　　　Und meß ihm Hosen an!

SIEBEL. Wohl gemessen! Wohl! Sie schlagen in ein Gelächter aus. Daß sie nur keine Falten werfen!

MEPHISTOPHELES. In Sammet und in Seide
　　　　War er nun angetan,
　　　　Hätte Bänder auf dem Kleide,
　　　　Hätt auch ein Kreuz daran.
　　　　Und war sogleich Minister
　　　　Und hätt einen großen Stern,
　　　　Da wurden sein Geschwister
　　　　Bei Hof auch große Herrn.

　　　　Und Herrn und Fraun am Hofe,
　　　　Die waren sehr geplagt,
　　　　Die Königin und die Zofe
　　　　Gestochen und genagt,
　　　　Und durften sie nicht knicken,
　　　　Und weg sie jagen nicht.
　　　　Wir knicken und ersticken
　　　　Doch gleich, wenn einer sticht.

CHORUS, jauchzend. Wir knicken und ersticken
　　　　Doch gleich, wenn einer sticht.

ALLE, durcheinander. Bravo! Bravo! Schön und trefflich!
Noch eins! Noch ein paar Krüge! Noch ein paar Lieder!

FAUST. Meine Herren, der Wein geht an, geht an, wie in
Leipzig die Weine alle angehn müssen. Doch dünkt mich,
Ihr würdet erlauben, daß man Euch aus einem andern Fasse   5
zapfte.

SIEBEL. Habt Ihr einen eignen Keller? Handelt Ihr mit
Weinen? Seid Ihr vielleicht von denen Schelmen aus'm
Reich? —

ALTEN. Wart ein bißchen. Er steht auf. Ich hab so eine   10
Probe, ob ich weitertrinken darf. Er macht die Augen zu
und steht eine Weile. Nun, nun, das Köpfchen schwankt schon.

SIEBEL. Pah, eine Flasche! Ich wills vor Gott verantworten
und vor deiner Frauen. Euren Wein!

FAUST. Schafft mir einen Bohrer!   15

FROSCH. Der Wirt hat so ein Körbel mit Werkzeug in der
Ecke stehn.

FAUST nimmt den Bohrer. Gut. Was verlangt Ihr für Wein?

FROSCH. He?

FAUST. Was für ein Gläschen möchtet Ihr trinken? Ich   20
schaffs Euch.

FROSCH. He! He! So ein Glas Rheinwein, echten Nieren-
steiner.

FAUST. Gut. Er bohrt in den Tisch an Froschens Seite. Nun schafft
Wachs!   25

ALTEN. Da, ein Kerzenstümpfchen.

FAUST. So. Er stopft das Loch. Halt jetzo! — und Ihr?

SIEBEL. Muskatenwein! Spanischen Wein, sonst keinen
Tropfen. Ich will nur sehn, wo das hinausläuft.

FAUST bohrt und verstopft. Was beliebt Euch?   30

ALTEN. Roten Wein, einen Französchen! — Die Franzosen
kann ich nicht leiden, so großen Respekt ich vor ihren
Wein hab.

FAUST wie oben. Nun, was schafft Ihr?

BRANDER. Hält er uns für'n Narren?   35

FAUST. Schnell, Herr, nennt einen Wein!

BRANDER. Tokayer denn! — Soll er doch nicht aus dem
Tische laufen!

FAUST. Stille, junger Herr! – Nun aufgeschaut! Die Gläser
untergehalten, jeder ziehe den Wachspfropfen heraus!
Daß aber kein Tropfen an die Erde fällt, sonst gibts ein
Unglück!

ALTEN. Mir wirds unheimlich. Der hat den Teufel.   5

FAUST. Ausgezogen!
   Sie ziehn die Pfropfen, jedem läuft der verlangte Wein ins Glas.

FAUST. Zugestopft! Und nun versucht!

SIEBEL. Wohl! trefflich wohl!

ALLE. Wohl! Majestätisch wohl! – Willkommner Gast!   10
               Sie trinken wiederholt.

MEPHISTOPHELES. Sie sind nun eingeschifft.

FAUST. Gehn wir!

MEPHISTOPHELES. Noch ein Moment.

ALLE singen. Uns ist gar kannibalisch wohl   15
           Als wie fünfhundert Säuen!
  Sie trinken wiederholt, Siebel läßt den Pfropf fallen, es fließt auf
    die Steine und wird zur Flamme, die an Siebeln hinauf lodert.

SIEBEL. Hölle und Teufel!

BRANDER. Zauberei! Zauberei!   20

FAUST. Sagt ichs euch nicht?
   Er verstopft die Öffnung und spricht einige Worte; die Flamme flieht.

SIEBEL. Herr und Satan! – Meint Er, Er dürft in ehrliche
Gesellschaft sich machen und Sein höllisches Hokuspokus
treiben?   25

FAUST. Stille, Mastschwein!

SIEBEL. Mir Schwein! Du Besenstiel! Brüder! Schlagt ihn
zusammen! Stoßt ihn nieder! Sie ziehn die Messer. Ein Zauberer ist vogelfrei! Nach den Reichsgesetzen vogelfrei.
   Sie wollen über Fausten her, er winkt, sie stehn in frohem Er-   30
    staunen auf einmal und sehn einander an.

SIEBEL. Was seh ich! Weinberge!

BRANDER. Trauben um diese Jahrszeit!

ALTEN. Wie reif! Wie schön!

FROSCH. Halt, das ist die schönste!   35
  Sie greifen zu, kriegen einander bei den Nasen und heben die Messer.

FAUST. Halt! – Geht und schlaft euern Rausch aus!

*Faust und Mephistopheles ab. Es gehen ihnen die Augen auf, sie
fahren mit Geschrei auseinander.*

SIEBEL. Meine Nase! War das deine Nase? Waren das die
Trauben? Wo ist er?   5

BRANDER. Fort! Es war der Teufel selbst!

FROSCH. Ich hab ihn auf einem Fasse hinausreiten sehn.

ALTEN. Hast du? Da ist gewiß auf dem Markt nit sicher.
Wie kommen wir nach Hause?

BRANDER. Siebel, geh zuerst!   10

SIEBEL. Kein Narr!

FROSCH. Kommt, wir wecken die Häscher unterm Rathaus,
für ein Trinkgeld tun die wohl ihre Schuldigkeit. Fort!

SIEBEL. Sollte wohl der Wein noch laufen? Er visitiert die
Pfropfen.   15

ALTEN. Bild dirs nicht ein! Trocken wie Holz!

FROSCH. Fort, ihr Bursche! Fort! *Alle ab.*

LANDSTRASSE

*Ein Kreuz am Wege, rechts auf dem Hügel ein altes Schloß, in der
Ferne ein Bauerhüttchen.*

FAUST. Was gibt's, Mephisto, hast du Eil?
Was schlägst vorm Kreuz die Augen nieder?

MEPHISTOPHELES. Ich weiß es wohl, es ist ein Vorurteil,   455
Allein genung, mir ist's einmal zuwider.

STRASSE

Faust. Margarete vorübergehend.

FAUST. Mein schönes Fräulein, darf ich's wagen,
Mein Arm und Geleit Ihr anzutragen?

MARGARETE. Bin weder Fräulein weder schön,
Kann ohn Geleit nach Hause gehn. *Sie macht sich los und ab.*460

FAUST. Das ist ein herrlich schönes Kind!
Die hat was in mir angezündt.
Sie ist so sitt- und tugendreich
Und etwas schnippisch doch zugleich.
Der Lippen Rot, der Wange Licht,   465
Die Tage der Welt vergeß ich's nicht!
Wie sie die Augen niederschlägt,
Hat tief sich in mein Herz geprägt.
Wie sie kurz angebunden war,
Das ist nun zum Entzücken gar.   470

            Mephistopheles tritt auf.

FAUST. Hör, du mußt mir die Dirne schaffen!

MEPHISTOPHELES. Nun, welche?

FAUST.   Sie ging just vorbei.

MEPHISTOPHELES. Da die? Sie kam von ihrem Pfaffen,
Der sprach sie aller Sünden frei.
Ich schlich mich hart am Stuhl herbei.   475
Es ist ein gar unschuldig Ding,
Das eben für nichts zur Beichte ging.
Über die hab ich keine Gewalt.

FAUST. Ist über vierzehn Jahr doch alt.

MEPHISTOPHELES. Sprichst, ei, wie der Hans Lüderlich,   480
Der begehrt jede liebe Blum für sich,
Und dünkelt ihm, es wär kein Ehr
Und Gunst, die nicht zu pflücken wär.
Geht aber doch nicht immer an.

FAUST. Mein Herr Magister Lobesan,   485
Laß Er mich mit dem Gesetz in Frieden!
Und das sag ich Ihm kurz und gut,
Wenn nicht das süße junge Blut
Heut nacht in meinen Armen ruht,
So sind wir um Mitternacht geschieden.   490

MEPHISTOPHELES. Bedenkt, was gehn und stehen mag!
Gebt mir zum wenigst vierzehn Tag,
Nur die Gelegenheit zu spüren.

FAUST. Hätt ich nur sieben Tage Ruh,

Braucht keinen Teufel nicht dazu, 495
So ein Geschöpfchen zu verführen.

MEPHISTOPHELES. Ihr sprecht schon fast wie ein Franzos;
Drum bitt ich, laßt's Euch nicht verdrießen.
Was hilft so grade zu genießen?
Die Freud ist lange nicht so groß, 500
Als wenn Ihr erst herauf, herum
Durch allerlei Brimborium
Das Püppchen geknet't und zugericht't,
Wie's lehret manche welsch Geschicht.

FAUST. Hab Appetit auch ohne das. 505

MEPHISTOPHELES. Jetzt ohne Schimpf und ohne Spaß!
Ich sag Euch, mit dem schönen Kind
Geht ein vor allmal nicht geschwind.
Mit Sturm ist da nichts einzunehmen,
Wir müssen uns zur List bequemen. 510

FAUST. Schaff mir etwas vom Engelsschatz,
Führ mich an ihren Ruheplatz,
Schaff mir ein Halstuch von ihrer Brust,
Ein Strumpfband meiner Liebeslust!

MEPHISTOPHELES. Damit Ihr seht, daß ich Eurer Pein 515
Will förderlich und dienstlich sein,
Wollen wir keinen Augenblick verlieren.
Will Euch noch heut in ihr Zimmer führen.

FAUST. Und soll sie sehn? Sie haben?

MEPHISTOPHELES.   Nein.
Sie wird bei einer Nachbarin sein. 520
Indessen könnt Ihr ganz allein
An aller Hoffnung künftger Freuden
In ihrem Dunstkreis satt Euch weiden.

FAUST. Können wir hin?

MEPHISTOPHELES.   Es ist noch zu früh.

FAUST. Sorg du mir für ein Geschenk für sie. Ab. 525

MEPHISTOPHELES. Er tut, als wär er ein Fürstensohn.
Hätt Luzifer so ein Dutzend Prinzen,
Die sollten ihm schon was vermünzen;
Am Ende kriegt er eine Kommission. Ab.

ABEND

Ein kleines reinliches Zimmer.

MARGARETE, ihre Zöpfe flechtend und aufbindend.
Ich gäb was drum, wenn ich nur wüßt,   530
Wer heut der Herr gewesen ist.
Er sah gewiß recht wacker aus
Und ist aus einem edlen Haus,
Das konnt ich ihm an der Stirne lesen.
Er wär auch sonst nicht so keck gewesen. Ab.   535
            Mephistopheles. Faust.
MEPHISTOPHELES. Herein, ganz leise nur herein!
FAUST nach einigem Stillschweigen..Ich bitte dich, laß mich
MEPHISTOPHELES herumspürend.   [allein!
Nicht jedes Mädchen hält so rein. Ab.
FAUST rings aufschauend.
Willkommen, süßer Dämmerschein,
Der du dies Heiligtum durchwebst!   540
Ergreif mein Herz, du süße Liebespein,
Die du vom Tau der Hoffnung schmachtend lebst!
Wie atmet rings Gefühl der Stille,
Der Ordnung, der Zufriedenheit!
In dieser Armut welche Fülle!   545
In diesem Kerker welche Seligkeit!
            Er wirft sich auf den ledernen Sessel am Bett.
O nimm mich auf, der du die Vorwelt schon
In Freud und Schmerz in offnen Arm empfangen!
Wie oft, ach, hat an diesem Väterthron
Schon eine Schar von Kindern rings gehangen!   550
Vielleicht hat dankbar für den heilgen Christ
Mein Liebchen hier mit vollen Kinderwangen
Dem Ahnherrn fromm die welke Hand geküßt.
Ich fühl, o Mädchen, deinen Geist
Der Füll und Ordnung um mich säuseln,   555
Der mütterlich dich täglich unterweist,
Den Teppich auf den Tisch dich reinlich breiten heißt,
Sogar den Sand zu deinen Füßen kräuseln.
O liebe Hand, so göttergleich,
Die Hütte wird durch dich ein Himmelreich.   560

Und hier! Er hebt einen Bettvorhang auf.
　　　　Was faßt mich für ein Wonnegraus!
Hier möcht ich volle Stunden säumen.
Natur! Hier bildetest in leichten Träumen
Den eingebornen Engel aus.
Hier lag das Kind, mit warmem Leben   565
Den zarten Busen angefüllt,
Und hier mit heilig reinem Weben
Entwürkte sich das Götterbild.

Und du! Was hat dich hergeführt?
Wie innig fühl ich mich gerührt!   570
Was willst du hie? Was wird das Herz dir schwer?
Armselger Faust, ich kenne dich nicht mehr!

Umgibt mich hier ein Zauberduft?
Mich drangs, so grade zu genießen,
Und fühle mich in Liebestraum zerfließen!   575
Sind wir ein Spiel von jedem Druck der Luft?

Und träte sie den Augenblick herein,
Wie würdest du für deinen Frevel büßen.
Der große Hans, ach wie so klein,
Läg weggeschmolzen ihr zu Füßen.   580

MEPHISTOPHELES.
　Geschwind! ich seh sie dortunten kommen.

FAUST. Komm, komm! ich kehre nimmermehr!

MEPHISTOPHELES. Hier ist ein Kästchen leidlich schwer,
　Ich hab's wo anderswo genommen.
　Stellt's hier nur immer in den Schrein,   585
　Ich schwör Euch, ihr vergehn die Sinnen.
　Ich sag Euch, es sind Sachen drein,
　Um eine Fürstin zu gewinnen.
　Zwar Kind ist Kind und Spiel ist Spiel.

FAUST. Ich weiß nicht, soll ich?

MEPHISTOPHELES.　　　　　　Fragt Ihr viel!   590
　Meint Ihr vielleicht den Schatz zu wahren?
　Dann rat ich Eurer Lüsternheit,
　Die liebe schöne Tageszeit

Und mir die weitere Müh zu sparen.
Ich hoff nicht, daß Ihr geizig seid.   595
Ich kratz den Kopf, reib an den Händen –

Er stellt das Kästchen in den Schrein und drückt das Schloß wieder zu.

Nur fort geschwind –,
Um Euch das süße junge Kind
Nach Eurem Herzenswill zu wenden.
Und Ihr seht drein,   600
Als solltet Ihr in'n Hörsaal 'nein,
Als stünden grau leibhaftig vor Euch da
Physik und Metaphysika.
Nur fort! – Ab.

MARGARETE mit einer Lampe.
Es ist so schwül und dumpfig hie –   605
            Sie macht das Fenster auf.

Und macht doch eben so warm nicht drauß.
Es wird mir so, ich weiß nicht wie –
Ich wollt, die Mutter käm nach Haus.
Mir läuft ein Schauer am ganzen Leib,
Bin doch ein törig furchtsam Weib.   610
      Sie fängt an zu singen, indem sie sich auszieht.

            Es war ein König in Thule,
            Einen goldnen Becher er hätt
            Empfangen von seiner Buhle
            Auf ihrem Todesbett.

            Der Becher war ihm lieber,   615
            Trank draus bei jedem Schmaus;
            Die Augen gingen ihm über,
            So oft er trank daraus.

            Und als es kam zu sterben,
            Zählt' er seine Städt und Reich,   620
            Gönnt alles seinen Erben,
            Den Becher nicht zugleich.

            Er saß beim Königsmahle,
            Die Ritter um ihn her,
            Auf hohem Vätersaale   625
            Dort auf dem Schloß am Meer.

Dort stand der alte Zecher,
Trank letzte Lebensglut
Und warf den heil'gen Becher
Hinunter in die Flut.   630

Er sah ihn stürzen, trinken
Und sinken tief ins Meer,
Die Augen täten ihm sinken,
Trank nie einen Tropfen mehr.

Sie eröffnet den Schrein, ihre Kleider einzuräumen, und erblickt das Schmuckkästchen.

Wie kommt das schöne Kästchen hier herein?   635
Ich schloß doch ganz gewiß den Schrein.
Was Guckguck mag dadrinne sein?
Vielleicht bracht's jemand als ein Pfand,
Und meine Mutter lieh darauf?
Da hängt ein Schlüsselchen am Band,   640
Ich denke wohl, ich mach es auf!
Was ist das? Gott im Himmel, schau!
So was hab ich mein Tage nicht gesehn!
Ein Schmuck! Drin könnt eine Edelfrau
Am höchsten Feiertag gehn.   645
Wie sollte mir die Kette stehn?
Wem mag die Herrlichkeit gehören?

Sie putzt sich damit auf und tritt vor den Spiegel.

Wenn nur die Ohrring meine wären!
Man sieht doch gleich ganz anders drein.
Was hilft euch Schönheit, junges Blut?   650
Das ist wohl alles schön und gut,
Allein man läßt auch alles sein.
Man lobt euch halb mit Erbarmen.
Nach Golde drängt,
Am Golde hängt   655
Doch alles! Ach wir Armen!

ALLEE

Faust in Gedanken auf und ab gehend,
zu ihm Mephistopheles.

MEPH. Bei aller verschmähten Lieb! Beim höllischen Element!
Ich wollt, ich wüßt was Ärgers, daß ich's fluchen könnt.

FAUST. Was hast? was petzt dich dann so sehr?
So kein Gesicht sah ich in meinem Leben.   660

MEPH. Ich möcht mich gleich dem Teufel übergeben,
Wenn ich nur selbst kein Teufel wär.

FAUST. Hat sich dir was im Kopf verschoben?
Es kleidt dich gut, das Rasen und das Toben.

MEPHISTOPHELES.
Denkt nur, den Schmuck, den ich Margreten schafft',   665
Den hat ein Pfaff hinweggerafft.
Hätt einer auch Engelsblut im Leibe,
Er würde da zum Heringsweibe!
Die Mutter kriegt das Ding zu schauen,
Es fängt ihr heimlich an zu grauen.   670
Die Frau hat gar einen feinen Geruch,
Schnüffelt immer im Gebetbuch
Und riecht's einem jeden Möbel an,
Ist das Ding heilig oder profan.
Und an dem Schmuck da spürt sie's klar,   675
Daß dabei nit viel Segen war.
„Mein Kind", rief sie, „ungerechtes Gut
Befängt die Seel, zehrt auf das Blut.
Wollens der Mutter Gottes weihn,
Wird uns mit Himmels-Mann' erfreun."   680
Margretlein zog ein schiefes Maul,
Ist halt, dacht sie, ein geschenkter Gaul,
Und wahrlich gottlos ist nicht der,
Der ihn so fein gebracht hierher.
Die Mutter ließ einen Pfaffen kommen;   685
Der hatte kaum den Spaß vernommen,
Ließ sich den Anblick wohl behagen,
Er sprach: „Ach christlich so gesinnt!
Wer überwindet, der gewinnt.

Die Kirche hat einen guten Magen,   690
Hat ganze Länder aufgefressen
Und doch noch nie sich übergessen;
Die Kirch allein, meine lieben Frauen,
Kann ungerechtes Gut verdauen."

FAUST. Das ist ein allgemeiner Brauch,   695
Ein Jud und König kann es auch.

MEPHISTOPHELES.
Strich drauf ein Spange, Kett und Ring,
Als wären's eben Pfifferling,
Dankt' nicht weniger und nicht mehr,
Als wenn's ein Korb voll Nüsse wär,   700
Versprach ihnen allen himmlischen Lohn –
Sie waren sehr erbaut davon.

FAUST. Und Gretchen?

MEPHISTOPHELES.   Sitzt nun unruhvoll,
Weiß weder was sie will noch soll,
Denkt ans Geschmeide Tag und Nacht,   705
Noch mehr an den, der's ihr gebracht.

FAUST. Des Liebchens Kummer tut mir leid,
Schaff du ihr gleich ein neu Geschmeid!
Am ersten war ja so nicht viel.

MEPHISTOPHELES. O ja, dem Herrn ist alles Kinderspiel.   710

FAUST. Und mach, und richt's nach meinem Sinn,
Häng dich an ihre Nachbarin!
Sei, Teufel, doch nur nicht wie Brei
Und schaff einen neuen Schmuck herbei!

MEPHISTOPHELES. Ja, gnäd'ger Herr, von Herzen gerne.   715
                    Faust ab.

MEPHISTOPHELES. So ein verliebter Tor verpufft
Euch Sonne, Mond und alle Sterne
Zum Zeitvertreib dem Liebchen in die Luft. Ab.

NACHBARIN HAUS

MARTHE. Gott verzeih's meinem lieben Mann,
Er hat an mir nicht wohl getan!   720
Geht da stracks in die Welt hinein

Und läßt mich auf dem Stroh allein.
Tät ihn doch wahrlich nicht betrüben,
Tät ihn, weiß Gott, recht herzlich lieben. Sie weint.
Vielleicht ist er gar tot! – O Pein! 725

– – – – – –

– – – – – –

Hätt ich nur einen Totenschein!

MARGARETE kommt. Frau Marthe!

MARTHE. Gretchen, was soll's?

MARGARETE. Fast sinken mir die Kniee nieder! 730
Da find ich so ein Kästchen wieder
In meinem Schrein, von Ebenholz,
Und Sachen herrlich ganz und gar,
Weit reicher, als das erste war.

MARTHE. Das muß Sie nit der Mutter sagen, 735
Tät's wieder gleich zur Beichte tragen.

MARGARETE. Ach seh Sie nur! ach schau Sie nur!

MARTHE putzt sie auf. O du glückselige Kreatur!

MARGARETE. Darf mich, ach, leider auf der Gassen,
Nicht in der Kirch mit sehen lassen. 740

MARTHE. Komm du nur oft zu mir herüber,
Und leg den Schmuck hier heimlich an;
Spazier ein Stündchen lang dem Spiegelglas vorüber,
Wir haben unsre Freude dran.
Und dann gibt's einen Anlaß, gibt's ein Fest, 745
Wo man's so nach und nach den Leuten sehen läßt.
Ein Kettchen erst, die Perle dann ins Ohr,
Die Mutter sieht's wohl nicht, man macht ihr auch was vor.

Es klopft.

MARGARETE. Ach Gott! mag das mein' Mutter sein?

MARTHE durchs Vorhängel guckend.
Es ist ein fremder Herr. – Herein! 750

MEPHISTOPHELES tritt auf. Bin so frei grad hereinzutreten,
Muß bei den Fraun Verzeihn erbeten.

Tritt ehrbietig vor Margareten zurück.

Wollt nach Frau Marthe Schwerdlein fragen!

MARTHE. Ich bin's, was hat der Herr zu sagen?
MEPH. leise zu ihr. Ich kenn Sie jetzt, mir ist das gnug;   755
  Sie hat da gar vornehmen Besuch.
  Verzeiht die Freiheit, die ich genommen,
  Will nach Mittage wiederkommen.
MARTHE, laut. Denk, Kind, um alles in der Welt!
  Der Herr dich für ein Fräulein hält.   760
MARGARETE. Ich bin ein armes junges Blut,
  Ach Gott, der Herr ist gar zu gut.
  Der Schmuck und Schmeid, Herr, ist nicht mein.
MEPHISTOPHELES. Ach, es ist nicht der Schmuck allein.
  Sie hat ein Wesen, einen Blick so scharf.   765
  Wie freut mich's, daß ich bleiben darf.
MARTHE. Was bringt Er dann? Neugierde sehr.
MEPHISTOPHELES. Ach wollt, hätt eine froh're Mär!
  Ich hoff, Sie läßt mich's drum nicht büßen:
  Ihr Mann ist tot und läßt Sie grüßen.   770
MARTHE. Ist tot? das treue Herz! O weh!
  Mein Mann ist tot, ach, ich vergeh!
MARGARETE. Ach, liebe Frau, verzweifelt nicht!
MEPHISTOPHELES. So hört die traurige Geschicht.
MARGARETE. Ich möchte drum mein' Tag' nicht lieben,   775
  Würd mich Verlust zu Tod betrüben.
MEPHISTOPHELES. Freud muß Leid, Leid muß Freude haben.
MARTHE. Erzählt mir seines Lebens Schluß.
MEPHISTOPHELES. Er liegt in Padua begraben
  Beim heiligen Antonius,   780
  An einer wohlgeweihten Stätte
  Zum ewig kühlen Ruhebette.
MARTHE. Habt Ihr sonst nichts an mich zu bringen?
MEPHISTOPHELES. Ja, eine Bitte, groß und schwer:
  Laß Sie doch ja für ihn dreihundert Messen singen!   785
  Im übrigen sind meine Taschen leer.
MARTHE. Was? nicht ein Schaustück? kein Geschmeid?
  Was jeder Handwerksbursch im Grund des Säckels spart,
  Zum Angedenken aufbewahrt
  Und lieber hungert, lieber bettelt!   790
MEPHISTOPHELES. Madam, es tut mir herzlich leid,
  Allein er hat sein Geld wahrhaftig nicht verzettelt.

Und er bereute seine Fehler sehr,
Ach, und bejammerte sein Unglück noch viel mehr.
MARGARETE. Ach, daß die Menschen so unglücklich sind! 795
    Gewiß, ich will für ihn manch Requiem noch beten.
MEPHISTOPHELES. Ihr wäret wert, gleich in die Eh' zu treten,
    Ihr seid ein liebenswürdig Kind.
MARGARETE. Ach nein, das geht jetzt noch nicht an.
MEPH. Ists nicht ein Mann, sei's derweil ein Galan.   800
    Ist eine der größten Himmelsgaben,
    So ein lieb Ding im Arm zu haben.
MARGARETE. Das ist des Landes nicht der Brauch.
MEPHISTOPHELES. Brauch oder nicht! Es gibt sich auch.
MARTHE. Erzählt mir doch!
MEPHISTOPHELES.   Ich stand an seinem Sterbebette. 805
    Es war 'was besser als von Mist,
    Von halbgefaultem Stroh; allein er starb als Christ
    Und fand, daß er weit mehr noch auf der Zeche hätte.
    „Wie", rief er, „muß ich mich von Grund aus hassen,
    So mein Gewerb, mein Weib so zu verlassen!   810
    Ach! die Erinnrung tötet mich.
    Vergäb sie mir nur noch in diesem Leben!"
MARTHE weinend.
    Der gute Mann! ich hab ihm längst vergeben.
MEPH. „Allein, weiß Gott, sie war mehr schuld als ich."
MARTHE. Das lügt er! Was? am Rand des Tods zu lügen! 815
MEPHISTOPHELES. Er fabelte gewiß in letzten Zügen,
    Wenn ich nur halb ein Kenner bin.
    „Ich hatte", sprach er, „nicht zum Zeitvertreib zu gaffen,
    Erst Kinder, und dann Brot für sie zu schaffen,
    Und Brot im allerweitsten Sinn.   820
    Ich konnte nicht einmal mein Teil in Frieden essen."
MARTHE. Hat er so aller Treu, so aller Lieb vergessen,
    Der Plackerei bei Tag und Nacht?
MEPH. Nicht doch, er hat recht herzlich dran gedacht.
    Er sprach: „Als ich nun weg von Malta ging,   825
    Da betet' ich für Frau und Kinder brünstig.
    Uns war denn auch der Himmel günstig,
    Daß unser Schiff ein türkisch Fahrzeug fing,
    Das einen Schatz des großen Sultans führte.

Da ward der Tapferkeit ihr Lohn,   830
Und ich empfing dann auch, wie sichs gebührte,
Mein wohlgemessen Teil davon."
MARTHE. Ei wie? Ei wo? hat er's vielleicht vergraben?
MEPH. Wer weiß, wo nun es die vier Winde haben.
Ein schönes Fräulein nahm sich seiner an,   835
Als er in Napel fremd umherspazierte,
Sie hat an ihm viel Lieb's und Treu getan,
Daß er's bis an sein selig Ende spürte.
MARTHE. Der Schelm! Der Dieb an seinen Kindern!
Auch alles Elend, alle Not   840
Konnt' nicht sein schändlich Leben hindern.
MEPHISTOPHELES. Ja, seht! dafür ist er nun tot.
Wär ich nun jetzt an Eurem Platze,
Betrauert ihn ein züchtig Jahr,
Visiert dann unterweil nach einem neuen Schatze.   845
MARTHE. Ach Gott! Wie doch mein erster war,
Find ich nicht leicht auf dieser Welt den andern.
Es konnte kaum ein herz'ger Närrchen sein.
Ihm fehlte nichts als allzugern zu wandern,
Und fremde Weiber und der Wein,   850
Und das verfluchte Würfelspiel.
MEPHISTOPHELES. Nun, nun, das konnte gehn und stehen,
Wenn er Euch ohngefähr so viel
Von seiner Seite nachgesehen.
Ich schwör Euch zu, um das Geding   855
Wechselt' ich selbst mit Euch den Ring.
MARTHE. O, es beliebt dem Herrn zu scherzen.
MEPH. vor sich. Nun mach ich mich bei Zeiten fort,
Die hielte wohl den Teufel selbst beim Wort.
Zu Gretchen. Wie steht es denn mit Ihrem Herzen?   860
MARGARETE. Was meint der Herr damit?
MEPHISTOPHELES vor sich.   Du guts unschuldigs Kind!
Laut. Lebt wohl, ihr Fraun!
MARTHE.   O sagt mir doch geschwind!
Ich möchte gern ein Zeugnis haben,
Wo, wie und wenn mein Schatz gestorben und begraben.
Ich bin von je der Ordnung Freund gewesen,   865
Möcht ihn auch tot im Wochenblättchen lesen.

MEPHISTOPHELES.
 Ja, gute Frau, durch zweier Zeugen Mund
 Wird allewegs die Wahrheit kund.
 Habe noch gar einen feinen Gesellen,
 Den will ich Euch vor den Richter stellen.   870
 Ich bring ihn her.
MARTHE.   O tut das ja.
MEPHISTOPHELES. Und hier die Jungfer ist auch da?
 Ein braver Knab, ist viel gereist,
 Fräuleins alle Höflichkeit erweist.
MARGARETE. Müßt vor solch Herren schamrot werden.   875
MEPHISTOPHELES. Vor keinem König[e] der Erden.
MARTHE. Da hinterm Haus in meinem Garten
 Wollen wir der Herrn heut abend warten. Alle ab.

                    Faust. Mephistopheles.

FAUST. Wie ist's? Will's fördern, will's bald gehn?
MEPHISTOPHELES. Ach bravo! find ich Euch im Feuer!   880
 In kurzer Zeit ist Gretchen Euer.
 Heut abend sollt Ihr sie bei Nachbar Marthen sehn.
 Das ist ein Weib wie auserlesen
 Zum Kuppler- und Zigeunerwesen.
FAUST. Sie ist mir lieb.
MEPHISTOPHELES.   Doch geht's nicht ganz umsunst,   885
 Eine Gunst ist wert der andern Gunst:
 Wir legen nur ein gültig Zeugnis nieder,
 Daß ihres Ehherrn ausgereckte Glieder
 In Padua an heil'ger Stätte ruhn.
FAUST.
 Sehr klug! Wir werden erst die Reise machen müssen.   890
MEPH. Sancta simplicitas! Darum ist's nicht zu tun.
 Bezeugt nur, ohne viel zu wissen.
FAUST. Wenn Er nichts Bessers hat, so ist der Plan zerrissen.
MEPHISTOPHELES.
 O heil'ger Mann, da wärt Ihr's nun!
 Es ist gewiß das Erst in Eurem Leben,   895
 Daß Ihr falsch Zeugnis abgelegt.
 Habt Ihr von Gott, der Welt, und was sich drinne regt,
 Vom Menschen, und was ihm in Kopf und Herzen schlägt,

Definitionen nicht mit großer Kraft gegeben?
Und habt davon in Geist und Brust   900
So viel als von Herrn Schwerdleins Tod gewußt.
FAUST. Du bist und bleibst ein Lügner, ein Sophiste.
MEPH. Ja, wenn man's nicht ein bißchen tiefer wüßte.
Denn morgen wirst, in allen Ehren,
Das arme Gretchen nicht betören,   905
Und alle Seelenlieb ihr schwören?
FAUST. Und zwar von Herzen!
MEPHISTOPHELES.   Gut und schön.
Dann wird von ew'ger Treu und Liebe,
Von einzig überallmächtgem Triebe –
Wird das auch so von Herzen gehn?   910
FAUST. Laß das, es wird! Wenn ich empfinde
Und dem Gefühl und dem Gewühl
Vergebens Namen such und keine Namen finde,
Und in der Welt mit allen Sinnen schweife
Und alle höchsten Worte greife,   915
Und diese Glut, von der ich brenne,
Unendlich, ewig, ewig nenne,
Ist das ein teuflisch Lügenspiel?
MEPHISTOPHELES. Ich hab doch recht!
FAUST.   Hör, merk dir dies,
Ich bitte dich, und schone meine Lunge!   920
Wer recht behalten will und hat nur eine Zunge,
Der hält's gewiß.
Und komm, ich hab des Schwätzens Überdruß,
Denn du hast recht, vorzüglich weil ich muß.

GARTEN

Margarete an Faustens Arm. Marthe mit Mephistopheles auf
und ab spazierend.
MARGARETE.
Ich fühl es wohl, daß mich der Herr nur schont,   925
Herab sich läßt bis zum Beschämen.
Ein Reisender ist so gewohnt,
Aus Gütigkeit vorlieb zu nehmen,
Ich weiß zu gut, daß solch erfahrnen Mann
Mein arm Gespräch nicht unterhalten kann.   930

FAUST. Ein Blick von dir, ein Wort mehr unterhält
    Als alle Weisheit dieser Welt. *Er küßt ihre Hand.*
MARGARETE. Inkommodiert Euch nicht! Wie könnt Ihr sie
    Sie ist so garstig, ist so rauh.   [nur küssen?
    Was hab ich nicht schon alles schaffen müssen!   935
    Die Mutter ist gar zu genau.
                Gehn vorüber.
MARTHE. Und Ihr, mein Herr, Ihr reist so immer fort?
MEPH. Ach, daß Gewerb und Pflicht uns dazu treiben!
    Mit wieviel Schmerz verläßt man manchen Ort,
    Und darf doch nun einmal nicht bleiben.   940
MARTHE. In raschen Jahren gehts wohl an,
    So um und um frei durch die Welt zu streifen;
    Doch kommt die böse Zeit heran,
    Und sich als Hagestolz allein zum Grab zu schleifen,
    Das hat noch keinem wohlgetan.   945
MEPHISTOPHELES. Mit Grausen seh ich das von weiten.
MARTHE. Drum, werter Herr, beratet Euch in Zeiten.
                Gehn vorüber.
MARGARETE. Ja, aus den Augen aus dem Sinn!
    Die Höflichkeit ist Euch geläufig.
    Allein Ihr habt der Freunde häufig,   950
    Und weit verständger als ich bin.
FAUST. O Beste! Glaube, daß, was man verständig nennt,
    Mehr Kurzsinn, Eigensinn und Eitelkeit ist.
MARGARETE.   Wie?
FAUST. Ach, daß die Einfalt, daß die Unschuld nie
    Sich selbst und ihren heil'gen Wert erkennt!   955
    Daß Demut, Niedrigkeit, die höchsten Gaben
    Der liebausteilenden Natur –
MARGARETE. Denkt Ihr an mich ein Augenblickchen nur,
    Ich werde Zeit genug an Euch zu denken haben.
FAUST. Ihr seid wohl viel allein?   960
MARGARETE. Ja, unsre Wirtschaft ist nur klein,
    Und doch will sie versehen sein.
    Wir haben keine Magd, muß kochen, fegen, stricken,
    Und nähn, und laufen früh und spat.
    Und meine Mutter ist in allen Stücken   965
    So akkurat

Nicht, daß sie just so sehr sich einzuschränken hat,
Wir könnten uns weit eh' als andre regen.
Mein Vater hinterließ ein hübsch Vermögen,
Ein Häuschen und ein Gärtchen vor der Stadt.   970
Doch hab ich jetzt so ziemlich stille Tage;
Mein Bruder ist Soldat,
Mein Schwesterchen ist tot.
Ich hatte mit dem Kind wohl meine liebe Not,
Doch übernähm ich gern noch einmal alle Plage,   975
So lieb war mir das Kind.
FAUST.   Ein Engel, wenn dir's glich.
MARGARETE. Ich zog es auf, und herzlich liebt' es mich.
Es war nach meines Vaters Tod geboren,
Die Mutter gaben wir verloren,
So elend wie sie damals lag,   980
Und sie erholte sich sehr langsam nach und nach.
Da konnte sie nun nicht dran denken,
Das arme Würmchen selbst zu tränken,
Und so erzog ich's ganz allein
Mit Wasser und mit Milch, und so ward's mein.   985
Auf meinem Arm, in meinem Schoß
War's freundlich, zappelig und groß.
FAUST. Du hast gewiß das reinste Glück empfunden!
MARGARETE.
Doch auch gewiß gar manche schwere Stunden.
Des Kleinen Wiege stund zu Nacht   990
An meinem Bett, es durfte kaum sich regen,
War ich erwacht.
Bald mußt ich's tränken, bald es zu mir legen,
Bald, wenn's nicht schweigen wollt, vom Bett aufstehn
Und tänzelnd in der Kammer auf und nieder gehn,   995
Und früh am Tag schon an dem Waschtrog stehn,
Dann auf dem Markt und an dem Herde sorgen,
Und immer so fort heut und morgen.
Da geht's, mein Herr, nicht immer mutig zu,
Doch schmeckt dafür das Essen und die Ruh.   1000
                    Gehn vorüber.
MARTHE. Sagt grad, mein Herr, habt Ihr noch nichts ge-
Hat sich das Herz nicht irgendwo gebunden?   [funden,

MEPHISTOPHELES. Das Sprüchwort sagt: Ein eigner Herd,
Ein braves Weib sind Gold und Perlen wert.
MARTHE. Ich meine: ob Ihr niemals Lust bekommen?   1005
MEPH. Man hat mich überall recht höflich aufgenommen.
MARTHE.
Ich wollte sagen: ward's nie Ernst in Eurem Herzen?
MEPH. Mit Frauens soll man sich nie unterstehn zu scherzen.
MARTHE. Ach, Ihr versteht mich nicht.
MEPHISTOPHELES.   Das tut mir herzlich leid,
Doch ich versteh – daß Ihr sehr gütig seid.   1010
                    Gehn vorüber.
FAUST. Du kanntest mich, o kleiner Engel, wieder,
Gleich als ich in den Garten kam?
MARGARETE. Saht Ihr es nicht? Ich schlug die Augen nieder.
FAUST. Und du verzeihst die Freiheit, die ich nahm,
Was sich die Frechheit unterfangen,   1015
Als du letzt aus dem Dom gegangen?
MARGARETE. Ich war bestürzt, mir war das nie geschehn;
Es konnte niemand von mir Übels sagen;
Ach, dacht ich, hat er in deinem Betragen
Was Freches, Unanständiges gesehn,   1020
Daß ihm sogleich die Lust mocht wandeln,
Mit dieser Dirne gradehin zu handeln?
Gesteh ich's doch! Ich wußte nicht, was sich
Zu Euerm Vorteil hier zu regen gleich begonnte.
Allein gewiß, ich war recht bös auf mich,   1025
Daß ich auf Euch nicht böser werden konnte.
FAUST. Süß Liebchen!
MARGARETE.   Laßt einmal!
        Sie pflückt eine Sternblume und zupft die Blätter ab,
                    eins nach dem andern.
FAUST.   Was soll das? Keinen Strauß?
MARGARETE. Nein, es soll nur ein Spiel.
FAUST.   Wie?
MARGARETE.   Geht, Ihr lacht mich aus.
            Sie rupft und murmelt.
FAUST. Was murmelst du?
MARGARETE halblaut.   Er liebt mich – Liebt mich nicht –
FAUST. Du holdes Himmelsangesicht!   1030

MARG. fährt fort. Liebt mich – nicht – liebt mich – nicht –
Das letzte Blatt ausrupfend mit holder Freude.
Er liebt mich!

FAUST. Ja, mein Kind! Laß dieses Blumenwort
Dir Götterausspruch sein: Er liebt dich!
Verstehst du, was das heißt: Er liebt dich!   1035
Er faßt ihr beide Hände.

MARGARETE. Mich überläufts!

FAUST. O schaudre nicht! Laß diesen Blick,
Laß diesen Händedruck dir sagen,
Was unaussprechlich ist:
Sich hinzugeben ganz und eine Wonne   1040
Zu fühlen, die ewig sein muß!
Ewig! – Ihr Ende würde Verzweiflung sein.
Nein, kein Ende! Kein Ende!
Margarete drückt ihm die Hände, macht sich los und läuft weg.
Er steht einen Augenblick in Gedanken, dann folgt er ihr.

MARTHE. Die Nacht bricht an.

MEPHISTOPHELES.   Ja, und wir wollen fort.

MARTHE. Ich bät' Euch länger hier zu bleiben,   1045
Allein es ist ein gar zu böser Ort.
Es ist, als hätte niemand nichts zu treiben
Und nichts zu schaffen,
Als auf des Nachbarn Schritt und Tritt zu gaffen,
Und man kommt ins Gespräch, wie man sich immer stellt.1050
Und unser Pärchen?

MEPHISTOPHELES.   Ist den Gang dort aufgeflogen.
Mutwillge Sommervögel!

MARTHE.   Er scheint ihr gewogen.

MEPHISTOPHELES.
Und sie ihm auch. Das ist der Lauf der Welt.

EIN GARTENHÄUSCHEN

Margarete mit Herzklopfen herein, steckt sich hinter die Türe, hält
die Fingerspitze an die Lippen und guckt durch die Ritze.

MARGARETE. Er kommt!

FAUST.   Ach Schelm, so neckst du mich!
Treff ich dich! Er küßt sie.

MARGARETE, ihn fassend und den Kuß zurückgebend.

       Bester Mann, schon lange lieb ich dich! 1055
       Mephistopheles klopft an.

FAUST stampfend. Wer da?

MEPHISTOPHELES.   Gut Freund.

FAUST.   Ein Tier!

MEPHISTOPHELES.   Es ist wohl Zeit zu scheiden.

MARTHE. Ja, es ist spät, mein Herr.

FAUST.   Darf ich Euch nicht geleiten?

MARGARETE.

  Die Mutter würde mich! Lebt wohl!

FAUST.   Muß ich dann gehn?

  Lebt wohl!

MARTHE.   Ade!

MARGARETE.   Auf baldig Wiedersehn!

      Faust, Mephistopheles ab.

MARGARETE. Du lieber Gott, was so ein Mann   1060
Nit alles, alles denken kann!
Beschämt nur steh ich vor ihm da
Und sag zu allen Sachen ja.
Bin doch ein arm unwissend Kind,
Begreif nicht, was er an mir findt. Ab.   1065

GRETCHENS STUBE

GRETCHEN am Spinnrocken allein.

      Meine Ruh ist hin,
      Mein Herz ist schwer;
      Ich finde sie nimmer
      Und nimmermehr.

      Wo ich ihn nicht hab,   1070
      Ist mir das Grab,
      Die ganze Welt
      Ist mir vergällt.

      Mein armer Kopf
      Ist mir verrückt,   1075
      Mein armer Sinn
      Ist mir zerstückt.

Meine Ruh ist hin,
Mein Herz ist schwer;
Ich finde sie nimmer   1080
Und nimmermehr.

Nach ihm nur schau ich
Zum Fenster hinaus,
Nach ihm nur geh ich
Aus dem Haus.   1085

Sein hoher Gang,
Sein' edle Gestalt,
Seines Mundes Lächlen,
Seiner Augen Gewalt

Und seiner Rede   1090
Zauberfluß,
Sein Händedruck
Und, ach, sein Kuß!

Meine Ruh ist hin,
Mein Herz ist schwer;   1095
Ich finde sie nimmer
Und nimmermehr.

Mein Schoß, Gott! drängt
Sich nach ihm hin.
Ach dürft ich fassen   1100
Und halten ihn

Und küssen ihn
So wie ich wollt,
An seinen Küssen
Vergehen sollt!   1105

MARTHENS GARTEN
Margarete. Faust.

GRETCHEN. Sag mir doch, Heinrich!
FAUST.   Was ist dann?
GRETCHEN. Wie hast du's mit der Religion?
  Du bist ein herzlich guter Mann,
  Allein ich glaub, du hältst nicht viel davon.

FAUST. Laß das, mein Kind, du fühlst, ich bin dir gut;   1110
Für die ich liebe, ließ' ich Leib und Blut,
Will niemand sein Gefühl und seine Kirche rauben.

GRETCHEN. Das ist nicht recht, man muß dran glauben!

FAUST. Muß man?

GRETCHEN.   Ach wenn ich etwas auf dich könnte!
Du ehrst auch nicht die heil'gen Sakramente.   1115

FAUST. Ich ehre sie.

GRETCHEN.   Doch ohne Verlangen.
Wie lang bist du zur Kirch, zum Nachtmahl nicht gegangen?
Glaubst du an Gott?

FAUST.   Mein Kind, wer darf das sagen:
Ich glaub einen Gott!
Magst Priester, Weise fragen,   1120
Und ihre Antwort scheint nur Spott
Über den Frager zu sein.

GRETCHEN.   So glaubst du nicht?

FAUST. Mißhör mich nicht, du holdes Angesicht!
Wer darf ihn nennen?
Und wer bekennen: 1125
Ich glaub ihn?
Wer empfinden
Und sich unterwinden
Zu sagen: ich glaub ihn nicht?
Der Allumfasser,   1130
Der Allerhalter,
Faßt und erhält er nicht
Dich, mich, sich selbst?
Wölbt sich der Himmel nicht da droben?
Liegt die Erde nicht hier unten fest?   1135
Und steigen hüben und drüben
Ewige Sterne nicht herauf?
Schau ich nicht Aug' in Auge dir,
Und drängt nicht alles
Nach Haupt und Herzen dir   1140
Und webt in ewigem Geheimnis
Unsichtbar sichtbar neben dir?

Erfüll davon dein Herz, so groß es ist,
Und wenn du ganz in dem Gefühle selig bist,
Nenn das dann, wie du willst,   1145
Nenn's Glück! Herz! Liebe! Gott!
Ich habe keinen Namen
Dafür. Gefühl ist alles,
Name Schall und Rauch,
Umnebelnd Himmelsglut.   1150

GRETCHEN. Das ist alles recht schön und gut;
Ohngefähr sagt das der Katechismus auch,
Nur mit ein bißchen andern Worten.

FAUST. Es sagen's allerorten
Alle Herzen unter dem himmlischen Tage,   1155
Jedes in seiner Sprache,
Warum nicht ich in der meinen?

GRETCHEN. Wenn man's so hört, möcht's leidlich scheinen,
Steht aber doch immer schief darum,
Denn du hast kein Christentum.   1160

FAUST. Liebes Kind!

GRETCHEN.   Es tut mir lang schon weh!
Daß ich dich in der Gesellschaft seh.

FAUST. Wieso?

GRETCHEN.   Der Mensch, den du da bei dir hast,
Ist mir in tiefer innrer Seel verhaßt;
Es hat mir in meinem Leben   1165
So nichts einen Stich ins Herz gegeben,
Als des Menschen sein Gesicht.

FAUST. Liebe Puppe, fürcht ihn nicht.

GRETCHEN. Seine Gegenwart bewegt mir das Blut.
Ich bin sonst allen Menschen gut;   1170
Aber wie ich mich sehne dich zu schauen,
Hab ich vor dem Menschen ein heimlich Grauen
Und halt ihn für einen Schelm dazu.
Gott verzeih mir's, wenn ich ihm Unrecht tu!

FAUST. Es ist ein Kauz wie's mehr noch geben.   1175

GRETCHEN. Möcht nicht mit seinesgleichen leben.
Kommt er einmal zur Tür herein,

Er sieht immer so spöttisch drein
Und halb ergrimmt;
Man sieht, daß er an nichts keinen Anteil nimmt;   1180
Es steht ihm an der Stirn geschrieben,
Daß er nicht mag eine Seele lieben.
Mir wird's so wohl in deinem Arm,
So frei, so hingegeben warm,
Und seine Gegenwart schnürt mir das Innre zu.   1185

FAUST. Du ahndungsvoller Engel du!

GRETCHEN. Das übermannt mich so sehr,
Daß, wo er mag zu uns treten,
Mein ich sogar, ich liebte dich nicht mehr.
Auch, wenn er da ist, könnt ich nimmer beten.   1190
Und das frißt mir ins Herz hinein;
Dir, Heinrich, muß es auch so sein.

FAUST. Du hast nun die Antipathie!

GRETCHEN. Ich muß nun fort.

FAUST.   Ach kann ich nie
Ein Stündchen ruhig dir am Busen hängen   1195
Und Brust an Brust und Seel an Seele drängen?

GRETCHEN. Ach, wenn ich nur alleine schlief,
Ich ließ dir gern heut nacht den Riegel offen;
Doch meine Mutter schläft nicht tief,
Und würden wir von ihr betroffen,   1200
Ich wär gleich auf der Stelle tot.

FAUST. Du Engel, das hat keine Not.
Hier ist ein Fläschchen, und drei Tropfen nur
In ihren Trank umhüllen
In tiefen Schlaf gefällig die Natur.   1205

GRETCHEN. Was tu ich nicht um deinetwillen!
Es wird ihr hoffentlich nicht schaden?

FAUST. Würd ich sonst, Liebchen, dir es raten?

GRETCHEN. Seh ich dich, bester Mann, nur an,
Weiß nicht, was mich nach deinem Willen treibt,   1210
Ich habe schon für dich so viel getan,
Daß mir zu tun fast nichts mehr überbleibt. Ab.

MEPHISTOPHELES tritt auf. Der Grasaff'! ist er weg?

FAUST.   Hast wieder spioniert?
MEPHISTOPHELES.
Ich hab's ausführlich wohl vernommen,
Herr Doktor wurden da katechisiert.   1215
Hoff', es soll Ihnen wohl bekommen.
Die Mädels sind doch sehr interessiert,
Ob einer fromm und schlicht nach altem Brauch.
Sie denken: duckt er da, folgt er uns eben auch!
FAUST. Du Ungeheuer siehst nicht ein,   1220
Wie diese engelsliebe Seele
Von ihrem Glauben voll,
Der ganz allein
Ihr seligmachend ist, sich heilig quäle,
Daß der nun, den sie liebt, verloren werden soll.   1225
MEPHISTOPHELES. Du übersinnlicher, sinnlicher Freier!
Ein Mägdelein nasführet dich.
FAUST. Du Spottgeburt von Dreck und Feuer!
MEPHISTOPHELES.
Und die Physiognomie versteht sie meisterlich.
In meiner Gegenwart wird's ihr, sie weiß nicht wie,   1230
Mein Mäskchen da weissagt ihr borgnen Sinn,
Sie fühlt, daß ich ganz sicher ein Genie,
Vielleicht wohl gar ein Teufel bin.
Nun, heute nacht –?
FAUST.   Was geht dich's an?
MEPHISTOPHELES. Hab ich doch meine Freude dran.   1235

AM BRUNNEN

Gretchen und Lieschen mit Krügen.

LIESCHEN. Hast nichts von Bärbelchen gehört?
GRETCHEN. Kein Wort, ich komm gar wenig unter Leute.
LIESCHEN. Gewiß, Sibylle sagt' mir's heute!
Die hat sich endlich auch betört.
Das ist das Vornehmtun!
GRETCHEN.   Wieso?
LIESCHEN.   Es stinkt!   1240
Sie füttert zwei jetzt, wenn sie ißt und trinkt.
GRETCHEN. Ach!

LIESCHEN.　　　 Ja, so ist's ihr endlich gangen,
　Wie lang hat s' an dem Kerl gehangen!
　Das war ein Gespazieren,
　Auf Dorf und Tanzplatz Führen,　　　　　　1245
　Mußt überall die Erste sein.
　Kurtesiert ihr immer mit Pastetchen und Wein.
　Bild't sich was auf ihre Schönheit ein,
　War doch so ehrlos, sich nicht zu schämen,
　Geschenke von ihm anzunehmen.　　　　　　1250
　War ein Gekos' und ein Geschleck,
　Ja, da ist dann das Blümchen weg.
GRETCHEN. Das arme Ding!
LIESCHEN.　　　　　　　 Bedauer' sie kein Haar.
　Wenn unsereins am Spinnen war,
　Uns nachts die Mutter nicht 'nabe ließ,　　　1255
　Stand sie bei ihrem Buhlen süß.
　Auf der Türbank und dem dunkeln Gang
　Ward ihnen keine Stund zu lang.
　Da mag sie denn sich ducken nun,
　Im Sünderhemdchen Kirchbuß tun!　　　　　1260
GRETCHEN. Er nimmt sie gewiß zu seiner Frau.
LIESCHEN. Er wär ein Narr. Ein flinker Jung
　Hat anderwärts noch Luft genung.
　Er ist auch durch.
GRETCHEN.　　　 Das ist nicht schön.
LIESCHEN. Kriegt sie ihn, soll's ihr übel gehn.　1265
　Das Kränzel reißen die Buben ihr
　Und Häcksel streuen wir vor die Tür! Ab.
GRETCHEN heimegehend.
　Wie konnt ich sonst so tapfer schmälen,
　Wenn tät ein armes Mägdlein fehlen!
　Wie konnt ich über andrer Sünden　　　　　1270
　Nicht Worte gnug der Zunge finden!
　Wie schien mir's schwarz, und schwärzt's noch gar,
　Mir's nimmer doch nit schwarz gnug war.
　Und segnet mich und tat so groß,
　Und bin nun selbst der Sünde bloß!　　　　　1275
　Doch – alles, was mich dazu trieb,
　Gott! war so gut! ach, war so lieb!

ZWINGER

In der Mauerhöhle ein Andachtsbild der Mater dolorosa,
Blumenkrüge davor.

GRETCHEN

gebeugt, schwenkt die Krüge im nächsten Brunn, füllt sie mit
frischen Blumen, die sie mitbrachte.

Ach neige,
Du Schmerzenreiche,
Dein Antlitz ab zu meiner Not!   1280

Das Schwert im Herzen,
Mit tauben Schmerzen
Blickst auf zu deines Sohnes Tod!
Zum Vater blickst du,
Und Seufzer schickst du   1285
Hinauf um sein und deine Not!

Wer fühlet,
Wie wühlet
Der Schmerz mir im Gebein?
Was mein armes Herz hier banget,   1290
Was es zittert, was verlanget,
Weißt nur du, nur du allein.

Wohin ich immer gehe,
Wie weh, wie weh, wie wehe
Wird mir im Busen hier!   1295
Ich bin, ach, kaum alleine,
Ich wein, ich wein, ich weine,
Das Herz zerbricht in mir.

Die Scherben vor meinem Fenster
Betau ich mit Tränen, ach!   1300
Als ich am frühen Morgen
Dir diese Blumen brach.

Schien hell in meine Kammer
Die Sonne früh herauf,
Saß ich in allem Jammer   1305
In meinem Bett schon auf.

Hilf retten mich von Schmach und Tod!
Ach neige,
Du Schmerzenreiche,
Dein Antlitz ab zu meiner Not!   1310

DOM

Exequien der Mutter Gretchens.

Gretchen, alle Verwandte. Amt, Orgel und Gesang.

BÖSER GEIST hinter Gretchen.
  Wie anders, Gretchen, war dir's,
  Als du noch voll Unschuld
  Hier zum Altar tratst,
  Und im verblätterten Büchelchen
  Deinen Gebeten nachlalltest,   1315
  Halb Kinderspiel,
  Halb Gott im Herzen!
  Gretchen!
  Wo steht dein Kopf?
  In deinem Herzen   1320
  Welche Missetat?
  Betest du für deiner Mutter Seel,
  Die durch dich sich in die Pein hinüberschlief?
  – Und unter deinem Herzen,
  Schlägt da nicht quillend schon   1325
  Brandschande-Malgeburt?
  Und ängstet dich und sich
  Mit ahndevoller Gegenwart?
GRETCHEN. Weh! Weh!
  Wär ich der Gedanken los,   1330
  Die mir rüber und nüber gehn
  Wider mich!
CHOR. Dies irae, dies illa
  Solvet saeclum in favilla. Orgelton.
BÖSER GEIST. Grimm faßt dich!   1335
  Der Posaunen Klang!
  Die Gräber beben!
  Und dein Herz,
  Aus Aschenruh

Zu Flammenqualen   1340
Wieder aufgeschaffen,
Bebt auf!
GRETCHEN. Wär ich hier weg!
 Mir ist, als ob die Orgel mir
 Den Atem versetzte,   1345
 Gesang mein Herz
 Im Tiefsten löste.
CHOR. Judex ergo cum sedebit,
 Quidquid latet adparebit,
 Nil inultum remanebit.   1350
GRETCHEN. Mir wird so eng!
 Die Mauernpfeiler
 Befangen mich!
 Das Gewölbe
 Drängt mich! – Luft!   1355
BÖSER GEIST. Verbirgst du dich?
 Blieben verborgen
 Dein Sünd und Schand?
 Luft? Licht?
 Weh dir!   1360
CHOR. Quid sum miser tunc dicturus?
 Quem patronum rogaturus?
 Cum vix justus sit securus?
BÖSER GEIST. Ihr Antlitz wenden
 Verklärte von dir ab.   1365
 Die Hände dir zu reichen
 Schauert's ihnen,
 Den Reinen.
 Weh!
CHOR. Quid sum miser tunc dicturus?   1370
GRETCHEN. Nachbarin! Euer Fläschchen! –
             Sie fällt in Ohnmacht.

NACHT
Vor Gretchens Haus.

VALENTIN, Soldat, Gretchens Bruder.
 Wenn ich so saß bei 'em Gelag,
 Wo mancher sich berühmen mag,

Und all und all mir all den Flor 1375
Der Mägdlein mir gepriesen vor,
Mit vollem Glas das Lob verschwemmt
– Den Ellebogen aufgestemmt,
Saß ich in meiner sichern Ruh,
Hört all dem Schwadronieren zu,
Und striche lachend meinen Bart 1380
Und kriege das volle Glas zur Hand
Und sage: „Alles nach seiner Art!
Aber ist eine im ganzen Land,
Die meiner trauten Gretel gleicht,
Die meiner Schwester das Wasser reicht?" 1385
Top! Top! Kling! Klang! das ging herum.
Die einen schrieen: „Er hat recht,
Sie ist die Zier vom ganzen Geschlecht!"
Da saßen alle die Lober stumm.
Und jetzt! – das Haar sich auszuraufen, 1390
Um an den Wänden 'naufzulaufen!
Mit Stichelreden, Nasenrümpfen
Soll jeder Schurke mich beschimpfen!
Soll wie ein böser Schuldner sitzen,
Bei jedem Zufallswörtchen schwitzen! 1395
Und sollt ich sie zusammenschmeißen,
Könnt ich sie doch nicht Lügner heißen.

Faust. Mephistopheles.

FAUST. Wie von dem Fenster dort der Sakristei
Der Schein der ew'gen Lampe aufwärts flämmert,
Und schwach und schwächer seitwärts dämmert, 1400
Und Finsternis drängt ringsum bei;
So sieht's in diesem Busen nächtig.
MEPH. Und mir ist's wie dem Kätzlein schmächtig,
Das an den Feuerleitern schleicht,
Sich leis so an die Mauern streicht. 1405
Wär' mir ganz tugendlich dabei,
Ein bißchen Diebsgelüst, ein bißchen Rammelei.
Nun frisch dann zu! Das ist ein Jammer,
Ihr geht nach Eures Liebchens Kammer,
Als gingt Ihr in den Tod. 1410
FAUST. Was ist die Himmelsfreud in ihren Armen?

Das Durcherschüttern, Durcherwarmen,
Verdrängt es diese Seelennot?
Ha! bin ich nicht der Flüchtling, Unbehauste,
Der Unmensch ohne Zweck und Ruh,   1415
Der wie ein Wassersturz von Fels zu Felsen brauste,
Begierig wütend nach dem Abgrund zu?
Und seitwärts sie mit kindlich dumpfen Sinnen
Im Hüttchen auf dem kleinen Alpenfeld,
Und all ihr häusliches Beginnen   1420
Umfangen in der kleinen Welt.
Und ich, der Gottverhaßte,
Hatte nicht genug,
Daß ich die Felsen faßte
Und sie zu Trümmern schlug!   1425
Sie, ihren Frieden mußt ich untergraben!
Du, Hölle, wolltest dieses Opfer haben!
Hilf, Teufel, mir die Zeit der Angst verkürzen,
Mags schnell geschehn, was muß geschehn!
Mag ihr Geschick auf mich zusammenstürzen,   1430
Und sie mit mir zu Grunde gehn!
MEPHISTOPHELES. Wie's wieder brotzelt! wieder glüht!
Geh ein und tröste sie, du Tor!
Wo so ein Köpfchen keinen Ausgang sieht,
Stellt es sich gleich das Ende vor.   1435

Faust. Mephistopheles.

FAUST. Im Elend! Verzweifelnd! Erbärmlich auf der Erde
lang verirrt! Als Missetäterin im Kerker zu entsetzlichen
Qualen eingesperrt, das holde unselige Geschöpf! Bis
dahin! – Verrätrischer, nichtswürdiger Geist, und das hast   5
du mir verheimlicht! Steh nur, steh! Wälze die teuflischen
Augen ingrimmend im Kopf herum! steh und trutze mir
durch deine unerträgliche Gegenwart! Gefangen! Im unwiederbringlichen Elend bösen Geistern übergeben und
der richtenden gefühllosen Menschheit! Und du wiegst   10
mich indes in abgeschmackten Freuden ein, verbirgst mir
ihren wachsenden Jammer und lässest sie hülflos verderben!
MEPHISTOPHELES. Sie ist die erste nicht!

FAUST. Hund! abscheuliches Untier! – Wandle ihn, du unendlicher Geist, wandle den Wurm wieder in die Hundsgestalt, in der er sich nächtlicher Weile oft gefiel vor mir herzutrotten, dem harmlosen Wandrer vor die Füße zu kollern und dem Umstürzenden sich auf die Schultern zu hängen! Wandl' ihn wieder in seine Lieblingsbildung, daß er vor mir im Sand auf dem Bauch krieche, ich ihn mit Füßen trete, den Verworfnen! – Die erste nicht! – Jammer! Jammer! von keiner Menschenseele zu fassen, daß mehr als ein Geschöpf in die Tiefe dieses Elends sank, daß nicht das erste in seiner windenden Todesnot genugtat für die Schuld aller übrigen vor den Augen des Ewigen. Mir wühlt es Mark und Leben durch, das Elend dieser einzigen, und du grinsest gelassen über das Schicksal von Tausenden hin!

MEPHISTOPHELES. Großhans! nun bist du wieder am Ende deines Witzes, an dem Fleckchen, wo euch Herrn das Köpfchen überschnappt. Warum machst du Gemeinschaft mit uns, wenn du nicht mit uns auswirtschaften kannst? Willst fliegen und der Kopf wird dir schwindlich. Eh! Drangen wir uns dir auf oder du dich uns?

FAUST. Blecke deine gefräßigen Zähne mir nicht so entgegen, mir ekelt's! – Großer, herrlicher Geist, der du mir zu erscheinen würdigtest, der du mein Herz kennst und meine Seele, warum mußtest du mich an den Schandgesellen schmieden, der sich am Schaden weidet und am Verderben sich letzt?

MEPHISTOPHELES. Endigst du?

FAUST. Rette sie! oder weh dir! Den entsetzlichsten Fluch über dich auf Jahrtausende! Rette sie!

MEPHISTOPHELES. Ich kann die Bande des Rächers nicht lösen, seine Riegel nicht öffnen. Rette sie –? Wer war's, der sie ins Verderben stürzte? Ich oder du?

Faust blickt wild umher.

MEPHISTOPHELES. Greifst du nach dem Donner? Wohl, daß er euch elenden Sterblichen nicht gegeben ward! Ist's doch das einzige Kunststück, euch in euern Verworrenheiten Luft zu machen, daß ihr den entgegnenden Unschuldigen zerschmettert.

FAUST. Bring mich hin! sie soll frei sein!

MEPHISTOPHELES. Und die Gefahr, der du dich aussetzest?
Wisse, daß auf der Stadt noch die Blutschuld liegt, die du
auf sie gebracht hast. Daß über der Stätte des Erschlagenen rächende Geister schweben, die auf den rückkeh- 5
renden Mörder lauern.

FAUST. Noch das von dir! Mord und Tod einer Welt über
dich Ungeheuer! Führe mich hin, sag ich dir, und befrei sie!

MEPHISTOPHELES. Ich führe dich, und was ich tun kann,
höre! Hab ich alle Macht im Himmel und auf Erden? Des 10
Türners Sinne will ich umneblen, bemächtige dich der
Schlüssel und führe sie heraus mit Menschenhand. Ich
wach und halte dir die Zauberpferde bereit. Das vermag ich.

FAUST. Auf und davon!

NACHT. OFFEN FELD

Faust, Mephistopheles auf schwarzen Pferden daherbrausend.

FAUST. Was weben die dort um den Rabenstein? 1436

MEPHISTOPHELES. Weiß nicht, was sie kochen und schaffen.

FAUST. Schweben auf und ab, neigen sich, beugen sich.

MEPHISTOPHELES. Eine Hexenzunft.

FAUST. Sie streuen und weihen! 1440

MEPHISTOPHELES. Vorbei! Vorbei!

KERKER 15

FAUST mit einem Bund Schlüssel und einer Lampe an einem eiser-
nen Türchen. Es faßt mich längst verwohnter Schauer.
Inneres Grauen der Menschheit. Hier! Hier! – Auf! –
Dein Zagen zögert den Tod heran!

        Er faßt das Schloß, es singt inwendig: 20
    Meine Mutter, die Hur,
    Die mich umgebracht hat!
    Mein Vater, der Schelm,
    Der mich gessen hat!
    Mein Schwesterlein klein 25
    Hub auf die Bein
    An einen kühlen Ort;
    Da ward ich ein schönes Waldvögelein;
    Fliege fort! Fliege fort!

Faust zittert, wankt, ermannt sich und schließt auf, er hört die Ketten
klirren und das Stroh rauschen.

MARGARETE sich verbergend auf ihrem Lager. Weh, Weh! sie
kommen! Bittrer Tod!

FAUST leise. Still! Ich komme dich zu befrein.   5

Erfaßt ihre Ketten, sie aufzuschließen.

MARGARETE wehrend. Weg! Um Mitternacht! Henker, ist
dir's morgen frühe nicht zeitig gnug?

FAUST. Laß!

MARGARETE wälzt sich vor ihn hin. Erbarme dich mein und   10
laß mich leben! Ich bin so jung, so jung, und war schön
und bin ein armes junges Mädchen. Sieh nur einmal die
Blumen an, sieh nur einmal die Kron. Erbarme dich
mein! Was hab ich dir getan? Hab dich mein Tage nicht
gesehn.   15

FAUST. Sie verirrt, und ich vermags nicht.

MARGARETE. Sieh das Kind! Muß ich's doch tränken; da
hatt ich's eben. Da! Ich habs getränkt! Sie nahmen mirs
und sagen, ich hab es umgebracht, und singen Liedcher
auf mich! – Es ist nicht wahr – es ist ein Märchen, das sich 20
so endigt, es ist nicht auf mich, daß sie's singen.

FAUST, der sich zu ihr hinwirft. Gretchen!

MARGARETE, die sich aufreißt. Wo ist er? Ich hab ihn rufen
hören, er rief: Gretchen! Er rief mir! Wo ist er? Ach,
durch all das Heulen und Zähnklappen erkenn ich ihn, er 25
ruft mir: Gretchen! sich vor ihm niederwerfend. Mann!
Mann! Gib mir ihn, schaff mir ihn! Wo ist er?

FAUST, erfaßt sie wütend um den Hals. Meine Liebe! Meine
Liebe!

Margarete, sinkt, ihr Haupt in seinen Schoß verbergend.   30

FAUST. Auf, meine Liebe! Dein Mörder wird dein Befreier.
Auf! – Er schließt über ihrer Betäubung die Armkette auf. Komm,
wir entgehen dem schröcklichen Schicksal.

MARGARETE angelehnt. Küsse mich! Küsse mich!

FAUST. Tausendmal! Nur eile, Gretchen, eile!   35

MARGARETE. Küsse mich! Kannst du nicht mehr küssen?
Wie? Was? Bist mein Heinrich und hast's Küssen verlernt? Wie sonst ein ganzer Himmel mit deiner Umarmung gewaltig über mich eindrang! Wie du küßtest,
als wolltest du mich in wollüstigem Tod ersticken! Hein- 5
rich, küsse mich, sonst küß ich dich! *Sie fällt ihn an.* Weh!
Deine Lippen sind kalt! Tot! Antworten nicht!

FAUST. Folge mir, ich herze dich mit tausendfacher Glut.
Nur folge mir!

MARGARETE, *sie setzt sich und bleibt eine Zeitlang stille.* Hein- 10
rich, bist du's?

FAUST. Ich bin's, komm mit!

MARGARETE. Ich begreif's nicht! Du? Die Fesseln los?
Befreist mich. Wen befreist du? Weißt du's?

FAUST. Komm! Komm! 15

MARGARETE. Meine Mutter hab ich umgebracht! Mein
Kind hab ich ertränkt. Dein Kind, Heinrich! – Großer
Gott im Himmel, soll das kein Traum sein? Deine Hand,
Heinrich! – Sie ist feucht – Wische sie ab, ich bitte dich!
Es ist Blut dran – Stecke den Degen ein! Mein Kopf ist 20
verrückt.

FAUST. Du bringst mich um.

MARGARETE. Nein, du sollst überbleiben, überbleiben von
allen. Wer sorgte für die Gräber? So in eine Reihe, ich
bitte dich, neben die Mutter den Bruder da. Mich dahin 25
und mein Kleines an die rechte Brust. Gib mir die Hand
drauf! Du bist mein Heinrich.

FAUST *will sie wegziehen.* Fühlst du mich? Hörst du mich?
Komm! Ich bin's, ich befreie dich.

MARGARETE. Da hinaus? 30

FAUST. Freiheit!

MARGARETE. Da hinaus? Nicht um die Welt. Ist das Grab
drauß, komm! Lauert der Tod, komm! Von hier ins
ewige Ruhebett, weiter nicht einen Schritt. Ach Heinrich, könnt ich mit dir in alle Welt! 35

FAUST. Der Kerker ist offen, säume nicht!

MARGARETE. Sie lauren auf mich an der Straße am Wald.

FAUST. Hinaus! Hinaus!

MARGARETE. Ums Leben nicht! – Siehst du's zappeln?
Rette den armen Wurm, er zappelt noch! – Fort! ge-   5
schwind! Nur übern Steg, gerad in Wald hinein, links
am Teich, wo die Planke steht! Fort! rette! rette!

FAUST. Rette! Rette dich!

MARGARETE. Wären wir nur den Berg vorbei, da sitzt
meine Mutter auf einem Stein und wackelt mit dem Kopf!   10
Sie winkt nicht, sie nickt nicht, ihr Kopf ist ihr schwer.
Sie sollt schlafen, daß wir könnten wachen und uns freuen
beisammen.

FAUST ergreift sie und will sie wegtragen.

MARGARETE. Ich schreie laut, laut, daß alles erwacht!   15

FAUST. Der Tag graut. O Liebchen! Liebchen!

MARGARETE. Tag! Es wird Tag! Der letzte Tag! Der
Hochzeittag! – Sag's niemand, daß du die Nacht vorher
bei Gretchen warst. – Mein Kränzchen! – Wir sehn uns
wieder! – Hörst du, die Bürger schlürpfen nur über die   20
Gassen! Hörst du? Kein lautes Wort. Die Glocke ruft!
– Krack, das Stäbchen bricht! – Es zuckt in jedem Nacken
die Schärfe, die nach meinem zuckt! – Die Glocke! – Hör!

MEPHISTOPHELES erscheint. Auf! oder ihr seid verloren,
meine Pferde schaudern, der Morgen dämmert auf.   25

MARGARETE. Der! der! Laß ihn! Schick ihn fort! Der will
mich! Nein, nein! Gericht Gottes, komm über mich!
dein bin ich; rette mich! Nimmer, nimmermehr! Auf ewig
lebe wohl! Leb wohl, Heinrich.

FAUST, sie umfassend. Ich lasse dich nicht!   30

MARGARETE. Ihr heiligen Engel, bewahret meine Seele!
– mir graut's vor dir, Heinrich.

MEPHISTOPHELES. Sie ist gerichtet! Er verschwindet mit Faust,
die Türe rasselt zu.

Man hört verhallend: Heinrich! Heinrich!   35

GOETHE ÜBER SEINEN „FAUST"
UND
QUELLEN ZUR ENTSTEHUNGSGESCHICHTE
DES „FAUST"

Friedrich Wilhelm Gotter an Goethe. Sommer 1773.

An Gotter aus Erfurt, mit dem er in Wetzlar zusammen gewesen war, sandte Goethe seinen „Götz" mit einem begleitenden Knittelvers-Gedicht (Bd. 1, S. 88f.). Gotter dankte in einem ähnlichen Gedicht und schloß mit den Worten:

> Schick' mir dafür den „Doktor Faust",
> Sobald Dein Kopf ihn ausgebraust!

Heinrich Christian Boie, Tagebuch vom 15. Oktober 1774.

Einen ganzen Tag allein, ungestört mit Goethen zugebracht, mit Goethen, dessen Herz so groß und edel wie sein Geist ist!... Er hat mir viel vorlesen müssen, ganz und Fragment, und in allem ist der originale Ton, eigne Kraft, und bei allem Sonderbaren, Unkorrekten, alles mit dem Stempel des Genies geprägt. Sein „Doktor Faust" ist fast fertig und scheint mir das Größte und Eigentümlichste von allem.

Karl Ludwig v. Knebel an Friedrich Justin Bertuch. 23. Dezember 1774.

... So viel von Goethe!... Ich habe einen Haufen Fragmente von ihm, unter andern zu einem „Doktor Faust", wo ganz ausnehmend herrliche Szenen sind. Er zieht die Manuskripte aus allen Winkeln seines Zimmers hervor.

Dichtung und Wahrheit, Buch XVIII.

Goethe hatte Ende März 1775 Klopstock bei sich in Frankfurt zu Gast. Darüber erzählt er:

Einige besondere Gespräche mit Klopstock erregten gegen ihn bei der Freundlichkeit, die er mir erwies, Offenheit und Vertrauen; ich teilte ihm die neusten Szenen des „Faust" mit, die er wohl aufzunehmen schien, sie auch, wie ich nachher vernahm, gegen andere Personen mit entschiedenem Beifall, der sonst nicht leicht in seiner Art war, beehrt und die Vollendung des Stücks gewünscht hatte.

Goethe an Auguste Gräfin zu Stolberg. 17. September 1775.

Ist der Tag leidlich und stumpf herumgegangen; da ich aufstund, war mir's gut, ich machte eine Szene an meinem „Faust". Vergängelte ein paar Stunden. Verliebelte ein paar mit einem Mädchen, davon Dir die Brüder erzählen mögen, das ein seltsames Geschöpf ist. Aß in einer Gesellschaft ein Dutzend guter Jungens, so grad wie sie Gott erschaffen hat. Fuhr auf dem Wasser selbst auf und nieder, ich hab' die Grille, selbst fahren zu lernen... Mir war's in all dem wie einer Ratte, die Gift gefressen hat, sie läuft in alle Löcher, schlürpft alle Feuchtigkeit, verschlingt alles Eßbare, das ihr in Weg kommt, und ihr Innerstes glüht von unauslöschlich verderblichem Feuer...

Goethe an Johann Heinrich Merck. Oktober 1775.

Ich habe das Hohelied Salomons übersetzt, welches ist die herrlichste Sammlung Liebeslieder, die Gott erschaffen hat... Ich bin leidlich. Hab am „Faust" viel geschrieben.

Friedrich Leopold Graf zu Stolberg an seine Schwester Henriette Gräfin Bernstorff. 6. Dezember 1775.

Stolberg war in Weimar gewesen und hatte eine Vorlesung des „Faust" in Gegenwart der Herzogin-Mutter Anna-Amalia und der Herzogin Luise miterlebt. Einige Tage später berichtete er:

Einen Nachmittag las Goethe seinen halbfertigen „Faust" vor. Es ist ein herrliches Stück. Die Herzoginnen waren gewaltig gerührt bei einigen Szenen.

Goethe an Herzog Carl August. Rom, Mitte Dezember 1786.

Goethe berichtet, daß er für die Ausgabe seiner „Schriften" seine Arbeiten nach und nach fertig mache. „Iphigenie" sei soeben vollendet.

Nun soll es über die andern Sachen, endlich auch über „Faust" hergehn. Da ich mir vornahm, meine Fragmente drucken zu lassen, hielt ich mich für tot. Wie froh will ich sein, wenn ich mich durch Vollendung des Angefangenen wieder als lebendig legitimieren kann.

Goethe an Charlotte v. Stein. Rom, 20. Januar 1787.

Ich habe Hoffnung, „Egmont", „Tasso", „Faust" zu endigen, und neue Gedanken genug zum „Wilhelm". Zugleich les' ich den Livius, und ich würde Dich verwirren, wenn ich Dir sagen wollte, was sonst alles auf mich zudringt.

Goethe an Herzog Carl August. Rom, 8. Dezember 1787.

An „Faust" gehe ich ganz zuletzt, wenn ich alles andre hinter mir habe. Um das Stück zu vollenden, werd' ich mich sonderbar zusammennehmen müssen. Ich muß einen magischen Kreis um mich ziehen, wozu mir das günstige Glück eine eigne Stätte bereiten möge.

Chronologie von Goethes Werken, von Eckermann und Riemer auf Grund von Goetheschen Gesprächen und Tagebüchern zusammengestellt und in der „Quartausgabe", Bd. 2, 1837, veröffentlicht.

1788... Plan zu einer weiteren Ausarbeitung des „Faust" und einige Szenen davon geschrieben. Die Szene der „Hexenküche" im Garten Borghese ausgeführt.

Italienische Reise. Rom 1. März 1788.

Nachdem Bd. 1—5 der „Schriften" im Manuskript abgeschlossen waren, begann Goethe Bd. 6—8 vorzubereiten, enthaltend „Tasso" und „Lila" (Bd. 6), „Faust", „Jery und Bätely", „Scherz, List und Rache" (Bd. 7) und „Vermischte Gedichte" (Bd. 8).

Ich habe den Mut gehabt, meine drei letzten Bände auf einmal zu überdenken, und ich weiß nun genau, was ich machen will; gebe nun der Himmel Stimmung und Glück, es zu machen! Es war eine reichhaltige Woche, die mir in der Erinnerung wie ein Monat vorkommt. — Zuerst ward der Plan zu „Faust" gemacht, und ich hoffe, diese Operation soll mir geglückt sein. Natürlich ist es ein ander Ding, das Stück jetzt oder vor 15 Jahren ausschreiben; ich denke, es soll nichts dabei verlieren, besonders da ich jetzt glaube, den Faden wieder gefunden zu haben. Auch was den Ton des Ganzen betrifft, bin ich getröstet; ich habe schon eine neue Szene ausgeführt, und wenn ich das Papier räuchere, so dächt' ich, sollte sie mir niemand aus den alten herausfinden. Da ich durch die lange Ruhe und Abgeschiedenheit ganz auf das Niveau meiner eigenen Existenz zurückgebracht bin, so ist es merkwürdig, wie sehr ich mir gleiche und wie wenig mein Inneres durch Jahre und Begebenheiten gelitten hat. Das alte Manuskript macht mir manchmal zu denken, wenn ich es vor mir sehe. Es ist noch das erste, ja in den Hauptszenen gleich so ohne Konzept hingeschrieben. Nun ist es so gelb von der Zeit, so vergriffen (die Lagen waren nie geheftet), so mürbe und an den Rändern zerstoßen, daß es wirklich wie das Fragment eines alten Kodex aussieht, sodaß ich, wie ich damals in eine frühere Welt mich mit Sinnen und Ahnen versetzte, mich jetzt in eine selbstgelebte Vorzeit wieder versetzen muß.

Goethe an Herzog Carl August. Weimar, 5. Juli 1789.

„Faust" will ich als Fragment geben, aus mehr als einer Ursache. Davon mündlich...

Goethes Tagebuch. Januar 1790.

Faust abgeschickt.

Schiller an Goethe. 29. November 1794.

Schiller dankt dafür, daß Goethe die baldige Übersendung des Anfangs der „Lehrjahre" ankündigt. Und er fügt hinzu:

Aber mit nicht weniger Verlangen würde ich die Bruchstücke von Ihrem „Faust", die noch nicht gedruckt sind, lesen; denn ich gestehe Ihnen, daß mir das, was ich von diesem Stücke gelesen, der Torso des Herkules ist. Es herrscht in diesen Szenen eine Kraft und eine Fülle des Genies, die den besten Meister unverkennbar zeigt, und ich möchte diese große und kühne Natur, die darin atmet, so weit als möglich verfolgen.

Goethe an Schiller. 2. Dezember 1794.

Von „Faust" kann ich jetzt nichts mitteilen. Ich wage nicht, das Paket aufzuschnüren, das ihn gefangen hält. Ich könnte nicht abschreiben, ohne auszuarbeiten, und dazu fühle ich mir keinen Mut. Kann mich künftig etwas dazu vermögen, so ist es gewiß Ihre Teilnahme.

Goethes Tagebuch. 5. Juni 1797.

...Nach Tische „Oberons goldene Hochzeit".

Goethe an Schiller. 22. Juni 1797.

Da es höchst nötig ist, daß ich mir in meinem jetzigen unruhigen Zustande etwas zu tun gebe, so habe ich mich entschlossen, an meinen „Faust" zu gehn und ihn, wo nicht zu vollenden, doch wenigstens um ein gutes Teil weiter zu bringen, indem ich das, was gedruckt ist, wieder auflöse und mit dem, was schon fertig oder erfunden ist, in große Massen disponiere und so die Ausführung des Plans, der eigentlich nur eine Idee ist, näher vorbereite. Nun habe ich eben diese Idee und deren Darstellung wieder vorgenommen und bin mit mir selbst ziemlich einig. Nun wünschte ich aber, daß Sie die Güte hätten, die Sache einmal in schlafloser Nacht durchzudenken, mir die Forderungen, die Sie an das Ganze machen würden, vorzulegen und so mir meine eignen Träume als ein wahrer Prophet zu erzählen und zu deuten. — Da die verschiedenen Teile dieses Gedichts in Absicht auf die Stimmung verschieden behandelt werden können, wenn sie sich nur dem Geist und Ton des Ganzen subordinieren, da übrigens die ganze Arbeit subjektiv ist, so kann ich in einzelnen Momenten daran arbeiten, und so bin ich auch jetzt etwas zu leisten imstande.

Schiller an Goethe. 23. Juni 1797.

Ihr Entschluß, an den „Faust" zu gehen, ist mir in der Tat überraschend, besonders jetzt, da Sie sich zu einer Reise nach Italien gürten. Aber ich hab' es einmal für immer aufgegeben, Sie mit der gewöhnlichen Logik zu messen, und bin also im voraus überzeugt, daß Ihr Genius sich vollkommen gut aus der Sache ziehen wird. — Ihre Aufforderung an mich, Ihnen meine Erwartungen und Desideria mitzuteilen, ist nicht leicht zu erfüllen. Aber soviel ich kann, will ich Ihren Faden aufzufinden suchen, und wenn auch das nicht geht, so will ich mir einbilden, als ob ich die Fragmente von „Faust" zufällig fände und solche auszuführen hätte. So viel bemerke ich hier nur, daß der „Faust" (das Stück nämlich) bei aller seiner dichterischen Individualität die Forderung an eine symbolische Bedeutsamkeit nicht ganz von sich weisen kann, wie auch wahrscheinlich Ihre eigne Idee ist. Die Duplizität der menschlichen Natur und das verunglückte Bestreben, das Göttliche und Physische im Menschen zu vereinigen, verliert man nicht aus den Augen; und weil die Fabel ins Grelle und Formlose geht und gehen muß, so will man nicht

bei dem Gegenstand stille stehen, sondern von ihm zu Ideen geleitet werden. Kurz, die Anforderungen an den „Faust" sind
zugleich philosophisch und poetisch, und Sie mögen sich wenden,
wie Sie wollen, so wird Ihnen die Natur des Gegenstandes eine
philosophische Behandlung auflegen, und die Einbildungskraft
wird sich zum Dienst einer Vernunftidee bequemen müssen. —
Aber ich sage Ihnen damit schwerlich etwas Neues, denn Sie
haben diese Forderung in dem, was bereits da ist, schon in hohem
Grade zu befriedigen angefangen.

Goethes Tagebuch. Juni 1797.

23. Juni. Ausführlicheres Schema zum „Faust". — 24. Juni.
Zueignung an „Faust"... Nachmittag weiter an „Faust". —
26. Juni. An Faust. — 27. Juni. An Faust.

Goethe an Schiller. 24. Juni 1797.

Dank für Ihre ersten Worte über den wieder auflebenden
„Faust". Wir werden wohl in der Ansicht dieses Werkes nicht
variieren, doch gibt's gleich einen ganz andern Mut zur Arbeit,
wenn man seine Gedanken und Vorsätze auch von außen bezeichnet sieht, und Ihre Teilnahme ist in mehr als Einem Sinne
fruchtbar... Ich werde nur vorerst die großen erfundenen und
halb bearbeiteten Massen zu enden und mit dem, was gedruckt
ist, zusammenzustellen suchen, und das so lange treiben, bis sich
der Kreis selbst erschöpft...

Schiller an Goethe. 26. Juni 1797.

Den „Faust" habe ich nun wieder gelesen, und mir schwindelt
ordentlich vor der Auflösung. Dies ist indes sehr natürlich, denn
die Sache beruht auf einer Anschauung, und so lang man die
nicht hat, muß ein selbst nicht so reicher Stoff den Verstand in
Verlegenheit setzen. Was mich daran ängstigt, ist, daß mir der
„Faust" seiner Anlage nach auch eine Totalität der Materie nach
zu erfordern scheint, wenn am Ende die Idee ausgeführt erscheinen soll, und für eine so hoch aufquellende Masse finde ich
keinen poetischen Reif, der sie zusammenhält. Nun, Sie werden
sich schon zu helfen wissen. — Zum Beispiel: Es gehörte sich
meines Bedünkens, daß der Faust in das handelnde Leben geführt
würde, und welches Stück Sie auch aus dieser Masse erwählen,
so scheint es mir immer durch seine Natur eine zu große Umständlichkeit und Breite zu erfordern... Verstand und Vernunft
scheinen mir in diesem Stoff auf Tod und Leben miteinander
zu ringen... Der Teufel behält durch seinen Realism vor dem
Verstand, und der Faust vor dem Herzen recht. Zuweilen aber
scheinen sie ihre Rollen zu tauschen, und der Teufel nimmt die
Vernunft gegen den Faust in Schutz... Ich bin überhaupt sehr
erwartend, wie die Volksfabel sich dem philosophischen Teil des
Ganzen anschmiegen wird.

Goethe an Schiller. 27. Juni 1797.

Ihre Bemerkungen zu „Faust" waren mir sehr erfreulich. Sie treffen, wie es natürlich war, mit meinen Vorsätzen und Planen recht gut zusammen... Ich werde sorgen, daß die Teile anmutig und unterhaltend sind und etwas denken lassen...

Goethe an Schiller. 1. Juli 1797.

Meinen „Faust" habe ich in Absicht auf Schema und Übersicht in der Geschwindigkeit recht vorgeschoben... Es käme jetzt nur auf einen ruhigen Monat an, so sollte das Werk zu männiglicher Verwunderung und Entsetzen wie eine große Schwammfamilie aus der Erde wachsen...

Goethe an Schiller. 5. Juli 1797.

„Faust" ist die Zeit zurückgelegt worden, die nordischen Phantome sind durch die südlichen Reminiszenzen auf einige Zeit zurückgedrängt worden, doch habe ich das Ganze als Schema und Übersicht sehr umständlich durchgeführt.

Goethes Tagebuch. 1798.

9. April. Faust wieder vorgenommen... — 10. April. Früh Faust. — 11. April. Faust. — 14. April. Gegen Abend verschiedenes an Faust... — 15. April. Beschäftigung an Faust. — 18. April. An Faust. — 19. April. An Faust. — 21. April. An Faust.

Goethe an Schiller. 28. April 1798.

Für Cottas Erklärung danke ich... Es wäre eine Gelegenheit, manches, wo man sonst nicht mit hin weiß, anzubringen, und was dem Buchhändler nutzt, nutzt auch in jedem Sinne dem Autor... Ebenso will ich meinen „Faust" auch fertig machen, der seiner nordischen Natur nach ein ungeheures nordisches Publikum finden muß.

Goethe an Schiller. 5. Mai 1798.

Meinen „Faust" habe ich um ein gutes weitergebracht. Das alte, noch vorrätige, höchst konfuse Manuskript ist abgeschrieben, und die Teile sind in abgesonderten Lagen nach den Nummern eines ausführlichen Schemas hintereinander gelegt. Nun kann ich jeden Augenblick der Stimmung nutzen, um einzelne Teile weiter auszuführen und das Ganze früher oder später zusammenzustellen. — Ein sehr sonderbarer Fall erscheint dabei: Einige tragische Szenen waren in Prosa geschrieben, sie sind durch ihre Natürlichkeit und Stärke in Verhältnis gegen das andere ganz unerträglich. Ich suche sie deswegen gegenwärtig in Reime zu bringen, da denn die Idee wie durch einen Flor durchscheint, die unmittelbare Wirkung des ungeheuern Stoffes aber gedämpft wird.

Schema zu „Faust".

Dieses Schema, das sich unter den Handschriften erhalten hat, ist nicht genau datierbar, doch stammt es wohl aus der Arbeitsperiode der Schiller-Zeit, etwa 1797—1800. Es schematisiert zunächst nachträglich das schon Vorhandene, dann das Geplante. Für den 2. Teil ist „Tatengenuß, nach außen" geplant, ferner „Genuß mit Bewußtsein, Schönheit" und „Schöpfungsgenuß, von innen": Darin sind Helena-Tragödie und Herrscher-Tragödie vorbereitet. Damals prägte der „Prolog im Himmel" bereits die Grundrichtung des Werks: Faust soll nicht dem Teufel verfallen. Die Schlußworte „Epilog im Chaos — auf dem Weg zur Hölle" sind also wohl auf Mephistopheles zu beziehen. — Facsimile: Witkowski, Bd. 1, 1929, S. 524f. — GJb. 17, 1897, S. 208.

Ideales Streben nach Einwirken und Einfühlen in die ganze Natur.

Erscheinung des Geists als Welt- und Taten-Genius.

Streit zwischen Form und Formlosen.

Vorzug dem formlosen Gehalt vor der leeren Form.

Gehalt bringt die Form mit, Form ist nie ohne Gehalt.

Diese Widersprüche, statt sie zu vereinigen, disparater zu machen.

Helles, kaltes wissenschaftliches Streben Wagner.

Dumpfes, warmes wissenschaftliches Streben Schüler.

(Gestrichen: Lebens Taten Wesen.)

Lebens-Genuß der Person von außen gesehn 1. Teil. in der Dumpfheit Leidenschaft.

Taten-Genuß nach außen 2. Teil. Und Genuß mit Bewußtsein. Schönheit.

Schöpfungs-Genuß von innen. Epilog im Chaos auf dem Weg zur Hölle.

Schiller an Cotta. 16.Dezember 1798.

Goethe hat an seinem „Faust" noch viel Arbeit, eh' er fertig wird. Ich bin oft hinter ihm her, ihn zu beendigen; und seine Absicht ist wenigstens, daß dieses nächsten Sommer geschehen soll...

Schiller an Cotta. 24. März 1800.

Nun noch einen guten Rat. Ich fürchte, Goethe läßt seinen „Faust", an dem schon so viel gemacht ist, ganz liegen, wenn er nicht von außen und durch anlockende Offerten veranlaßt wird, sich noch einmal an diese große Arbeit zu machen und sie zu vollenden... Sie können ihn, das bin ich überzeugt, durch glänzende Anerbietungen dahin bringen, dieses Werk in diesem Sommer auszuarbeiten...

Goethe an Schiller. 11.April 1800.

Cottas Freiheit ist mir sehr angenehm. Ich habe einen Brief von ihm über „Faust", den Sie mir wahrscheinlich zugezogen haben, wofür ich aber danken muß, denn wirklich habe ich auf diese Veranlassung das Werk heute vorgenommen und durchdacht.

Goethes Tagebuch. 1800.

11. April. Brief von Cotta. „Faust" angesehen. — 13. April. Faust. — 14. April. Faust. —

In ähnlicher Weise immer wieder Tagebuchnotizen bis zum 5. September.

Goethe an Schiller. 16. April 1800.

Der Teufel, den ich beschwöre, gebärdet sich sehr wunderlich.

Goethe an Schiller. 12. September 1800.

Nach verschiedenen Abenteuern bin ich erst heute früh wieder zu der Jenaischen Ruhe gelangt und habe gleich etwas versucht, aber nichts getan. Glücklicherweise konnte ich diese acht Tage die Situationen festhalten, von denen Sie wissen, und meine Helena ist wirklich aufgetreten. Nun zieht mich aber das Schöne in der Lage meiner Heldin so sehr an, daß es mich betrübt, wenn ich es zunächst in eine Fratze verwandeln soll . . .

Goethes Tagebuch. 1800.

12. September. Früh Helena... Herrn Hofrat Schiller etwas über Helena. — 13. September. Helena. — 14. September. Helena.

Ähnliche Notizen wiederholt bis Ende September.

Schiller an Goethe. 13. September 1800.

Ich wünsche Ihnen Glück zu dem Schritt, den Sie in Ihrem „Faust" getan. Lassen Sie sich aber ja nicht durch den Gedanken stören, wenn die schönen Gestalten und Situationen kommen, daß es schade sei, sie zu verbarbarieren. Der Fall könnte Ihnen im 2. Teil des „Faust" noch öfters vorkommen, und es möchte einmal für allemal gut sein, Ihr poetisches Gewissen darüber zum Schweigen zu bringen. Das Barbarische der Behandlung, das Ihnen durch den Geist des Ganzen auferlegt wird, kann den höheren Gehalt nicht zerstören und das Schöne nicht aufheben, nur es anders spezifizieren und für ein anderes Seelenvermögen zubereiten. Eben das Höhere und Vornehmere in den Motiven wird dem Werk einen eigenen Reiz geben, und Helena ist in diesem Stück ein Symbol für alle die schönen Gestalten, die sich hineinverirren werden.

Goethe an Schiller. 16. September 1800.

Der Trost, den Sie mir in Ihrem Briefe geben, daß durch die Verbindung des Reinen und Abenteuerlichen ein nicht ganz verwerfliches poetisches Ungeheuer entstehen könne, hat sich durch die Erfahrung schon an mir bestätigt, indem aus dieser

Amalgamation seltsame Erscheinungen, an denen ich selbst einiges Gefallen habe, hervortreten.

Schiller an Goethe. 23. September 1800.

Schiller hatte Goethe am 21. September in Jena besucht und dieser ihm dabei den fertigen Teil seiner „Helena" vorgelesen.

Ihre neuliche Vorlesung hat mich mit einem großen und vornehmen Eindruck entlassen, der edle hohe Geist der alten Tragödie weht aus dem Monolog einem entgegen und macht den gehörigen Effekt, indem er ruhig-mächtig das Tiefste aufregt. Wenn Sie auch sonst nichts Poetisches von Jena zurückbrächten als dieses und was Sie über den fernern Gang dieser tragischen Partie schon mit sich ausgemacht haben, so wäre Ihr Aufenthalt in Jena belohnt. Gelingt Ihnen diese Synthese des Edlen mit dem Barbarischen, wie ich nicht zweifle, so wird auch der Schlüssel zu dem übrigen Teil des Ganzen gefunden sein, und es wird Ihnen alsdann nicht schwer sein, gleichsam analytisch von diesem Punkt aus den Sinn und Geist der übrigen Partien zu bestimmen und zu verteilen. Denn dieser Gipfel, wie Sie ihn selbst nennen, muß von allen Punkten des Ganzen gesehen werden und nach allen hinsehen.

Goethes Tagebuch. 1800.

2. November. Früh an Faust... Nachmittag an Faust fortgefahren. — 3. November. Früh an Faust. — 5. November. An Faust. — 6. November. An Faust. — 7. November. An Faust. — 8. November. Früh Faust.

Goethes Tagebuch. 1801.

8. Februar. Früh an Faust. — 9. Februar. Abends an Faust. *Und so fort mehrfache Eintragungen bis zum 7. April 1801.*

Schiller an Goethe. Jena, 16. März 1801.

Viel Glück zu den Fortschritten im „Faust", auf den die hiesigen Philosophen ganz unaussprechlich gespannt sind.

Goethe an Schiller. 18. März 1801.

Keinen eigentlichen Stillstand an „Faust" habe ich noch nicht gemacht, aber mitunter nur schwache Fortschritte. Da die Philosophen auf diese Arbeit neugierig sind, habe ich mich freilich zusammenzunehmen.

Schiller an Cotta. 10. Dezember 1801.

Sie fragen mich nach Goethen und seinen Arbeiten... Er ist zu wenig Herr über seine Stimmung; seine Schwerfälligkeit macht ihn unschlüssig; und über den vielen Liebhaber-Beschäftigungen, die er sich mit wissenschaftlichen Dingen macht, zerstreut er sich zu sehr. Beinahe verzweifle ich daran, daß er seinen „Faust" noch vollenden wird.

Goethe an Cotta. 30. September 1805.

Goethe bereitete mit Cotta eine neue große Ausgabe seiner Werke vor, es ist die, welche in 13 Bänden 1806—1810 erschien. Er schreibt:

Was ich in den 4. Band bringe, darüber bin ich mit mir selbst noch nicht einig. Ist es mir einigermaßen möglich, so tret' ich gleich mit „Faust" hervor... Bezeichnen Sie mir den letzten Termin, wann Sie das Manuskript vom 4. Bande haben müssen, damit ich einigermaßen meinen Überschlag machen kann.

Goethes Tagebuch. 1806.

21. März. „Faust" angefangen durchzugehen mit Riemer. — 24. März. Faust mit Riemer. Für mich letzte Szene. — 25. März. Faust mit Riemer.

Und so fort weitere Eintragungen bis:

21. April. Faust mit Riemer, letzte Revision. — 22. April. Faust nochmals für mich durchgegangen. — 25. April. Faust, letztes Arrangement zum Druck.

Das Druckmanuskript wurde abgesandt, aber die Kriegswirren 1806/07 verzögerten die Herstellung. Erst zur Ostermesse 1808 erschien „Faust, 1. Teil" im 8. Band der bei Cotta herausgegebenen „Werke".

Sulpiz Boisserées Tagebuch. Wiesbaden, 3. August 1815.

„Faust", der erste Teil, geschlossen mit Gretchens Tod, nun muß er par ricochet noch einmal anfangen; das sei recht schwer; dazu habe jetzt der Maler eine andere Hand, einen andern Pinsel; was er jetzt zu produzieren vermag, würde nicht mit dem Frühern zusammengehen. — Ich erwidere, er dürfe sich keine Skrupel darüber machen, ein anderer vermöchte sich in einen andern zu versetzen, wie viel eher doch der Meister in seine früheren Werke. — Goethe: „Ich gebe es gerne zu, vieles ist auch schon fertig." — Ich frage nach dem Ende. — Goethe: „Das sage ich nicht, darf es nicht sagen, aber es ist auch schon fertig und sehr gut und grandios geraten, aus der besten Zeit." — Ich denke mir, der Teufel behalte unrecht. — Goethe: „Faust macht im Anfang dem Teufel eine Bedingung, woraus schon alles folgt." —

Skizze des Inhalts von Faust II. 1816.

Im Jahre 1816 diktierte Goethe an Band IV, Buch 18, von „Dichtung und Wahrheit". Er wollte darin über den Beginn seiner „Faust"-Dichtung berichten und anschließend von dem 2. Teil eine Skizze geben; denn er rechnete in dieser Zeit nicht mehr damit, das Werk zu vollenden. Er entwarf zwischen dem 16. und 20. Dezember eine eingehende Inhaltsangabe; doch wurde sie später, bei der endgültigen Redaktion des 4. Teils von „Dichtung und Wahrheit", weggelassen, denn Eckermann hatte inzwischen diese Skizze mit Erfolg als Ausgangspunkt genommen, um Goethe zur Vollendung des „Faust II" anzuregen Wieweit sie den Plan der Jugend wiedergibt, wieweit

den der späteren Jahre, ist im einzelnen nicht genau feststellbar. Der Ver-
gleich mit dem später vollendeten Drama zeigt aber, wie sehr Goethe noch
im hohen Alter schöpferisch den Plan wandelte und steigerte.

Zu Beginn des 2. Teiles findet man Faust schlafend. Er ist umgeben von Geister-Chören, die ihm in sichtlichen Symbolen und
anmutigen Gesängen die Freuden der Ehre, des Ruhms, der
Macht und Herrschaft vorspiegeln. Sie verhüllen in schmeichelnde
Worte und Melodien ihre eigentlich ironischen Anträge. Er
wacht auf, fühlt sich gestärkt, verschwunden alle vorhergehende
Abhängigkeit von Sinnlichkeit und Leidenschaft. Der Geist,
gereinigt und frisch, nach dem Höchsten strebend.

Mephistopheles tritt zu ihm ein und macht ihm eine lustige
aufregende Beschreibung von dem Reichstage zu Augsburg,
welchen Kaiser Maximilian dahin zusammenberufen hat, indem
er annimmt, daß alles vor dem Fenster drunten auf dem Platze
vorgeht, wo Faust jedoch nichts sehen kann. Endlich will Mephistopheles an einem Fenster des Stadthauses den Kaiser sehn,
mit einem Fürsten sprechend, und versichert Fausten, daß nach
ihm gefragt worden, wo er sich befinde und ob man ihn nicht
einmal an Hof schaffen könne. Faust läßt sich bereden, und sein
Mantel beschleunigt die Reise. In Augsburg landen sie an einer
einsamen Halle, Mephistopheles geht aus, zu spionieren. Faust
verfällt indes in seine früheren abstrusen Spekulationen und
Forderungen an sich selbst, und als jener zurückkehrt, macht
Faust die wunderbare Bedingung, Mephistopheles dürfe nicht
in den Saal, sondern müsse auf der Schwelle bleiben, ferner, daß
in des Kaisers Gegenwart nichts von Gaukelei und Verblendung
vorkommen solle. Mephistopheles gibt nach. Wir werden in
einen großen Saal versetzt, wo der Kaiser, eben von Tafel auf-
stehend, mit einem Fürsten ins Fenster tritt und gesteht, daß er
sich Faustens Mantel wünsche, um in Tirol zu jagen und morgen
zur Sitzung wieder zurück zu sein. Faust wird angemeldet und
gnädig aufgenommen. Die Fragen des Kaisers beziehen sich alle
auf irdische Hindernisse, wie sie durch Zauberei zu beseitigen.
Fausts Antworten deuten auf höhere Forderungen und höhere
Mittel. Der Kaiser versteht ihn nicht, der Hofmann noch weniger.
Das Gespräch verwirrt sich, stockt, und Faust, verlegen, sieht
sich nach Mephistopheles um, welcher sogleich hinter ihn tritt
und in seinem Namen antwortet. Nun belebt sich das Gespräch,
mehrere Personen treten näher, und jedermann ist zufrieden mit
dem wundervollen Gast. Der Kaiser verlangt Erscheinungen,
sie werden zugesagt. Faust entfernt sich der Vorbereitungen
wegen. In dem Augenblick nimmt Mephistopheles Fausts Gestalt an, Frauen und Fräuleins zu unterhalten, und wird zuletzt
für einen ganz unschätzbaren Mann gehalten, da er durch leichte
Berührung eine Handwarze, durch einen etwas derbern Tritt
seines vermummten Pferdefußes ein Hühnerauge kuriert, und
ein blondes Fräulein verschmäht nicht, ihr Gesichtchen durch
seine hagern und spitzen Finger betupfen zu lassen, indem der

Taschenspiegel ihr sogleich, daß eine Sommersprosse nach der andern verschwinde, tröstlich zusagt. Der Abend kommt heran, ein magisches Theater erbaut sich von selbst. Es erscheint die Gestalt der Helena. Die Bemerkungen der Damen über diese Schönheit der Schönheiten beleben die übrigens fürchterliche Szene. Paris tritt hervor, und diesem ergeht's von seiten der Männer, wie es jener von seiten der Frauen ergangen. Der verkappte Faust gibt beiden Teilen recht, und es entwickelt sich eine sehr heitere Szene.

Über die Wahl der dritten Erscheinung wird man nicht einig, die herangezogenen Geister werden unruhig; es erscheinen mehrere bedeutende zusammen. Es entstehen sonderbare Verhältnisse, bis endlich Theater und Phantome zugleich verschwinden. Der wirkliche Faust, von drei Lampen beleuchtet, liegt im Hintergrunde ohnmächtig, Mephistopheles macht sich aus dem Staube, man ahndet etwas von dem Doppeltsein, niemanden ist wohl bei der Sache zu Mute.

Mephistopheles, als er wieder auf Fausten trifft, findet diesen in dem leidenschaftlichsten Zustande. Er hat sich in Helena verliebt und verlangt nun, daß der Tausendkünstler sie herbeischaffen und ihm in die Arme liefern solle. Es finden sich Schwierigkeiten. Helena gehört dem Orkus und kann durch Zauberkünste wohl herausgelockt, aber nicht festgehalten werden. Faust steht nicht ab, Mephistopheles unternimmt's. Unendliche Sehnsucht Fausts nach der einmal erkannten höchsten Schönheit. Ein altes Schloß, dessen Besitzer in Palästina Krieg führt, der Kastellan aber ein Zauberer ist, soll der Wohnsitz des neuen Paris werden. Helena erscheint; durch einen magischen Ring ist ihr die Körperlichkeit wiedergegeben. Sie glaubt soeben von Troia zu kommen und in Sparta einzutreffen. Sie findet alles einsam, sehnt sich nach Gesellschaft, besonders nach männlicher, die sie ihr lebelang nicht entbehren können. Faust tritt auf und steht als deutscher Ritter sehr wunderbar gegen die antike Heldengestalt. Sie findet ihn abscheulich, allein da er zu schmeicheln weiß, so findet sie sich nach und nach in ihn, und er wird der Nachfolger so mancher Heroen und Halbgötter. Ein Sohn entspringt aus dieser Verbindung, der, sobald er auf die Welt kommt, tanzt, singt und mit Fechterstreichen die Luft teilt. Nun muß man wissen, daß das Schloß mit einer Zaubergrenze umzogen ist, innerhalb welcher allein diese Halbwirklichkeiten gedeihen können. Der immer zunehmende Knabe macht der Mutter viel Freude. Es ist ihm alles erlaubt, nur verboten, über einen gewissen Bach zu gehen. Eines Festtags aber hört er drüben Musik und sieht die Landleute und Soldaten tanzen. Er überschreitet die Linie, mischt sich unter sie und kriegt Händel, verwundet viele, wird aber zuletzt durch ein geweihtes Schwert erschlagen. Der Zauberer Kastellan rettet den Leichnam. Die Mutter ist untröstlich, und indem Helena in Verzweiflung die Hände ringt, streift sie den Ring ab und fällt Faust in die Arme, der aber nur ihr leeres Kleid umfaßt. Mutter und Sohn sind verschwunden. Mephistopheles, der bisher unter der Gestalt einer alten Schaffnerin von allem Zeuge gewesen, sucht seinen Freund zu trösten und ihm Lust zum Besitz einzuflößen. Der Schloßherr ist in Palästina umgekommen, Mönche wollen sich der Güter bemächtigen, ihre Segenssprüche heben den Zauberkreis auf. Mephistopheles rät zur physischen Gewalt und stellt Fausten drei Helfershelfer mit Namen Raufebold, Habebald, Haltefest. Faust glaubt sich nun genug ausgestattet und entläßt den Mephistopheles und Kastellan, führt Krieg mit den Mönchen, rächt den Tod seines Sohnes und gewinnt große Güter. Indessen altert er, und wie es weiter ergangen, wird sich zeigen, wenn wir künftig die Fragmente oder vielmehr die zerstreut gearbeiteten Stellen dieses 2. Teils zusammenräumen und dadurch einiges retten, was den Lesern interessant sein wird.

Goethes Tagebuch. 11. Juni 1818.

„Dr. Faust" von Marlowe.

Goethe an Karl Ernst Schubarth. 3. November 1820.

Was Sie von „Zueignung" und „Vorspiel" sagen, ist untadelig. Rührend aber waren mir Ihre Konjekturen über den 2. Teil des „Faust" und über die Auflösung. Daß man sich dem Ideellen nähern und zuletzt darin sich entfalten werde, haben Sie ganz richtig gefühlt; allein meine Behandlung mußte ihren eignen Weg nehmen: und es gibt noch manche herrliche, reale und phantastische Irrtümer auf Erden, in welchen der arme Mensch sich edler, würdiger, höher, als im ersten gemeinen Teile geschieht, verlieren dürfte. — Durch diese sollte unser Freund Faust sich auch durchwürgen. In der Einsamkeit der Jugend hätte ich's aus Ahnung geleistet, am hellen Tage der Welt säh' es wie ein Pasquill aus. — Auch den Ausgang haben Sie richtig gefühlt. Mephistopheles darf seine Wette nur halb gewinnen, und wenn die halbe Schuld auf Faust ruhen bleibt, so tritt das Begnadigungsrecht des alten Herrn sogleich herein, zum heitersten Schluß des Ganzen. — Sie haben mich hierüber wieder so lebhaft denken machen, daß ich's, Ihnen zu Liebe, noch schreiben wollte.

Gespräch mit Eckermann. 18. Januar 1825.

In Eckermanns „Gesprächen" ist von „Faust" besonders häufig die Rede. Zum ersten deswegen, weil Eckermann immer wieder zur Vollendung des „Faust II" antrieb und das Werk entstehen sah. Sodann aber auch, weil Eckermann, als er nach Goethes Tode „Faust II" herausgegeben hatte, der Ratlosigkeit der Leser aufhelfen wollte. Er hat seine „Gespräche" zum Teil erst mehrere Jahre nach Goethes Tode auf Grund alter Notizen, Briefe oder auch bloßer Erinnerungen niedergeschrieben. Diese Fragen sind durch Julius Petersen, Die Entstehung der Eckermannschen Gespräche und ihre Glaubwürdigkeit, 2. Aufl., Frankfurt a. M. 1925, genau untersucht. Wir vernehmen Goethe bei Eckermann selten so unmittelbar wie etwa bei

Boisserée. Gerade die Partien über „Faust" sind z. T. sehr spät entstanden und sollten dazu dienen, Verständnis für dieses Werk zu verbreiten. Man darf sie nicht als so unmittelbare Äußerungen Goethes über „Faust" nehmen wie die Briefe. Wer den herben, beziehungsreichen, geheimnisvollen und zugleich ironischen Sprachstil der an Humboldt gerichteten Briefe über „Faust" im Ohr hat, wird erkennen, wie sehr die „Faust"-Partien bei Eckermann zunächst von Goethe auf diesen Jünger, dann aber von diesem bewußt oder unbewußt auf das Publikum seiner Zeit zugeschnitten sind. Aus diesem Grunde, vor allem aber auch, da Eckermanns „Gespräche" jedem leicht zugänglich sind, werden im folgenden von den Gesprächen über „Faust" nur die wichtigsten abgedruckt und die übrigen nur mit Datum vermerkt, so daß sie in jeder Ausgabe leicht nachgeschlagen werden können.

... So singt mein Mephistopheles ein Lied von Shakespeare — und warum sollte er das nicht? Warum sollte ich mir die Mühe geben, ein eigenes zu erfinden, wenn das von Shakespeare eben recht war und eben das sagte, was es sollte? Hat daher auch die Exposition meines „Faust" mit der des „Hiob" einige Ähnlichkeit, so ist das wiederum ganz recht, und ich bin deswegen eher zu loben als zu tadeln...

Goethes Tagebuch. 1825.

25. Februar. Für mich Betrachtungen über das Jahr 1775, besonders Faust. — 26. Februar. An Faust einiges gedacht und geschrieben. — 27. Februar. Betrachtungen über Faust. Die älteren Nacharbeitungen vorgenommen. Einiges zurechte gestellt. — 28. Februar. Einiges zu Faust. — 2. März. Einiges an Faust geordnet...

In dieser Art fast tägliche Notizen bis zum 5. April.

Goethes Tagebuch. 1826.

12. März. Abends Dr. Eckermann. Einiges im neuen „Faust" vorgelesen. — 13. März. In Betrachtung des „Faust" fortgefahren... In den untern Garten. Das gleiche bedacht. — 14. März. An Faust fortgefahren... Abends Prof. Riemer.. Auch etwas über die Versifikation von Faust gesprochen.

Und so fort fast tägliche Eintragungen, vorwiegend über „Helena". Sie finden ein vorläufiges Ende am 16. Juli. Goethe hatte den 3. Akt damals beendet und ließ ihn sich von Zelter vorlesen. Ebenso gab er ihn an Eckermann, der ihn am 16. Juli „hinauslas", d. h. zu Ende las.

8. Juli. Professor Zelter las die „Helena" für sich... Professor Zelter blieb bei mir und las mir den Anfang der „Helena" vor. — 10. Juli. Abends Professor Zelter weiter in der „Helena". — 11. Juli. Las Zelter die „Helena" hinaus. — 16. Juli. Dr. Eckermann las die „Helena" hinaus.

Erster Entwurf zur Ankündigung der „Helena".

Goethe entschloß sich 1826, als er den 3. Akt des „Faust" vollendet hatte, ihn nicht länger zurückzuhalten. Auch lag ihm daran, in der „Aus-

gabe letzter Hand", die nun zu erscheinen begann, möglichst viel zu bringen, was den Lesern neu war. Da nun aber der Zusammenhang dieses Bruchstücks mit dem bisher allein erschienenen „Faust I" nicht zu überblicken war, wollte er seinen Lesern — wohl in der Zeitschrift „Über Kunst und Altertum" — Hilfsmittel zum Verständnis geben. Der Entwurf, der vom 10. Juni 1826 datiert ist, wurde dann aber nicht gedruckt. Er zeigt, daß der Mütter-Mythos und die Galatea-Symbolik damals noch nicht in der Phantasie des Dichters aufgetaucht waren. — Enyo, von der in diesem Entwurf die Rede ist, ist eine der Phorkyaden, die in der ausgeführten „Klassischen Walpurgisnacht" dann alle drei auftreten.

Helena, klassisch-romantische Phantasmagorie, Zwischenspiel zu „Faust".

Dem alten, auf die ältere von Faust umgehende Fabel gegründeten Puppenspiel gemäß, sollte im 2. Teil meiner Tragödie gleichfalls die Verwegenheit Fausts dargestellt werden, womit er die schönste Frau, von der uns die Überlieferung meldet, die schöne Helena aus Griechenland, in die Arme begehrt. Dieses war nun nicht durch Blocksbergs-Genossen, ebensowenig durch die häßliche, nordischen Hexen und Vampyren nahverwandte Enyo zu erreichen, sondern — wie in dem 2. Teile alles auf einer höhern und edlern Stufe gefunden wird — in den Bergklüften Thessaliens unmittelbar bei dämonischen Sibyllen zu suchen, welche durch merkwürdige Verhandlungen es zuletzt dahin vermittelten, daß Persephone der Helena erlaubte, wieder in die Wirklichkeit zu treten, mit dem Beding, daß sie sich nirgends als auf dem eigentlichen Boden von Sparta des Lebens wieder erfreuen solle; nicht weniger mit fernerer Bedingung, daß alles übrige sowie das Gewinnen ihrer Liebe auf menschlichem Wege zugehen müsse; mit phantastischen Einleitungen solle es so streng nicht genommen werden.

Das Stück beginnt also vor dem Palaste des Menelaus zu Sparta, wo Helena, begleitet von einem Chor trojanischer Frauen, als eben gelandet auftritt, wie sie in den ersten Worten sogleich zu verstehen gibt.

Bewundert viel und viel gescholten, Helena,
Vom Strande komm' ich, wo wir erst gelandet sind.

Mehr aber dürfen wir von dem Gang und Inhalt des Stucks nicht verraten.

Dieses Zwischenspiel war gleich bei der ersten Konzeption des Ganzen ohne weiteres bestimmt und von Zeit zu Zeit an die Entwicklung und Ausführung gedacht, worüber ich jedoch kaum Rechenschaft geben könnte. Nur bemerke ich, daß in der Schillerschen Korrespondenz vom Jahr 1800 dieser Arbeit als einer ernstlich vorgenommenen Erwähnung geschieht, wobei ich mich denn gar wohl erinnere, daß von Zeit zu Zeit auf des Freundes Betrieb wieder Hand angelegt wurde, auch die lange Zeit her wie gar manches andere, was ich früher unternommen, wieder ins Gedächtnis gerufen ward.

Bei der Unternehmung der vollständigen Ausgabe meiner
Werke ward auch dieses wohlverwahrte Manuskript wieder vorgenommen und mit neu belebtem Mute dieses Zwischenspiel zu
Ende geführt und um so mehr mit anhaltender Sorgfalt behandelt, als es auch einzeln für sich bestehen kann und in dem
4. Bande der neuen Ausgabe unter der Rubrik „Dramatisches"
mitgeteilt werden soll.

Bruchstück eines Goetheschen Briefkonzepts aus dem Jahre 1826.

Über Helena nächstens mehr, das Werk ist abgeschlossen und
ist so seltsam und problematisch, als ich je etwas geschrieben
habe. Vielleicht geben wir im Laufe dieses halben Jahres davon
irgendwo nähere Kenntnis. — Das Merkwürdigste bei diesem
Stück ist, daß es, ohne den Ort zu verändern, gerade dreitausend
Jahre spielt, die Einheit der Handlung und des Orts aufs genauste beobachtet, die dritte jedoch phantasmagorisch ablaufen
läßt.

An Wilhelm v. Humboldt. 22. Oktober 1826.

Ich habe den ganzen Sommer zuhause zugebracht und ungestört an der Ausgabe meiner Werke fortgearbeitet. Erinnern
Sie sich wohl noch, mein Teuerster, einer dramatischen „Helena",
die im 2. Teile von „Faust" erscheinen sollte? Aus Schillers
Briefen vom Anfang des Jahrhunderts sehe ich, daß ich ihm den
Anfang vorzeigte, auch daß er mich zur Fortsetzung treulich
ermahnte. Es ist eine meiner ältesten Konzeptionen, sie ruht auf
der Puppenspiel-Überlieferung, daß Faust den Mephistopheles
genötigt, ihm die Helena zum Beilager heranzuschaffen. Ich habe
von Zeit zu Zeit daran fortgearbeitet, aber abgeschlossen konnte
das Stück nicht werden als in der Fülle der Zeiten, da es denn
jetzt seine vollen 3000 Jahre spielt, von Troias Untergang bis
zur Einnahme von Missolunghi. Dies kann man also auch für
eine Zeiteinheit nehmen, im höhern Sinne; die Einheit des Orts
und der Handlung sind aber auch im gewöhnlichen Sinne aufs
genaueste beobachtet. Es tritt auf unter dem Titel: „Helena.
Klassisch-romantische Phantasmagorie. Zwischenspiel zu Faust."

Das heißt denn freilich wenig gesagt, und doch genug, hoff'
ich, um Ihre Aufmerksamkeit auf die erste Lieferung lebhafter
zu richten, die ich von meinen Arbeiten zu Ostern darzubieten
gedenke.

An Sulpiz Boisserée. 22. Oktober 1826.

Verzeihen Sie, mein Bester, wenn ich Ihnen exaltiert scheine,
aber da mich Gott und seine Natur so viele Jahre mir selbst gelassen haben, so weiß ich nichts Besseres zu tun, als meine dank-
bare Anerkennung durch jugendliche Tätigkeit auszudrücken. Ich
will des mir gegönnten Glücks, so lange es mir auch gewährt
sein mag, mich würdig erzeigen, und ich verwende Tag und
Nacht auf Denken und Tun, wie und damit es möglich sei.

Tag und Nacht ist keine Phrase, denn gar manche nächtliche Stunden, die dem Schicksale meines Alters gemäß ich schlaflos zubringe, widme ich nicht vagen und allgemeinen Gedanken, sondern ich betrachte genau, was den nächsten Tag zu tun. Das ich denn auch redlich am Morgen beginne und — soweit es möglich — durchführe. Und so tu' ich vielleicht mehr und vollende sinnig in zugemessenen Tagen, was man zu einer Zeit versäumt, wo man das Recht hat, zu glauben oder zu wähnen, es gäbe noch Wiedermorgen und Immermorgen.

Die „Helena" ist eine meiner ältesten Konzeptionen, gleichzeitig mit „Faust", immer nach einem Sinne, aber immer um- und umgebildet. Was zu Anfang des Jahrhunderts fertig war, ließ ich Schillern sehen, der, wie unsere Korrespondenz ausweist, mich treulich aufmunterte, fortzuarbeiten. Das geschah auch. Aber abgerundet konnte das Stück nicht werden als in der Fülle der Zeiten, da es denn jetzt seine volle dreitausend Jahre spielt, vom Untergange Troias bis auf die Zerstörung Missolunghis, phantasmagorisch freilich, aber mit reinster Einheit des Orts und der Handlung.

Und so mag es genug sein! Ist dies aber nicht schlimmer, als wenn ich gar nichts gesagt hätte? Welchen Wert man endlich auch dem Stücke zuschreiben mag, dergleichen habe ich noch nicht gemacht, und so darf es gar wohl als das Neueste gelten.

Da ich nun wieder lese, was hier auf dem Papier steht, so frage ich mich, ob ich es denn auch fortschicken soll. Denn eigentlich soll man nicht reden von dem, was man tun will, nicht von dem, was man tut, noch, was man getan hat. Alles Drei's ist gewissen Inkonvenienzen unterworfen, die nicht zu vermeiden sind. Warum wohnen wir nicht näher aneinander, daß man sich noch einige Zeit freier und vollständiger mitteilen könnte.

Goethes Tagebuch. 1826/27.

8. November. Das Schema zu „Faust", 2. Teil, bei Gelegenheit der „Helena" vorgenommen... Meyer las den Anfang der „Helena". — 10. November. Das Schema zu Fausts 2. Teil fortgeführt. — 21. November. Revidierte an der „Helena". — 15. Dezember. Antezedenzien zu „Faust" an John diktiert. — 16. Dezember. Einleitung zur „Helena" an John diktiert. — 17. Dezember. Abschluß des Schema zu den Antezedenzien der „Helena". — 18. Dezember. Ende der Einleitung zur „Helena". — 20. Dezember. Schuchardt schrieb ab an Helenas Antezedenzien. — 21. Dezember. Abschluß der Antezedenzien der Helena. Abends Dr. Eckermann, dem ich die Einleitung zur „Helena" zu lesen gab und mich mit ihm darüber besprach. — 22. Dezember. Herr Professor Riemer. Mit demselben die Antezedenzien zu „Helena". — 29. Dezember. Mit Herrn v. Humboldt die Unterhaltungen fortgesetzt. Er las die... „Helena" und teilte verschiedene Bemerkungen mit. Ingleichen las er die Antezedenzien zu „Helena", und war auch der Meinung, daß sie gegen-

wärtig nicht gedruckt werden sollten. — 25. Januar. „Helena‘
eingepackt.

Gespräch mit Eckermann. 29. November 1826.

Delacroix... ist ein großes Talent, das gerade am „Faust" die
rechte Nahrung gefunden hat. Die Franzosen tadeln an ihm seine
Wildheit, allein hier kommt sie ihm recht zu statten. Er wird, wie
man hofft, den ganzen „Faust" durchführen, und ich freue mich
besonders auf die Hexenküche und die Brockenszenen...

Zweiter Entwurf zu einer Ankündigung der „Helena".

*Im Dezember 1826 diktierte Goethe nochmals — wie schon im Juni —
eine Prosadarstellung der Handlung, die dem Auftreten Helenas vorangeht:
„Helenas Antezedenzien", wie er im Tagebuch sagt. Diese Darstellung
weicht in entscheidenden Punkten von der vier Jahre späteren Ausarbeitung
ab. Man erkennt also durch den Vergleich, wie schöpferisch die Phantasie
zwischen dem 77. und 80. Lebensjahr war, als Goethe dann ernstlich anfing,
den Stoff zu bearbeiten. Gerade die großartigsten Mythen wurden erst jetzt
geschaffen: der Mütter-Mythos und die Galatea-Symbolik. Homunculus
ist zwar schon da, aber noch nicht von der tiefen Symbolik der späteren
Fassung. Der Plan bringt einen lückenlosen Handlungszusammenhang.
Später wird darauf weniger Wert gelegt, aber der Symbol-Zusammenhang
wird unendlich vertieft. Ferner zeigt die Darstellung, daß die spätere
„Klassische Walpurgisnacht" in ihrer reichen Fülle nicht Erweiterung eines
kurzen Entwurfs ist, sondern Straffung, Kürzung und sorgfältige Kompo-
sition eines ursprünglich noch viel reicheren Stoffes.*

Fausts Charakter, auf der Höhe wohin die neue Ausbildung
aus dem alten rohen Volksmärchen denselben hervorgehoben hat,
stellt einen Mann dar, welcher in den allgemeinen Erdeschranken
sich ungeduldig und unbehaglich fühlend den Besitz des höchsten
Wissens, den Genuß der schönsten Güter für unzulänglich
achtet, seine Sehnsucht auch nur im mindesten zu befriedigen,
einen Geist, welcher deshalb nach allen Seiten hin sich wendend
immer unglücklicher zurückkehrt.

Diese Gesinnung ist der modernen so analog, daß mehrere
gute Köpfe die Lösung einer solchen Aufgabe zu unternehmen
sich gedrängt fanden. Die Art, wie ich mich dabei benommen,
hat sich Beifall erworben; vorzügliche Männer haben darüber
gedacht und meinen Text kommentiert, welches ich dankbar
anerkannte. Darüber aber mußte ich mich wundern, daß diejenigen, welche eine Fortsetzung und Ergänzung meines Frag-
mentes unternahmen, nicht auf den so nahe liegenden Gedanken
gekommen sind, man müsse bei Bearbeitung eines zweiten Teils
sich notwendig aus der bisherigen kummervollen Sphäre durchaus erheben und einen solchen Mann in höheren Regionen durch
würdigere Verhältnisse durchführen.

Wie ich nun von meiner Seite dieses begonnen, lag im stillen
vor mir, von Zeit zu Zeit mich zu einiger Bearbeitung aufrufend,

wobei ich mein Geheimnis vor allen und jeden sorgfältig ver-
wahrte, immer in Hoffnung, das Werk einem gewünschten Abschluß entgegenzuführen. Jetzo aber darf ich nicht mehr zurückhalten und bei Herausgabe meiner sämtlichen Bestrebungen kein
Geheimnis mehr vor dem Publikum verbergen, vielmehr fühle
ich mich verpflichtet, alles mein Bemühen — auch fragmentarisch
— nach und nach vorzulegen.

Deshalb entschließ' ich mich, zuerst oben benanntes in den
2. Teil des „Faustes" einzupassendes, in sich abgeschlossenes
kleineres Drama bei der nächst ersten Sendung sogleich mitzuteilen.

Damit aber die große Kluft zwischen dem bekannten jammer-
vollen Abschluß des 1. Teiles und dem Eintritt einer griechischen Heldenfrau einigermaßen überbrückt werde, so nehme
man vorerst eine Schilderung des Vorausgegangenen freundlich
auf und finde solche einsweilen hinreichend.

Die alte Legende sagt nämlich und das Puppenspiel verfehlt
nicht, die Szene vorzuführen, daß Faust in seinem herrischen
Übermut durch Mephistopheles den Besitz der schönen Helena
von Griechenland verlangt und ihm dieser nach einigem Widerstreben willfahrt habe. Ein solches bedeutendes Motiv in unserer
Ausführung nicht zu versäumen, war uns Pflicht, und wie wir uns
derselben zu entledigen gesucht, welche Einleitung dazu wir
schicklich gefunden, möge Nachstehendes einsweilen aufklären.

Bei einem großen Feste an des deutschen Kaisers Hof werden
Faust und Mephistopheles aufgefordert, eine Geistererscheinung
zu bewirken; ungern zwar, aber gedrängt, rufen sie die verlangten
Idole von Helena und Paris hervor. Paris tritt auf, die Frauen
entzücken sich grenzenlos; die Herren suchen durch einzelnen
Tadel den Enthusiasmus abzukühlen, aber vergebens. Helena
tritt auf, die Männer sind außer sich, die Frauen betrachten sie
aufmerksam und wissen spöttisch den plumpen heroischen Fuß,
eine höchst wahrscheinlich angemalte elfenbeinartige Gesichts-
farbe hervorzuheben, besonders aber durch bedenkliche, freilich
in der wahrhaften Geschichte nur allzusehr gegründete Nachreden
auf die herrliche Persönlichkeit einen verächtlichen Schein zu
werfen. Faust, von dem Erhaben-Schönen hingerissen, wagt es,
den zu ihrer Umarmung sich neigenden Paris wegdrängen zu
wollen; ein Donnerschlag streckt ihn nieder, die Erscheinungen
verschwinden, das Fest endet tumultuarisch.

Faust aus einer schweren, langen Schlafsucht, während welcher
seine Träume sich vor den Augen des Zuschauers sichtbar umständlich begeben, ins Leben zurückgerufen, tritt exaltiert hervor
und fordert von dem höchsten Anschauen ganz durchdrungen
den Besitz heftig von Mephistopheles. Dieser, der nicht bekennen
mag, daß er im klassischen Hades nichts zu sagen habe, auch dort
nicht einmal gern gesehen sei, bedient sich seines früheren pro-
baten Mittels, seinen Gebieter nach allen Seiten hin und her zu
sprengen. Hier gelangen wir zu gar vielen Aufmerksamkeit for-

derndern Mannigfaltigkeiten, und zuletzt noch die wachsende
Ungeduld des Herrn zu beschwichtigen, beredet er ihn, gleichsam
im Vorbeigehen auf dem Weg zum Ziele den akademisch-an-
gestellten Doktor und Professor Wagner zu besuchen, den sie in
seinem Laboratorium finden, hoch gloriierend, daß eben ein
chemisch Menschlein zustande gekommen sei.

Dieses zersprengt augenblicks den leuchtenden Glaskolben und
tritt als bewegliches wohlgebildetes Zwerglein auf. Das Rezept zu
seinem Entstehen wird mystisch angedeutet, von seinen Eigenschaften legt es Proben ab, besonders zeigt sich, daß in ihm ein
allgemeiner historischer Weltkalender enthalten sei, er wisse nämlich in jedem Augenblick anzugeben, was seit Adams Bildung bei
gleicher Sonn-, Mond-, Erd- und Planetenstellung unter Menschen vorgegangen sei. Wie er denn auch zur Probe sogleich verkündet, daß die gegenwärtige Nacht gerade mit der Stunde zu-
sammentreffe, wo die pharsalische Schlacht vorbereitet worden
und welche sowohl Caesar als Pompejus schlaflos zugebracht.
Hierüber kommt er mit Mephistopheles in Streit, welcher, nach
Angabe der Benediktiner, den Eintritt jener großen Weltbegeben-
heit zu dieser Stunde nicht will gelten lassen, sondern denselben
einige Tage weiter hinausschiebt. Man macht ihm die Einwen-
dung, der Teufel dürfe sich nicht auf Mönche berufen. Da er
aber hartnäckig auf diesem Rechte besteht, so würde sich der
Streit in eine unentscheidbare chronologische Kontrovers verlieren, wenn das chemische Männlein nicht eine andere Probe
seines tiefen historisch-mythischen Naturells ablegte und zu bemerken gäbe: daß zu gleicher Zeit das Fest der klassischen Walpurgisnacht hereintrete, das seit Anbeginn der mythischen Welt
immer in Thessalien gehalten worden und, nach dem gründlichen
durch Epochen bestimmten Zusammenhang der Weltgeschichte,
eigentlich Ursach an jenem Unglück gewesen. Alle vier entschließen sich, dorthin zu wandern, und Wagner bei aller Eil-
fertigkeit vergißt nicht, eine reine Phiole mitzunehmen, um, wenn
es glückte, hie und da die zu einem chemischen Weiblein nötigen
Elemente zusammenzufinden. Er steckt das Glas in die linke
Brusttasche, das chemische Männlein in die rechte, und so vertrauen sie sich dem Eilmantel. Ein grenzenloses Geschwirre
geographisch-historischer Notizen, auf die Gegenden, worüber
sie hinstreifen, bezüglich, aus dem Munde des eingesackten
Männleins läßt sie bei der Pfeilschnelle des Flugwerks unterwegs
nicht zu sich selbst kommen, bis sie endlich beim Lichte des klaren
obschon abnehmenden Mondes zur Fläche Thessaliens gelangen.
Hier auf der Heide treffen sie zuerst mit Erichto zusammen,
welche den untilgbaren Modergeruch dieser Felder begierig ein-
zieht. Zu ihr hat sich Erichtonius gesellt, und nun wird beider
nahe Verwandtschaft, von der das Altertum nichts weiß, etymologisch bewiesen; leider muß sie ihn, da er nicht gut zu Fuße
ist, öfters auf dem Arme tragen und sogar, als das Wunderkind
eine seltsame Leidenschaft zu dem chemischen Männlein dartut,

diesen auch auf den anderen Arm nehmen, wobei Mephistopheles seine bösartigen Glossen keineswegs zurückhält.

Faust hat sich ins Gespräch mit einer auf den Hinterfüßen ruhenden Sphinx eingelassen, wo die abstrusesten Fragen durch gleich rätselhafte Antworten ins Unendliche gespielt werden. Ein daneben, in gleicher Stellung aufpassender Greif, der goldhütenden einer, spricht dazwischen, ohne das mindeste deshalb aufzuklären. Eine kolossale, gleichfalls goldscharrende Ameise, welche sich hinzugesellt, macht die Unterhaltung noch verwirrter.

Nun aber, da der Verstand im Zwiespalt verzweifelt, sollen auch die Sinne sich nicht mehr trauen. Empusa tritt hervor, die dem heutigen Fest zu Ehren einen Eselskopf aufgesetzt hat und, sich immer umgestaltend, zwar die übrigen entschiedenen Gebilde nicht zu Verwandlung, aber doch zu unsteter Ungeduld aufregt.

Nun erscheinen unzählbar vermehrt Sphinxe, Greife und Ameisen, sich gleichsam aus sich selbst entwickelnd. Hin und her schwärmen übrigens und rennen die sämtlichen Ungetüme des Altertums, Chimären, Tragelaphe, Grillen, dazwischen vielköpfige Schlangen in Unzahl. Harpyen flattern und schwanken fledermausartig in unsichern Kreisen; der Drache Python selbst erscheint im Plural, und die stymphalischen Raubvögel, scharf geschnabelt mit Schwimmfüßen, schnurren einzeln pfeilschnell hintereinander vorbei. Auf einmal jedoch über allen schwebt wolkenartig ein singender und klingender Zug von Sirenen, sie stürzen in den Peneus und baden rauschend und pfeifend, dann baumen sie auf im Gehölze zunächst des Flusses, singen die lieblichsten Lieder. Allererst nun Entschuldigung der Nereiden und Tritonen, welche durch ihre Konformation, ohngeachtet der Nähe des Meeres, diesem Feste beizuwohnen gehindert werden. Dann aber laden sie die ganze Gesellschaft aufs dringendste, sich in den mannigfaltigen Meeren und Golfen, auch Inseln und Küsten der Nachbarschaft insgesamt zu ergötzen; ein Teil der Menge folgt der lockenden Einladung und stürzt meerwärts.

Unsere Reisenden aber, an solchen Geisterspuk mehr oder weniger gewöhnt, lassen das alles fast unbemerkt um sich her summen. Das chemische Menschlein, an der Erde hinschleichend, klaubt aus dem Humus eine Menge phosphoreszierender Atome auf, deren einige blaues, andere purpurnes Feuer von sich strahlen. Er vertraut sie gewissenhaft Wagnern in die Phiole, zweifelnd jedoch, ob daraus künftig ein chemisch Weiblein zu bilden sei. Als aber Wagner, um sie näher zu betrachten, sie stark schüttelt, erscheinen, zu Kohorten gedrängt, Pompejaner und Cäsareaner, um zu legitimer Auferstehung sich die Bestandteile ihrer Individualitäten stürmisch vielleicht wieder zuzueignen. Beinahe gelänge es ihnen, sich dieser ausgegeisteten Körperlichkeiten zu bemächtigen, doch nehmen die vier Winde, welche diese Nacht unablässig gegeneinander wehen, den gegenwärtigen Besitzer in Schutz und die Gespenster müssen sich gefallen lassen von allen

Seiten her zu vernehmen: daß die Bestandteile ihres römischen
Großtums längst durch alle Lüfte zerstoben, durch Millionen
Bildungsfolgen aufgenommen und verarbeitet worden.

Der Tumult wird dadurch nicht geringer, allein gewissermaßen auf einen Augenblick beschwichtigt, indem die Aufmerksamkeit zu der Mitte der breit und weiten Ebene gerichtet wird.
Dort bebt die Erde zuerst, bläht sich auf und ein Gebirgsreihen
bildet sich aufwärts bis Scotusa, abwärts bis an den Peneus, bedrohlich sogar den Fluß zu hemmen. Haupt und Schultern des
Enceladus wühlen sich hervor, der nicht ermangelte, unter Meer
und Land heranschleichend, die wichtige Stunde zu verherrlichen.
Aus mehreren Klüften lecken flüchtige Flammen; Naturphilosophen, die bei dieser Gelegenheit auch nicht ausbleiben konnten,
Thales und Anaxagoras, geraten über das Phänomen heftig in
Streit, jener dem Wasser wie dem Feuchten alles zuschreibend,
dieser überall geschmolzene, schmelzende Massen erblickend,
perorieren ihre Solos zu dem übrigen Chor-Gesause, beide
führen den Homer an und jeder ruft Vergangenheit und Gegenwart zu Zeugen. Thales beruft sich vergebens auf Spring- und
Sündfluten mit didaktisch wogendem Selbstbehagen; Anaxagoras, wild wie das Element, das ihn beherrscht, führt eine leiden-
schaftlichere Sprache, er weissagt einen Steinregen, der denn
auch alsobald aus dem Monde herunterfällt. Die Menge preist
ihn als einen Halbgott, und sein Gegner muß sich nach dem
Meeresufer zurückziehen.

Noch aber haben sich Gebirgsschluchten und Gipfel nicht be-
festigt und bestätigt, so bemächtigen sich schon aus weit umher-
klaffenden Schlünden hervorwimmelnde Pygmäen der Oberarme
und Schultern des noch gebeugt aufgestemmten Riesen und bedienen sich deren als Tanz- und Tummelplatz, inzwischen un-
zählbare Heere von Kranichen Gipfelhaupt und Haare, als wären
es undurchdringliche Wälder, kreischend umziehen und, vor
Schluß des allgemeinen Festes, ein ergötzliches Kampfspiel an-
kündigen.

So vieles und noch mehr denke sich, wem es gelingt, als gleichzeitig, wie es sich ergibt. Mephistopheles hat indessen mit Enyo
Bekanntschaft gemacht, deren grandiose Häßlichkeit ihn beinahe
aus der Fassung gebracht und zu unhöflichen beleidigenden In-
terjektionen aufgeschreckt hätte. Doch nimmt er sich zusammen
und in Betracht ihrer hohen Ahnen und bedeutenden Einflusses
sucht er ihre Gunst zu erwerben. Er versteht sich mit ihr und
schließt ein Bündnis ab, dessen offenkundige Bedingungen nicht
viel heißen wollen, die geheimen aber desto merkwürdiger und
folgereicher sind. Faust an seinem Teile ist an den Chiron getreten,
der als benachbarter Gebirgsbewohner seine gewöhnliche Runde
macht. Ein ernst pädagogisches Gespräch mit diesem Urhof-
meister wird, wo nicht unterbrochen, doch gestört durch einen
Kreis von Lamien, die sich zwischen Chiron und Faust unablässig
durchbewegen; Reizendes aller Art, blond, braun, groß, klein,

zierlich und stark von Gliedern, jedes spricht oder singt, schreitet
oder tanzt, eilt oder gestikuliert, so daß, wenn Faust nicht das
höchste Gebild der Schönheit in sich selbst aufgenommen hätte,
er notwendig verführt werden müßte. Auch Chiron indessen, der
Alte, Unerschütterliche, will dem neuen sinnigen Bekannten die
Maximen klar machen, wornach er seine schätzbaren Helden gebildet, da denn die Argonauten hererzählt werden und Achill den
Schluß macht. Wenn aber der Pädagog auf das Resultat seiner
Bemühungen gelangen will, so ergibt sich wenig Erfreuliches;
denn sie leben und handeln gerade fort als wenn sie nicht erzogen
wären.

Als nun Chiron das Begehren und die Absicht von Faust erfährt, erfreut er sich doch auch wieder einmal einen Mann zu
sehen, der das Unmögliche verlange, wie er denn immer an seinen
Zöglingen dergleichen gebilligt. Zugleich bietet er dem modernen
Helden Förderung und Leitung an, trägt ihn auf breitem Rücken
kreuzweis hinüber herüber durch alle Furten und Kiese des
Peneus, läßt Larissa zur Rechten und zeigt seinem Reiter nur hie
und da die Stelle, wo der unglückliche König von Macedonien
Perseus auf der bänglichsten Flucht wenige Minuten verschnaufte.
So gelangen sie abwärts bis an den Fuß des Olympus; hier
stoßen sie auf eine lange Prozession von Sibyllen, an Zahl weit
mehr als zwölfe. Chiron schildert die ersten vorüberziehenden
als alte Bekannte und empfiehlt seinen Schützling der sinnigen,
wohldenkenden Tochter des Tiresias, Manto.

Diese eröffnet ihm, daß der Weg zum Orkus sich soeben auf-
tuen werde, gegen die Stunde, wo ehmals, um so viele große
Seelen hinabzulassen, der Berg klaffen müssen. Es ereignet sich
wirklich, und von dem horoskopischen Augenblick begünstigt,
steigen sie sämtlich schweigend hinunter. Auf einmal deckt Manto
ihren Beschützten mit dem Schleier und drängt ihn vom Wege
ab gegen die Felsenwände, so daß er zu ersticken und zu vergehen fürchtet. Dem bald darauf wieder Enthüllten erklärt sie
diese Vorsicht, das Gorgonenhaupt nämlich sei ihnen die Schlucht
herauf entgegengezogen, seit Jahrhunderten immer größer und
breiter werdend; Proserpina halte es gern von der Festebene zurück, weil die versammelten Gespenster und Ungetüme, durch
sein Erscheinen aus aller Fassung gebracht, sich alsobald zer-
streuten. Sie Manto, selbst als Hochbegabte wage nicht es anzuschauen, hätte Faust darauf geblickt, so wär er gleich vernichtet worden, so daß weder von Leib noch Geist im Universum
jemals wieder etwas von ihm wäre zu finden gewesen. Sie gelangen
endlich zu dem unabsehbaren, von Gestalt um Gestalt über-
drängten Hoflager der Proserpina; hier gibt es zu grenzenlosen
Inzidenzien Gelegenheit, bis der präsentierte Faust als zweiter
Orpheus gut aufgenommen, seine Bitte aber doch einigermaßen
seltsam gefunden wird. Die Rede der Manto als Vertreterin muß
bedeutend sein, sie beruft sich zuerst auf die Kraft der Beispiele,
führt die Begünstigung des Protesilaus, der Alceste und Euridice

umständlich vor. Hat doch Helena selbst schon einmal die Er
laubnis gehabt, ins Leben zurückzukehren, um sich mit dem
frühgeliebten Achill zu verbinden! Von dem übrigen Gang und
Fluß der Rede dürfen wir nichts verraten, am wenigsten von der
Peroration, durch welche die bis zu Tränen gerührte Königin
ihr Jawort erteilt und die Bittenden an die drei Richter verweist,
in deren ehernes Gedächtnis sich alles einsenkt, was in dem
Lethestrome zu ihren Füßen vorüberrollend zu verschwinden
scheint.

Hier findet sich nun, daß Helenen das vorigemal die Rückkehr
ins Leben vergönnt worden, unter der Bedingung eingeschränk-
ten Wohnens und Bleibens auf der Insel Leuce. Nun soll sie
ebenmäßig auf den Boden von Sparta zurückkehren, um, als
wahrhaft lebendig, dort in einem vorgebildeten Hause des Menelas aufzutreten, wo denn dem neuen Werber überlassen bleibe,
inwiefern er auf ihren beweglichen Geist und empfänglichen
Sinn einwirken und sich ihre Gunst erwerben könne.

Hier tritt nun das angekündigte Zwischenspiel ein, zwar mit
dem Gange der Haupthandlung genugsam verbunden, aus Ursachen aber, die sich in der Folge entwickeln werden, als isoliert
für diesmal mitgeteilt.

Dieses kurze Schema sollte freilich mit allen Vorteilen der
Dicht- und Redekunst ausgeführt und ausgeschmückt dem Publikum übergeben werden, wie es aber da liegt, diene es einsweilen
die Antezedenzien bekannt zu machen, welche der angekündigten
Helena, einem klassisch-romantisch-phantasmagorischen Zwischenspiel zu Faust, als vorausgehend genau gekannt und gründlich überdacht werden sollten.

Gespräch mit Eckermann. 15. Januar 1827.

Goethe... kam mir sogleich entgegen, indem er sagte, daß er
entschlossen sei, jene Skizze nicht drucken zu lassen. „Das ist
mir sehr lieb", sagte ich, „denn nun habe ich doch die Hoffnung,
daß Sie sie ausführen werden."—„In einem Vierteljahre", sagte
er, „wäre es getan, allein woher will die Ruhe kommen! Der Tag
macht gar zu viele Ansprüche an mich; es hält schwer, mich so
sehr abzusondern und zu isolieren. Diesen Morgen war der Erb-
großherzog bei mir, auf morgen mittag hat sich die Großherzogin
melden lassen. Ich habe solche Besuche als eine hohe Gnade zu
schätzen, sie verschönern mein Leben; allein sie nehmen doch
mein Inneres in Anspruch, ich muß doch bedenken, was ich
diesen hohen Personen immer Neues vorlegen und wie ich sie
würdig unterhalten will." — „Und doch", sagte ich, „haben Sie
vorigen Winter die ‚Helena' vollendet, und Sie waren doch nicht
weniger gestört als jetzt." — „Freilich", sagte Goethe, „es geht
auch, und es muß auch gehen, allein es ist schwer." — „Es ist
nur gut", sagte ich, „daß Sie ein so ausführliches Schema haben."
— „Das Schema ist wohl da", sagte Goethe, „allein das Schwie-
rigste ist noch zu tun; und bei der Ausführung hängt doch alles

gar zu sehr vom Glück ab. Die ‚Klassische Walpurgisnacht' muß in Reimen geschrieben werden, und doch muß alles einen antiken Charakter tragen. Eine solche Versart zu finden, ist nicht leicht. Und nun den Dialog!" — „Ist denn der nicht im Schema mit- erfunden?" sagte ich. — „Wohl das Was", antwortete Goethe, „aber nicht das Wie. Und dann bedenken Sie nur, was alles in jener tollen Nacht zur Sprache kommt! Fausts Rede an die Proserpina, um diese zu bewegen, daß sie die Helena herausgibt; was muß das nicht für eine Rede sein, da die Proserpina selbst zu Tränen davon gerührt wird. Dieses alles ist nicht leicht zu machen und hängt sehr viel vom Glück ab, ja fast von der Stimmung und Kraft des Augenblicks."

Gespräch mit Eckermann. 25. Januar 1827.

Bei Absendung der „Helena" zum Druck spricht Goethe die Hoffnung aus, daß das Werk bald Verständnis finden möge. Auf Eckermanns Be- denken, es stelle hohe Anforderungen an die Leser, sagt er, es sei durchaus alles sinnlich und er denke auch an eine Aufführung, wobei Tragödien- und Opernstil sich vereinigen müßten.

Gespräch mit Eckermann. 18. April 1827.

Darauf bei Tische waren wir sehr heiter. Der junge Goethe hatte die „Helena" seines Vaters gelesen und sprach darüber mit vieler Einsicht eines natürlichen Verstandes. Über den im antiken Sinne gedichteten Teil ließ er eine entschiedene Freude blicken, während ihm die opernartige romantische Hälfte, wie man merken konnte, beim Lesen nicht lebendig geworden. — „Du hast im Grunde recht, und es ist ein eigenes Ding", sagte Goethe. „Man kann zwar nicht sagen, daß das Vernünftige immer schön sei; allein das Schöne ist doch immer vernünftig oder wenigstens es sollte so sein. Der antike Teil gefällt dir aus dem Grunde, weil er faßlich ist, weil du die einzelnen Teile übersehen und du meiner Vernunft mit der deinigen beikommen kannst. In der zweiten Hälfte ist zwar auch allerlei Verstand und Vernunft gebraucht und verarbeitet worden; allein es ist schwer und er- fordert einiges Studium, ehe man den Dingen beikommt und ehe man mit eigener Vernunft die Vernunft des Autors wieder her- ausfindet."

Gespräch mit Eckermann. 6. Mai 1827.

„Die Deutschen sind übrigens wunderliche Leute! Sie machen sich durch ihre tiefen Gedanken und Ideen, die sie überall suchen und überall hineinlegen, das Leben schwerer als billig. Ei, so habt doch endlich einmal die Courage, euch den Eindrücken hinzuge- ben, euch ergötzen zu lassen, euch rühren zu lassen, euch erheben zu lassen... Da kommen sie und fragen, welche Idee ich in meinem ‚Faust' zu verkörpern gesucht. Als ob ich das selber wüßte und aussprechen könnte!... Daß der Teufel die Wette verliert und daß ein aus schweren Verirrungen immerfort zum Bessern auf-

strebender Mensch zu erlösen sei, das ist zwar ein wirksamer,
manches erklärender guter Gedanke, aber es ist keine Idee, die
dem Ganzen und jeder einzelnen Szene im besondern zugrunde
liege... Es war im ganzen nicht meine Art, als Poet nach Verkörperung von etwas Abstraktem zu streben. Ich empfing in
meinem Innern Eindrücke, und zwar Eindrücke sinnlicher,
lebensvoller, lieblicher, bunter, hundertfältiger Art,... und ich
hatte als Poet weiter nichts zu tun, als solche Anschauungen und
Eindrücke in mir künstlerisch zu runden und auszubilden..."

Goethes Tagebuch. 1827.

*Am 18. Mai beginnt die Arbeit an „Faust" wieder. Das Tagebuch be-
nutzt hier dafür das Wort „Hauptgeschäft", mit welchem Goethe diejenige
größere Arbeit bezeichnete, die jeweilig im Vordergrund stand. Jetzt ist
es eine Zeitlang „Faust", später sind es die „Wanderjahre", gelegentlich
die „Ausgabe letzter Hand" allgemein und das, was für sie fertig gemacht
werden mußte. Was jetzt an „Faust" in Arbeit genommen wurde, ist die
Verbindung des Helena-Akts mit der Handlung davor und danach.*

18. Mai. Ich griff das Hauptgeschäft an und bracht es auf den
rechten Fleck. — 21. Mai. Beredung wegen „Helena". Sodann
einiges über den zweiten Teil von „Faust". — 22. Mai. Einiges
über den zweiten Teil von „Faust" gedacht. Auch schematisiert. — 24. Mai. Ich bedachte den zweiten Teil von „Faust" und
regulierte die vorliegenden ausgeführten Teile. — 27. Mai. Ich
behandelte das Schema von „Faust" anschließend an das schon
Vollendete.

An Zelter. 24. Mai 1827.

Kund zu und wissen sei hiermit dem teuersten Freunde, daß
ich Sonnabend den 12. Mai ganz unschuldigerweise in meinen
untern Garten fuhr ohne auch nur irgend einen Gedanken als
daselbst eine freundliche Stunde zu verweilen. Nun gefiel es mir
aber daselbst so wohl, die Frühlingsumgebung war so unver-
gleichlich, daß ich blieb, ohne bleiben zu wollen, und heute am
Himmelfahrtsfeste mich noch hier befinde, diese Tage her immer
tätig, und ich hoffe, andern wie mir erfreulich. Der zweite Teil
der „Wanderjahre" ist abgeschlossen; nur weniger Binsen bedarf
es, um den Straußkranz völlig zusammenzuheften...

Nun aber soll das Bekenntnis im stillen zu Dir gelangen, daß
ich durch guter Geister fördernde Teilnahme mich wieder an
„Faust" begeben habe, und zwar gerade dahin, wo er, aus der
antiken Wolke sich niederlassend, wieder seinem bösen Genius
begegnet. Sage das niemanden. Dies aber vertrau' ich Dir, daß
ich von diesem Punkt an weiter fortzuschreiten und die Lücke
auszufüllen gedenke zwischen dem völligen Schluß, der schon
längst fertig ist. Dies alles sei Dir aufbewahrt und vor allem in
Manuskript aus Deinem Munde meinem Ohre gegönnt.

An Nees von Esenbeck. 25. Mai 1827.

Wie ich im stillen langmütig einhergehe, werden Sie an der dreitausendjährigen „Helena" sehen, der ich nun auch schon sechzig Jahre nachschleiche, um ihr einigermaßen etwas abzugewinnen... Es liegen so manche Dinge, die ich selbst wert achten muß, weil sie sich aus einer Zeit herschreiben, die nicht wiederkommt, lange Jahre vor mir da und bedürfen eigentlich nur einer gewissen genialen Redaktion: Vollständige Plane, schematisch aufgestellt, einzelnes ausgearbeitet. Und es kommt nur auf einen reinen genialen Entschluß an, so ist es als eine Art von Ganzem brauchbar und gewiß manchem angenehm. So habe ich voriges Jahr mit einem gewaltsamen Anlauf die „Helena" endlich zum übereinstimmenden Leben gebracht. Wie vielfach hatte sich diese in langen, kaum überschbaren Jahren gestaltet und umgestaltet. Nun mag sie im Zeitmoment solidesziert endlich verharren.

Gespräch mit Eckermann. 5. Juli 1827.

Gespräch über „Helena". Goethe erklärt die innere Zusammengehörigkeit der symbolischen Motive als Organismus der künstlerischen Phantasie und legt dar, daß das Werk niemals vom Gesichtspunkt des Verstandes aus zu verstehen sei, dem vieles, zumal die Beziehung zu Lord Byron, immer unbegreiflich bleiben müsse.

Ich hatte den Schluß früher ganz anders im Sinne, ich hatte ihn mir auf verschiedene Weise ausgebildet, und einmal auch recht gut... Dann brachte mir die Zeit dieses mit Lord Byron und Missolunghi, und ich ließ gern alles übrige fahren. Aber haben Sie bemerkt, der Chor fällt bei dem Trauergesang ganz aus der Rolle; er ist früher und durchgehends antik gehalten oder verleugnet doch nie seine Mädchennatur, hier aber wird er mit einem Mal ernst und hochreflektierend und spricht Dinge aus, woran er nie gedacht hat und auch nie hat denken können...

Goethes Tagebuch. 1827/28.

28. Juli. Einiges am Hauptgeschäft. — 29. Juli. Behandelte ich das Hauptgeschäft. — 30. Juli. Befand mich beim Aufwachen nicht wohl und brachte den Tag meist untätig hin, doch war der Hauptzweck nicht versäumt. — 1. August. Das Hauptgeschäft vorgeschoben. — 4. August. Das Hauptgeschäft verfolgt.

In dieser Art immer wieder kurze Notizen, von denen nur noch wenige angeführt seien:

18. September. Das Hauptgeschäft gefördert. — 27. September. Nachts und früh beschäftigt, einige Lücken am Hauptwerke auszufüllen. — 13. Oktober. Fortgefahren am Hauptgeschäfte. Las Zeltern die Szene des Thronsaals vor. — 23. November. Einiges zum Karneval arrangiert. — 26. November. Gegen Abend Dr. Eckermann vom zweiten Teil zu „Faust" vorgelegt und besprochen. — 30. Dezember. Einiges am Haupt-

geschäft. — 1. Januar. Fausts dritte Szene abgeschlossen. Über
gang zu der vierten. — 2. Januar. Prof. Riemer. Mit ihm das
Karneval durchgegangen. — 15. Januar. Dem Abschluß der
Arbeit am „Faust" nähergerückt durch einige Einschaltung..
Abends Prof. Riemer. Konzepte durchgegangen. Sodann den
Abschluß des Karnevals in Fausts 2. Teil. — 18. Januar. Die
Faustischen Szenen nochmals durchgegangen.

An K. J. L. Iken. 27. September 1827.

Lassen Sie mich nun zuerst das Vergnügen ausdrucken,
welches Sie durch den Anteil an „Helena" mir gewährt haben.
Bei der hohen Kultur der Bessern unseres Vaterlandes konnte
ich zwar ein solches beifälliges Eingreifen gar wohl erwarten,
allein die Erfüllung solcher Hoffnungen und Wünsche bleibt
doch immer das Vorzüglichste und Notwendigste. In dieser Aussicht habe ich denn diese längst intentionierte und vorbereitete
Arbeit vollendet und den Aufwand an Zeit und Kräften, das
strenge Beharren auf diesem einen Punkte mir schon während
der Arbeit zum Gewinn gerechnet. Ich zweifelte niemals, daß die
Leser, für die ich eigentlich schrieb, den Hauptsinn dieser Darstellung sogleich fassen würden. Es ist Zeit, daß der leidenschaftliche Zwiespalt zwischen Klassikern und Romantikern sich
endlich versöhne. Daß wir uns bilden, ist die Hauptforderung,
woher wir uns bilden, wäre gleichgültig, wenn wir uns nicht an
falschen Mustern zu verbilden fürchten müßten. Ist es doch eine
weitere und reinere Umsicht in und über griechische und römische Literatur, der wir die Befreiung aus mönchischer Barbarei
zwischen dem funfzehnten und sechzehnten Jahrhundert verdanken. Lernen wir nicht aus dieser hohen Stelle alles in seinem
wahren, physisch-ästhetischen Werte schätzen, das Älteste wie
das Neueste?

In solchen Hoffnungen einsichtiger Teilnahme habe ich bei
Ausarbeitung der „Helena" mich ganz gehen lassen, ohne an
irgendein Publikum noch an einen einzelnen Leser zu denken,
überzeugt, daß, wer das Ganze leicht ergreift und faßt, mit liebe-
voller Geduld sich auch nach und nach das einzelne zueignen
werde. Von einer Seite wird dem Philologen nichts Geheimes
bleiben, er wird sich vielmehr an dem wiederbelebten Altertum,
das er schon kennt, ergötzen; von der andern Seite wird ein
Fühlender dasjenige durchdringen, was gemütlich hie und da
verdeckt liegt: „Eleusis servat, quod ostendat revisentibus". Und
es soll mich freuen, wenn diesmal auch das Geheimnisvolle zu
öfterer Rückkehr den Freunden Veranlassung gibt.

Auch wegen anderer dunkler Stellen in frühern und spätern
Gedichten möchte ich folgendes zu bedenken geben: Da sich
manches unserer Erfahrungen nicht rund aussprechen und direkt
mitteilen läßt, so habe ich seit langem das Mittel gewählt, durch
einander gegenübergestellte und sich gleichsam ineinander abspiegelnde Gebilde den geheimeren Sinn dem Aufmerkenden zu

offenbaren. Da alles, was von mir mitgeteilt worden, auf Lebenserfahrung beruht, so darf ich wohl andeuten und hoffen, daß man
meine Dichtungen auch wieder erleben wolle und werde. Und
gewiß, jeder meiner Leser findet es an sich selbst, daß ihm von
Zeit zu Zeit bei schon im Allgemeinen bekannten Dingen noch
im Besonderen etwas Neues erfreulich aufgeht, welches denn
ganz eigentlich uns angehört, indem es von einer wachsenden
Bildung zeugt und uns dabei zu einem frischen Gedeihen hin-
leitet. Geht es uns doch mit allem so, was irgendeinen Gehalt darbietet oder hinter sich hat.

Gespräch mit Eckermann. 1. Oktober 1827.

Ich habe in dem Kaiser einen Fürsten darzustellen gesucht, der
alle möglichen Eigenschaften hat, sein Land zu verlieren, welches
ihm denn auch später wirklich gelingt. Das Wohl des Reichs
und seiner Untertanen macht ihm keine Sorge... Er möchte sich
lieber amüsieren. Hier ist nun das wahre Element für Mephisto...

An Knebel. 14. November 1827.

Es ist mir, teurer verehrter Freund, höchst wohltätig, wenn ich
erfahre, daß meine ältesten, edelsten Zeitgenossen sich mit
„Helena" beschäftigen, da dieses Werk, ein Erzeugnis vieler
Jahre, mir gegenwärtig ebenso wunderbar vorkommt als die
hohen Bäume in meinem Garten am Stern, welche — doch noch
jünger als diese poetische Konzeption — zu einer Höhe heran-
gewachsen sind, daß ein Wirkliches, welches man selbst ver-
ursachte, als ein Wunderbares, Unglaubliches, nicht zu Er-
lebendes erscheint...

An Reichel. 22. Januar 1828.

*Reichel war Geschäftsführer im Verlag Cotta. An ihn sandte Goethe die
Druckvorlage für die „Ausgabe letzter Hand" und führte mit ihm die
darauf bezügliche Korrespondenz. Die im Jahre 1827 entstandenen Szenen
des „Faust II" sollten wie schon der „Helena"-Akt gesondert veröffentlicht
werden und gingen Ende Januar 1828 an Reichel ab. Sie erschienen zur
Ostermesse 1828 in Band 12 der „Ausgabe letzter Hand" und umfassen
die Verse 4613—6036. Der Brief gibt Anweisungen über die Druckgestalt,
überläßt die Einzelheiten aber Reichel und dem Druckermeister, die den
Satzspiegel herstellen.*

Mit dem nächsten Postwagen gehen die ersten Szenen des
zweiten Teils von „Faust" an dieselben ab. Und ich bin überzeugt, daß Sie beim Abdruck dieses Gedichtes den maître en
pages ebenso wie bei „Helena" gefällig dirigieren werden. Im
ganzen läßt sich wohl so viel davon sagen, daß dasjenige, was von
einzelnen Personen gesprochen wird, hervorzurücken, dagegen,
was von einer Masse und Menge gesprochen wird, wie z. B. das
Gemurmel, welches auch kürzere Verse sind, hineinzurücken sei.
Ebenso ist auch alles, was als Lied erscheint oder lyrisch vor-

getragen wird (wie der größte Teil des Karnevals), gleichfalls einzurücken. Allein es kommen zweideutige Fälle vor, wo der Geschmack das Urteil zu leiten hat, inwiefern nämlich auf irgendeine Stelle die Aufmerksamkeit des Lesers zu heften sein möchte, welche denn hienach einzurichten wären. Doch kommen dergleichen selten vor und ich überlasse sie gänzlich Ihrer Dijudikatur.

Gespräch mit Eckermann. 11. März 1828.

Jetzt am 2. Teil meines „Faust" kann ich nur in den frühen Stunden des Tages arbeiten, wo ich mich vom Schlaf erquickt und gestärkt fühle und die Fratzen des täglichen Lebens mich noch nicht verwirrt haben. Und doch, was ist es, das ich ausführe! Im allerglücklichsten Fall eine geschriebene Seite, in der Regel aber nur soviel als man auf den Raum einer Handbreit schreiben könnte, und oft bei unproduktiver Stimmung noch weniger...

Aus der Anzeige von „Faust, tragédie de monsieur de Goethe. Paris 1828" in „Über Kunst und Altertum", Bd. 6.

Wenn ich die... Übersetzung meines „Faust"... vor mir liegen sehe, so werd' ich erinnert an jene Zeit, wo dieses Werk ersonnen... Den Beifall, den es nah und fern gefunden,... mag es wohl der seltenen Eigenschaft schuldig sein, daß es für immer die Entwicklungsperiode eines Menschengeistes festhält, der von allem, was die Menschheit peinigt, auch gequält, von allem, was sie beunruhigt, auch ergriffen, in dem, was sie verabscheut, gleichfalls befangen, und durch das, was sie wünscht, auch beseligt worden... — Ist nun jenes Gedicht seiner Natur nach in einem düstern Element empfangen, spielt es auf einem zwar mannigfaltigen, jedoch bänglichen Schauplatz, so nimmt es sich in der französischen... Sprache schon um vieles klarer und absichtlicher aus... Dabei ist aber eins besonders merkwürdig, daß ein bildender Künstler sich mit dieser Produktion in ihrem ersten Sinne dergestalt befreundet, daß er alles ursprünglich Düstere in ihr ebenso aufgefaßt und einen unruhig strebenden Helden mit gleicher Unruhe des Griffels begleitet hat... Herr Delacroix scheint hier in einem wunderlichen Erzeugnis zwischen Himmel und Erde, Möglichem und Unmöglichem, Rohstem und Zartestem — und zwischen welchen Gegensätzen noch weiter Phantasie ihr verwegenes Spiel treiben mag — sich heimatlich gefühlt und wie in dem Seinigen ergangen zu haben.

An Zelter. Dornburg, 27. Juli 1828.

Der im Juni 1828 erfolgte Tod des Großherzogs Carl August, des für Goethes Schicksal entscheidenden Gefährten seit 53 Jahren, bedeutete für Goethe eine starke innere Erschütterung, und die Trauerfeierlichkeiten in Weimar brachten Unruhe mit sich, der er sich durch einen Aufenthalt in Dornburg zu entziehen versuchte. Auch die Arbeit an „Faust" kam zeitweilig ins Stocken. Aus Dornburg berichtete er an Zelter·

Meine nahe Hoffnung, Euch zu Michael die Fortsetzung von „Faust" zu geben, wird mir denn auch durch diese Ereignisse vereitelt. Wenn dies Ding nicht fortgesetzt auf einen übermütigen Zustand hindeutet, wenn es den Leser nicht auch nötigt, sich über sich selber hinauszumuten, so ist es nichts wert. Bis jetzt, denk' ich, hat ein guter Kopf und Sinn schon zu tun, wenn er sich will zum Herrn machen von allem dem, was da hineingeheimnisset ist... Der Anfang des 2. Akts ist gelungen; wir wollen dies ganz bescheiden aussprechen... Es kommt nun darauf an, den 1. Akt zu schließen, der bis aufs letzte Detail erfunden ist...

Goethes Tagebuch. 1828/29.

Vom 18. September 1828 bis zum 7. Februar 1829 notiert das Tagebuch häufig, das Hauptgeschäft oder die Hauptarbeit sei gefördert. Die Werke von Pniower und Gräf und die Register der Weim. Ausg. beziehen diese Stellen auf Faust. Doch neuere Forschung hat ergeben: Gemeint ist die Ausg. l. Hd., insbesondere deren Bände 21—23, d. h. die neue Fassung der Wanderjahre, an der Goethe damals mit aller Kraft arbeitete. (Studien zu Goethes Alterswerken, hrsg. von E. Trunz, 1971, S. 99—121.)

Gespräch mit Eckermann. 12. Februar 1829.

...Die Musik müßte im Charakter des „Don Juan" sein, Mozart hätte den „Faust" komponieren müssen.

An Zelter. 19. Juli 1829.

Daß Du auf den zweiten „Faust" zurückkehrst, tut mir sehr wohl... Der Abschluß ist so gut wie ganz vollbracht, von den Zwischenstellen manches Bedeutende vollendet, und wenn man mich von seiten höchster Gewalten auffangen und auf ein Vierteljahr einer hohen Festung anvertrauen wollte, so sollte nicht viel übrig sein. Ich habe alles so deutlich in Herz und Sinn, daß es mir oft unbequem fällt...

Goethes Tagebuch. 29. August 1829.

Abends allein. Aufführung von „Faust" im Theater.

Das Jahr 1829 brachte die ersten Aufführungen des „Faust I", am 19. Januar in Braunschweig, am 8. Juni in Hannover und dann zur Feier von Goethes 80. Geburtstag die Aufführungen am 27. August in Dresden, am 28. August in Leipzig und am 29. August in Weimar. Goethe nahm an der Weimarer Aufführung nicht teil, billigte sie aber. Über die Leipziger Aufführung erhielt er sofort Nachricht durch Rochlitz, dem er dann umgehend am 2. September dankte.

Goethe an Rochlitz. 2. September 1829.

...Dank für die ausführliche Kenntnis, die Sie mir von der Aufführung „Fausts" geben. Es ist wunderlich genug, daß diese seltsame Frucht erst jetzo gleichsam vom Baume fällt. Auch hier hat man ihn gegeben, ohne meine Anregung, aber nicht wider

meinen Willen und nicht ohne meine Billigung der Art und
Weise, wie man sich dabei benommen…

Gespräch mit Eckermann. 6. Dezember 1829.

*Über das Problem, eine Dichtung 50 Jahre nach der ersten Konzeption
zu vollenden. Über die Gestalt des Baccalaureus; er personifiziere die An-
maßlichkeit der Jugend.*

Gespräch mit Eckermann. 16. Dezember 1829.

*Über das Verhältnis von Mephistopheles und Homunculus; Mephi-
stopheles hat an Homunculus' Entstehen teil; Homunculus gleicht ihm
an geistiger Klarheit, ist ihm durch die Tendenz zum Schönen überlegen. —
Fausts Leda-Traum als Vorklang der Helena-Szenen.*

Gespräch mit Eckermann. 20. Dezember 1829.

*Über die Aufführbarkeit des 2. Teils. Bühnenfragen bei Homunculus und
Mummenschanz. Publikumswirkung.*

„Geht nur", sagte Goethe, „und laßt mir das Publikum, von
dem ich nichts hören mag. Die Hauptsache ist, daß es geschrieben
steht. Mag nun die Welt damit gebaren, so gut sie kann, und es
benutzen, so weit sie es fähig ist." — Wir sprachen darauf über
den Knaben Lenker. „Daß in der Maske des Plutus der Faust
steckt und in der Maske des Geizes der Mephistopheles, werden
Sie gemerkt haben. Wer aber ist der Knabe Lenker?" — Ich
zauderte und wußte nicht zu antworten. — „Es ist Euphorion!"
sagte Goethe. — „Wie kann aber dieser", fragte ich, „schon hier
im Karneval erscheinen, da er doch erst im dritten Akt geboren
wird?" — „Der Euphorion", antwortete Goethe, „ist kein
menschliches, sondern nur ein allegorisches Wesen. Es ist in
ihm die Poesie personifiziert, die an keine Zeit, an keinen Ort und
an keine Person gebunden ist. Derselbige Geist, dem es später
beliebt, Euphorion zu sein, erscheint jetzt als Knabe Lenker, und
er ist darin den Gespenstern ähnlich, die überall gegenwärtig
sein und zu jeder Stunde hervortreten können."

Gespräch mit Eckermann. 27. Dezember 1829.

*Goethe liest Eckermann die Szene „Lustgarten" mit der Schaffung des
Papiergeldes vor. Der Inhalt wird besprochen.*

Gespräch mit Eckermann. 30. Dezember 1829.

*Goethe liest Eckermann im Anschluß an die Lesung vom 27. Dezember
den Anfang der Szene „Finstere Galerie" und die Szene „Rittersaal" vor
und spricht mit ihm den Inhalt durch.*

Gespräch mit Eckermann. 3. Januar 1830.

*Über die neue französische „Faust"-Übersetzung von Gérard de Nerval.
Anschließend sagt Goethe:*

Der „Faust" ist doch etwas ganz Inkommensurables, und alle
Versuche, ihn dem Verstande näherzubringen, sind vergeblich.
Auch muß man bedenken, daß der erste Teil aus einem etwas
dunkelen Zustand des Individuums hervorgegangen. Aber eben
dieses Dunkel reizt die Menschen und sie mühen sich daran ab
wie an allen unauflösbaren Problemen.

Goethes Tagebuch. 1829—30.

*In dieser Zeit meldet das Tagebuch fast immer nur „Poetisches", doch
ist nicht zweifelhaft, daß „Faust" gemeint ist. Der 1. Akt wurde fertig-
gestellt und dann sogleich der 2. in Angriff genommen. Da der Wortlaut
der vielen Eintragungen zwischen 2. Dezember und 27. April sich fast
immer wiederholt, sind nur Proben daraus hier angeführt.*

2. Dezember. Szenen im „Faust" berichtigt. — 7. Dezember.
Poetisches. — 8. Dezember. Gestriges fortgesetzt. Poetisches. —
9. Dezember. Poetisches. — 10. Dezember. Poetisches ... —
30. Dezember. Poetisches. Arrangement einiger Konzepte. —
1. Januar. Poetisches redigiert und mundiert. — 3. Januar. Poetisches gefördert... Nachher allein. Betrachtete eigene poetische
Angelegenheiten näher. — 5. Januar. Poetisches konzipiert und
mundiert. — 6. Januar. Poetisches vorgerückt, konzipiert, mundiert, eingeschaltet, abgerundet. — 31. Januar. Poetisches eingeleitet. — 23. Februar. Einiges Poetische, Mundum. Verschiedenes geheftet und das Nächste beschaut und überlegt...
Abends die weitern Plane bedacht. — 24. Februar. Munda der
Konzepte von gestern abend. Neues partielles Schema. —
6. März. Poetisches, Konzept und Mundum. Das Schema umgeschrieben... Ich fuhr am Hauptgeschäft fort. — 18. März.
Poetisches revidiert. — 22. März. Poetisches, Konzept und Mundum. In der 2. Reinschrift vorgerückt. Das noch übrige zum
Ganzen durchgedacht. — 18. April. Dr. Eckermann. Wurde die
Klassische Walpurgisnacht rekapituliert. — 27. April. Über die
Fortsetzung von „Faust" gesprochen.

Gespräch mit Eckermann. 10. Januar 1830.

*Goethe liest die Mütter-Szene („Finstere Galerie") bis ans Ende vor,
im Anschluß an die Lesung vom 30. Dezember.*

„Ich kann Ihnen weiter nichts verraten", sagte er darauf, „als
daß ich beim Plutarch gefunden, daß im griechischen Altertume
von Müttern als Gottheiten die Rede gewesen. Dies ist alles, was
ich der Überlieferung verdanke, das übrige ist meine eigene Erfindung. Ich gebe Ihnen das Manuskript mit nach Hause, studieren Sie alles wohl und sehen Sie zu, wie Sie zurecht kommen."

Gespräch mit Eckermann. 24. Januar 1830.

„Faust ist jetzt mit dem Chiron zusammen, und ich hoffe, die
Szene soll mir gelingen. Wenn ich mich fleißig dazuhalte, kann
ich in ein paar Monaten mit der ‚Walpurgisnacht' fertig sein.

Es soll mich nun aber auch nichts wieder vom ‚Faust' abbringen.
Denn es wäre doch toll genug, wenn ich es erlebte, ihn zu vollenden! Und möglich ist es; der fünfte Akt ist so gut wie fertig,
und der vierte wird sich sodann wie von selber machen."

Gespräch mit Eckermann.

*7. März 1830: Goethe unterbricht die Arbeit an der „Klassischen
Walpurgisnacht", um die letzten Bände der „Ausgabe letzter Hand"
durchzusehn. Er lobt Eckermann als Antreiber bei der Arbeit an „Faust". —
21. März: Die Arbeit an der „Klassischen Walpurgisnacht" geht weiter,
aber nur in guten Stunden. — Im April reisten Goethes Sohn und Eckermann nach Italien ab.*

Goethe an seinen Sohn. 25. Juni 1830.

Sag Eckermann..., die „Walpurgisnacht" sei völlig abgeschlossen und wegen des fernerhin und weiter Nötigen sei die
beste Hoffnung.

Goethes Tagebuch. 1830—31.

*Die letzte große Arbeitsperiode an „Faust", vom 2. Dezember 1830 bis
zum 22. Juli 1831, läßt sich im Tagebuch genau verfolgen. Fast jeder Tag
meldet „Einiges am Faust" oder „Poetisches" oder „Den Hauptzweck
verfolgt". Infolge des Gleichlauts dieser Eintragungen sind hier wieder nur
die ersten und die letzten und von den dazwischenliegenden nur einige Proben
gegeben.*

2. Dezember. Nachts an „Faust" gedacht und einiges gefördert. — 3. Dezember. Nach 1 Uhr einige Stunden gewacht.
Verschiedenes in Gedanken gefördert. — 4. Dezember. Einiges
am „Faust". — 12. Dezember. Einiges zu „Faust". Mittag Dr.
Eckermann. Brachte das Manuskript von „Faust" zurück. Das
darin ihm Unbekannte wurde besprochen, die letzten Pinselzüge
gebilligt. Er nahm die „Klassische Walpurgisnacht" mit. —
15. Dezember. An „Faust" fortgefahren. — 12. Februar. Das
Hauptwerk mutig und glücklich angegriffen. — 20. Februar.
John vollbrachte das Einheften der drei ersten Akte von „Faust"
in Manuskript. Das Mundum war von mancherlei Seiten zu-
sammenzusuchen. — 9. April. Philemon und Baucis und Verwandtes sehr zusagend. — 7. Mai. Poetisches fortgesetzt. —
14. Mai. Früh Poetisches. — 7. Juni. Mittags Dr. Eckermann.
Ich gab ihm den 5. Aufzug von „Faust" mit. — 26. Juni. Fort-
geführter Hauptzweck. — 1. Juli. Den Hauptzweck verfolgt. . .
Blieb für mich, das Hauptgeschäft fördernd. — 11. Juli. Den
Hauptzweck verfolgt. — 19. Juli. Im Hauptgeschäft vorgerückt.
John mundierte. — 20. Juli. Am Hauptgeschäft fortgefahren. —
21. Juli. Abschluß des Hauptgeschäftes. — 22. Juli. Das Hauptgeschäft zustande gebracht. Letztes Mundum. Alles Rein-
geschriebene eingeheftet.

An Zelter. 4. Januar 1831.

Die zwei ersten Akte von „Faust" sind fertig... Helena tritt
zu Anfang des dritten Akts nicht als Zwischenspielerin, sondern
als Heroine ohne weiteres auf... Inwiefern mir die Götter zum
vierten Akte helfen, steht dahin. Der fünfte bis zum Ende des
Endes steht auch schon auf dem Papiere. Ich möchte diesen
zweiten Teil des „Faust"... wohl einmal der Reihe nach weg-
lesen... in der Folge mögen es andere tun, die mit frischen Organen dazu kommen, und sie werden etwas aufzuraten finden...

Gespräch mit Eckermann. 13. Februar 1831.

*Goethe berichtet, er sei an der Arbeit im 4. Akt, der wieder ganz eigenes
Gepräge habe. Als Ganzes bleibe das Werk immer „inkommensurabel",
gleichsam ein unaufgelöstes Problem, wie das Leben selbst sie aufgibt.*

Gespräch mit Eckermann. 17. Februar 1831.

„Faust"... läßt mich nun nicht wieder los, ich denke und
erfinde täglich daran fort. Ich habe nun auch das ganze Manuskript des zweiten Teils heute heften lassen, damit es mir als eine
sinnliche Masse vor Augen sei. Die Stelle des fehlenden vierten
Aktes habe ich mit weißem Papier ausgefüllt, und es ist keine
Frage, daß das Fertige anlockt und reizt, um das zu vollenden,
was noch zu tun ist. Es liegt in solchen sinnlichen Dingen mehr,
als man denkt, und man muß dem Geistigen mit allerlei Künsten
zu Hilfe kommen.

...Der erste Teil ist fast ganz subjektiv. Es ist alles aus einem
befangenern, leidenschaftlichern Individuum hervorgegangen,
welches Halbdunkel den Menschen auch so wohltun mag. Im
zweiten Teil aber ist fast gar nichts Subjektives, es erscheint hier
eine höhere, breitere, hellere, leidenschaftlosere Welt, und wer
sich nicht etwas umgetan und einiges erlebt hat, wird nichts
damit anzufangen wissen.

Aus F. W. Riemers „Mitteilungen über Goethe".

*Riemer komponierte nicht wie Eckermann lange Gespräche, sondern
notierte sich auf Grund seiner Besuche bei Goethe nur einzelne markante
Goethesche Aussprüche. Sie sind eine verhältnismäßig zuverlässige Quelle.
Die Aussprüche über „Faust II" sind undatiert; sie stammen aus der Zeit,
als das Werk vollendet wurde, etwa 1830/31.*

Der zweite Teil sollte und konnte nicht so fragmentarisch sein
als der erste. Der Verstand hat mehr Forderungen daran als an
den ersten, und in diesem Sinne mußte dem vernünftigen Leser
entgegengearbeitet werden. — Die Fabel mußte sich dem Ideellen nähern und zuletzt darein entfalten, die Behandlung aber
des Dichters eigenen Weg nehmen. — Es gab noch manche
andere, herrliche, reale und phantastische Irrtümer, in welche
der arme Mensch sich edler, würdiger, höher, als im ersten gemeinen Teile geschieht, verlieren durfte. Die Behandlung mußte

aus dem Spezifischen mehr in das Generische gehen, denn Spezifikation und Varietät gehören der Jugend an. Tizian, der große Kolorist, malte im hohen Alter diejenigen Stoffe, die er früher so konkret nachzuahmen gewußt hatte, auch nur in abstracto, z. B. den Sammet nur als Idee davon — eine Anekdote, die Goethe mir mehrmals mit Beziehung auf sich erzählte. — So sind denn freilich einzelne, aber nicht gerade sehr wesentliche Partien nur angelegt und aus dem groben gearbeitet; aber das, worauf es ankam, der Sinn und die Idee des Ganzen wird sich dem vernünftigen Leser entgegenbringen, wenn ihm auch an Übergängen zu supplieren genug übrigbleibt.

Gespräch mit Eckermann. 21. Februar 1831.
Über die „Klassische Walpurgisnacht" und ihre antiken Bildmotive, den Helena-Akt und seine Bühnenfähigkeit.

An Zelter. 1. Juni 1831.

Es ist keine Kleinigkeit, das, was man im zwanzigsten Jahre konzipiert hat, im zweiundachtzigsten außer sich darzustellen und ein solches inneres lebendiges Knochengeripp mit Sehnen, Fleisch und Oberhaut zu bekleiden, auch wohl dem fertig Hingestellten noch einige Mantelfalten umzuschlagen, damit alles zusammen ein offenbares Rätsel bleibe, die Menschen fort und fort ergötze und ihnen zu schaffen mache.

Gespräch mit Eckermann. 6. Juni 1831.

„Mein Philemon und Baucis hat mit jenem berühmten Paare des Altertums und der sich daran knüpfenden Sage nichts zu tun. Ich gab meinem Paare bloß jene Namen, um die Charaktere dadurch zu heben. Es sind ähnliche Personen und ähnliche Verhältnisse, und da wirken denn die ähnlichen Namen durchaus günstig... Der Faust, wie er im fünften Akt erscheint, soll nach meiner Intention gerade hundert Jahre alt sein, und ich bin nicht gewiß, ob es nicht etwa gut wäre, dieses irgendwo ausdrücklich zu bemerken... Übrigens werden Sie zugeben, daß der Schluß, wo es mit der geretteten Seele nach oben geht, sehr schwer zu machen war, und daß ich bei so übersinnlichen, kaum zu ahnenden Dingen mich sehr leicht im Vagen hätte verlieren können, wenn ich nicht meinen poetischen Intentionen durch die scharf umrissenen christlich-kirchlichen Figuren und Vorstellungen eine wohltätig beschränkende Form und Festigkeit gegeben hätte."

Den noch fehlenden vierten Akt vollendete Goethe darauf in den nächsten Wochen, sodaß im August der ganze zweite Teil geheftet und vollkommen fertig dalag. Dieses Ziel, wonach er so lange gestrebt, endlich erreicht zu haben, machte Goethe überaus glücklich.

„Mein ferneres Leben", sagte er, „kann ich nunmehr als ein reines Geschenk ansehen, und es ist jetzt im Grunde ganz einerlei, ob und was ich noch etwa tue."

Goethe an Heinrich Meyer. 20. Juli 1831.

Wundersam bleibt es immer, wie sich der von allem absondernde, teils revolutionäre, teils einsiedlerische Egoismus durch die lebendigen Tätigkeiten aller Art hindurchzieht. Den meinen, will ich nur bekennen, hab' ich ins Innerste der Produktion zurückgezogen und den nunmehr seit vollen 4 Jahren wieder ernstlich aufgenommenen zweiten Teil des „Faust" in sich selbst arrangiert, bedeutende Zwischenlücken ausgefüllt und vom Ende herein, vom Anfang zum Ende das Vorhandene zusammengeschlossen. Dabei hoffe ich, es soll mir geglückt sein, allen Unterschied des Frühern und Spätern ausgelöscht zu haben.

Ich wußte schon lange her, was, ja sogar, wie ich's wollte, und trug es als ein inneres Märchen seit so vielen Jahren mit mir herum, führte aber nur die einzelnen Stellen aus, die mich von Zeit zu Zeit näher anmuteten. Nun sollte und konnte dieser zweite Teil nicht so fragmentarisch sein als der erste. Der Verstand hat mehr Recht daran, wie man auch wohl schon an dem davon gedruckten Teil ersehen haben wird. Freilich bedurfte es zuletzt einen recht kräftigen Entschluß, das Ganze zusammenzuarbeiten, daß es vor einem gebildeten Geiste bestehen könne. Ich bestimmte daher fest in mir, daß es noch vor meinem Geburtstage vollendet sein müsse. Und so wird es auch. Das Ganze liegt vor mir, und ich habe nur noch Kleinigkeiten zu berichten. So siegle ich's ein, und dann mag es das spezifische Gewicht meiner folgenden Bände, wie es auch damit werden mag, vermehren. Wenn es noch Probleme genug enthält, indem—der Welt- und Menschengeschichte gleich — das zuletzt aufgelöste Problem immer wieder ein neues aufzulösendes darbietet, so wird es doch gewiß denjenigen erfreuen, der sich auf Miene, Wink und leise Hindeutung versteht. Er wird sogar mehr finden, als ich geben konnte. Und so ist nun ein schwerer Stein über den Berggipfel auf die andere Seite hinabgewälzt. Gleich liegen aber wieder andere hinter mir, die auch wieder gefördert sein wollen, damit erfüllt werde, was geschrieben steht: „Solche Mühe hat Gott dem Menschen gegeben."

An Graf Reinhard. 7. September 1831.

... Und es war in der Hälfte des Augusts, daß ich nichts mehr daran zu tun wußte, das Manuskript einsiegelte, damit es mir aus den Augen und aus allem Anteil sich entfernte... Mein Wunsch ist, daß es Ihnen zu guter Stunde in die Hand kommen möge. Aufschluß erwarten Sie nicht; der Welt- und Menschengeschichte gleich enthüllt das zuletzt aufgelöste Problem immer wieder ein neues, aufzulösendes...

An Sulpiz Boisserée. 8. September 1831.

Und nun will ich denn die Anfrage, womit Ihr Blatt sich schließt, vor allem etwas umständlicher beantworten.

Es ist mir nämlich gelungen, den zweiten Teil des „Faust" in sich selbst abzuschließen. Ich wußte schon lange her, was, ja sogar, wie ich's wollte, und trug es als ein inneres Märchen seit so vielen Jahren mit mir herum, führte aber nur die einzelnen Stellen aus, die mich von Zeit zu Zeit näher anmuteten.

Nun sollte und konnte dieser zweite Teil nicht so fragmentarisch sein als der erste. Der Verstand hat mehr Rechte daran; wie Sie auch schon an dem davon gedruckten Anfang ersehen haben.

Nun bedurft' es zuletzt einen recht kräftigen Entschluß, das Ganze zusammenzuarbeiten, daß es vor einem gebildeten Geiste bestehen könne. Da steht es nun, wie es auch geraten sei. Und wenn es noch Probleme genug enthält, keineswegs jede Aufklärung darbietet, so wird es doch denjenigen erfreuen, der sich auf Miene, Wink und leise Hindeutung versteht. Er wird sogar mehr finden, als ich geben konnte.

Und so wird denn das Manuskript endlich eingesiegelt, daß es verborgen bleibe und dereinst, wenn's glückt, die spezifische Schwere der folgenden Bände meiner Werke vermehren möge. Alles, was hiezu gehört, wird sorgfältig redigiert und rein geschrieben in einem aparten Kästchen verwahrt.

Verzeihen Sie, wenn diese vielen Worte doch am Ende nichts Befriedigendes aussprechen. Möge das Ganze zu guter Stunde künftig zu Gesicht kommen.

An Sulpiz Boisserée. 27. September 1831.

Ihnen darf ich es bekennen: in widerwärtigen Situationen, anstatt mich abzumüden, nahm ich den Abschluß des Dr. Faustus vor. Ich durfte nicht hinter mir selbst bleiben und mußte also über mich selbst hinausgehen und mich in einen Zustand versetzen und erhalten, wo der Tag mit seinen Seiten mir ganz niederträchtig erschien. Nun darf ich sagen, daß mir das Gewonnene Lust und Freude macht, ein Nächstes ebenmäßig anzugreifen.

An Sulpiz Boisserée. 24. November 1831.

Seitdem ich das Glück hatte, meinen „Faust" abzuschließen und zu versiegeln, damit er, wie er auch sei, noch einige Jahre in Ruhe bleiben möge, hab' ich mich wieder in die naturwissenschaftlichen Dinge geworfen...

Da ich noch ein leeres Blatt vor mir sehe, will ich etwas gestehen, was mir von Zeit zu Zeit in den Sinn kommt. — Als ich meinen abgeschlossenen „Faust" einsiegelte, war mir denn doch nicht ganz wohl dabei zumute. Denn es mußte mir einfallen, daß meine wertesten, im allgemeinen mit mir übereinstimmenden Freunde nicht alsobald den Spaß haben sollten, sich an diesen ernst gemeinten Scherzen einige Stunden zu ergötzen und dabei gewahr zu werden, was sich viele Jahre im Kopf und Sinn herumbewegte, bis es endlich diese Gestalt angenommen. Sogar als

Dichter, der sein Licht unter den Scheffel setzen will, mußt' ich
verzweifeln, indem ich auf die nächste unmittelbare Teilnahme
Verzicht tat. Mein Trost ist jedoch, daß gerade die, an denen mir
gelegen sein muß, alle jünger sind als ich und seiner Zeit das für
sie Bereitete und Aufgesparte zu meinem Andenken genießen
werden...

An Wilhelm v. Humboldt. 1. Dezember 1831.

Von meinem „Faust" ist viel und wenig zu sagen. Gerade zu
einer günstigen Zeit fiel mir das Dictum ein:

> Gebt ihr euch einmal für Poeten,
> So kommandiert die Poesie.

Und durch eine geheime psychologische Wendung, welche vielleicht studiert zu werden verdient, glaube ich mich zu einer Art
von Produktion erhoben zu haben, welche bei völligem Bewußtsein dasjenige hervorbrachte, was ich jetzt noch selbst billige,
ohne vielleicht jemals in diesem Flusse wieder schwimmen zu
können, ja, was Aristoteles und andere Prosaisten einer Art von
Wahnsinn zuschreiben würden. Die Schwierigkeit des Gelingens
bestand darin, daß der 2. Teil des „Faust", dessen gedruckten
Partien Sie vielleicht einige Aufmerksamkeit geschenkt haben,
seit funfzig Jahren in seinen Zwecken und Motiven durchgedacht und fragmentarisch — wie mir eine oder die andere
Situation gefiel — durchgearbeitet war, das Ganze aber lücken-
haft blieb.

Nun hat der Verstand an dem 2. Teile mehr Forderung als an
dem ersten, und in diesem Sinne mußte dem vernünftigen Leser
mehr entgegengearbeitet werden, wenn ihm auch an Übergängen
zu supplieren genug übrigblieb. Das Ausfüllen gewisser Lücken
war sowohl für historische als ästhetische Stetigkeit nötig;
welches ich so lange fortsetzte, bis ich endlich für rätlich hielt,
auszurufen:

Schließet den Wäßrungskanal, genugsam tranken die Wiesen.

Und nun mußte ich mir ein Herz nehmen, das geheftete
Exemplar, worin Gedrucktes und Ungedrucktes ineinander-
geschoben sind, zu versiegeln, damit ich nicht etwa hie und da
weiter auszuführen in Versuchung käme; wobei ich freilich be-
daure, daß ich es — was der Dichter doch so gern tut — meinen
wertesten Freunden nicht mitteilen kann.

Goethes Tagebuch. 1832.

8. Januar. Gegen Abend... Ottilie. Sie hatte das, was vom
2. Teil des „Faust" gedruckt ist, gelesen und gut überdacht. Es
wurde nochmals durchgesprochen, und ich las nunmehr im
Manuskript weiter. — 9. Januar. Abends Ottilie. Ich las ihr den
Schluß des ersten Akts von „Faust" vor. — 12. Januar. Nachher
Ottilie und Eckermann. Las im 2. Teil des „Fausts" weiter. —
13. Januar. Später Ottilie. Lasen weiter im „Faust". — 14. Ja-

nuar. Abends Ottilie. Schluß zur „Klassischen Walpurgisnacht".
— 15. Januar. Um 1 Uhr Ottilie zur Vorlesung. Anfang des
4. Akts... Lasen *(abends)* weiter im „Faust". — 16. Januar.
Später Ottilie, las im „Faust" weiter. — 17. Januar. Einiges im
„Faust" Bemerkte nachgeholfen. — 18. Januar. Einiges umgeschrieben. — 20. Januar. Später Ottilie, Anfang des 5. Akts
gelesen. — 24. Januar. Neue Aufregung zu „Faust" in Rücksicht
größerer Ausführung der Hauptmotive, die ich, um fertig zu
werden, allzu lakonisch behandelt hatte. — 27. Januar. Um 1 Uhr
Ottilie. „Faust" vorgelesen. — 29. Januar. Abends Ottilie.
„Faust" ausgelesen.

Aus Goethes späten Gedichten. (Bd. 1, S. 321.)

> Der Zauberer fordert leidenschaftlich wild
> Von Höll' und Himmel sich Helenens Bild;
> Trät' er zu mir in heitern Morgenstunden,
> Das Liebenswürdigste wär' friedlich ihm gefunden.

An Wilhelm v. Humboldt. 17. März 1832.

Es sind über sechzig Jahre, daß die Konzeption des „Faust"
bei mir jugendlich von vorne herein klar, die ganze Reihenfolge
hin weniger ausführlich vorlag. Nun hab' ich die Absicht immer
sachte neben mir hergehn lassen und nur die mir gerade interessantesten Stellen einzeln durchgearbeitet, sodaß im 2. Teile
Lücken blieben, durch ein gleichmäßiges Interesse mit dem
übrigen zu verbinden. Hier trat nun freilich die große Schwierigkeit ein, dasjenige durch Vorsatz und Charakter zu erreichen, was
eigentlich der freiwilligen tätigen Natur allein zukommen sollte.
Es wäre aber nicht gut, wenn es nicht auch nach einem so lange
tätig nachdenkenden Leben möglich geworden wäre, und ich
lasse mich keine Furcht angehen, man werde das Ältere vom
Neuern, das Spätere vom Frühern unterscheiden können; welches
wir denn den künftigen Lesern zu geneigter Einsicht übergeben
wollen.

Ganz ohne Frage würd' es mir unendliche Freude machen,
meinen werten, durchaus dankbar anerkannten, weitverteilten
Freunden auch bei Lebzeiten diese sehr ernsten Scherze zu
widmen, mitzuteilen und ihre Erwiderung zu vernehmen. Der
Tag aber ist wirklich so absurd und konfus, daß ich mich über-
zeuge, meine redlichen, lange verfolgten Bemühungen um dieses
seltsame Gebäu würden schlecht belohnt und an den Strand getrieben wie ein Wrack in Trümmern daliegen und von dem
Dünenschutt der Stunden zunächst überschüttet werden. Ver-
wirrende Lehre zu verwirrendem Handel waltet über die Welt, und
ich habe nichts angelegentlicher zu tun, als dasjenige, was an mir
ist und geblieben ist, womöglich zu steigern und meine Eigen-
tümlichkeiten zu kohobieren, wie Sie es, würdiger Freund, auf
Ihrer Burg ja auch bewerkstelligen.

ANMERKUNGEN DES HERAUSGEBERS

DER FAUST-STOFF

Goethes Faust-Drama behandelt einen deutschen Stoff, der aus dem 16. Jahrhundert stammt. Im Jahre 1587 ist er zum ersten Male literarisch hervorgetreten in dem Volksbuch, das der Frankfurter Verleger Spieß herausgab.

Es enthält die Geschichte eines Mannes, der einen Bund mit dem Teufel macht; das ist ein mittelalterliches Motiv, das auch in den Geschichten von Simon Magus, Theophilus usw. vorkommt. Aber zu dem Teufelsbund-Motiv kommt hier etwas hinzu, was keine dieser anderen Sagen enthält, etwas, was den Geist des 16. Jahrhunderts atmet und früher nicht möglich gewesen wäre. Der Mann, der hier den Bund mit dem Teufel macht, hat sich „fürgenommen, die Elementa zu spekulieren" (Kap. 6). Es heißt: „Dem trachtet er Tag und Nacht nach, nahme an sich Adlerflügel, wollte alle Grund am Himmel und Erden erforschen ..." (Kap. 2).

Nicht also Gier nach Reichtum und Lebensgenuß treibt ihn, sondern Drang nach Erkenntnis. Und weil dieser Drang auf keinem anderen Wege zur Erfüllung führt, verschreibt er sich dem, der ihm verspricht, seine Fragen zu beantworten. Wie kommt diese Problematik in das Volksbuch? Der engstirnig-unbeholfene Verfasser hatte sie nicht aus sich selbst. Er hatte sie aus einer geistigen Strömung, die durch das Jahrhundert zog, tief beunruhigend für alle schwerfälligen Geister (und auch für ihn selbst); es ist der Erkenntniswille des neuzeitlichen Menschen, der dem Diesseits neuen Wert verleiht. In Deutschland hatte er seine stärkste Ausprägung gefunden in Paracelsus.

Die paracelsische Sehnsucht nach Erkenntnis ist religiös. Wenn man erkennt, wie der Gang der Gestirne geordnet ist, wie im Kosmos alles mit allem zusammenhängt, wie der Mensch hineingefügt ist in die Gesetze des Lebens — heißt das nicht, Gottes Gedanken nachdenken? Paracelsus anerkannte die christliche Lehre als „Licht der Gnade", aber daneben sah er ein „Licht der Natur", eine zweite Offenbarung Gottes, die wir mit Sinnen und Geist im Anschauen der Welt zu erfassen fähig sind („Philosophia sagax", 1537). Das war den an alte dogmatische Geistesbahnen gewohnten Köpfen seiner Zeit unheimlich. Sie hielten dieses umstürzende Denken, das durch das Diesseits ins Ungemessene strebte, für Irrlehre, für teuflisch. Man dichtete Paracelsus an, er habe einen Teufel bei sich; er wurde zur Sagengestalt. Und in der Sage verschmolz dann das Erkenntnisstreben, das ihn und seine Schüler belebte, mit einer anderen Gestalt, die ebenfalls zur Sage wurde: Johann Faust.

Der geschichtliche Faust, von dem nur wenige Lebenszeugnisse erhalten sind, war ein herumreisender Halbgelehrter, der sich mit marktschreierischem Zauberwesen und geschickten Horoskopen durchs Leben brachte. Er war — im Anfang des 16. Jahrhunderts lebend — ein Zeitgenosse des Paracelsus, und nach seinem Tode wurde von ihm berichtet, er sei in Leipzig auf einem Faß aus dem Wirtshaus geritten und habe in Erfurt den Studenten die Gestalten Homers leibhaftig vorgeführt. Diese anekdotischen Geschichten vermischten sich nun — weil er den Zeitgenossen ebenfalls unbegreiflich, unheimlich war — mit dem, was man von Paracelsus sprach. Und der paracelsische Geist hatte die Zukunft.

Daß der Teufelsbündler böse sei, ist nach altem Glauben selbstverständlich. Aber blickt man nicht nur auf den Pakt, sondern auf seine Ursachen, so ergibt sich die Frage: Diese Sehnsucht, sich zu erfüllen im Begreifen der Welt — ist sie denn böse? Hier liegt das tief Beunruhigende des Stoffes. Aber er fand keine gemäße dichterische Gestaltung, bis Goethe ihn ergriff, denn zu meistern war er nur als Seelenbild des Suchenden, und solche psychologische Dichtung schuf erst Goethe und seine Zeit. Die Dichtung des 16. und 17. Jahrhunderts war sachgebundener, objektiver, sie blieb bei Anekdoten und Lebenslauf und Berichten über naturphilosophische Spekulationen. Denkerisch wurde damals die Frage nach dem Wert des Erkenntnisstrebens immer wieder gestellt. Ficino, Paracelsus, Bruno, Kepler, Leibniz — sie alle wollten erkennen, *Wie alles sich zum Ganzen webt, Eins in dem andern wirkt und lebt* ... (447f.). Und sie empfanden, daß solches Streben nicht widergöttlich sei. Sie nannten es Weisheit vom All, Pansophie, und erforschten die Gesetze der Gestirne, aber auch den Klang der Sphärenharmonie, sie durchdachten die chemischen Elemente, aber auch die geheimnisvolle Wirkung dieser Elemente auf den Menschen. Sie bezogen die Baugesetze der Schneeflocke, die Bahnen der Planeten, die Lebenswege der Menschen und die Dogmen der Bibel wechselseitig aufeinander, vertrauend, daß alles verbunden sei durch eine geheime Harmonie, durch Gottes Gedanken des Weltbaus. Sie sprechen immer nur vom Kosmos, nicht von ihrem Ich. Den heutigen Leser ergreift in ihren Werken weniger das sachlich Dargestellte als ihre religiöse Haltung: diese stürmische Religiosität, diese Sehnsucht durch das All zu Gott. Da sie von den Dingen sprachen, wurde daraus Wissenschaft, Pansophie. Hätten sie vom Ich gesprochen, so hätte es Dichtung werden müssen. Dieses stürmische, religiös sehnsüchtige Ich, das mit den Mitteln der Wissenschaft durch das All zu Gott will, immer zwischen Verzweiflung und Vergötterung, demütig und titanisch zugleich — welcher Stoff für einen Dichter! Daß sie vom Kosmos sprachen, war Geist der Renaissance, des Barock. Vom eigenen Innern zu sprechen, war Geist der Goethezeit. Darum konnte erst jetzt der Fauststoff dichterisch gemeistert werden.

Die Stunde der großen Dichtung war für Deutschland im 16. Jahrhundert noch nicht gekommen. Die deutsche Leistung der Zeit lag auf religiösem Gebiet. Die Dichtung, in eine lateinisch schreibende gelehrte Gruppe und eine im Volkstümlichen verharrende deutsche geteilt, erreichte keine breite Kultur des Schreibens und keine Gipfelleistungen, die daraus erwuchsen. Das war anders in England: das Jahrhundertende brachte hier die hohe Kultur des Dramas hervor, die in Ben Jonson und Shakespeare gipfelt. Und einer aus diesem Kreise, Marlowe, ergreift nun den Faust-Stoff, seine innerliche Größe ahnend. Von da kehrt dieser nach Deutschland zurück, wird zerspielt zum Schauerdrama, schließlich gewandelt zum Puppenspiel. Zugleich lebt er in Deutschland in der alten Form volkstümlicher Prosa fort. Auf diesen zwei Wegen gelangt er in die Hände der Dichter des deutschen Sturm und Drang, in die Hände Goethes.

Das Faustbuch von 1587 ist das Werk eines engherzigen protestantischen Sitteneiferers. Ohne Darstellungskunst vermischt es anekdotisch-schwankhafte Züge (z. B. zaubert Faust einem Adeligen ein Geweih auf den Kopf) mit salbadernden Ermahnungen, aber dazwischen klingt das Pansophische immer wieder durch: Faust wird „Weltmensch", hilfreicher Arzt (Kap. 1), sein Abfall von Gott wird verglichen mit dem der Titanen und der luziferischen Engel (Kap. 5); er verbindet sich dem Geiste Mephostophiles, um „die Elementa zu spekulieren" (Kap. 6), und befragt diesen nach Hölle und Himmel, dem Lauf der Gestirne, den Jahreszeiten und nach astrologischen Zusammenhängen (Kap. 12—22). Als er einem feindlichen Adligen begegnet, zaubert er eine ganze Kriegsschar herbei und besiegt ihn mit dieser (Kap. 56). Er kommt an den Hof des Kaisers und läßt auf dessen Wunsch antike Gestalten erscheinen (Kap. 33), das gleiche tut er vor Studenten: er zeigt ihnen die griechische Helena (Kap. 49). Später erbittet er diese von Mephostophiles für sich selbst und lebt mit ihr zusammen; sie haben einen Sohn, und dieses Kind erzählt Faust viele zukünftige Dinge (Kap. 59). Am Ende wird Faust von Reue geplagt. Seinem Famulus Wagener vermacht er Bücher und Vermögen. Der Teufel holt ihn, und zugleich verschwinden Helena und ihr Sohn. — Diese Motive bildeten fortan den Kern der Faust-Volksbücher, bald um einiges erweitert, dann wieder verringert. Das Volksbuch von 1587 erlebte viele Auflagen und wurde auch in fremde Sprachen übersetzt. — 1599 arbeitete ein Schwabe, Georg Rudolf Widmann, es um, breit und philiströs. 1674 tat der Nürnberger Arzt Nikolaus Pfitzer das gleiche, stoffreicher, aber immer noch lehrhaft-eng. Auch dieses Buch hatte Erfolg, bis dann 1725 wiederum eine neue Fassung kam. Der Verfasser nennt sich einen „Christlich Meinenden". Er läßt die barock-breiten Moralpredigten fort und beschränkt sich auf die Hauptzüge der alten Geschichte. Der Geist heißt jetzt Mephistopheles. Ein kleines Motiv, das erstmalig bei Pfitzer, 1674, stand, wird auch von ihm nicht übergangen: „Er verliebte sich auch in eine schöne, doch arme Magd, welche bei einem Krämer in seiner Nachbarschaft diente ..." Wichtiger ist Fausts Verbindung mit Helena, die ihm einen Sohn schenkt, mit dem sie bei Fausts Tode verschwindet. Fausts Selbstmordversuche schlagen fehl, und am Ende holt ihn der Teufel. Sein Famulus Wagner aber kommt zu hohen Ehren. — Dieses Büchlein wurde bis zum Ende des 18. Jahrhunderts immer wieder aufgelegt. Goethe hat es wohl früh kennengelernt. Es überlieferte ihm viele Motive der Faust-Fabel, aber von dem stürmischen Gelehrtengeiste, der in dem Buch von 1587 noch lebte, war in dieser Fassung kaum mehr etwas übriggeblieben. Den lernte Goethe besser aus der zweiten Art der Überlieferung kennen dem Puppenspiel.

Das deutsche Faustbuch von 1587 war rasch nach England gedrungen, wo der geniale junge Dramatiker Christopher Marlowe (geb 1564) den Stoff ergriff. Im Jahre 1593 starb er; zwischen 1587 und 1593 ist sein Werk entstanden. Mit dem Griff des Dramatikers packt es die großen Situationen: Ein Anfangsmonolog, der die Fakultäten mustert und zur Magie führt, Geisterbeschwörung, Pakt, Eingreifen in die hohe Politik, Beschwörung der Helena, schließlich Reue und Sehnsucht, die Zauberbücher zu verbrennen — als es zu spät ist. Dieser Faust hat die Unerschrockenheit und Diesseitigkeit Shakespearescher Bösewichter: die Geister sollen ihm wunderbare Kriegsmaschinen liefern und die schönste aller Frauen. Er ist grenzenlos im Ergreifen des Lebens, als Magier will er ein irdischer Gott sein, und was danach kommt, kümmert ihn nicht. So hat Marlowe den Titanismus des Stoffes stärker als alle seine Zeitgenossen entwickelt und hat zugleich die Motive des Volksbuchs — zuweilen fast allzusehr, bis ins Schwankhafte hinein — beibehalten.

Marlowes Werk drang im 17. Jahrhundert nach Deutschland. Es gehörte zum Repertoire der Wanderbühnen. Viele Aufführungen sind uns bezeugt. Aber die damaligen Texte haben wir nicht, sondern nur spätere Fassungen aus der Zeit um 1800. Marlowes Drama wurde in Deutschland bühnensicher und zugleich geistvoll umgearbeitet. Erweitert ist die Rolle des Hanswurst — ergötzlich und zugleich tiefsinnig als Gegensatzgestalt zu Faust. In der Faustgestalt ist im Vergleich zu Marlowe weniger der Titanismus als der Wissensdurst herausgearbeitet. Da lebt noch etwas von der pansophischen Erkenntnissehnsucht des ältesten Volksbuchs. — Das Faustdrama wurde zum Marionettenspiel, und dadurch wuchsen die Bühnenmöglichkeiten der Geisterszenen und gaben zu deren Ausgestaltung Anlaß. In dieser Form hat Goethe das Werk in seiner Jugend gesehen. In *Dichtung und Wahrheit* sagt er: *Die bedeutende Puppenspielfabel ... klang und summte gar vieltönig in mir wider ...* (Bd. 9, S. 413, 38f.) Als 1790 durch Goethes *Faust*-Fragment und vollends 1808 durch *Faust I* das Interesse allgemein erregt war, begann man, sich für die Faust-Puppenspiele zu interessieren. Teils schrieben Literaturfreunde Texte auf, die mündlicher Besitz einer Marionettenspieler-Familie waren, teils wußten sie deren geschriebene Texte zu erhalten. So kamen nach und nach eine ganze Reihe von Puppenspieltexten zum Druck, und Karl Simrock faßte sie 1846 mit Geschick zusammen. Volksdichtung hat niemals nur eine einzige Fassung. Man kann nicht von dem Faust-Volksbuch sprechen, sondern nur von den Volksbüchern; und ebenso gibt es die Puppenspiele nur in der Mehrzahl. Wo und in welcher Fassung Goethe in seiner Jugend das Puppenspiel sah, das wissen wir nicht. Aber wir merken, daß er es mit Begeisterung sah, denn der Stoff prägte sich ihm so genau ein, daß er bis ins Einzelne sein Leben lang ihm vor Augen blieb.

Das Thema des erkenntnishungrigen Gelehrten, der das Diesseits grenzenlos zu erfassen sich sehnt, mußte neu die Geister ergreifen, sobald man in der Aufklärung begann, das Diesseits neu zu bewerten. Daß der Mensch nicht gemacht sei, die ganze Wahrheit zu haben, wußte man sehr wohl, aber das Streben nach Wahrheit wollte man ihm nicht verkümmern. Lessing schreibt: „Nicht die Wahrheit, in deren Besitz irgendein Mensch ist oder zu sein vermeinet, sondern die aufrichtige Mühe, die er angewandt hat, hinter die Wahrheit zu kommen, macht den Wert des Menschen ... Wenn Gott in seiner Rechten alle Wahrheit und in seiner Linken den einzigen immer regen Trieb nach Wahrheit, obschon mit dem Zusatze, mich immer und ewig zu irren, verschlossen hielte und spräche zu mir: ‚Wähle‘, ich fiele ihm mit Demut in seine Linke und sagte: ‚Vater, gib! Die reine Wahrheit ist ja doch nur für dich allein!‘“ (Eine Duplik, 1778.) War nun nicht Faust jemand, der mit aufrichtiger Mühe „hinter die Wahrheit kommen“ will? Und war dann sein Streben nicht im Grunde etwas Wertvolles? Irrend gewiß, doch im Grunde gut? Dann durfte aber Faust am Ende nicht in die Hölle kommen. Lessing, immer bereit, Veraltetes zu widerlegen und fälschlich Verachtete zu „retten“, ergriff den Faust-Stoff aus diesem neuen Geiste heraus. Aber er veröffentlichte nur eine kurze Szene in dem berühmten 17. Literaturbrief, 1759. Weitere Pläne und Niederschriften gingen bis auf geringe Reste, die 1786 aus seinem Nachlaß erschienen, verloren.

Als Goethe seinen *Faust* begann, nutzte er als Anregung nur Volksbuch und Puppenspiel. Andere Dichter des Sturm und Drang haben
erst später als er und zum Teil unter seinem Einfluß den Stoff ergriffen, so der Maler Friedrich Müller, von dessen weitschweifigem
Faust-Drama 1776 und 1778 nur Teile erschienen, und Friedrich
Maximilian Klinger, dessen Faust-Roman, 1791, eine wilde Erden-
fahrt mit der Höllenfahrt enden läßt. Ihre Werke verblassen neben
dem Goethes. Nur bei ihm ist die alte Fabel zum Stoff einer großen
Weltbild-Dichtung geworden; denn er fand in ihr Motive, die, ins
Symbolische erhoben, die Elemente seiner eigenen umfassenden Welt-
aneignung aussprechen konnten.

Die großen Fragen des 16. Jahrhunderts, die an den paracelsischen
Gedanken des „Lichts der Natur" sich knüpften, wurden im 18. Jahrhundert neu ergriffen und neu zur Lösung geführt. Die Goethezeit
glaubte freilich nicht mehr wie die alten Pansophen, die Harmonien
der Welt seinsmäßig richtig erkennen zu können. Aber sie glaubte wie
jene, daß man durch Erkenntnis der Welt zu Gott gelangen könne,
indem sie die Welt als Symbol faßt, als *der Gottheit lebendiges Kleid*
(509), alles Vergängliche als *ein Gleichnis* (12105) des Ewigen. Doch
um die Welt in dieser Gleichnishaftigkeit zu erfahren, muß der Mensch
eine tiefe Sehnsucht in sich haben; auf das eigene Innere und seine
greifenden Kräfte kommt es an. Das galt es auszubilden, das darzustellen. Die Wissenschaft sprach darum nicht mehr nur von der Ordnung des Kosmos, sondern ebensosehr vom fragenden Menschen
(Kant), und die Dichtung gestaltete mit dem Bilde der Welt zugleich
das der eigenen Innerlichkeit und entwickelte dafür einen neuen Ausdrucksstil. Die Erkenntnisfrage war also jetzt vor allem eine Frage
nach der suchenden Seele. Und wenn man diese dichterisch darstellen
wollte — mußte dann nicht die Faustgestalt wie eine Vorformung
dieses eigenen Strebens erscheinen? Ist hier doch ein geistiger Mensch,
ein Gelehrter, der Erkenntnis sucht durch Natur, Leben und Welt.

Gleichwie das Wesen der Neuzeit sich in Deutschland im 16. Jahrhundert anbahnte, im 18. durchsetzte, wurde die Faustsage im 16. Jahrhundert geschaffen und im 18. dichterisch durchdrungen. Dieser religiös bewegte, erkenntnishungrige, durch die Mittel der weltlichen
Wissenschaft strebende Mensch wäre dem Mittelalter unfaßlich gewesen. Er ist eine Schöpfung der Neuzeit, entstanden aus dem geistigen Bereich eines Ficino, Paracelsus, Bruno und Kepler, zeitlich
also zwischen 1480 und 1630, räumlich zwischen Florenz, Wittenberg
und London. Man könnte ihn nicht in anderen Regionen entstanden
denken. Die Schriftsteller, welche ihm Form gaben, waren Deutsche
und ein Engländer. Auch andere Versuche, den erkenntnishungrigen
pansophischen Gelehrten dichterisch zu gestalten, liegen in diesem

zeitlichen und diesem räumlichen Bereich. Darunter ist in der Problemstellung am kraftvollsten Johann Valentin Andreae mit seinem Drama „Turbo", 1616. Aber ihm fehlte die eigentlich dichterische Künstlerschaft. Aus derselben pansophischen Sehnsucht wie dieses Drama schuf er auch den Rosenkreuzer-Mythos, die Utopie der gelehrten Bruderschaft, die alle Fakultäten zusammenfaßt (wie Faust sie durchstürmt), um durch Pansophie Gott zu erkennen — ein Akademiegedanke, dem ein letztlich himmelstürmender Drang zugrunde liegt. Beide Mythen wuchsen auf dem gleichen Boden, der Sehnsucht des Gotterkennens durch das „Licht der Natur" im 16. und 17. Jahrhundert. Beide wurden von Goethe aufgegriffen. Aber während er *Die Geheimnisse* als Fragment liegen ließ (Bd. 2, S. 271 ff. u. Anmkg.), war *Faust* so sehr Fleisch von seinem Fleisch, daß er immer wieder dazu zurückkehrte.

Als Knabe schon lernte er die Puppenspiele kennen; früh auch eins der Volksbücher. Marlowe las er erst 1818. Aber Lessings „Faust"-Fragment, 1759 in den „Literaturbriefen" erschienen, kannte er wohl schon seit seiner Jugend. — Hält man Goethes Drama mit den älteren Stoffquellen zusammen, so ist man immer wieder erstaunt, wie sehr es in Bereiche führt, von denen jene Werke noch nicht das geringste ahnen lassen. Aber nicht weniger erstaunlich ist, wie in dieser großen neuen Symbolwelt die Einzelmotive immer noch bis in Kleinigkeiten hinein auf jene Quellen zurückgehen und wie Goethe an ihnen mit einer Treue festhält, die den großen Sinn und die bildhafte Kraft der alten Volksfabel liebevoll anerkennt.

DIE ENTSTEHUNG

Als Goethe im Herbst 1775 nach Weimar kam, brachte er Skizzen zu einem Faust-Drama mit und las sie vor. Eine besonders begeisterte Zuhörerin, das Hoffräulein Luise v. Göchhausen, lieh sich seine Handschrift aus und schrieb sie ab. Goethes damaliges Manuskript ist nicht erhalten. Er hat es später umgeschrieben, zerschnitten, abgeschrieben und vernichtet. Aber die Abschrift des Fräuleins v. Göchhausen blieb aufbewahrt. Im Jahre 1887 entdeckte Erich Schmidt sie in ihrem Nachlaß und gab sie unter dem Namen „Urfaust" heraus. Es ist die erste uns erhaltene Fassung des Dramas und zeigt uns den Zustand, den es im Winter 1775/76 hatte.

Begonnen ist das Werk mehrere Jahre früher. Schon im Sommer 1773 erwähnt Gotter es, im Jahre 1774 bekommen Boie und Knebel Bruchstücke zu hören. Mit der Ankunft in Weimar stockt dann die Arbeit auf viele Jahre hinaus. So ist der „Urfaust" das Erzeugnis einer ersten Arbeitsperiode. In dieser Zeit des Sturm und Drang schrieb

Goethe aus stürmischen Visionen heraus, sich getrieben fühlend von seinem Genius. So formte er scharf gesehene Einzelbilder und machte sich keine Sorge, wie diese sich zum Ganzen zusammenschließen würden, denn er fühlte, daß sie aus einem gemeinsamen großen Zusammenhange herkämen. Er schrieb nur das, was ihn bedrängte, was in ihm Leben war, und so entstanden zwei große Szenengruppen, die Gelehrtentragödie und die Gretchentragödie. Denn hier hatte der Stoff unmittelbaren Zusammenhang mit seinem Ich. Die Gretchenhandlung ist eine Motivreihe, die erst Goethe mit dem Fauststoff verbunden hat; denn in den Volksbüchern ist das Motiv der „armen Magd" ganz geringfügig, in den Puppenspielen fehlt es.

Das erste Motiv des Fauststoffes, das Goethes innerstes Leben traf, war das des Titanismus. Es waren die Jahre, in denen er die Worte schrieb: *Ich möchte beten wie Moses im Koran: „Herr, mache mir Raum in meiner engen Brust!"* (An Herder, Juli 1772.) Das Ich will sich ausweiten zur Welt, zu Gott. Es leidet unter seinen Grenzen, an die es allenthalben stößt. Ist nicht um uns das Unendliche? Ist es nicht im Endlichen zu ergreifen, wenn man nur die rechten Kräfte hat? Wenn man sich an die Schönheit eines großen Naturbildes ganz verliert — muß dann nicht ein Gott kommen und das Ich an sich ziehen wie Zeus den Ganymed? (Bd. 1, S. 46f. u. Anmkg.) Was ist Menschsein? Ein *Sich-Verselbsten* zum Ich — abgeschlossen, in sich gesammelt — und *Sich-Entselbstigen* zum All — sich verlierend, sich aufgebend, verschwebend in ein Unendliches ... (*Dichtung und Wahrheit*, Bd. 9, S. 353,22—24; auch Bd. 1, S. 33—52 u. Anmkg.). Es bildeten sich Mythengestalten — Prometheus, Urbild des Verselbstens, Göttertrotz, Ichheit, und Pandora, die Schöne, Urbild des Entselbstigens, liebend aufgehend in ein Götterreich — und erste Worte über die geheimnisvolle Verbindung von Todessehnsucht und religiösem Eros (*Prometheus* 325—414). Aber das *Prometheus*-Drama blieb Fragment. Denn sind Halbgötter Sprecher für Menschennot? In dem jungen Genie war zu vieles, was in diesem Stoff keine Sprache erhielt. Suchte er selbst doch das Unendliche als Erkennender in allen Wissensgebieten, als Dichter (ein zweiter Schöpfer gleichsam), als Natur-Erlebender, als Tätiger und zumal als Liebender ... Das alles aber war darstellbar in dem Stoff, den er nun ergriff: Faust.

Wie wesentlich ist für einen Dichter der Stoff! Er kann ihm entgegenkommen, er kann ihm widerstreben. In diesem schien alles angelegt, was Goethe aussprechen wollte; und zwar keimhaft, so daß er Spielraum hatte, sich zu entfalten. Der Stoff hatte nicht solche Ferne wie der Prometheus-Stoff, war aber auch wiederum nicht realistische Gegenwart (schon allein durch das Geisterreich). Fausts Streben durch alle Fakultäten spiegelte Goethes eigenste Sehnsucht, zu erkennen, *wie*

alles sich zum Ganzen webt ... (447), und er kannte die bittre Ent-
täuschung beim Studium: *Fehlt leider nur das geistige Band* ... (1939).
Das neuplatonische Bild der Emanation steht hinter der paracelsischen
wie der Goetheschen Weltschau. Wenn Gott sich ausgeströmt hat in
das All, muß er durch das All zu erfassen sein; als Weg der Erkenntnis
soll die Wissenschaft dienen; und nur eine davon ist die Theologie.
Wie die Pansophen die Zusammenhänge im All in einem Schema zu
fassen suchten, so erblickt Faust dies Gefüge im Zeichen des Makrokosmus, und wie danach das Denken des 18. Jahrhunderts die Begrenztheit des Menschen in sich selbst aufzeigte, so erfährt Faust diese in
den Worten des Erdgeists. Der Forschertitanismus bricht zusammen.
— Aber es gibt noch einen anderen Weg der Entgrenzung, des Über-
sich-Hinauskommens, der Erlösung aus den Fesseln des Ich: die Liebe.
Darum steht neben dem Titanismus des Forschers die Gretchenhandlung. — Das Gegenbild des Forschertitanismus ist das trockene Schulwissen; daher die Universitätssatire. Das Gegenbild der religiös-all-
haltigen Liebe Gretchens und Fausts ist die genüßliche Nüchternheit
Mephistos und Marthens. Das sind die konstituierenden Grundzüge
des „Urfaust". Die dahinter stehenden Erlebnisse: Schulwissen in
Leipzig und Straßburg; Erkenntnissehnsucht und pansophisch-alchi-
mistische Lektüre in Frankfurt; Versuche in vielen Wissensbereichen,
halb wie der Schüler, halb wie Faust; dann Friederike in Sesenheim;
und schließlich, nach der Heimkehr, ein Frankfurter Prozeß gegen ein
Mädchen, das — vereinsamt, verfemt und ratlos — ihr Kind getötet
hatte. Nahes und Erlebtes konnte mit dem Faust-Stoff verschmelzen
in einer Weise, wie es bei dem Prometheus-Stoff niemals möglich war.
Faust ist ein nachmittelalterlicher Mensch, ein geistiger Mensch, ein
Gelehrter. Er ist ein Deutscher. Dadurch das Deutsche der Gretchentragödie: die Stadt, die Stimmung in Stube und Garten, und vor allem
die Gestalt von Gretchen selbst.

Schon im „Urfaust" kommt der Geist der Gelehrtentragödie voll
zum Ausdruck, und die Gretchentragödie läuft lückenlos ab in strenger,
straffer Folge. Aber ein Drama als ausgearbeiteter Handlungszusammenhang ist es noch nicht. Mephistopheles ist plötzlich da, ohne daß
wir wissen, warum. Fausts Entfernung von Gretchen bleibt unbegrün-
det. Es sind nur Entwürfe, noch kein fertiges Werk, und Goethe behielt den Wunsch, es zu vollenden.

Im Jahre 1786 begann er, seine *Schriften* gesammelt herauszu-
geben. Zunächst brachte er das, was fertig vorlag, *Werther, Götz,
Iphigenie* usw., dann 1789 die Gedichte. *Faust* ließ er sich für den
Schlußband. Doch es war ihm nicht möglich, das Werk zu vollenden.
Er wollte es anderseits auch nicht länger zurückhalten; und so er-
schien es denn als: *Faust, ein Fragment*, 1790. Es bricht hinter der Dom-

Szene ab. Die letzten Worte sind: *Nachbarin, Euer Fläschchen!* — Das *Fragment* ist eine Umarbeitung. Noch fehlt der Pakt zwischen Faust und Mephistopheles, aber es gibt nun schon Gesprächsszenen zwischen ihnen vor der Weltfahrt (1770—1850 und 2051—2072). Die Schülerszene hat bereits ihre endgültige Form. Prosaszenen gibt es keine mehr. In *Auerbachs Keller* — jetzt in Versen — macht den Zauber mit dem Wein nicht mehr Faust, sondern Mephistopheles. Dann folgt die *Hexenküche*. An den Gretchen-Szenen war kaum etwas zu ändern. Aber die Szene *Wald und Höhle* ist neu eingeschoben. — Goethe hat an diesen Änderungen und Ergänzungen zum Teil in Italien gearbeitet, zum Teil in der ersten nachitalienischen Zeit in Weimar. Die Vollendung von *Iphigenie* und *Tasso* lag hinter ihm. Er schrieb nicht mehr wie in seiner Jugend nur aus Visionen heraus, sondern auch klar, bewußt und komponierend. Man merkt es dem Fragment an. Aber damit allein war dem Stoff nicht beizukommen. Fausts Weltfahrt mußte noch weiter führen, und alle Stationen mußten unter einen gemeinsamen großen Gesichtspunkt treten: Das geschah erst in der nächsten Arbeitsperiode.

In dem Faust-Stoff war von vornherein angelegt, daß Faust an den Kaiserhof kommt und sich mit Helena verbindet. Aber den jungen Goethe, den die Gelehrtentragödie und Gretchenhandlung mit innerster Anteilnahme erfüllt hatten, hatte diese Partie des Stoffs nicht gereizt. Ebenso gehörte als ein unumgänglicher Bestandteil zu dem Stoffe der Pakt mit dem Teufel. Gerade das, was Goethe in seiner Jugend nicht gefesselt hatte, zog ihn nun in der Zeit seiner Klassik an. Ganz hingegeben der Liebe zum Altertum, erfreute ihn jetzt gerade die Helenagestalt. Damit wird Fausts Weltfahrt fortgesetzt. Der gemeinsame Gesichtspunkt des ganzen Werks muß nun hervortreten. Nicht nur das bildhafte Schauen, sondern auch das weltanschauliche Denken tritt damit in seine Rechte. Und eben das hatte der Freund Schillers und der immer selbständiger sich entwickelnde weltanschauliche Denker inzwischen in sich ausgebildet. Jetzt formt er den so höchst eigenartigen, von der Tradition völlig abweichenden Pakt mit dem Teufel und formt im Prolog im Himmel den großen Rahmen, in den das gesamte Geschehen gestellt wird. Das geschieht in der Arbeitsperiode zwischen 1797 und 1806. Man kann sie die Periode des Schillerschen Anteils nennen, denn Schiller ist in dieser Zeit der Treibende. Und wenn er auch auf das Gefüge des Ganzen nicht unmittelbare Wirkung hat, so ist doch in dem geistigen Klima seiner Gedankenklarheit die Formulierung der Beziehung zwischen Faust und Mephistopheles, zwischen Mephistopheles und dem Herrn zustande gekommen. Das Ergebnis dieser Arbeitsperiode ist *Faust, 1. Teil*, gedruckt 1808. Hier erschien auch schon der *Prolog im Himmel*, der ein Prolog zu beiden

Teilen ist. Um 1800 entstand auch der Anfang der Helena-Tragödie (8489—8515, 8524—8559, 8569—8590, 8638—8802), wurde aber noch nicht gedruckt.

Die letzte Arbeitsperiode ist dann die zwischen 1825 und 1831. In ihr entsteht der 2. Teil des Dramas. Pläne dazu waren schon um 1800 geschaffen, wohl auch beträchtliche Stücke der letzten Szenen. Goethe hatte in diesen Altersjahren eine andere Art des Produzierens als in seiner Jugend. Damals hatte er einzelne Szenen hingeschrieben, aus der Leidenschaft innerer Gesichte. Jetzt gliederte er erst das Ganze und machte in Stichworten Pläne dafür, *Schemata*. Das Schematisierte wird Stück für Stück zum Arbeitspensum; meist abends überdacht und am Morgen in Arbeit genommen. Nur langsam schreitet die Dichtung voran. Ähnlich wie einstmals Schiller wirkt jetzt Eckermann fördernd und anregend durch seine leise, aber stetige Stimme und seine genaue Vertrautheit mit Goethes Werk. 1826 wird der Helena-Akt vollendet. Goethe mag ihn jetzt nicht länger zurückhalten und veröffentlicht ihn unter dem Titel: *Helena. Klassisch-romantische Phantasmagorie. Zwischenspiel zu Faust* im Jahre 1827 im 4. Bande der *Ausgabe letzter Hand*. Danach macht er sich an die Szenen am Kaiserhof. Sie wurden 1827 fertig und erschienen ebenfalls sogleich, im 12. Bande der *Ausgabe letzter Hand*, 1828. (Vers 4613—6036.) Die Lücke zwischen diesen beiden Teilen wurde 1830 durch die Vollendung des 2. Akts mit der *Klassischen Walpurgisnacht* geschlossen. Dann nimmt Goethe den 5. Akt in Angriff und vollendet ihn. Er hatte seinerzeit den Beginn der Helena-Handlung erst schaffen können, nachdem die große Griechensehnsucht über ihn gekommen war und er *Iphigenie* geschrieben hatte. Die Verbindung Helenas mit Faust konnte erst entstehen, als sein eigener Hochklassizismus vorüber war und er — durch Nibelungen, van Eyck, Hafis und Calderon in andere Regionen geführt — bereit war, Antike und Mittelalter zu verbinden, wie es schon der Titel *Klassisch-romantische Phantasmagorie* ausdrückt. Fausts Herrschervision des freien Volks auf freiem Grund (11559—11580) setzte dann Staatsdenken und weltweite Siedlungspläne voraus, wie sie Goethe erst im Alter im Gefüge der *Wanderjahre* — die 2. Fassung erschien 1829 — durchgedacht hatte. — Im Frühling 1831 war *Faust II* im Allgemeinen fertig, nur der 4. Akt hatte noch Lücken. Goethe nahm sich vor, sie bis zu seinem Geburtstag auszufüllen; und es gelang. In der verhaltenen Bewegtheit der Briefe aus dieser Zeit spürt man, was dieser Abschluß für ihn bedeutete. — Er wußte, daß das, was er gegeben hatte, schwer zu verstehen sei. Er blickte in dieser Zeit ins Weite. *Ich muß nun an die Enkel denken* ... (Bd. 1, S. 324). Wann würde die Zeit kommen, da man dieses Werk verstehen würde, dieses Werk, in dem der aufmerksame Leser mehr finden werde, als ihm, dem Dichter selbst, bewußt sei? (An Meyer, 20. Juli 1831.) Er dachte an Jahrzehnte, vielleicht an unser Jahrhundert. Was konnte demgegenüber das Urteil der Zeitspanne bedeuten, die noch vor ihm lag? Er fühlte, daß sie kurz sein werde. Nur aus Abstand, nur als Ganzheit, nur nach langem liebevollem Betrachten war dieses Werk zu verstehn; er mochte die Stimmen derer, die sofort zu allem etwas zu sagen wissen, nicht hören. Er bestimmte dieses Werk der Zukunft und siegelte es ein. Es erschien, seinem Wunsche entsprechend, erst nach seinem Tode. Eckermann und Riemer gaben es noch im Jahre 1832 heraus als Band 1 der „Nachgelassenen Werke".

So hatte er vom Erwachen seiner Dichterkraft bis an sein Ende daran gearbeitet, in sehr wechselvoller Art: schnell, langsam, impulsiv, aus Sehnsucht, die Poesie kommandierend, absichtsvoll, Material benutzend, schematisierend, intuitiv schauend. Der Fauststoff enthielt eine Vielfalt von Motiven, die alle für Goethe reizvoll wurden, freilich erst nach und nach. Und umgekehrt: Goethe durchlebte in seiner reichen Entwicklung viele verschiedene Lebensgebiete, und für sie alle fand er Symbole in dem Fauststoff. Die Verzweiflung an der Fakultätswissenschaft und die Seligkeit und Schuld der Liebe waren die Themen seiner Jugend. Im Mannesalter fesselten ihn die klassische Schönheit der Helenagestalt und das allgemeine Bild des Menschen, das durch den Pakt und den *Prolog im Himmel* gegeben wird. Den Greis bewegte Faust als Handelnder, Herrschender, dazu das Geheimnis des Schöpferischen, Urbildlichen, die Symbolik der Klassischen Walpurgisnacht. Es ist ein Stoff, der ihn in allen Lebensstufen anzog; umgekehrt aber auch einer, den er, da er immer nur schrieb, was sich ihm organisch ergab, niemals in einer Altersstufe vollenden konnte. Zwischen den in dem Faust-Stoff angelegten Motiven und den von Goethe in seinem langen Leben durchlaufenen geistigen Bereichen ergaben sich also immer wieder glückhafte Entsprechungen. Wahrhaft eine besondere Beziehung zwischen Stoff und Dichter. Aus ihr erklärt sich, warum Goethe von seiner Jugend bis ins höchste Alter an diesem Werk gearbeitet hat und warum es also auch aus allen seinen Lebensperioden Kraft, Weisheit und Geheimnis in sich aufnehmen konnte.

DAS WERK

Bild der Welt. Das *Faust*-Drama zeigt ein Weltgeschehen zwischen Gott und Mephistopheles und zeigt es an einem einzelnen Menschen. Dieser ist freilich nicht beispielhaft für den Durchschnitt der Menschen; er ist vielmehr ein Ausnahmemensch, im Sehnen und Wollen, in Verfehlen und Schuld. Doch gerade dadurch, daß er sich an den Grenzen des Menschseins bewegt, wird das Wesen des Menschen deutlich.

Das Drama beginnt mit dem *Prolog im Himmel,* durch welchen das folgende Geschehen in einen großen Zusammenhang gestellt wird und die Gestalt des Mephistopheles ihren Ort erhält. Die Engel rühmen Gottes Größe. In dem anschließenden Dialog gibt der Herr dem Teufel die Freiheit, Faust *von seinem Urquell abzuziehn* (324), jedoch nur *solang er auf der Erde lebt* (315). Er nennt Mephistopheles einen *Schalk* (339), d. h. einen Nein-Sager mit Witz. Diese Rolle spielt Mephistopheles in dem ganzen Drama; zu ihr gehört auch, daß er nun von einer *Wette* (331) spricht; doch Gott wettet nicht mit einem niederen Geist, dessen begrenzte Stelle in der großen Ordnung er kennt und der — im Gegensatz zu ihm — das Kommende nicht weiß.

Mephistopheles ist eine dämonische Gestalt, nicht nur Allegorie des Bösen, sondern eine individuelle Figur. Goethe hat — in einer Zeit, als die Dichter nicht mehr Geister darzustellen pflegten — verstanden, ihm persönliche Züge zu geben. Er ist in seinem Bereich klug und hat viel gesehen; er ist witzig und scharfsinnig, der stete Zyniker; sein Blick ist durchdringend; nur für eins hat er kein Organ, kann es nicht haben: für die Werte des menschlichen Daseins. Als den Verneiner deutet er sich selbst (1338—1344, 1346—1358, 1362—1378), nur verdreht er dabei die Wahrheit. Durch den Prolog im Himmel wird deutlich: er ist ein Verminderer des Guten, welches das Seiende ist. Er selbst aber deutet das Nichts als Ursprung und als Ziel der Welt und das Gute als Verminderung des Bösen. Als Verneiner wird er auch von den Sphinxen gedeutet (7134—7137), die dabei seine Begrenztheit durchschauen. Er nimmt das Streben Fausts als Erscheinung wahr (300—307), versteht es aber nie. Auch die innere Entscheidung Gretchens erkennt er nicht. Er sieht nur, daß sie vernichtet ist, und sagt *Sie ist die erste nicht* (S. 137, 15); er bemerkt nicht, daß dieser Weg ins Verderben zugleich Anlaß wird zu einer klaren Entscheidung zum Guten (4605, 4607—09) und einer unvergleichlichen Begnadigung und Erhöhung (4611, 12094f.). Als Helena entschwindet, zeigt Mephistopheles sich in seiner wahren Gestalt, um anzudeuten, alles Geschehene sei Trug und Schein gewesen. Doch Faust hat Helena so gesehen, wie sie war, ihre echte Gestalt, und das, was dabei in ihm vorging, ist etwas, was Mephistopheles nicht sieht und was er mit seinem Spott nicht zersetzen kann. — Mephistopheles gehört in den Weltplan Gottes. Seine Bedingtheit besteht darin, daß er nicht einsieht, daß er für die göttliche Ordnung notwendig ist. Darum wird er immer wieder sein Spiel beginnen; wird es im kleinen gewinnen und muß es im großen verlieren. Durch das Gespräch mit dem Herrn erhält er die Freiheit, sich an Faust zu versuchen.

Faust ist der Strebende. Zum menschlichen Leben gehört Tätigkeit, Bewegung, Zielsetzung. Doch bei ihm wird daraus Maßlosigkeit.

Das Wort *streben* (697, 767, 1075, 1676, 1742, 7291, 11936) ist bezeichnend für Fausts geistige Welt; noch seine letzten Worte sind Befehle, die ein erstrebtes Ziel erreichen wollen (11503—11510) und das *Vorgefühl* einer erstrebten Zukunft ausdrücken (11585). Niemals gelingt es Mephistopheles, dieses Streben zu lähmen; immer bleibt es in voller Kraft, und es greift in viele Richtungen. Daraus ergeben sich die Gelehrten-Tragödie, die Gretchen-Tragödie, die Helena-Tragödie und die Herrscher-Tragödie. Goethe gestaltet hier keine psychologische Einheit des Charakters in dem Sinne, wie Götz oder Egmont Charaktere sind; doch es bleibt die Einheit der Gestalt, die unabänderlich und furchtlos auf äußerste Ziele zugeht. Die Bilder aus Fausts Leben, die das Drama vorführt, zeigen keine Entwicklung, sondern das Problem des Strebenden, Maßlosen, Grenzenstürmenden, das sich in verschiedenen Lebensbereichen wiederholt. Das ist es, was diese Bereiche zusammenhält: jedesmal die Sehnsucht nach Entgrenzung und ein Ausgriff in Übermenschliches, und jedesmal die bittere Erfahrung der engen Grenzen des Ich, im Erlebnis des Erkenntnissuchenden, des Liebenden, des in schöpferische Innenwelt Hinabsteigenden, des Herrschenden.

In Faust ist eine Sehnsucht, über die Grenzen seines Ich hinauszugelangen, doch diese Sehnsucht führt ihn nicht ins Religiöse empor, wo sie ursprünglich hinstrebt, sondern sie überstürzt sich, greift fehl, vermischt Hohes und Niederes und verstrickt sich dadurch immer tiefer ins Irdische. So wird Faust da, wo er ins Übermenschliche auszugreifen versucht, sein Ungenügen besonders spürbar. Seine Maßlosigkeit und die damit zusammenhängende Verzweiflung führen ihn dazu, den Pakt mit dem Teufel zu schließen. Dadurch ist dann das ganze Drama bis zu Fausts Tode bestimmt. Faust und Mephistopheles trennen sich nicht mehr. Beide sind immer mit der gleichen Sache beschäftigt. Doch sie betreiben sie auf ganz verschiedene Weise. Die Auseinandersetzung beider ist ein Grundzug des Dramas. — Faust ersehnt als Gelehrter höchste Erkenntnis, doch da er sich nicht zu begrenzen vermag, wählt er die Magie. Als sich ihm, der durch die Wissenschaft und auch durch die Erdgeist-Beschwörung enttäuscht ist, Mephistopheles anbietet, nimmt er den Vorschlag an und bindet sich an ihn und seinen dunklen Bereich. Nachdem das Gelehrtenstreben keinen Weg innerer Entgrenzung ergeben hat, öffnet sich ein neuer Weg in der Liebe. Doch nun ist Faust bereits an Mephistopheles gebunden. Die Liebe führt in Bereiche, die zur bittersten Schuld werden. Später strebt Faust danach, sich die Schönheit des griechischen Altertums zu eigen zu machen, doch auch hier will er zuviel und scheitert. Schließlich erstrebt er Herrschaft und Macht, doch da er mit mephistophelischer Hilfe arbeitet, wird nichts Sinnvoll-Bleibendes daraus.

Bei allen diesen Ausgriffen in verschiedene Bereiche ist Faust so sehr verstrickt in die Netze des Mephistopheles, daß das Böse und die Vernichtung siegen. Es gelingt Mephistopheles, alles, was Faust beginnt, schlimmer zu machen. Faust will Gretchens Mutter einen Schlaftrunk geben, Mephistopheles aber gibt ihr tödliches Gift; Faust gerät mit Valentin in Streit, Mephistopheles bringt ihn um. Im 2. Teil will Faust als Herrscher Handel treiben, Mephistopheles macht daraus Seeräuberei; Faust will zwei alten Leuten statt ihres Landgutes ein anderes, fruchtbareres geben, Mephistopheles aber verbrennt das Haus und die Menschen. Doch jedesmal, wenn Faust schuldig wird und Mephistopheles zu siegen scheint, kommt eine Wende; und nie erreicht Mephistopheles ganz, was er will. Mephistopheles will einen Pakt, in welchem Faust sinnenhafter Lebensgenuß versprochen wird, Faust aber macht daraus eine Wette, daß er stets ein geistig Strebender bleiben werde. Mephistopheles will ihn in reine Geschlechtlichkeit führen, und bei Faust wird es Liebe. Mephistopheles will ihn im Wirbel der Walpurgisnacht versinken lassen, doch Faust denkt dort an Gretchen zurück (4183 ff.). Mephistopheles will die ganze Helena-Welt als Trug enthüllen, doch bei Faust wird sie ein inneres geistig-schöpferisches Erlebnis. Mephistopheles will Faust zum Tyrannen machen, der Räuber und Mörder in seinem Dienst beschäftigt, doch Faust kommt zu einem politischen Ziel, das edel ist. Die schlimmsten Taten Mephistos geschehen hinter Fausts Rücken: der Mord an Gretchens Mutter und der an Philemon und Baucis. Doch weil Faust hineinverstrickt ist, ist er nicht frei von Schuld. Mephistopheles wirkt als Kraft in seiner Richtung, eben dadurch aber wird offenbar, daß Faust sich in anderer Richtung bewegt und immer, wenn er Mephistopheles folgte, eine Umkehr erlebt. So wird seine Gegenkraft deutlich; sie erlahmt nicht; doch Faust wird anderseits auch nicht besser. Im Alter, als er die Hütte der beiden Alten begehrt, ist er genau so schuldhaft wie früher, als er Gretchen im Stich läßt.

Dieses Spiel von Kraft und Gegenkraft, das die ganze Handlung durchzieht, wird noch besonders hervorgehoben durch die beiden Gespräche mit ihren Abmachungen. Das Gespräch im Himmel gibt Mephistopheles Freiheit zum Handeln und bezeichnet zugleich Fausts Wesen mit seinem *dunklen Drange* (328). Um dieses Faustische Streben handelt es sich auch in der Abmachung zwischen Faust und Mephistopheles. Faust sagt, dieses Streben werde nie ermatten, nie werde er im Genuß Ruhe finden. Mephistopheles dagegen ist sicher, daß er ihn ganz in seinen Bereich ziehen werde. So glaubt er am Ende (11589f.), Faust habe das Wort *Verweile doch* (1700) zum Augenblick gesprochen, während dieser nur eine Zukunftshoffnung meint, mit welcher er wie nur je ein Strebender ist (11581—11586). In ähnlicher Weise hat Mephistopheles ihn schon oft mißverstanden. Und Faust beachtet vielfach nicht, was Mephistopheles sagt oder tut; er ist der Einsame, mit sich selbst Beschäftigte. — Fausts Wesen enthüllt sich am besten in seinen langen Monologen, welche seine innere Größe zeigen. Tritt Mephistopheles zu ihm, so nimmt er meist einen anderen Ton an. Doch ihm macht der Teufel keinen Eindruck — schon allein dadurch zeigt sich seine Größe. Er hat einen Dämon neben sich, einen absoluten Nihilisten, und behauptet sich dennoch. Er wagt sich ohne Bedenken zur Walpurgisnacht wie zum Bereich der Mütter. Von sich aus hat er wenig Zusammenhang mit der Welt. Diesen schafft Mephistopheles.

Fausts Weg wird also ein Weg durch die Welt. Er sucht sie, um seiner Sehnsucht Genüge zu tun, Mephistopheles führt ihn hinein, weil er auf diese Weise sein Ziel zu erreichen glaubt. Faust erlebt die Bereiche Gretchens, des Kaiserhofs, Helenas und des Herrschertums am Meeresstrand. Goethe hat diese Bereiche breit ausgemalt, denn sie sind nicht nur um Fausts willen da, sie sind auch um ihrer selbst willen bedeutsam. Faust bleibt der große Einsame, der mit einem Dämon lebt. Er überschätzt seine Kraft. Er lernt nie, zu entsagen. Er denkt fast immer nur an sich. Erst am Ende seines Lebens geht ihm eine soziale Idee auf. Er lernt es auf Erden nie, das Göttliche still zu verehren. Die Gestalt dieses Ausnahmemenschen, der durch die Magie frei von allen materiellen Sorgen ist, hebt sich von den anderen Menschen des Dramas ab, die — von den Bauern unter der Linde bis zu dem Kaiser — in ihrem Alltag stehen. Die Dichtung gibt mit einer Fülle von Einzelzügen ein lebendiges Bild von dem begrenzten Leben dieser Menschen in seiner Stimmung und seinen Anschauungen. Aus dem Kreise dieser Gestalten ist Gretchen herausgehoben; in vielem ist sie ein Mädchen wie andere, doch in ihrer Religiosität ist sie mehr. Trotz ihrer Liebe trennt sie sich in der Kerkerszene von Faust, weil er bei Mephistopheles bleibt. Sie übergibt sich dem *Gericht Gottes* (4605) und damit auch dem der Menschen. Sie tut das Schwerste, weil Gott es will. Deswegen kehrt sie — in verwandelter Gestalt — in der Schlußszene wieder. Heilige Frauen bitten für Gretchen, Gretchen bittet für Faust. Zu Anfang erschien Faust als der Große, zu dem Gretchen aufblickt; am Ende blickt er zu ihr auf, denn sie steht höher. Zu Anfang scheint es, als wisse er mehr von dem Göttlichen als sie; doch dann zeigt sich, daß sie mehr davon weiß. Beide sind immer polare Ergänzung: männlich und weiblich, bewußt und unbewußt, einsam und gemeinschaftsgebunden, welterfahren und kindlich, der Teufelsbündler und die Fromme.

Die Bilder der Welt zeigen viele Züge, welche Faust und Mephistopheles nicht haben (und nicht erkennen) und die gerade darum notwendig sind, damit das Bild ganz sei. Da ist das Gesunde und Schlichte, sei es in der Welt Gretchens, sei es in der von Philemon und Baucis. Und da ist der Humor, der zumal im 2. Teil so reich in Erscheinung tritt. Er fehlt Faust, und Mephistopheles hat nur Ironie und spöttischen Witz. Voll Humor sind die Szenen am Kaiserhof (6319ff.), die Szenen in Fausts Zimmer mit den Insekten im Pelz, die den Mephistopheles begrüßen (6592ff.), und dem Baccalaureus (6689ff.), vor allem aber die Klassische Walpurgisnacht. Das zeigt sich in Chirons Gespräch mit Faust (7331ff.), Mephistos Angleichung an die Phorkyaden (8022ff.) und dann in den drei so verschieden-artigen Alten — Thales, Proteus und Nereus —, die kritisch, kauzig, neugierig, weise und hilfreich das Geschehen begleiten. Während manche Szenen einen scharfen, zur Satire neigenden Humor zeigen, folgt am Ende der Klassischen Walpurgisnacht unmittelbar vor der Apotheose der Galatea der schwebend-leichte liebevolle Humor in der Szene von den Doriden und den Schifferknaben (8391—8423). Humor bricht auch späterhin durch, so als Mephistopheles die Seele holen will und sich dabei in seiner Dummheit zeigt (11612—11843). Und vielleicht gibt es auch im Himmel noch Humor, wenn der Doctor Marianus von dem *zarten Völkchen* der Büßerinnen spricht (12016), wodurch das Wunder der Gnade und die Großartigkeit des An-schauens Gottes nicht im geringsten gestört wird. — So sehr *Faust* ein Drama der großen Situationen, der symbolischen Bilder ist, es ist zugleich ein Drama der einzelnen scherzhaften oder bissigen Pointen, die sich stellenweise wie in der Klassischen Walpurgisnacht zu einem Feuerwerk des Alterswitzes — halb behaglich, halb ironisch — ver-dichten.

So sind viele Szenen da, um das Bild der Welt abzurunden, nicht um Fausts Weg darzustellen. Das gilt sogar von einigen Szenen, in denen Faust selbst auftritt. Der große Monolog vom *farbigen Abglanz* (4679—4727) gibt Goethes Bild der Welt. Des Menschen Geist er-sehnt das Absolute, er will in die Sonne blicken, doch das ist ihm versagt. Der Mensch steht aber auch nicht im Dunkel. Er sieht die farbige Welt, die nur farbig ist, weil das Licht der Sonne sie beleuchtet. Im *Abglanz* des Irdischen hat er mittelbar das Licht der Sonne, in der Erkenntnis der Welt mittelbar die Erkenntnis Gottes. Diese Einsicht ist Begrenzung. Es ist für das Drama als Ganzes bedeutsam, daß diese Szene da ist, so wie es für die Lyrik als Ganzes wesentlich ist, daß es in ihr das — inhaltlich entsprechende und ebenfalls als Einleitung benutzte — Gedicht *Proömion* (Bd. 1, S. 357) gibt. Faust als drama-tische Gestalt aber beherzigt das, was er hier ausspricht, keineswegs. Er begrenzt sich nicht. Wenn er es täte, würde er schon jetzt sagen: *Könnt' ich Magie von meinem Pfad entfernen ... Stünd' ich, Natur, vor dir ein Mann allein* ... (11404ff.) und würde nicht unbedacht nach dem Zauberbild Helenas greifen (6553—6563). Man darf Szenen wie diese also nicht im Sinne realistischer Dramatik auffassen. Sie haben ihre Bedeutung in sich. Sie gehören innerlich in den Zusammenhang des Ganzen, doch nicht so, daß jede die vorigen voraussetzt und in den folgenden sich auswirkt. Das Drama *Faust* ist seiner Entstehung nach ein Werk aus vielen Perioden. Goethe war überzeugt, daß es innerlich schlüssig sei, weil seine Grundvorstellungen sich gleich geblieben waren. In den Einzelheiten durfte eine gewisse Mosaik-Technik bestehen bleiben. Für seine Zeit war sie befremdlich.

Die Akte sind locker aneinandergereiht, sie haben verschiedene Themenkreise, und mit diesen wechseln die Personen. Nur Faust und Mephistopheles sind in allen Akten da. Schon Eckermann sah ganz richtig: „lauter für sich bestehende Weltenkreise, die, in sich abgeschlossen, wohl aufeinander wirken" (13. Febr. 1831) — „Kreise", aber eben solche, die zusammen eine „Welt" ausmachen. Eckermann meinte, der Dichter „benutze die Fabel eines berühmten Helden bloß als eine Art von durchgehender Schnur"; damit hat er zwar recht, doch es gibt noch eine andere, geheimere Art der Verbindung. Goethe selbst hat sie in einem Brief an Iken (27. Sept. 1827) angedeutet, indem er sagt, er habe *durch einander gegenübergestellte und sich gleichsam ineinander abspiegelnde Gebilde den geheimeren Sinn dem Aufmerkenden* offenbart. (S. 448f.) Hier weist er auf einen inneren Zusammenhang der Bilder, den wir vielleicht Symbolzusammenhang nennen dürfen.

Durch das ganze Drama geht das Faustische Streben hindurch und das Mephistophelische Materiell-Machen. Dieser inneren Einheit entspricht als äußere Verklammerung das Gespräch im Himmel und der Pakt mit Mephistopheles. Alles in diesen zwei Gesprächen Behandelte bleibt am Ende des 1. Teils offen; erst am Schluß des 2. Teils rundet sich das Drama. Der *Prolog im Himmel* gehört inhaltlich wie stilistisch enger zum 2. Teil als zum ersten. Erst die *Bergschluchten*-Szene beantwortet die Frage, die er stellt. Der 2. Teil bezieht sich mehrfach auf den ersten: wir sehen Fausts Studierstube wieder, der einstige Schüler tritt als Baccalaureus auf, es gibt wieder eine Walpurgisnacht, und am Ende erscheint Gretchen. Dennoch zeigen beide Teile beträchtliche Unterschiede. Der erste hat mehr Realismus, der zweite mehr Symbolik, ja gelegentlich Allegorie. Im 2. Teil erscheint eine Welt von größerer Weite, dementsprechend wird die Sprachmusik reicher, ja es kommen stellenweise opernhafte Elemente hinzu (9679—9938). Der 2. Teil hat die Kennzeichen des Goetheschen Altersstils in seiner zyklischen Anordnung, lockeren Reihung, seiner Symbolik. Doch in dem Altersstil sind zugleich Elemente aus allen früheren Epochen gegenwärtig. Manches im 2. Teil geht auf die

Arbeitsperiode um 1800 zurück und verrät das auch stilistisch. Anderseits ist im 1. Teil bereits manches, was mit dem Abstand der Spätzeit gearbeitet ist — wie die Volksszene *Vor dem Tor* — und was den großartig-hohen Stil des 2. Teils vorwegnimmt wie der *Prolog im Himmel*. So schließt sich das Werk, aufs Große gesehen, zur Ganzheit zusammen trotz der Verschiedenheit der Teile.

Die Vielformigkeit des Werks beruht zum Teil schon darin, daß Goethe stoffliche Anregungen aus verschiedensten Bereichen hier vereinigt. Das Stück spielt in einer spätmittelalterlichen deutschen Umwelt. Die Mummenschanz am Kaiserhofe zeigt Elemente der italienischen Renaissance. Am Schluß, wo von der göttlichen Liebe die Rede ist, benutzt das Werk Bilder aus christlich-mittelalterlicher Tradition. Im Helena-Akt dagegen knüpft es an altgriechische Dramen an, was aber nicht hindert, daß da, wo allgemein von dem untergehenden Dichter die Rede ist, das Bild Lord Byrons erscheint. Trotz aller Anregungen bleibt das Ganze und das Einzelne selbständig und von eigener Art. Goethe fand für viele seiner Gestalten fast nichts als die Namen vor, und so sind der Erdgeist, Homunculus und die Mütter seine eigenen Schöpfungen. Alle Gestalten und Bilder ergeben durch ihre Verknüpfung im Drama eine einheitliche Gesamtschau, die immer Polarität zeigt, wo irdische Welt ist, Licht und Dunkel, Engel und Teufel, und Steigerung, wo es sich um Mensch und Gott handelt. Als Bild der Steigerung kann ein Naturmotiv dienen wie das der Wolke oder ein kirchliches Motiv wie das der heiligen Gestalten der Schlußszene. In anderen Werken hat Goethe diese seine Vorstellungen gedanklich ausgesprochen (Bd. 9, S. 351,1 ff.; Bd. 13, S. 48,21 ff.); das *Faust*-Drama bleibt bei einer Reihe von Bildern, der reinen Sprache der Dichtung. Daher das Anschaulich-Beglückende, doch auch zunächst mitunter der Eindruck des locker Gereihten, fast Zusammenhanglosen, daher aber auch das Tiefsinnige, Vieldeutige, wie es jeder Symbolik eigen ist.

Die Bedeutung der Symbolsprache bringt mit sich, daß ein Handlungszusammenhang in der Art realistischer Dramen an Bedeutung verliert. Im 1. Teil ist er noch verhältnismäßig fest gewahrt. Die Szenen in der Studierstube und die Gretchentragödie bilden eine unmittelbare Folge. Doch dann wird es anders. Am Ende seines Lebens ist Faust sehr alt (Eckermann 6. Juni 31; S. 456). Wann in der Zwischenzeit die Szenen am Kaiserhofe und das Helena-Geschehen, wann die Belehnung mit dem Meeresstrande anzusetzen sind und was Faust sonst noch in diesen Jahrzehnten erlebt haben mag, das alles wird nicht gesagt. Wesentlich ist nur, welche Bilder der Welt überhaupt da sind. Um das Drama zu verstehen, muß man zwar zunächst den Geschehniszusammenhang kennen; doch er ist nur der Faden, an den die bunten Edelsteine gereiht sind, die nun in ihrer Beziehung zueinander gesehen sein wollen. Zunächst die Beziehung zwischen Gelehrtenwelt, Gretchen, Helena und Herrschertum; jedesmal aus höchster Sehnsucht ein Ausgriff in edlen Bereich, doch ohne Maß und darum auch nie ohne Magie. Die Erfahrungen Fausts, des Leidenschaftlichen, Großen und Hybriden, spiegeln sich in dem, was Gestalten des Mittelmaßes auf verwandten Gebieten erleben, wie Wagner und der Schüler bzw. Baccalaureus. Wechselseitige Spiegelung eines Motivs (der Poesie, der Freiheit im Geistigen) sind auch der Knabe Lenker und Euphorion. In Beziehung zueinander stehen alle Szenen, in denen von Herrschertum, Regierung, Krieg, Revolution die Rede ist, ob sie nun am Hofe, in der Klassischen Walpurgisnacht, im kaiserlichen Feldlager oder im Neulande Fausts sich abspielen. Ähnliches gilt von allen Szenen, in denen es sich um Augenblick und Vergangenheit, um Zeitliches und Überzeitliches handelt: die Mütter, der Hades, Helena und die Chormädchen, Gretchen als Una poenitentium. — Besondere Bedeutung gewinnt die sinnbildliche Darstellung da, wo Faust selbst für das Geschehen zurücktritt. Als er nach dem Schatten Helenas gegriffen hat, sinkt er in Schlaf. Erst in der klassischen Walpurgisnacht erwacht er wieder. Was dazwischen in ihm vorgeht, sprechen andre Gestalten aus, zumal Homunculus: Sehnsucht nach Griechenland und nach Helena. Und wieder entschwindet Faust, er geht zu Persephone in den Hades. Und nun spiegelt sich das Hinaufholen Helenas in dem Geschehen, das von anderen Gestalten getragen wird: das ewige Gestalten und Umgestalten der Natur, bis ihr höchstes Geschöpf geschaffen wird. Auch ganz am Ende des Dramas ist Faust stumm. Heilige Gestalten umschweben ihn, heben ihn empor, führen ihn zur Läuterung. Was um ihn geschieht, geschieht in bezug auf ihn und sagt aus, was in ihm und mit ihm geschieht.

Symbolik. Außer dem Handlungszusammenhang gibt es also in diesem Drama einen Symbolzusammenhang, und beide sind aufs engste miteinander verbunden. Goethe hat, wie es seine Art war, seinen Lesern zunächst einmal das Geschehen als etwas an sich Reizvolles dargeboten und es ihnen überlassen, was sie etwa noch darüber hinaus für sich entdeckten. Er hat einzelne Szenen, die er anfangs für den Handlungsverlauf geplant hatte, später nicht ausgeführt, weil sie in der Reihe symbolischer Bilder ihn nicht reizten; so Fausts Losbittung der Helena bei Persephone und Fausts Belehnung mit dem Meeresstrand. Er hat dafür andere, symbolhaltige Szenen breit ausgeführt, obgleich sie für den Handlungszusammenhang fehlen könnten: das Fest der Meergötter, die Verleihung der Reichsämter u. a. m. Vergleicht man die ursprünglichen Entwürfe zum 2. Teil (S. 431 ff., 435 f., 438 ff.) mit der späteren Ausführung, so sieht man, daß anfänglich

ımmer ein schlüssiger Handlungszusammenhang entworfen war und
daß dieser später zugunsten eines immer stärker sich herausbildenden
Symbolzusammenhangs zurücktrat. Das galt auch für Entwurf und
Ausführung der Walpurgisnacht im 1. Teil. — Der Handlungszusammenhang in den ersten Akten des 2. Teiles ist folgender: Faust
wird von Mephistopheles in die Welt des Kaiserhofs eingeführt; er
wird aufgefordert, Helena zu beschwören; er geht zu den Müttern
und führt Helenas Schatten vor; er sucht sie dann auf der Klassischen
Walpurgisnacht; er bittet sie bei Persephone frei; er lebt danach mit
ihr auf der Oberwelt in Griechenland. Der Symbolzusammenhang
hebt anderes heraus. Die Gesellschaft, die vielen, die Oberfläche; sie
begehren Kunst als Unterhaltung; der große Einzelne beginnt sie zu
schaffen und versinkt in Tiefstes; seine Einsamkeit, die Versenkung
als Wagnis der Existenz; Helena als höchstes Kunst- und Natur-
Gebilde zugleich, wie die höchste Kunst zugleich höchste Natur ist,
darum der Weg zu ihr einerseits die Sehnsucht des Schaffenden in
Faust als Traum unter Mithilfe des Bewußtseins (Homunculus), anderseits die Werdegesetzlichkeit der Natur, in der ein schaffender
Eros als Höchstes den schönen Menschen hervorbringt (Klassische
Walpurgisnacht). Die Symbolfolge ist schlüssig — mit der besonderen
Logik des Symbols — und geradezu überreich aufgebaut; die Handlung bleibt dagegen sprunghaft; Fausts Weg in die Unterwelt fehlt. —
Im 4. und 5. Akt bringt der Handlungsverlauf dann dies: Faust hilft
dem Kaiser im Kriege; er wird dafür mit dem Meeresstrande belehnt;
er schafft das neue Polderland und bevölkert es. Die symbolische Bilderreihe spiegelt in mehreren Szenen von verschiedenen Seiten das Problem Herrschaft, Ethos, Dämonie, Macht, Volk und Einzelner, läßt
Fausts Belehnung weg und bringt dafür die Verleihung der Reichsämter, weil dieses Bild des alten Reichs mit seiner starren Brüchigkeit
und dem Herrscherleichtsinn so gut hineinpaßt in die Reihe, die beginnt mit Krieg und dämonischen Kräften und endet mit der Hybris
der Macht und der Idee des freien Volkes. — Und ähnlich ist es auch
mit Anfang und Schluß des Dramas. Der Handlungszusammenhang
bringt anfangs die Abmachung zwischen Gott und Mephistopheles,
später die zwischen Mephistopheles und Faust. Man könnte beide
geradezu juristisch formulieren, und dann entstünde die Forderung,
am Ende beide Abmachungen noch einmal zur Sprache zu bringen
und auf das Geschehene anzuwenden. Doch Goethe löst das Problem
nicht als Jurist, sondern als Dichter, er löst es in seiner Symbolsprache.
Und in ihr ist die *Bergschluchten*-Szene eine Lösung, die nichts mehr
offen läßt, sondern alles rundet.

Jede Szene ist Geschehnis und Symbol zugleich. Faust ist zu Beginn im engen gotischen Zimmer mit Büchern und Instrumenten. Das

fordert die Handlung. Und doch ist es zugleich Sinnbild des Ein-
geengten, Naturfremden, mit Mauern Begrenzten; dann *Wald und
Höhle*: die seelische Offenheit für die Natur findet ihr Sinnbild im
Wald, und er ist — und erst recht ist es die Höhle — zugleich Sinnbild des Bergenden, Umfangenden; anders die Szene *Hochgebirg*: auch
da Natur, aber der Mensch ausgesetzt dem Höchsten, Weitesten, gefährdet, darum auch das Erlebnis der Blendung und Umkehr; schließlich die Düne, das Marschland, der gerade Kanal; auch hier Weite,
aber eine künstliche, von Menschenhand geformte Landschaft, Men-
schenmacht, aber zugleich die Grenze, wo ein falscher Schritt zur
Hybris wird und die Rache der göttlichen Naturkräfte aufruft. Jedesmal
fordert die Handlung das Bild, aber jedesmal ist es zugleich ein Symbol.

Das ganze Drama ist reich an Bildsymbolen, die vielfach leitmotivisch sich wiederholen. Die göttliche Sphäre erscheint als Licht
und Schwerelosigkeit, die mephistophelische als Materie und Dunkel,
der Mensch als das Trübe, zwar materiell, aber Licht in sich aufneh-
mend und es zu Farbe machend, Abglanz des Urlichts. Faust spricht
seine Sehnsucht nach dem Unbedingten aus als Sehnsucht ins Licht:
Vor mir den Tag und hinter mir die Nacht ... (1087), *Nun aber bricht aus
jenen ewigen Gründen | Ein Flammenübermaß* ... (4707f. Ähnlich 702ff.,
1070ff. u.a.m.). Damit verbindet sich das Bild des Fliegens; er möchte
emporfliegen ins Licht: *In deinem lieben Lichte gehn, | Um Bergeshöhle
mit Geistern schweben* ... (393f.), *Ein Feuerwagen schwebt, auf leichten
Schwingen, | An mich heran! Ich fühle mich bereit* ... (702ff.), *O daß
kein Flügel mich vom Boden hebt* ... (1074ff.). Ähnlich an anderen
Stellen (1122; 4704ff. u.a.m.). Auch Fausts Sohn, Euphorion, möchte
fliegen; bevor er fliegt — und das Ikarus-Schicksal erleidet —, schnellt
er in Sprüngen empor, und seine Sprache in ihrer Gespanntheit und
elastischen Kraft versinnbildlicht diese Bewegung: *Nun laßt mich
hüpfen, | Nun laßt mich springen! | Zu allen Lüften | Hinaufzudringen, |
Ist mir Begierde, | Sie faßt mich schon* ... (9711ff.). *Doch! — und ein
Flügelpaar | Faltet sich los! | Dorthin! Ich muß! ich muß! | Gönnt mir
den Flug!* (9897ff.). Doch Euphorion kommt damit an die Grenzen
des Menschseins. Hat Mephistopheles recht, der den Menschen mit
der Zikade vergleicht, die zwar emporspringt, aber immer wieder
ebensotief herabfällt (287ff.)? Wird der Mensch, den es ans Licht
emporzieht, in gleicher Weise wieder von Erdenschwere herabgeris-
sen? Die Lichtwelt hat ihre Gegensymbolik in der mephistophelischen
Welt des Dunkels und der Materie (1350ff.); Mephistopheles als Ma-
terialist sieht nur Gold und Geschlecht als Triebkräfte des Menschen-
lebens, darum sind die Symbole seines Bereichs immer wieder aus
diesen Gebieten gewählt (3932ff., 4140ff., 5646ff., 5781ff. usw.). Doch
sein Bild des Menschen ist einseitig. In die Menschenwelt leuchtet

das Licht des Ewigen hinein. Mephistopheles selbst muß im *Prolog im Himmel* zugeben, daß der Mensch den *Schein des Himmelslichts* habe; in der Mitte des Werkes spricht der Mensch selbst, Faust, davon: *Am farbigen Abglanz haben wir das Leben* (4727); und am Ende sagen es die Engel: *Alles Vergängliche | Ist nur ein Gleichnis* ... Das Absolute kann freilich dem Menschen nie unmittelbar erscheinen: *Ein Feuermeer umschlingt uns, welch ein Feuer!* ... *So daß wir wieder nach der Erde blicken, | Zu bergen uns in jugendlichstem Schleier* ... (4710ff.). Die Himmelsklarheit erscheint im *Schleier*, sie erscheint uns vermischt mit dem Irdischen; den Stein kann sie nicht durchdringen, sondern nur von außen farbig bescheinen; die Wolke, den Schleier, kann sie durchleuchten. Es gibt Irdisches, das ganz leicht, luftig, geistig ist, das sich mit Licht sättigen kann, zwar noch irdisch, aber schon lichtdurchdrungen; es steigt auf und löst sich auf in Himmelsglanz. In der Schlußszene erheben sich zwischen den Felsen der Erde und dem Lichtglanz der Himmelskönigin die *leichten Wölkchen* der seligen Knaben und der Büßerinnen (11890, 11966ff., 12013ff.). Die Wolke ist das Leichteste aller Materie, sie steigt empor und löst sich auf, Sinnbild der Steigerung. Goethes Denkbild der Steigerung durchzieht das ganze Werk, anfangs als Sehnsucht, am Ende als Erfüllung. Faust sehnt sich immer wieder nach dem Aufstieg ins Licht: *O daß kein Flügel mich vom Boden hebt* ... (1074ff.), *Des Lebens Fackel wollten wir entzünden* ... (4709ff.), aber immer klagt er dann: *O daß dem Menschen nichts Vollkommnes wird, | Empfind' ich nun* ... (3240f.). Er ist das ganze Drama hindurch abgetrennt von dem Vollkommenen, von der großen kosmischen Ordnung, die das erste ist, was wir in der Dichtung erfahren: *Die Sonne tönt nach alter Weise | In Brudersphären Wettgesang* ... Zwei Symbole sind es, mit denen das Werk hier im Beginn das Göttliche ausspricht: das Licht (*Sonne*) und die Sphärenharmonie. Später in der Elfenszene wird das Motiv noch einmal aufgenommen (4666ff.). Faust ahnt diese Harmonie und möchte sie erkennen, aber er sieht von ihr nur ein Zeichen, das *Zeichen des Makrokosmus*, ihr selbst bleibt er fern, er bleibt begrenzt, beschränkt in jeder Weise. Seine Sehnsucht nach Entgrenzung, nach Teilhabe an der Sphärenharmonie wird aber ganz am Ende erfüllt: das Bild des stufenweisen Emporsteigens (12094f.) führt die bisher getrennten Bilder, das der Sphärenharmonie und das der Entgrenzungssehnsucht (Fliegen ins Licht), zusammen. Insofern ist die Bildsymbolik des Endes die genaue Antwort und Lösung der in den Bildsymbolen des Anfangs gestellten Frage.

Das Bild der Welt ist also in dem ganzen Drama einheitlich. Die irdische Welt ist etwas von Gott Geschaffenes und insofern Bedingtes. Zu ihr gehört Polarität, d. h. Licht und Finsternis, Geist und Materie. Der Mensch hat an beiden teil, und nur weil es Finsternis gibt, weiß er, was Licht ist. Faust ist eine Gestalt, an der das besonders deutlich wird. Die Mischung von Licht und Materie ist das Trübe. (Goethe liebt es, Vorstellungen aus seiner Farbenlehre dichterisch zu gestalten.) Erst als Faust in himmlische Regionen aufsteigt, ist er der *nicht mehr Getrübte* (12074). Vorher aber muß die *geeinte Zwienatur*, in welcher *Erdenrest* und Himmelslicht sich mischten, durch die *ewige Liebe* geläutert werden (11954—11965). Solange Faust lebt, gehört er zu beiden Bereichen. Er kann das Lichtüberglänzte erkennen, doch dringt das Licht in ihn selbst nur mühsam ein, denn er verbindet sich allzusehr mit dem Irdischen, Materiellen, Luziferischen. Erst ganz am Ende erfolgt der Aufstieg in höhere Bereiche. Die Engel singen: *Wer immer strebend sich bemüht, | Den können wir erlösen* ... (11936f.). Das Streben muß da sein; doch es berechtigt zu nichts; die Erlösung ist ein Dennoch, trotz aller Vergehen des Menschen, und eben darum Gnade (11938f.). — So verschieden die Themenkreise des Dramas sind, die Sinnbildlichkeit von Licht und Dunkel, von Abglanz und Farbe, von Wolke und Erde zieht sich einheitlich und verbindend durch alles hindurch.

Klang und Wort. Der reichen Bild-Symbolik der *Faust*-Dichtung entspricht eine nicht minder reiche, einzigartig instrumentierte Klangsymbolik. Diese rauschende, wechselnde Fülle der rhythmischen Formen ist für ein Drama völlig außergewöhnlich. Da erklingen Knittelverse, Blankverse, Trimeter, Liedstrophen, Alexandriner und viele andere Versmaße. Das entspricht der inneren Weite des Werks; denn wie vieles vereinigt es in sich: Altdeutsches und Antikes, Feierliches und Alltägliches, Magie, Gesellschaft, Politik, Liebe, Religion ... Das geistige Klima der einzelnen Szenen, die verschiedene innere Haltung findet Ausdruck in den wechselnden Rhythmen. In der Gelehrtenstube, in Helenas Welt und in der *Bergschluchten*-Szene vernehmen wir jeweils andere Klänge, und schon allein aus dem Klang läßt sich meist vieles über das Wesen einer Szene erschließen.

Das Stück beginnt in Knittelversen:

> *Hábe nun, ách! Philosophìe,*
> *Júristerèi und Médizìn*
> *Und léider áuch Théologìe ...*

Sie sind vierhebig, die Taktfüllung ist unregelmäßig; dadurch haben sie immer etwas besonders Charakteristisches, fast Holzschnittartiges; in diesem Rhythmus kann die Faustische Heftigkeit und Unausgeglichenheit sich entladen. Zwischen den Hebungen stehen ein, zwei oder drei Senkungen, gelegentlich auch gar keine; der Vers kann ohne Auftakt sein, kann aber auch eine oder mehrere Silben als Auftakt haben. Der Reim gibt ihm dazu das Farbige. Goethe benutzt meist paarigen Reim, bringt mitunter aber auch andere Reimstellungen und erzielt dann damit meist eine besondere Wirkung.

Dieser Verstyp geht oft in andere Formen über. Wird er gleichmäßig, regelmäßig, so ergibt sich folgender Typ:

> *Und frägst du nóch, warúm dein Hérz*
> *Sich báng in déinem Búsen klémmt?*
> *Warúm ein únerklärter Schmérz*
> *Dir álle Lébensrégung hémmt?* (410ff.)

Auch dies sind Vierheber, aber regelmäßige. Ein Auftakt, und danach Hebung und Senkung in gleichmäßigem Auf und Ab („alternierend"). Der Klangcharakter ist fließender als beim Knittelvers und vielfältig brauchbar als Sprache des Ungehemmten, Strömenden und insofern der Sehnsucht, raschen Bewegung, leichten Lebens und glatten Flusses.

Dieser regelmäßige Viertakter geht nun wiederum über in einen anderen Typ:

> *Er sóll mir záppeln, stárren, klében,*
> *Und séiner Únersáttlichkéit*
> *Soll Spéis' und Tránk vor gier'gen Líppen schwében;*
> *Er wird Erquíckung sich umsónst erfléhn,*
> *Und hätt' er sích auch nícht dem Téufel übergében,*
> *Er müßte dóch zugrúnde géhn!* (1862ff.)

Diese Verse haben mit den vorigen gemeinsam, daß Hebung und Senkung regelmäßig wechseln. Aber die Taktzahl ist verschieden. In den ersten beiden Zeilen sind es je 4, in den beiden folgenden je 5, dann folgt eine Zeile mit 6 Takten (ein richtiger Alexandriner), und nach diesem Langvers macht nun der folgende Kurzvers mit seinen 4 Takten besonderen Effekt; das Ohr ist auf längere Zeilen eingestellt, und durch die Kürze, den Reim schon am Ende des 4. Takts, wird nun dieser Versinhalt besonders herausgehoben. Sogar noch kürzere, nur zweitaktige Verse sind in dieser Versart möglich:

> *Ihr dúrchstudiert die gróß' und kléine Wélt,*
> *Um es am Énde géhn zu lássen,*
> *Wie's Gótt gefällt.* (2012ff.)

Wie wird mit solchen überraschenden Kurzversen, die den Reim eines vorhergehenden längeren Verses aufnehmen, gerade die Mephistophelische Pointe herausgearbeitet, scharf und lässig zugleich! Es ist ein Vers, dem das Lässige und Rationale, das Plaudernde und Bewußte des 18. Jahrhunderts anhaftet, die Fähigkeit zur Pointe und zur Weltläufigkeit, ein Vers wie geschaffen für die Mephistophelische Sprache, ihr witziges Geplauder und ihre kalten desillusionierenden Schlüsse; aber auch darüber hinaus vielfältig brauchbar in seiner Biegsamkeit,

die ihn den freien Rhythmen annähert und fähig macht, zum fein-
nervigen Instrument des Goetheschen Ausdrucksstils zu werden, der
jeder Wendung im Geistigen durch Wandel im Klang entspricht. Man
nennt diesen Verstyp Madrigalvers, weil er sich im 17. Jahrhundert
im Madrigal entwickelte und von da in die Dichtung eines Brockes,
Gellert, Wieland einging, die Dichtung der Aufklärung, der er durch
seinen flüssigen, unbefangenen und pointierenden Ton entgegenkam.
Goethe lernte ihn in früher Jugend kennen und behielt ihn sein Leben
lang bei.

Durch die wechselnde Taktzahl (und wechselnde Länge) ist dieser
Verstyp verwandt mit den freien Rhythmen; aber er hat ein gleichmäßiges Auf und Ab von Hebung und Senkung, das haben diese nicht.
Ihre Taktfüllung ist frei (darin sind sie wiederum den Knittelversen
verwandt); so sind sie in jeder Beziehung ungebunden, auch in bezug
auf den Reim; er kann dasein, kann aber auch fehlen:

> *Die Lámpe schwìndet!*
> *Es dämpft! — Es zúcken róte Stráhlen*
> *Mìr um das Háupt — Es wèht*
> *Ein Scháuer vom Gewölb' heráb*
> *Und fáßt mich àn!*
> *Ichfühl's, du schwèbst um mìch, erflèhter Gèist.*
> *Enthülle dìch!*   (470 ff.)

Die Erdgeistbeschwörung, Fausts Glaubensbekenntnis (3431 ff.) —
solche Stellen leidenschaftlicher Gefühlssprache werden zu freien
Rhythmen. Die Zahl der Takte wechselt in den sieben angeführten
Zeilen zwischen 2 und 5; zwischen den Hebungen steht meist eine
Senkung, mitunter zwei, ja auch drei (*Scháuer vom Gewölb'*). Diese
Freiheit vom Regelzwang ist eine Verpflichtung zur Ausdrucksform.
Gerade hier muß Kürze und Länge des Verses, muß die musikalische
Phrasierung durch die Versteilung, muß das weite Spannen von He-
bung zu Hebung über mehrere Silben hinweg oder das schwere, be-
tonende Zusammentreffen der Hebungen innerlich begründet sein.

Jeder dieser Verstypen kann ohne weiteres in den anderen über-
gehen. Dem unbefangenen Leser und Hörer kommt dieser Wandel
meist nicht ins Bewußtsein, auch wenn er als Ton, als Stimmung ge-
fühlsmäßig auf ihn wirkt. Der Wechsel zwischen Versen mit freier
Taktfüllung (Knittelversen und freien Rhythmen) und solchen von
regelmäßiger Art ist schon deshalb einfach, weil auch regelmäßige
Verse im Deutschen fast niemals wirklich regelmäßig sind. Sie sind
es immer nur stellenweise, dann werden sie unregelmäßig, und eben
dadurch entsteht der charaktervolle Klang, die ewig wechselnde Melodie.

Und fragst du noch, warum dein Herz
Sich bang in deinem Busen klemmt?
Warum ein unerklärter Schmerz
Dir alle Lebensregung hemmt?
Statt der lebendigen Natur ... (410ff.)

Vier Zeilen sind regelmäßig, Hebung und Senkung wechseln in gleichartigem Auf und Ab. Die fünfte Zeile ist im Typ nichts anderes als die vorigen. Doch es ist klar, man kann nicht lesen: *Statt dér lebéndigen Natúr,* sondern nur: *Státt der lebéndigen Natùr.* Der individuelle Klang der Zeile weicht vom Typus ab. Und das gilt für fast alle Verse bei Goethe: sie sind ein lebendiger, immer wechselnder Rhythmus; ein Grundmaß steht dahinter, aber der Reiz beruht darin, daß es Freiheit läßt.

Diese Vielheit in der Einheit gilt auch besonders für den Fünftakter. Er gab *Iphigenie* und *Tasso* die Form und hat auch an *Faust* Anteil; er kommt teils ohne Reim vor — als Blankvers —, teils gereimt. Da im Madrigalvers gereimte Vier- und Fünftakter dauernd wechseln, ist der Übergang spielend leicht. Regelmäßige gereimte Fünftakter (immer mit Auftakt) sind bezeichnend für das Feierliche, Hohe, Geformte, den Aufschwung ohne Zerrissenheit:

Des Lebens Pulse schlagen frisch lebendig,
Ätherische Dämmerung milde zu begrüßen;
Du, Erde, warst auch diese Nacht beständig
Und atmest neu erquickt zu meinen Füßen ... (4679ff.)

Seltener sind reimlose Fünftakter, Blankverse. Sie haben nicht so viel Glanz und Klang, aber ebenfalls das Erhabene, Ernste; sie sind ein Maß, das fähig ist, sehr Verschiedenes zu fassen und es zu vereinen auf einer Ebene hoher Kunst (darum der klassische deutsche Dramenvers, in „Nathan", „Wallenstein", „Sappho" usw.).

Erhabner Geist, du gabst mir, gabst mir alles,
Warum ich bat. Du hast mir nicht umsonst
Dein Angesicht im Feuer zugewendet.
Gabst mir die herrliche Natur zum Königreich ... (3217ff.)

Auch diese Versart ist voll von Unregelmäßigkeiten und hat gerade daraus ihre Kraft: *Gábst mir die hérrliche Natùr* — die Hebungen befinden sich durchaus nicht da, wo sie dem Versschema nach stehen müßten (*Gabst mír die hérrliché ...*). Wie verwandt ist dieser Klang dem freien Viertakter, ja den freien Rhythmen! Und eben darum die steten Übergänge vom einen zum anderen Versmaß. Das Schema bildet nur den Grundtypus, der zwar allen Versen zugrunde liegt und die Einheit gibt, über den aber die meisten in charaktervoller Eigenart hinausgehen und hinausgehen dürfen. So kommt das Wandelbare im Gleichmäßigen zustande, wie bei Naturerscheinungen, wie bei den Wogen des Meeres. Eben in diesen steten Variationen liegt die Fülle und Ausdruckskraft dieser Versart.

Es gibt in *Faust* aber auch Partien, in welchen das Schema der regelmäßigen Versarten genau eingehalten ist, und zwar immer da, wo es sich um Konvention handelt, um Gesellschaft, Spiel, Virtuosität, zur zweiten Natur gewordene Kunst:

> *Euren Beifall zu gewinnen,*
> *Schmückten wir uns diese Nacht,*
> *Junge Florentinerinnen*
> *Folgten deutschen Hofes Pracht ...*
> *Niedlich sind wir anzuschauen,*
> *Gärtnerinnen und galant;*
> *Denn das Naturell der Frauen*
> *Ist so nah mit Kunst verwandt ...* (5088 ff.)

Das ist Sprachmusik wie ein Menuett, Konvenienz und Glanz in vorbestimmter Form, die zum Spiel, zur Virtuosität der Beherrschung wird; wie passen hierher die Fremdwörter *galant, Naturell*! Da wäre ein faustischer Rhythmenwechsel nicht am Platze. — In solcher Weise sind die Rhythmen mit Charakteren, Stimmungen und gesellschaftlichem Gefüge verbunden.

Das zeigt sich auch besonders deutlich, wenn man betrachtet, wo der Alexandriner benutzt ist. Der Erzbischof spricht zum Kaiser:

> *Mit welchem bittern Schmerz find' ich in dieser Stunde*
> *Dein hochgeheiligt Haupt mit Satanas im Bunde!*
> *Zwar, wie es scheinen will, gesichert auf dem Thron,*
> *Doch leider! Gott dem Herrn, dem Vater Papst zum Hohn ...* (10981 ff.)

Es ist die Szene, in welcher der Kaiser die Reichsämter neu verteilt und der Erzbischof für die Kirche sorgt (10849—11042); das alte Reich, ungefüge, kraftlos, alte Einrichtungen weiterführend, ist keine innere, sondern nur noch äußere Form, aber als solche großartig und majestätisch. Und so der Vers: pomphaft, lang, majestätisch, aber klappernd, ohne innere Seele, der erstarrte Barock-Vers der Haupt- und Staatsaktionen. Schärfster Gegensatz zur Faustischen Sprache, die individuell und voll innerem Drange ist; hier dagegen alles konventionell und äußerlich, ein Weiterführen leblos gewordener Form, die groß klingt (und auch einst groß war), aber nun erstarrt ist. Das Versschema: Alternierende Sechstakter, in der Mitte ein Verseinschnitt (Zäsur), Reimpaare, und zwar genau abwechselnd stumpfe und klingende. Das war die alte Barockform, die Goethe als Kind kennen lernte und die er hier bewußt noch einmal aufgreift und streng einhält.

Äußerlich gesehen steht gar nicht fern von dieser Form eine andere, die in ihrem Wesen doch völlig anders wirkt: der antikisierende (aus dem altgriechischen Drama übernommene) Trimeter; auch er ein sechstaktiger Langvers, aber ohne Zäsur und ohne Reim:

> *Bewundert viel und viel gescholten, Helena,*
> *Vom Strande komm' ich, wo wir erst gelandet sind ...*
> *Laßt mich hinein! und alles bleibe hinter mir,*
> *Was mich umstürmte bis hieher, verhängnisvoll ...*   (8488 ff.)

Lange, strömende Verse; im Unterschied zum Alexandriner (dem scharf Markierten, Klappernden) zeigt sich hier das rhythmisch Wechselreiche, die Halbtöne, die unendliche Melodie, majestätisch und zugleich beseelt, kraftvoll. Es ist die Sprache Helenas im 3. Akt, Sprache der antiken Heroine, erhaben, königlich und schön. Diese Verse werden — wie im antiken Drama — unterbrochen von Chorgesängen, die ein freirhythmisches Schema strophisch wiederholen und zum kunstreichen Gefüge von Strophen und Gegenstrophen zusammenschließen.

Durch das ganze Werk ziehen sich Chöre und Lieder, jeweilig zu den Sprechversen kontrastierend und zugleich auf sie abgestimmt. Zwischen die antiken Trimeter passen die Chorstrophen wie zwischen die Madrigalverse in Auerbachs Keller die deutschen Liederstrophen. Die Geisterchöre heben sich immer wieder von der Sprache des Faust und Mephistopheles ab, schwerelos, geheimnisvoll, klangreich, meist in Kurzzeilen:

> *Schwindet, ihr dunkeln*
> *Wölbungen droben!*
> *Reizender schaue*
> *Freundlich der blaue*
> *Äther herein ...*   (1447 ff.)

Aber nicht nur die Chöre singen. Auch Gretchen singt, volksliedhaft, in alten schlichten Strophen; und im 2. Teile Euphorion; er ist die Dichtung, darum ist seine Sprache Gesang, aber er ist zugleich Fausts Sohn, ist Neuzeit, Streben, Individualität; darum gibt es bei ihm nicht die alten festen Formen, sondern eine eigene, neue, kühne und leidenschaftliche Sprache. Ganz anders die Gesänge, welche das Bleibende, Überindividuelle, das kosmische Gefüge oder kirchliche Tradition aussprechen. Man kann, um Uralt-Überliefertes, Überzeitliches auszudrücken, nicht etwas völlig Neues schaffen, denn eben dann wirkte es zu neu und einmalig; man muß an Altes zumindest anknüpfen. Darum geht Goethe zurück auf die alten Hymnenklänge. Mitunter so, daß er ganz unmittelbar mittellateinische Strophen einschiebt, wenn er das überlieferte kirchliche Gefüge meint:

> *Dies irae, dies illa*
> *Solvet saeclum in favilla*   (3798 f.)

Mitunter auch so, daß er sie im Deutschen frei nachbildet, wenn dem
Geiste mehr die christliche Botschaft in weiterem Sinne zum Bewußtsein kommt:

> *Christ ist erstanden!*
> *Freude dem Sterblichen,*
> *Den die verderblichen,*
> *Schleichenden, erblichen*
> *Mängel umwanden …*   (737 ff.)

Und so klingen alte Hymnenrhythmen auch durch in den Strophen,
die das Drama großartig-feierlich enden:

> *Uns bleibt ein Erdenrest*
> *Zu tragen peinlich …*

Der Inhalt dieser Schlußverse ist Begegnung des Bedingten mit dem
Unendlichen, ist Erlösung und Gnade, aber zugleich das Goethesche
Bild der stufenweisen Steigerung und der Grundgedanke seiner Welt-
frömmigkeit, die Gleichnishaftigkeit des Diesseits:

> *Alles Vergängliche*
> *Ist nur ein Gleichnis …*

Der Klang dieser neuzeitlich gewandelten alten Religiosität ist entwickelt aus der jahrhundertealten Hymnik, ist Form aus großer abendländischer Tradition. Und so eng wie nur je gehören hier Klang und
Inhalt zusammen, und erst beide gemeinsam sagen das Ganze.

Schon allein der Klang sagt immer etwas aus über die Stimmung,
die geistige Welt; er gibt Farbe und Grundton. Als die Elfen an Faust
ihr Werk der Heilung vollendet haben, spricht er erwachend in Terzinen (4679 ff.). Und nachdem er mit Helena gelebt hat, spricht er in
Trimetern (10039 ff.). Der Gipfelpunkt dieser Klangsymbolik, der
Punkt, wo sie sich selbst ausspricht und zu hellem Bewußtsein wird,
ist die Szene, in der Helena in Reimen sprechen lernt, indem sie als
Liebende den Gleichklang mit dem Geliebten findet — ein Symbol
von überwältigender Schönheit, das als Phänomen bereits alles aus-
sagt (9365—9384). Es deutet nicht nur den Sinn dieser Liebesszene,
sondern sagt, was Klang überhaupt ist.

Am Beginn des *Faust*-Dramas herrschen Fausts unregelmäßige
Vier- und Fünftakter, aus altdeutscher Überlieferung kommend, aber
modern umgewandelt zur individuellen Ausdrucksform, passend zu
der Faustgestalt. Im 2. Teil erklingen wechselnde konventionelle Formen für alles, was am Kaiserhofe spielt, dann die antiken Maße der
Helena-Welt; dort ein Bereich der Gesellschaft, hier einer der Kunst,

der Bildung, des erlesenen Geistes, stammend aus Antike und Humanismus. Den Schluß bestimmen Formen aus abendländischer Tradition, altüberliefert, Sinnbild eines großen überindividuellen Gefüges; doch auch sie anverwandelt, mit neuem Inhalt gefüllt. Das Streben eines großen Ich, der ewig gleiche Klang der Menschengesellschaft und die Harmonie des Kosmos leben in diesen Rhythmen. Ihre Folge hat die innere Logik des Aufbaus einer Symphonie. Und der Schlußsatz führt mit dem neuen Motiv seiner hymnenartigen Formen das religiöse Thema des ganzen Werks zum Höhepunkt.

Zum Klang der Verse kommt der Charakter der Sprache. Sie bringt in den jeweilig einheitlichen Farbton, der von der Versform ausgeht, die individualisierende Mannigfaltigkeit. Faust kann in Knittelreimen oder Blankversen sprechen, er behält seine eigene Sprache, gefühlsbetont, ausgreifend, gewaltsam, übersteigernd:

> *Und sollt' ich nicht, sehnsüchtigster Gewalt,*
> *Ins Leben ziehn die einzigste Gestalt?* (7438 f.)

Und Mephistopheles behält stets die seine, sarkastisch, desillusionierend und logisch-kalt mit scharfer Pointe:

> *Am Ende hängen wir doch ab*
> *Von Kreaturen, die wir machten.* (7003 f.)

Von dem erhabenen Sprachstil der Erzengel bis zu dem Kleinstadtklatsch der Mädchen am Brunnen — welche Fülle von Sprachschichten, die jeweilig durch Wortwahl und Satzbau verschieden sind! Gretchen spricht ihre eigene Sprache und Helena die ihre. Der Kaiserhof mit Zeremoniell und Schein hat die seine, entweder als gesellschaftlichgewandte Konvention:

> *Niedlich sind wir anzuschauen,*
> *Gärtnerinnen und galant ...* (5104 f.)

oder mit dem Pergamentgeruch der Kanzlei:

> *Zugleich das hohe Recht, euch nach Gelegenheiten*
> *Durch Anfall, Kauf und Tausch ins Weitre zu verbreiten ...* (10941 f.)

Es ist viel Welt, die Faust sieht; und jedes Stück Welt hat seine Sprache. Wie seine Seele bleibt seine Sprache meist von der der anderen getrennt; so in Auerbachs Keller, aber auch am Kaiserhof. Nur selten ergibt sich zwischen seiner Sprache und der fremden ein wirkliches Gespräch; so bei Gretchen und bei Helena — also nur, wo er liebt. Bezeichnend für Faust sind seine vielen großen Monologe, die als eine Folge für sich der Betrachtung wert sind. Auch die Sprachsphären haben ihre Symbolik und ihre wechselseitige Spiegelung. Da ist zu Beginn die ruhige erhabene Sprache der Erzengel, Sinnbild der unendlichen Ordnung; und dann die individuelle religiöse Sehnsucht

Fausts in ihren sich übersteigernden wilden Worten und Perioden.
Die Schlußszene aber — bringt sie nicht beide Sprachschichten zum
Zusammenklang? Ist in den Worten der Patres nicht ein Stück Faustischer Sprache erhalten mit ihren Übersteigerungen und ihrer Leidenschaft, mit der glühenden Ausdruckskraft der Komposita (11854ff.),
aber schon emporgehoben ins Geistige, Heilige, angenähert und in
Beziehung gesetzt zu der Sprache der Geister und Erzengel? So entspricht der Symbolik der Sprachklänge hier die Symbolik der Bilder,
die ebenfalls diese zwei Schichten zusammenführt.

Die einzigartige Weite des *Faust*-Dramas zeigt sich auch in Hinblick auf die Sprache. Es hat keine strenggefügte sprachliche Einheit
wie etwa *Tasso*. Sondern ebenso wie in den Versarten herrscht auch in
den Sprachschichten die wechselreichste Fülle: Alltägliches, Heiliges,
Derbes, Zartes, Nüchternes und Gefühltestes, Schlichtes und Raf-
finiertestes — alles ist darin enthalten. Die Sprache schöpft aus vielen
Bereichen: Religion, Wissenschaft, Bürgerhaus, Kanzlei, Mundart,
Humanismus. Wie Lynkeus blickt Goethe in alle Richtungen und führt
die Fülle des Erblickten zusammen im Ich. Denn dies alles ist nicht
nur Sprache der Welt, sondern seine eigenste Sprachschöpfung, Leistung des Dichters, der dies alles prägt: Engelsang und Gelehrten-
sehnsucht, Saufgelage und Liebesspiel, Wahnsinn, Politik, Künstlertum, Religion und alles andere. Es lebt in diesem Werke zugleich die
Sprache des Sturm und Drang und die der Klassik und die des Goetheschen Altersstils, der fast nirgendwo sich sprachlich so stark ausprägt
wie hier mit seinen seltsamen Zusammensetzungen, kühnen Neubildungen, formelhaften Knappheiten, umständlichen Verbreiterungen
und vielen anderen Besonderheiten. Kaum eine andere Dichtung
Goethes (mit Ausnahme der Lyrik) hat eine so persönliche Sprache;
keine eine so mannigfaltige, reiche. Doch Sprachklänge, Versformen
und Bildsymbole schließen sich zusammen zum Bilde des Menschen,
der in allen Bereichen, in Wissensdrang, Liebe, Kunst und Herrschaft
gespannt ist in die Polarität luziferischer Erde und göttlichen Lichts
und in die Steigerung von irdischer Bedingtheit zu erlösender Freiheit. Der Dichter, dessen Weltweite einzigartig ist, hat mit allen
Seiten seines Wesens daran teil, und zugleich schließt er durch die
Einheit und Kraft seines Wesens alle diese Elemente zum Organismus
zusammen.

Die Stellung des *Faust* in Goethes Werk. Das *Faust*-Drama
nimmt in Goethes Werk eine besondere Stelle ein, nicht nur durch
die Weite des Horizonts und die Fülle der Bilder und Klänge, sondern
auch durch sein Thema: der Ausnahmemensch und sein Dämon.
Ganz anders sind die *Wanderjahre* mit ihren Menschen, die das Dämonische bändigen und die entsagen lernen, ganz anders ist die *Novelle*,

deren Held trotz Jugend und Leidenschaft still sich selbst überwindet. In den *Maximen und Reflexionen* heißt es: *Es ist nichts trauriger anzusehen als das unvermittelte Streben ins Unbedingte in dieser durchaus bedingten Welt* (Bd. 12, S. 399, Nr. 252); und: *Unbedingte Tätigkeit, von welcher Art sie sei, macht zuletzt bankrott.* (Bd. 12, S. 517, Nr. 1081.) Strebt nicht Faust ins Unbedingte? Als er es nicht erreichen kann, klagt er: *O daß dem Menschen nichts Vollkommnes wird, | Empfind' ich nun* ... (3240f.), doch er denkt nicht daran, daß er in sich selbst behutsam und ehrfürchtig die Organe entwickeln müsse, um den *Abglanz* (4727), den er sieht, immer reiner zu verstehen. Er will das Höchste, will es unmittelbar, will es sogleich, will es erzwingen — und greift fehl. Die Magie ist nur die Steigerung dieser seiner Haltung. Er läßt nichts wachsen, er kann sich nicht begrenzen.

Im Gegensatz dazu zeigt der Roman *Wilhelm Meisters Wanderjahre* uns Menschen, die es lernen, vielen Wünschen zu entsagen und in beschränktem Kreise Nützliches zu tun. Sie erfahren — oft unter Schmerzen —, daß man im Erkennen, im Lieben, im Handeln sich begrenzen muß. In diesem Roman wird nicht nur die Entsagung als Haltung, sondern auch die allmähliche Entwicklung zu ihr dargestellt, während es für Faust keine Entwicklung dieser Art gibt. Freilich sind es in dem Roman — meist — Menschen der bürgerlichen Wirklichkeit, während das Drama *Faust* eine Ausnahmegestalt zeigt und mit ihr den Bereich menschlichen Begehrens durchschreitet. Dieses Drama ist als Neudichtung des altüberlieferten Stoffes konzipiert, und der Dichter war durch diesen Stoff weitgehend gebunden. Deswegen kann der Gedanke der sittlichen Entsagung hier nicht zur Darstellung kommen. Er ist ein Grundzug des Dramas *Iphigenie*, in welchem die Heldin so handelt, wie das sittliche Gesetz in ihrem Innern es befiehlt, von dem sie weiß, daß es ein göttliches Gesetz ist. In Goethes Gedichten gibt es ein stilles Betrachten der Landschaft und der Blumen in der Erkenntnis, daß dies alles von höchster Hand geordnet sei. Diejenige Gestalt, welche den Gegenpol zu der des Faust bildet, ist Makarie in den *Wanderjahren*. Sie denkt nicht an sich, sondern an andere, und wirkt gütig und helfend in einem Kreise von jüngeren Menschen, welche sie verehren. Sie selbst ist leidend und nimmt das Leiden willig auf sich. Mit tiefer Religiosität betrachtet sie ehrfürchtig die Welt als Werk des Schöpfers, und dank dieser Haltung werden ihr dann gnadenhaft höhere Erkenntnisse zuteil. Ihre Grundeigenschaften sind Ehrfurcht, Entsagung, weibliche Liebe, Tätigkeit für andere. Diese Züge kommen in dem *Faust*-Drama nur nebenher zur Geltung, wie umgekehrt in den *Wanderjahren* die Gefährdung und Dämonie. Von *Werther* und *Tasso* bis zu den *Wahlverwandtschaften* und zu *Faust* hat Goethe immer wieder den gefährdeten und scheiternden Menschen

gestaltet, er hat aber auch immer wieder die heilenden Kräfte, die dem
Menschen von außen und innen erwachsen, dargestellt, von seinen
Jugendgedichten wie *Der Wandrer* (Bd. 1, S. 36—42) bis zur *Novelle*,
den *Wanderjahren* und der Alterslyrik (Bd. 1, S. 304—391). Wir lernen
Goethes Bild der Weltordnung und seinen Rat, wie der Mensch leben
solle, vor allem aus den späten Gedichten (Bd. 1, S. 304—391) und
aus den *Wanderjahren* kennen; in *Faust* sprechen davon der *Prolog im
Himmel* und die *Bergschluchten*-Szene, d. h. diejenigen Teile, welche den
großen Rahmen darstellen.

Zu der Gestalt des Faust hatte Goethe Abstand, so sehr sie auch
Blut von seinem Blute besaß, und dieser Abstand wurde im Alter
immer deutlicher. Das kleine bedeutsame Selbstbildnis mit Faust
spricht es aus:

> *Der Zaubrer fordert leidenschaftlich wild*
> *Von Höll' und Himmel sich Helenens Bild;*
> *Trät' er zu mir in heitern Morgenstunden,*
> *Das Liebenswürdigste wär' friedlich ihm gefunden.*
>
> (Bd. 1, S. 321.)

Gegen Faust, der *leidenschaftlich* und *wild fordert*, der sich an *Höll' und
Himmel* wendet, wird das Ich abgesetzt, das bescheiden im Irdischen
bleibend *friedlich* dasjenige findet, was es sucht, das *Liebenswürdigste*,
d. h. das Bild des Schönen, in *Morgenstunden*, d. h. den Stunden der
Arbeit in dem kargen Arbeitszimmer mit dem Blick auf den Garten,
und diese Stunden sind *heiter*, d. h. zu Geist werdend, vergeistigt. Es
ist der Geist, den Goethe (ungefähr gleichzeitig) in seinem Ratschlag
an junge Dichter als den des *heiter Entsagenden* (Bd. 12, S. 359,19) bezeichnete.

Faust ist unerreicht als eine weltweite bunte Bilderwelt — von
Gretchens Zimmer bis zum Kaiserhof, vom deutschen Meeresstrand
bis zum Palast des Menelaos —, als Fülle der Klänge und Figuren,
d. h. als gestaltende Dichtung. Als Vermächtnis einer Weltanschauung
und Lebenslehre müssen dagegen besonders die *Wanderjahre* und die
späten Gedichte herangezogen werden. Wenn man das *Faust*-Drama
im Zusammenhang der übrigen Werke sieht, verliert es nichts von
seiner Größe als Dichtung, doch es erschließt sich bei dieser Sicht erst
in vollem Maße die Größe seines Dichters.

ZUEIGNUNG

Die *Zueignung* entstand wohl am 24. Juni 1797 (die Tagebuchnotiz
— S. 425 — läßt darauf schließen), als Goethe nach langer Pause das
Werk wieder aufnahm. Die Anfänge lagen damals mehr als zwei Jahr-
zehnte zurück. Das Schaffen erscheint hier fast als etwas Passives; kein

Wort von Plan, von Idee, nur von Vision: *Gestalten . . . drängen sich zu*;
der Dichter nur Instrument wie die *Äolsharfe*, die erklingt, wenn der
Wind in ihre Saiten greift. Die zarte Beziehung von Ich und Werk
findet gemäßen Ausdruck in der zarten lyrischen Sprache; als Prolog,
als Dichtung von der Dichtung, hat die *Zueignung* die feierlich-klang-
volle Form der Stanze (wie Bd. 1, S. 127, 149 ff., 261 f., 344, 359 f.). In
der 2. und 3. Strophe: Erinnerung an einstige Freunde als Hörer. Und
dann durch die innere Erschütterung ein Zurückfinden zu dem, was
einst aus tiefen Schichten des Ich sich als Werk ablöste und was nicht
vollendet wurde. Das Gedicht wurde an den Beginn des Ganzen gesetzt, als der erste von drei Prologen, obgleich es weder den Zustand
des Werkbeginns noch den der Vollendung ausspricht, sondern den
der Wiederaufnahme; doch gerade an diesem Motiv läßt sich das Verhältnis von Dichter und Werk aussprechen, und das ist das Wesentliche. — Hefele S. 95—98.

1. *schwankende Gestalten*. In seinen morphologischen Schriften bezeichnet Goethe als *schwankend* eine *Gestalt*, die noch nicht feste Form
gefunden hat. *Betrachten wir aber alle Gestalten, besonders die organischen,
so finden wir, daß nirgend ein Bestehendes, nirgend ein Ruhendes, ein Abgeschlossenes vorkommt, sondern daß vielmehr alles in einer steten Bewegung
schwanke.* (Bd. 13, S. 55,30—33.) So haben die dichterischen Gestalten
hier noch nicht feste Form gefunden, sondern sind noch *in einer steten
Bewegung.* Ähnlich *Schwanken* = „die Gestalt wandeln" auch 348, 5082,
8445, 10051. — Dorothea Kuhn in „Goethe" 14/15, 1952/53, S. 347—349.

4. *Wahn* = Phantasiegebilde.

21. *Lied*. Der Text des Erstdrucks 1808 hat *Leid*. Goethes Tagebuch
von 1809 enthält am Schluß ein Verzeichnis (von Riemers Hand):
Druckfehler meiner Werke in der Cottaischen Ausgabe. (Weim. Ausg.,
Tagebücher 4, S. 374.) Da steht zu dieser Stelle *Leid lies: Lied*. Dennoch blieb in den folgenden Ausgaben *Leid* stehn mit Ausnahme eines
Nachdrucks von 1816. Da mehrere Vermerke aus dem Druckfehler-
Verzeichnis später nicht berücksichtigt sind, kann man annehmen,
daß dieses Verzeichnis später vergessen worden ist. Möglich bleibt
auch, daß Goethe den Druckfehler hingehen ließ, denn dadurch wird
das noch 2 mal folgende Wort *Lied* (23, 28) variiert, und der Gedanke,
daß Dichtung aus dem Schmerz des Dichters aufsteige, ist Goethe
nicht fremd (Vers 13; Bd. 1, S. 381 u. 390; *Tasso* 195, 3433 u. ö.). —
J. Petersen, Die Wiss. von der Dichtung. Bln. 1939. S. 90. — E. Grumach in „Goethe" 24, 1962, S. 288—290.

28. *Äolsharfe*. Windharfe, in Goethes Zeit beliebt; bei Goethe öfters
dichterische Metapher (z. B. Bd. 1, S. 376 f.); ihre Töne sind leise, ineinander übergehend, daher als *lispelnd* bezeichnet. — Vgl. die Regieanweisung vor 4613.

29. Das Motiv der *Träne* bezeichnet nicht nur die innere Erschütterung, sondern auch das Hindurchfinden zu einer neuen Lösung durch die Erschütterung (*Faust* 784; Bd. 1, S. 316, 386; Bd. 2, S. 124; Bd. 5, S. 116); so hier ein Zurückfinden des Dichters zu einer Dichtung, die tief in seinem Innern verwurzelt ist und von welcher er doch in seinem Bewußtsein ferngerückt war. — Bd. 14, Sachregister: „Träne".

VORSPIEL AUF DEM THEATER

Der zweite der drei Prologe, stilistisch ein Gegenpol der *Zueignung*, jedoch auch wiederum ihr verbunden: wie dort spricht der Dichter in Stanzen (59—74) und gedenkt der Konzeption seines Werkes (184 bis 197). Seinem Standpunkt der Eigengesetzlichkeit der Kunst tritt der Theaterdirektor als Geschäftsmann entgegen (wie gut kannte Goethe als Schauspielleiter auch diesen Standpunkt!); und der Schauspieler, der die *lustige Person* spielt, vermittelt: des Dichters Visionen, aber zugleich eine reiche Bilderwelt für die Menge. — Sie sprechen in wechselnd langen alternierenden Versen (Madrigal-Versen), die hier, wo ein buntes, anschauungsreiches Werk gefordert wird, als Vorklang des Kommenden am Platze sind. — Die Idee, diese Gestalten auftreten zu lassen, kam Goethe durch ein ähnliches Vorspiel in dem von ihm sehr geliebten Drama „Sakuntala" des altindischen Dichters Kalidasa, das er 1791 zum ersten Male las. (Bd. 1, S. 206 u. Anmkg.) Das *Vorspiel* entstand vermutlich Ende der neunziger Jahre. — Daß das Drama hier als ein zu schreibendes, zu vollendendes besprochen wird und anschließend dann sogleich über die Bretter geht, gehört zum Wesen der Zeit in der Dichtung, die innerliche, nicht äußerliche Kausalität fordert. — Storz S. 152—154.

PROLOG IM HIMMEL

Entstanden um 1800. Motivisch Anregungen aus dem Buch Hiob, Kap. 1, Vers 6—12. — Der Name *Mephistopheles* schon in den Puppenspielen und in dem Volksbuch des „Christlich Meinenden", ursprünglich „Mephistopholis". Seine Herleitung ist nicht geklärt. — Der Prolog gibt den großen Rahmen, in dem fortan die ganze Handlung erscheint. Im Stil steht er dem zweiten Teil näher als dem ersten. — Gundolf S. 753—755. — Keudell Nr. 209ff., 243ff. — Hefele S. 99ff. — Hohlfeld S. 3—28. — Staiger II 325—333. — Atkins 17—22. — Storz 154—164.

243f. Anspielung auf die Sphärenharmonie, die eins der wesentlichsten Motive des kosmisch-pansophischen Weltbildes ist, Symbol für die Weltharmonik überhaupt. Die Erzengel sprechen als seiend aus, was später für Faust nur unerreichbare Sehnsucht des Erkenntnis-strebens ist (430—459). Dadurch, daß das Motiv der großen allgemeinen Ordnung Einleitungs-Akkord ist, erscheint alles Folgende als ein in ihr Ruhendes.

243—270 feierlich-klingende, langsame, regelmäßige Vierheber als Sprache der Engel; 271 ff. bei Mephistopheles setzen Fünfheber ein, zunächst noch regelmäßig und mit Kreuzreim, also den vorigen an-gepaßt, dann aber 281 ff. zum reinen Madrigalvers werdend: damit tritt Mephistos eigene Sprache hervor. Zugleich

281 ff. Mephistos Bild des Menschen: ein Auf und Ab, und zwar so, daß er immer auf gleicher Höhe bleibt. Keine Steigerung. Diese ist aber für Goethes Bild des Menschen das Wesentlichste. So im *Faust*-Schluß und im Makarien-Mythos der *Wanderjahre*, in *Höheres und Höchstes* im *Divan* (Bd. 2, S. 116 f. Vgl. auch das Stichwort *Stei-gerung* im Sachregister der Hbg.-Ausg.; E. A. Boucke, Goethes Weltan - schauung. Stuttg. 1907. S. 196—202; F. Weinhandl, Goethes Me-taphysik. Bln. 1932. S. 99—135; E. Spranger, Goethe. Seine geistige Welt. Tüb. 1967.) und besonders in dem Satz, den er 1828 schrieb über seine Ergebnisse langjähriger Naturbetrachtung, *die Anschauung der zwei großen Triebräder aller Natur: der Begriff von Polarität und von Steigerung, jene der Materie, insofern wir sie materiell, diese ihr dagegen, insofern wir sie geistig denken, angehörig; jene ist in immerwährendem An-ziehen und Abstoßen, diese in immerstrebendem Aufsteigen. Weil aber die Materie nie ohne Geist, der Geist nie ohne Materie existiert und wirksam sein kann, so vermag auch die Materie sich zu steigern* ... (Bd. 13, S. 48). Zwar hat Goethe erst im Alter sein Denkbild der Steigerung theore-tisch ausgesprochen, aber als Anschauung lebt es schon früher, auch in dem *Prolog im Himmel*. Mephistopheles verneint die Steigerung: *Staub soll er fressen* ... — Die Bezeichnung des Menschen als *der kleine Gott der Welt* ist barock wie „Mikrokosmos" und kommt bei Leibniz, Theodizee I, § 117 vor (und auch bei Herder).

323 ff. die entscheidenden Worte dieses Gesprächs, die voraus-weisen auf den zweiten Teil, insbesondere den 5. Akt, wo aber nicht unmittelbar an den *Prolog im Himmel* angeknüpft wird.

336. *darfst* wie im 18. Jahrhundert häufig = Ursache haben (nicht: Befugnis haben); also: du. brauchst auch da nur so zu sein, wie du bist. — Vgl. 3139.

344. *die echten Göttersöhne* im Gegensatz zu den gefallenen Engeln, zu denen Mephistopheles gehört. Goethe, der schon in dem Send-schreiben *Zum Shakespeares-Tag* 1771 sagt, *Das, was wir bös nennen, ist nur die andre Seite vom Guten*, konnte das Bild des Abfalls der Engel als Metapher des eigenen ganzheitlichen Weltbildes gebrauchen und

schilderte es großartig in *Dichtung und Wahrheit* (Bd. 9, S. 351—353)
bei der Darstellung seiner Jugendreligiosität. Gott schuf Luzifer, dieser
ist *unbedingt*, aber doch zugleich in Gott *enthalten* und durch ihn *begrenzt*. Luzifer schuf die Engel, *nach seinem Gleichnis*. Es folgt der Abfall Luzifers und eines Teils der Engel von Gott. Die *Konzentration*
der Luzifer-Welt ist die Materie. Gott schuf nun eine Gegenkraft, das
Licht, und ein Wesen, geeignet, *die ursprüngliche Verbindung mit der
Gottheit wiederherzustellen*, den Menschen. Die ganze Schöpfung ist
nichts als ein *Abfallen und Zurückkehren zum Ursprünglichen*, und in
diese Zweiheit ist der Mensch mitten hineingestellt. Wir sind daher
genötiget, uns zu verselbsten, dürfen aber nicht versäumen, ebenfalls *uns
zu entselbstigen*; denn nur dann erfüllen wir *die Absichten der Gottheit*.
— In dem *4.* Teil von *Dichtung und Wahrheit* bringt Goethe den Satz:
Nemo contra deum nisi deus ipse. (10, S. 177, 35).

DER TRAGÖDIE ERSTER TEIL
Nacht

Der Überdruß des geistigen Menschen, der überall die Grenzen
seiner Fähigkeiten erkennt, ergibt schon bei Marlowe den großartigen
Anfangsmonolog, ebenfalls im Volksdrama; bei Goethe — schon im
„Urfaust" — ist das Motiv zur vollen Entfaltung gebracht. Die große
Sehnsucht nach Erfassen der Welt — Denken, Schau und Schauder
zugleich — war die Haltung der Pansophie und Naturmystik von
Paracelsus über Kepler und Böhme bis zu Welling und Swedenborg,
man suchte die Weltharmonik und die „semina rerum" (wie Vers 384);
vieles in Fausts Sprache hier und im Folgenden klingt ganz nach dem
16. und 17. Jahrhundert; und doch zugleich völlig anders; denn diese
Sprache der Innerlichkeit war jener Zeit noch nicht gegeben, und wie
der innere Sturm hier dichterisch Form wird, gilt seit je mit Recht als
eine der größten Leistungen der Weltliteratur. — Dem Wechsel der
Gedanken und Stimmungen entspricht die Bewegtheit der Verse
(Knittelverse 354—385, alternierende Viertakter 386—429, Madrigalverse 430—467), die sich schließlich bei der Erdgeistbeschwörung in
freie Rhythmen auflösen (468—479).

402. *Beschränkt* = eingeengt, in festen Bahnen gehalten.

420. *Nostradamus* hier nur allgemein als Name eines Pansophen.
Michel de Notredame, 1503—1566, französischer Astrolog und Natur-
forscher, über dessen Prophezeiungen noch der von Goethe gern ge-
lesene Gottfried Arnold berichtet. — HwbA. 6, S. 1124—1137.

430 ff. *Makrokosmus* (μαχρωχόσμος) = der große Kosmos, im Gegensatz zu Mikrokosmos = der kleine Kosmos. Jenes ist die Natur,
das All, dieses ist der Mensch. Nach pansophischem Glauben ist der

Mensch ein „Auszug" des Makrokosmos, und es bestehen zwischen
beiden magische Beziehungen, so daß sich Reihen solcher Bezüge ergeben, etwa: Sonne — Gold — Herz; Mond — Silber — Gehirn;
Jupiter — Zinn — Leber usw. Die magischen Beziehungen zwischen
Gestirnen, antiken Göttern, Metallen, menschlichen Organen, Menschentypen usw. oder die Beziehungen zwischen Naturelementen, Motiven der Offenbarung Johannis und den Eigenschaften des Menschen
lassen sich schematisch aufzeichnen, indem man sie im Kreis oder
Quadrat hinschreibt und mit Strichen verbindet, was aufeinander wirkt;
so ergibt sich ein Zeichen der Weltharmonik. Ein solches Zeichen, und
zwar eins, das die Grundzüge der gesamten Weltharmonik in sich vereinigt, sieht Faust hier. Aber es ist Zeichen, menschlich erdacht, nicht
das Seiende selbst. Daher seine Verzweiflung. Er gibt es auf, wie das
18. Jahrhundert den alten Traum der Pansophie aufgab, und sucht
die Wirklichkeit der Natur, den Erdgeist. Wie die Pansophie makrokos-
mische Zeichen schuf, sieht man z. B. bei Jakob Böhme in seinen —
sämtliche Weltbereiche in Analogien verbindenden — „Tafeln von
den drei Prinzipien" (neugedruckt: Schriften, hrsg. von Hans Kayser.
Lpz., Inselverlag o. J., S. 386ff.), von denen er sagt: „In diesen drei
Tafeln wird erklärt und angedeutet, wie sich der verborgene Gott aus
sich selber durch sein Aushauchen der Kraft habe offenbaret; was
Himmel und Hölle, Welt, Engel, Teufel und alle Kreaturen samt allem
Wesen und Weben sind, wovon Böses und Gutes, Licht und Finsternis, Leben und Tod, Freund und Feind, Härte und Weiche urstän-
den ..." Diese magischen Analogien wurden dann in den Kupfer-
stichen zur Amsterdamer Böhme-Ausgabe von 1682 zur bildlichen
Zeichensprache verarbeitet. Das schönste pansophische Werk sind
Keplers „Harmonices mundi libri quinque", 1619 (eine Übersetzung schuf Max Caspar unter dem Titel „Weltharmonik", München 1939). Kepler verbindet darin Planetenbahnen, stereometrische
Körper, musikalische Harmonien, ja die Sphärenharmonie, die er glaubt
errechnen zu können, er weist weiter auf die Ordnungen der Kirche
(Dreieinigkeit usw.) und auf die der Dichtung (Versformen usw.) und
findet eine alles verbindende einheitliche Grundharmonik; indem er
sie erkennt, schwingt er sich ein in Gottes Gedanken und preist ihn in
überschwenglich-seligem Dank. Dergleichen große Konstruktionen
kosmischer Harmonik forderten bildhaft-schematische Verdeutlichung,
und wir finden dergleichen demgemäß oft in pansophischen Büchern
(z. B. in den Rosenkreuzer-Handschriften: E. W. Peuckert, Die Rosen-
kreuzer. Jena 1928. S. 272/73, 320/21) und noch in G. v. Wellings
„Opus mago-cabbalisticum", einem Werk, das Goethe um 1770 las.
(Bd. 9, S. 341—353 und Anmkg.) So eine Zeichnung, zur Formel verein-
facht und dadurch *Zeichen des Makrokosmus*, sieht Faust hier. Sie ver-

körpert ihm dieses wechselseitige Kräftespiel im All, das er in dem dichterischen Bilde des *Auf- und Niedersteigens* ausspricht. Auch dieses ist ein Bild, das sich durch das ganze pansophische Schrifttum des 16. bis 18. Jahrhunderts zog. Ein Beispiel für viele, aus dem Anfang der „Fama fraternitatis R. C.", des Rosenkreuzer-Buchs von 1617: „Dann welchem die ganze Natur offen, der freuet sich nicht, daß er Sonn (d. h. Gold) machen kann oder ... ihme Teufel gehorsam seien, sondern daß er siehet den Himmel offen und die Engel Gottes auf- und absteigen und sein Namen eingeschrieben im Buch des Lebens ..." (Vgl. auch Schiller-National-Ausg. 8, 1949, S. 483 Zitat aus van Helmont.) Goethe hat das Beste, was das pansophische Streben dreier Jahrhunderte hervorgebracht hatte, aufgenommen und hier bildhaft zusammengefaßt. Er, dem die Naturauffassung eines Newton niemals nahe kam, blieb immer der des Neuplatonismus verbunden, die solche symbolischen Bilder liebte. Das Pansophische lag ihm. Er berichtet in *Dichtung und Wahrheit* (Bd. 9, S. 341 f.) über die Lektüre von Paracelsus, van Helmont, Welling, von den Basilius-Valentinus-Schriften und von dem (vermutlich von Joseph Kirchweger von Forchenbronn verfaßten) Werk „Aurea catena Homeri oder eine Beschreibung von dem Ursprung der Natur und natürlichen Dingen, wie und wann sie geboren und gezeuget", 1723. In einer Handschrift zu *Dichtung und Wahrheit* schreibt er: *Indessen beschäftigte mich die Bearbeitung solcher gestaltlosen Vorstellungen einige Zeit lang, indem ich sie durch eine Art mathematischer Symbolik nach Weise meiner Vorgänger zu versinnlichen strebte und die unorganischen Wesen, mit denen ich mich mehr alchymisch als chymisch beschäftigte, dadurch zu begeisten trachtete...* (Bd. 9, Entwurf zum *8. Buch*). Wieweit pansophische Ziele in Goethes späterer Naturwissenschaft nachwirken, mag ein Satz aus einem Briefe an Sartorius zeigen: *Wahrscheinlich komm ich ... weiter in meinem alten Wunsch, der Tonlehre auch von meiner Seite etwas abzugewinnen, um sie unmittelbar mit dem übrigen Physischen und auch mit der Farbenlehre zusammenzuknüpfen. Wenn ein paar große Formeln glücken, so muß das alles Eines werden, alles aus Einem entspringen und zu Einem zurückkehren* (19. 7. 1810). Darin klingt das alte pansophische „Omnia ex uno, omnia ad unum" nach, *wie alles sich zum Ganzen webt ...* (447). Er will nicht praktischen Nutzen und Vermehrung des Wissens von der Natur, sondern Vertiefung des Wissens um den göttlichen Charakter der Natur, nicht Vielwisserei, Poly-Historie, sondern Ganzheitserkenntnis, Pan-Sophie. — Der bedeutendste Niederschlag pansophischen Geistes in der bildenden Kunst ist Rembrandts Radierung eines Gelehrten, der ein magisches Zeichen sieht; man nennt sie „Faust". Goethe, der sie in Stimmung und Haltung seiner Dichtung verwandt fand, ließ sie von dem Weimarer Kupferstecher Lips nachstechen und dieses Bild

— das freilich nicht gut gelang — dem Druck des *Fragments* 1790 beifügen. — Fausts anfängliche Begeisterung weicht bei dem Gedanken, daß das, was er sieht, nur ein Zeichen ist, nicht Wirklichkeit, und Zeichen für etwas, was ihm als Seiendes, Göttliches unfaßbar bleibe. Darum wendet er sich zum

460. *Zeichen des Erdgeistes.* Der Erdgeist ist Goethes eigene mythische Schöpfung. Während das, was er vom *Zeichen des Makrokosmus* sagt, eine Zusammenfassung und Poetisierung Paracelsisch-Böhmescher Träume ist, die durch die Jahrhunderte gingen, hatte er für dieses Motiv nur ganz geringe Anregungen, er gibt ja mit ihm auch gerade etwas, was über die Überlieferung, über das Pansophisch-Konstruktive, hinausgeht. Paracelsus spricht vom „archeus terrae", Giordano Bruno von der „anima terrae", ähnlich die für die pansophische Mystik sehr bezeichnenden Bücher, die unter dem Namen Basilius Valentinus erschienen. Doch konnte das alles kaum mehr als den Namen liefern. Goethe macht daraus einen Geist, eine Erscheinung im Drama. Der *Makrokosmus* ist die Weltordnung, für die man ein *Zeichen* schaffen kann, die man aber nicht beschwören kann. Der *Erdgeist* wird Erscheinung. Er deutet sich selbst in kurzen Worten (501—509) als Geist des organischen irdischen Lebens. Aber der Menschengeist ist dem Erdgeist nicht gewachsen; dieser verschwindet wieder und verstärkt damit Fausts Verzweiflung. Der Erkenntniswille, der auf dem Wege der Wissenschaft nicht vorwärts kam, wird auch hier — im Bereich der Magie — nur auf seine Grenzen hingewiesen. Nicht der Erdgeist bleibt bei Faust, sondern Mephistopheles, ein kleinerer und ein negativer Geist, einer, der sich nur für Menschen, nicht für die Erde als Ganzes interessiert. Welche Bedeutung hat der Erdgeist für das Drama? Beziehen sich die Verse 1746f. und 3217ff. auf ihn, sowie S. 137, Z. 16f. und 138, Z. 11f.? — Das Schema, das viele Jahre nach der Entstehung des *Faust*-Beginns nachträglich diesen begrifflich zu durchleuchten versucht (S. 427), deutet den Erdgeist als *Welt- und Taten-Genius*. — Lit.: Petsch in seinem Kommentar (1925), S. 639f. und im Jb. des fr. dt. Hochstifts 1926. — Rickert S. 115ff. und im Jb. des fr. dt. Hochstifts 1930. — Hefele S. 104. — E. C. Mason, Some Conjectures regarding Goethe's "Erdgeist". In: The Era of Goethe. Essays presented to J. Boyd. Oxford 1959. S. 81—105. — E. C. Mason, The Erdgeist controversy reconsidered. The Modern Language Review 55, 1960, S. 66—78. Vgl. Nachtrag.

468ff. Die Madrigalverse gehen hier über in freie Rhythmen, bezeichnend für die Ekstase und ihre ausdruckhafte Sprache. Diese innere Sehnsucht ist es eigentlich, die den Geist herbeiruft (486 bis 490), doch wird außerdem auch nach Art alter Sage die Beschwörungsformel ausgesprochen (481f.).

490. *Übermensch:* ironisch. Das gleiche Wort Bd. 1, S. 151, V. 61.

516. *Ebenbild der Gottheit* nach 1. Mos. 1,27. Auch die ganze Makrokosmus-Mikrokosmus-Spekulation macht den Menschen zum *kleinen Gott der Welt* (281) und ebenso der besonders durch Herder ausgesprochene Idealismus der Goethezeit, daß nur das *sonnenhafte Auge* die *Sonne erblicke* (Bd. 1, S. 367, 570). Ähnlich formuliert Werther: *Was ist der Mensch, der gepriesene Halbgott! ...* (Bd. 6, S. 92,15).

522ff. Die Wagner-Szene. Wie die bisherige Szene die ganze pansophisch-naturmystische Geistigkeit des 16. und 17. Jahrhunderts aufnahm, so die hier beginnende die humanistisch-rhetorische. Kommt jene aus Paracelsischer Tradition, so diese aus Erasmischer; aber während jene in der Gestalt Fausts in ihrer Großartigkeit verkörpert ist, tritt von dieser in Wagner nur ein verknöchertes Zerrbild hervor. Was Wagner spricht, sind nicht eigene Gedanken, sondern solche der gelehrten Tradition des 16. Jahrhunderts; aber sie werden platt und unlebendig in Wagners Geist, dem die Welt nur rational begreifbar ist. Faust steht ihm gegenüber als der ganzheitlich denkende und empfindende, zugleich als der neuzeitliche Mensch. So vermischt sich der Gegensatz der Zeitalter (im „Urfaust" noch stärker spürbar) mit dem der Geistestypen. Wagner hat die humanistische Lehre gehört, Tugend sei lehrbar und der Gelehrte solle die Menschen zur Sittlichkeit führen, sie *zu guten Dingen hinbringen* (Urfaust, 179f.). Das erfolgt durch Klarheit der Begriffe und Schönheit der Darstellung, und diese wird erzielt durch Richtigkeit im Setzen der Worte. Bei Erasmus gehören zu der „restitutio christianismi" auch die „renascentes litterae", und dabei hilft die „eloquentia", um zu den Themen die richtigen Wörter zu finden. In der Tat ist die Kanzelberedsamkeit des 16. und 17. Jahrhunderts beeinflußt von humanistischer Rhetorik. Wagners Wort *Überredung* (533) ist ein Kernwort bei Opitz, der von der Dichtung sagt: „Dienet also dieses alles zu Überredung und Unterricht, auch Ergetzung der Leute." (Poeterei, Kap. 3.) Noch in Gottsched lebt dieses ganze Gedankengut fort. Das sind die geistesgeschichtlichen Hintergründe dessen, was in Wagners Kopf zu dem Kurzschluß *Trauerspiel deklamieren — die Welt durch Überredung leiten* führt. Eben dadurch ist er grotesk, und es beginnt die erste der humoristisch-satirischen Szenen, an denen das Werk so reich ist. Wagner ist Gegensatzgestalt zu Faust. Das spätere Schema schreibt: *Helles kaltes wissenschaftliches Streben: Wagner* (S. 427).

530. *Museum* im Neulatein der Humanisten und Barockgelehrten allgemein die Studierstube, Arbeitszimmer des Gelehrten.

534ff. die Antwort des Sturm und Drang — Glaube an die innere Form — auf die Rhetorik des Barockhumanismus, die in eklektischer Weise schöne Wendungen zusammensetzt und dabei die klassischen

Vorbilder benutzt (538/39). Zugleich die Antwort des faustischen Menschentyps auf die Theorie des nüchternen Rationalisten.

549. *schellenlaut*. Der *Tor*, d. h. der Narr, pflegte Schellen zu tragen; also: nicht von innen her, organisch, tönend, sondern durch ein hergenommenes Instrument, grell und ausdruckslos.

554f. *Schnitzel kräuseln*: das Abgeschnittene zurechtstutzen; so lebt die Eloquenz des schulgerechten Rhetorikers (554) durch „Concetti", „Topoi", d. h. herausgelöste, neu frisierte, zurechtgemachte aber dadurch leblos gewordene Wendungen aus anderen Werken — Werken, die ursprünglich wohl über das Menschsein (*Menschheit*) Wesentliches aussagen.

558/59. Wagners Worte klingen überall an humanistische oder antike Autoren an, so hier an Hippokrates: „Ars longa, vita brevis."

562ff. Die *Quellen* des Wissens sind für Wagner die klassischen Autoren, die *Mittel* die der Interpretation, die er durch Ausdauer für erreichbar hält. Weil er den Quell aller Weisheit im Objekt sieht, folgt Fausts spöttische Antwort (566/7) mit dem Hinweis auf das Primäre des Subjekts (568/9), wieder ein Gegensatz von Denkformen und Zeitaltern zugleich.

583. *Haupt- und Staatsaktion*: Fürsten- und Staatsgeschichte, wie sie mit Vorliebe auf den Bühnen des Barock dargestellt wurde. Faust wendet das Wort an auf die Geschichtschreibung; sie biete ein paar Tatsachen über Fürsten und Politik und dazu *pragmatische Maximen*, d. h. moralisierende allgemeine Betrachtungen, wie der nüchterne Geist des Rationalismus sie liebte. Wagner aber glaubt, auf diesem Wege *des Menschen Herz und Geist* kennenzulernen (586f.).

590ff. Die Mahnung zum Schweigen, sehr Goethesch; denn sosehr er ein Bekenner war, sosehr war er, wo es um sein Tiefstes ging, auch ein Schweiger. — Vgl. Bd. 1, S. 328, Nr. 145 und die Anm.; Bd. 2, S. 18 *Sagt es niemand, nur den Weisen* ... — Bd. 14, Sachregister „Schweigen"; Briefe Bd. 4, Begriffsregister.

614. Vgl. 516.

634—651. Hierzu: Paul Stöcklein, Fausts zweiter Monolog und der Gedanke der Sorge. In: German.-Roman. Monatsschrift 1943, S. 219—235. Neugedruckt in: P. Stöcklein, Wege zum späten Goethe. Hamburg 1949. S. 67—87. Dort heißt es u. a.: „Faust, abstürzend aus dem Hochgefühl der inneren Begegnung mit dem *Welt- und Taten-Genius*, von vernichtender Verzweiflung erfaßt, entwickelt mit dem psychologischen Scharfblick der Schwermut eine dunkle Lebensphilosophie. In ihr verdeutlicht sich allmählich, gewissermaßen komplementärfarben zum Erdgeist, eine antagonistische Figur des Genius: die Sorge ... Selbst die *herrlichsten* Erkenntnisse, Empfindungen, Lebenskeime, die der Seele in tiefen Stunden (als Vorschmack ihrer

Selbstvollendung) geschenkt worden sind, ermatten schnell und büßen ihre gestaltende Kraft ein im Strudel der alltäglich notwendigen Beschäftigungen, Eindrücke, Besorgtheiten ... um uns aber vor unserm besseren Selbst zu entschuldigen (dessen leise mahnende Stimme in stillen Stunden aus der Tiefe tönt), greifen wir zu einer niedrigen List: Wir erklären das *Bessere* für *Trug und Wahn*; wir vernichten die höheren Ideale und Ziele, um nicht mehr unter ihrer lästigen Forderung zu stehen ... Der Mensch richtet sich auf die Maßstäbe der Welt ein, statt daß er, seine eigensten höchsten Empfindungen bewahrend, die Welt an diesen Maßstäben mäße ... Wenn die Welt nicht mehr, wie im Jugendalter, als formbarer Stoff ... vor unsern Augen liegt, wenn die Welt nur noch als feindlicher Stoff uns umgibt, wenn die *herrlichen Gefühle* in der Welt *erstarren*, ... dann stirbt Phantasie keineswegs damit schon ab, sie lebt vielmehr weiter, sich nunmehr auf ganz andere Dinge werfend ... *Jugend* als Sorgefreiheit kann eine seelische Verfassung sein, die unabhängig vom Alter ist ... Sorge ist Alter, auch ohne die Jahre ... Der nächste Satz schildert die Vermummung der Sorge. Der naive Mensch erkennt ja nicht, daß all die Gegenstände, Situationen, Möglichkeiten, die in ihm fortwährend Sorge, Unruhe, Beängstigung erregen, gar nicht immer an sich so quälenden Charakter haben, sondern daß er ihnen diesen Charakter erst aus dem Schatze seiner Phantasie leiht ... Sorge steigt ins Auge als Sehfehler. Woher weiß das Faust in diesem Augenblick? — Es war zur selben Stunde, da hat er Sorgefreiheit erlebt, im höchsten Sinne (462—467) ... hier wird im erschreckendsten und aussichtslosesten Moment (*Knirschen*) nicht gezagt (467). Im Lauf der einen Stunde hat Faust beide Zustände erlitten ... Der gewöhnliche Mensch ist natürlich viel glücklicher, ahnungsloser. Er beschuldigt und bekämpft die Wirklichkeit. Gegen wen soll Faust kämpfen? Gegen die inneren Mächte des Erdgeistes und der Sorge kann man nicht kämpfen ... Faust steht jetzt ganz genau vor seinem Problem, ... das so groß ist, daß er in einer unwillkürlichen Fluchtbewegung vor seiner Unlöslichkeit ausweichen will in den Tod. Dieses Problem heißt: Wie kann ich mich gestalten? Wie kann ich mehr sein als der Spielball der Elementarkräfte in mir, vornehmlich der Phantasie im Sinne von Mut und Sorge ..."

690. *Phiole* = Glasgefäß der Alchimisten, hier Behältnis von Gift.

702ff. Immer ist bei Goethe ein grenzenloser Wille zum Leben verbunden mit einem leidenschaftlichen religiösen Liebeswunsch, sich aufzugeben und dadurch sich hinzugeben an das Absolute. Darum im Ergreifen des tausendformigen Lebens zugleich immer die Todessehnsucht, so im *Prometheus*-Drama (V. 319—423), in der *Seligen Sehnsucht* (Bd. 2, S. 18), in der *Elegie* (Bd. 1, S. 381); mitunter wird sie zum Wunsch, das Leben von sich aus zu beenden: Werther; Ottilie ın den *Wahlverwandtschaften*; der Harfner in den *Lehrjahren* (auch *Achilleis* V. 528—539). Man vergißt mitunter über der Lebensfülle und Weltbejahung, wie häufig dieses andere Motiv ist und wie sehr es mit der religiösen Existenz zusammenhängt. Das Absolute erscheint (702 f.) im Licht-Gleichnis (ähnlich wie 4704ff.), Pforten öffnen sich, unendlicher Glanz ... Als Sehnsucht erscheint, was in der Schlußszene des 2. Teils Erfüllung wird: Entgrenzung des Ich im Tode. *Dichtung und Wahrheit* nennt das Menschsein ein wechselndes *Verselbsten* und *Entselbstigen* (Bd. 9, S. 353,22—24. Vgl. Bd. 1, S. 46 f.). Faust erhofft *neue Sphären reiner Tätigkeit*, wie Goethe sie in einem Brief an Zelter ahnungsvoll andeutet: *Wirken wir fort, bis wir, vor- oder nacheinander, vom Weltgeist berufen in den Äther zurückkehren! Möge dann der ewig Lebendige uns neue Tätigkeiten, denen analog, in welchen wir uns schon erprobt, nicht versagen! Fügt er sodann Erinnerung und Nachgefühl des Rechten und Guten, was wir hier schon gewollt und geleistet, väterlich hinzu, so würden wir gewiß nur desto rascher in die Kämme des Weltgetriebes eingreifen ...* (19. 3. 1827). Faust erhofft neue *Tätigkeit*, und das Schlimmste, was seiner Meinung nach folgen kann, *ins Nichts dahinzufließen*, wäre immer noch Gewinn. Kein Widerspruch zur All-Sehnsucht des Beginns, nein, Streben zum gleichen Ziel, auf sicherstem Wege. Nicht augenblickliche Stimmung. Faust steht zwar von dem Entschluß wieder ab (784), bleibt ihm aber doch nah (1583ff.), denn *Verselbsten* und *Entselbstigen* ist zugleich in ihm da. Nachdem er einmal innerlich hierher gekommen, kann er warten oder vollziehen; es handelt sich nur um Zeitpunkt und Stil. Von dieser Grenzsituation rückt er erst durch Mephistopheles ab. Das weiß dieser übrigens auch (3270 f.), denn er brauchte diesen Ansatzpunkt.

714. Die Vorstellung der Höllenstrafen.

737ff. Wagner hatte schon auf den kommenden Ostertag hingewiesen (598); jetzt bricht er an. In der nahen Kirche beginnt der Gottesdienst mit den alten Gesängen, die eine Art chorisches Spiel darstellen (mitunter zog man singend um die Kirche, auf den Friedhof). Goethes Genialität ist nicht nur die des Schaffens, sondern auch die des Ergreifens. Wie er in den bisherigen Szenen die wesentlichsten Züge der Geistesgeschichte der letzten drei Jahrhunderte in Gestalten faßt, so ergreift er hier noch älteres Gut und hebt aus der großen Tradition katholischer Kultur Geformtestes, Klangvollstes heraus, die Hymnik, die gerade dem — geistig zentralen — Osterwunder feierliche Sprache verleiht. Ohne sie eigentlich zu übersetzen, nimmt er ihren Rhythmus und Sprachton ins Deutsche auf: langsame schwebende Kurzverse (wie später 11699ff.), preisende Adjektive.

740. Erbsünde. Der dogmatisch-heilsgeschichtliche Inhalt ist ganz in Musik aufgelöst, so daß wir ihn über dem Klang fast vergessen.

769. Die Erinnerung an die Jugend ist Erinnerung an die Zeit, da Phantasie die Welt noch als große Aufgabe, nicht als einengende Bedingnis sah. Der Selbstmordgedanke hatte das Ich zu seinem tiefsten Wesentlichen gelenkt; die Erinnerung an die Jugend tut es ebenfalls. — Den ganzen Monolog 742—784 interpretiert ebenso wie vorher 634—651 P. Stöcklein, Wege zum späten Goethe, Hamburg 1949, S. 80f.: „Für die gesamte innere Logik des Ablaufes zeugt am meisten, daß wir die Osterglocke nicht als einen von außen hereinklingenden Zufall empfinden, sie ist nicht deus ex machina, sie steht notwendig in einem inneren Bogen seelischen Ablaufs ... Weinen ist eine Kraft aus der Jugend der Seele (784) ... Jetzt wird Atem und Blick der Seele wieder frei ... Wieder steht die Welt so richtig vor ihr, wie sie der geniale Blick des Kindes aufzufassen vermag."

801 ff.: Euch, den ihn tätig Preisenden, euch, die ihr Liebe beweist, ... (usw.) ist der Meister nah ... — Die drei Hymnen-Partien klingen fast wie Übersetzungen aus dem Mittellateinischen, sind es aber ebensowenig wie der Helena-Akt Übertragung aus dem Griechischen ist.

Vor dem Tor

Die Szene stammt aus der Schaffensperiode um 1800 und hat die große Linienführung dieser Zeit. Anfangs eine Mittellinie, das Philiströs-Enge; dann dazu Fausts kontrapunktische Stimme, tiefer, anders, aber antwortend; wachsende Diskrepanz in der Bauernszene, unheimliche Töne in der Tiefe; Abklingen der anfänglichen Mittellage: nur noch Faust allein, aber in ihm ist alles, Leben und Tod, Welt und Jenseits; Spannung bis zum Zerreißen. Schließlich Ablenkung vom Subjektiven ins Objektive, scheinbar harmlos-närrisch, im Grunde unheimlich. — Als Weltspiel, wie es die Prologe wollen, muß das Drama auch das bürgerliche Mittelmaß bringen und Fausts Verhältnis zu ihm. Bisher allein oder nur mit Wagner, erscheint er hier menschlich unter Menschen und eben dadurch erst recht einsam. — Atkins 33—37.

824. *Plan*: gedielter Tanzplatz im Freien. — Ähnlich Bd. 9, S. 237, 15.

828. *Schüler* = Student, wie auch 1868 ff.

1021. *Venerabile* = Monstranz und Hostie.

1034 mit Bezug auf die Alchemie und ihre dunklen Regionen.

1038. *Adepten*: die Eingeweihten der Alchemie.

1041. *Das Widrige* = das Widerstrebende; d. h. Chemikalien, die sich nicht vermischen, wurden durch besondere Mittel zur Vereinigung gebracht.

1042 ff. Goethe hat hier Vorstellungen des alchemistischen Schrifttums aufgenommen. Er hat sich mit diesem besonders um 1770 befaßt

und später wieder für seine *Geschichte der Farbenlehre,* die einen Abschnitt *Alchymisten* enthält. (Bd. 14, S. 78 ff.) Mit dem sicheren Griff
genialer Hand hat er auch hier aus der Masse der Überlieferung das
Typische und zugleich Poetische herausgehoben. Dem bildhaft-
magischen Denken des Mittelalters und noch des Barock lag es fern,
Elemente mit Formeln zu bezeichnen, vielmehr hatte man dafür bild-
lich-allegorische Bezeichnungen und glaubte, daß auch die in allem
so vorbildlichen Alten so gedacht hätten. *Die junge Königin* ist das
Wundermittel zur Heilung, der *rote Leu* und die *Lilie* sind Chemikalien,
das *Brautgemach* ist die chemische Retorte. Die Alchemie vermischte
sich mit der Emblematik des 16. und 17. Jahrhunderts und brachte
Kupferstichwerke hervor, auf denen Löwen, Drachen, Könige und
Königinnen usw. abgebildet sind, welche alle nur chemische Stoffe und
Vorgänge bedeuten. Typische Werke dieser Art sind die Basilius-Valen-
tinus-Schriften. (Vgl. Bd. 9, S. 342,17 und die Anmkg. dazu. In
Basilius Valentinus, Chymische Schriften, Bd. 1, Hamburg 1700, S. 80,
wird „der rote Löwe" genannt.) — Dazu: E. v. Lippmann, Ent-
stehung und Ausbreitung der Alchemie. Bd. 2. Bln. 1931. — L. v.
Renthe-Fink, Magisches und naturwiss. Denken in der Renaissance.
Darmstadt 1933.

1050. *Latwergen* = Heilmittel, dickflüssige Medizin.

1053. *Gift* bei Goethe gelegentlich Maskulinum.

1064 ff. Das Sonnenuntergangsbild, symbolisch wie das Sonnen-
aufgangsbild 4695 ff. In der späten Lyrik heißt es: *Sonnenauf- und
-untergänge | Preisen Gott und die Natur* (Bd. 1, S. 375). Licht und
Flug — Metapher religiöser Sehnsucht wie 702 ff.; leitmotivisch immer
wieder diese Sehnsucht und diese Symbole, in der Faustdichtung und
bei Goethe überhaupt, in frühen wie späten Schaffenszeiten.

1112 ff. Zu der ganzen Szene und speziell zu dieser Stelle Storz
S. 175 ff.: „Jäh, wie so oft im nächtlichen Monolog, vollzieht sich der
Umschlag: die von den Bauern und von Wagner geweckte Erinnerung
Fausts verdüstert sich selbstquälerisch... Abermals in raschem Um-
schwung steigt die Kurve von Fausts Daseinsgefühl wieder an...:
in den Sonnenuntergang über der ruhigen Landschaft sieht Faust den
Übermenschenflug über alle Grenzen hinein. An dieser Stelle wiederholt sich der Wechsel von ab und auf, Depression und Euphorie besonders rasch, besonders dicht und heftig. Gerade dadurch... wird
Faust zum ersten Male... der Wechsel selbst bewußt... der ruhelose
Zweitakt von auf und ab, Spannung und Lösung entspricht und entspringt der Polarität der zwei Seelen in der einen Brust... Hier ist es
dis Welt, dort sind es *die Gefilde hoher Ahnen*... ‚Hinauf', ‚oben' —
diese Richtung bedeutet nichts anderes als Fausts Anspruch auf totale
Freiheit und Übermenschlichkeit... Darnach orientiert sich der andere,

untere Pol, ‚die Welt'... Hat er die Rückkehr zur *Erde* in der Dämmerung des Ostermorgens als Heimkehr empfunden, hat er soeben
noch sein Einverständnis zum menschlichen, bloßen Menschsein, ja
sein Behagen daran ausgesprochen, so nimmt er jetzt, von der Flieh-
kraft neu bewegt, von der inneren Schau soeben abermals über Meer
und alle Grenzen hinweggetragen, sein Ja zurück... Fausts Wort von
den *zwei Seelen* muß also in der Situation, aus der es kommt, gelassen
und von ihr aus verstanden werden."

Studierzimmer (1178—1529)

Der religiöse Drang spricht inniger, ruhiger als in der vorigen
Szene, aber nun wird er von außen gestört (denn Mephistopheles ist
wohl von den Bibelworten nicht eben ergötzt). Schon rein klanglich
bringen die Worte an den Pudel einen fremden Ton; die sprachliche
Unruhe wächst in den Beschwörungsworten und entspannt sich (in
alternierenden Versen), sobald Mephistopheles auftritt. Er stellt sich
vor. Faust läßt vorfühlend das Wort vom Pakt fallen. Doch Mephistopheles zögert. Findet er Faust noch nicht in geeignetem Zustand? Er
schläfert ihn ein; die Traumvisionen erscheinen als Geistergesang.
Diese Träume sollen Faust ablenken von jener Geistessehnsucht, die
er als die eine seiner *zwei Seelen* bezeichnete, und hinlenken zur *derben
Liebeslust der Welt*. Weltlich sind sie zwar, doch zugleich seltsam geistig
(als innere Faustische Welt), gleichsam Vorklang alles Späteren, in
dem immer das durch Mephisto Begonnene durch Faust wiederum
gewandelt wird. — Die Bedeutung der Szene ist sehr verschieden beur-
teilt. E. Beutler, Besinnung. 1946. S. 18: „Nicht, daß Faust die Bibel
übersetzt, sondern daß er sie so verhängnisvoll verfälscht, ist das Wesentliche an dieser Szene, die so zu einer Achse des ganzen Stückes
wird, gleichwertig neben Fausts Fluch auf Wissenschaft und Glauben."
— E. Staiger, Bd. 2, S. 342: „Wir nähern uns (Vers 1147—1177) wieder
dem Puppenspielton. Dieser setzt sich vollends durch in der...
Szene *Studierzimmer* I, die Goethe am meisten historisch genommen und
mit der Virtuosität des *Schatzgräbers* und des *Zauberlehrlings* als lästiges
Pensum glänzend bewältigt hat. Die friedliche Abendstimmung des
Eingangs, auch die Bibelübersetzung, die an die Nähe Luthers erinnert,
ist oft als wichtige Stufe in der Entwicklung Fausts gedeutet worden.
Wir können uns nicht dazu entschließen." — Rickert 166—176. —
Karl Wolff, Fausts Erlösung. Nürnberg 1949. S. 58 ff. — Storz 179—187.

1185. *Liebe Gottes*: Genetivus obiectivus.

1224. Ev. Joh. 1,1: Ἐν ἀρχῇ ἦν ὁ λόγος. Logos, in der antiken Philosophie „Weltgeist, Weltvernunft", war ein Wort, das im Christentum
aufgenommen wurde und hier die göttliche Vernunft, das Schöpfungs-
prinzip und den fleischgewordenen Gott, d. h Christus bedeutete

(Joh. 1,14). — Fausts Art des Übersetzens, seine Umwandlung des biblischen Ausdrucks ist sehr bezeichnend für sein Wesen. Er gibt sich nicht dem Gegenstand hin, sondern er will eigenes Denken bestätigt sehn; darum das häufige *Ich: Ich kann..., Ich muß...* usw. Er übereilt, überstürzt hier wie in vielem andern. — E. Beutler, Besinnung. Wiesbaden 1946. S. 17f. — Ernst Jockers, Im Anfang war die Tat? In: Jockers, Mit Goethe. Heidelberg 1957. S. 192—203. — Harold Jantz, Goethe's Faust as a Renaissance Man. Princeton 1951. S. 113—116. — HwbA., Art. „Johannesevangelium". — Vgl. auch: Herder, Erläuterungen zum NT. 1775. (Werke ed. Suphan 7, 355 ff.)

1257f. Halb teuflische Wesen, halb Naturgötter. Sie werden beschworen durch die „Clavicula Salomonis", ein Zauberbuch, das vorgibt, auf Salomo zurückzugehn, im 16., 17. und 18. Jahrhundert handschriftlich und gedruckt verbreitet.

1259ff. Die Geister des Chors stehen in Beziehung zu Mephistopheles, ohne daß diese näher ausgesprochen ist. Sie spotten, aber sie wollen ihm auch helfen: *Denn er tat uns allen | Schon viel zu Gefallen ...* Schon hier wird deutlich, daß er *keiner von den Großen* ist (1641).

1273ff. *Salamander* usw.: Elementargeister in Feuer, Wasser, Luft und Erde; Paracelsisch. Solche Elementargeister hat Faust, wie er 1292 erkennt, nicht vor sich. Also muß es ein höllischer Geist sein.

1290. *Incubus*, ursprünglich Buhl- oder Quälteufel, der nachts den Menschen besucht; hier = Kobold, Elementargeist der Erde (wie 1276).

1300ff. Vermutlich das Kruzifix, wie 1305—1309.

1319. Steigerung der vorigen Drohung: Beschwörung mit dem Zeichen der Dreieinigkeit.

1323f. Faust weiß auf Grund der Beschwörung (1298ff.), daß er einen Höllengeist vor sich hat. Aber sein Ton ist spöttisch. Er fürchtet sich in der Tat *weder vor Hölle noch Teufel* (369). Schon vorher, 1250ff. war das deutlich.

1334. *Fliegengott*: wörtliche Übersetzung des hebräischen „Beelzebub". Faust sagt, gegenüber Mephistos ausweichenden Worten, daß er sehr wohl wisse, wen er vor sich habe. (Vgl. Bd. 2, S. 118, Vers 12.)

1335f., 1338ff., 1349f. Mephistopheles sagt, wer er ist, mit der Klarheit seiner Rationalität und mit der Einseitigkeit seines Nihilismus. Zwar ordnet er sich in einen Zusammenhang, doch nicht so wie im *Prolog im Himmel*, und er nennt natürlich Gott nicht. Indem er schildert, was *anfangs* war (1349) und dann entstand, gibt er eine Art Weltentstehungsmythos. Doch während dieser in *Dichtung und Wahrheit* (Ende des *8. Buchs*) mit Gott anfängt und mit Luzifer weitergeht, fängt Mephistopheles mit dem Zustand nach Luzifers Abfall an (vgl. Bd. 9 S. 351,34f. *Materie... finster*); in diesem Zustand *hätte die sämtliche*

Schöpfung ... sich selbst aufreiben, sich mit ihrem Vater Luzifer vernichten müssen (352,5 ff.), hätte nicht Gott eingegriffen. Dazu paßt, daß in Mephistos kurzer Rede (1338 ff.) von *Zerstörung, Finsternis* und immer wieder von *Körper* die Rede ist. Mephistopheles ist *von Luzifers Geschlecht* (11770) und kann seiner Natur nach seine Bedingtheit im Gesamtzusammenhang nicht erkennen und anerkennen. — M. Kommerell, Geist und Buchstabe der Dichtung, 1944, S. 24 ff.: „Ist Faust die Person, so ist Mephisto das Nein zu diesem Prinzip, obschon ihn die Person nicht entbehren kann. In der Umwandlung Mephistos aus dem Urbösen zu einem bloß entgliedernden Prinzip kommt die Daseinszuversicht der Aufklärung zu Wort... Die Ironie Fausts gegen Mephisto ist gelassen, die Mephistos gegen Faust todfeindlich, was dem von Gott uranfänglich abgewogenen Kraftverhältnis der Parteien entspricht. Dreimal ist Mephisto auf den Begriff gebracht: durch Gott im Prolog (338 ff.), durch sich selbst im Ersten Teil (1335 ff.), durch die Sphinxe im Zweiten Teil (7134 ff.) ... Es erinnert an Leibniz, wenn das Böse im großen Haushalt gerechtfertigt wird. Gott setzt den Teufel; nicht sich selbst, aber dem Leben zur Belebung. Damit Farbe sei, bedarf es der Mithilfe des Finsteren. Immer neu muß Mephisto den nur für ihn, nicht im höheren Plan sinnlosen Ansturm gegen die Baugewalten der Natur beginnen. Im ganzen umsonst; doch gibt es Baufälligkeiten der Monade. Vernichten kann er keine, aber eine schwache kann er sich selbst entfremden, sie zur Hörigkeit unter Stärkeres entführen durch den Tod ... Der Haushalt, der ihn einschränkt, sichert ihn auch. Er wird immer kleine Spiele gewinnen und große Spiele verlieren, vor allem: er wird immer spielen." — Storz 184 f. — K. Viëtor, Goethe. Bern 1949. S. 34 ff. — A. Daur, Faust und der Teufel. 1950. — Erich Franz, Mensch und Dämon. 1953. S. 149—157.

1347. *kleine Narrenwelt* = närrischer Mikrokosmos.

1395 f. *Drudenfuß*, Pentagramm, fünfzackiger Stern, im Schrifttum der Zauberer, Alchimisten und Pansophen des Mittelalters und noch des Barock viel benutzt; sofern die fünf Zacken die Buchstaben des Namens Jesus bedeuten, ein heiliges Zeichen, daher hinderlich für böse Geister. — HwbA. 1, Sp. 297 f., 1698; 3, Sp. 524; 6, Sp. 670; 8, Sp. 1598.

1405. *von ungefähr* = durch Zufall. Mehrere Drucke zu Goethes Lebzeiten schreiben die ältere Form: *von ohngefähr*.

1414. Erste Erwähnung eines Pakts, wie er dann in der folgenden Szene zustande kommt.

1447 ff. Geistergesang, Kurzverse; zwei von fünf Silben sind Reimsilben, dadurch das Überwiegen des Klanglich-Sinnlichen vor dem Inhaltlichen. Eine Vision, keineswegs teuflisch-düster, sondern licht (1455 ff.), arkadisch (1466 ff. leiser Vorklang zu 9586 ff.), dionysisch in antiker Daseinslust — eine innere Möglichkeit Fausts, eine der Formen seiner Sehnsucht. Mephistopheles will auf seine *Sinne* wirken (1436), und die Erinnerung an Mephistopheles soll sich mit der an diese Traum·vision verbinden.

Studierzimmer (1530—2072)

Zwei unmittelbar aneinandergefügte Szenen, die Paktszene und die Schülerszene, beide zusammen beenden das erste tragische Thema des Werks, die Gelehrtentragödie. Gleichzeitig weist die Paktszene vorwärts und leitet alles Folgende ein. Sie wurde wohl in Italien begonnen; vollendet ist sie in der Zeit der Freundschaft mit Schiller. Die Schülerszene steht schon im „Urfaust", wurde aber schon für den Druck von 1790 verändert. — Das Paktmotiv, Kernszene schon in den Volksbüchern und Puppenspielen, ist auch bei Goethe entscheidend für den Zusammenhang der ganzen Dichtung, ist aber gegenüber jenen älteren Werken grundlegend gewandelt. Es ist nicht eigentlich ein Pakt im alten Sinne (dort schafft Mephistopheles Reichtum, Sinnengenuß, Zauberkunst und Antwort auf alle Fragen), sondern Wette; Faust sagt: Wenn du mich träg und genußfreudig findest — aber ich werde so niemals sein —, dann magst du mein Leben enden und über eventuelles danach Kommendes bestimmen. (Vgl. die Anm. zu 1692ff.) Die Bedeutung dieser Wette ist in der Literatur oft herausgearbeitet, zumal von: H. A. Korff, Geist der Goethezeit. Bd. 1. Lpz. 1923. S. 317—321. Bd. 2. Lpz. 1930. S. 408—412. — H. Rickert S. 166—204. — H. A. Korff, Faustischer Glaube. Lpz. 1938. S. 42—57. — B. v. Wiese, Die deutsche Tragödie. 1961. S. 136—138.

1542. Die Worte *losgebunden, frei* sind Stichworte für Faust, um zu sagen, daß es dies im Menschenleben niemals gebe, geben könne. Wieder wird sein Bild des Menschen deutlich und seine Selbständigkeit gegen Mephistopheles. Das Nicht-frei-Sein bedeutet *Entbehren*; die Klage, die nun folgt, spricht wie schon so viele bisherige Stellen von den Grenzen des Ich (ein Leitmotiv, das erst in der Schlußszene des 2. Teils seine Lösung findet); und wieder als Folge daraus die Todessehnsucht (1571).

1583. *Wenn* = wenn auch, obgleich.

1583—1606. Die vorige Rede (1544—1571) sprach davon, daß der einzige wahrhaft erstrebte Zielpunkt im Unendlichen unerreichbar sei. Diese spricht von Zielpunkten, die endlich sind und vergessen machen können, daß das Eigentliche erst hinter ihnen kommt. Solche scheinen Faust Ursache, daß er den Selbstmord nicht vollzog. Weit entfernt davon, im Endlichen das Unendliche zu finden, im *farbigen Abglanz* das Urlicht (4727), fordert er das Unendliche, und da es unfaßbar ist, flucht er allem Endlichen, auch dem, das in Beziehung zu jenem steht, den christlichen Tugenden (spes, fides, patientia). Die vorige Szene beginnt mit Bibelstudium; diese mit Verzweiflung und Fluch; für Mephistopheles also eine bessere Stunde. Es kommt zum Pakt.

1607—1626. *Geisterchor*, in der Literatur viel diskutiert, ob böse Geister, verführend zu einer mephistophelischen Welt (Petsch, Flitner), oder gute, mahnende (Buchwald), oder Naturgeister, zwischen beiden Bereichen. — Schon 1447ff. war der Chor Spiegelung innerer Vorgänge. Ähnlich wohl hier. An weltanschaulicher Verzweiflung, an einem Akt radikaler Verneinung stirbt man (obgleich es erstaunlich scheint) nicht (es sei denn durch Selbstmord); das Leben geht weiter. Ist dies seine Stimme? Auch am Beginn des 2. Teils ist ein Geisterchor Stimme des Lebens, unabhängig von gut und böse.

1675—1687. Rickert S. 181: „Höhnisch, ironisch verlangt Faust ... hier, der Teufel solle ihm das geben, was er allein geben kann. Dann werde sich zeigen, wie sinnlos sein Vorschlag ist, denn das alles habe keinen Wert ... Deine Speise sättigt mich nicht, dein Geld zerrinnt mir in der Hand ..., alles, was du mir geben kannst, begehre ich nicht ..." — Flitner S. 254: „... von den Diensten Mephistos mag sich Faust nichts versprechen; sie befriedigen sein hohes Streben nicht. Er malt sich aus, wie die Gaben beschaffen sein müßten, die ihn fesseln könnten — völlige Widersprüche müßten sie sein, da Faust den Genuß zugleich begehrt und verwirft; begehrt, weil er das Göttliche im Irdischen erleben will, verwirft, weil Irdisches nicht göttlich sein kann. Das ist der Sinn jener schwierigen Verse (1675—1687). Das ist Hohn auf den Teufelsversuch, irdische Schätze zu bieten; sie schwinden im Augenblick des Genusses, um so gewisser, je mehr sie sich häufen ..."

1691. Das, was Mephistopheles zu bieten hat, in kurzer bildhafter Formel. Darauf

1692—1706. Fausts entscheidende Worte. Nicht Pakt, sondern Wette (1698). Faust hält in bezug auf sich selbst für unmöglich: Faulheit, Selbstzufriedenheit, Genuß, Genügefinden im Augenblicklichen. Falls er jemals doch so würde, sei es für ihn *der letzte Tag*, d. h. Mephistopheles könne ihn holen. Er verschreibt sich Mephistopheles unter einer bestimmten Bedingung, bietet also weniger als der Faust der Sage. Aber er erwartet auch weniger (*Was willst du armer Teufel geben?* 1675), nicht ein völlig neues, unbedingtes Leben, sondern nur Ausweitung aus seinem bisherigen theoretischen Bereich in den der Sinne (1749/50). Diese Abmachung ist wohl nicht das, was Mephistopheles vorhatte. Doch er geht auf sie ein, und fortan besteht die Spannung: Wird Faust je einen Augenblick erreichen, der so ist, daß Mephistopheles gewinnt? — H. A. Korff, Geist der Goethezeit. Bd. 2. S. 409: „Es war eine höchst geniale Idee ..., dem alten

Teufelspakte die Gestalt einer Wette zu geben, durch die sich Faust
dem Teufel nur bedingungsweise verschrieb ... Aber freilich mußte
diese so formuliert sein, daß eine schließliche ‚Rettung trotz alledem‘
noch möglich würde ... Und nie genug kann man auch die feine
Mischung von Helle und Dunkelheit bewundern, in der sowohl bei
ihrem Abschlusse wie bei ihrem Ausgange, aber auch während der
ganzen Dichtung die Wette verbleibt. Es ist nämlich eine der vielen
Merkwürdigkeiten der Faustdichtung, daß sie, trotzdem ihre ganze
Entwicklung von dem dramatischen Knoten der Wette ideell zusam-
mengehalten wird, diese Wette im weiteren Verlaufe überhaupt nicht
mehr erwähnt ...“ — Rickert S. 183: „Weder Faust noch Mephistopheles wissen genau, was kommen wird. Sie setzen beide etwas
aufs Spiel. Faust seine irdische Existenz, falls er verliert, und Mephistopheles seine Dienste, die er umsonst getan hat, wenn Faust gewinnt ..
Daß Mephistopheles, der zuerst den traditionellen Pakt gewollt hat,
trotzdem Fausts Vorschlägen zustimmt, ist daraus zu verstehen, daß
auch die Wette ihm im Falle des Gewinnes den Triumph gegenüber
Gott und damit zugleich Fausts Seele sichert. Dieser Umstand aber
gibt nicht das geringste Recht, zu sagen, Faust habe für irdische Ge
nüsse seine Seele verkauft. Das zu tun, hat er schroff abgelehnt (1660
bis 1670, 1675—1687), und dabei bleibt es.“ — B. v. Wiese, Die
deutsche Tragödie. S. 137 f.: „Nicht Abwendung von Gott bedeutet
daher der Faustische Teufelspakt, sondern gerade umgekehrt die Behauptung der ewigen metaphysischen Unruhe auch noch gegen alle
Versuche des Teufels, ihn *mit Genuß* zu *betrügen* ... Der Teufels
pakt wandelt sich in eine Wette. Niemals wird Faust sich *auf ein
Faulbett legen*, niemals *schmeichelnd* sich selbst *belügen*, niemals sich
mit Genuß betrügen lassen. Nicht die Seele wird eingesetzt als Pfand,
sondern das Leben ... Was hier geleugnet wird, das ist die Möglich
keit, auf dieser Erde die Gegenwart Gottes als Einheit von Augen
blick und Ewigkeit zu besitzen. Hier spricht nicht mehr der seiner
Gottessuche und Gottesunruhe gewisse Faust, für den auch die Ver
zweiflung noch Zustand der Begnadung ist, worin ihn sein *hohes
Streben* nie verläßt, sondern hier spricht nur noch der vom Dasein
tief enttäuschte Mensch. Fausts ... innere Lage beim Abschluß der
Wette ist ein seltsames Ineinander von echter religiöser Bereitschaft,
auch in der Verzweiflung des Irdischen sich nicht mit dem Irdischen
zu begnügen, und luziferischer Vermessenheit, die vorwegnehmend
ein Urteil über das Dasein abgibt, wo eigentlich nur Gott entscheiden
könnte.“

1746. *Der große Geist* = der Erdgeist.

1748 ff. Abwendung vom *Denken*, vom *Wissen*, Wendung zur *Sinn
lichkeit*, die neue *Wunder* des Lebens enthüllen soll. In ihr erwartet

Faust ähnliche Rastlosigkeit (1759) wie bisher im Bereich des Denkens. — Der Faust des Spießschen Volksbuchs beginnt bald nach dem Pakt, den Teufel auszufragen nach Hölle und Himmel, Astronomie und Astrologie, Jahreszeiten und Kometen. Goethes Faust weiß, daß Mephistopheles seinen Wissensdrang nicht befriedigen kann, und fängt mit Fragen dieser Art erst gar nicht an. Aber Goethe hat damit nicht das Edelste des alten Fauststoffes, das Pansophische, fortgelassen; er hat es umgewandelt. Pansophie war rein denkerische Erkenntnis, und insofern gehörte sie zu dem Glauben an den Vorrang des Denkens, der Barock und Aufklärung gemeinsam war. Die Goethezeit, seit dem Irrationalismus des Sturm und Drang, empfindet anders: *Schauen, Wissen, Ahnen, Glauben und wie die Fühlhörner alle heißen, mit denen der Mensch ins Universum tastet, müssen denn doch eigentlich zusammenwirken* ... (an Chr. D. v. Buttel, 3. 5. 1827). Das Barock wollte die Ganzheit der Welt erkennen, aber dieser Objektivismus blieb Spekulation und befriedigte so wenig wie das Zeichen des Makrokosmos Faust befriedigt. Die Goethezeit setzte anders an, subjektiv. Sie geht nicht von der Ganzheit der Welt aus, sondern von der Ganzheit des Menschen. Das ist es, was Faust nun anstrebt. Er will (1770—1775) das ganze Menschsein verkörpern, will sein Ich beispielhaft machen für alle Seiten des Menschenwesens. Mephistopheles spottet darüber: wer das zustande brächte, wäre ein *Mikrokosmus* (1802), ein verkleinerter Auszug von allem anderen. An dieser Stelle nähert sich Faust dem Humanitätsgedanken der Goethezeit, der solche allseitige Urbildlichkeit anstrebte. Bleibt Faust bei diesem Streben, so steht ihm noch vieles bevor. Und so folgt nun auf die Tragödie des Denkers die des Liebenden, des Künstlers und des Herrschers.

1770. *Menschheit* ursprünglich: Menschenwesen, Menschsein; dann: Summe der Menschen. Bei Goethe vorwiegend die erste Bedeutung. (Vgl. Bd. 1, S. 146.)

1808. *Socken* vom lat. soccus = Schuh, Kothurn der antiken Bühne (E. Schmidt); von ital. „zocco" = Sockel einer Säule (O. Pniower, Euphor. 31, S. 367).

1810—1815. Nochmals wie 1749 und 1768 die Verzweiflung des Denkers, des Gelehrten, und die leitmotivischen Bildsymbole des *Raffens* und des *Höher*-Wollens. Nach dem Fortissimo der Pakt-Szene bringt dieses Gespräch das Finale der Gelehrtentragödie in diesen wiederholten Schlußakkorden der Wissens-Verzweiflung. Zugleich Vorbereitung des Satyrspiels, das sich dann in der Schülerszene anreiht.

1829. W. Leithe in der Zeitschr. f. dt. Philologie 60, 1935, S. 414 vermutet, die Stelle heiße ursprünglich „grad mitt' in die Welt", d. h. „mitten in die Welt" nach Goethes Sprachgebrauch seiner Jugend.

1868 ff. Das Schema, das um 1798 entstand (S. 427), notiert: *Helles kaltes wissenschaftliches Streben: Wagner. Dumpfes warmes wissenschaftliches Streben: Schüler.* Beide natürlich Vergleichsgestalten zu Faust. Dessen Streben übertragen in Jugendlichkeit und zugleich harmloses Mittelmaß, insbesondere 1898—1901.

1911. Nach alter Sitte mußten die Studierenden aller Fakultäten zunächst etwa zwei Semester an der philosophischen Fakultät, der „Artisten-Fakultät", durchmachen, um die lateinische Sprache und die Gesetze wissenschaftlichen Denkens zu üben. Daher am Beginn die Logik, die oft zu geisttötendem Formalismus wurde.

1913. *spanische Stiefel*: Marterinstrument, wie Daumenschrauben.

1940. *Encheiresis naturae*, wörtlich: „Handgriff der Natur", Ausdruck, den Goethes Straßburger Lehrer, der Chemiker Spielmann, benutzte für Verfahrensweisen der Natur im Zusammensetzen und Aufbauen, die vom Menschen nicht künstlich nachgemacht werden können. — H. Kopp, Aurea catena Homeri. 1880. S. 5—7.

1959 ff. Die akademische Lehrmethode im 16.—18. Jahrhundert bestand vorwiegend darin, ein Lehrbuch zugrunde zu legen, das paragraphenweise durchgesprochen wurde.

1972 ff. Naturrecht gegen das geltende Buchrecht, im Sinne des für Rousseau begeisterten Sturm und Drang ein viel besprochenes Thema im 18. Jahrhundert.

2012. Sprachgebrauch des Paracelsismus: Der Mikrokosmos Mensch wird mit Mitteln des Makrokosmos geheilt, wenn der Arzt die geheimen Beziehungen zwischen beiden recht *durchstudiert* hat.

2045. Sitte des 16.—18. Jahrhunderts: Jeder Student hat ein Stammbuch, in welches die Gelehrten, mit denen er in Berührung kommt, sich eintragen.

2052. *die kleine, ... die große Welt* hier: die bürgerliche und die fürstlich-staatliche Welt. Insofern erstes Auftauchen des Motivs, daß Faust an den Kaiserhof kommt. — Vgl. Bd. 7, S. 154,7.

Auerbachs Keller in Leipzig

Ein Vergleich der Szene im „Urfaust" und *Faust I* zeigt, wie viel an künstlerischer Geformtheit die Umwandlung in Verse mit sich brachte und welche psychologische Verfeinerung sich vollzog. — Auerbachs Keller war Goethe aus seiner Leipziger Studentenzeit bekannt, es gab dort zwei Darstellungen Fausts auf Wandgemälden, eins zeigt ihn zwischen pokulierenden Studenten, das andre auf einem Fasse reitend. — Faust bleibt passiv: gerade im Höhepunkt des orgiastischen Gelages, als das Quartett im Chore schmettert (2293 f.), äußert er den Wunsch, *abzufahren* (2296); Mephistos Antwort zeigt, wie wenig er ihn versteht, gleichwie die ganze Fahrt hierher nur beweist, wie falsch er Faust einschätzt. — Vincenzo Errante in der Zeitschrift „Thema" 1949, Heft 2, S. 40: „Die Szene bewegt sich einmal ganz und gar in einer Orgie von Klang, in Ton-Malerei. Schon Trendelenburg hat bemerkt, daß diese erste Episode (mit dem vokalen Widerpart der vier lustigen Gesellen — Frosch und Brander: Tenor; Siebel und Altmayer: Baß) ein echtes Quartett darstellt, genauer: ein Quartett der komischen Oper. In dieses Quartett fügen sich als ‚Rezitativ' die verschiedenen ‚Romanzen' ein ... Das von dem Bariton Mephistopheles gesungene Flohlied ... leitet zum Schlußstück des komischen Opernauftritts über, den Zauberkunststücken des Mephistopheles, d. h. damit zur zweiten Episode, die ganz in einem erregten ‚Crescendo' der Bewegung und der Klangstärke abläuft, das an den ‚Rhythmus einer musikalischen Fuge' erinnert." — Beutler S. LV: „Die Wagnerszene stellt die Persönlichkeiten der Lehrenden bloß, die Schülerszene die Schwäche des Fakultätswissens, die Szene in Auerbachs Keller die Plattheit und Leere der Studenten. Für den Regisseur ist die letzte die gefährlichste im ganzen Stück, wenn die törichte Lautheit der Trinker den bestimmenden Ton durchhält; aber sie kann eine ganz große Szene Mephistos werden, wenn seine Dämonie schon bei seinem Eintreten in den Keller die Burschen wie Opfer umkrallt und in Trance setzt und so das primitiv unheimliche Grausen, das die älteste Schicht der Sage durchzieht, lebendig und wirksam wird."

2098. Studentensitte, dem Trinkfestesten das Präsidium zu geben.

2189f. *Rippach*, Dorf zwischen Leipzig und Naumburg; „Hans Arsch von Rippach" Figur des Leipziger Studentenwitzes. Frosch nimmt an, daß alle Fremden davon nichts wissen und also nur seine Kameraden die Anspielung verstehn; aber Mephistopheles pariert den Hieb und schlägt zurück, indem er Froschs Worte so deutet, als sei jener mit *Herren Hans* verwandt.

2207ff. Also doch ein *politisch Lied*, aber so bildhaft und so künstlerische Karikatur, daß die Runde ganz davon hingenommen ist. Die witzige Schärfe typisch mephistophelisch.

2245f. Reine Alexandriner.

2272f. Es lohnt, die Prosa des „Urfaust" zu vergleichen (S. 383).

2312. „Er ist ein Zauberer, und also darf man ihn ungestraft angreifen."

Hexenküche

Begonnen wahrscheinlich 1788 in Rom; beendet vermutlich in der Schiller-Zeit; damals Einstreuung einiger zeitsatirischer Züge. Mephistopheles braucht die Hexenküche als Weg in die Sinnlichkeit und

die Welt. Faust ist äußerlich, nicht innerlich passiv. Für den Handlungsverlauf bringt die Szene die erwünschte (2342) Verjüngung
Fausts. Im „Urfaust" ist Faust zu Beginn jung und bleibt es. Seine
Vision (2429—2440) ist in magischer Weise objektiv und subjektiv
zugleich. Darum ähnlich wie bei der Traumvision (1447—1505) die
Wendung ins Faustisch-Große. Die Wirkung der Verwandlung zeigt
gleich die folgende Szene. Aber wie immer entwickelt sich nicht einfach das, was Mephistopheles beabsichtigt hat, sondern es erhält auch
von Faust her seine Prägung, seine Innerlichkeit. Die Kurzverse und
Madrigalverse der Hexe, der Tiere, Mephistos passen zu dem Un-
geordneten, Wandelbaren, Verwandelnden der Hexenküche. Fausts
Sprachklang bleibt aber dennoch erhalten.

2348. Die Drucke aus Goethes Lebzeiten haben *Doch*; man nimmt
an, das sei ein Druckfehler.

2361. Bis zum achtzigsten Lebensjahr ...

2400 f. Lotteriespiel, eine damals rasch aufgekommene Leidenschaft
breiter Kreise.

2416 ff. *Sieb*: Im Volksaberglauben kommt das Motiv des Siebs
in vielerlei Zusammenhängen vor. — HwbA 7, 1935/36, S. 1662—1701.

2429 ff. Der *Zauberspiegel*, ebenfalls Motiv des Volksaberglaubens.
Das Bild ist absichtlich allgemein gehalten. Kontrast zur mephisto-
phelisch-hexischen Sphäre: faustisch-veredelnd. HwbA 9, 547—577.

2540 ff. *Hexen-Einmaleins.* Goethe am 4. 12. 1827 an Zelter, die Frage
nach der Verfasserschaft einzelner *Xenien* abweisend: *Ebenso quälen
sie sich und mich mit den „Weissagungen des Bakis", früher mit dem
Hexeneinmaleins und so manchem andern Unsinn, den man dem schlichten
Menschenverstande anzueignen gedenkt. Suchten sie doch die psychisch-
sittlich-ästhetischen Rätsel, die in meinen Werken mit freigebigen Händen
ausgestreut sind, sich anzueignen und sich ihre Lebensrätsel dadurch
aufzuklären!*

2604. *Helena* bedeutet hier nur: die schönste, begehrenswerteste
aller Frauen. Noch kein Hinweis auf das spätere Helena-Motiv des
2. Teils.

Straße — Abend — Spaziergang — Der Nachbarin Haus — Straße — Garten — Ein Gartenhäuschen

Beginn der Gretchenszenen, die nun in geschlossener Folge bis
zum Ende des 1. Teils — nur durch die *Walpurgisnacht* unterbrochen
— mit der inneren Logik und Unerbittlichkeit tragischen Geschehens
sich entwickeln. Von Anbeginn hat Mephistopheles seine Hand im
Spiel, und die Spannung zwischen Innerlichkeit und Schuld ergibt eine
Verflechtung im Spiel zu dreien. Mephistopheles will Sinnlichkeit, bei

Faust wird es Liebe, Mephistopheles will *flache Unbedeutenheit* (1861), bei Faust wird es allhaltige Seligkeit, und insofern siegt das Faustische. Aber Faust bedient sich fortgesetzt Mephistos und verwickelt sich dadurch in Lüge, Verführung, Mord und Untreue; insofern siegt das Mephistophelische. So sehr es das äußere Geschehen bestimmt, so wenig kann es aber innerlich Gretchen etwas anhaben, und im höchsten Elend, im Kerker, entscheidet sie sich völlig rein zu ihrer Welt. Die Unbewußte und Sanfte wird zur sicheren und klaren Gegenspielerin des Teufels, und diese Tendenz, die hier nur in menschlicher Perspektive erscheint, wird am Ende des 2. Teils dann aus göttlicher Ordnung anerkannt und von aller Bedingnis gelöst. Im Gegensatz zu der bisherigen Szenenreihe, die ganz von Faust beherrscht war, männlich, gedanklich, düster und stürmisch, folgt jetzt das Weibliche, Gefühlte, Lichte und Sanfte. Auf das Gelehrte das Volksliedhafte. Faust und Gretchen sind Polarität, die sich anzieht; sie und Mephistopheles Gegensätze, die sich fliehen. — E. Beutler in seiner Ausgabe S. LVIff. und im Jb. des fr. dt. Hochstifts 1936—40, S. 594—686. — Korff, Geist der Goethezeit. Bd. 1. S. 244—251. — v. Wiese, Die deutsche Tragödie. S. 141—146. — Vermeil, S. 282—298.

2605. Die Anrede für bürgerliche Mädchen war „Jungfer". Wenn Faust *Fräulein* sagt, hält er die Angeredete für eine Adlige. Daher ihre Verneinung 2607. Ähnlich 2906.

2621. Gretchen kommt, als wir sie zum ersten Male sehen, aus der Kirche. Auch später erscheint immer wieder ihre Verbundenheit mit dem Christentum. Der Gegensatz zu Mephistopheles wird schon hier zu Beginn deutlich.

2654. *Schimpf* = Scherz.

2674. Sowie Mephistopheles allein ist, fällt er ganz in seine eigene spöttisch-kühle Sprache, rhythmisch gekennzeichnet durch den Alexandriner (2674).

2711f. Die Natur bildete leicht, traumhaft das Engelhafte, das Gretchen von Geburt an wesenseigen war, in ihr aus. Die Sprache hier und im Folgenden durchaus lyrisch, mit der Ausdruckskraft des Sturm und Drang (vgl. Bd. 1, S. 33ff. u. Anmkg.), die innere Berührtheit Fausts durch ihre Atmosphäre symbolisierend.

2759ff. Im „Urfaust" (S. 390f.) lautet die Fassung etwas anders (vgl. auch Bd. 1, S. 79—81 u. Anmkg.). Dazu Max Kommerell, Gedanken über Gedichte. Frankf. a. M. 1943. S. 331f.: „Der *König in Thule* ist ... der Szene so unentbehrlich wie die Märchenverse vom Machandelboom der letzten Szene (Kerkerszene) ... sind. Im einen Fall hat Goethe selbst das altertümliche Gebilde geschaffen, das ihm not war, im anderen Fall hat er es gefunden, gewürdigt und eingesetzt. Wann, wo wird dieser *König in Thule* gesungen? Ein Mädchen singt ihn in ihrem gewohnten Schlafgemach, in dem plötzlich etwas anderes ist. *Mir läuft ein Schauer übern ganzen Leib — Bin doch ein töricht furchtsam Weib!* Kann man das Alleinsein mit sich selber inniger vorstellen als in einem Mädchen, das sich zum Schlaf entkleidet? Sie tut alles von sich ab, ist nur noch sie, dann kommt der Schlaf: dazwischen Gedanken und Gefühle, ungewollt, ungestanden. Sie hat den Mann gesehen, der sie anredete und den sie abwies. An den sie doch am Abend denken mußte, als sie vor dem Ausgehen ihre Zöpfe aufband. Dazwischen ist er dagewesen, hat auf ihr Bett geblickt, er und sein dämonischer Geselle. Die Luft ist belagert, ihr Schicksal hat schon begonnen, sie weiß und versteht es nicht, aber es ist da, spricht aus ihr selber, und sie fährt zusammen. Und so singt sie den *König in Thule*. Man sollte nicht fragen, was er mit ihr zu tun hat; sie singt ihn, gerade weil er ein fremdes, altes Lied ist. Das betroffene Herz ist, anders als sonst, sehr alten oder auch ganz neuen Dingen und dem Besuch aller Geister aufgetan. Da fallen uns Lieder ein, oder wir machen sie gar selber; Lieder, von denen wir nicht wußten, daß sie in uns waren ... ein einsamer, von geahntem Schicksal betroffener Mensch ... wird von der Ballade angeweht; weil sie ihm fremd ist, löst sie die Bangigkeit seines Herzens. Ein Mensch entrückt sich selbst, wenn er so etwas singt ..." Vgl. Bd. 1, S. 79 u. Anmkg.

2805. Regieanweisung *Spaziergang*, im „Urfaust" *Allee*, also ein Weg im Freien, wo Faust auf Mephistopheles gewartet hat, der wieder spionierte, was sich tun ließe.

2867. Frau Marthens Mann ist ins Ausland gegangen, die Ursachen bleiben unklar (2956, 2995). Mephistopheles hat ausgekundschaftet, daß er nicht heimgekommen ist, und führt sich ein, um den Tod zu bezeugen. Da nach Rechtsgebrauch aber zwei Zeugen nötig sind, bringt er dann das nächste Mal auch Faust mit — und so ist die erwünschte Beziehung zu Gretchen hergestellt.

2921. Nach dem Erstdruck, 1808. Die übrigen Drucke aus Goethes Lebzeit haben *Ich würde drum* ..., doch ist dies wohl ein Druckfehler, das Wort *würde* aus der folgenden Zeile vorwegnehmend.

2977. In der Oktavausgabe der *Ausg. l. Hd.* steht *sich*; die früheren Drucke und der „Urfaust" haben *sich's*.

3025. *fördern* = vorwärtsgehen.

3037. *Sancta simplicitas* = heilige Einfalt.

3040. Spöttisch: Du redest wie ein Heiliger; in diesem Falle willst du es plötzlich sein, während du doch ... usw.

3068—3072. Die Verse sind im Klang sehr unregelmäßig, abgerissen, gezwungen, Ausdruck davon, daß Faust nur mit innerem Widerstreit, leidenschaftgetrieben in den Plan willigt, den er anfangs (3039) aus seinem Denken heraus ablehnte. 3068ff.: Du willst recht behalten

— spare deine Beredsamkeit, denn nicht durch sie bringst du mich
zu deinem Plan — ich bin schon bei ihm — aber aus einem inneren
Muß ...

3098. *häufig* = einen Haufen, viele.

3139f. ... sowie es sich nur regte, erwachte ich. — *durfte* in einer
konditionalen Bedeutung, die es im 18. Jahrhundert häufig, heute nicht
mehr hat. Dergleichen Abweichungen von heutiger Wortbedeutung
häufig in *Faust,* z. B. 3172 *unanständig* — „das mir nicht Anstehende,
nicht Zukommende, zu mir nicht Passende", sehr viel milder als in
heutiger Sprache.

3205 ff. Die Szene *Ein Gartenhäuschen* ist zeitlich nicht festgelegt. Inhaltlich ist sie die Überleitung von der vorhergehenden Szene zu der
folgenden, eins der ganz kurzen Bilder, die Goethe in seiner Jugend
im Drama liebte, wie die Szene *Nacht, offen Feld* (S. 139) und viele
Szenen in der 1. Fassung des *Götz.*

Wald und Höhle

V. 3342—3369 schon im „Urfaust", aber in anderer Fassung und
an anderer Stelle (S. 414f.). Im *Fragment,* 1790, dann schon die ganze
Szene. Sie gehört also im wesentlichen der Arbeitsperiode 1787—89
an. — Sie unterbricht die Reihe der Gretchenszenen; während deren
Zauber immer mehr unseren Blick auf die Mädchengestalt lenkt, steht
hier Faust allein; er scheint innerlich gewandelt; ist es der Einfluß
des Erlebten? Noch einmal einer seiner großen Monologe, Bild seines
Seelenzustands, als Selbstbildnis des Ruhelosen, Maßlosen (3345 bis
3365) zurückweisend auf die Anfangsmonologe (354—517, 602—784,
1064—1099, 1112—1125), aber als beglückendes Erfassen der Natur,
des Unendlichen im Endlichen, vorausweisend zu dem großen Monolog vom *farbigen Abglanz* (4679—4727), daher auch die beide verbindende Größe und Ausgewogenheit des Versmaßes, der fünffüßige
Iambus. Neben Faust tritt Mephistopheles. Und er ist es, der von
Gretchen spricht. Faust hat sich von ihr entfernt, er will nicht weiter
ihren Frieden untergraben. Aber man spürt, daß Mephistopheles die
Waagschale der Rückkehr, die ohnehin der anderen fast gleich steht,
zum Überwiegen bringen wird. — H. Herrmann, S. 125 ff.

3217ff. In der *Faust*-Forschung ist viel besprochen worden, ob die
Anrede 3217—3219 den Erdgeist meine. Dann nämlich sei 3241ff. ausgesagt, daß dieser Mephistopheles gesandt habe. Daß Mephistopheles
von sich aus kam, geht aus dem *Prolog im Himmel* hervor. Der Versuch,
das Verhältnis von Gott, Erdgeist, Mephistopheles, Hexen, singenden
Geisterchören usw. näher zu erkennen, stößt auf Schwierigkeiten. Man
kann die Unstimmigkeit, daß Mephistopheles einmal vom Erdgeist

herkommt, sodann aber auch vom *Prolog im Himmel* her im Spiel ist, aus der Entstehungsgeschichte erklären, jenes als Konzeption um 1773, dieses um 1800. Das Problem liegt darin, daß Goethe ein genaues Abstimmen der Teile aufeinander nicht für nötig hielt. Vielleicht wäre künstlerisch dadurch nichts gewonnen worden.—Eudo C. Mason in seinem Aufsatz „The Erdgeist controversy reconsidered" in: The Modern Language Review 55, 1960, S. 66—78, und in seinem Aufsatz „Some Conjectures regarding Goethe's Erdgeist" in: The Era of Goethe. Essays presented to J. Boyd. Oxford 1959, S. 81—105, stellt dar: Als Goethe den „Urfaust" begann, hatte er eine Konzeption, wie Mephistopheles ins Spiel zu bringen sei. Die Erdgeist-Szene führte darauf hin. Goethes Plan, Faust und Mephistopheles zusammenzubringen, war also anders als im Puppenspiel. Im „Urfaust" ist Mephistopheles dem Helden irgendwie durch den Erdgeist gegeben; Beispiel dafür sind die Sätze S. 416,1 ff. Diese Konzeption bleibt noch im Fragment von 1790 bestehn. Im „Urfaust" und im Fragment besteht aber eine große Lücke. Sie war später schwer zu füllen, jedenfalls kaum im Sinne der Urkonzeption, damit hängt das Stocken der Arbeit 1788 und 1797 zusammen. Der neue Plan von 1797 und die Ausführung in *Faust I* widersprechen der Urkonzeption weitgehend. Hätte Goethe die neue Fassung schlüssig bauen wollen, dann hätte er den Erdgeist streichen müssen. Anderseits ist die Unstimmigkeit wieder nicht so groß, wie sie nun scheint. Da die „Hölle" im Drama nie ernsthaft ausgeführt ist, kann Mephistopheles sowohl von ihr wie auch vom Erdgeist herkommen. Erdgeist und Mephistopheles ersetzen die höllischen Gestalten des Puppenspiels. Der Erdgeist gehört zu dem Irdischen einschließlich des Animalischen und Schuldhaften; er ist zwar Geist des Handelns, aber *der Handelnde ist immer gewissenlos* (Bd. 12, S. 399, Nr. 251). Der Vers *Du gleichst dem Geist, den du begreifst* (512) deutet schon voraus auf Mephistopheles. (Soweit Mason.) — Die umfangreiche ältere Forschung zu dieser Szene bespricht Albert Daur, Faust und der Teufel. Heidelberg 1950. S. 408—410.

3233 f. Neben der Offenbarung durch die Natur (3220—3231) gibt es die durch das menschliche Innere. Der hier nur gestreifte Gedanke wird erst in Goethes späteren Werken ausgeführt: *Im Innern ist ein Universum auch* ... (Bd. 1, S. 357), *Sofort nun wende dich nach innen* ... (Bd. 1, S. 370). Die sittliche Komponente wird hier noch nicht deutlich.

3251 ff. Wieder wechselt mit dem Stichwort Mephistos auch der Rhythmus: Vorher Fünftakter, reimfrei, jetzt Madrigalverse, reimend; der Reim wird ausgenutzt zur mephistophelischen Pointierung.

3258. Wieder *dürfen* im alten Wortsinne: „Du brauchst mir's nicht ...", „Es ist nicht nötig, daß du ernst zu reden anfängst ..."

3265. *ennuyiert* = langweilt.

3337. Nach: Hoheslied 4,5. Goethe hat 1775 Teile des Hohen-
lieds übersetzt (Jub.-Ausg. 36, S. 108—114), darunter auch diese
Stelle: *Deine beiden Brüste wie Rehzwillinge, die unter Lilien weiden.*
Luther: „die unter den Rosen weiden".

Gretchens Stube — Marthens Garten — Am Brun-
nen — Zwinger — Nacht — Dom

3374 ff. Faust und Gretchen sind getrennt. Seinen Monolog bringt
die vorige Szene, den ihren diese. Der seine beginnt in großartigen
Blankversen und endet in dem schwankenden Gefüge der Madrigalverse, mischt Worte des weltanschaulich-wissenschaftlichen Denkens
und solche der wilden Leidenschaft, männlich, ausgreifend, zerrissen.
Gretchens Wort ist wie ein Lied, ein Volkslied, durchgehend auf einen
Klang gestimmt, weiblich, gerundet, seelenhaft. Sie ahnt nicht die
Schlußworte seines Monologs und er nicht die des ihren; der Hörer
aber, beide erfahrend, sieht nun Kommendes aufsteigen, und so haben
die zwei Monologe die Handlung nicht unterbrochen, sondern zu
einem entscheidenden Punkte getrieben.

3415 ff. Der Schluß von Gretchens Monolog war: *Vergehen* in der
Liebe; hier steht der Mensch nur noch vor einer höchsten religiösen
Instanz, das Ich, und ebenso das Du. Darum gerade jetzt — nach der
Bereitschaft in der vorigen Szene, vor dem Geschehen in der folgen-
den — die Frage nach dem Religiösen; dazu ein letztes Sich-Wehren
gegen Mephistopheles (3470), durch den später das Verhängnis kommt.
Für Gretchen kann Religiosität nur kirchliche Frömmigkeit sein; dieser
religiöse Zug — schon in ihrer ersten Szene, zunächst noch ganz von
außen gesehen, als Kirchgang (2621) — gewinnt immer mehr Tiefe
bis zu den Jenseits-Visionen im Kerker (4585, 4607—4609). — E.
Beutler, Jb. fr. dt. Hochst., 1936—40, S. 623 ff. — H. Herrmann,
S. 125 ff.

3431 ff. Fausts pantheistisches Gottesbekenntnis, ausgehend vor
allem von der Größe der Natur und dem Erleben des Unendlichen
in der Endlichkeit des schönen, geliebten Menschen (3446) sowie dem
inneren Gefühl der Abhängigkeit und des Eingeordnetseins in ein Er-
habenes. Nicht genannt wird hier das sittliche Sollen, dem Goethe
später so große Bedeutung beilegt (Bd. 1, S. 370 und *Wilhelm Meisters
Wanderjahre*). Die Worte Fausts stehen ganz im Zusammenhang des
Dramas; es sind die Worte des verjüngten Faust, in gewisser Weise
auch das Bekenntnis des Sturm und Drang. Goethe selbst dachte weiter;
seine Lehre vom Symbol ist präziser; und ebensosehr wie den ästhetischen Weg bewertet er — freilich vorwiegend in Äußerungen der

Mannes- und Altersjahre — auch die Idee, die Pflicht, *schwerer Dienste tägliche Bewahrung* (Bd. 2, S. 105). Das Leidenschaftliche, Gefühls-getragene, aber auch Schwankende des Faustischen Bekenntnisses spricht sich aus in freien Rhythmen. Erst mit Gretchens Worten beginnen wieder der Reim und die Vierhebigkeit. So wenig wie im Glauben geht sie in der Sprache aus einem festen Rahmen heraus. Fausts Worte sind ehrlich als Aussage dessen, was ihm im Augenblick vorschwebt. Gretchens Frage (3415) kommt aus tiefster Besorgnis: Faust erkennt das (3533). Als er über Mephistopheles spricht (3476, 3483, 3501), weiß er, daß er Phrasen macht. Unwillkürlich erkennt er Gretchens Wahrheit der Ahnung an (3494). — Beutler im Jb. des fr. dt. Hochstifts 1936—40, S. 623. — E. M. Wilkinson, The Theo-logical Basis of Faust's Credo. German Life and Letters 10, 1957, S. 229—239.

3496 f. Ein erster Vorklang des Schlußverses 4610, der ebenfalls nur dadurch möglich ist, daß Mephistopheles zu Faust tritt.

3569 und 3575 f. Grausame Formen sozialer Ächtung, die erst im 18. Jahrhundert allmählich abkamen. Diese Motive häufen sich fortan (Valentinszene): die erstickende Gewalt der *Schmach* (3616).

3587. *Zwinger* = Raum zwischen innerer und äußerer Ringmauer der Stadt, also meist einsam; in Nischen Andachtsbilder, so hier ein Madonnenbild. — Die ersten 9 Zeilen strophisch wie ein geformtes, übernommenes Gebet, dann freies Überströmen eigener Empfindung und Wechsel des Rhythmus. Goethe hat sich nicht viel mit lateinischer Hymnik befaßt, aber er hat mit seiner Genialität des Ergreifens auch hier Schönstes herausgefühlt und angeeignet. Während in der Dom-szene (3798 ff.) Hymnenverse feierlich-streng als Chorgesang er-klingen, sind hier Motive aus den Hymnen in Gretchens Gebet hin-eingewoben. Aus Lukas 2,35 entstand das Motiv, das in dem Hymnus „Stabat mater dolorosa", in der Sequenz „Planctus ante nescia" und in den vielen mittelalterlichen Marienklagen vorkommt: ein Schwert geht durch Marias Herz. Es mag für Gretchen früher nur ein frommes Wort gewesen sein — jetzt plötzlich klingt es stimmungshaft-erlebnis-stark in ihr auf, als sie in eigener Not betet. — Metrische Analyse der Verse 3587 ff.: A. Heusler, Kl. Schriften, 1943, S. 480.

3608. *Scherben* hier in mundartlicher Bedeutung = Blumentöpfe.

3620 ff. Beutler, S. 553: „Durch Valentins Tod verliert Gretchen, gerade da sie am meisten der Hilfe bedarf, ihre einzigen Beschützer, den Geliebten und den Bruder zugleich. Faust flieht als Mörder. Der Bruder fällt für den Schutz Gretchens und mehr noch für die eigene Geltung. Im Tod brandmarkt er — bei weitem nicht so ehrenwert, wie er glaubt, daß er sei — die eigene Schwester gegen Wahrheit und Wissen vor den Mitbürgern als öffentliche Dirne und stößt sie durch diesen Verrat noch tiefer ins Unglück. Gretchen ist allein, verfemt, allem und jedem preisgegeben."

3682—3697. Anlehnung an das Lied Ophelias in „Hamlet" IV, 5. — Vgl. Goethe zu Eckermann am 18. Januar 1825 (S. 434). — Beutler, S. 554: „Dämonischer Hohn Mephistos über das Schicksal seines Opfers."

3714f. Mephistopheles kann Valentins Hand lahm machen, und er könnte ähnlich auch die Polizei für den Augenblick durch Zauber binden. Aber er kann nicht hindern, daß die Gerichtsbarkeit den *Blutbann* über Faust ausspricht und er also als Mörder fortan vogelfrei ist. Mephistopheles erreicht es dadurch, Faust fortzuführen.

3762. *dann* nach der Handschrift; die Drucke haben *denn*.

3776ff. Freie Rhythmen, die ganze Szene hindurch, etwas Schwankendes, Unruhiges und insofern Subjektives. Und dazwischen das äußerste Gegenteil, vier Mal die Hymnenworte in festen, objektiven Versen und sicheren Reimen, uralt, sachgebunden, immer gleich, erhaben über das Einzelschicksal. Während der Rhythmus in dieser Weise verschieden ist, berührt sich das Inhaltliche; Motive der Sequenz kehren — ins Persönliche gewandelt — in den Worten des Bösen Geists wieder. — Vgl. die Anmkg. zu „Urfaust" 1311 und insbesondere 1333.

3788. Mephistopheles hat Faust für Gretchens Mutter ein Schlafmittel gegeben: sie ist daran gestorben. Gretchen ist völlig vereinsamt, Mutter und Bruder tot, Faust als Mörder geflohen, sie selbst durch Valentins letzte Worte vor den Leuten entehrt. Der grausamen sozialen Ächtung (3568f., 3575f., 3750ff.) und den inneren Vorwürfen hat sie nichts entgegenzusetzen, da sie nur innerhalb der allgemeinen religiösen und sozialen Begriffe ihr Leben entwickelt hat. Auch hat sie keinen anderen Menschen als Halt. — Korff, Geist der Goethezeit. Bd. 1. S. 244ff.

3798f., 3813—15, 3825—27. In deutscher Übersetzung: „Der Tag des Zornes, jener Tag löst unser Zeitalter auf in Asche." „Wenn der Richter auf seinem Richterstuhl sitzen wird, wird offenbar werden, was verborgen ist, und nichts wird ohne Vergeltung bleiben." „Was soll ich Elender dann sagen? Wen als Fürsprecher anflehen? Da doch nicht einmal der Gerechte sicher ist." Gretchen hört die Worte des Hymnus von den Posaunen des Jüngsten Tags, der Auferweckung der Toten und dem Gericht. Sie kennt den Inhalt dieses Textes und ist jetzt persönlich tief davon betroffen. — Vgl. „Urfaust" 1311 und 1333 u. Anmkg. — Zu „Dies irae": Ein Jahrtausend lateinischer Hymnendichtung, hrsg. von G. M. Dreves und C. Blume. Lpz. 1909. Bd. 1, S. 329f.

3834. Jahrhunderte haben nicht nur psychische, sondern auch physische Eigenheiten; zu denen des 18. Jahrhunderts gehören die häufigen Ohnmachten. Man trug als Gegenmittel Riechfläschchen bei sich. Gretchens Ruf sagt nur: „Ich werde ohnmächtig" und bedient sich dabei einer Wendung, die damals häufig vorkam. Neben die zwei Sprachschichten der Szene — die von Gretchens verwirrtem Innern und die des kirchlich-objektiven Gefüges — tritt hier eine dritte, die des Alltags, deren sich Gretchen überall sonst bediente und von der sie nur durch die Übermacht inneren Erlebens sich fortentwickelt hat.

Walpurgisnacht

Fausts erstes großes Erlebnis seiner Weltfahrt ist ein Erlebnis der Leidenschaft. Was bisher als Handlung erschien, erscheint jetzt als Symbolik. Goethe scheut nicht, die Erotik in Faust auszusprechen, aber (es ist seine zurückhaltende Art) nicht als Realität, sondern als Symbolik, und nicht im menschlichen Bereich, sondern in dem der Geister. Walpurgisnacht ist Sinnlichkeit; nicht an sich böse, sondern durch das, was der Mensch daraus macht. Fausts Weg dahin ist Freude am Naturhaft-Starken (3838—3847); der Blick auf Lilith (4118 ff.) und der Tanz mit der jungen Hexe (4128 ff.) freilich sind bloße Geschlechtlichkeit. Aber es folgt die Gretchen-Vision mit Worten reiner Liebe (4184 bis 4205); eine Umkehr also. Das Ganze ist Spiegelung dessen, was in Faust in seiner Beziehung zu Gretchen lebendig ist, das eine und das andere, beides verbunden. Den Weg zur Walpurgisnacht (wie zur Hexenküche) führt Mephistopheles; aber Faust bleibt er selber und gibt dem Erleben auch von sich aus Form, Physisches und Psychisches verbindend (4184 ff.). Darum ist nach dem Wandel vom Hexentanz zur Liebesvision das innere Geschehen (und die symbolische Bilderreihe) abgeschlossen. Entwürfe zu einer weiteren Ausgestaltung der Walpurgisnacht als objektives Bild wurden beiseitegelegt. Mephistopheles erwartet Geschlechtlichkeit (wie später Machtgier), Faust macht daraus Liebe (ähnlich wie er auch im 2. *Teil* nicht nur das tut, was Mephistopheles will), freilich niemals rein, aber doch als Ansatz, aus seinem Wesen heraus. Die Symbolik der Seele als magische Welt ist (anders als die Gretchenszenen) sprachlich klangrauschend, opernhaft, sinnbetörend, virtuos; alles Rationale scheidet aus; Klang und Bild sind alles. — Die Walpurgisnacht ist die Nacht zum 1. Mai, in der sich nach altem Glauben die Hexen am Brocken treffen. — Die Szene entstand zwischen 1797 und 1805. Im Februar 1801 entlieh Goethe aus der Weimarer Bibliothek mehrere Bücher über Faust und Zauberwesen (Keudell Nr. 243—250; Gräf Bd. 2,2 S. 104 ff.). Dort ist das Fleischliche schlechthin das Böse, Teuflische. Goethe wandelt das

Bild im Sinne seiner Polarität von Licht und Materie (vgl. Bd. 9, S. 351,28—352,22), und das Mephistophelische ist eine Kraft, die, indem sie wirksam wird, eine andere, sonst latente deutlich werden läßt. — HwbA., Artikel „Brocken", „Irrlicht", „Hexe", „Maitag" (Walpurgisnacht), „Lilith", „Haar", „Uhu", „Kauz", „Häher", „Molch", „Eule" usw. — Staiger Bd. 2, S. 356—362. — Daur, Faust und der Teufel, 1950, S. 111—120 u. insbes. 414—416. — Hefele 127—134. — E. Vermeil, Revolutionäre Hintergründe in Goethes Faust. In: Spiegelungen Goethes in unserer Zeit. Wiesbaden 1949. S. 313 bis 321.

3841 ff. Die Szene beginnt mit starkem, sinnenhaftem Naturgefühl. Mephistopheles hat daran nicht teil.

3855. *Irrlicht* = ein Flämmchen, aus Sumpfboden aufsteigend; im Volksglauben ein irreführender Dämon; als magisch-symbolische Gestalt auch in Goethes *Märchen.*

3857. *fodern* statt „fordern", alte Form, bei Goethe häufig.

3871 ff. Mit den vierfüßigen Trochäen, die immer klingende Reime haben, d. h. viele Reimsilben, beginnt das Klanghaft-Opernartig-Sinnenprächtige. Die Landschaftsschilderung 3871—3911 vermischt Subjektives und Objektives, dämonisiert die Natur und wird zum Bilde magischer Welt wie nun die ganze Szene fortan.

3898. *Masern* = Knorren.

3915. *Mammon,* ursprünglich „Geld", schon Matth. 6,24 personifiziert; in Pfitzers Faustbuch Name eines Teufels; bei Milton ein Teufel, der Satan einen Palast mit feurigen Goldadern baut. (Über Beschäftigung mit dem „Verlorenen Paradies" berichten im Juli/August 1799 Tagebuch und Briefe an Schiller.) Goethe entwickelt diese Vorstellungen weiter in seinem großen Bilde magischer Welt: die Erde glüht auf als Teufelspalast; denn das Gold ist wie das Geschlecht Teufelsbereich, Satans Lieblingsmittel. Gold ist eins der Symbole, die in *Faust* leitmotivisch wiederkehren (zumal 5785 ff., 7582 ff.). — Emrich, S. 228 ff.

3936 ff. Bisher die Erde der Walpurgisnacht, jetzt der Luftbereich. Erneute Klangmittel: das sausende Fliegen der Hexen symbolisiert im wilden Tempo der vierfüßigen Iamben 3956 ff. (wie anders in der Wirkung als die Trochäen 3871 ff.!).

3959. *Herr Urian* = der Teufel.

3962. *Baubo,* eine Hexe. Ursprünglich in der antiken Sage Name einer alten Dienerin, die der traurigen Demeter derbe Witze erzählte, um sie abzulenken.

3978 ff. *Hexenmeister.* Da Hexenprozesse und Hexenbücher im 15. bis 18. Jahrhundert ausschließlich von Männern gemacht wurden, hören wir fast nur von weiblichen Hexen, ihrer Unzucht mit dem Teufel (incubus); nur ganz selten von männlichen Hexenmeistern und ihrem Umgang mit Lilith, dem Teufel in Weibsgestalt (succuba). Goethe, die Schuld nicht so einseitig verteilend wie die alten Jahrhunderte, zieht absichtlich auch dieses seltene Motiv heran.

3988f. Hier beginnt die literarische Satire. 3988f. zielt vielleicht auf die sprachlichen (oder die ethischen) Puristen (das gleiche Bild Bd. 1, S. 211, Nr. 25); Witkowski meint: „die Kritiker". — Dann 3996f. — was war zu Goethes Zeit *dreihundert Jahr'* alt? Die Kommentare haben auf Protestantismus, Humanismus und moderne Wissenschaft gedeutet.

4016. *ruscht*, lautmalend, heute noch mundartlich-niederdeutsch „ruscheln"; raschelnde Bewegung hin und her.

4023. *Junker Voland* = der Teufel, altes Wort. Mittelhochdeutsch hieß der Teufel vâlant.

4037ff. Faust weist auf die Stelle, wo der feierliche Satansdienst als Höhepunkt der Walpurgisnacht stattfindet. Mephistopheles zieht ihn ab. Dort wäre Faust wieder nur Zuschauer, und Mephistopheles zieht ihn zum Hexentanz, wo er selbst mit hineingezogen wird. Außerdem ist der Satansdienst eine Sache für weibliche Hexen (von denen man im Mittelalter fast ausschließlich sprach). Faust als Mann muß das Satanische in Weibsgestalt begegnen. Deswegen ist nicht der Satansdienst geschildert, sondern die Begegnung mit Lilith (4118ff.).

4064. *Ein Knieband* = der Hosenbandorden.

4072—4091. Hierzu Beutler, S. 560: „Spott auf Zeitgenossen, die Goethe zum Teufel wünscht und deshalb unter sein Gefolge versetzt, die ewig mit der Welt Mißzufriedenen, die doch selbst nichts tun, daß sie besser wird. Nach Joh. Praetorius, Blockes-Berges Verrichtung, Lpz. 1669, S. 129, waren auf dem Blocksberg nicht nur Hexen versammelt: ‚auch hohes Stands Personen, Kaiser, Fürsten, Freiherrn, Edelleute und dergleichen ..., auch gelehrte und berühmte Doctores ...'. Diese Stelle hat Goethe vermutlich veranlaßt, ihm mißliche Politiker und Doctores hier zu erwähnen und die Zeitsatire in die Blocksberghandlung einzuflechten."

4118f. Da Gott 1. Mos. 1,27 „ein Männlein und Fräulein" (Luther) erschafft, dann aber 2,21f. aus Adams Rippe Eva entstehen läßt, bildete sich die altrabbinische Sage von Adams erster Frau, Lilith. Sie trennt sich im Streit von ihm und verbindet sich mit dem obersten der Teufel; ihre Kinder sind Gespenster; sie selbst ist der weibliche Satan (succuba), worauf 4122 anspielt. In der barocken Hexenliteratur wird Lilith mehrfach erwähnt.

4120. Volksaberglaube: Macht der Hexen in ihren Haaren.

4128ff. In der magisch-traumhaften Sphäre werden erotische Motive zu Symbolen.

4144—4175. *Phantasmist* wäre etwa als „Geisterseher" zu übersetzen, *Proktos* (πρωκτός) aber heißt im Griechischen „der Hintere".
Satire gegen den Berliner Aufklärer Nicolai, der seinerzeit Goethes
Werther völlig verurteilt hatte und seither immer wieder durch seine
aggressive Verständnislosigkeit Goethe und Schiller lästig fiel. 1797
wurde in Berlin erzählt, es spuke in Humboldts Schloß in Tegel (4161).
Nicolai hielt daraufhin in der Berliner Akademie der Wissenschaften
einen Vortrag, in welchem er mitteilte, er selbst sei im Jahre 1791
durch Geistererscheinungen geplagt worden, doch nachdem ein Arzt
ihm Blutegel angesetzt habe (an den Körperteil, den Goethe altgrie-
chisch bezeichnet), sei er davon befreit gewesen. Die Tatsache, daß
der platte Rationalist an Geister geglaubt hatte, war ebenso grotesk
wie seine Methode der Heilung. 1796 in den *Xenien* wurde Nicolai
scharf verspottet (Bd. 1, S. 215 f., Nr. 51—55 und Anmkg.), und schon
in seiner Jugend hatte Goethe ein derbes Gedicht auf ihn (Weim. Ausg.,
Bd. 5, 2, S. 279f.) geschrieben. Den geistersehenden Aufklärer auf die
Walpurgisnacht zu führen und Mephistopheles über sein Heilmittel
berichten zu lassen (4174f.), war natürlich eine besonders amüsante
Bosheit. Nicolai aber, obgleich widerlegt und blamiert (4168), wird
doch das Erlebte ausnutzen, um darüber zu berichten in seiner „Beschreibung einer Reise durch Deutschland" (4169), die ihm schon in
den *Xenien* so viel Spott eingetragen hatte. — Athenäum Bd. 2, 1799,
S. 337f. „Entdeckung". — E. T. A. Hoffmann, „Der goldene Topf",
2. Vigilie. Werke, hrsg. von Ellinger, Bd. 1, S. 186,2ff.

4184ff. Die Magie der Walpurgisnacht besteht in der Wechsel-
seitigkeit des Innen und Außen; das Objektiv-Mythische ist Symbol
des Innern (die Hexe spiegelt die Sexualität Fausts), und das Innere
wird Form als Vision, als Bild: Gretchen erscheint. Magische Welt
überwindet Zeit und Ort (wie im zweiten Gesicht, Hellsehen usw.):
Gretchen, die Entfernte, erscheint zugleich als die Zukünftige, bereits
tot (4195), der Kopf ist ihr bei der Hinrichtung abgeschlagen (4203 ff.).
Zum symbolischen Motiv des Hals-Streifs, das volkstümlich-typisch
ist, kommt bei Goethe das individuell-dichterische der Erscheinung
und Haltung, das rührend Hilflose und Reine der Gestalt (4184—86).

4208 wie vorher 4194 Anspielung auf die antike Sage, daß Perseus
der Medusa das Haupt abschlug.

Walpurgisnachtstraum

Ein *Intermezzo*, wie schon der Titel sagt, der Entstehung und dem
Stil nach ursprünglich nicht im Zusammenhang des *Faust*. Nachdem
Goethe und Schiller im Herbst 1796 die *Xenien* veröffentlicht hatten
(Bd. 1, S. 208—234 u. Anmkg.), bildete sich in Goethes einmal in diese

Richtung des Zeitkritischen gelenkter Phantasie noch manches Weitere
ähnlicher Art, aber nicht mehr in antikisierenden Distichen, sondern in
deutschen Reimstrophen. Er gedachte diese für Schillers „Musenalmanach" zusammenzustellen, aber Schiller riet in seinem Brief vom
2. Oktober 1797 ab; es sei fürs erste mit den *Xenien* genug des Pole-
mischen. Goethe behielt also sein Manuskript, und am 20. Dezember
1797 meldete er Schiller: „*Oberons goldene Hochzeit" haben Sie mit
gutem Bedachte weggelassen, sie ist die Zeit über nur um das Doppelte an
Versen gewachsen und ich sollte meinen, im „Faust" müßte sie am besten
ihren Platz finden.* Ob diese Eingliederung günstig war, ist immer wieder
bezweifelt worden. Bei Goethe selbst war anscheinend mehr der Wunsch,
das kleine Werk irgendwo unterzubringen, maßgebend als das Gefühl innerer Zugehörigkeit zu *Faust*. Denn eine Verbindung besteht
fast nur zu den zeitsatirischen Teilen der *Walpurgisnacht*, und diese
sind selbst wiederum ein Einschiebsel. Die Form ist also eine Anein-
anderreihung epigrammatisch-kurzer Strophen, die einzelnen Gestalten in den Mund gelegt werden, die auf diese Weise sich selbst
charakterisieren. Ein dramatischer Zusammenhang wird nur andeu-
tungsweise hergestellt, indem das Motiv der Versöhnung Oberons und
Titanias (bekannt durch Shakespeares „Sommernachtstraum", übernommen in Wielands „Oberon" und in der um 1800 beliebten Operette
Wranitzkys „Oberon, König der Elfen") Anlaß gibt für ein Huldi-
gungsspiel der Elfen — und hier treten nun die Gestalten der zeitgenössischen Literatur auf (ähnlich wie in den *Xenien* bei der Buch-
händlermesse): Schriftsteller (4259—4330), Philosophenschulen (4331
bis 4362) und politische Zeittypen (4367—4386). Das Ganze bleibt
spielerisch und wird am Ende, als ernstere Töne hervorzutreten
scheinen, in leichten Dunst aufgelöst. Wie bei den *Xenien* macht nur
genaue Kenntnis der Zeitliteratur es möglich, die Anspielungen im
einzelnen zu verstehen, anderseits sind die Gestalten meist auch als
bloße Typen ergötzlich. – Erich Schmidt (Jubil.-Ausg.) sieht Beziehungen zur romantischen Zeitsatire bei Tieck; Walter Dietze zu Goethes
Beschäftigung mit der Oper. W. Dietze, Der Walpurgisnachtstraum in
Goethes „Faust". In: Dietze, Erbe u. Gegenwart. Bln. u. Weimar 1972.
S. 193—219. — Hefele 134 ff. — Vermeil (1949) 320 f. — Staiger II,
356 f. — Paul Requadt, Goethes Faust I. 1972. S. 306—323.

4224. *Mieding* war der erste Weimarer Theatermeister (vgl. Bd. 1,
S. 114—120 *Auf Miedings Tod* u. Anmkg.); seine *Söhne* hier: die Büh-
nenarbeiter.

4235 ff. *Puck* kommt als erster der Geister, die Revue passieren,
und kündigt viele weitere an.

4251 ff. Das *Orchester* setzt ein zur Begleitung des Festzugs,
es schildert sich selbst (wie überhaupt alle hier), es besteht aus

Fliegen, Mücken, Fröschen und Grillen, die summen, quaken und zirpen.

4255 ff. Eine *Seifenblase* erscheint; was sie hervorbringt, sind stumpfe Dudelsacktöne. Gibt es nicht genug Künstler, die nur *Schnecke-schnickeschnack* hervorbringen, selbst bunt aber hohl, und wie eine Seifenblase vergehn?

4259 ff. Ein *Gedichtchen*, bei dem so verschiedenartige Dinge wie *Flügelchen* und *Spinnenfuß* vereinigt sind, Streben ins Hohe, aber Steckenbleiben im Irdisch-Niedrigen, eins jener unorganischen Ge-bilde, die Goethe in seinen Briefen an Schiller gelegentlich als *Tragelaph* (d. h. Bockshirsch, nach dem Griechischen) bezeichnete.

4263 ff. Als Charakterisierung anmutig und deutlich; aber die spe-zielle Beziehung ist unbekannt.

4267 ff. Vielleicht Nicolai wie 4158 ff.

4271 ff. Man sagte im 18. Jahrhundert „der Orthodox", „ein Orthodox". — Oberon ist der Elfenkönig, also ein Naturgeist. Ähn-lich wie man im Mittelalter Venus zur Teufelin im Hörselberg machte, sah man heidnische Göttergestalten und Naturgeister als böse Dämonen an.

4275 ff. Was der *nordische Künstler* auf der Walpurgisnacht ergreift, ist nur skizzenhaft, flüchtige Impression; das große gerundete Werk kann erst eine *italienische Reise* bringen.

4279 ff. *Purist*, wohl mehr Sitten- als Sprachrichter, der sich über das Nackte so aufregt wie Goethes Leser über die *Römischen Elegien* in den „Horen" 1795. Ihm antwortet die junge Hexe 4283 ff. — Ver-meil, S. 320: „der Purist Campe".

4287 ff. Nach der abfälligen Bemerkung über die *alten Weibchen* (4284) antwortet eine von diesen, sie nehme es nicht übel, und gibt doppelt zurück.

4291 ff. Die Musiker, begeistert von der jungen Hexe, fallen aus dem Takt.

4295 ff. Jemand, der einerseits die größten Liebenswürdigkeiten (4295—4298), anderseits die größten Sottisen (4299—4302) sagt, sich nach dem Winde richtend. — Erich Schmidt: „Am besten auf . . . Reichardt zu beziehen." — W. Dietze: „Im ständig wachsenden Kreis der Goethe-Feinde gab es zweifellos mehr als einen mit *Windfahnen-* Charakter." (S. 506).

4303 ff. *Xenien*, die satirischen Distichen Goethes und Schillers aus dem „Musenalmanach für das Jahr 1797" auf die zeitgenössische Lite-ratur, die so viel Staub aufgewirbelt hatten. (Bd. 1, S. 208—221 und die Anmerkungen dazu.)

4307—4318. Gegen den Schriftsteller August v. *Hennings*, der Goethe und Schiller „Immoralität" vorgeworfen hatte in seiner Zeitschrift „Genius der Zeit" (1794—1800), die eine literarische Ergänzung in sechs Heften „Der Musaget" (1798—99) hatte. Seit 1801 hieß sie „Der Genius des 19. Jahrhunderts"; daher hier als *ci-devant*, d. h. bisher *Genius der Zeit* bezeichnet. — Jb. „Goethe" 23, 1961, S. 299 bis 325.

4319ff. Nicolai, der groß darin war, überall Jesuitisches zu wittern.

4323ff. Wenn man die genaue Parallele zu einigen *Xenien* bemerkt (Bd. 1, S. 209, Nr. 7), die auf Lavater zielen, so wird deutlich, daß er wohl auch hier gemeint ist. Dazu bei Eckermann, 17. Februar 1829, die Bemerkung: *Lavaters Gang war wie der eines Kranichs, weswegen er auf dem Blocksberg als Kranich vorkommt.*

4327. Da Goethe sich selbst gelegentlich als *Weltkind* bezeichnet hat (Bd. 1, S. 90), nehmen die Kommentare an, er habe als solches sich selbst hier eingeführt.

4331ff. Eine neue Gruppe erscheint; wie sich später herausstellt, die der Philosophen, die auch in den *Xenien* wegen der Art, wie jeder von ihnen etwas anderes behauptet, verspottet waren (Bd. 1, S. 219 bis 220, Nr. 76—89). Man hört sie schon von fern lärmen, alle reden zugleich, jeder seine eigene Lehre. Sie hassen sich gegenseitig (4339) und sind hier nur literarisch, gleichsam in einer Geschichte der Philosophie, vereinigt.

4343ff. Erich Schmidt, S. 338f.: „Alle vorkantischen Dogmatiker der Philosophie, die aus dem Begriff auf die Existenz schlossen; hier ein lustiges Pendant zum ontologischen Beweis für die Existenz Gottes. Vgl. auch Goethe an Schiller, 19. November 1796: Stolbergs Kreise würden hoffentlich aus den *Xenien* ein *neues Argument für die wirkliche und unwiderlegliche Existenz des Teufels nehmen.*"

4347ff. Während dem *Dogmatiker* der Walpurgisnachtsspuk Wirklichkeit ist, sieht der *Idealist* ihn nur als Emanation seines Ich und ist demgemäß entsetzt; der dann folgende *Realist* fühlt sich überall sicher, nur nicht in dieser Zauberwelt, dagegen ist der *Supernaturalist* beglückt, denn hier ist sein Glaube an eine übernatürliche Welt bewiesen — wenn auch zunächst nur an einem weniger erwünschten Objekt.

4360. Der *Schatz*, dem der Idealist und Supernaturalist nah zu sein glauben, ist sichere, absolute Erkenntnis. Der *Skeptiker* zweifelt daran, und da Zweifel etwas Negatives ist, paßt er zum Teufelselement der Walpurgisnacht.

4363ff. Die Strophe des Kapellmeisters leitet eine dritte Gruppe ein, diesmal eine politische, Gestalten der durch die französische Revolution aufgewirbelten europäischen Gesellschaft.

4367ff. Die, welche überall durchkommen, gewandt, sich keine Sorgen machend, intelligent.

4371 ff. Emigrierter französischer Hofadel.

4375. Wie alle revolutionären Zeiten, so brachten auch die nach 1789 Gestalten hervor, die aus dem Sumpfe aufstiegen und plötzlich glänzend dastanden, aber doch nichts als *Irrlichter* waren, ohne Bestand und ohne anderen Licht zu geben.

4379 ff. Kamen die vorigen von unten herauf, so fallen diese von oben herab und verlieren ihren Glanz. — Vermeil S. 321: „Eintagsberühmtheiten, die wie Sternschnuppen aufblitzen und verschwinden." — Vgl. Bd. 9, S. 451,13; Bd. 10, S. 12,4f. — Günther Schmid, Irrlicht und Sternschnuppe. Goethe 13, 1951, S. 268—289.

4383 ff. Beutler S. 565: „*Die Massiven* sind die mit dem Ellenbogen. Während Puck, selbst ein derber Elfengeist, sich an ihre Spitze stellt, ruft Ariel die Elfen auf, ihm zum Rosenhügel, wo nämlich Oberons Feenpalast steht, zu folgen. Damit wird die Szene leer. Nur das Orchester spielt noch ein zartes Pianissimo als Abschluß, und diese vier schönen Verse, in denen der ganze Spuk zerstiebt, sind der dichterische Gewinn des Walpurgisnachtstraums." — Erich Schmidt zu 4387ff.: „Zwei Konstraststrophen und ein entzückendes alliterierendes Pianissimo, wie auf Zaubergeigen gespielt, beim Morgengrauen zum Abschluß."

Trüber Tag, Feld — Nacht, offen Feld — Kerker

S. 137. Die Szene *Trüber Tag, Feld* steht bereits im „Urfaust" und wurde später nur in Kleinigkeiten verändert. Als einzige Szene des alten Entwurfs ist sie nicht in Verse umgewandelt. Andere Prosaszenen trugen latent ein Klangelement in sich, die Szene *Auerbachs Keller* durch ihre virtuose Bildhaftigkeit, die Kerkerszene durch ihre Durchseeltheit; diese Szene aber scheint anderer Art: ihr unruhiger Rhythmus, der Zickzacklauf ihrer Sprache, die innere Zerrissenheit Fausts — das scheint gerade in Prosa am deutlichsten. Nach der poetischen Seelenwelt der Gretchenszenen und der magischen Geisterwelt der Walpurgisnacht ist hier plötzlich nackteste (und eben darum „prosaische") Wirklichkeit: Gretchen im Kerker, hilflos, unter schwerer Anklage. Gegen Fausts Entsetzen stellt Mephistopheles die nüchterne Bemerkung, so sei es schon vielen anderen ebenfalls ergangen. Nie ist Faust sein Gefährte so zuwider gewesen wie in diesem Augenblick. Faust hatte einen höheren Geist ersehnt, aber der Erdgeist stand zu hoch. Mephistopheles entsprach ihm. Jetzt bittet er, von diesem befreit zu werden, doch im gleichen Augenblick nimmt er wieder Mephistos Hilfe an. Die Worte *Wandle ihn, du unendlicher Geist . . .* (S. 137, Z. 16f.) und *Großer herrlicher Geist, der du mir zu erscheinen würdigtest . . .* (S. 138, Z. 11ff.) wenden sich an den Erdgeist und sprechen bittend zu ihm. Faust weiß, daß Mephistopheles nicht bei ihm wäre ohne Wissen und Willen einer höheren Macht. — Vgl. die bei 3217ff. genannte Literatur.

S. 138, Z. 5. *Witz* = Verstand, Scharfsinn.

S. 138, Z. 35. *Türner*. Goethe benutzt meist die ältere Form mit *n*, mitunter aber auch schon die neuere mit *m*. Gretchen ist im Turm gefangen, der *Türner* ist der Gefängniswächter.

4399ff. *Rabenstein*: die Richtstätte. Geister weihen sie vor der kommenden Hinrichtung. Das ganz knappe balladeske Motiv regte die Illustratoren an; Goethe lobte gegen Eckermann (29. November 1826) die Darstellung von Eugène Delacroix. Aber die kurze Szene hat auch klanglich-rhythmisch eine unsägliche Gewalt.

4405ff. Die Kerkerszene schon im „Urfaust". Berühmtestes Beispiel, was die Umarbeitung in Verse vermochte. — Edmond Vermeil S. 287: „das tragische Grauen dieser in der Weltliteratur einzig dastehenden Szene ...". Gegenüber der Schicht, in welcher Faust lebt, der Gretchen fortführen will, ist sie in einer ganz anderen, die das Wesentliche faßt; gleichzeitig geistesverwirrt und hellsichtig; gelöst von früheren Bindungen; sie spricht viel mehr als Faust. Diese Schicht des Geistes äußert sich nur in Symbolen: da sind der Märchenvogel, Kranz und Blumen, Gräber und Degen, die Mutter auf dem Stein, schließlich Engel und Richtergott. Faust sieht nicht nur, daß er Gretchen ins Unglück gestürzt hat, sondern er sieht auch, daß er sie verliert. Zu Beginn ist in ihr noch Todesfurcht und Entsetzen vor der Schande; dann immer stärker werdend das religiöse Motiv: *O laß uns knien, die Heiligen anzurufen* ... (4453), *Wir werden uns wiedersehn* .. (4585) — das meint ein Wiedersehen im Jenseits; sie will nicht fort. *Ich darf nicht* ... (4544), sie will nicht *mit bösem Gewissen* leben (4547), sie will selbst ihren Tod, ihr irdisches Gericht, das zugleich einzige Möglichkeit zur Sühne vor Gott ist, darum fühlt sie sich am *heiligen Ort* (4603). Und schließlich, völlig deutlich, allem anderen enthoben: *Gericht Gottes! Dir hab' ich mich übergeben* ... *Dein bin ich, Vater! Rette mich! Ihr Engel, ihr heiligen Scharen, Lagert euch umher, mich zu bewahren!* Sie geht immer mehr ein in diesen ihren eigensten Bereich. Mit ihm hängt wohl die Liebe noch zusammen, aber nicht der wirkliche Faust, der vor ihr steht: *Mir ist's, als müßt ich mich zu dir zwingen* (4533); und als nun gar Mephistopheles herbeitritt, fallen die Worte: *Heinrich, mir graut's vor dir*, die schon in der Szene glücklichster Liebe einen Vorklang hatten: ... *wo er nur mag zu uns treten, Mein ich sogar, ich liebte dich nicht mehr. Auch, wenn er da ist, könnt' ich nimmer beten* ... (3496ff.) — Gretchens Verse sind von aufgelöster Rhythmik (anders als ihre Sprache zu Beginn), zuweilen zu kleinsten Kurzversen sich zusammenziehend, zuweilen weit ausholend; die Motivik sprunghaft, aufgelöst wie ihr Seelenzustand, aber dabei eine ganz reine Entwicklungslinie: Gretchen wird immer mehr sie selbst, sie kann beten trotz Mephistos Nähe, und damit schiebt sie ihn und Faust von sich. Mephistopheles spricht am Ende von dem irdischen Gericht (4611), Gretchen nur noch von dem himmlischen. Faust, zwischen beiden, bleibt stumm. Gretchens Entwicklung und Entscheidung führt zu der Grenze, wo das Menschliche aufhört und das Göttliche anfängt. Und hier werden wir erinnert, daß *Faust* ein Weltspiel ist, das im Himmel begann. Was hier im menschlichen Bereiche geschah, wird zugleich auch aus göttlichem Bereiche gedeutet durch die *Stimme von oben* als ein Vorklang des Endes des 2. Teils, wo Gretchens Gestalt verklärt in jenen Sphären erscheint, welche hier diese Stimme nur andeutet.

4412 ff. Lied aus dem Märchen vom Machandelboom (Wacholder). Wir kennen es aus der niederdeutschen Fassung, in der Runge es aufzeichnete und 1808 in Arnims „Zeitung für Einsiedler" druckte; die Brüder Grimm nahmen sie dann in ihre „Kinder- und Hausmärchen" auf. Das geschah im Zuge der romantischen Märchenbegeisterung. Als Goethe — vor 1775 — die Kerkerszene entwarf, achtete man noch nicht auf Volksmärchen. Gretchen singt im Kerker wie sie auch vorher sang, sie singt Märchenverse von dem getöteten Kind, dessen Knochen sich wandeln in einen scheuen Vogel. Wie mischt sich hier Erlebtes, Kindliches, Magisches, Märchenhaftes! Kein Satz des Sinns könnte so sehr wie der Wahnsinn diese reine Symbolik der Bilder und Klänge erreichen. Aus dem Bereich des Märchens, den Goethe ganz nebenher kennen gelernt hatte, ergreift er gerade das, was wie nichts anderes hierher paßt — so wie er aus alten Kirchenhymnen oder pansophischen Alchimistenbüchern gerade das ergriff, was als symbolisches Motiv sich in die große Bilderreihe dieses Dramas fügte. Die Sicherheit und Selbständigkeit des Griffs und die Fülle der Weltkenntnis bleibt immer wieder bewundernswert — und damit ist an den eigentlichen Zauber der Szene, ihre künstlerische Fügung und menschliche Größe, noch gar nicht gerührt.

4448. Bänkelsängerische oder volksmäßige Lieder auf ungewöhnliche Ereignisse gehörten im Spätmittelalter, im Barock und noch darüber hinaus zum Bilde des bürgerlich-kleinstädtischen Lebens.

4590. Witkowski: „Die Armesünderglocke wird während der Hinrichtung geläutet und der Richter zerbricht nach Verlesung des Todesurteils ein Stäbchen, zum Zeichen, daß das Leben des Verurteilten verwirkt ist."

4599 f. Die Zauberpferde Mephistos sind Gestalten der Nacht.

DER TRAGÖDIE ZWEITER TEIL

ERSTER AKT

Anmutige Gegend

Faust ist *ermüdet, unruhig*; das deutet zurück auf die Ereignisse des
1. Teils der Dichtung. Doch nur mit wenigen Worten (4623—4625)
wird daran angeknüpft, denn es handelt sich vielmehr um das Gegenteil: Vergessen und Genesung. Sie ist Geschenk der Natur; daher
Naturgeister, Elfen. Ihre Wirkung symbolisiert als Gesang (nicht nur
Sprache), sehr stark als Klang wirkend, schon ehe man den Inhalt aufnimmt. Danach ist Faust erquickt und verwandelt. Wann das ist, wie
lange es dauerte — das zu fragen, würde an der Dichtung vorbei-
führen. Wir lernen im Folgenden Faust am Kaiserhof kennen, und die
Helenahandlung schließt unmittelbar an. Später hilft er dem Kaiser
und wird Herr des Meeresstrandes. Da ist er Greis; Goethe sagt:
100 Jahre alt (zu Eckermann, 6. 6. 31; S. 456). Wann zwischen diesem
Zeitpunkt und der Gretchenhandlung Faust wieder erwacht (4679 ff.),
mag der Leser sich selbst bestimmen; der Elfensang faßt lange Zeit
zusammen. Das Nacheinander im Drama ist hier und im Folgenden
fast nur noch ein Nebeneinander im Sein, die einzelnen Szenen *einander gegenübergestellte und sich gleichsam ineinander abspiegelnde Gebilde* (an Iken, 27. 9. 27; S. 448). — Die ganze Szene ist interpretiert
von E. Staiger, der u. a. schreibt: „Wir hören eines der wunderbarsten
Naturgedichte Goethes. Sein ganzer Zauber erschließt sich, wenn wir
jede Strophe auf die gemeinte nächtliche Stunde beziehen ... Diese
Verse, die am Schluß in den tönenden Aufgang der Sonne münden,
sind dem Gesang der Engel im *Prolog im Himmel* ebenbürtig, weniger
majestätisch, aber ganz durchdrungen von Goethes geheimnisvoll-
inniger Gelassenheit ... Besteht die Behauptung einiger Kommen-
tatoren zu Recht, hier werde die Kontinuität der Person des Helden
zerstört? ... Ich glaube nicht. Denn dieser Tod, aus dem ein neues
Leben entsteht, ist kein mirakulöser Vorgang, sondern, gerade im
Sinne Goethes, ein durchaus menschlicher, eine Gnade, die jedermann
widerfahren kann ... Wenn Goethe es wagt, den Menschen durch die
unergründliche Gnade der Natur genesen zu lassen, dann muß diese
Gnade fühlbar sein. Und wer fühlte sie nicht, nähme nicht schon als
Leser teil am Heilschlaf Fausts? ... Der Eigensinnige nimmt nicht
teil, der Mensch, der alles Vergessen ablehnt, der Hypochonder, mit
Goethe zu reden, oder — das könnte manchmal dasselbe sein — der
tragische Held. Alle Tragik beruht ja zuletzt auf unerbittlicher Konsequenz. Konsequent sind Ödipus, Michael Kohlhaas, Meister Anton . .

Weil sie keinen Punkt vergessen, werden sie auf unauflösliche Widersprüche aufmerksam und gehen an den Widersprüchen zugrunde. So könnte es jetzt mit Faust geschehen. Er würde zunächst sich selbst bezichtigen. Er würde dann bald eine unheilvolle Beschaffenheit der Welt entdecken, in der es schwer hält, die Schuld zu meiden. Und mit einer Klage gegen die Gottheit ... würde er schließlich untergehen ... Goethe dagegen bekennt sich in dem entscheidenden Augenblick zum Vergessen. Das heißt: kein starres menschliches Urteil über die Schuld ist ihm das Höchste, sondern der tiefe Lebenswille der Natur ... Jeder Schlaf ist nicht bloß ein Auslöschen des Bewußtseins, sondern zugleich eine Einkehr in den gütigen, unablässig auf Leben bedachten Willen der Natur ... Nun gibt es freilich ein Vergessen, das alles andere als lauter ist. Wer die Schuld nur in den Wind schlägt und weiterlebt, wie er zuvor gelebt, der hat die Gnade nicht erfahren. Das Zeichen der Gnade ist die Verwandlung ... Inwiefern verwandelt sich Faust? ... Er begehrt nicht mehr, Gott gleich zu sein. Er nimmt das menschliche Los auf sich. Er anerkennt die Endlichkeit, die menschenmögliche Erkenntnis, die nur im Spiegel des Vergänglichen Ewiges anzuschauen vermag. Damit ist er verwandelt, gereinigt. Gerade jene Züge seines Wesens sind getilgt, die die Gretchentragödie ausgelöst haben." (Hamburger Akademische Rundschau 2, 1947, S. 251—257.) — Ähnlich Obenauer, S. 29 f.: „Je elastischer die Seele, je mächtiger der Lebensdrang, je größer die Kraft des Vergessenkönnens ... Die Natur in uns verhüllt, was beständig zu schauen uns vernichten müßte ... So erscheint uns die Pflanze rein, nicht weil sie keine Möglichkeiten des Abirrens, sondern weil sie keine Erinnerungen hat... Die pflanzenhafte Natur wirkt in uns das Vergessen... Ätherische pflanzenhafte Kräfte walten in aller organischen Natur ..." — Emrich S. 120—125. — Die nun folgende Szene ist Parallele und zugleich großartiger Gegensatz zum Beginn des 1. Teils. Beide Male Faust allein; Monolog. Aber dort das enge, dumpfe Zimmer, ein Buch; hier die freie Natur, Sonnenaufgang im Hochgebirge. Dort ein „Alles oder nichts", hier ein Finden der Mitte; dort am Ende Verzweiflung, hier ein grandioser Aufbruch. Und doch jedesmal der gleiche Faust, strebend *zum höchsten Dasein*. Insofern ist die Szene nicht völlig anders als frühere oder spätere. Ins Höchste emporfliegen wollte er schon zu Beginn (die Licht- und Flug-Symbolik wiederholt sich). Und das Unendliche im Endlichen erfuhr er schon in dem Gretchen-Erlebnis. Doch jetzt wird dies bewußter. Was ist hinfort solcher *Abglanz* des Urlichts? Gewißlich Helena als höchste irdische Schönheit, und vielleicht auch die Vision vom *freien Volk auf freiem Grunde*. So ist die Grundlage gegeben, um das Drama von neuem zu beginnen. — v. Wiese, S. 146 f. — Kommerell S. 72.

4629. *Lethe* im Anschluß an die antike Unterweltssage und an Dante, in der Goethezeit allgemein benutzt als Bild des Vergessens.

4634ff. Die 4 Strophen hatten in Goethes erstem Entwurf Überschriften, die aus der Sprache der Musik entnommen waren: *Serenade, Notturno, Matutino, Reveille* (Abendmusik, Nachtlied, Morgengesang, Weckruf), wodurch die *vier Pausen nächtiger Weile* noch schärfer bezeichnet sind. Die Entwicklung von der Süße des Einschlafens bis zum Strahlen des Sonnenaufgangs ist eine der größten sprachlichen Leistungen der Goetheschen Spätzeit; Bild- und Klangsymbole, erst einhüllend, dann ruhend, schließlich zupackend, erst *ü*- und *l*-Laute, dann Sternenklarheit, *glitzern, glänzen,* der Schluß imperativisch, hinausweisend in die Welt. Und dann (4666ff.) das großartige Bild des heranbrausenden Sonnengotts mit seiner Klangmalerei. Ausführliche Formanalyse bei Kurt May, S. 1—15.

4666. Die *Horen* als Türhüterinnen öffnen das Himmelstor, wenn Phöbus Apollo mit dem Sonnenwagen ausfährt. Goethe kannte natürlich Guido Renis Gemälde „Aurora".

4679ff. Faust spricht in fünffüßigen gereimten Iamben — stets ein würdiges, ernstes, volltönendes Maß; vollends hier durch die Reimstellung: es sind Terzinen (die Versform Dantes), und der Dreireim, der, bevor er sich rundet, schon wieder ein neues offenes Reimwort bringt, hat eine starke Bewegung in sich; in ihm lebt die Kraft, die Faust naturhaft von den Elfen empfangen hat und die zugleich seiner eigenen Natur entspricht; doch nicht die Kraft des ungebändigten Knittelverses, wie im Anfangsmonolog des 1. Teils, sondern gebändigt, geformt.

4685. Das Leitmotiv des *Strebens,* hier, an bedeutsamer Stelle, dem Beginn des 2. Teils, nach Fausts innerlicher Erneuerung. Die Gleichheit des Worts verbindet den Vers mit 317, 697, 767, 1075, 1676, 1742, 7291, 11936; doch wie verschieden jedesmal der Zusammenhang! Durch die Beziehung zur Natur und die gleichmäßig geformte Sprache (regelmäßige Fünftakter) auch Beziehung zu der Szene *Wald und Höhle.*

4695—4727. Eins der großartigsten symbolischen Bilder der gesamten Goetheschen Dichtung. Faust erwartet den Aufgang der Sonne. Sie ist ihm Sinnbild des Unendlichen. Sie erscheint — und er ist geblendet. Sein Auge kann sie nicht ertragen. Er muß sich abwenden. Nun fällt sein Blick auf die Landschaft; vorher dunkel und tot, ist sie jetzt voll leuchtender Farbe; über dem Wasserfall glänzt in feuchtem Dunst ein bunter Regenbogen. Dies alles wäre nicht ohne die Sonne, aber es ist nicht die Sonne selbst; es ist ihr *Abglanz* in den irdischen Dingen. Nach Goethes Farbenlehre — die immer zugleich Symbolik ist — ist die Farbe die Mischung, die Verbindung von Licht und Materie. Das Auge ist nicht gemacht, in die Sonne zu schauen; aber wir stehen auch nicht im Dunkel; denn das Auge erkennt das herrliche Spiel der Farbe. Und so ist der menschliche Geist nicht gemacht, das Göttliche unmittelbar zu erkennen, aber er ist auch nicht in Dunkel gebannt; er erkennt es im *Abglanz*. Es ist eine Grund-- anschauung, die sich durch Goethes sämtliche Werke zieht: Die Welt, die uns gegeben ist, ist Widerschein des Unendlichen. Er hat dafür viele Wörter: *Gleichnis, Symbol,* vor allem aber das im 18. Jahrhundert seltene, bildhaft-tiefsinnige Wort *Abglanz.* Sein *Versuch einer Witterungslehre* sagt: *Das Wahre, mit dem Göttlichen identisch, läßt sich niemals von uns direkt erkennen, wir schauen es nur im Abglanz, im Beispiel, Symbol, in einzelnen und verwandten Erscheinungen; wir werden es gewahr als unbegreifliches Leben und können dem Wunsch nicht entsagen, es dennoch zu begreifen. Dieses gilt von allen Phänomenen der faßlichen Welt.* (Bd. 13, S. 305,26—32.) Den gleichen Gedanken stellte Goethe an den Anfang seiner weltanschaulichen Gedichte in dem Gedicht *Prooemion* (Bd. 1, S. 357 u. Anmkg.), in welchem er als Dichter und als Naturforscher spricht und ein gleichnishaftes Sehen der Welt lehrt. Gott selbst bleibt dem Menschen *unbekannt,* aber *So weit das Ohr, so weit das Auge reicht, | Du findest nur Bekanntes, das Ihm gleicht, | Und deines Geistes höchster Feuerflug | Hat schon am Gleichnis, hat am Bild genug ...* Auch hier ist das Bild des Fluges in die Sonne benutzt, wie im *Faust*-Drama. Am *Gleichnis,* am *Bild* hat der Mensch *genug,* wenn er es richtig zu sehen versteht. Und so hören wir es immer wieder; noch in den feierlichen Klängen des *Faust*-Schlusses wird wiederholt, daß *alles Vergängliche,* das uns begegnet, *ein Gleichnis* des Absoluten sei. Der Mensch ist gemacht, *Erleuchtetes zu sehen, nicht das Licht* (*Pandora* 958). Diese Symbolik zieht sich durch Goethes Dichtung von Beginn bis ans Ende und erhält gerade in der Spätzeit ihre reinste Ausformung. Der *West-östliche Divan* ist davon erfüllt; dort gibt die Sonne sich als Sinnbild, um *Gott auf seinem Throne zu erkennen, | Ihn den Herrn des Lebensquells zu nennen ...* (*Buch des Parsen;* II, 104). Und die Sonnensymbolik erfüllt auch die Periode nach der *Divan*-Zeit, die späte Lyrik: *Sonnenauf- und -untergänge | Preisen Gott und die Natur* (*Wilhelm Tischbeins Idyllen;* I, 375), und gipfelt in dem Dornburger Sonnengedicht *Früh, wenn Tal, Gebirg und Garten ...* (I, 391 u. Anm.), das noch einmal mahnt, *reiner Brust der Großen, Holden* Dank und Anbetung zu geben. Die Symbole Licht, Farbe, Auge ziehen sich durch Goethes ganzes Werk, ebenso das Sinnbild der Sehnsucht, das Fliegen. So in *Selige Sehnsucht* im *Divan* (II, 18); so im Gedicht *Prooemion: Und deines Geistes höchster Feuerflug ...* (I, 357); so an mehreren Stellen des *Faust* (394ff., 762ff., 1074ff., 1122 u. a. m.); auch die Euphorion-Gestalt ist eine Verkörperung dieses Symbols: *Ikarus,* Flug

ın die Sonne; er ist Fausts Sohn, Widerspiegelung Faustischen Wesens. Faust wendet den Blick von der Sonne auf die 4686—4694 be-
schriebene Landschaft, die *jugendlich* ist, weil morgendlich, im *Schleier,*
weil dunstig, doch lichtdurchflossen. Das Bild ist zugleich symbolisch:
Schleier ist das Irdische da, wo es am leichtesten und lichtdurchlässig-
sten ist, zart und geistig (Gegensatz: das Starre, der Stein). Der in
ihm *sich bergende* Mensch ist hoffnungsvoll, gläubig, im Abglanz das
Licht erkennend, und paßt dadurch zu dieser *jugendlichen* Atmosphäre.

Kaiserliche Pfalz

Diese Szene steht zu der vorigen in Gegensatz: Sprachstil der
Wirklichkeit und des Zeremoniells, nicht das Naturhafte, sondern das
Gemachte. Beide Szenen zusammen sind für den 2. Teil als Ganzes
bezeichnend. Darüber Helene Herrmann, S. 90: „Die Sprache des
2. Teils ist streckenweise vor allem wortgewordene Weltkennerschaft,
und alle ihre Mittel stimmen virtuos zur Erzeugung dieses Eindrucks
der Weltsicherheit; in anderen, für die Wirkung entscheidenden Partien aber ist sie der Ausdruck einer unerschöpflichen und sich in immer
neue Formen ergießenden lyrischen Verwandlungskraft ... Hier
spricht die Welt aus Zwecken, Absichten, psychologischen Motiven ...,
die Vordergrundschicht des Menschlichen, in der keine dunklen Kräfte
spürbar sind ... Nicht einzelne, plastisch umrissene Gestalten, sondern
ein Zusammenwirken menschlicher Äußerungen bildet diese ganze
Schicht ... So nimmt es uns nicht wunder, wenn die erste Einzelstimme in diesem weltlichen Gespräch zunächst fast untergeht und
eine andere Einzelstimme, überlegen, frei von Suche und Sehnsucht
... die Führung bekommt: die Stimme Mephistos ... Auch rein an
der Vortragsweise kann man fühlen, daß dieser Welt doch eine Art von
Wirklichkeit und also von Recht zugestanden wird. Der Geist, der
diese Szenen bildete, hat einen Stil getroffen, der Hof und Gesellschaft zugleich ernst nimmt und nicht ernst nimmt ..." Und Dorothea
Lohmeyer, 1975, S. 69 f.: „Auf seinem Gang durch die Welt kommt
Faust zunächst an den Hof des Kaisers. Dieser begegnet in verschiedenen Situationen: in der Anarchie der Geldnot, in der Maskerade der
Mummenschanz, im Reichtum des neuen Geldes und bei einer theatra-
lischen Veranstaltung ... Menschliche Welt erscheint hier unter dem
Aspekt des Sozialen. Der mittelalterliche Kaiserhof als konkrete geschichtliche Erscheinung wird vom Dichter zugleich als Symbol für
eine Form gefaßt, die menschliches Dasein für sein Zusammenleben
ausprägt. Im Kaiserhof des ersten Aktes chiffriert sich Gesellschaft als

ein eigener Weltbezirk und stellt sich als geistiges Phänomen in wech
selnden Situationen dar ... Wenn der Kaiser mit dem Staatsrat tagt, ist
es nicht allein der Kanzler, der über die Anarchie des Reiches Klage
führt: Heermeister, Schatzmeister und Marschalk geben verschiedene
Bilder der allgemeinen Auflösung, in die das Reich geriet ... Nicht der
Fortgang einer dramatischen Handlung fordert solche Zerlegung,
Reihung ist das Prinzip, nach dem die Szenen komponiert sind ... denn
in den übrigen Szenen wiederholt sich dieses selbe Kompositionsprin-
zip ... Das Nacheinander ist die Weise, wie das Phänomen Gesellschaft, als ein simultan zu denkendes, sich sukzessiv auseinanderlegt."

4731 ff. Mephistopheles hat den Hofnarren zeitweilig beseitigt und
tritt selbst als dessen Ersatz auf (4743 ff.), dadurch zunächst sich selbst
und dann Faust einführend.

4743—4750. Mephistopheles formuliert spannungweckend und
vieldeutig. Seine Fragen beginnen mit *Was* — *Wen* — *Was*, zielen also
wohl auf dreierlei. Mit *Wen* meint er den Narren; *dürfen* ist in der damaligen Bedeutung benutzt (wie 336, 2590, 3139, 3258 u. ö.): Wen
brauchst du nicht herbeizurufen (weil er schon da ist)? Da er später auf
Verstand (4881, 4892, 4896) und *Geld* (4890, 4894, 4937 f., 5010 ff.) hin-
weist, ist anzunehmen, daß er mit den beiden *Was*-Fragen schon hier
darauf zielt.

4761 ff. *ihr Getreuen, Lieben*, die zeremonielle Anrede; wie überhaupt altes Zeremoniell: Thronsaal, Trompeten beim Eintritt des
Kaisers usw. Der Kaiser fragt, warum der Staatsrat tagen solle, jetzt
in der Fastnachtzeit (4765 ff.), und damit tritt sogleich sein Charakter
in helles Licht.

4767. *Schönbärte*, volksetymologische Abwandlung des altdeutschen
Worts Schembart, d. h. Maske. Des Kaisers Worte weisen voraus auf
das Fastnachtstreiben der folgenden Szene.

4772. Der Kanzler beginnt mit der Antwort auf des Kaisers Frage,
hinweisend auf die Notwendigkeit politischer und rechtlicher Maß-
nahmen; die anderen höchsten Hofbeamten fahren fort; es ergibt sich
ein Bild der Zustände des Reichs, die später — im 4. Akt — zu dem
Bürgerkriege führen.

4829 f. *Es sind noch Könige da draußen* ... Beutler: „Zunächst natürlich die dem Kaiserreich nahestehenden Könige anderer Völker. Dahinter steht aber das Erlebnis der Zeit ... die Gleichgültigkeit der
Throne gegenüber dem Schicksal Louis' XVI."

4833. Witkowski: „Die Brunnen geben, wenn die Röhren schad-
haft werden, kein Wasser."

4871. *Antizipationen*: Vorschüsse.

4877 ff. Mephistopheles beginnt seinen Plan durchzuführen; erst
Schmeichelei, dann Hinweis auf Gold.

4909f. Das Wort *entwickeln* in einer Konstruktion, die heute nicht mehr gebräuchlich ist, etwa: „aus dem Pöbelsinn ... entwickelt sich" (vgl. Bd. 2, S. 83, V. 29). Beachtenswert die geistige Einstellung des Kanzlers, der — wie im 4. Akt (10931 ff.) — zugleich Erzbischof von Mainz, d. h. geistlicher Fürst ist.

4917. Geistreich dreht Mephistopheles die Dialektik in eine Richtung, die in den Worten des Kanzlers nicht angelegt war.

4955ff. Der Hofastrolog ist im 16. und 17. Jahrhundert eine so selbstverständliche Gestalt wie der Hofnarr. Die Astrologie war eine Wissenschaft, die jedem Laien wunderbar erscheinen mußte. Was der Astrolog hier sagt, klingt geheimnisvoll, ist aber inhaltlich das Allereinfachste, Elementarste des spät-mittelalterlichen Weltbildes, nämlich eine Aufzählung der magischen Analogien: Sonne — Gold — Glück — Herz; Mond — Silber — Stimmung — Gehirn; Venus — Kupfer — Liebe — Geschlechtsorgane usw. Diese Analogie bildet schon den Hintergrund mancher Partien im 1. Teil, z. B. 430ff. und 1042ff. Dadurch, daß der Astrolog dies spricht, wird dem Vorhaben des Mephistopheles der Weg bereitet; es ist seine Rückendeckung und lenkt 4966ff. deutlich auf sein Projekt hin.

4979f. Alraunpflanze, altes Zaubermittel, Gesundheit und Reichtum bringend; man muß sie durch einen schwarzen Hund aus dem Boden ziehen lassen. — Handwörterbuch des deutschen Aberglaubens. Hrsg. v. H. Bächtold-Stäubli u. E. Hoffmann-Krayer. Bd. 1. Bln. 1927. S. 312—324.

5011. Witkowski: „Von alten Lehmmauern kratzt der Bauer den ausgeschwitzten Salpeter ab, um ihn dem Vieh zu geben."

5041. Das goldene Kalb (2. Mos. 32,4) als Sinnbild für Schätze.

5063. Der *Stein der Weisen* gibt Reichtum und Gesundheit.

Weitläufiger Saal

Die *Mummenschanz* ist ein großer Aufzug am Fastnachtsdienstag. Der Kaiserhof verwertet dabei italienische Anregungen (5067ff.), Renaissancemotive, die Goethe z. T. aus Andrea Mantegnas „Triumphzug Cäsars" entnahm, z. T. aus dem Werk des Antonio Francesco Grazzini, Tutti i Trionfi ... dal tempo del Magnifico Lorenzo de' Medici ... Cosmopoli 1750. Es ist eine der Szenen, die im Zusammenhang der Handlung erfunden wurden, dann aber sich weitgehend verselbständigten. Mephistopheles hat sich als Narr eingeführt; jetzt führt er bei dem Festzug auch Faust ein als Plutus und bewirkt beim Kaiser die Genehmigung des Papiergeldes, das seine Erfindung ist. Doch

darüber hinaus ist die ganze Szene selbständig ausgestaltet als Bild
der Gesellschaft, und als solches hängt sie eng zusammen mit den
übrigen Gesellschafts-Szenen des 1. Akts (*Kaiserliche Pfalz*; *Lustgarten; Hell erleuchtete Säle; Rittersaal*). — Dorothea Lohmeyer 1975,
S. 83—85: „Zeigte sich die Gesellschaft im Augenblick der Not in
ihrer unsozialen Triebnatur, so präsentiert sie sich nun im festlichen
Augenblick — im geordneten Zug der Masken — in ihrer sozialen Gestalt. In der Mummenschanz wird die Gesellschaft zu einer Allegorie
ihrer selbst. Die Kappe, unter der sie sich verbirgt, offenbart sie in
ihrem geselligen Wesen . . . Was in dem langen Zug anscheinend zufällig und unverknüpft in einzelnen Bildern vorüberzieht, schließt sich,
genauer gesehen, zu Einem Bilde zusammen . . . Aus der Steigerung erklärt sich . . . das Gefüge des Zuges, das stufenweise von einfachen
Masken (Gärtnerinnen und Gärtner) zu reich gegliederten Gruppen
aufsteigt (Viktorie mit Klugheit, die Furcht und Hoffnung zügelt, auf
dem Koloß reitend), über die sich schließlich das Spiel der Allegorie
erhebt, das einen Sinn hat und dem Kaiser eine Lehre erteilen will."
— Kommerell, S. 52 f.: „Dieser Akt, ein weises Gefüge der Glie-
derung, ist Goethes letztes Gedicht über den Gegenstand ‚Gesellschaft' . . . Der Hofakt hängt eng mit dem vierten zusammen, dem
Staatsakt. Geselligkeit und Staat sind gezeigt, wie sie sich eben
auflösen . . . Daß das Menschliche sich zu einem Schein entschließt,
ist der Wert der Gesellschaft . . . Daneben dichtet sie selbst, ihr
Wille zum Schein führt vorbedachte Spiele auf, denen der Dichter
als geselliger Mensch nachhilft; das Leben maskiert sich, um deutlicher als sonst es selber zu scheinen — im Maskenfest erklärt das
Leben sich selbst, macht es seine eigene Allegorie. Diese Gesellschaft
ist höchster Luxus des Lebens, der zur Schönheit leitet, aber nicht
Schönheit ist." Die lange Szene ist gegliedert in: Festzug (5065—5456),
Fausts Gruppe mit Knabe Lenker und das Spiel um die Goldtruhe
(5457—5800), der Kaiser und sein Gefolge als Pan und wildes Heer
und Fausts Flammenzauber (5801—5986). Von dem Augenblick an,
als Mephistopheles und Faust auftreten, mischen sich in den Fest-
trubel unheimlich-magische Züge, anderseits auch durch die Plutus-
Gruppe eine Symbolik, die tiefer geht als die bisherigen Allegorien,
die aber von den anderen nicht richtig gewürdigt wird (wie der Faustische Geist überhaupt). Der Herold verbindet die wechselnden Gruppen durch seine Rede; er läßt Faust und Mephistopheles Freiheit, so
daß diese sich entfalten können. Sehr reizvoll der Wechsel der Rhythmen, der das klanglich-sinnliche Element der Szene besonders hervortreten läßt. — Helene Herrmann, S. 91: „Eine Art von Musik tönt . . .
auch in dieser Scheinwelt . . . Die Mummenschanz ist diese Welt, die
sich selber spielt, im Maskenspiel vorträgt. Diese Musik ist ihr ange-

messen, spielerisch, bald leichtfertig-anmutig, bald äußerlich-würdig, immer vielfältig, geistreich instrumentiert." — Gundolf, S. 757—764.

5072. Anspielung auf den „Pantoffelkuß", der dem Papst als Huldigung dargebracht wurde.

5083. *zudringlich* = herzudrängend.

5137. *Theophrast*, antiker Philosoph und Botaniker.

5144—5157. Die *Ausg. l. Hd.* druckt:

AUSFORDERUNG. Mögen bunte Phantasien
 Für des Tages Mode blühen,
 Wunderseltsam sein gestaltet,
 Wie Natur sich nie entfaltet;
 Grüne Stiele, goldne Glocken,
 Blickt hervor aus reichen Locken! —
 Doch wir

ROSENKNOSPEN. halten uns versteckt:
 Glücklich, wer uns frisch entdeckt.

Witkowski im Jahrbuch der Sammlung Kippenberg, Bd. 8, 1929/30, S. 304—308 in dem Aufsatz „Notwendige Faust-Emendationen" trug die Meinung vor, daß diese Fassung versehentlich stehengeblieben sei: die Verse seien für eine Gelegenheit einmal herausgelöst und so eingerichtet, und es sei vorteilhaft, in den Text die kleine Änderung einzuführen. Da sie logisch erscheint und dem ganzen übrigen Stil entspricht, ist sie hier im Text eingesetzt. — Die Rosenknospen stellen sich in Gegensatz zu den künstlichen Blumen und sprechen von Vers 5144 an.

5158. *Theorben* = italienische Baßlauten.

5190. Goethes Handschrift schreibt: *stillen Wink*, die *Ausg. l. Hd.* hat: *feinen Wink*.

5215. *Pulcinella* heißt der italienische Hanswurst, eine feste Figur in der Komödie und im Karneval. Von Goethe beschrieben in seiner der *Italienischen Reise* eingefügten Schrift *Das römische Karneval*.

5237. *Parasiten*: Gestalten des antiken gesellschaftlichen Lebens, typisiert zu stehenden Figuren in der antiken Komödie: Gäste, die sich selbst einladen, aber von den Reichen geduldet sind, weil sie ihnen schmeicheln.

5272. „Rümpfte die Nase über das Maskenkostüm ..." — Die Klangsymbolik 5263—5290 bringt einen neuen Ton in die bisherige Folge.

5294f. *Naturdichter* wie Grübel, Hiller usw., *Hof- und Rittersänger* in Art der Romantiker Fouqué und Schulze, *Nacht- und Grabdichter* etwa wie E. T. A. Hoffmann oder der mit seinem Roman „The Vam-

pyre" erfolgreiche Engländer J. W. Polidori — durchweg Modedichter,
die schreiben, was alle gern lesen wollen. Wenn der Satiriker sie verspottet, muß er also schreiben, *was niemand hören wollte.*

5305 ff. *Klotho* spinnt den Lebensfaden, *Lachesis* teilt ihn zu, *Atropos*
schneidet ihn durch. Um festlich-harmlos zu erscheinen, haben Klotho
und Atropos die Rollen getauscht, und Klotho führt die Funktion der
Atropos nicht aus.

5357 ff. Die Furien, höfisch-festlich gezähmt, hier als die Kräfte,
die im gesellschaftlichen Gefüge dem Liebesglück Schaden bringen.
Die für *Faust II* so bezeichnende Mischung des Ernsten und des Welt-
läufig-Scherzenden.

5378. *Asmodi*, der Eheteufel, seit dem Teufelsschrifttum des 16.
Jahrhunderts eine immer wieder genannte Gestalt.

5393 ff. Die Hauptgruppe des Festzugs, durchaus allegorisch: Der
Elefant (die Kraft), gelenkt durch eine schöne Frau (die Klugheit),
trägt eine Göttin (die des Sieges, die hier zugleich zur Göttin sinn-
voller Tätigkeit wird); daneben, angekettet, zwei Genien, die man im
Zaume halten muß (Furcht und Hoffnung); denn frei würde die eine
die Kraft lähmen und die andre sie auf Irrwege führen. Es ist politische
Allegorie, die Staatsklugheit kann Hoffnung als Phantasterei nicht
brauchen. Goethes in anderen Werken geäußerte Auffassung der Hoffnung ist positiver, wie *Epimenides, Pandora, Urworte* u. a. Werke zeigen
(vgl. Bd. 14, Sachregister „Hoffnung").

5457 ff. In der Maske des *Zoilo-Thersites* steckt Mephistopheles, der
hier sich selber spielt. Thersites ist bei Homer unter den Männern
vor Troia derjenige, welcher alles Heldentum schimpfend verkleinern
will. Zoilos, athenischer Rhetor des 3. vorchristlichen Jahrhunderts,
wollte Homer überall Fehler nachweisen. In der antikisierend-allegori-
schen Revue wählt Mephistopheles diese Maske, wie später die der
Phorkyas; er verwandelt sich dann in häßliche Tiere (5479). Beutler,
S. 576: „Je näher wir der Helena-Handlung kommen, umso mehr wird
das Böse zugleich das Häßliche."

5494 ff. Der Herold hat die Aufgabe, die Gruppen zu erklären oder
durch Worte vorzustellen; doch bei der, die jetzt kommt, kann er es
nicht, denn sie kommt ungemeldet. Ebenso hat er die Pflicht, für Ordnung zu sorgen und Störer zu strafen; so tut er mit Zoilo-Thersites
(5471 ff.) — aber was soll er jetzt tun, als dieser sich verwandelt und
nun eine Festgruppe naht, die gespenstisch durch die Luft kommt
und keinen Raum bei der Auffahrt braucht? Sie ist breit und prächtig.
In dieser Gruppe befindet sich Faust.

5521. Ein von Drachen gezogenes prächtiges Gefährt, darauf
Plutus, der Reichtum (Faust), hinten auf dem Schlag hockt *der Geiz*
(Mephistopheles), vorn als Lenker ein Knabe, der sich selbst als *die*

Verschwendung, die Poesie bezeichnet. Der Herold vermag die Gruppe nicht zu deuten, nur zu beschreiben; die Deutung gibt der Knabe Lenker selbst. — Vgl. S. 452: Eckermann, 20. 12. 1829. — Nachdem die vorige Gruppe die Macht des Staats und Klugheit seiner Führung versinnbildlichte, schließt diese, so sehr sie für sich steht, gut an: Der Reichtum ist Folge von dem, was das vorige Bild zeigte. Der Kaiser kann es als gute Vorbedeutung nehmen, und die Verbindung zu der vorangegangenen Beratungsszene stellt der Knabe Lenker selbst her (5571).

5562—5568. Das Bild des Reichtums hat — wohl von dem Reichtum östlicher Herrscher her — leicht orientalisierende Züge — ein kleiner Anklang von *Divan*-Sprache im *Faust*-Drama.

5569ff. Herrschertum — Reichtum — Kunst — Gesellschaft in ihren Wechselbeziehungen sind ein Thema, das fortan in verschiedenen Bildern dargestellt ist. Auch im 3. Akt kommt vor, und insofern entspricht Euphorion dort dem Knaben Lenker hier. Faust nennt ihn hier seinen Sohn, und dort ist er sein Vater: Poesie stammt aus strebendem, leidenschaftlichem, suchendem Geist und zugleich aus Fülle, Reichtum, Unerschöpflichkeit. Der Knabe Lenker streut seine Gaben unter die Hofgesellschaft, die diese ebensowenig fassen kann wie später die Erscheinung Helenas. Dieser Kreis ist seiner, der Poesie, nicht würdig, und darum

5689ff. sendet Plutus ihn in seine eigentliche Region, die *Einsamkeit*. Plutus bleibt zurück und ist nun nur noch Reichtum im materiellen Sinn. Mephistopheles meint, daß außer dem Geld nur Erotik die Welt regiert, und deutet das auf seine Weise an.

5801ff. Eine neue Gruppe erscheint, der Herold weiß Bescheid, Faust auch. Es ist der Kaiser. Wenn er an dem Maskenfest teilnimmt, muß er als ein antiker Gott erscheinen. Wir sahen, daß er kein apollinischer und kein jovialer Typ ist; auch hier spielt die Gesellschaft sich selbst: der genußsüchtige Kaiser ist Pan (die Nymphen freilich dürfen als Grund nicht das Sinnenhafte angeben, sondern sagen, daß dieser *das All der Welt* darstelle, 5872f.); seine ihm entsprechende Umgebung sind Satyrn und Nymphen; sie erscheinen als *wildes Heer*. — Aufzüge solcher „wilder Männer" wurden übrigens bei Festen an den Höfen des Barock öfters veranstaltet.

5848. *Gütchen* = Hausgeister, die „Holden".

5872—5897. *Das All der Welt . . . im großen Pan*: das antike Mythenbild hier wieder hintergründig-doppelsinnig in bezug auf Kaiser und Hof.

5898ff. Wie in der vorigen Szene Mephistopheles, so sprechen jetzt die Gnomen von den verborgenen Schätzen, die dem Kaiser zugänglich werden sollen.

5920 ff. Pantomime, vom Herold beschrieben. Fausts Kiste (5685 ff.) voll Gold und Feuer steht noch da. Der Kaiser *bückt sich tief hinein.* Seine Berührung mit dem Reichtum, der nicht *Bauernarbeit* (5040), sondern Werk des Mephistopheles ist, wird verzehrende Flamme, die von ihm auf andere übergreift. Doch magische Not wird gebannt durch magisches Wort, und das Zauberspiel erlischt. — Wirklichkeit (5065—5470), Maskenspiel (5065—5470) und Begegnung mit magischer Welt (5471—5986) zeigen alle in gleicher Weise den Leichtsinn einer Gesellschaft, in der der Kaiser sich wohl fühlt und in welcher der Knabe Lenker, die Poesie, ein Fremdling bleibt. — Emrich, S. 221 bis 251.

Lustgarten

5988 ff. Der Kaiser schildert, wie er von sich aus die magische Szene erlebte. Nochmals eine Spiegelung seines Selbstgefühls, das genießen will, ohne zu leisten; empfindlich nicht gegen Unrecht, sondern gegen Geringschätzung, und verschwenderisch, sobald er etwas besitzt. Er hat übrigens, wie sich jetzt (6066 f.) herausstellt, die Papiergeld-Verordnung unterschrieben. Jedenfalls

6037 ff. ist das Papiergeld plötzlich da. Daß seine Entstehung im Zusammenhang steht mit der Magie, besagt, daß sie Hybris ist wie die Magie überhaupt: Gewaltsamkeit, ein Zwingenwollen ohne Wachsenlassen, ein Ergreifen der Sache ohne Arbeiten am Ich, moderne Form frevelhafter Überschreitung menschlicher Grenze. — Ebenso wie früher die Geldnot wird nun die Geldfülle von einer ganzen Reihe von Sprechern berichtet, damit wiederum die ganze Gesellschaft lebendig werde.

6082. Die kaiserliche Initiale.

6088. *sperrig* = sperrangelweit, sperrweit.

6096. In der *Ausg. l. Hd.* druckt die Oktav-Ausgabe *klappert* und die Taschenausgabe *klappert's.*

6100. *Schedel* = Zettel, Banknote (lat. „schedula").

6111 ff. Fast das einzige, was Faust in dieser Szene spricht, vom realen Projekt ins Ideale gehend, so daß ihm Mephistopheles ins Wort fällt und weiterführt.

6143 f. Der Kaiser teilt nun selbst von den neuen Banknoten aus.

6172. *Witz* natürlich im alten Wortsinne = Geist, Vernunft.

Finstere Galerie

Ein Gespräch zwischen Faust und Mephistopheles. Schon das Bühnenbild *Finstere Galerie* gibt eine andere Stimmung als das vorige. Aber Fausts Sprache ist zunächst noch ganz die der Hofwelt, man merkt, daß er aus diesem bunten Gedränge ko·i.mt. Er eröffnet Mephistopheles, daß der Kaiser, nachdem er den Karneval genossen, nun Geister sehen wolle, und zwar Helena und Paris. Faust hat zugesagt, aber was er damit übernommen, ist ihm in diesem Augenblicke noch nicht klar; erst durch das Gespräch mit Mephistopheles, der im Geisterreiche Bescheid weiß, kommt die Wendung ins Ernste, Tiefsinnige. Mephistopheles spricht von den *Müttern*; er kann von ihnen schon deshalb nur ungern berichten, weil er wünscht, daß alles zugrunde geht (1339f., 1357f.), während sie gerade die ewigen Bewahrerinnen des Seienden sind. Sie sind für ihn fremder Bereich. Eckermann verzeichnet (10. 1. 1830; S. 453) Goethes Worte, er habe diesen Namen von Plutarch, doch sonst alles frei erfunden. Jede Nachforschung hat das bestätigt: Goethe ist hier selbständig mythenbildend. Von Plutarch stammt nur das Wort (aus seiner Schrift „Leben des Marcellus", Kap. 20) und vielleicht der Hinweis, es gebe einen Bereich der Urbilder alles Lebens (in der Schrift „Über den Verfall der Orakel", Kap. 22). Der Weg zu den *Müttern* führt in die *Einsamkeit* (6213). Auch der Knabe Lenker, der die Poesie verkörpert, ging zur *Einsamkeit*, wo er *seine Welt schafft* (5696). Der Knabe Lenker gehört zu Euphorion (Eckermann 20. 12. 1829; S. 452), und dieser ist Fausts Sohn, eine Weiterführung seines Wesens. Die Hofwelt faßte die Gaben des Knaben Lenker nicht, und sie faßt nicht, was Faust nun bietet; jener geht in die Einsamkeit, dieser kommt aus ihr. Die seelische Gestimmtheit Fausts auf diesem Weg sprechen am deutlichsten die Worte aus: *Doch im Erstarren such' ich nicht mein Heil, | Das Schaudern ist der Menschheit bestes Teil* (6271f.). Hier bedeutet *Menschheit*, wie fast immer bei Goethe: Menschsein. Der schlimme Teil des Menschseins ist das *Erstarren*; das Wort heißt in Goethes Alterssprache: materiell, ungeistig, ohne Fähigkeit zur Steigerung werden. Das Gegenteil ist das *Schaudern*, ein religiöses Erschüttert-Sein, das ϑαυμάζειν; es ist das *Beste* des Menschseins; es macht geistiger, es führt den Weg aufwärts. Immer wieder hören wir in Goethes Alter: *Zum Erstaunen bin ich da* (I, 358); *Vor den Urphänomenen, wenn sie unseren Sinnen enthüllt erscheinen, fühlen wir eine Art von Scheu, bis zur Angst* ... (*Max. u. Refl.*; XII, 367, Nr. 17). Vor Gott empfindet der Mensch *kindliche Schauer* (Bd. 1, S. 146). Welche Seelenhaltung hat Faust also hier? Gewiß ist das, was Goethe das *Schaudern*, das *Staunen* nennt, allgemein menschlich, aber vor allem ist es die Haltung des Künstlers und des religiösen Naturbetrachters (und Helena ist die höchste Hervorbringung der Natur). Zu den Müttern gehen heißt etwa: Urbilder des Lebens schauen. Unter den Gestalten in Goethes Dichtung gibt es vor allem eine, die solchen Urbildern nahekommt, Makarie in den *Wanderjahren*. Sie ist still und geduldig; zu ihr kommt die Einsicht wie eine Gnade Faust

ist anders, er ist der Wollende, Begehrende, Gewaltsame hier wie
schon oft. Faust nähert sich zwei Mal Helena. Das erste Mal holt er
ihren Schatten von den Müttern. Das zweite Mal holt er die wirkliche
Helena aus der Unterwelt, wo sie bei den Toten ist, von wo sie aber
schon einmal für ein zeitweiliges Leben (mit Achill) auf der Erde freigegeben war (7435; 8876ff.). Das erste Mal ist Faust in seiner alten
Weise gewaltsam: nach Mephistos Rat entführt er unrechtmäßig den
Dreifuß. Es gelingt ihm, das Bild zu beschwören, doch anstatt es als
Bild anzuschauen, will er es ergreifen — da muß am Ende alles in einer
Explosion enden. Das zweite Mal nähert er sich Helena anders. Er
sucht sie zunächst im Traum. Nicht Mephistopheles hilft ihm, sondern
Homunculus, der mit den antiken Gestalten Bescheid weiß. Die Sehn-
sucht nach Helena erfüllt hier Fausts Unbewußtes, deswegen sein
Schlaf, dessen Träume Homunculus deutet. Die Beschwörung Helenas
im 1. Akt ist für Faust nur ein Kennenlernen. Der Weg zu Helena im
2. Akt ist ein inneres Geschehen, ein schöpferischer Vorgang der Liebe.
Deswegen kann Mephistopheles im 3. Akt so wenig helfen und so
wenig zerstören. Er kann nur im Bereich des Schönen den Gegenpol
des Häßlichen bilden. — Julius Petersen schrieb 1940 über den Helena-
Akt: „Wäre das alles Wirklichkeit im Sinne des körperlichen Besitzes, so
hätte Mephistopheles das vollste Recht, seinen Pakt vorzuweisen...
Der Pakt wird durch die Annahme einer Traumhandlung außer
Gültigkeit gesetzt... Es handelt sich nicht um passiven Genuß, sondern um Tätigkeit, die schöpferisch werden muß... Diese Helena
aber gehört nach allen Existenzbedingungen der Welt der Dichtung
an... Immer... bedeutete Goethe Dichtung ein Werk der Liebe, und
der wahrhaft Liebende war immer ein Dichter..." (Jahrb. d. Fr. Dt.
Hochstifts 1936—1940, S. 229ff.) Diese Einsicht fortführend, hat die
neuere *Faust*-Forschung den 2. Akt als den geistigen Weg zu Helena
gedeutet und dem 3. Akt eine andere Art von Wirklichkeit zuerkannt
als den anderen Akten. Wenn die Welt des 3. Akts das Bild einer
geistigen Schöpfung ist, dann rückt Faust hier in die Nähe der geistigen
Schöpfer und Künstler. Diese Deutung, die sich aus dem fertigen
Werk ergibt, scheint durch die Entwürfe gestützt zu werden. Lieselotte
Blumenthal hat in einem Aufsatz über ein *Faust*-Paralipomenon
(Goethe 16, 1954, S. 143—160) darauf hingewiesen, daß ursprünglich
ein Dichter auftreten sollte, der wahrscheinlich im Gegensatz zu dem
gewaltsamen Faust auf friedliche, d.h. auf seine künstlerische Weise
das Bild Helenas beschwören sollte, daß Goethe dann aber die Gestalt
des Dichters fallen ließ und Faust die Funktionen gab, die bisher auf
ihn und den Dichter verteilt waren. — Was 6285—6290 gesagt ist,
kommt genau mit 6427—6438 überein: Bei den Müttern sind die Urbilder des Lebens. Diese werden entweder unmittelbar zu Leben

(6435), oder sie werden geistig beschworen (6436). In der Handschrift lauteten die Verse 6435 f. ursprünglich:

> *Die einen faßt des Lebens holder Lauf,*
> *Die andern sucht getrost der Dichter auf.*

Goethe hat das Wort *Dichter* später durch das mehrdeutige *Magier* ersetzt, das *getrost* ist gestrichen und das *kühn* hinzugekommen. Vermutlich geschah das, als Faust die Funktion übernahm, welche anfangs dem Dichter zugedacht war. Damit wird auch von der Entstehungsgeschichte her die Auffassung gestützt, die Helena-Tragödie des 2. und 3. Akts sei das Symbol eines geistigen Findens, eines schöpferischen Vorgangs. — B. v. Wiese, S. 149—151: „Der Vorgang, den Goethes mythische Phantasie hier anschaulich macht, ist, abstrakt gesehen, eine geistige Tathandlung, ja geradezu ein geistiges Abenteuer. Es heißt bis zur geistigen, übersinnlichen Seite der Erscheinungen vorstoßen, wenn man zu den Müttern will. Für den rationalistischen Teufel ist diese metaphysische Seite der Erscheinungen nur ein Nichts, wenn er auch nur schaudernd und nicht ohne geheime Anteilnahme von diesem Nichts zu reden wagt. Faust hingegen hofft, in diesem Nichts das All zu finden ... Zwei Wege werden hier (6435—6436) genannt, auf denen das zeitlose Urbild wirkliche Gestalt gewinnt. Der eine Weg ist die Metamorphose der Natur, der unendliche Werdeweg des Lebens, den die klassische Walpurgisnacht in mythischer Feier verklärt; der andere Weg ist die Metamorphose der Kunst, das Priester-Magier-Dichtertum, das durch gestaltende Phantasie ein geistiges Urbild anschauend sich aneignet ... Mit der Mütterszene betreten wir Faustische Welt als *Schöpfungsgenuß von innen* ..." (vgl. S. 427). — Beutler, S. LXIV f.: „Goethe hatte auf Grund seines naturphilosophischen Denkens die Überzeugung gewonnen, daß alles Wachsen und Werden nach Urbildern geschehe, die die Natur unbewußt im Innern, gleichsam im mütterlichen Schoße hege, und nach denen sie immer und immer wieder in unendlich abgewandelten Formen die Blume, den Baum, das Tier, den Menschen entstehen läßt. Diese Urbilder nannte Goethe die Ur-Erscheinungen, Urphänomene. Das Bild der Helena, das Faust am Kaiserhof beschwört, ist ein Urphänomen, das Urbild der Schönheit. Wenn Faust es dem Kaiser zeigen will, muß er es dem mütterlichen Schoß der Natur abgewinnen. Darum muß Faust zu den *Müttern* ... Und deshalb muß auch die Erscheinung, die eben nur Urbild ist, das als solches nicht der Wirklichkeit dieser Erde angehören kann, sich verflüchtigen, da Faust freventlich nach ihm greift ..." — Obenauer, S. 43—56. — Dorothea Lohmeyer, S. 128—137. — Schadewaldt S. 165 ff., 185 ff. — Ferner die in der Bibliographie genannte Literatur.

6177 f. Witkowski: „Dir ist dies etwas längst Gewohntes und deshalb Langweiliges."

6209f. Mephistos Grenzen: er hatte über Gretchen keine Macht, und über das *Heidenvolk* hat er ebenfalls keine. Fausts Sprache ist drängend, ja befehlend.

6236. *Wildernis* = Wildnis. Alte Form, gelegentlich bei Goethe, auch bei Schiller.

6239ff. Mephistopheles beginnt mit dem klangvollen Fünftakter; man erwartet danach einen gleichen Vers, aber der letzte Takt fehlt; eine Pause; man glaubt den Taktschlag zu vernehmen, aber kein Klang folgt — ein Nichts. So symbolisiert sich im Rhythmus der Gehalt. Die folgenden Zeilen wiederholen diesen Klang.

6249f. *Mystagogen* nannte man die Priester der eleusinischen Mysterien, welche die Neulinge, die *Neophyten*, in die Geheimnisse des Kults einführten.

6253f. Erich Schmidt: „Sprichwörtlich nach der besonders durch La Fontaine bekannten Fabel vom Affen und der ihm dienstbaren Katze."

6273. *verteuern* = schwer zugänglich machen, rar machen.

6276f. *losgebundene* (die wörtliche Übertragung von: absolute) Bereiche im Gegensatz zu dem Bereich des *Entstandenen* und Vergänglichen. Die prägnante Formulierung gibt bildhaft wie begrifflich Klarheit und löst dennoch das Mythische nicht auf.

6283. Der *Dreifuß* ist altes Sinnbild der Prophetie; so gehörte er z. B. zur Pythia in Delphi. Faust holt aus dem Mütterbereich nicht die Bilder der Heroen unmittelbar, sondern den Dreifuß. Als er diesen hat, kann er dann *Held und Heldin aus der Nacht rufen* (6298).

6302. Es wird — ganz im Gegensatz zum alten Volksbuch — hier nicht eine der Verwandlungen des Teufels als Helena (succubus) vorgeführt, sondern Faust schafft ihr Bild mit Hilfe des Dreifußes, den er aus dem Mütterbereich holte.

Hell erleuchtete Säle

Berichtet die vorige Szene ernst von dem Mütterbereich, so diese desto leichter nur von der Gesellschaft. Die folgende Szene setzt dann beide Bereiche zusammen wie zwei musikalische Themen, die erst getrennt und dann zugleich erklingen. Für den Hörer schwingt auch in dieser Szene die Faust-Linie unsichtbar mit, nur in Mephistos Ausruf 6366 tritt sie einen Augenblick ans Licht. Aber eben weil die Anteilnahme so stark bei Fausts Gang ist, muß die Pointierung der Einzelbilder dieser Szene besonders scharf sein; und wie im Gegensatz zum vorigen Bühnenbild hier hellste Beleuchtung herrscht, so im sprachlichen Bereich funkelnder Wortwitz und Schlagfertigkeit.

6357f. Anspielung auf die Hexenverbrennungen.

6369. *Anständig* = wie es ihnen ansteht, nach gebührendem Zeremoniell.

Rittersaal

Das Thema Geselliges und Dämonisches, den ganzen 1. Akt durch-
ziehend, kommt hier zum Höhepunkt. Die Gesellschaft (in ihrer Be-
urteilung der Kunst) zeigt sich in starrer Flachheit, Faust im Innersten
entzückt; jene Welt erscheint als vollendete Komödie, Sprache des Ge-
plauders, diese als Tragödie des Einsamen, des Schöpfers, des Leidenschaftlichen, auch stilistisch-sprachlich ins Tiefste greifend. Beides
mischt sich wundersam und geht am Ende auseinander wie eine Gegen-
bewegung zweier Stimmen, von denen die eine die Tonleiter aufwärts, die andere sie abwärts läuft. Das Paris-Helena-Spiel erfahren wir
nur aus seinen Wirkungen. Während später die aus dem Hades ge-
holte Helena sprechend auftritt, bleibt der Schemen, den Faust hier
schafft, wortlos. Bevor aber das Bildhaft-Pantomimische beginnt, wird
die Welt des Ästhetischen zu Klang, zu Musik; nichts könnte sie
besser symbolisieren. *Der Säulenschaft, auch die Triglyphe klingt* ...
Aber die Hörer stimmen sich innerlich nicht in diesen Klang ein. —
Kommerell, S. 54f.: „Gesellschaft, der Kunst begegnend ... Für
Faust ist es mehr als Kunst, weil er zusammenzuckt unter der Berührung seines Schicksals; für die andern ist es weniger als Kunst, weil
sie nicht loskommen von der stofflichen Anziehung und Abstoßung ...
Der Dichter stellt gelassen fest, welche Leidenschaft den Menschen
zur Kunst treibt: die Neugier; und daß er sich gegenüber dem Vollkommenen durch Mäkeln sicherstellt. Dabei erliegt er doch, freilich
ohne Gefahr, der geschlechtlichen Anziehung, die sich mit den Wirkungen der Kunst für alle Zeiten unauflöslich verbunden hat. Die
Herren, gegen Paris unerbittlich, schmelzen vor Helena, die Damen
umgekehrt ... Ihre Glossen haben viele Töne: nörglerisch, kenner-
haft, geil, neckisch, abgebrüht, hochnäsig, dichterisch, weise, gouver-
nantenhaft ... Es ist boshaft und heiter erzählt, wie ein Mann doppelt
lebt, der seine Geister einem unverständigen Volk erscheinen lassen
muß und, während er selber jede Art von Mißverständnis um sich her
gewahrt, seinerseits einem dämonischen Mißverständnis ausgeliefert
ist." — Kurt May, S. 72f.: „Das wesentliche Geschehen vollzieht
sich in der Beschwörung und im zweimaligen Ausbruch des Faustischen Begehrens (6427f., 6487f., 6549f.). Es genügt hier, auf seine
Stimme zu hören, die unbedingt führt. Die umspielenden Gegen-
stimmen ... sind uns schon sattsam vertraut. Es ist das erstemal, daß
Faust sich auf dem Hintergrund der Hofwelt so intensiv und um-
fänglich darstellend abzeichnet ... Die Bilder der schönen Gestalten
tauchen vor Faust und den Mitgliedern der Hofgesellschaft auf. Daß

allein Faust in großen, geschlossenen Versgruppen auf diese Erscheinungen antwortet, die anderen nur in kürzeren und oft im Austausch
von Einzelversen, ... formt schon an und für sich die höchst verschiedene Intensität ... der inneren Teilnahme ... Bei den höfischen
Menschen beiderlei Geschlechts überwiegt das beobachtende, ur-
teilende, reflektierende Verhalten ... Wie anders Faust ... So rein
und ausschließlich Energie des inneren Ausdrucks war seine Rede bisher noch nicht. So völlig entgegenständlicht expressiv, so im Ganzen
nur Aussprache der Erschütterung selbst noch nie. Nicht in einem
einzigen Wort spiegelt sich das Erscheinende als solches (wie in den
Reden der Zuschauer) ... Dabei ist Faust mit seiner Erschütterung
völlig für sich allein ... in breiter Öffentlichkeit ganz einsam, zuweilen
sprechend wie nur zu sich selbst ... in der Faustischen Diktion nicht
die leisesten Spuren antikisierender Formung, weder im Stil noch im
Rhythmus ... Welch ein Gegensatz späterhin in den Szenen des
dritten Aktes, wo die antike Gestalt als wirkende Kraft des Schönen
in ihrer Eigenform erscheinen und streckenweise sogar die Faustische
Diktion umfärben wird." — Helene Herrmann, S. 324—326.

6383. *Tapeten* = Gobelins.

6435 f. Vgl. das in der Einleitung zur Szene *Finstere Galerie* Ge-
sagte.

6440. *Ein dunstiger Nebel.* Das Sinnbildliche, das Goethe immer
mit Nebel, Wolke, Schleier verbindet, schwingt auch hier mit.

6447. *Triglyphe*: die dreifache vertikale Kerbung des Frieses über
der Säule.

6453. In der *Ausg. l. Hd.* fehlt hier die Angabe „Paris hervortretend", die von allen neueren Ausgaben entsprechend dem Szenar
vor 6479 hinzugesetzt ist.

6454. *Pfirsche* = Pfirsich.

6487 ff. Einer der großen Monologe Fausts, sein ganzes Inneres
enthüllend. Ein neues Verhältnis zur Welt (6490), eine neue Funktion
(6491) und eine neue Leidenschaft, symbolisch dafür die Worthäufung
(6499 f.), die von *Neigung* bis *Wahnsinn* führend ein Höchstmaß innerer
Gespanntheit entlädt. Die Katastrophe des Szenenschlusses, das Begehren des Unmöglichen, ist hier bereits zwangsläufig vorbereitet. Die
Sprache beginnt in leidenschaftlicher Frage, wird zum Ausruf, kann
sich nicht genugtun und kommt so zur Häufung (6492, 6499 f.); präch-
tige Komposita zeigen die Höhenlage des Feierlich-Großen. Zunächst
regelmäßige Fünfheber, dann dazwischen kürzere Zeilen.

6513. *Duenna* = Erzieherin, Gouvernante.

6530. Die Sagen, auf die hier angespielt ist, werden später von
Chiron ausführlicher berichtet (7415 ff.) und auch von Helena selbst
erwähnt (8850 f.).

6537f. Nach Ilias III, 154ff.

6559. *darf*: etwa im Sinne „der hat Ursache, sie nicht zu entbehren; der braucht (sollte) sie nicht entbehren".

6563. Emrich, S. 264: „Der niederschmetternde Schlag, der Faust bei der Umarmung trifft, ist die Antwort auf den verwegenen Entschluß, unmittelbar aus dem *ungeheuren* Bereich der Idee ohne Stufen der Reifung, Entwicklung und Ausformung die Blüte der Schönheit über den Abgrund der Zeiten hinweg zu ergreifen."

ZWEITER AKT

Hochgewölbtes enges gotisches Zimmer

Faust liegt ohnmächtig. Wo ein Streben an den Rand des Menschlichen führt, gibt es nach dem Überspannen der Kraft nur ein Versinken in Wahnsinn und Tod oder es gibt ein gütiges Eingreifen der Natur: Versenken in Schlaf, aus dem ein neuer Anfang möglich ist. (Wie oft erklingt in Goethes Dichtung, die immer organisch empfindet, das Lob des Schlafs!) Will Mephistopheles sein Werk weiterführen, so muß Faust leben. Er bringt ihn darum in sein altes Zimmer. Schon äußerlich wird dadurch die Beziehung zum 1. Teil wieder hervorgehoben. Auch die Sprache bleibt bei dem alten madrigalischen Faustvers. Da Faust schläft, wird Mephistopheles zum Handelnden, und mit ihm erleben wir nun die Wissenschaftswelt, die sich in Fausts alter Stätte entwickelt hat. Wagner, der Wissensmensch, arbeitet an einem *großen Werk* (6675), dem künstlichen Geschöpf, Homunculus. Hiermit trifft nun zeitlich und räumlich Fausts Sehnsucht und Schlaf zusammen, das Problem des Bewußten und Unbewußten im Schöpferischen zeichnet sich vor. Es scheint eine seltene *Sternenstunde* (6667) zu sein, d. h. eine günstige Konstellation. Mephistopheles, an Faust denkend, hat Interesse an Wagners Werk: *Ich bin der Mann, das Glück ihm zu beschleunen* (6684). Aber noch wird uns die Beziehung Faust—Homunculus nicht gezeigt. Die Baccalaureus-Szene schiebt sich dazwischen. Fast jeder Bereich im *Faust*-Drama (und in den Alterswerken überhaupt) erscheint in wechselseitigen Spiegelungen, so hier die Welt des Denkens, Wissens, Produzierens in Faust, Wagner, Baccalaureus, Homunculus. Faust, der das Helena-Bild schafft: *der kühne Magier* (6436), *Machst du's doch selbst, das Fratzengeisterspiel ...* (6546), und dann der Baccalaureus, der, ohne schöpferisch zu sein, in großen Worten von der schöpferischen Magie des Ich spricht. Das Weltschaffen des Ich kann Tragödie sein, aber auch Satyrspiel, und hier ist dieses in jene hineingezogen. — Helene Herrmann, S. 92f., 324f. — K. May 77ff., 81ff. — Kommerell, S. 43f.

6568. *paralysiert* = lähmt.

6587. *Rauchwarme Hülle* = warme Pelzhülle; von „rauch" = behaart, struppig; „Rauchwerk" = Pelzwerk.

6592. Mephistopheles sagt später (6614f.) von der Gelehrtenwerk-statt: *In solchem Wust und Moderleben | Muß es für ewig Grillen geben.* Und hier werden diese sogar lebendig: *Zikaden* (Grillen), *Käfer* und *Farfarellen;* hierzu Witkowski: „Farfarello ist ein Teufelchen in Dantes ‚Hölle‘ 21, 123; Goethe braucht das Wort für das ähnlich klingende italienische ‚farfalletta‘ oder ‚farfallina‘, kleiner Schmetterling."

6635 ff. Die akademische Atmosphäre bringt auch wieder die stu-dentische Sprache mit sich. Der Famulus sagt lateinisch *Oremus* („Beten wir" — daher Mephistos kühle Antwort). 6638 *Bemooster Herr* = jemand, der schon lange studiert; 6704 *Fuchs* = Anfänger. — *Famulus:* ein junger Gehilfe des Professors; *Baccalaureus:* jemand, der den ersten akademischen Grad erlangt hat, aber noch nicht Magister ist.

6729. *Chrysalide* = Puppe des Schmetterlings.

6734. *im Schwedenkopf,* d. h. ohne Zopf; der Baccalaureus war immer fortschrittlich.

6736. *absolut,* Mephistos Wort für den Baccalaureus; und wie gut er ihn erkannt hat, zeigen dann dessen folgende Sätze: *Erfahrungs-wesen, Schaum und Dust* ..., *Die Welt, sie war nicht, eh’ ich sie erschuf* ... usw. Jugend glaubt, ganz Neues und einzig Richtiges zu er-kennen; sie findet eine Philosophie, die ihr zu entsprechen scheint, und macht sich deren Wortschatz zu eigen (ob in richtiger Art, ist eine andere Sache), so die Jugend um 1820 den der idealistischen Philo-sophie. Der Baccalaureus triumphiert, wie erhaben er sei über Me-phistos einstige Lehren, und merkt nicht, wie sehr dessen *Eritis sicut Deus* gerade jetzt auf ihn zutrifft. Eine sehr Goethesche Mischung von Ironie und Liebe: *Wenn sich der Most auch ganz absurd gebärdet* ... (6813 f.). Denn der Baccalaureus ist (wie einst der Schüler) eine — wenn auch entfernte — Spiegelung Faustischen Wesens. Er spricht vom Welt-erschaffenden Ich; wir wissen aus den vorigen Szenen, daß es das gibt — wenn man zu den Müttern geht: *Zur Einsamkeit, da schaffe deine Welt* ...; doch davon ahnt dieser helle, energische, selbst-sichere Jüngling nichts. Seinen Abgang schmückt ein schwungvolles Wort (6806) — es ist dieselbe Lichtsymbolik, die Faust in sehnsüchtig-sten Stunden gebraucht (z. B. 1087); ist in dieser Welt der Belesenen, Wissenden das große Wort und Bild in aller Munde, und es kommt nur darauf an, von wem und wie es erklingt?

6794 ff. Sprachlich ist beachtenswert, wie das Wort *Ich* (bzw. *mein*) sich hier stetig wiederholt.

6814. Die Pointen Mephistos, die in der ganzen Szene faszinierend funkeln, erreichen hier ihren Höhepunkt, und wie der Glanz sich mit

Wärme vermischt, wird die Sprache — wie könnte es, wenn Goethe vom Wein spricht, anders sein? — Rheinfränkisch, Frankfurtisch.

Laboratorium

Faust liegt schlafend. Seine letzten Worte waren: *Wer sie erkannt, der darf sie nicht entbehren.* Später erwacht er in Hellas mit den Worten: *Wo ist sie?* Dazwischen lebt er im Traum, und was in seiner Seele vorgeht, erfahren wir durch Homunculus, indem er den Traum von der Zeugung der Helena berichtet (6903—6920) und erkennt, daß Faust jetzt nur in Hellas in *seinem Elemente* ist (6943) und nicht früher als dort erwachen dürfe (6930 f.). Helena ist griechisch-antik, Faust deutschmittelalterlich. Wie ist es möglich, daß er sie erreicht? Auch Goethe als Abendländer hatte eine Sehnsucht in sich getragen, die ihn fast krank machte, bis er in den Süden kam, wo er sich dann in *seinem Elemente* fühlte. Und was er dort sah, war ihm, was ihm auch Helena war: höchste Schönheit und zugleich vollendete Natur. *Die Kunst wird mir wie eine zweite Natur. (Italienische Reise, 11. 8. 1787.) Diese hohen Kunstwerke sind zugleich als die höchsten Naturwerke von Menschen nach wahren und natürlichen Gesetzen hervorgebracht worden ...* (Ebd., *6. 9. 1787.) Ich habe eine Vermutung, daß sie* (die Griechen) *nach eben den Gesetzen verfuhren, nach welchen die Natur verfährt und denen ich auf der Spur bin.* (Ebd., *28. 1. 1787.*) Helena finden und holen kann nur Faust allein. Aber den Weg zu ihr weisen kann der wissende Geist, Homunculus; und diesen schaffen kann der fleißige Gelehrte Wagner. Aber auf die Fahrt kann Wagner nicht mit. Was in einem großen, das Altertum liebenden Abendländer eins ist, was in der neuzeitlichen Geisteskultur verbunden ist, hat Goethe hier in verschiedene Gestalten aufgespalten. Wie kannte er die Wagner-Naturen! Hielt er nicht insgeheim fast alle die klassischen Philologen dafür? Seine wandelnden Lexika Riemer und Böttiger, aber auch Wolf und Hermann und alle die anderen? Waren sie etwa griechisch geformt? Sie waren strebsame Kopfmenschen, Schreibtischsitzer und daneben deutsche Hausväter. Aber was sie geschaffen, war äußerst nützlich: es wies den Weg nach Griechenland, war geistvoll und hell. Er brauchte sie, um den Helena-Akt zu schreiben, aber sie selbst hätten keinen einzigen Vers daraus zustande gebracht. Denn wo es ums Wesentliche ging, da nützten sie ihm nichts, im Gegenteil! Um selbst einmal zu leben wie einer der Alten — was hatte er gebraucht? Ein sonniges Land und eine blühende junge Frau, der er seine Verse *leise mit fingernder Hand ... auf den Rücken gezählt ...* (Röm. Eleg., *V.*) Mußte man nicht alles das, was Humanismus hieß, erst zerschlagen, um ganz sich selbst zu vollenden und eben darin dann den Griechen gleich zu sein? — Die

Homunculus-Gestalt ist damit keineswegs bezeichnet, aber vielleicht der Umkreis, aus dem sie entstand. Sie ist nicht Allegorie, durch keinen Begriff auszudrücken, sondern lebendiges Symbol. Der 2. Akt gestaltet in wiederholten Variationen die Beziehung von Geist und Leben, das Schöpferische als Bewußtes und Unbewußtes, als Denken und Natur, wobei kosmisches Werden und künstlerisches Werden eine geheime Gemeinsamkeit des Gesetzes haben. Die Szenen im Laboratorium und die in Hellas gehören darum eng zusammen. Das Werden im Geiste (der Gang zu den Müttern) spiegelt das Werden im Kosmos (die klassische Walpurgisnacht), das Werden des Homunculus das der Helena. Wir sehen Faust nur in drei Bildern: ohnmächtig zusammensinkend; in Hellas erwachend; Helena begegnend. Die Sehnsucht entsteht — findet einen Weg — findet ihr Ziel. Alles andere wird indirekt ausgedrückt durch andere Gestalten, die Symbole sind für das, was hier aus schöpferischem Eros entsteht. Das Unbewußte, Naturhafte (die Wachstumskräfte der Schlaf- und Traumwelt) ist dabei noch notwendiger als das — nicht zu entbehrende — Bewußtsein des hellen Geistes. Wenn das Ich ein fertiges Wissen übernähme, würde es nicht Grieche, sondern Philologe; es muß ganz von innen sich neu aufbauen, das Künstliche zerschlagen und das Natürliche neu beginnen. Will der Dichter etwas den Griechen Ebenbürtiges schaffen, so bedarf es nicht des Wissens um sie (das wäre Nachahmung), sondern eines eigenwüchsigen Schaffens aus den Gesetzen der Natur, beseelt von einem gestaltenden Eros. Das spricht unmittelbar anschließend die Klassische Walpurgisnacht in einer Fülle von Bildern aus. — Kommerell, S. 35f., 41ff., 68f.: „Die Seelentätigkeit des schlafenden Faust richtet sich auf etwas Unmögliches, das mit dem Recht der Dichtung als möglich behandelt wird: ein Gewesenes von höchstem Rang wiederzubeleben. Es gelingt, und zwar durch leidenschaftliches geistiges Verlangen. Nun erzählt die Dichtung nicht die Geschichte dieses Versuchs, sondern sie zergliedert ihn in eine Reihe von Verrichtungen und beteiligten Kräften, die zusammen sein Gesetz ausmachen — dem *Märchen* Goethes vergleichbar. Für die Verrichtungen werden Vollstrecker erfunden, die Namen haben und Personen scheinen ... Das eigentliche höhere Walten, der totenbeschwörende Eros, der in Faust wirksam ist, bleibt geheim ... Homunculus ist Geist schlechthin ..., aber damit ebenso dem Bekörperten überlegen wie im Nachteil gegen dieses ... Der Dichter phantasiert in ihm naturphilosophisch über die Seinseinheit, sofern sie ohne stoffliches Substrat gedacht werden kann. Er sondert, was nur zusammen mit anderm da ist; er erzählt als Vorgang in der Zeit, was als fertiges Ergebnis allem Leben zugrunde liegt." — Gundolf, S. 769f.: „Das Denken — Goethe hat es öfter betont — ist absolut, d. h. es gibt nichts, was sich nicht erdenken ließe,

und so kann auch Wagner, der Nur-Kopf-Mensch, seinen Homunculus
in die Welt setzen. Das Leben dagegen, die Wirklichkeit, ist immer
bedingt, und nur durch Bedingtheit läßt sich das Vollkommene erreichen, und nach dieser Vollkommenheit sehnt sich das Geistmännlein,
welches alle Einsicht und Durchsicht, allen Sinn der Welt in sich hat
und dennoch, genau wie das absolute Denken, kein eigentliches Dasein besitzt. Danach strebt es durch alle Elemente und Gestaltenreiche
hindurch, um zu entstehen, um sich zu beleiben ..." — Helene Herrmann, S. 316—333: „Homunculus wie Euphorion ... sind keine Charaktere. Ein Charakter entsteht erst da, wo zugleich mit der Lebendigkeit ... der Anspruch auftritt, die Illusion eines Geschöpfes zu erregen, das sich vollsinnlich und plastisch nach allen Seiten auswirken
kann ... Jene Gebilde sind einmal lebendige Bewegtheit, die ins Persönliche verdichtet erscheint, und damit sind sie allem Allegorischen
fern; aber es ist anderseits die Art ihrer Persönlichkeit nicht völlig
körperhaft. Sie sind auch als Formwesen genommen noch durch *keine
volle Menschwerdung verdüstert und beschränkt* ... Homunculus ist ganz
unbeschränkte und unbedingte Geistigkeit ... Er ist nur scheinbar
Gemächt Wagners, des zählenden, rechnenden, zweckgebundenen
Verstandes, in Wahrheit ist auch er ein Trieb, eine Bewegtheit, die
durch das ganze menschliche Dasein verbreitet wirkt, die freie, unein-
geschränkte Intelligenz, die, begreifend, aber nicht mitlebend, zu allem
Zugang hat. Nur ist dieser menschliche Trieb hier als absolut beschworen, gleichsam herausgesogen aus allen Bindungen und Verbindungen mit dem Stoff und mit anderen Trieben und Kräften ...
Bei all den Gebilden, zu denen Homunculus und Euphorion gehören,
bestimmt die innere Form ... sowohl die inhaltliche Erscheinung wie
den Stil der Darstellung ... Welche Stile eignen sich am besten dazu?
Wohl alle die, in denen die Spielfreiheit des Geistes am ungebundensten
von irdischen Stoffen hervortritt: das Launisch-Groteske, das Märchen-
hafte, das Ironisch-Geistreiche. Und anderseits die Form, in die zwar
genug Stoff der inneren Erfahrung eingeht, aber sogleich eingeschmol-
zen von der Kraft des Gefühls, so daß er zu reinem Gefühlsausdruck
wird und die Seele auch hier nur aus sich zu leben scheint: es ist die
lyrisch-gesanghafte Form ... Das Entbundene und Unbedingte, das
solche Wesen kennzeichnet, muß in der Form sinnlich werden ...
Homunculus ist ganz aus Einfällen und Ironien gebildet, lebt nur im
Element des Geistreichen ... Und Euphorion wiederum lebt ebenso
rein im Musikalisch-Lyrischen." — B. v. Wiese, S. 152—155. —
K. Kerényi, S. 142—146. — F. Strich, PEGS 18, S. 84—116.

6824. *Phiole* = Glasgefäß, wie 690.

6835. Künstliche Erzeugung eines Menschen ist ein Motiv des
Aberglaubens im Spätmittelalter, das dann bei Paracelsus ernsthaft

zum Problem gemacht wird und von da in die alchimistische Literatur des 16. und 17. Jahrhunderts dringt. Das Wort *Homunculus* ist Diminutiv zu „homo" und heißt also „Menschlein".

6852f. *verlutieren* = verkitten, mit Lehm verschließen. *Kohobieren* = destillieren, durch mehrmalige Destillation klären.

6864. *Kristallisiertes Menschenvolk*, mehrdeutig wie Mephistos Worte öfters. Da soeben die organisch gewachsenen Menschen von den künstlich kristallisierten unterschieden sind, sagt Mephistopheles, dergleichen gemachtes, starres Menschentum kenne er schon. Vielleicht spielt er aber auch einfach — denn *der Teufel, der ist alt* (6817) — auf Lots Weib an, das zur Salzsäule wurde (1. Mos. 19).

6879f. Homunculus' erste Worte. Die Lage der Stimme scheint hoch, hell; die Sätze kurz, ohne langen Atem. Die Ausdrucksweise sehr klar, geistvoll. Sogleich die Antithese: *natürlich — künstlich* (6883f.). Er nennt Mephistopheles: *Herr Vetter*. Wieweit dieser zum Entstehen mitwirkte, bleibt im Dunkel. Sogleich drängt Homunculus zu einer Wirkung (6889).

6894ff. Wagner bringt das Gespräch auf die Einheit von Geist und Körper — ein Problem, das hier ganz nahe liegt (ebenso wie das des weltschaffenden Geistes, das der Baccalaureus aufwirft). Wagner betont den Parallelismus; Mephistopheles (im Bilde von *Mann und Frau*) die Verschiedenheit. Und von da lenkt er über zu Faust: hier sei ein Geist, der jetzt seine Form suche. Homunculus wendet sich sofort diesem zu.

6903ff. *Bedeutend*: Lieblingswort Goethes im Alter, Bezeichnung für Tiefsinniges, Beachtenswertes, Wesentliches. Unmittelbar anschließend dann das Bild Ledas und der Zeugung Helenas, lyrisch beschreibende Verse von allerhöchstem Rang. — Kurt May, S. 90f.: „Da hört man ... einen anderen und im ganzen der Sprachwelt des 2. Teiles völlig neuen Ton, der sich hier verbindet mit der Wendung nach Hellas ... Kunstvoll zeichnende und architektonisch bauende Fügung ..., überraschend auftretende klangliche Fülle und Wärme ..., sinnliche Plastik der geistigen Anschauungen, die wir unmittelbar als Erlösung von der körperlosen Lebendigkeit und dem ziellosen Tätigkeitsdrang des Homunculus selber empfinden. Diese Verse überwältigen uns nicht nur wie ein Wunder von organisierender Bildkraft, sondern sie strahlen zugleich eine beglückende Harmonie aus, ein Wohlgefühl, das von ... dem wohllautenden Zusammenklang im ganzen — im Rhythmischen, Klanglichen, Sprachlich-Stilistischen, Grammatisch-Syntaktischen — herkommt ... Das Wunder dieser wenigen Verse verzaubert uns für einige Augenblicke in Helenas kommendes Reich und läßt uns vorausahnen, was Faust und Homunculus dort begegnen wird ..." — Kommerell, S. 31—33: „Durch den Anblick des Idols mit Sehnsucht vergiftet sollte Faust durch die Pforten der Unterwelt, die sich zu einer bestimmten Sternenstunde öffnen, eindringen und Persephones Starrheit sollte einer beschwörenden Rede schmelzen, so daß sie Helena zur Wiederbelebung auf alter Stätte freigibt ... Was uns vorliegt, widerspricht einer solchen Szene nicht, deutet sogar, mit wenigen Worten Mantos (7489ff.), auf sie hin; aber so hauptsächlich sie wäre — sie fehlt ... Wenn nun der ganze 3. Akt eine nicht geschriebene Szene voraussetzt, der ganze 2. Akt auf sie hinführt, so kann dies nicht Versehen oder Unvermögen sein. Das Gesetz, das zunächst gebrochen scheint, ist aufgehoben, und ein anderes gilt statt seiner. In einer ganz anderen Art wird dann das Erscheinen der belebten Helena auf die innere Tätigkeit Fausts bezogen. Während er gelähmt auf ein Ruhebett gestreckt ist, begibt sich in ihm die Erzeugung Helenas durch den Schwan. Homunculus verlautbart, über ihm schwebend, die innere Begebenheit. Das ist kein ursächliches Verhältnis, sondern es wird ein geistiger Bezug gestiftet zwischen dem leidenschaftlichen Gedanken Fausts, der Gestorbenes bewegt, und der vollendeten Erfüllung des Wunsches ... Der Bezug von Ursache und Wirkung wird durch den Bezug des geistig Zusammengehörigen ersetzt."

6935. *der Bequemste* = der mit allen Lagen Zufriedene, der Geschickte; vgl. 5908 und 7373 sowie die bei P. Fischer, Goethe-Wortschatz, Lpz. 1929, zusammengestellten Beispiele.

6941. *Klassische Walpurgisnacht.* Sowohl das Wort als auch die Sache selbst sind von Goethe selbständig erfunden, als Gegenstück zur Walpurgisnacht des 1. Teils; eine einmal im Jahr stattfindende Versammlung der antiken Geister; im Zusammenhang des Themas der Überzeitlichkeit des Zeitlichen, der Wiederbelebung des Vergangenen.

6952ff. Homunculus nennt den Ort der klassischen Walpurgisnacht, das Schlachtfeld von Pharsalus in Thessalien, wo im Jahre 48 v. Chr. die Entscheidungsschlacht zwischen Cäsar und Pompeius geschlagen wurde. Mephistopheles weiß sogleich Bescheid und geht in den nächsten Worten ein auf diesen Kampf zwischen Triumvirn und Kaisertum.

6961. *Asmodeus:* der Teufel.

6977. *Thessalische Hexen.* Homunculus weiß, womit er Mephistopheles in den Süden locken kann, der diesem unsympathisch ist, locken kann; denn die thessalischen Hexen waren berüchtigt schamlos und lasterhaft.

6994. Die „Kleinigkeit", die Homunculus sucht, ist die Körperlichkeit des Lebens — das, was Wagner nicht zu geben vermag. Abschied nehmend wünscht er diesem ironisch alles das, was angeblich der Stein der Weisen verleiht: *Gold, Ehre, Ruhm* ...

Klassische Walpurgisnacht

Die *Klassische Walpurgisnacht*, mit ihren 1483 Versen fast ein Drama im Drama (*Epimenides* hat 986 Verse, *Pandora* 1086, *Iphigenie* 2174), wurde in dem Entwurf vom Dezember 1826 skizziert (S. 438 ff.) und in der Zeit von Januar bis Juni 1830 ausgeführt (S. 453 f.). Bei dieser Arbeit trat der Handlungszusammenhang immer mehr zurück und der Symbolzusammenhang entsprechend hervor. Faust, der Helena *ins Leben ziehn* will (7439), wird von Homunculus und Mephistopheles zur Klassischen Walpurgisnacht geführt, wird dort ans Tor der Unterwelt gewiesen und schreitet hinab, wo er dann bei Persephone Helena freibittet. Der Gang in die Unterwelt geschieht schon nach dem ersten Drittel der Klassischen Walpurgisnacht (7494); was sich danach vollzieht, ist für die Handlung entbehrlich, für die Bedeutung desto wesentlicher. Es ist Symbol für dieses *Ins-Leben-Ziehen* des Schönen. Die Faust-Handlung ist kurz; das symbolische Spiel der übrigen Gestalten breit, denn es stellt etwas Kosmisches dar. Der Geist, Homunculus, fließt ein in das Leben; das Böse wandelt sich in das Häßliche; damit ist ein negativer Pol gesetzt, und nun tritt auch der positive immer deutlicher hervor: das naturhafte Sein steigert sich ins Schöne und bringt, vom Eros bewegt, vom Geiste durchfeuert, die höchste menschliche Schönheit hervor, für die Helena zeitloses Sinnbild ist. Soll das alles symbolisch sich aussprechen, so kann das nur in einer magischen Welt, einer Märchenwelt, in Bildern und Klängen geschehen, in einer Walpurgisnacht. Helena ist immer wieder eine Schöpfung der großen Künstler. Sie ist auch eine Schöpfung Fausts. Aber höchste Geistigkeit ist zugleich höchste Natürlichkeit. Goethe stand also vor der Aufgabe, bei der symbolischen Darstellung des schöpferischen Vorgangs diesen nicht nur als menschliche Innenwelt, sondern zugleich als Naturgeschehen zu zeigen; und gleichzeitig die Handlung weiterzuführen. Dies alles zugleich wurde dadurch, daß er eine Klassische Walpurgisnacht einführte, erfüllt. Helena wird aus dem Hades geholt, und zugleich vollzieht sich ein mythischer Vorgang, der Naturschöpfung und Kunstschöpfung zugleich ist. Da nun in der Fülle der Gestalten, die im Geistigen und Natürlichen möglich sind, Helena die höchste ist, muß der Weg zu ihr, muß diese Fülle selbst gezeigt werden. Darum die Größe der Dimension (die zugleich für den Altersstil typisch ist). In dieser magischen Welt, diesem märchenhaften Walpurgisspuk, vermischen sich Natur und Geist: es erscheinen Bilder, die zugleich Mythologisches, Psychologisches, Soziologisches, Geologisches und Biologisches bedeuten; es ist wie in Goethes *Märchen* eine Symbolsprache, die tiefer greift als diese Einzelsprachen es tun.

Der Ort ist die Ebene von Thessalien und die angrenzenden Buchten des ägäischen Meeres. Die Zeit ist der 9. August, der Jahrestag der

Schlacht bei Pharsalus, die im Jahre 48 v. Chr. hier stattfand. Thessalien ist Hexenland, es ist Stätte welthistorischer Ereignisse und
schließlich auch eine Landschaft, die zugleich von neptunischen und
von vulkanischen Kräften geformt wurde und also für alle Werde-
formen der Natur beispielhaft ist. Hier versammeln sich alljährlich
einmal die antiken Geister; dies ist Goethes Erfindung; und zwar sind
es nicht die olympischen Götter sondern die tiefer als sie stehenden
Gestalten, von den Ameisen und Greifen bis zu den Kabiren und zu
Galatea, die ans Olympische heranreicht. Goethe hat diesen Bereich
mit tiefem Ahnen für das Urtümliche, Magische, Kultische lebendig
gemacht. Diese Nacht ist etwas Einmaliges; in ihr trifft Chiron die
Zauberin Manto; in ihr sieht Nereus seine geliebte Tochter Galatea;
und in ihr öffnen sich die Pforten der Unterwelt (wie einmalig es ist,
daß ein Mensch hineinfindet in solche magische Welt, in welcher diese
Pforte sich öffnet, wird mehrfach angedeutet, ohne irgendwie allegorisch
zu werden). Faust kann Präzedenz-Fälle nennen: Herakles holte Alkes-
tis, Orpheus holte Eurydike; und er weiß: Helena war schon einmal
aus der Unterwelt freigegeben, um mit Achill droben zu leben — soll
ihm nicht das gleiche gelingen?

Das Geschehen ist gegliedert durch die drei nordischen Besucher
und ihre Erlebnisse. Faust begegnet den Sphinxen, den zeitüberdau-
ernden, wird von ihnen an Chiron, den alles durchwandernden, gewiesen, der von allen Helden Nachricht geben kann, und von diesem
zu Manto gebracht, der verstehenden, heilenden, die ihm den Weg zur
Unterwelt zeigt. (7005—7079, 7181—7213, 7249—7494.) Die Perse-
phone-Szene der Losbittung fehlt. — Mephistopheles begegnet
Sphinxen, Greifen, Lamien und anderen bizarren Gestalten. Man hat
ihn zum besten, und er verliert die Lust. Um sich der Antike anzu-
gleichen, wählt er die Gestalt einer der Phorkyaden. (7080—7180,
7214—7248, 7676—7850, 7951—8033.) — Homunculus, der ins Leben
eingehen will, schließt sich zwei Naturphilosophen an; Thales nimmt
sich seiner an und führt ihn ins Wasserbereich zu Nereus; Proteus, der
Geist alles Gestaltwandels in der Natur, trägt ihn zu Galatea, und er
zerschellt an deren Muschelwagen, eingehend in das All der organischen Naturkräfte. (7830—7950, 8082—8159, 8219—8274, 8303—8332,
8424—8487.) — Dieses Geschehen spielt an verschiedenen Stellen
des weiten Schauplatzes und ist in 5 Szenen aufgeteilt. Zunächst die
Pharsalischen Felder, das Schlachtfeld, düster, historische Erinnerungen;
dann am oberen Peneios (7080ff.) Greife und Sphinxe, dämonisch und
zeitlos, in dunklen Tönen, elementare Landschaft; ganz anders am
untern Peneios (7249ff.): alles ist heller, freundlicher, voll Pflanzen-
wuchs, liebliche Flußufer und idyllische Gesänge, die Landschaft der
Nymphen und Chirons, der Weg zu Helena, ein Bereich schöner, edler

Gestalten, in dem Faust seinen Weg findet; danach noch einmal die
Region *am obern Peneios* (7495 ff.), wieder Bergland, einen kosmischen
Mythos darstellend, Bereich des Seismos und der Naturphilosophen;
schließlich die *Felsbuchten des ägäischen Meers* (8034 ff.), die hellste
Landschaft im vollen Mondenglanz, als herrschendes Element nicht
mehr die Erde, sondern das Wasser und die Luft, eine Werdefreude
überall, Eros, Kult der Elemente und der Götter. — In der verschlun-
genen Durchführung der Themen lebt eine deutliche Steigerung. Zuerst ganz oder halb tierhafte, düstere, unheimliche Wesen: Greife,
Ameisen, Sphinxe im Bereiche des Landes, des starren Steins; dem
Meere näher im lieblichen Flußtal Nymphen und Chiron; schließlich
der heitere Bereich der See: Nereus, Proteus, die Nereiden, Doriden
und Galatea; zartere Seelentöne, Halbgötter in Menschengestalt, vollendete Schönheit.

Faust auf der Suche nach Helena findet Förderer in Chiron, der
ihn zwar ironisch nimmt, aber ihm hilft, und in Manto, die ihn versteht. Er ergreift das höchste Schöne und damit ein ewig Lebendiges,
das schon einmal Leben in der Vergangenheit war. Aus der Sphäre
des Gespenstischen hebt sich in Chirons Reden und Galateas Erscheinen die Sphäre des Heroischen und Göttlichen heraus. Mephistos
Abenteuer sind das Gegenspiel. Während Faust findet, was er sucht,
wird Mephistopheles nur enttäuscht. Man behandelt ihn schlecht, und
er fühlt sich nicht wohl in dieser Welt, in der man ihn nicht wichtig
nimmt. Er wählt die ihm gemäße antike Gestalt von den Phorkyaden.
Er, der Verneinende, Lebensfeindliche, muß hier, wo wir uns dem
Bereich des Schönen nähern, zu dem Häßlichen werden. — Homunculus findet in den Bereich der Naturgewalten, und auch er findet Förderer: Thales und dann Proteus, der als Geist der ewigen Wandlung
und Umwandlung organischen Lebens ihm aus seiner unkörperlichen
Existenz ins lebendige, schöpferische, zeugende Element hilft.

Das höchste griechische Bild des Menschen, Göttliches in sich
schließend, das Götterbild in Menschengestalt, war nicht nur höchstes
Geisteserzeugnis, sondern zugleich höchste Natur. Und so auch jedes
große neuere Schöpfungswerk. Darum ist der Weg zu Helena zugleich
ein Weg der Natur. Deren Bild in ihrer Vielgestalt tut sich kund in dem
Durcheinanderwogen der zahlreichen Gestalten dieser Nacht. Von den
Greifen bis zu Galatea — welche Fülle! Zuerst ist noch von Zeit und
Geschichte die Rede (Chiron gibt Bericht von den Heroen, und die
Sphinxe sprechen vom Wandel der Jahrhunderte), doch in der zweiten
Hälfte herrschen allein die naturphilosophischen Bilder, die zum Mythos
der großen Verwandlung werden; und naturverbundene Alte wie
Thales und Proteus führen die Handlung zum Ziel. Dazu eignet sich
der Schauplatz, weil er Erde und Wasser vereinigt, weil Thessalien

neptunisch und vulkanisch geformt ist und Goethe also Anspielungen auf den Neptunismus und Vulkanismus seiner Zeit reichlich anbringen kann, bis er am Ende alles in Gesprächen in Fluß und Meer und Gesängen des großen kultischen See-Festes ausklingen läßt. Im Feuchten vollzieht sich der Anfang alles Lebens, und das *Wunder* der Verbindung von Wasser und Feuer ist der Höhepunkt; alle Elemente vereinigen sich, um schöpferisch organisches Leben hervorzubringen; dieses als Ganzes ist Steigerung. Hier sind Geist und Leben vereint.

Je mehr die Handlung sich diesem Ziele nähert, desto mehr ist sie von Licht überglänzt. Ihr Gestirn ist der Mond (während später, als Helena da ist, die Sonne zum Gestirn wird). In ihm vereinigt sich das Natürliche, das Kultische, das Magische. Immer wieder, in allen Szenen, wird er genannt und erscheint heller und heller, bis er schließlich bei dem Fest der Seegötter *im Zenit verharrt*. Das Kultische wird am Schluß durch das feierliche Herantragen der Kabiren besonders betont. Festliche Gesänge ertönen, heiter, unterbrochen von Ironie und Scherz. Es ist ein heidnisches Mysterium, anders als das christliche am Ende des 5. Akts, anders auch als die Walpurgisnacht des 1. Teils, die in Lilith gipfelt, wie diese in Galatea. Ein Kult von Mond, Meer und Eros, von Feuer und Erde, vor allem aber der Schönheit, die in den Doriden erscheint und in Galatea gipfelt, sich aussprechend im Zauber der Sprache und der Rhythmen.

Das Ineinanderwogen der Bilder und Klänge, die Magie des Geisterspuks bedingt einen farbigen, leichten, gesangnahen Vers, daher die meist kurzen Reimverse, unterbrochen durch das Rezitativ längerer Sprechverse, die bei Mephistopheles den scharfen madrigalischen Klang haben, bei Faust seinen steten sehnsuchtsvoll ausgreifenden Sprachstil. Die antiken Geister verhalten sich ironisch: scharf gegen Mephistopheles, gutmütig gegen Faust, dem Chiron weiterhilft, obgleich er als südlich-antike Gestalt die Sehnsucht des Nördlich-Modernen nicht versteht, sowenig wie der naive Geist den sentimentalischen. Die Fülle der Rhythmen und Klänge zieht Antikes und Modernes in ein magisches Spiel zusammen und gipfelt in den hymnischen Gesangversen um Galatea.

Für das reiche Geschehen, das Drama im Drama, nutzte Goethe Anregungen aus vielen Büchern und aus Werken der bildenden Kunst, in denen er allzeit die Kentauren, Nereiden, Tritonen usw. geliebt hatte. Zumal seine eigene Sammlung von Reproduktionsstichen gab viel dafür her. Aus spätantiken Bildern und nüchtern-gelehrten barocken Kompendien hat er das Archaische, Kultische, Dämonische, Magische des Stoffes herausgefühlt. In einer einzigen Arbeitsperiode seines 81. Lebensjahres hat er das Werk vollendet, überreich, breit, aber klar bis in jede Einzelheit. Vergessen hat er lediglich die szenischen

Anweisungen vor den Versen 7080 und 7249, die von allen neueren Ausgaben sinngemäß eingesetzt sind.

Karl Kerényi, Das ägäische Fest. Amsterdam 1941. = Albae vigiliae, 11. Wiederholt in: Spiegelungen Goethes in unserer Zeit. Wiesbaden (1949), S. 115—146. (Hiernach zitiert.) — Karl Reinhardt, Die klassische Walpurgisnacht. In: Antike und Abendland. Hrsg. von B. Snell. Bd. I. Hamburg 1945, S. 133—162. (Hiernach zitiert.) Wiederholt in: K. Reinhardt, Von Werken und Formen. Godesberg 1948, S. 348—405. — Kommerell, S. 44—46. — B. v. Wiese, S. 152. — Dorothea Lohmeyer, S. 199—282. — Beutler, S. LXVII—LXXII u. 589—610. — Kurt May, S. 95—136. — Emrich, S. 205—359. — Obenauer, S. 81—93. — Ferner die in der Bibliographie genannte Literatur.

Helene Herrmann, S. 93—98: „Der wissend tätige Kleingesell Homunculus ... errät den Ledatraum des schlafenden Faust ... Wir befinden uns in einer rein geistigen Schicht ... Damit aber erfüllt die ganze Partie zugleich den Kunstzweck, durch einen mächtigen Kontrasteindruck hinüberzuleiten zu jener Sphäre wahren Lebens, in die es nun hineingehen muß ... Es ist die Sphäre der zeugenden kosmischen Fülle, die Walpurgisnacht ... Sie gestaltet ein Weltempfinden, das aus der Lebendigkeit der Natur unablässig Gestalten hervorquellen und diese Lebendigkeit vielfältigst verkörpern sieht .. Und dieser Eindruck ist beabsichtigt im Gegensatz zum 3. Akt, dem Reich der reinen Gestalt ... Fausts Stimme, ganz vom leidenschaftlichen Ernst der großen Suche beherrscht, bewegt sich ungeändert durch die Szenen, bis sie verstummend untergeht im Zwiegesang zwischen Manto und Chiron, magischen Rufern, die scheinbar nur einander erwidern, aber in ihrem Wechselgesang schon auf Fausts künftiges Erleben vordeuten. Widerstrebend, gereizt, neugierig, ingrimmig-abgefunden bewegt sich Mephistos Stimme in zackigen Linien durch die Bilder hin. In ironischer Analogie zu Fausts Niederstieg zum Orkus verschmilzt sie zuletzt mit den hohlen pfeifenden Tönen der Chaostöchter ... Homunculus' Lebenssuche ändert seinen Ton: Er begann ganz wissend, sicher, spöttisch-hell bis in die spitzen und surrenden Laute hinein, mit denen seine erste Rede anhebt (6879ff.). Schon bald im Anfang der Walpurgisnacht wird etwas wie leidenschaftliches Entzücken in seiner Sprache hörbar (7068) ... Aber auf der Strandzunge des Ägäischen Meeres angelangt, wo er in der fruchtenden Feuchte der Meeresluft sich wohlbefindet, spricht er in weichen, gedehnten, ja dunklen Lauten, ganz gewiegt von der sinnlichen Empfindung (8265 f.). Endlich dann, nahe der Auflösung, wiegt sein Gesang sich selig in schaukelnden Rhythmen, echoverlangenden Reimen, schmelzenden Lauten (8458ff.). Damit weckt er den Gegengesang des Verwandlungsgottes Proteus (8461 ff.). Schon allein darin,

wie hier seine Stimme mit den andern in eins fließt, ist im tönenden
Element das Schmelzen des abgesperrten Lichtgeistchens ins Alleben
vollkommen dargestellt ... Der letzte Satz dieser Symphonie, wenn
wir so sagen dürfen, schmelzt Rausch und Helle, Drang und Seligkeit
so in eins, ist so ganz Lösung und Mischung, daß wir den Ruf: *So
herrsche denn Eros, der alles begonnen!* und daß wir die letzte Hymne,
in die alle Stimmen einströmen, *Heil dem Meere! Heil den Wogen* ...,
daß wir dies alles empfinden als den Augenblick gesteigerter Lebendigkeit, in dem ein einziges Gebild in strahlendem Aufstieg diese ganze
Fülle von Leben überwachsen muß. Und dieses nun erweckte Verlangen nach der Einzelstimme, die alles, was hier wogenhaft und veränderlich war, in sich fassen und in keuscher Gebundenheit halten
muß, sättigt dann der Helena-Akt. Helenas Gestalt und Stimme ist
wirklich im dichterischen Sinne eine Geburt der Walpurgisnacht, nicht
nur dem Gedanken nach ..."

Pharsalische Felder

Das Schlachtfeld von Pharsalus, wo Pompeius von Càsar besiegt
wurde und dadurch die Republik zu Ende ging und das Kaisertum
sich anbahnte, Ort also einer weltgeschichtlichen Stunde.

7005 ff. *Erichtho* ist eine antike Hexe, vor allem bekannt durch Lukan,
in dessen Epos ,,De bello civili" (auch ,,Pharsalia" genannt) sie im
6. Buch auftritt. Goethe notiert in seinem Tagebuch am 5. April 1826.
Abends Lucan 6.Buch. An den nächsten Tagen folgen Notizen *Einiges zu
Faust,* und im Laufe des Jahres wird der Plan der *Klassischen Walpurgisnacht* skizziert. Auch bei Ovid, Heroides 15, 139 wird Erichtho genannt, jedenfalls in den Ausgaben zu Goethes Zeit (heutige Editionen
setzen hier die Lesart Enyo ein). Später kommt Erichtho bei Dante,
Divina Commedia, Inferno IX, 22f. vor; dort führt sie den Vergil in
die Hölle. Das sind also *die leidigen Dichter,* die sie meint (7007), insbesondere zielt sie auf Lukan, dessen manieristische Häufung gräßlicher
Motive sie mit den Worten *abscheulich* und *verlästern* bezeichnet. Lukan
schildert, daß Sextus, der Sohn des Pompeius, den Ausgang des bevor-
stehenden Kampfes wissen will und deswegen zu Erichtho geht, die
einen Toten belebt, der eine Weissagung ausspricht und dann wieder
starr hinsinkt. Erichtho spricht bei Goethe im Versmaß der attischen
Tragödie und beginnt ihren Monolog wie bei Euripides eine Heldin am
Anfang eines Dramas, indem sie sich selbst nennt *ich . . . Erichtho.* Sie
spricht aber nicht nur als die Zauberin der Antike, sondern auch als die,
welche von den Dichtern weiß, also gegenwärtig ist, eine in der klassischen Walpurgisnacht wiederaufgelebte antike Gestalt mit einem Wissen, daß Zeit vergangen ist und sie selbst Dichtergestalt geworden ist.

Insofern bereitet sie den Leser auf den Auftritt Helenas im 3. Akt vor, die ebenfalls als antike Gestalt auftritt, doch etwas davon ahnt, daß sie eine Wiederbelebte, ein Zauberbild, ein *Idol* ist (8872—8881) und von sich sagt *viel gescholten* (8488). — Kommerell, S. 38 f.: „Erichtho ist die bedenkliche Muse der Wiederbelebungen, Rückkünfte und Geisterstelldicheins, ferner der an gleichem Ort unter gleichen Sternen sich wiederholenden Geschichtswenden, wobei Goethe ein Wunder des Aberglaubens denkbar macht und dem Gesetzlichen nähert. Auch hat sie eine Nebenbedeutung. Die Geschichte, der ein Weltverbesserer immer wieder das Neue zutrauen möchte, wird Wiederholung des Wiederholten, sobald sie aus Erichthos Munde redet. Sie bezieht sich mit einigen Worten wie nachher Helena auf das über sie umgehende dichterische Gerücht: was ganzen Szenen etwas Unwirkliches gibt . . . Die wiederkehrende Helena soll . . . erscheinen in einer Reihe von Zusammengehörigem . . . Der Name dieser Reihe ist: Wiederbelebungen."

7010. Sie glaubt, die Zelte im Tal vor sich zu sehen wie vor der Schlacht bei Pharsalus.

7022. *Magnus* = Pompeius.

7033. Der Mond leuchtet während der ganzen Walpurgisnacht; die Hexen sind magisch mit ihm verbunden. Er erhellt die Ebene, jetzt sieht Erichtho, daß keine Zelte dort stehen. Die Feuer, um welche die Gespenster sich gruppieren, erschienen, solange es ganz dunkel war, rot; jetzt, weil der Mond und die herankommende Lichtkugel des Homunculus Helligkeit verbreiten, erscheinen sie blau. Goethes optische Phantasie zeigt stets die Geschultheit durch seine Farbenlehre, die zugleich Farbensymbolik ist.

7039. Erichtho entfernt sich, ihre Worte haben eine Atmosphäre geschaffen. Sie ist die Hexe, die um das ewige Wiederholen der Dinge weiß, der Schlachten wie der Walpurgisnächte. Es scheint für sie keine Zeit zu geben, nur Wiederbelebungen — und will nicht Faust gerade die Zeit leugnen und Helena wiederbeleben? Insofern leitet sie nicht nur die Klassische Walpurgisnacht, sondern die ganze Helena-Handlung ein.

7070 ff. Wieder einer der großen Faustischen Monologe, gipfelnd in dem Bilde von *Antäus*, dem Riesen, der immer durch Berührung der Erde Kraft erhielt — gesprochen, als er nun griechische Erde berührt.

Am oberen Peneios

Die Mephistopheles-Handlung beginnt. Wie am Ende das Schöne, Halbgöttliche steht, Galatea, Eros, Gesang und kultische Feier, so am Beginn das Rauhe, Schnarrende, Habgierige, Gespenstische, Fratzenhafte.

7093. *Greife:* Fabelwesen mit Vogelkopf, Löwenleib, Flügeln und Krallen. Als Hüter von Schätzen auch Bd. 10, S. 475, 15—20 erwähnt. Häufiges Motiv in der bildenden Kunst. — Vgl. Nachtrag.

7104. *Ameisen.* Herodot erzählt, es gäbe in Asien Ameisen, so groß wie kleine Hunde, und sie trügen Gold zusammen. Stärker noch als bei den Greifen ein Hinüberspielen ins Politische. — K. Reinhardt, S. 140, 152: „Als dämonische Wesen sind Ameisen — *von der kolossalen Art* auch nicht ohne Bezug gesagt — und Greifen, wenn auch klassische Gespenster, so doch von fern den Dämonen Raufebold, Habebald und Eilebeute zu vergleichen. Wo große Richessen zusammenströmen, wird man meist beide ‚Dämonen' zugleich am Werke finden, das *Sammeln* von unten und das *Klauen-Auflegen* von oben ... Das Sammeln, Wimmeln, Sich-Einnisten, Knechten ... deutet auf die gleiche Wurzel in Geschichte wie Natur." — Herodot 3, 102.

7109. *Arimaspen.* Herodot 3, 116: „Im Norden von Europa ist viel Gold ... Man erzählt, daß es den Greifen weggenommen wird von den Arimaspen, die angeblich einäugig sind." Auch Herodot 4, 27.

7114. Die *Sphinxe,* zwischen die Mephistopheles sich setzt, sind weiblich, Kopf und Brüste menschlich, das übrige in Löwengestalt (vgl. 7146f.); sie verkörpern in den folgenden Szenen das Überzeitliche, Bleibende, Unveränderliche. — W. Emrich, S. 313—317: „Den Wirbel der Geschichte halten sie unerschütterlich aus. Mit der gleich ironisch überlegenen Ruhe blicken sie dem vulkanischen Ausbruch des Seismos zu ... sie sind Vertreter jenes großen Symbolkreises, den Goethe um das Phänomen des Granits schon seit frühklassischer Zeit zog ..." — Dorothea Lohmeyer, 1975, S. 215—218, 403f.

7114f. K. Reinhardt, S. 140: „Die Sphinxe sind Verkörperungen von Geistergetön durch die, für die sie Sphinxe, d. h. Rätsel sind. Der Gegensatz von Geist und Körper ist hier kein anderer als sonst. Die Sphinxe sind nicht mehr satirisch, sondern mysteriös symbolisch auf sich selber deutend." — Buchwald, S. 476: „Anspielung auf das Rätsel der Sphinx, das Ödipus *verkörpert,* weil die Lösung ‚Der Mensch' lautete. So auch im folgenden Rätsel mit der Lösung ‚Der Teufel'."

7123. *Old Iniquity,* Allegorie des Lasters, des Bösen im altenglischen Theater.

7127. Sternschnuppen, kein Vollmond: der Jahrestag der Schlacht bei Pharsalus liegt im Monat August.

7131. *Gib Rätsel auf* ... wie die thebanische Sphinx Ödipus Rätsel aufgab.

7134ff. Eine der drei Stellen, in denen das Wesen Mephistos in Worte gefaßt wird, wie 338—343 und 1338—1344, und ebenso wie dort als Gegenkraft, von Gott (*Zeus*) gewollt, weil die Welt Polarität sein muß und also ohne das Böse kein Gutes wäre. Dem Frommen ist er ein

Stichleder, an dem dieser übt, den Degen der Askese gut zu führen,
dem Bösen ein Helfer bei seinen Taten.

7152. Die *Sirenen*, wie auf antiken Bilddarstellungen (nicht beι
Homer), Vogelkörper mit Mädchenköpfen. — Emrich, S. 320—324.

7154. *Gewahrt euch* = seht euch vor!

7156. *verwöhnen* = an etwas Falsches gewöhnen.

7181. Faust sieht die Fabelwesen anders als Mephistopheles, und
diese sprechen zu ihm anders. Er sucht Größe und fragt nur nach
Helena. Nicht Witzelei wie in dem Wortgeplänkel mit Mephistopheles.
Seine Sprache hat das Strebende, Sehnsuchterfüllte, und die Sphinxe
geben ihm den guten Rat, Chiron zu suchen.

7197ff. *Wir reichen nicht hinauf* ... K. Reinhardt, S. 136: „Das
heißt: Wir Sphinxe gehören einer älteren, tiefer liegenden Welt an,
die nicht bis zu der heroischen heraufreicht, einer Welt, die mit den
Taten des Herkules, des mythischen Überwinders der Urweltgestalten,
ein Ende nahm. Die Sphinxe sind gespenstisch gegenwärtig, als Ge-
wesene, deren letzte Exemplare Herkules erschlagen hat. Sie haben
Helena nicht mehr erlebt. Heroisches hat das Elementare abgelöst."
Zu 7199 vgl. 7331ff.

7202ff. Die Sirenen wollen Faust zu sich locken. Die Sphinxe, alt
und weise, warnen ihn.

7220. Die *Stymphaliden*, riesenhafte Raubvögel am See Stymphalos,
wurden erlegt durch Herakles, den Enkel des Alcaeus (daher *Alcides*).

7235. Die *Lamien*. Hederich: „... nach Menschenfleisch und Blute
sehr begierig ... zu dem Ende nahmen sie ... die Gestalt schöner
junger Frauenspersonen an, die den Vorübergehenden ihren schönen
weißen Busen sehen ließen ..."

7244. Die ägyptischen Sphinxe hatten u. a. astronomische Bedeutung. — Emrich, S. 314.

Am untern Peneios

Die Landschaft ist anders als in der vorigen Szene, lieblicher, mehr
von Pflanzen erfüllt; auch die Gestalten sind anderer Art, nicht mehr
gespenstisch-urtümlich, sondern Naturgötter. Faust kommt in einen
Bereich des Naturhaften und Schönen und findet den Weg, den er sucht:
er geht von hier zu Helena in das Reich der Unterwelt. Die Sprache
der Szene ist von Anbeginn anders als die der vorigen: anmutig und
edel. Man fühlt: hier ist man dem Reiche Helenas näher. Es ist eine
antik-heroische Idylle, wie sie von Goethe und Hölderlin bis zu Rilke
immer wieder die Dichter und auch die Maler — Marées, Böcklin u. a. —
angezogen hat. Der französische Dichter André Gide hat Goethes
Chiron-Szene in französische Verse übertragen: La Nouvelle Revue

Française, 1932. Auch in: Anthologie de la poésie allemande, éd.
R. Lasne et G. Rabuse. Paris 1943, S. 150—155. — Kurt May, S. 114f..
„Die schönen Erscheinungen der badenden Mädchen, die Gestalt der
hohen Königin ... schenken Faust etwas von dem Glück der Anschauung des Schönen im voraus, das ihm Helena künftig gewähren
soll. Da füllt sich und färbt sich einmal die faustische Rede, wie sie mit
gelassener Hingebung das schaubare Schöne auffängt und zurück wirft,
mit allen sinnlichen Reizen der bewegten Landschaft — so zum erstenmal seit dem Monolog —, mit dem Rauschen der Büsche, dem Plätschern und Rieseln der Bäche (7260—7262, 7277—7279) ... Faust
ist dabei von jeder bloß beobachtenden und reproduzierenden Haltung entfernt ... Denn er erfährt doch immer sich als Mitlebenden,
ja Mitschaffenden ... Die Gestalten sind ihm auch hier kein Gegenüber und Außerhalb, wie sie es für Mephisto wären ... Faust ist nicht
imstande, den eigenen produktiven Anteil von der Erscheinung abzu-
lösen, und ebenso nicht: bei einer zu verharren in der Beschauung.
Was er erblickt: es sind die *unvergleichlichen Gestalten, wie sie dorthin
mein Auge schickt.* In diesen Versgruppen (7271 ff., 7289 ff.) und später
wieder in den Versen des Gespräches mit Chiron legt sich nur vorübergehend und in Einzelheiten zerstreut mit den antikisierenden Stil-
elementen eine neue, zunächst ganz dünne Sprachschicht über die alte
Faustische, und zwar immer dann, wenn Faust im Geiste sich Helena
nähert. Wir fühlen auch das wie eine Art Fern- und Vorauswirkung
Helenas im Geiste Faustens, übertragen durch die hellenischen Gestalten als Mittler."

7295 ff. Das Leda-Bild wie schon 6903 ff. Ein Leitmotiv, das zu
Helena führt; und zugleich wieder ein Höchstmaß lyrischer Schilderung.

7316 ff. Sie hören Chiron kommen.

7330. Faust findet Chiron, an den ihn die Sphinxe gewiesen haben
Chiron ist Kentaur. Goethe liebte das antike Kentaurenmotiv und hat
es dichterisch auch in einem der Gedichte zu *Tischbeins Idyllen* (Bd. 1
S. 375) dargestellt, es gehörte in die Welt schöner bildhafter mythologischer Szenen, in denen sich seine Phantasie gern bewegte. Chiron
war als Erzieher berühmt: man hatte ihm Herkules, Achilleus und andere Helden als Knaben zur Erziehung gegeben. Er galt auch als guter
Arzt. — K. Reinhardt, S. 136: „Chiron, zwar als Kentaur ein Misch-
wesen, ein halber Dämon noch, als Weiser doch zugleich Erzieher der
Heroen, kann allein für Faust zum Mittler werden, um den Weg zu
jener Welt zu finden, die erst zu durchdringen ist, soll Helena gewonnen werden. Ohne jene ganze Sphäre des Antik-Gespenstischen,
darüber des Antik-Heroischen keine antike Schönheit."

7341 ff. Auf Fausts überschwengliche Begeisterung antwortet Chiron
mit liebenswürdiger Ironie — die Reaktion des „Naiven" auf den

„Sentimentalischen", des Antiken auf den Modernen, dessen, der
Grieche ist, auf den, der das Griechische sucht.

7342. Athene belehrt im 2. Gesang der „Odyssee" den Telemachos
in Gestalt des Mentor.

7369. Kastor und Pollux.

7372. Die *Boreaden*, Söhne des Boreas, nahmen an der Argonauten-
fahrt teil, befreiten Phineus von den Harpyien und erwiesen sich hilfreich gegen ihre Schwester Kleopatra.

7377. *Lynceus*, ein messenischer Königssohn, diente den Argonauten als Steuermann.

7415. Theseus sah Helena als Kind im Dianatempel in Sparta
tanzen und entführte sie nach Aphidnä, aber die Dioskuren Kastor
und Pollux holten sie wieder zurück. Vgl. 8848—8853.

7426 ff. Scherzhaft-ironisch und zugleich hindeutend auf das Mysterium der Zeitlosigkeit, der Wiederholungen, des neuen Ins-Leben-
Ziehens des Schönen durch die Kunst, von dem schon Erichtho sprach
und das sich später durch den ganzen Helena-Akt zieht, den Gestalten
etwas seltsam Unwirkliches, Geistiges gebend. — Dorothea Lohmeyer,
S. 240—246.

7435. *Hat doch Achill* ... Eine späte Sage berichtet, Achilleus habe
auf Bitten seiner Mutter Thetis nach seinem Tode noch einmal in die
Oberwelt kommen dürfen, wo er aber in Pherä bleiben mußte. Dorthin durfte dann auch Helena, die er, seit er sie einmal auf den Mauern
Troias sah, geliebt hatte, ebenfalls aus dem Schattenreich kommen und
ihn heiraten. Dieser Bericht bestärkt Faust darin, daß man Helena losbitten und mit ihr *außer aller Zeit* leben könne. Goethe macht von
diesem Motiv des Aufhebens der Zeitlichkeit dann noch einmal Gebrauch an der Stelle, als Helena verwirrt und ihres Seins ungewiß
sich selbst *ein Idol* wird. (8876 ff.)

7446 ff. Auf Fausts Worte, die — aus seinem Innersten kommend
— das Unerreichbare wirklich machen wollen, antwortet Chiron wieder
in seiner Mischung von Ironie und Güte, antwortet als Arzt. Er will
Faust zu Manto bringen, weil er ihn für krank hält und Manto Heil-
kräfte hat.

7460. *niederträchtig* = nach unten sich ziehen lassend. Der Gegensatz wäre: nach oben strebend. Faust will nicht wie der Durchschnitts-
mensch ein hohes Sehnen nivellieren und beruhigen, sondern das hohe
Ziel immer reiner erkennen und unbedingt anstreben.

7465. *Hier trotzten Rom* ... Das Schlachtfeld von Pydna, wo im
Jahre 168 v. Chr. die Römer unter ihrem Konsul Aemilius Paullus über
die Mazedonier unter König Perseus siegten.

7471. *Manto*, eine antike Seherin, in altgriechischer Sage Tochter
des Teiresias, bei Goethe Tochter des Arztgottes Asklepios, sitzt in

ihrem Tempel, indes Chiron draußen stehenbleibt. Er hat Faust zu ihr getragen, damit sie ihn heile. Sie aber blickt tiefer als Chiron, und ihr Wort *Den lieb' ich, der Unmögliches begehrt* ist aus antikem Munde eine Anerkennung Faustischen Wesens, die Chiron nicht geben konnte. Der niemals rastende, sie umkreisende, viele Gestalten kennende Chiron erscheint ihr gegenüber wie die fließende Zeit, indes sie, die ins Innerste Blickende, wie ein Sinnbild des Zeitlosen wirkt und deshalb auch den Weg ins Überzeitliche, in die Unterwelt, zeigen kann. Ganz wenige Worte genügen; das eine, in welchem sie Fausts Wesen deutet; und dann sogleich die Wegweisung. Der Weg führt ihn zur Königin des Hades, Persephoneia, die, von ihrem Gatten Pluton zurückgehalten, sich über jeden Gruß der Oberwelt freut (7492). Hier hat Manto einst auch Orpheus den Weg zur Unterwelt gewiesen. Er wollte Ähnliches wie Faust, wollte die tote Eurydike losbitten. Es gelang ihm, doch er drehte sich auf dem Rückweg — wider Gebot — um und verlor sie dadurch zum zweiten Male. Daher ihr Wort: *Benutz es besser!* Und die Sprache wendet sich aus dem Tiefsinnigen nicht nur ins Energische, Imperativische, sondern auch ins Scherzende mit dem Wort *eingeschwärzt* = eingeschmuggelt, „schwarz" hineingebracht (wie Bd. 2, S. 182, 34f.). — Dorothea Lohmeyer, 1975, S. 246—250.

Am obern Peneios

Der erste Teil der Klassischen Walpurgisnacht ist vorüber. Faust hat seinen Weg angetreten. Auf den Bereich des Idyllischen, Heroischen und Schönen folgt noch einmal der des Erdhaften, Gewaltsamen und Häßlichen. Mephistopheles findet hier seine Form. Homunculus ist noch unterwegs, aber er gewinnt einen Förderer in Thales. — Emrich, S. 324—344.

7499. *Ohne Wasser ist kein Heil!* Der Hinweis auf das Ägäische Fest ist in dieser pointierten Formulierung zugleich Anspielung auf Goethes Neptunismus, der dann später in Thales seinen Sprecher findet.

7513. *Luna* am Himmel und in der Widerspiegelung des Wassers.

7519. *Seismos*: altgriech. „Erdbeben". Goethe besaß unter seinen Stichen nach Raffael auch „Paulus zu Philippi" mit dem wie in V. 7520 und 7532ff. dargestellten Erdbebengeist (Beischrift des alten Kupferstechers: „Terrae motus"). — Vgl. Nachtrag.

7523ff. Die Sphinxe bleiben auch gegenüber dem Seismos und seinen Folgen unerschütterlich, wie schon 7247f. Auch dies zugleich bildhaftmythisch, geologisch und politisch.

7533ff. Poseidon ließ durch ein Erdbeben die Insel Delos entstehen, damit die von Hera verfolgte Leto (Latona) dort zur Geburt des Apollon und der Artemis einen Zufluchtsort habe.

7545. In der *Ausg. l. Hd.* schreibt die Taschenausgabe *Kolossale Karyatide*, die Oktavausgabe *Kolossal-Karyatide*. — *Karyatide* = plastische Figur in der Architektur, wie eine Säule verwendet; durch den Kopfring zum Tragen Ähnlichkeit mit den Mädchen von Karya, daher der Name.

7561. *Mit Pelion und Ossa als mit Ballen schlug,* d. h. Ball spielte mit den beiden thessalischen Bergen, die durch die Giganten bekannt sind. Die etwas renommistische Sprache paßt zu dem Muskelmann, der sich von unten heraufgearbeitet hat. Daher auch seine Behauptung, er habe den doppelgipfeligen *Parnaß,* den Musenberg, geschaffen.

7572ff. Der neue Berg ist entstanden, und — so will es die Natur — alsbald wird er belebt durch Pflanze und Tier. Das aus dem Erdinnern hervorgehobene Gestein ist goldhaltig, darum zieht es Greife, Ameisen und Pygmäen an. Ihr behend-unruhiges Wesen hebt sich gegen das der unbeweglichen Sphinxe auch im Sprachklang deutlich ab.

7601. *Berg* hier im Sinne der Bergmannssprache = taubes Gestein.

7606ff. *Pygmäen* = die Zwerge der antiken Sage.

7622. Die *Daktyle* sind noch kleiner als die Pygmäen, sind „Däumlinge" (Daktylos = Finger). Sie sind geschickte Schmiede und sind gezwungen, für die Pygmäen, die größer sind, zu arbeiten, und zwar das Eisen zu schmieden; ebenso beherrschen die Pygmäen die Ameisen (*Imsen* 7634), diese müssen ihnen das Gold schaffen. Die Symbolik ist deutlich genug, fast schon Allegorie.

7655f. Der Ton liegt auf dem Gegensatz von *Wir* und *Sie.* Die Tragik aller Unterdrückten, für den Unterdrücker zu arbeiten, um im Augenblick sich am Leben zu halten, aber dadurch das Gefüge zu verstärken, in dem man schmachtet — und dennoch die Hoffnung auf Freiheit, sofern man *geschmeidig* bleibt.

7660ff. Die *Kraniche* sind nach antiker Sage die steten Feinde der Pygmäen, Goethe kannte das Motiv zumal von bildlichen Darstellungen. Wenn er hier aber schreibt *Kraniche des Ibykus,* so erinnert das an die Funktion der Kraniche in Schillers Ballade als Träger der Rache. In den vorangehenden Versen ist die Gewaltherrschaft geschildert, und zwar nicht die eines Großen, sondern die der Kleinen, der Pygmäen; sie lassen sich Gold und Eisen heranschleppen, Waffen schmieden und im Machtrausch die schönen Reiher massenhaft töten. Ameisen und Daktyle können sich selbst nicht befreien. Die Rettung muß von außen kommen. Jetzt flattern rings die Kraniche, die Rachegeister. Und die Pygmäen, gegen die noch Kleineren so herrisch, sind für sie nur *Fettbauch-Krummbein-Schelme,* deren Treiben sie nicht mehr lange zusehen werden. Das zeigt sich dann in Vers 7884—7899. Das Vulkanische, Gewaltsame, das, was Seismos hervorgebracht hat, führt also zu Kampf, Streit und Mord. Das Neptunische, das stille Walten des Wachstums, das in der Meergötterszene gipfelt, zeigt dagegen die schöne Macht des Eros, der Liebe.

7676 ff. Mephistopheles, den wir 7239 verließen, hat das Entstehen des Berges mitangesehen. Im Harz, wo Ilsenstein, Heinrichshöhe, Schnarcher und das Dorf Elend ihm bekannt sind und kein neuer Berg entsteht, fühlt er sich wohler.

7696 ff. *Lamien* vgl. 7235. Mephistopheles wünscht sich einen Tanz wie den mit der Blocksberghexe 4136 ff., statt dessen wird er als *alter Sünder* verspottet.

7721. *Entgegnet ihm* = geht ihm entgegen.

7732 ff. *Empuse:* Ein weibliches Gespenst, von dem Goethes Mitarbeiter Riemer in seinem griechisch-deutschen Wörterbuch erwähnt, daß es in Aristophanes' „Fröschen" vorkommt und einen *Eselsfuß* hat.

7774. *Lacerte:* italienisch „Eidechse", in Goethes Sprachgebrauch scherzende Bezeichnung für Mädchen, deren Gewerbe sonst weniger freundliche Namen trägt.

7811. *Oreas* = die Bergnymphe. Der *Naturfels* im Gegensatz zu dem soeben von Seismos geschaffenen Berge.

7830. Die Homunculus-Handlung fängt an. Wie Faust mit den Worten *Wo ist sie?* beginnt, so sagt ähnlich auch Homunculus sogleich sein ganzes Anliegen: er *möchte gern im besten Sinn entstehn.* Darum sucht er die beiden Philosophen, die über das Entstehen nachdenken. Und er ist am rechten Orte. Die ganze Atmosphäre ist seit Fausts Verschwinden voll von Werdelust: *Denn im Osten wie im Westen / Zeugt die Mutter Erde gern* (7620), und dies steigert sich am Ende in der Meergötterszene zum Höhepunkt.

7851 ff. Zwei Naturphilosophen treten auf. Dem, was sich ringsum vollzieht, geben sie theoretisches Wort: sie sprechen über das Werden und seine Geheimnisse. Anaxagoras sieht als die weltformenden Geschehnisse die gewaltsamen Bewegungen des Seismos; Thales die stille Wirkung des Wassers, das zugleich für alles organisch Werdende und Lebendige notwendiges Element sei. Der antike Thales, um 550 v. Chr., lehrte, daß alles Leben aus dem Wasser entstanden sei; insofern konnte Goethe ihn hier zum Vertreter des „Neptunismus" machen. Anaxagoras, der Athenische Philosoph der Perikleischen Zeit, ist entsprechend hier als „Vulkanist" eingeführt, ohne daß aber die geschichtlichen Quellen ihn eindeutig dazu qualifizieren. Der Gegensatz ist überhaupt kein antiker, sondern einer der Goethezeit. Goethe hat ihn auch in den *Wanderjahren* (Bd. 8, S. 260,34—261,10) dargestellt: Wilhelm Meister ist in einem Kreise von Bergleuten. . . . *und da war von nichts Geringerem die Rede als von Erschaffung und Entstehung der Welt. Hier aber blieb die Unterhaltung nicht lange friedlich, vielmehr verwickelte sich sogleich ein lebhafter Streit. Mehrere wollten unsere Erdgestaltung aus einer nach und nach sich senkend abnehmenden Wasserbedeckung herleiten; sie führten die Trümmer organischer Meeresbewohner auf den höchsten Bergen sowie auf flachen Hügeln zu ihrem Vorteil an. Andere heftiger dagegen ließen erst glühen und schmelzen, auch durchaus ein Feuer obwalten, das, nachdem es auf der Oberfläche genugsam gewirkt, zuletzt ins Tiefste zurückgezogen, sich noch immer durch die ungestüm sowohl im Meer als auf der Erde wütenden Vulkane betätigte und durch sukzessiven Auswurf und gleichfalls nach und nach überströmende Laven die höchsten Berge bildete ...* Der hier geschilderte Streit bewegte zu Goethes Zeit die gelehrte Welt. Der Freiberger Geologe Werner und der Jenaer Naturphilosoph Oken, beide Goethe nahestehend, waren Neptunisten. L. v. Buch, A. v. Humboldt u. a. waren Vulkanisten. Goethe, in Einzelheiten diesen recht gebend, neigte im großen zu der Theorie des Neptunismus, die seinem ganzen Denken, seinem stillen Anschauen des Waltens der Natur gemäß war. Aber in der Klassischen Walpurgisnacht ist der Gegensatz nicht aufs Geologische beschränkt, er meint auch das Soziologisch-Politische. Zur Vulkanwelt des Seismos gehört die Gewaltherrschaft der Pygmäen, ihr Frevel gegen die aristokratischschönen Reiher und die Nemesis in Gestalt der Kraniche: aus Gewalt entsteht neue Gewalt, und Unheil reiht sich an Unheil, das zeigt sich dann in den Versen 7884ff.

7873. *Myrmidonen,* ein thessalischer Volksstamm (die Klassische Walpurgisnacht spielt in Thessalien), welcher der Sage nach auf Bitten des Aiakos aus Ameisen entstanden ist (Myrmex = die Ameise). Daher hier als scherzhafte Bezeichnung für die Ameisen, die (7586ff.) den Berg in Besitz nahmen.

7884ff. Fortsetzung des Geschehens von 7570—7675.

7886. Wäre Homunculus an die Spitze der Herrschaft getreten (7879f.), die aus Revolution entstand (7519—7549), durch Gewalt sich behauptete (7626—7659) und in Untaten sich auswirkte (7660—7669), so hätte auch ihn die gewaltsame rächende Tat vernichtet. Was Homunculus ersehnt, erfüllt sich — sagt Thales — nicht darin, daß man sich gewaltsam sofort an eine beherrschende Stelle setzt, sondern darin, daß man mit dem Einfachsten anfängt und organisch wachsen läßt. Der Geist soll sich nicht der brutalen vulkanischen Erdgewalt, sondern dem wachstümlichen Eros des organischen Lebens verbinden. Das Wachsen vollzieht sich im feuchten Element, und dorthin weist er ihn also (7949), nachdem er die Katastrophe der Seismos-Welt angesehen hat.

7900ff. Anaxagoras ruft die Mondgöttin an unter drei Namen, die alle für sie benutzt wurden. Er glaubt dann, der Mond fiele zur Erde (7925ff.), aber in Wirklichkeit fällt ein Meteor herab, und zwar auf den

neuentstandenen Berg (7937), wo er sowohl die Pygmäen wie die Kraniche tötet (7941). Einerseits setzt sich der politische Unterton fort:
auch die Kraniche, die Rächer böser Tat, gehn zugrunde, nachdem sie
ihren Himmelsbereich verlassen und sich auf die Seismos-Schöpfung
begeben haben; anderseits das Geologische: Zu der Veränderung der
Erde durch Kräfte aus dem Erdinnern kommt jetzt die durch den Fall
eines Meteors (entsprechend Bd. 8, S. 261, 23—32). Homunculus hat
sich zurückgehalten; die Anrede *Mein Thales* (7881) zeigt, daß sein heller Sinn erkannt hat, wer sein Mann sei. Thales weist ihn nun zum
Meergötterfest (7949), und sie machen sich dorthin auf. Doch bevor wir
diesen Gipfel des nächtlichen Geschehens miterleben, wird erst noch
die Mephistopheles-Handlung zu Ende geführt und dem Schönen, das
entsteht, wird der Gegenpol des Häßlichen gesetzt.

7930 ff. Während die Volksmeinung seit je außerirdische Herkunft
der Meteore vermutete, lehnte die Wissenschaft des 18. Jahrhunderts
diese Meinung als „Märchen" ab. Dann veröffentlichte E.F.F.Chladni
1794 sein Buch „Über den Ursprung der von Pallas gefundenen und
anderer ihr ähnlicher Erdmassen", in welchem er den kosmischen Ursprung der Sternschnuppen deutlich machte. Er ließ ein „Chronologi-
sches Verzeichnis der herabgefallenen Stein- und Eisenmassen", 1812
folgen (Ruppert Nr. 4463). Chladni besuchte Goethe 1803, 1810, 1812
und 1816, und das Tagebuch notiert 20. Juli 1816: *Dr. Chladni; Unterhaltung über Meteorsteine*. Anderer Meinung war der aus der Schweiz
stammende, zeitweilig in Göttingen wirkende Geologe Jean André de
Luc, von dem Goethe mehrere Schriften besaß (Ruppert 4847—4849),
darunter „Abrégé de principes de faits concernant la cosmologie et la
géologie. Brunswig 1803." Da ist die außerirdische Herkunft der Meteorsteine für Phantasie erklärt; De Luc schreibt, er würde nicht an
Meteore glauben, auch wenn er selbst einen herabfallen sähe. Er sagt
S. 52ff., die Meteore seien nicht (wie die einen meinen) in der Erd-
Atmosphäre gebildet, sie seien auch nicht (wie andere meinen), von
dem Mond vulkanisch ausgestoßen; sie seien überhaupt nicht herabgefallen (elles ne sont pas tombées), sondern irdischen Ursprungs wie
andere Steine. Er schließt: „Après des considérations aussi précises que
celles que je viens de présenter, si quelqu'un me disoit: ,mais j'ai vu,
cette pierre quand elle est tombée!' je répondrois, comme quelqu'un
que je ne me rapelle pas: je le crois, parce que vous dites l'avoir vu,
mais je ne le croirois pas si je l'avois vu." (S. 57f.). Goethe hat das
Buch von De Luc sogleich nach dem Erscheinen gelesen (Tagebuch
1. Nov. 1803). Ob er später, als er die *Klassische Walpurgisnacht* schrieb,
an dessen — allerdings sehr einprägsame — Sätze dachte, läßt sich
nicht genau sagen; jedenfalls aber dachte er an eine Geistesart wie die,
welche sich hier ausspricht. — Bd. 14, Sachregister „Vulkanismus",

„Vulkanisten und Neptunisten"; Briefe Bd. 4, Begriffsregister „Naturwissenschaft, Mineralogie, Vulkanismus, Neptunismus." — K.A.
v.Zittel, Gesch. der Geologie. München u. Lpz. 1899. Darin S.239 bis
246: Meteoriten und Sternschnuppen.

7959. *Dryas* = Baumnymphe.

7967. *Die Phorkyaden* sind die drei uralten Töchter des Meer-
greises Phorkys. Sie haben alle drei zusammen nur ein Auge und einen
Zahn in wechselseitiger Benutzung.

7989. *Ops und Rhea.* Ops, die Göttin des Erntesegens, Rhea die
Mutter der Erde; ursprünglich ist Ops die römische Bezeichnung für
Rhea, die Mutter des Zeus. Jedenfalls Göttinnen (bzw. eine Göttin)
aus dem ältesten, vorolympischen Göttergeschlecht.

8026. Mephistopheles nimmt die Gestalt der Phorkyas an, um eine
ihm gemäße antike Form zu finden. In dieser Gestalt tritt er dann im
3. Akt auf. — Kommerell, S. 45: „Wie Faust unter den alten Geistern
das ihm Wahlverwandte sucht, so Mephisto; er findet es im Unge-
heuerlichen ... Seine Begegnung mit den Phorkyaden, einer der
größten Gestaltwitze des dramatischen Humors, ist die humoristische
Ähnlichkeit des Chaos mit sich selber."

Felsbuchten des Ägäischen Meers

Höhepunkt und Ende der Klassischen Walpurgisnacht. Auch Mephistopheles ist nun ausgeschieden, wie Faust. Nur Homunculus ist
noch da, aber er wirkt unter den antiken Geistern nicht wie ein Fremder. Er ist überall zu Hause und überall nur halb. Man nimmt ihn auf
und man hilft ihm zum Entstehen. Es ist ein großes Fest der Elemente.
Schon Goethes Künstlergedichte des Sturm und Drang hatten davon
gesprochen, daß der gleiche Eros im Kunstschaffen und physischen
Zeugen sei (Bd. 1, S. 61 f.). Auch in diesem Fest des Eros verbinden
sich Natur und Geist in schöpferischer Gewalt. – Dorothea Lohmeyer,
1975, S. 204 f.: „Der Mond, als das göttliche Licht, wird zum Bürgen
für die Natürlichkeit der wunderbaren Ereignisse ... Aus dem Schauplatz Thessalien wurde die durch gesetzliche Naturkräfte gebildete
und immer wieder sich umbildende thessalische Elementarlandschaft.
Die Walpurgisnacht, in diese sich verwandelnde Landschaft verlegt,
meint einen außerordentlichen Augenblick dieser bildenden Natur. Als
das seltene Zusammentreffen der Geister, wird sie zum Symbol für
eine glückliche Konstellation in ihr, wo sich gewöhnlich isoliert oder
gegeneinander wirkende Kräfte plötzlich zu gemeinsamem Tun vereinigen ... Die Walpurgisnacht wird zum Symbol des Gelingens.
Glück und *Gelingen* sind daher Schlüsselworte dieser Nacht. Mephisto

gebraucht sie eingangs (7092) genauso wie Faust (7276 u. 7408), Chiron (7457) wie Proteus (8317f.), die Arimaspen (7111) wie die Lamien (7761). Das seltene Zusammentreffen zwischen Chiron und Manto in dieser Nacht (7448—50), die seltenste Begegnung zwischen Nereus und Galatea (8424) ... sind daher die poetischen Bilder für die glückliche Gelegenheit, denen Faust und Homunculus das Gelingen ihres Abenteuers jeweils verdanken."

8044ff. *Nereiden*, Töchter des Nereus; *Tritonen*, entsprechende männliche Meergötter, mit Delphinleib und Schwimmfüßen, daher auch als *Meerwunder* bezeichnet.

8067. *Heut bedarf's der kleinsten Reise* ... Sie entfernen sich, um die Kabiren zu holen, mit denen sie 8168ff. zurückkehren.

8070ff. Nereiden und Tritonen sind nach Samothrake geschwommen, um die *Kabiren* zu holen. Goethe war auf die Kabiren besonders durch die mythologischen Schriften von Creuzer, Symbolik und Mythologie der alten Völker, Bd. 2, 1811, und Schelling, Über die Gottheiten von Samothrace, 1815, hingewiesen worden. — Die Kabiren hatten in Samothrake ihre bedeutendste Kultstätte. Ihre Anbetung war einer der Mysterienkulte, die im späten Altertum sich immer mehr ausbreiteten. Die Zahl der Kabiren wurde verschieden angegeben. Man dachte sie klein, zwerghaft, aber sehr mächtig; besonders in Notlagen bewährten sie sich als helfende Gottheiten. Vgl. 8168ff.

8094ff. *Nereus*, der Meergreis. Thales hofft bei ihm einen Rat für Homunculus zu erhalten. — K. Reinhardt, S. 155: „Wie stufen sich die vier Alten, Chiron, Thales, Proteus, Nereus! Und wie klar stehen sie gegeneinander! In jedem etwas von Goethe, eine Stufe Goethes, aber auch nur eine Stufe! Wo gäbe es in allen Mythologien eine so anmutig differenzierte, großartig verkauzte, liebenswürdig kritische, seltsam humorige Altersgemeinschaft? Wie ist Nereus, als der letzte, der erst krittligste, am Ende der Erhabenste von allen!"

8134ff. Nereus ist zu sehr mit den Ereignissen der Nacht beschäftigt, um sich Homunculus zu widmen. Er weist ihn an Proteus. Er selbst ist ganz erfüllt von der Erwartung seiner fünfzig Töchter, die er von Doris hat, und zumal deren schönster: Galatea.

8168ff. Nereiden und Tritonen kommen zurück und bringen die Kabiren. — K. Kerényi, S. 132ff.: „Sie kehren zurück, in ihren Händen ... ein Riesenschild haltend. Es ist der Panzer eines mythologischen Urtiers, ... der Schildkröte Chelone (8170—8181). Sie dürfen sich rühmen, *mehr als Fische* (8069) zu sein, da sie jene großen Götter tragen, die dem griechischen Meere einzig noch geblieben sind: sie haben *die Kabiren* erlangt. Rätselhafte Worte, die so wichtig sind, daß sie als Allgesang wiederholt werden (8217—8218). Was besitzt man in den Kabiren? Eine Frage, die hier auch soviel bedeutet: was ist man, wenn man sie zu besitzen würdig ist? ... Die Kabiren sind, wie manche Urgötter, bereits im klassischen Altertum zu Heilsgöttern geworden. Diejenigen, die im Urelement beim Werden der Urmenschen walteten, retten nunmehr die Gefährdeten im Meere. Und sie haben, wie manche Urwesen, einen zwerghaften Aspekt, freilich auch einen titanischen ... Wenn wir heute die vermehrten archäologischen Denkmäler, aber auch die schon damals bekannten antiken Zeugnisse unvoreingenommen betrachten, müssen wir wiederum die Sicherheit von Goethes Wissen bewundern, durch das er inmitten der rein spekulativen Wertungen und Deutungen seiner Zeit auch hier echt mythologisch zu bleiben vermochte ... Der Eindruck, den diese großen Götter auf Homunculus machen (8219ff.), beruht letzten Endes auf antiken Nachrichten darüber, daß sie ähnlicher Art waren wie das Palladion oder die Penaten Roms, die man in einer Kiste mit sich tragen konnte. Man dachte solche Idole in der Goethezeit in ägyptischem Stil als ‚Kruggötter'. Nur darin weicht Goethe auf eigene Faust von der antiken Überlieferung ab, daß er die kleinen Urgötter auf eine vollkommen sinngemäße Weise anstatt in eine Kiste auf *Chelonens Riesenschild* setzt: gleichsam auf den nackten Urgrund der Welt. Von dort ragen sie empor auf den Olymp, stufenweise. Denn drei Kabiren haben die Tritonen und Nereiden nur erlangt ... (8186 bis 8201). Was davon Zahlenspiel ist, beruht, äußerlich wenigstens, auf antiken Angaben — auf den verschiedenen Kabirengenealogien — und auf ihrer Schellingschen Ausdeutung. Es ist kein Spott dabei. Spielend entnimmt hier Goethe dem historisch völlig verfehlten Büchlein Schellings ‚Über die Gottheiten von Samothrace', was ihm zum Ausgangspunkt dienen kann. Er schätzte jenes Büchlein auch nicht höher ... Man vergesse auch der ersten Worte nicht: *Sind Götter!* (8172). Die Naturgeister sind nur ihre Träger. Goethes Kabiren weisen über die bloß animalische Fortsetzung des Lebens hinaus, auf ein olympisches Sein (auf dem Olymp *west* doch *der achte*). Goethes Kabiren sind ‚faustischer' als die antiken (8202—8205). . . . Hier antworten die Sirenen mit ihrem Liede vom Unerreichlichen (8206 bis 8209). Die Tritonen und ihre rüstigen, derben, gefällig wilden Frauen sind eben dadurch *mehr als Fische*, daß sie solche Götter tragen und mit ihnen das Fest anführen dürfen. Welche Ewigkeit bedeutet dies im Vergleich mit dem kurzen menschlichen Ruhm (8212—8215)! Der festliche Zug beginnt in der Tat mit hohen Göttern. Sie sind die Gewähr dafür, daß das Meer dieses Festes würdig, spiegelklar bleibt. Sind sie aber nicht zugleich die passenden Symbole, um einen Hochzeitszug anzuführen? Bilden sie nicht die erste, geheimnisvolle Andeutung des großen Mysteriums, das sich in diesem Zuge vollziehen wird?" — K. Reinhardt, S. 150: „Die

Kleinheit, Unfertigkeit, Bedürftigkeit, das Immer-Weiter-Wollen, Nicht-zu-Ende-Kommen, Hungerleiden, kurz, die ganze mysteriös-heilige Fraglichkeit der hier in Prozession getragenen Götterdreiheit, deren werdender Charakter sich auch darin ausdrückt, daß auch zahlenmäßig etwas nicht an ihnen stimmt, daß, der für sie zu denken hätte, nicht zur Stelle ist, daß sie zu ihrer Kleinheit obendrein des Geistes zu ermangeln scheinen (8187—8189) — besagt das nicht, daß sie als Werdende, am Sein Verhinderte, und doch zugleich als Götter, am Olympiertum gemessen, ebenso *nur halb zur Welt gekommen* (8248) sind wie in der Zahl der Geister der nicht minder kleine, werdenssüchtige, verkörperungsbedürftige Homunculus? Auch als Verein nur halb? Indem das Unvollkommene ihnen erst das Tiefsinnige gibt? (8194—8197). Sind nicht auch sie, und zwar nicht nur mit diesen Versen, sondern ganz und gar, wie Platons Eros, Kinder der ‚Penia‘ und des ‚Poros‘? Auch sie ewig dürstend nach dem Unerreichlichen und eben darum so erhaben, so verehrungswürdig, so gewaltig und so mangelhaft in einem? Unterwegs nach dem Unmöglichen, wie Faust auf Menschenweise, sie als göttliche Potenzen? . . . Götter, die sich selbst nicht wissen, also unbewußte? . . . Fehlt ihnen, als nur halb zur Welt gekommenen, mit Homunculus verglichen, nicht die umgekehrte Hälfte?" — Die Kabiren, ebenso wie Galatea, stehen also in Beziehung zu dem Eros, der alles hier durchwaltet, und zugleich zu Faust, dessen innerer Vorgang sich in diesem Geschehen spiegelt. — Erich Schmidt im Kommentar der Jubil.-Ausg. (Beziehung zu Voß, Creuzer, Schelling, Hermann usw.) — Katharina Mommsen, Natur u. Fabelreich in Faust II. Bln. 1968. — Vgl. Nachtrag.

8212 ff. Die Tritonen brachten die Kabiren, dagegen verblaßt der Ruhm der menschlich-zeitlichen Helden, die das *goldne Vlies* brachten. Die Sirenen singen preisend: *Ihr brachtet die Kabiren*, und der Chor der Tritonen und Nereiden (*Wir*) und der Sirenen (*Ihr*) wiederholt den Vers, das Einholen der Kabiren dem des Goldenen Vlieses vergleichend.

8219 f. Creuzer, S. 284, schreibt, die Phönizier führten die Kabiren als Haus- und Schiffsgötter mit sich, „als irdene, mitunter goldene Krüge und, wenn ein Kopf darauf gesetzt war, als Kruggötter". Die *Weisen*, die sich den Kopf zerbrechen, sind die neuen Mythenforscher, die in verschiedene Lager gespalten sind, wie Creuzer, Schelling, Voß u. a. Ironie gegen diese klingt hier wie in der ganzen Partie mit, ohne aber das echt Kultische zu stören.

8225 ff. *Proteus*, einer der bedeutendsten Meergötter. Er pflegt sich in verschiedensten Gestalten zu zeigen. Als ein Gott, der sich dauernd verwandelt, wird er hier am Ende bedeutsam, ist er doch gleichsam die ewig sich wandelnde Materie und bezieht nun Homunculus in dieses Gestalten und Umgestalten alles Lebendigen mit ein.

8266. *Es grunelt.* Von „grüneln", „gruneln"; mundartliches Wort für „nach frischem Grün riechen", „grün zu werden beginnen", von Goethe ins Literarische erhoben; bei ihm immer im Zusammenhang von Feuchtigkeit und Wachstumsatmosphäre, darum hier, wo Homunculus dem Eingehen in die *Lebensfeuchte* (8461) näherkommt. Auch im *Divan* (Bd. 2, S. 18 u. 124 u. Anmkg.) und im Brief an Nees von Eesenbeck 18. 6. 1816: ... *ein Gewitterregen belebt, wie der grunelnde Geruch erquicklich andeutet.* — J. u. W. Grimm, Deutsches Wörterbuch, Bd. 4, 1. Teil 6. Lpz. 1935. Sp. 938f.

8275ff. *Telchinen*: Urbewohner von Rhodos, kunstreiche Verfertiger von Götterbildern und Geräten. *Hippokampen*: Halb Pferde, halb Fische. — Kerényi, S. 137f.: „Scheinbar verfolgen auch die Telchinen, die nächste Schar im Zuge, mit dem Dreizack des Poseidon nur diesen Zweck: die festliche Ruhe des Meeres zu gewährleisten (8284). Mythologisch betrachtet sind sie eine weitere Variation zum Kabirenthema, auch wenn der Dichter dies bewußt vielleicht nicht beabsichtigt hat. Sie berühren sich in ihrem Wesen als schmiedekundige Zwerge und Meer- und Inselbewohner mit den Kabiren, die von Hephaistos, dem Schmiedegott, abstammen und nach einer Überlieferung selbst ‚Hephaisten' sind. Für Goethe weisen sie ebenso über das Elementische hinaus, wie die Kabiren. Als Geister der Helios-Insel Rhodos sind sie die Boten des apollinischen Sonnengottes am Feste seiner Schwester, der Mondgöttin. Und als Vertreter männlicher Schaffensfreude künden sie von einer anderen Möglichkeit des faustischen Strebens nach dem Unerreichlichen: vom Kunstwerk (8301 f.)."

8289ff. Anrede an die Mondgöttin, deren *Bruder* der Sonnengott ist, dem ein *Päan* (Lobgesang) in Rhodos gesungen wird. Vgl. die vorige Anmerkung.

8339ff. Die *Tauben* kommen von *Paphos*, der Kultstätte der Aphrodite (vgl. 8147). Sie erscheinen jetzt hier als Vögel der nahenden Galatea und umgeben den Mond als *Wölkchen*. Nereus gibt diese mythische Deutung, die in die Geisternacht gehört, weiß aber, daß ein rationaler Mensch den *Mondhof* anders erklären würde (8346f.). Wenn bei dem späten Goethe eine Gestalt von sich selbst sagt, sie habe die *einzig richtige Meinung* (8350), muß man immer vermuten, daß etwas Humor oder Ironie im Spiel ist; doch es ist hier nicht so, daß das großartige Spiel des Eros, das jetzt beginnt, dadurch gestört würde (so wenig wie die Ironie gegenüber den Mythenforschern störte), sondern es wird nur noch einmal angedeutet, daß dies alles Spiel, Walpurgisnacht, Geistgebilde ist. Nereus sagt treffend: *wir Geister* (8349). Thales als antiker Naturweiser stellt sich keineswegs auf den Standpunkt des rationalen Erklärers, sondern lobt, daß *ein Heiliges* still bewahrt sei (8355ff.). Damit ist übergeleitet zu den folgenden Versen, die von den *Höhle-*

grüften und von dem *Bewahren* des Kultischen *wie in den ältesten Tagen* sprechen. Die *Psyllen* und *Marsen*, die dies sagen, sind *stillbewußt* (8364) und *leise geschäftig* (8370), eine Haltung, die nicht nur treu bewahrt, sondern auch Gutes und Neues geduldig wachsen läßt — Eigenschaften, welche dem Entstehen des Homunculus und dem Wunsche des Faust günstig sind. — D. Lohmeyer, 1975, S. 258. – Kath. Mommsen, Natur u. Fabelreich, 1968, S. 213 ff.

8359 ff. *Psyllen und Marsen*, eigentlich Volksstämme aus Libyen und Italien, sagenhafte Schlangenbeschwörer. — K. Reinhardt, S. 147 f.: „Durch die Symboliker erst drang in die Gespensternacht das Element des Kultischen, als Vorbedingung jenes Umschwungs in den Hymnus, sie erst gaben Goethe jene Mittel an die Hand, die er benötigte, um sein Gespensterspiel im Sinne eines heidnischen Mysteriums umzudenken, indem er nun sein Mysterium, seinen Kult, den Kult des Werdens, der Metamorphose, dem ihm Überlieferten substituierte (8464 f.). Vorbedingung jenes Wandels war jedoch, daß das Dämonische zugleich zum Träger und Repräsentanten eines Kultes werden konnte ... Die Grenzen zwischen Mythos und Geschichte, Urvölkern und sagenhaften ‚Götterdienern' flossen ineinander. So konnte Goethe schließlich, aller Tradition nicht minder der Antike wie auch des Barock zuwider, Wesen wie Telchinen, Marsen und Psyllen, das heißt Urvölker von Rhodos und von Kypros, in derselben Prozession dahinziehen lassen, wie Tritonen und Nereiden, wie er wiederum, nicht minder aller Überlieferung spottend, Nereiden und Tritonen, anstatt als Neptuns Gefolge sich herumtummeln zu lassen, die Kabiren gleichwie Kultbilder auf ihren Händen tragen heißt ... Erst so konnte die Gespensternacht am Ende in ein heidnisches Mysterium auslaufen, nicht anders als der ganze *Faust* am Ende in ein christliches Mysterium ausläuft."

8371 f. Cyperns Beherrscher waren nacheinander Rom (*Adler*), Venedig (*geflügelter Leu*), christliche Ritter (*Kreuz*) und Türken (*Mond*). Im Gegensatz zu der wechselreichen Geschichte gibt es dort eine unveränderte Natur (8359—8362), in deren Rhythmus die Urvölker der *Psyllen und Marsen* leben (8363 ff.), den Wagen der Aphrodite *(Cypria)*, d. h. der Liebesgöttin, bewahrend (8365).

8391 ff. *Doriden*, die fünfzig Töchter des Nereus von Doris; sie sind hier unterschieden von den Nereiden (8044 ff.), die seine Töchter von anderen Frauen sind. — Die Doriden-Szene ist liebenswürdigheiter gehalten; zwar die Tatsache, daß Nereus ihnen die Schifferknaben nicht für immer lassen kann, ist bitter genug; aber diese bleiben ihnen für den Augenblick, und der Genuß des Augenblicks wird zur Feier des Lebens — das Thema Zeitliches und Überzeitliches in einer neuen Variation.

8426ff. K. Reinhardt, S. 156: „Zärtlich sind schon die entsagenden Doriden — aber welches Wunder der Verklärung über Nereus!
Der gelassene Lebenskundige, väterlich Weisende wird zum Betrof-
fenen, zum selbst Überwältigten — welche Alterserfahrung!"

8432ff. In seinen Sprüchen in Versen schreibt Goethe: *Da, wo das
Wasser sich entzweit,* | *Wird zuerst Lebendig's befreit.* Ferner: *Und wird
das Wasser sich entfalten,* | *Sogleich wird sich's lebendig gestalten;* | *Da
wälzen sich Tiere, sie trocknen zum Flor,* | *Und Pflanzengezweige sie
dringen hervor.* (Bd. 1, S. 304f.) Vgl. auch das Gedicht *Weltseele* (Bd. 1,
S. 249, Vers 23). Das Lob des Wassers und des ewigen Werdens führt
zum Höhepunkt der kultischen Feier. Die Sprache wird immer mehr
zur chorischen Kantate, unterbrochen durch enthusiastische Einzel-
stimmen. Proteus führt Homunculus zu Galatea, dieser zerschellt an
ihrem Muschelwagen, sein Geist, zu Feuer werdend, verbindet sich
dem flüssigen Element. Alle Elemente werden gepriesen, eine kultische
Verehrung der Natur — einer der Höhepunkte des ganzen *Faust*-
Dramas. — Kommerell, S. 46: „Er hat beim Feuchten zu beginnen.
Nereus, der ihn abweist, leistet ihm doch durch seine Tochter eine un-
erwartete und unbeabsichtigte Hilfe. Die Schönheit ist eine Art Köder,
der die noch freie Entelechie zu der unmöglich scheinenden Verbindung
mit den Elementen betört. Proteus schifft ihn, als Fährmann dieser
Mythe, in das Werden ein. Seine Delphingestalt ist Maske des Lebens,
das in der *Bildung und Umbildung organischer Naturen* begriffen ist.
Der festliche Schluß deutet durchaus nicht auf eine sinnlose Zertrüm-
merung, sondern auf ein einmaliges Gelingen im Rhythmus des ewigen
Gelingens."

8469. *verführt* = fortgeführt, wohl auch mit dem Nebenklang „beeinflußt, mitgerissen", aber nicht im tadelnden Sinne.

DRITTER AKT

Vor dem Palaste des Menelas zu Sparta

Der dritte Akt — Goethe nannte ihn meist einfach *Helena* — ist
eine alte Konzeption. Das Helena-Motiv gehörte zur Faust-Sage der
Volksbücher. Dort ist Helena ein buhlerisches Teufelsgespenst. Bei
Goethe ist sie das klassische Altertum in seiner edelsten Gestalt; sie
muß als antike Heldin auftreten. Im Jahre 1800 begann Goethe diesen
Teil des Dramas zu schreiben und schuf ein Fragment von 265 Versen.
Es fängt an mit dem Auftreten Helenas: *Vom Strande komm' ich ...*
(8489) und reicht bis zu dem Gespräch mit Phorkyas und ihren Worten
von dem Recht der Heimkehrenden, *Durch langer Jahre weise Leitung
wohl verdient* (8802). Dann bricht das Fragment ab. Es bleibt also

ganz innerhalb der antiken Welt. Die Verbindung zu Faust brachte es noch nicht. Erst in den Jahren 1825—27 wurde der Akt fertig; jetzt vermochte Goethe griechisches Altertum und deutsches Mittelalter zusammenzuführen. Er hatte inzwischen nicht nur *an der homerischen*, sondern auch *an der nibelungischen Tafel geschmaust* (an Knebel, 9. 11. 1814) und zu der deutsch-mittelalterlichen Vergangenheit ein neues Verhältnis erhalten, seitdem er sich in Van Eyck, den Kölner Dom und die Nibelungen vertieft hatte. Das Griechische war ihm im Alter mehr als in der Zeit seiner Klassik historisch geworden. Die Fortsetzung des Akts, 25 Jahre nach dem Beginn, führt ohne Bruch weiter; dazu trug bei, daß das Vorhandene einer Umarbeitung unterzogen und durch Einschaltungen erweitert wurde. Das an *Iphigenie* erinnernde Gefügig-Schöne, Schlicht-Klare wich einem spröderen, härteren und zugleich reicheren Stil; dieser Wandel lag in der Richtung des Goetheschen Altersstils, aber zugleich ist diese Sprache griechisch-echter, klingt archaischer als das Fragment von 1800, weiß mehr von Geheimnis und Fremdheit der hellenischen Welt. Und ein hoher Grad von Echtheit, von antikem Klang, gehörte hier wesensmäßig dazu: war es doch die möglichst tief und rein erkannte Antike, die Form gewinnen sollte. *Iphigenie* war ein antiker Stoff, dargestellt von einem modernen Dichter. Dies aber war die Begegnung des modernen Abendländers, für den Faust zum Repräsentanten wurde, mit der Antike. Diese mußte in ihrem So-Sein und Anders-Sein erscheinen, bevor dann die Vereinigung stattfindet. Hier hatte die Dichtung also streckenweis die Aufgabe, die ihr sonst wesensfremd ist, das Fremde mit dem Hauch antiquarischer Echtheit zu vermitteln, wie es sonst höchstens die Aufgabe einer Übersetzung ist. Die Verwandtschaft der ersten Szene des Akts mit damaligen Übersetzungen antiker Dramen ist daher kein Zufall. — Goethe ließ den Helena-Akt 1827 in 4. Bande seiner *Ausg. l. Hd.* gesondert erscheinen. Doch seine Bedeutung konnte in vollem Umfang erst klar werden, als er 1832 im Zusammenhange des Gesamtwerkes hervortrat.

Über den Stil des Helena-Akts im Zusammenhang des *Faust*-Dramas und des Altersstils überhaupt sagt Richard Alewyn in seinem Buch „Probleme und Gestalten", Frankf. 1974, in dem Aufsatz „Goethe und die Antike" S. 262f., 269f.: „Allen Äußerungen des alten Goethe ist die größere, bisweilen fast verschwenderische Weite ihrer Anlage, der größere, fast unorganisierte Reichtum ihrer Inhalte, die handwerkliche, fast artistische Meisterung der Formen und die unmittelbare, fast nackte Aussage des Gehalts wesentlich. An Stelle des klassischen Strebens nach innigster Vereinigung vergrößern sich nun die Zwischenräume und Abstände: zwischen Dichter und Welt, zwischen Dichter und Werk und innerhalb des Werks zwischen Sinnlichem und

Geistigem. Es entstehen Verhältnisse, die an barocke Stilformen ge-
mahnen. Die suggestive Eindringlichkeit nimmt ab, die Deutlichkeit und Klarheit der Einzelformen und des Einzelgehalts nimmt zu.
Es tritt insbesondere jene Figur des Abstands zwischen geistigem Gehalt und sinnlicher Einkleidung auf, die wir Allegorie nennen (im
Gegensatz zum Symbol als ihrer Einheit), und jene Kompositionsform
der losen Reihung von Bildern, die auf dem Theater (im weitesten
Sinne) beheimatet ist ... Der Helena-Akt ist der Mittelakt des *Faust II*
... Die ungewohnte Breite der Verse und die harte Fügung der Sätze,
die zierliche Ornamentik des Bildwerks und die unbeugsame Gnomik,
das feierliche Strömen der Rede und die unerhörte Sparsamkeit des
Gefühls, das strenge Ritual der Bewegung der Personen, des Gesprächs und der Handlung, das Gemessene in Wortschlag, Gang und
Gebärde, alles das ist freilich undeutsch, wenn auch mit bewunderungs-
würdiger Kunst und zu unvergänglichem Ruhm und Gewinn deutscher
Sprachkunst geschaffen. Es ist nicht deutsch, weder in faustischem noch
in iphigenischem Sinne, und nur eben darum um so griechischer ...
Griechentum wie Germanentum sind in dieser Begegnung beide auf
einer neuen Stufe gesehen, beide in ihrem ‚Mittelalter‘, in der hel-
disch-kriegerischen Zeit, die dort in den troianischen Kriegen wie hier
in den Kreuzzügen ein durch Sage und Dichtung verklärtes Symbol
gefunden hat. Und ebenso wie das faustische Mittelalter bedeutet die
Erweckung des archaischen Griechentums in der *Helena* die Schau
und dichterische Einkörperung einer Welt, die dem klassischen Griechenbild fremd, ja feindlich gegenübersteht ... Es ist der alte Goethe
mit seinem eminenten Sinn für Abstände, der hier das Griechentum
abrückt, um jenen naiven Verwechslungen vorzubeugen, die eine trü-
gerische Intimität vortäuschten, die in Wirklichkeit nichts war als eine
naive Selbstbespiegelung ... Aus dem klassischen Schmerz der Distanz wird jenes altgoethische Pathos der Distanz, das nicht nur de-
mütigend, sondern auch erhebend ist ..."

Um den Stil des Helena-Fragments von 1800 zu zeigen, sei aus
diesem eine Partie eines Chorgesangs angeführt, die später zu den
Versen 8707—8718 wurde:

Ach! sie standen noch,   *Flüchtend sah ich*
Ilions Mauern;   *Durch Rauch und Glut*
Aber die Glut zog   *Zürnender Götter*
Schon, vom Nachbar   *Gräßliches Nahen;*
Zum Nachbar sich   *Wundergestalten*
Verbreitend,   *In dem düstern*
Hier und dort her,   *Feuerumleuchteten Qualm.*
Über die Stadt.

Die *Klassische Walpurgisnacht* ist mit dem Wogen ihrer Gestalten-
fülle zu Ende gegangen. Es war ein Zusammenklingen aller Elemente,
aus dem sich schließlich eine Gestalt heraushob: Galatea, die schöne
Menschengestalt. Der Vorhang senkt sich und hebt sich wieder. Die
wogende Fülle des Elementaren ist vorbei, und was dort am Ende nahte,
steht nun da: die höchste Gestalt; eine einzige, im Gegensatz zu den
vielen dort. Das Fest des Eros am Ende der Walpurgisnacht war wie
ein Zeugen des Schönen. Und jetzt ist es gleichsam geboren. Helena
ist erschienen. Sie spricht in der gestalthaftesten Sprache, die es gibt,
in der der griechischen Tragödie. Es ist ein Monolog wie am Eingang
eines Euripideischen Dramas. Sie nennt sich selbst: *Helena, ich.* Und
sie spricht in dem Versmaß, das die deutsche Entsprechung des altgriechischen Trimeters ist, in sechsfüßigen Iamben (im Deutschen
also ein Sechstakter mit Auftakt). Dieses Maß klingt feierlich, gehoben. Goethe handhabt es nicht schulmäßig, sondern oft sehr frei
(z. B. 8954—56). Helena hat in ihren Worten stets Bezug auf das, was
sich ziemt, auf Götter, Schicksal, Königtum und geordnete Menschenwelt, es ist eine Sprache des Bleibenden, Gesetzhaften. Der Chor unterbricht. Es sind gefangene Frauen aus Troia, wie in den „Troerinnen"
des Euripides; junge Frauen, die das Mittelmaß des Lebens verkörpern, aber in dem, was sie Allgemeingültiges, Mythisches sagen, darüber
hinauswachsen wie griechische Chöre immer. Ihre Strophen mit ihrer
wechselreichen Fülle unterbrechen den Fluß der Trimeter, und in
ihnen lebt das Griechisch-Altertümliche fast noch mehr als in jenen;
schwierig gebaute spröde Sätze (8882—8908); seltsame Wortwahl:
Geschmuck (8562), *angefrischt* (8637), *befittich* (8809). Nach einem
Chorgesang, während Helena, verwirrt, in welcher Wirklichkeit sie
lebe, in Ohnmacht liegt, gleichsam halb wieder zum Orkus zurück-
gekehrt, verkündet Phorkyas, Menelaos wolle Helena und die Frauen
opfern. Diese Szene der Aufregung benutzt ein anderes Versmaß
(8909ff.): achttaktige Trochäen; auch dieses ist antik; im Deutschen
wirkt es unruhig, aufgeregt, unübersichtlich, zerfließend; es taucht
nach dieser Szene der Bedrohung dann noch einmal auf in der
Szene der Aufregung, als die Hörner der Blutgierigen zu erschallen
scheinen (9067ff.) und die Frauen rasch ins Ungewisse entfliehen
(9122ff.).

Dann folgt die Szene in Fausts Burg. Der Klang wandelt sich.
Faust spricht in Fünftaktern (mit Auftakt), ein nordisches, neueres
Maß, aber dem antiken Trimeter verwandt; ernst; würdevoll. Und
Helena antwortet im gleichen Maß (9213ff.); sie nähert sich ihm. Und
nun entwickelt sich mit jeder Rede und Gegenrede in Klang und Wort
weiter dieses Einander-Finden bis zu jenem unerschöpflich schönen
Sinnbild, da Helena beginnt, den Reimklang zu Fausts Worten zu

finden. Er ist hier der Herrscher, sie die Schutzsuchende; aber ihre
Stimme ist und bleibt die ruhende, seine die suchende; diese Stimmen
finden sich und verschlingen sich ineinander. Diese Klangsymbolik
geht mit der Bildsymbolik zusammen. Jede Szene Helenas ist bildhaft, und jedes Bild von geheimer Bedeutung. Die drei Szenen des
Akts heben sich scharf von einander ab: Helena vor dem antiken Palast, allein mit dem Chor und mit Phorkyas, die schöne Einzelgestalt;
dann Helena und Faust in der Ritterburg, Begegnung zweier Welten,
eine ausgewogene Gruppe, Verbindung, Vereinigung; im Klang vollzieht sich symbolisch die Hochzeit. Und schließlich Arkadien, Landschaft, Zeitlosigkeit, goldenes Zeitalter. Diese Verwandlung ins Arkadische ist durchaus Symbol eines inneren Zustands, ist Ausdruck
einer Seelenlandschaft. Darum auch der Höhepunkt lyrischer Schilderung in dem Preislied Arkadiens (9526—9561). Die Symbolik der
Bilder und Klänge ist so rein entwickelt, daß alles Reale keine Rolle
mehr spielt. Es ist magische Zeit. Das Werden Euphorions vollzieht
sich gleichsam in einer Märchenwelt, die nur sinnbildliche Situationen
aneinanderreiht.

Wie konnte Faust, der nordisch-mittelalterliche, mit Helena, der
antik-griechischen, zusammengeführt werden? Er konnte nicht ins
Altertum versetzt werden. Aber sie sollte auch nicht aus allen ihren
Bindungen gelöst in die nordische Studierstube kommen (wie im
Volksbuch). Goethe läßt Helena auf ihrem Boden und läßt Faust in
seiner Zeit, und mit dem genialen Griff, der auch sonst in diesem
Drama mitunter aus abgelegenem Bereich ein Stoffmotiv zieht, das
symbolhaltig wird (wie später das Deich-Motiv), ergreift er hier ein
Motiv aus der mittelalterlichen Geschichte: daß abendländische Ritter
bei einem Kreuzzug ein Reich im Peloponnes gründeten und nicht
weit vom alten Sparta sich eine Burg erbauten. Faust trifft Helena
in ihrem Land, aber sie ihn in seiner Zeit. Damit treffen sich der antike
— Goethe sagt *klassische* — und der mittelalterliche — Goethe sagt *romantische* — Geist und verbinden sich. Der Augenblick des Einswerdens
ist Vollendung des Gesunden, Glücklichen und insofern arkadisch.
Ein Augenblick, der ins Zeitlose hineinreicht (wie auch die höchsten
Augenblicke im *West-östlichen Divan*).

Helena erscheint als höchste Schönheit; alle sprechen es aus; den
Choretiden ist es schon zur Selbstverständlichkeit geworden; auch
Phorkyas behandelt es als Tatsache (8519, 8602, 8737, 8755, 8808,
8917 u. a. m.); und dann Lynkeus! Hymnisch, hingerissen, vor dem
einen höchsten Superlativ alles andere, Tod und Leben, vergessend.
Helena weiß von ihrer Schönheit, aber sie allein weiß auch von deren
Tragik (8839f., 9246ff.). Sie erfährt in diesem Akt sehr mannigfache
Schicksale: auf das Wiedersehen der Heimat folgt das — Euripides

entnommene — Motiv, daß Menelaos sie opfern will, erst als Möglichkeit (8528 ff.), dann als Bedrohung (8925); Flucht zu Faust; Begegnung, Verbindung; Geburt, Wachstum und Tod des Sohnes; Abschied. In diesem allen ist Helena stets die gleiche, ist immer ganz sie selbst; sie schwankt nie; im Bewußtsein eigenen Wertes und eigener Gefährlichkeit lebt sie immer aus ihrem Mittelpunkt und immer ganz für den Augenblick. Sie weist nicht über sich hinaus, sie ist vollkommen; sie ändert sich nicht, aber sie ist und wirkt niemals kalt. Ihre Sprache formt eine feste, geordnete Welt. Sie denkt stets an das, was sich für sie geziemt als Frau und Königin (8507, 8604, 8647, 8915 usw.), und ruht im Vertrauen auf den Ratschluß der Götter (8583). Was sie aus der Fassung bringt (8881), ist nicht Not oder Sorge, sondern einzig ein Eingriff in ihre — antike — Welt im Innersten: Phorkyas' Hinweis, daß ihr Ruhen in der Gegenwart falsch sei; die Verwirrung ihres Zeitgefühls. Sie glaubt aus Troia zu kommen. Aber zugleich hat sie ein Ahnen von ihrem ganzen früheren Leben, davon, daß sie Sage und Dichtung ist (8488, 8515). Sie ahnt auch, daß sie dem Orkus angehört; als Phorkyas und die Choretiden, einander beschimpfend, Gestalten der Unterwelt nennen (8815 ff.), ergreifen diese Namen sie auf eine ganz andere Weise, indem sie Erinnerung wecken an *unsel'ge Bilder*, die sie *umdrängen* (8835 ff.). Und sie fragt sich vergebens, was *Wahn*, was Wirklichkeit sei.

Helenas Gegenspielerin ist Phorkyas. Diese ist sicher, was sie für Wirklichkeit zu halten habe; ihr gilt die Wirklichkeit des Verstandes. Aber sie ist dadurch ebenfalls bedingt. Phorkyas-Mephisto sieht die niedere Wirklichkeit des Realen und siegt damit am Ende äußerlich. Faust sieht die höhere Wirklichkeit des Idealen; ihm ist Helena wirklich; er scheitert damit im Leben tragisch (denn das Ende des Akts bringt Helenas Entschwinden), aber aufs Große gesehen bewährt er sich eben darin. Weil Mephistopheles diese Wirklichkeit nicht erkennen und anerkennen kann, greift er nicht ein und fragt nicht, wie es mit dem Pakte stehe. Er ist zeitweilig abwesend, denn mit dieser Welt hat er nichts zu tun. Zugleich ist Phorkyas-Mephistopheles gegenüber der Antike die Stimme der modern-christlichen Welt; er bleibt dem Altertum fremd und betont die Kluft, während Faust die Verbindung findet.

Faust scheint gewandelt, herrscherlich. Aber unverändert ist sein Streben. Was ist das ganze *Ins-Leben-Ziehn* der *einzigsten Gestalt* (7439) letztlich anderes als ein geistiger Vorgang des Schaffens, also höchste Konzentration, höchste Tätigkeit? Daß der Dichter diese geistige Begegnung als Eros, dieses „Erkennen" als Vereinigung, Zeugung erfährt, ist das Besondere und Hinreißende. Da gibt es wohl Seligkeit, aber es gibt nicht ein Genießen des Augenblicks in jenem Sinne, von dem der Pakt sprach. Der Mensch gelangt dabei in ein Götterreich, und solch Augenblick ist zeitlos; aber er muß wieder ins Leben zurück. Arkadien ist die Seligkeit, die Goethe empfand, als ihm das *Faust*-Drama gelang, und Mozart, als er „Don Giovanni" vollendete. Das ist kein *beruhigt sich auf ein Faulbett legen.* Mephistopheles hat da nichts zu sagen. Aber in diesem Arkadien kann der Mensch nicht bleiben. Er geht an ihm zugrunde, oder er muß ins Leben zurück. Helena entschwindet. Doch ihr Schleier bleibt Fausten zur Hand, das Geistigste, Leichteste des Irdischen, das zur Wolke wird und in den Äther emporführt. —

Für den gesamten geistigen Zusammenhang sind aufschlußreich Goethes Ausführungen in seiner Schrift über *Winckelmann*, in dem Abschnitt *Schönheit*: *... das letzte Produkt der sich immer steigernden Natur ist der schöne Mensch. Zwar kann sie ihn nur selten hervorbringen, weil ihren Ideen gar viele Bedingungen widerstreben, und selbst ihrer Allmacht ist es unmöglich, lange im Vollkommnen zu verweilen und dem hervorgebrachten Schönen eine Dauer zu geben. ... Dagegen tritt nun die Kunst ein: denn indem der Mensch auf den Gipfel der Natur gestellt ist, so sieht er sich wieder als eine ganze Natur an, die in sich abermals einen Gipfel hervorzubringen hat. Dazu steigert er sich, indem er sich mit allen Vollkommenheiten und Tugenden durchdringt, Wahl, Ordnung, Harmonie und Bedeutung aufruft und sich endlich bis zur Produktion des Kunstwerkes erhebt, das neben seinen übrigen Taten und Werken einen glänzenden Platz einnimmt. Ist es einmal hervorgebracht, steht es in seiner idealen Wirklichkeit vor der Welt, so bringt es eine dauernde Wirkung, es bringt die höchste hervor: denn indem es aus den gesamten Kräften sich geistig entwickelt, so nimmt es alles Herrliche, Verehrungs- und Liebenswürdige in sich auf und erhebt, indem es die menschliche Gestalt beseelt, den Menschen über sich selbst, schließt seinen Lebens- und Tatenkreis ab und vergöttert ihn für die Gegenwart, in der das Vergangene und Künftige begriffen ist.* (Bd. 12, S. 102,36—103,22.)

Über das Helena-Motiv hat Goethe sich ausführlich geäußert in seinem Aufsatz *Polygnots Gemälde in der Lesche zu Delphi.*

Obenauer, S. 94ff.: „Der Schluß der *Klassischen Walpurgisnacht* feierte das *seltene Abenteuer*: den Schöpfungsvorgang und -beginn ... Der Vorhang fällt, der Vorhang hebt sich: Helena ist da ... Welch grandioser Traum! Nur wer ihn mitträumt, erfaßt die Kühnheit dieser Übergänge! Jede allzu begriffliche Spekulation ist hier überflüssig. Man muß nur schauen und zusammenschauen. Man darf nur von vornherein nicht bei der Überzeugung um jeden Preis verharren wollen, daß diese Übergänge, diese geistigen Zusammenhänge nicht bestünden! ... Homunculus geht der Wiedergeburt der Helena voran wie der Humanismus der Klassik ... *Den lieb' ich, der Unmögliches begehrt!* sagt Manto, ehe sie Faust zu Helena hinabgeleitet. Das Unmögliche begehrt die Kunst, indem sie das zeitlos Urschöne in eine scheinhafte Materie hineinzaubert. Die Kunst vollendet im Schein das, was die Natur nicht vermag: sie vergöttert den Menschen für die Gegenwart, in der das Vergangene wie das Zukünftige begriffen ist. Helena, Königin im Traumreich der Kunst, ... ist an keine Zeit gebunden. Durch den ganzen Helena-Akt ist deshalb jeder wirkliche Zeitbegriff aufgehoben. Wir leben weltentrückt in einer idealen Sphäre, in einer zeitlosen Traumwelt, die wie eine Zauberspiegelung glänzend schwebt über dem dunklen Strom des Werdens, die alle Abgründe überdeckt, alle Zeiten mischt und mit allen selbstverständlich und frei spielend waltet. Arkadien, der Höhepunkt des Ganzen, ist das ewige Paradies, eine erste Welt der Unschuld und Frömmigkeit, wo keine Zeit das Gefühl ewiger Gegenwart des Schönen stört, wo sich alle Welten harmonisch ergreifen und wo, gelockt auf seligem Grund zu wohnen, die Götter Menschen und die Menschen Götter sind." — v. Wiese, S. 154 f.: „Der Muschelwagen der Galatea und die historische Sagengestalt der Helena sind nur verschiedene Verwirklichungen des einen mythischen Traumes der Schönheit, die das eine Mal aus dem Meere aufsteigt und den *holden Lauf des Lebens* in immer neuen Verwandlungen begleitet, das andere Mal in der Seele des Dichters Faust gezeugt wird, der das Unmögliche wagt und das ewig zeitlose Urbild in seine begrenzte Menschenwelt hinüberzieht ... Helena als Inbegriff der in der Natur wirkenden Schönheit, geistige Innenseite der Natur, wird vom Menschen Faust, der wiederum die ganze Natur umfaßt und insofern auch eine unsichtbare Potenz der Klassischen Walpurgisnacht bleibt, als ,ideale Wirklichkeit vor der Welt' in jenem schöpferischen Akte hervorgebracht, der dem Göttlichen menschliche Gestalt gibt und den Menschen unter die Götter versetzt. Das Unmögliche gelingt. Die *einzigste Gestalt* wird mit der Kraft der sehnsüchtigsten Liebe ins Leben gezogen und kann uns nunmehr als ein eigenes, geisterfülltes und geistdurchdrungenes Wesen im Ablauf der Faustischen Tragödie begegnen." — Kommerell, S. 59: „In jeder Schönheit erfährt der Künstler die Wirkungen dieses Urbilds, und alle Verwirrung rührt daher, daß er es als ein persönlich Seiendes behandelt. Nun kommt das Geschichtliche hinzu. Das erotische Drama vergeistigt sich bis dahin, daß der Künstler die Wiederbelebung der Antike (als Kunst, als Dasein) versucht, und das erotische Drama nur noch Bild für sein Werben um diese Wirklichkeit ist. Die zweite Helena kann nicht bei den Müttern beheimatet sein, weil sie Person ist. Nur weil das Schöne Person wird, kann es sterben und verewigt werden — nur darum kann es der totenumarmende Schmerz eines Späteren vom Hades zurückbegehren."

Helene Herrmann, S. 98—101, 132—137, 161—178. — Gundolf
S. 765—772. — Obenauer, S. 95—111. — Richard Alewyn, Goethe
und die Antike. In: Das humanist. Gymnasium 1932, S. 114-124. Wie-
derabgedruckt in: Alewyn, Probleme u. Gestalten. Frankf. 1974,
S. 255—280. — Kurt May S. 137—199. — Kommerell S. 57—64. —
B. v. Wiese, Die dt. Tragödie. 5. Aufl. 1961. S. 150—159 — Julius
Petersen, Helena und der Teufelspakt. Jahrb. d. Fr dt. Hochstifts
1936—1940, S. 199—236. — Emrich S. 360—431. — H. Trevelyan,
Goethe und die Griechen. Hbg. 1949. S. 266 ff. — Wolfgang Schade-
waldt, Goethestudien. Zürich u. Stuttg. 1963. Insbes. S. 165—206:
Faust u. Helena. — Goethe u. die Antike. Hrsg. von E. Grumach.
Potsdam 1949. (XVI, 1092 S.) — Dorothea Lohmeyer, 1975, S. 283 bis
364.

8488. *Bewundert viel* ... Von wem bewundert und gescholten?
Von den Troern und Griechen? Gewiß, doch vielleicht auch von den
Dichtern, ebenso wie im Eingang der Klassischen Walpurgisnacht
Erichtho gleich zu Beginn von sich als Gestalt der Dichtung spricht
(7007ff.) und Helena später von sich selbst als *Idol* redet (8879ff.).
Doch deutlich ausgesagt wird es nicht, und eben dies Schwebende ist
Absicht, es deutet auf die Mehrschichtigkeit der Wirklichkeit, die in
diesem Akt herrscht. Und da Goethe erst im Alter dazu kam, diese
nur geistige Wirklichkeit dichterisch auszusprechen, ist es bezeichnend, daß dieser Eingangsvers erst im Alter geschaffen wurde. Das
Helena-Fragment von 1800 begann: *Vom Strande komm' ich* ...
Übrigens ist dieser monologische Beginn durchaus stilgerecht der
eines euripideischen Dramas. — Wolfg. Schadewaldt, Goethestudien,
1963, S. 168f.: „Helena ... Sinnbild der höchsten Schönheit, ist ...
beides: die Macht und die Wirkung der Schönheit ... Die Macht der
Schönheit aber ist zugleich ebenso übermächtig wie dämonisch: sie erregt Leidenschaften ... Es gibt Verbrechen gegen sie, die schlimmste
Folgen haben, sie selber aber bleibt schuldlos: ihre Gegenwart löscht
jede ihrer Verfehlungen aus. Diese so übermächtige Gegenwart der
Schönheit aber führt bereits auf ihr Wesen. Schönheit ist höchste, un-
mittelbarste Gegenwart, ist Anblick der vollkommenen Gestalt, höchstes irdisches Gut, ist höchstes Leben: Helena ist die „Lebendige" ...
Wir mögen uns in Goethes Schriften umsehen, wie wir wollen, wir
finden immer wieder, wie die Schönheit sich ihm zu den verschiedensten Zeiten ... ganz primär als potenziertes Leben im Lebendigen,
Lebevollen, Lebenskräftigen usw. offenbart hat."

8491ff. *phrygisches Blachgefild*: die troische Ebene; *Euros*: der Ost-
wind.

8492. *sträubig*: gelegentlich von der Mähne des Pferdes gesagt.
(Dt. Wb. 10,3 Sp. 959). Hier also der Kamm der Wellen dem Kamm des

Pferdes verglichen.

8494. *Menelas*, die modern-französische Namensform (übrigens auch die altgriechisch-dorische), Goethe von Kindheit an geläufig und daher von ihm — wie z. B. auch die Namensform *Ulyß* — sein Leben lang beibehalten.

8497f. *Tyndareos*, König von Sparta, war Gemahl der Leda. Während er vertrieben in Äolien weilte, verband sich Zeus mit Leda, und sie gebar Helena, Kastor und Pollux.

8511f. *Cytherens Tempel*: der Tempel der Aphrodite, wo Helena opferte; dort sah Paris sie und entführte sie nach Troia.

8528ff. Helena hält für möglich, daß Menelaos sich an ihr rächen will, wie es später dann Phorkyas verkündet (8925). Das Motiv kommt bei Euripides vor.

8537. *gegen mir* = mir gegenüber.

8578. Das Fragment von 1800 schreibt *geb' ich ... heim*, die späteren Handschriften und Drucke: *geb' ich ... hin*.

8580. Im Fragment von 1800: *Lebendiges bezeichnet mir ..*

8582f. ... *doch ich sorge weiter nicht, | Und alles bleibe hohen Göttern heimgestellt* ... Es ist für Helena bezeichnend, daß trotz bedenklicher Situationen ihr, der antiken Heldin, die Sorge in dem Sinne, wie sie in Vers 644ff. und später 11420ff. vorkommt, fremd ist; so auch 8962. — Helene Herrmann, S. 174: „Helena ist dadurch bezeichnet, daß sie in ihrem Geschick ruht, daß sie wissend und in einer stolzen Frommheit damit einverstanden ist. Des Gottverhängten in ihrem Leben ist sie gewiß wie nur irgend ein Grieche es sein kann, sie ist ihrer selbst inne als Macht wie als Gefahr."

8585f. lautete 1800: *Es werde gut von Menschen oder werde bös | Geachtet, und wir Sterblichen ertragen das.*

8609. Der Zusatz „Ab", zum Verständnis förderlich, ist von Goethe vergessen und in späteren Ausgaben meist von den Herausgebern hinzugesetzt.

8653. *die Stygischen*: die Götter der Unterwelt.

8681. *eingefaltet*: in ein Faltengewand gehüllt.

8685. *Thalamos*: Ehebett, Schlafgemach.

8728ff. Die Choretiden beurteilen Mephistopheles in der Phorkyas-Gestalt (vgl. 8026ff.) gar nicht schlecht: sie nennen ihn eine von *Phorkys' Töchtern*, die auch als *Graien* bezeichnet werden.

8734. In der *Ausg. l. Hd.* hat die Taschenausgabe *wechselsweis*, die Oktavausgabe *wechselweis*.

8772. *Mänadisch wild*: die ekstatischen Mänaden gehören zum Gefolge des Dionysos.

8812. *Erebus*: die dunkelste Tiefe der Unterwelt. Indem die Choretide die Schaffnerin mit Unterwelt und Nacht, Kindern des Chaos, vergleicht, trifft sie das Wesen Mephistos wieder genau, ist er doch *des Chaos wunderlicher Sohn* (1384).

8813. *Scylla*: weibliches, Männer verschlingendes Ungetüm mit sechs Köpfen.

8817ff. Vergleiche, um Alter und Häßlichkeit zu bezeichnen. *Tiresias*: der Greis, dem Zeus fünf Menschenalter schenkte; *Orion*: Jäger aus der Urzeit, unter die Sterne versetzt; *Harpyen*: Unheilsgeister, die alles, was sie nicht verschlingen können, beschmutzen.

8829. *unterschworner Zwist*: heimlich schwärender Zwist. — An Zelter 6. 11. 1827: *unterschworne und übertünchte Familienverhältnisse.* (Bd. 9, Anmkg. zu 285, 13f.) — Von „schwären" (eitern, anschwellen). — Dt. Wb. 11, 3. Sp. 1805f.

8836ff. Helena erinnert sich deutlicher an den Orkus, aus dem sie heraufgeholt ist.

8848ff. Phorkyas nennt Helenas Liebesabenteuer. Theseus soll sie, die zehnjährige, schon geraubt haben (worauf schon 7415ff. anspielte); später liebte Helena Patroklos, das Ebenbild des Achilleus; sie wurde vermählt mit Menelaos. Dann kam Paris (8861) und entführte sie.

8864f. Bisher hat Mephistopheles-Phorkyas die Geschichte Helenas rekapituliert, wie sie auch selbst sie weiß. Jetzt bringt er Neues. Während Paris Helena entführte, war Menelaos auf einem Kriegszuge, und von da brachte er als kretische Sklavin sie, die alte Phorkyas, mit und setzte sie als Schaffnerin ein; daher kennt Helena sie nicht.

8872. *doppelhaft Gebild*. Nach einer späten Sage, die Euripides für sein Drama „Helena" benutzte, erschuf Hera ein Schattenbild Helenas, das Paris nach Troia mitnahm, während die echte Helena gleichzeitig in Ägypten lebte. — Goethe in seinem Aufsatz *Polygnots Gemälde*: *Außerordentliche Menschen als große Naturerscheinungen bleiben dem Patriotismus eines jeden Volks immer heilig. Ob solche Phänomene genutzt oder geschadet, kommt nicht in Betracht … So scheint auch den Griechen das Andenken seiner Helena entzückt zu haben … und so verdiente nach vieljähriger Kontrovers Euripides gewiß den Dank aller Griechen, wenn er sie als gerechtfertigt, ja sogar als völlig unschuldig darstellte und so die unerläßliche Forderung des gebildeten Menschen, Schönheit und Sittlichkeit im Einklange zu sehen, befriedigte.*

8876ff. Eine Sage berichtet (schon 7435 war davon die Rede), Achilleus sei es erlaubt gewesen, eine Zeitlang aus der Unterwelt emporzusteigen und mit Helena, die ebenfalls wieder aus dem Totenreich emporsteigen durfte, in Pherä verheiratet zu leben. — Helena in ihren bisherigen Reden glaubte aus Troia zu kommen. Indem aber Phorkyas von dieser Achilleus-Episode berichtet, die nach Helenas

Tode spielte, ist diese Zeitrechnung plötzlich hinfällig. In Helena steht ein Ahnen auf, daß es eine zweite Zeitrechnung und Wirklichkeit gebe und Phorkyas irgendwie recht habe; und das überwältigt sie, da das sichere Stehen im Sein, in eindeutiger Gegenwarts-Wirklichkeit gerade ihr Wesen (als antike Heldin) ausmacht.

8890. *Dreiköpfigen Hundes Rachen*: Cerberus in der Unterwelt.

8926. *doch geahnt* ... Diese Ahnung sprach Helena schon in den Versen 8528 ff. aus.

8969. *Rhea*, die „große Mutter", Gattin des Saturn, Mutter des Zeus.

8999 ff. *ein kühn Geschlecht* ... *aus cimmerischer Nacht*. Faust und seine Mannen aus dem Norden; Mephistopheles-Phorkyas treibt hier die Handlung entscheidend vorwärts, indem Helena nun zu Faust auf seine Burg geführt wird. (Vgl. Bd. 9, S. 490,17 u. Anmkg.)

9018 ff. Phorkyas rühmt die mittelalterliche Burg. Einerseits, um Helena und ihre Frauen dorthin zu locken; sodann aber auch, weil Mephistopheles hier die abendländisch-mittelalterliche Welt vertritt und das Antike ihm stets fremd bleibt. Es tauchen Motive auf, die schon 6409 ff. zur Sprache kamen.

9054 ff. *Deiphobus*: Als Paris gefallen war, heiratete dessen Bruder Deiphobos Helena und widersetzte sich der Aufforderung, sie den Griechen zurückzugeben. Hederich schreibt: „Nach des Paris Tode eignete er sich die Helena zu ... Da ihn Menelaus in seine Hände bekam, so ließ er ihm erst die Ohren, dann die Arme, ferner die Nase und endlich alle äußeren Glieder abschneiden und also mit größter Pein hinrichten."

9063. *Trompeten in der Ferne* usw.; dies gehört zu derselben Schicht der Wirklichkeit wie Fausts Ritterburg.

9117. *Hermes* geleitet die Verstorbenen zum Hades.

Innerer Burghof

9135. *Pythonissa*, hier allgemein für „Wahrsagerin". Helena meint mit dieser Anrede Phorkyas, die sich zeitweilig entfernt hat und erst 9419 wieder auftritt.

9163 f. Das Angsttraum-Motiv der Sage, daß Berührtes sich in Asche verwandle; ähnlich schon 7770—7800.

9218. *Lynkeus*, wörtlich „der Luchsäugige" (worauf 9231 anspielt), hieß der Steuermann der Argonauten. Goethe nimmt in *Faust II* mehrfach antike Namen auf (Euphorion, Philemon und Baucis), und so nennt er den Turmwächter hier Lynkeus, wie dann später auch im 5. Akt. — Die *Ausg. l. Hd.* schreibt in der Taschenausgabe *Turmwächter*, in der Oktavausgabe *Turmwärter*. — Lynkeus spricht in stro-

phischen Reimversen von hinreißendem Schwung; zum ersten Male
tritt hier in die Helena-Welt diese Versform ein. Auch Lynkeus ist
eine Spiegelung Faustischen Wesens, aber ohne dessen Größe und
dessen Kraft. — Dorothea Lohmeyer, 1975, S. 316—320.

9247ff. *Welch streng Geschick | Verfolgt mich* ... B. v. Wiese,
S. 156f.: „Von der Schönheit geht eine gefährliche Kraft aus, die
die Welt verwirrt und in tragisches Unheil hineingeraten läßt. Helena
wird zur Trägerin jener schuldlosen Schuld, die mit dem Wesen des
Schönen dort verbunden ist, wo es überlieferte Ordnungen auflöst
und durch zauberhafte Betörung *Not auf Not* (9255) bringt. Die
Schärfe des Verstandes, die Macht des Besitzes, die Kraft des Schwer-
tes, alles scheint beim Anblick des Schönen ins Leere und Nichtige
entwertet. Es ist das unselige Los des Schönen, in dieser irdischen
Welt von einer andersartigen Fremdheit zu sein, die seine Existenz
schon im Keime bedroht und unmöglich macht. Schönheit wird zur
tragischen Gefahr für den Menschen und die menschlichen Ordnungen..."

9261. *Pfeile folgen Pfeilen* ... Das alte Pfeil-Motiv, schon eine
Metapher der Barockdichtung, verwendete Goethe in der Symbolsprache seines Alters mehrfach zur Kennzeichnung verwundender,
festhakender, ins Innerste dringender Liebe (vgl. Bd. 1, S. 378; Bd. 8,
S. 321; Bd. 9, S. 449).

9310. *Das Tropfenei aus Meeresgrund* = die Perle.

9326. *Nun aber, lose, wird es dein* . . .: Nun aber löst es sich los von
mir und wird dein ...

9346f. *Schwach ist* ...: Wo übermächtige Schönheit herrscht, wird
das, was geschehen soll, von den Beauftragten gleichsam wie ein
schönes beglückendes Spiel vollzogen, aus Freiwilligkeit; die Erfüllung übertrifft den Befehl des Herrn, und weil der Befehl dahinter
zurückbleibt, ist dessen Bedeutung und Kraft nur *schwach.* Diesem
Gedanken des Spiels, der freiwilligen Regel, entspricht die Form der
Verse: durchaus regelrecht, alternierend, reimend, zugleich spielend,
tanzend, jubelnd — Überschwang im Geregelten als Form und Gehalt zugleich.

9367ff. *warum die Rede | Des Manns mir seltsam klang* ... Helena
meint den ihr unbekannten Reim in den Worten des Lynkeus und
deutet den Zusammenklang als Sinnbild der Liebe. Und von hier aus
ergibt sich dann, daß sie selbst reimen lernt, indem sie Fausts Worte
vollendet. Damit ist symbolisch ihre und seine Liebe, ihre Vereinigung,
ihre Hochzeit zum Ausdruck gebracht. Welch zartes Symbol! Zugleich das Hineinwachsen Helenas, der antiken Schönheit, in die
abendländische Welt (im Klang), während Fausts Sprache (als Wortwahl, Haltung, Stil) zugleich antike Elemente von ihr aufnimmt.

Goethe hat den Reim als Symbol des seelischen Zusammenklangs, des glücklichen Eros, schon einmal benutzt im *West-östlichen Divan*, im *Buch Suleika*, in dem Gedicht *Behramgur, sagt man, hat den Reim erfunden* ... (Bd. 2, S. 79 u. Anmkg.); das Motiv ist ursprünglich altpersisch. — Helene Herrmann, S. 100: „An dieser Stelle verlangt die Symphonik des Werks für Faust nach so viel Drang und Sehnsucht schon etwas ganz rein Klingendes, namenlos Erheitertes. Und das ist hier erfüllt in der Form göttlich-seligen, entrückten Spielens. Wem dies zu leicht, ja spielerisch scheint, der empfindet nicht ganz, welche Steigerung des Erfülltseins in diesem scheinbaren Leichtwerden liegt. Dies höchste Glück spielt mit sich selbst."

9415. *verlebt*: ähnlich wie Goethe auch das Wort *abgelebt* gebraucht (Bd. 1, S. 123); Helena fühlt, daß sie schon einmal gelebt habe, schon einst ihr Leben „zu Ende gelebt" habe, und dennoch fühlt sie sich jung und neu lebendig (ähnlich in Vers 9411); eben aus diesem Gegensatz heraus wird deutlich, wie sehr sie ganz dem Augenblick lebt und wie vollkommen dieser ist.

9444. *die Gunst der Frauen*. Goethe flektiert das Wort „die Frau" meist in altertümlicher Art mit dem schwachen Singular-Genitiv *der Frauen* (9221, 9588, 9599); vermutlich ist auch hier die Form ein Singular: „die Gunst der Herrin". Der Chor 9482ff. variiert und paraphrasiert das Motiv.

9454. *Pylos*, Hafenstadt des Peloponnes.

9466ff. Die einzelnen Landschaften des Peloponnes werden an die Germanenstämme verteilt, die Oberherrschaft bleibt Helena und Faust in Sparta.

9512. *Nichtinsel*: der Peloponnes.

9514ff. Lob des Peloponnes und seiner schönsten Landschaft, Arkadien, die zum Sinnbild heroisch-idyllischer Schönheit, glücklichsten Lebens, geworden war. Arkadien ist ein Bild „goldener Zeit", wie es Goethe immer wieder erfreute: felsige Berge und üppige Matten im Tal, Obst und Honig, glückliche Herden, Hirten und Hirtenkinder. Er hat es auch in seinem Aufsatz *Wilhelm Tischbeins Idyllen* ausgeführt, aber nirgends mit der Großartigkeit wie an dieser Stelle mit der herben Weite und Charakterisierungskraft des lyrischen Altersstils, der hier in seiner vollendeten Wunderkraft erscheint. Wo arkadisches Leben ist, ist goldenes Zeitalter, immer und überall, darum Zeitlosigkeit. Dieses goldene Zeitalter ist hier mit den Worten *erste Welt* (9565) gemeint (die zweite war, nach Ovid, das silberne, die dritte das eherne Zeitalter). — Vor seine *Italienische Reise* setzte Goethe das Motto: *Auch ich in Arkadien!*, und er meint damit wohl den Zustand, der unter dem Datum *Rom, 14. März 1788* ausgesprochen ist: *In Rom hab' ich mich selbst zuerst gefunden, ich bin zuerst übereinstimmend mit mir selbst glücklich und vernünftig geworden* ... (Bd. 11, S. 530,3—5.) *Ja, ich kann sagen, daß ich die höchste Zufriedenheit meines Lebens in diesen* ... *Wochen genossen habe und nun wenigstens einen äußersten Punkt kenne, nach welchem ich das Thermometer meiner Existenz künftig abmessen kann* ... (Ebd., S. 528,16—20.) Auch Goethes Existenz dieser „arkadischen" Zeit war angespannte innere Tätigkeit. — Vgl. Bd. 11, Kommentar Anmkg. zu dem Motto. — Die goldene Zeit als Bildmotiv: Goethe, Wilhelm Tischbeins Idyllen. Mit 23 Abbildungen nach Tischbeinschen Gemälden und Zeichnungen. In: Studien zu Goethes Alterswerken. Hrsg. von E. Trunz. Frankf. 1971. S. 7—74.

9520. *Geschwister*, singularische Kollektivform (gemeint sind Kastor und Pollux); Helenas Schönheit blendete Mutter und Brüdern die Augen. Bezeichnend für die Kühnheiten und Eigenheiten des Altersstils, die in dieser Partie besonders stark zutage treten.

9526ff. Der Rhythmus springt von den Viertaktern über in die volleren, größeren Fünftakter (während die Strophenform die gleiche bleibt). Und nun folgt bis Vers 9561 das Preislied Arkadiens, eine der großen lyrischen Schilderungen wie der Leda-Traum (6903—6920). Berge — Matten — Tier und Mensch; jeweils wenige scharf zeichnende Wörter: *Zackenhaupt, angegrünt*; Lautsymbolik in fast jeder Silbe: Felsbereich in kalten, scharfen Klängen, der grünende Mattenbereich in wärmeren, üppigen. Eiche und Ahorn mit ein paar Beiwörtern wesenhaft charakterisiert. *Kind und Lamm* verbunden in mütterlichem Naturbereich, Jugend von Mensch und Tier, dazu die weichen Laute: *Quillt laue Milch* ... Nach der Fülle des Bildhaften dann auch das Verallgemeinernde: *zufrieden und gesund*; und eben darin ist dieses Dasein *unsterblich*, göttlich und menschlich zugleich, goldene Zeit. *Dasein ist Pflicht, und wär's ein Augenblick.* Nur selten hat Goethe solche Vollendung ausgesprochen; einmal auch im *Divan*, wo Suleika für Augenblicke den Vorschmack des Paradieses lebendig macht. Das große Preislied Arkadiens entspricht dem neuen inneren Zustand Fausts, der nur durch Helena in ihm geschaffen werden konnte, und leitet über zu der Szene, die sich nun anschließt und selbst in Arkadien spielt. — R. Alewyn, 1974, S. 267f. — Dorothea Lohmeyer 1975 S. 323ff. — Helene Herrmann S. 133f., 336f.: „Helena ... stets weiß sie ihr Geschick ihrem Wesen verbunden und fühlt es so immer wieder als ein gemäßes, gerechtes. Auf eine wunderbar beständige Weise gehört sie stets dem Augenblick an ... Heidnisch liebt sie das Leben, aber immer bleibt sie dabei Herrscherin und Halbgöttin ..., so bleibt, was sie tut, königlich und sie selber unerniedrigt ... So ist sie reinstes, in sich beruhendes Dasein und damit die volle Ergänzung zu Fausts ewig ausgreifendem Suchergeist. Denn ihre Eingegrenztheit ist nicht mehr Einschränkung von außen wie bei Gretchen, sondern

die Grenze, die das Wesen sich selbst unbewußt bestimmt aus dem
Lebensgesetz heraus. So kann Faust in ihrem Anblick endlich die Welt
einmal als ruhige, sichere Gegenwart halten. Ein solches Gefühl still
wachsender, gedeihender, in sich sicherer Existenz von der Pflanze
aufwärts bis zum Menschen bewegt wie ruhiges Aus- und Einatmen
die Sprache in den Versen, die Arkadien schildern ... Ruhig schil-
dernd steigen sie auf von der gesunden Schönheit körperlichen Daseins zu dem göttlichen Menschentum, das solchem Grunde ent-
wächst."

Schattiger Hain

Diese Szene, 9574ff., die Euphorion-Szene, schließt den dritten
Akt ab. Neben die vorigen Bilder von Palast und Burg tritt in ihr ein
drittes: Arkadien. Goethe hat die Szene durch die Einleitung *Der
Schauplatz verwandelt sich durchaus ... usw.* in ihrer Eigenart gekennzeichnet. Eine eigene Überschrift hat er ihr nicht gegeben. Einige
moderne Herausgeber haben von sich aus die Überschrift „Arkadien"
über die Szene gesetzt. Das ist dem Sinne nach richtig, aber nicht notwendig. Unser Text bleibt bei der Einrichtung der *Ausg. l. Hd.*, weil
deren Anweisungen genügen, um die Szene von der vorigen abzu-
heben. (Als Seitentitel ist in Übereinstimmung mit anderen modernen
Ausgaben die Bezeichnung *Schattiger Hain* gewählt.)

Es ist ein altes Motiv der Volksbücher, daß Helena Faust einen
Sohn schenkt. Ebenso wie Helena bei Goethe etwas völlig anderes bedeutet als in der alten Sage, so auch dieser Sohn, den Goethe Euphorion
nennt. Er hat viel Faustisches: er ist das Streben, die sich empor-
reckende Seele; aber er ist auch der Sohn Helenas: geformt, künstlerisch, im Augenblick lebend. Ähnlich wie Helena einmalige persönliche Gestalt ist und zugleich die antike Schönheit schlechthin, so ist
auch Euphorion dramatische Person und zugleich ein Allgemeines.
die Dichtung, und zwar die moderne Dichtung. Darum entspricht er
dem Knaben Lenker des 1. Akts. Aber weit über jenen hinaus wird er
individuelle Gestalt und hat eine Lebensgeschichte: Geburt — Spiel
— Jünglingstum — Liebe — Männlichkeit — Kriegertum — Tod;
er erreicht seine Grenzen, überschreitet sie (und gerade hier erscheint
er liebenswert und durchaus Fausts Sohn) und endet tragisch. Dieses
Geschehen erscheint in kurzen Bildern, die von dem Bezaubernden,
Leuchtenden ins Herbe und Tragische führen. Nirgends ist der Symbol-
stil so rein ausgeprägt wie hier. Am Ende wird Euphorion zum Kämpfer
für hohe Ziele, zum Krieger. *Man glaubt in dem Toten eine bekannte
Gestalt zu erblicken.* Und nun setzt der Chor mit einem Klagegesang
ein, der offenbar weniger auf eine allgemein gehaltene dramatische
Gestalt als vielmehr auf eine Porträtfigur zielt. Goethe hat gesagt,

wer jene *bekannte Gestalt* sei: Lord Byron. Er hatte sich im Alter daran
gewöhnt, für jedes Allgemeine sich einzelne Repräsentanten zu denken
(sie können als einzelne wechseln) und in jedem einzelnen ein Allgemeines zu sehn (besonders die *Maximen und Reflexionen* sprechen
darüber); darum konnte hier Euphorion zu Lord Byron werden. Denn
dieser ist der am ehesten zu nennende einzelne, der das widerspiegelt,
was Euphorion als verallgemeinernde Gestalt ist. In der Sprache des
Symbols hat diese Verwandlung nichts Erstaunliches. — Aus Fausts
glücklicher Vereinigung mit Helena entsteht ein Neues, und in diesem
lebt der Faustische Geist weiter. Für das arkadische Idyll aber bedeutet Euphorion eine sprengende Kraft. Durch das Neue, das er
bringt, wird diese Szene auch klanglich etwas völlig anderes als die
bisherigen Szenen des Akts. Zwar das Strebende, Drängende, aufs
Unbedingte Zielende in Euphorions Sprache ist Faustisch. Aber im
Gegensatz zu Fausts Sprache ist Euphorions Ausdruck Gesang oder
ist Sprache in klangvollen kurzen Liedzeilen, die von Saitenspiel begleitet sind. Und nicht minder weicht diese Szene von den maje-
stätischen Sprechversen Helenas ab; dort stand das Wort mit seiner
Inhaltsschwere im Vordergrund; jetzt, seit dem Entstehen Euphorions,
überwiegt das Klanglich-Melodiöse; Rhythmus und Reim erhalten ge-
steigerte Bedeutung; das Einzelwort verliert an Gewicht. Der Chor
wird zum Opernchor und singt den Klagesang in Reimstrophen. Erst
nach Euphorions Tode findet er wieder zu den antiken Formen zurück.
Der Schluß des Aktes führt alles zu Ende: die Euphorion-Handlung,
das Geschehen zwischen Faust und Helena und schließlich auch das
Schicksal von Helenas Umwelt. Ähnlich wie vorher die Walpurgisnacht eine Aufwärtsbewegung war von den Elementen zur Gestalt, ist
dieser Aktschluß eine Rückkehr ins Elementare. Und hier tritt nun
wieder der achttaktige Trochäus in Funktion wie vorher bei der Ängsti-
gungs-Szene (8909 ff.) und der Gefahr-Szene (9067 ff.); auch hier verkörpert er unablässige Bewegung, Mangel an Sicherheit, Chaos, feh-
lende Gestalt; er zerstiebt in eine Vielheit kleiner Parallelsätze und
klangvoller Worthäufungen und verkörpert so das entgestaltende Ins-
Element-Zerfließen der Choretiden. Aus dem Elementaren hatte sich
Helena herausgehoben: *einzigste Gestalt* (7439); auch Panthalis hob
sich heraus, wenn auch in großem Abstand; immerhin: *Nicht nur
Verdienst, auch Treue wahrt uns die Person.* (9984; bezeichnenderweise
ist dies noch im Trimeter gesagt.) Was ist Person hier? Entelechie,
emporstrebende organische Einheit, Monade ... Den Hintergrund
bilden religiöse Ahnungen Goethes, die er nur selten und dann nur
bildhaft andeutete (Sachregister „Unsterblichkeit"; an Zelter: 19. 3.
1827; zu Eckermann 1. 9. 1829), eine große Entelechie werde wohl auch
nach dem Tode als solche weiterbestehen, aber um dort fortan zielstrebig

emporzusteigen, müsse man schon hier eine solche strebende Monade sein; anderseits: *Wer keinen Namen sich erwarb noch Edles will, / Gehört den Elementen an* ... (9981 f.). Das Gestaltgewordene bleibt als Entelechie; die Choretiden, schon im Leben unpersönlich, elementisch, werden wieder Element. Und weil solche Verwandlung ins Natürlich-Wüchsige kosmischen Schauder mit sich bringt, erklingt am Ende der Dithyrambus des Dionysos-Mysteriums als kultische Feier des Elementaren. — Helene Herrmann, S. 316—351. — Emrich, S. 415—424. — Gundolf, S. 772—774.

9582 ff. Der Rhythmus wandelt sich aus dem Trimeter in den beweglich-raschen Achttakter, in welchem die Geburt Euphorions berichtet wird.

9603 ff. Das Motiv des Springens ist hinfort bezeichnend (geradezu Leitsymbol) für Euphorion, es ist die Fortsetzung des Faustischen Emporstrebens und wird zum Schluß zum Fliegen (entsprechend dem Faustischen Flug-Symbol 394 ff., 702 ff., 1074 ff., 1122 u. a. m.). Damit vereinigt sich das *Antäus*-Motiv (9611), das ebenfalls schon für Faust (7077) Anwendung fand: das Kraftschöpfen aus der Erde.

9623 f. Zum Motiv des Leuchtens um Euphorions Haupt vgl. die Anmerkung zu 9902 ff.

9629 ff. Nachdem Phorkyas die Geburt Euphorions in der arkadischen Grotte berichtet hat, spricht der Chor davon, daß ähnliches schon früher vorgekommen sei, und erzählt von der Geburt des Hermes, des *Sohns der Maja* (9644) und Jupiters; auch hier das Leichte, Spielende, Rasche, Wunderbare.

9648. *Strenget* = wickelt fest ein.

9669. *Trident*: Dreizack des Neptun.

9679 ff. Daß Phorkyas so bejahend über Musik spricht, liegt daran, daß diese Musik moderne Kunst ist, nicht griechische, und daß Phorkyas in diesem Akt stets Vertreterin des Abendländisch-Neuzeitlichen ist (wie z. B. auch 8754 ff. und 9017 ff.). Anschließend charakterisiert dann der Chor diese Musik, zunächst als *Schmeichelton*, dann aber als ein Finden des Höchsten *im eignen Herzen*: Die Innerlichkeit des Menschen schafft die Ordnung der Welt neu; Größe und Gefahr der modernen subjektiven Kunst (ohne daß der Gegensatz zu der alten objektiven weiter ausgeführt wird). Hierdurch erhält das Euphorion-Thema erst seinen besonderen Charakter.

9682. *Laßt es hin* = laßt es dahingehn, geht ihm nicht weiter nach.

9710. *Verein* = Verbindung, Zusammensein.

9711 ff. Wieder ein Umschwung im Metrum. Der eigentliche Euphorion-Rhythmus mit seiner Schnellkraft setzt ein. Euphorions Hang zum Unbedingten, das rücksichtslose Sich-Wagen, der Drang empor tritt nun immer stärker hervor.

9782. *Das widert mir* = das widerstrebt mir.

9798. *widerwärtig* = widerstrebend. Vgl. 8085 u. Anm. (Nachtrag).

9835 ff. Euphorion, Verkörperung der Poesie, wird nun zugleich zum Genius heroischen, sich wagenden Lebens, edlen Kampfes. Die Beziehung zu Lord Byron beginnt anzuklingen.

9897 f. *Doch! — und ein Flügelpaar | Faltet sich los!* Hierzu Helene Herrmann, S. 135 f.: „Der Abschluß dieser Szenen ist ein dichterischer Gipfel; Euphorions letzter Schrei von hinreißender Gewalt ... Dies *Doch!*, syntaktisch losgerissen, rhythmisch hinausgeschleudert mit der Gewalt seines Klanges, antwortet schon keiner irdischen Abmahnung mehr. Es ist schon eine Zwiesprache der verzückten Seele mit Mächten, die nur sie sieht und hört, ist ein Widerstand gegen alles, was verweigern will, der tragische Trotz, der ‚Ja‘ will, wo ewig ‚Nein‘ ist. *Dorthin! Ich muß! ich muß! | Gönnt mir den Flug!* Dies stammelnde Drängen, der Nachdruck des Wiederholens, die plötzlich erneute Wendung der Anrede ins Unbekannte hinein mit wieder fast kindlicher Bitte, das ist die höchste Steigerung eines immerfort anwachsenden Linienschwunges.“

9902 ff. *eine bekannte Gestalt*: Lord Byron. Das Wort *Aureole* erläuterte Goethe: *Aureole ist ein im Französischen gebräuchliches Wort, welches den Heiligenschein um die Häupter göttlicher oder vergötterter Personen andeutet. Dieser kommt ringförmig schon auf alten pompeianischen Gemälden ... vor. In den Gräbern der alten Christen fehlen sie nicht ... Hiedurch wird auf alle Fälle eine höhere geistige Kraft aus dem Haupte gleichsam emanierend und sichtbar werdend angedeutet ... Und so heißt es auch in „Helena“: Denn wie leuchtet's ihm zu Haupten? ... ist es Flamme übermächtiger Geisteskraft?* (9623 f.) *Und so kehrt denn diese Geistesflamme bei seinem Scheiden wieder in die höhern Regionen zurück.* (an C. J. L. Iken 27. September 1827.) Die Licht-Geist-Symbolik erscheint hier in unmittelbarer Verbindung mit der menschlichen Gestalt und ist nicht beschränkt auf christlich-kirchliche Motive. Vgl. 9900: *sein Haupt strahlt, ein Lichtschweif zieht nach.*

9907 ff. Es gehört zu den großartigsten klanglichen Symbolen dieses an Klängen so reichen Werks, wie das verhallende Wort Euphorions ... *nicht allein!* nun von dem Chor aufgenommen wird: *Nicht allein! — wo du auch weilest* ... und dabei in ein anderes rhythmisches Maß und zugleich in einen neuen geistigen Zusammenhang übertragen wird; dort ein „letztes Verhallen“, hier ein „voll schwellender Einsatz“ (Helene Herrmann, S. 345). Der Trauergesang ist deutlich auf Lord Byron bezogen, aber zugleich allgemein gehalten, zu Euphorion passend. Goethe, der in Byron einen dämonischen Menschen sah, dessen unerschöpfliches Künstlertum aus innerster Tiefe kommend

mit seiner ganzen Existenz verwachsen war, hat Byrons Werke seit
ihren Anfängen mit stärkster Anteilnahme verfolgt, ist später in persönliche Beziehungen zu ihm gekommen und hat ihn in zwei bedeutenden, tiefsinnigen Gedichten besungen (Bd. 1, S. 348 f. u. Anmkg.).
— J. G. Robertson, Goethe and Byron. London 1926. = Publ. of the
English Goethe Society. New Series, II. — Gundolf, S. 697—701.

9935. *erfrischet* = stimmt frisch an. — Es ist bezeichnend für
Goethes Art, wie dieser Klagesang endet. Erst der Tiefpunkt in düste-
rem Moll, die engen Grenzen des Menschseins aussprechend: *Wem
gelingt es?* — *Trübe Frage* ... Zum Schluß aber der Hinweis vom Tod
auf das Leben: *Denn der Boden zeugt sie wieder* ..., wobei leise das
Antäus-Motiv (9611) nachklingt. Das ohne Beziehungswort bleibende
sie ist eine der Hindeutungen des Spätstils, die der Hörer selbsttätig
weiterführen muß. Im Gedankengang ähnlich der Ausklang des Toten-
gesangs auf Mignon (*Lehrjahre VIII, 8*): *Schreitet, schreitet ins Leben
zurück!* ... (Bd. 7, S. 578,13 f.)

9939 f. Die Zeile 9939 lautete zunächst: *An mir bewährt sich leider
auch das alte Wort,* und für die folgende bietet die Handschrift folgende 10 Varianten:

> *Daß hoher Schönheit holdes Glück sich nicht gesellt.*
> *Daß daurend Glück die Schönheit nicht begleiten mag.*
> *Daß nie vom Glück begleitet sei die schönste Frau.*
> *Erfreuen darf sich nie die Schönheit großen Glücks.*
> *Die schönste Frau entbehrt gewiß des süßen Glücks.*
> *Nie war ein daurend Glück der Schönsten zugeteilt.*
> *Ein daurend Glück entbehret stets die schönste Frau.*
> *Daß dauerhaft sich Glück und Schönheit nicht vereint.*
> *Daß Glück und Schönheit lange nicht zusammengehn.*
> *Vor allem unglückselig ist die schönste Frau.*

Die Verse 9939—9944 sind Helenas erste Worte nach Euphorions Tod,
zugleich ihre Abschiedsworte an Faust; königlich groß wie alles an ihr,
wieder Trimeter, das Persönliche an einer allgemeinen Ordnung mes-
send, in maßvoller Strenge und zugleich durchzittert von innerstem
gefühltestem Leid. — Helene Herrmann, S. 136: „*Laß mich im düstern
Reich,* / *Mutter, mich nicht allein!* Aus dem letzten Wort, *allein,* das
echoweit verhallt, steigt wie ein langsam anschwellender Orgelton die
‚Nänie‘ des Chors. Sie beginnt im Klageton menschlicher Trauer, sie
steigt ins Gefühl tragischen Schicksals und endlich bis hinauf in jene
letzte groß-vertrauende Heiterkeit, die nur dem ganz erschütterten
Geiste zuteil wird ... Aus diesem Hinströmen leidbewegter Stimmen
aber hebt sich nun eine einzige Stimme, klar wie ein Bildwerk und
doch leicht wie ein Hauch: Helenas Abschiedswort. Gegliedert, be-

sonnen, gehalten gibt es noch einmal die Erscheinung ganz, nur mit einem ergreifenden Ton menschennaher Trauer, hier zum ersten Mal. Es hat jenen Vers, der nach zehnmaliger Feile endlich dasteht in der reinen Durchsichtigkeit hüllenloser Gegensätze (9940), und hat jenen letzten, der so volltönenden Halles ist, der den klangvollen Namen der Totengöttin so rhythmisiert, daß er zu einer feierlichen Majestät der Klage wird: *Persephoneia, nimm den Knaben auf und mich!*"

9945 ff. *Halte fest* ... Hierzu Kommerell, S. 60: „Wenn Mephistopheles ... ganz in Umkehr seines Wesens und seiner Absicht Fausten Helenens Gewande überreicht, damit sie ihn über das Gemeine hinwegtragen, so muß man dies nicht auf eine gewundene Weise mit der Teufelheit reimen, sondern darin die Macht des Stils begreifen, der gegen Schluß auch das Widerspenstige in den großen Ton der heroischen Barockoper auflöst und gelegentlich dem Mephisto nicht aus dessen Geist, sondern aus dem Geist der Szene die Rolle des idealen Sprechers zuweist."

9954. *Helenens Gewande lösen sich in Wolken auf* ... Hinter diesem groß gesehenen Bilde steht die Goethesche Wolken-Symbolik (Bd. 14, Sachregister „Wolke" mit 34 Belegen). — R. Alewyn, Probleme und Gestalten, 1974, S. 268: „Wie es überhaupt schon unrichtig ist, die *Faust*-Dichtung nur von ihrem Ziele aus und nicht auch jedes Glied für sich selbst zu betrachten, so täte man nirgends mehr als hier unrecht, in der Vergänglichkeit dieser Verbindung einen Einwand zu sehen. Das vollkommene Glück ist vergänglich nur von außen betrachtet, für den Glücklichen ist es reine Gegenwart, als Zeit nicht zu messen. So endet dieses Glück, endet ohne Folge und — einzig bei Goethe — weder in Entsagung, die eine Reifung, noch in Schuld, die eine Erlösung wirkt. Darin liegt für den nördlichen Menschen allerdings die Scheinhaftigkeit, aber das ist nur die Art, wie das Griechische wirklich ist." — Gundolf S. 771: „Durch Fausts Wesen ist auch hier das Verweilen unmöglich. Was er besitzen kann, muß er auch überwinden, und sein Gesetz (darum versinkt die Helena-Welt) ist nicht das ruhige, selbstgenugsame Sein im Raum — Helena und Arkadien —, sondern das Werden und Wirken in der Zeit: das selbstgenugsame Sein kann er wohl begehren, mit ihm zeugen, aber nicht behalten. Die Schönheit ist ein Gut, keine Form seines Lebens." — Dorothea Lohmeyer, 1975, S. 362: „Weshalb ist der Tod der Mutter die notwendige Konsequenz aus dem Sterben des Sohnes? Weil Euphorion Helenas geschichtliches Schicksal ist. Ihr Dasein in der Neuzeit besteht in seinem Leben; das moderne In-Erscheinung-Treten antiker Schönheit ist aktualisiert in dem Dasein dieses poetischen Geistes. Helenas neuzeitliche Gegenwart und ihre Realisierung in Euphorion sind identisch. Der Text weist ... auf diese Identität hin (9717—22, 9729—34)."

9955. *Exuvien*: das einem anderen Abgenommene (Gewand, Rüstung usw.). — Zu 9955 ff. Erich Schmidt: „Satire auf Byrons Nachahmer ohne Genieflamme." Natürlich auch verallgemeinernd.

9975. Die Hades-Schilderung bringt Motive aus Homer; dort auch die mit *Asphodelos* bewachsenen *Wiesen*.

9981 ff. Die Faust-Helena-Handlung ist beendet. Daß das Schicksal der Mägde und der Chorführerin noch zu Ende geführt wird, beweist, daß diese Szene für den Symbolzusammenhang Bedeutung hat. Das Thema Zeitlichkeit und Überzeitlichkeit, Elementares und Geistiges, Natur und Entelechie, Chaos und Person erscheint nochmals in neuer Spiegelung.

9992 ff. Einige der Choretiden werden zu Bäumen, Baumnymphen, Dryaden; andere zu Bergnymphen, Oreaden (9999 ff.); wieder andere zu Quellnymphen, Najaden (10005 ff.); die letzten werden zu Weinpflanzen, Nymphen des Weinstocks, Bacchantinnen (10011 ff.). — Formanalyse: Helene Herrmann, S. 346—350.

10033. *öhrig Tier*: der Esel des Silen.

10038. *Phorkyas im Proszenium*. Hierzu Kommerell, S. 64: „Was aber ist ... das Ende, die Schlußpantomime der sich groß aufrichtenden, dann von den Kothurnen steigenden Phorkyas? Die Worte, die nach Goethes Aufforderung aus dieser Pantomime zu ziehen sind, lauten vielleicht: ‚Das war das Ganze — es war Magie. Und — wennschon ich Helena mit Faust verkuppelte durch Todesfurcht und Kriegsgeschrei — was war Magie anderes als ein Zauber des Herzens, das Jahrhunderte vertauscht und das Totenreich öffnet — aber nicht bemerkt, daß es bei allem mit sich selbst allein war. Bricht es daran nicht, so bricht es bald an anderem. Ich aber stand dabei und niemand kannte mich: ich, die bewiesene Unwirklichkeit dieses Spiels, ich, die bewiesene Unwiederholbarkeit des Vergangenen, ich, die bewiesene Unverrückbarkeit des christlichen Moments, dem mit dem Urbild der antiken Schönheit nur Schattenheirat und Schattenzeugung möglich ist.'"

VIERTER AKT

Mit dem Ende des 3. Akts hat das *Faust*-Drama einen Höhepunkt erreicht. Die Helena-Tragödie ist beendet, die Tragödie der Begegnung mit der höchsten Schönheit des Altertums. Damit ist neben die Tragödie des Erkennenden und des Liebenden die des künstlerisch Schauenden und Gestaltenden getreten; die Grenzen des Menschseins sind überall in gleicher Weise offenbar geworden. Wenig hervorgetreten ist aber bisher ein Gebiet, an das man als Lebensfeld eines strebenden Geistes vielleicht am ehesten denken könnte: das tätige

Leben, das Handeln im Kleinen und Großen im gesellschaftlichen Gefüge zwischen anderen Menschen. Es kann Guttat und Idealismus sein, es kann zu Ichsucht und Bösheit werden, es ist, wie alles, gespannt zwischen Licht und Dunkel, und nie ergreift der Mensch es völlig rein. Im Leben dieser Art steht Faust im 5. Akt in einigen großen symbolischen Situationen; er nähert sich ihm im 4. Akt; auch abgetrennt von ihm erhält es hier in einer Reihe von Bildern Gestalt. Später, im 5. Akt, findet das Bild des Menschen und des gesellschaftlichen Gefüges seinen symbolischen Ausdruck in der Darstellung der Bewohner des Polderlandes hinter den Deichen. Der Mensch errichtet einen „Damm" gegen das Elementare, das ihn sonst vernichten würde. Er tut das in Gemeinschaft. Es gehört dazu stetige, ruhige, mühsame Arbeit: gleichmäßige Pflege des Deiches, Bearbeitung des dahinter gelegenen Bauernlandes im Rhythmus der Jahreszeiten. Das Bild des sozialen Gefüges ist hier mit dem der Landschaft verbunden. Das Gegenbild ist Krieg, Aufruhr, Gewaltsamkeit. Diese zeigt der 4. Akt, politisch als Kriegsgeschehen, geologisch als Vulkanismus. Genau wie in der Klassischen Walpurgisnacht (7519ff.) ist also die Polarität des Gewaltsamen und des Wachsenden wieder auf verschiedenen Gebieten zugleich gezeigt. Das erhellt bereits aus einem Schema, das Goethe zu diesem Akt am 16. Mai 1831 niedergeschrieben hat:

Faust aus der Wolke im Hochgebirg. Siebenmeilen-Stiefeln. Mephisto steigt aus. Sagt, Faust habe nun die Reiche der Welt und ihre Herrlichkeit gesehen. Ob er sich etwas ausgesucht habe. Faust läßt den Schein der Welt am Sonnentage gelten. Jener schildert die Zustände der besitzenden Menschen. Faust hat immer etwas Widerwärtiges. Mephistopheles schildert ein Sardanapalisches Leben. Faust entgegnet durch Schilderung der Revolte. Beneidenswert sind ihm die Anwohner des Meeresufers, das sie der Flut abgewinnen wollen. Zu diesen will er sich gesellen. Erst bilden und schaffen. Vorzüge der menschlichen Gesellschaft in ihren Anfängen. Mephistopheles läßt's gelten, zeigt die Gelegenheit dazu ...

Faust schildert mit Abscheu eine *Revolte* und bringt als Gegenbeispiel *die Anwohner des Meeresufers, das sie der Flut abgewinnen wollen.* Und zur Charakteristik dessen, was er mit ihnen zusammen leisten will, dienen die Worte: *Erst bilden und schaffen.* In diesem Aufbauen und wachstümlichen Erarbeiten verkörpern diejenigen, welche das neu erworbene Land fruchtbar machen, *die menschliche Gesellschaft in ihren Anfängen.* — Mephistopheles zeigt nun, wie Faust zu diesem Ziele gelangen kann. Der Kaiser ist in Not, Faust soll ihm helfen und dafür als Dank das Meeresufer zum Lehen erhalten. Das geschieht. Aber bis Faust zum Erbauer des Deiches wird, ereignet sich vielerlei. Es dient nicht alles dazu, die Handlung diesem Ziele zuzuführen. Aber es dient alles dazu, etwas zu dem Thema Vulkanisches und Neptuni-

sches, Gewaltsames und Wachstümliches, *Gesellschaft in ihren Anfängen* und Gesellschaft in ihrer Kompliziertheit, tätiges Leben als
Feld des Guten und des Bösen zu sagen. Als Faust seinen Plan des
Landes aus Meeresboden entwickelt, spricht er zugleich von einem
edlen Herrscherideal (10252ff.); *Genießen macht gemein.* Die Herrscher-
tragödie beginnt mit hohen Zielen, dann führt sie in tiefe Nie-
derungen (im Anfang des 5. Akts), und von da erfolgt dann die Umkehr — es ist im Großen der gleiche Verlauf wie in der Liebestragödie.
Gegen Fausts Sehnsuchtsbild stellt Mephistopheles Wirklichkeit und
Verlockung (10135ff.), und dann folgen die Bilder des Kaisertums:
ein Kaiser in Not — ein Gegenkaiser — ein leerer Thron — Besitz-
ergreifung des angestammten Herrschers — Ämterverteilung; symbolische Szenen, gelegentlich noch überhöht durch ein heraldisches
Emblem (Adler und Greif 10624ff.). Die Verteilung der Reichsämter
ist gewichtig und zeremoniell. Mit diesen Szenen führt das Drama
über die Bilder des 1. Akts hinaus innerhalb der Welt höchster ge-
sellschaftlicher Höhe ins Staatliche und Politische hinein. Wie ist dabei
Anerkennung und Kritik, Zugeständnis und Ironie gemischt! Der
Kaiser leichtsinnig, der Kanzler ein diplomatischer Kleriker, das ganze
Staatsgefüge schwerfällig, die Macht ohne Grundlage — und doch:
es muß sein, Majestät, Thron und Pomp, huldigungheischend und
ehrfurchterweckend, Kanzleisprache und Paragraphentum. Es sind die
unentbehrlichen Gitter in einem Bereich, in dem die Tierheit des
Menschen sonst ungehemmt sich austoben würde und alle, *groß und
klein sich kreuz und quer befehdeten* ... (10262ff.). Es ist der Deich
gegen das Elementare, Vulkanische. Ironisch und gallig spottet der
alte Dichter (wie gelegentlich in seinen Sprüchen, Bd. 1, S. 330ff.),
und zugleich wieder begütigend setzt er die großen prächtigen Bilder
einer Ordnung, die nicht vermißt werden kann. Man soll nicht trauern,
daß sie ist, wie sie ist, sondern lieber lächeln: der 4. Akt endet mit
Humor. Es kann andere Ordnungen geben, aber jede wird an irgendeinem Punkte kranken, wie diese. Auch die Kirche, aus deren Kultur
im 5. Akt dann so wesentliche, tiefe Motive entnommen werden, kommt
hier, wo es um ihre weltliche Seite geht, nicht ungeschoren davon.
Es war notwendig, zwischen die geballte Problematik des 3. und des
5. Akts etwas Leichteres einzuschieben. Dazu dient dieser Akt, dessen
Schlußszene sich in Humor und Ironie zu starker Theaterwirkung
steigert.

Als Form herrscht anfangs noch der antikisierende Trimeter, Faust
ist gleichsam noch in der Wolke Helenas. Dann aber tritt er aus ihr
in die Wirklichkeit, und hier ist dann auch Mephistopheles wieder da
und mit ihm der Madrigalvers (10067ff.). Später unterbrechen die
Kundschafter mit raschen Kurzversen, ebenso Habebald und Eilebeute.

Die Szenen zwischen Kaiser, Kurfürsten und Kanzler aber, im Gefüge der alten Reichsordnung bleibend, benutzen den Alexandriner, barock, großartig, etwas steif. Goethe hat ihn nicht immer regelmäßig gebaut. Mit diesen Bildern schließt der Akt. Sie sagen symbolisch: so ist das Gefüge der Gesellschaft, des Reichs, im Negativen wie im Positiven. Das anzudeuten, war wichtiger als ein Bild, das nur der Handlung gedient hätte: Fausts Belehnung mit dem Meeresstrande. Das ließ sich nebenher in zwei Zeilen sagen. (11035f.; die Belehnungsszene selbst fehlt.) Die Sprache greift da, wo sie rohe Gewalt symbolisiert, hart ins Vulgäre (10331ff., 10511ff., 10783ff.) und später, wo die Ordnung sich ausspricht, weit ins Umständlich-Trockene der Kanzlei. Gibt es nur jenes oder dies? Wo ist dazwischen das eigentliche Leben? Diese Frage weist in den 5. Akt voraus.

Der 4. Akt entstand fast ganz im Jahre 1831. Er ist das Letzte, was Goethe an der *Faust*-Dichtung fertig machte. Er beginnt auf dem *Hochgebirg* und führt dann zum *Vorgebirg*, wo von den Bergen aus die Schlacht gegen die anmarschierende Macht des Gegenkaisers geschlagen wird. Mit welcher Klarheit hat die Bildphantasie des 81jährigen diese Szenen aufgebaut! Zum Schluß schrieb er die Belehnungsszene. Jugenderinnerungen tauchten auf. Als Knabe hatte er die Kaiserkrönung miterlebt und sich für die Einrichtungen des Reiches knabenhaft-bildhaft interessiert. Er erzählt davon in *Dichtung und Wahrheit* (Bd. 9, S. 178ff.) und berichtet dort ferner über Johann Daniel Olenschlager, einen Freund des Hauses, der ihm und anderen Kindern und Jugendlichen beim häuslichen Theaterspielen half. *Ich war um ihn, als er eben seine „Erläuterung der Güldnen Bulle" schrieb; da er mir denn den Wert und die Würde dieses Dokuments sehr deutlich herauszusetzen wußte.* (Bd. 9, S. 158, 1—4.) Das Buch muß ihm damals starken Eindruck gemacht haben, denn er erzählt weiter, daß er den Anfang der „Goldenen Bulle" auswendig lernte und die Erwachsenen zum Lächeln reizte, wenn er plötzlich begann: *Omne regnum in se divisum desolabitur* ... Jetzt entlieh er sich am 14. Juli 1831 das in den Knabenjahren studierte Buch aus der Weimarer Bibliothek (J. D. Olenschlager, Neue Erläuterung der Goldenen Bulle. Frankfurt a. M., 1766). Er schlug nach, was darin über die Kurfürsten steht, über Gerichtsfreiheit, Abgaben, Zoll und Wegschutz, Bergrecht und Münzrecht, und er nutzte es bis in Kleinigkeiten für seine Szene. Er erzählt in *Dichtung und Wahrheit* über das Buch und die mündlichen Erläuterungen Olenschlagers: *... dadurch wurde meine Einbildungskraft in jene wilden und unruhigen Zeiten zurückgeführt, daß ich nicht unterlassen konnte, dasjenige, was er mir geschichtlich erzählte, gleichsam als gegenwärtig, mit Ausmalung der Charakter und Umstände und manchmal sogar mimisch darzustellen* .. (Bd. 9, S. 158,4—9.) Der Knabe freilich konnte damals solchen

Stoff dichterisch-dramatisch noch nicht bewältigen; jetzt, im höchsten Alter, kehrte er zu ihm zurück, und er benutzte sogar den Vers, der ihm in den Knabenjahren als einzig würdiger Dramenvers gegolten hatte, den barocken Alexandriner. Viel also wurde in diesem Jahre 1831 vollendet; nicht nur die Arbeit der letzten Jahre, nicht nur, was er in seinem Sturm und Drang begonnen hatte; der Bogen spannt noch weiter, so weit, wie es überhaupt in einem Menschenleben möglich ist.

Emrich, S. 432—463. — v. Wiese, S. 159f. — Helene Herrmann, S. 101. — Kurt May, S. 200—222.

Hochgebirg

10039—10066. Goethe hat sich zu dem 4. Akt Schemata gemacht, die in einigen Punkten das Dargestellte noch schärfer sehen lassen. Eins dieser Schemata lautet: *Paralogus. Im Proszenium. Faust. Wolke Helena Gretchen. Mephistopheles. Konfusion im Reich. Töriger Kaiser ... — Mephistopheles im rauhen Gebirge mit Siebenmeilenstiefeln der Wolke nachschreitend. Sie sinkt nieder ... Die Wolke steigt halb als Helena nach Südosten, halb als Gretchen nach Nordwesten. Erwachen ...* Dieses Schema gibt die Gewißheit, daß am Ende des Monologs — die ausgeführte Fassung bleibt bei zarter Andeutung — Gretchen gemeint sei. Die Wolken-Symbolik vom Ende der vorigen Szene (9954 f.) wird fortgeführt, wieder die Frage bringend: was ist Wolke? Das Leichteste des Irdischen, das Geistigste, Lichtdurchflossenste: Wolke ist Idee, Kunst, Liebe ... Faust kommt aus der Wolke auf die Erde. Er ist im 4. und 5. Akt auf der Erde, ist tätiger Mann, Herrscher. Er verläßt die Wolke, sie war das Helena-Erlebnis, ein Umgebensein von einem Schleier, weltentrückt; er war in einer anderen Welt, hinausgehoben über die, welche er jetzt betritt; war er es schon je vorher? Einmal, als er Gretchen liebte; auch da gab es Entgrenzung des Ich, Augenblick, der einer Ewigkeit angehörte. Zwei Gipfel des Seins, zweimal umgeben von dem Schleier, der Wolke, die den Menschen dem Irdischen entzieht und emporhebt und die zuletzt sich in Himmelsklarheit auflöst. Diese Wolken haben religiöse Funktion wie die im Gedicht *Ganymed.* Zweimal war Faust über sich hinausgehoben, beide Male durch Frauengestalten: Gretchen und Helena. Was war das Entgrenzende? Die Liebe; sie allein hebt empor. Wenn der Mensch dereinst nach dem Tode emporgehoben wird in göttliche Regionen — was kann es sein als Liebe, eine höhere Liebe? Hier war es das Weibliche, dort muß es das höhere Weibliche sein, das Ewig-Liebende ... So weist dieser große Monolog auf den Schluß voraus, wo dieser Aufstieg sich vollzieht. Und er weist zugleich zurück auf Fausts Leben mit seinen zwei Höhepunkten der entgrenzenden Liebe. Die Wolke, die

Faust verläßt, steigt nach Osten empor; kann es anders sein, als daß sie nun auf die Gestalt hinweist, die er in dieser Wolke erlebte, auf Helena? Und sodann: muß nicht neben diese nun auch jene andere treten — *jugenderstes, längstentbehrtes höchstes Gut?* Es ist einer der großen Wendepunkte und Sammelpunkte (wie der Anfangsmonolog des 2. Teils, 4679—4727), eine der größten und zugleich zartesten Partien des Werks. Bedeutsam jedes Wort, so gleich das erste landschaftsbezeichnende Wort *Einsamkeit,* wie vorher das Wort *Hochgebirg,* beides ist für diesen weitblickenden einsamen Monolog Sinnbild innerer Verfassung (das Gebirge im Anfang des 1. Aktes war anmutiges Tal, hier sind es *starre zackige Gipfel*). Bemerkenswert auch in Vers 10064 das Wort *steigert,* es ist eines der kurzen Formelwörter, in die Goethe Grundanschauungen seines Weltbildes zusammenzog; *Steigerung* ist für ihn das Zurückfließen der Welt in Gott und Emporentwicklung jeder Entelechie in Richtung zur Weltseele. Die Symbolik bringt nicht etwa mit sich, daß das Bild der Wolken allgemein bliebe. Es ist naturbetrachtend genau gesehen. Die erste Wolke ist *geballt* (10044), *breit und aufgetürmt ruhend* (10052f.), eine Kumulus-Wolke. Das Howard-Gedicht sagt über sie: *Steht Wolke hoch, zum Herrlichsten geballt, | Verkündet, festgebildet, Machtgewalt ...* Ist dieses Geformte, Großartige nicht typisch für Helena? Verkündend Machtgewalt antiker Schönheit, Helenas und ihres Vaters Zeus? Geformt auch noch in göttlichen Sphären? Anders die andere Wolke: Sie *steigt leicht und zaudernd hoch und höher auf* (10057), *erhebt sich in den Äther hin* (10065). Es ist die Cirrus-Wolke, von der das Howard-Gedicht sagt: *Doch immer höher steigt der edle Drang! | Erlösung ist ein himmlisch leichter Zwang ... So fließt zuletzt, was unten leicht entstand, | Dem Vater oben still in Schoß und Hand ...* Die Cirrus-Wolke wird zum Symbol einer christlichen Liebe. Nicht das Gestalthaft-Großartige wie bei der Kumulus-Wolke; sondern das Höhersteigen und Zerfließen in Glanz und Himmelsklarheit; in der Mitte zwischen Naturwissenschaftlichem und Religiösem bleibend, benutzt das Wolkengedicht hier das Wort *Erlösung.* Diese Cirrus-Wolke wird zum Symbol Gretchens. War das Bild Gretchens am Ende des 1. Teils noch ganz irdisch, aber ins Göttliche hinweisend, und ist ihr Bild am Ende des 2. Teils ganz verklärt, in göttliche Regionen gewandelt, so steht diese Stelle — die einzige, an der zwischen jenen beiden von Gretchen die Rede ist — genau dazwischen: noch irdisch, aber völlig zur Steigerung geworden, vergeistigt, Symbol des Emporsteigens in den Glanz des Äthers. — Worte wie *zerstiebend, geballt* sind zugleich Symbolbezeichnungen und fachliche Charakteristika der naturwissenschaftlichen Wolkenlehre. — 10056 *erheiternd* im Zusammenhang der besonderen Bedeutung, die das Wort *heiter* bei Goethe hat: klärend, vergeistigend; *schmeichelhaft*

ın der Bedeutung: Gütiges tuend, wohltuend; „der Begriff des an-
schmiegenden Liebkosens tritt deutlich hervor" (Dt. Wb. 9, 1899,
Sp. 977). — In Vers 10063 hat *überglänzte* die Bedeutung „überglänzen
würde". Irrealis durch Indikativ des Präteritums wie *Faust* 11961;
Bd. 1, S. 77 Vers 226; Bd. 2, S. 59 Nr. 54; S. 257, 8—13; S. 458
Vers 77 f. Dazu: H. Paul, Dt. Grammatik IV § 463. Paul, Kurze dt.
Grammatik, bearb. von H. Stolte, 1962. § 257. — Zu Goethes Wolken-
Symbolik: insbes. die Gedichte *Ganymed* und *Howards Ehrengedächtnis*
(Bd. 1, S. 46 u. 350 u. Anm.) und Bd. 14, Sachregister „Wolke". —
Obenauer S. 112—121. — Kommerell S. 66.

10075 ff. Mephistopheles trägt die Lehren des Plutonismus vor.
Vgl. 7851 ff. und die Anmerkung dazu.

10094. *Ephes. 6, 12.* Hier wie auch an einigen anderen folgenden
Stellen stehen Hinweise auf Bibelstellen (10131, 10322 f., 11287 u. a. m.);
nach Erich Schmidts Angabe im Lesarten-Teil der Weim. Ausg. hat
Goethe selbst diese Hinweise hinzugesetzt. Die Bibel war ihm stets
geläufig, er zog gern Bilder aus ihr heran als Beispiele für Urerschei-
nungen des Lebens, die sich immer wiederholen, und er hat sich selbst
als *bibelfest* bezeichnet im Vergleich mit Hafis, der in ähnlicher Weise
den Koran im Kopfe hatte (*Divan, Buch Hafis*, Einleitungsgedicht *Bei-
name*; Bd. 2, S. 20 und 157,30 ff.)

10109. *Moloch*, im Alten Testament ein Götze der Ammoniter
(3. Mos. 18, 21), auch bei Milton (I, 392) vorkommend und bei Klopstock (Messias 2, 352 ff.), wo er ein böser Geist ist (wie Belial) und in
den Bergen lebt.

10131. Matth. 4, 8: „Wiederum führte ihn der Teufel mit sich auf
einen sehr hohen Berg und zeigte ihm alle Reiche der Welt und ihre
Herrlichkeit." (Luther.)

10135 ff. Schon hier im Bilde der Stadt beginnt die Thematik:
Gemeinschaft als Qual und als Freiheit, als Notdurft und Idee, mephistophelisch und faustisch gesehen, Bürger und Fürst, Masse und Einzelner.

10176. *Sardanapal*, sagenhafter assyrischer König in Ninive, angeblich besonders schwelgerisch und weichlich. Lord Byron veröffentlichte 1821 ein Drama „Sardanapalus", durch das dieser Stoff besonders
bekannt wurde. Auch Goethes Erwähnung geht wohl auf Byron zurück.

10193. *Was weißt du, was der Mensch begehrt?* Durchaus Wiederholung des Motivs: *Ward eines Menschen Geist in seinem hohen Streben /
Von deinesgleichen je gefaßt?* (1676 f.). Bevor die Herrschertragödie beginnt — und sie beginnt 5 Zeilen danach: *Mein Auge war aufs hohe
Meer gezogen —*, wird also die grundsätzliche Frage noch einmal gestellt, genau wie vor der Liebestragödie.

10215. *widerlich.* Wasser und Land sind Polarität, das Land also das andersgeartete, widerstrebende (= *widerliche*) Element.

10252ff. In seinen *Maximen und Reflexionen* schreibt Goethe: *Herrschen und Genießen geht nicht zusammen. Genießen heißt, sich und andern in Fröhlichkeit angehören; herrschen heißt, sich und andern im ernstlichsten Sinne wohltätig sein.* (Bd. 12, S. 378, Nr. 101.)

10302. *bei großen Sinnen.* Das Wort *Sinn* hat bei Goethe gelegentlich die Bedeutung: Gedanke, Begehren, Bestreben. Mephistopheles rät, das große Ziel fest ins Auge zu fassen, damit Faust durch die Mittel — er hat richtig das Gefühl, Faust werde von diesen nicht eben erbaut sein — nicht davon abgezogen werde.

10321. *Peter Squenz* ist bei Andreas Gryphius ein Handwerker, der mit erbärmlichen Kumpanen eine Theateraufführung veranstaltet. Den Stoff zu dem Lustspiel „Peter Squenz" entnahm Gryphius aus Shakespeares „Sommernachtstraum". — *Praß* = Haufe wertloser Personen oder Sachen.

10323. *Die drei Gewaltigen.* Mephistopheles sagt ein paar Zeilen weiter: *Und, allegorisch wie die Lumpe sind* ... Es gab in den vorigen Akten schon Allegorien, so war der Knabe Lenker die Allegorie der Poesie. Wir treten in die Sphäre der Gewalt, des Krieges ein. Sie verkörpert sich in diesen Gestalten. Und da es eine Welt ist, die es schon immer gab, wählt Goethe alte biblische Typen; 2. Sam. 23, 8—13 werden drei hervorragende Kriegshelden genannt; Jesaia 8, 1—3 kommen die Namen Raubebald und Eilebeute vor. Doch vergleicht man die Bibelstellen, so sieht man nur wieder, wie wenig sie hergaben: diese Gestalten sind gänzlich Goethes Schöpfung, und es bleibt bewundernswert, wie sie, die als Allegorien eingeführt sind, nachdem sie den Mund zu kurzen Reden geöffnet haben, plötzlich mehr als Allegorien sind: man glaubt ihre Bewegungen zu sehen und in ihnen Gewalten zu spüren, die nur allzu wirklich sind, so wirklich und bedrohlich, daß ihre Worte Schauder und Grauen hinterlassen. Und damit ist das Entsetzliche der Welt, in die Faust nun eintritt, gekennzeichnet, wie vorher im Gedanken des neuzuschaffenden Landes (10198ff.) und im Herrscherideal (10252ff.) das Große und Hohe. Noch sind erst die Maßstäbe da; ein weites Kraftfeld; schon fängt es an, sich mit Geschehen zu füllen: im Tal marschiert man auf zur Schlacht, und Mephistopheles ist am Werk.

Auf dem Vorgebirg

10360. *Phalanx*: Schlachtordnung. Goethe benutzt das Wort, das wir nach griechischem Gebrauch als Femininum behandeln, als Masculinum, wie es im 18. Jahrhundert üblich war.

10413. *Ringspiel*: Ringelrennen, Ringelstechen, ein Turniergebrauch des 16. Jahrhunderts.

10417—10422. Der Kaiser erinnert an seine inneren Erlebnisse bei dem durch Mephistos und Fausts magische Künste geschaffenen Flammenzauber der Mummenschanz (5989—6002), die sein Selbstgefühl so sehr bestärkten.

10425. Das *Bergvolk*, von dem Faust spricht, sind, wie aus seinen folgenden Worten hervorgeht, die Berggeister, Wichtelmänner usw.

10439. *Der Nekromant von Norcia*. Um sich und seine magischen Helfer einzuführen, erzählt Faust eine Geschichte, deren Anfang Wahrheit, deren Schluß Erfindung ist. Sie wird in den Versen 10603—10619 und 10987—10990 fortgesetzt. In Rom war ein Zauberer aus Norcia im Sabinergebirge zum Tode verurteilt. Eben damals befand sich der Kaiser in Rom zu seiner Krönung. Anschließend an diese hatte er das Recht, jemanden zu begnadigen, und er ließ es diesem Zauberer zuteil werden. Faust fügt hinzu, der Zauberer sei dem Kaiser nun zeitlebens dankbar und sende ihm daher jetzt, da ihm Gefahr drohe, die Berggeister zu Hilfe. Die Geschichte ist richtig berechnet, um dem Kaiser zu gefallen, denn sie stellt seine Geltung und Wirkung in den Mittelpunkt. — Goethe war durch seine Cellini-Übersetzung darauf aufmerksam geworden, daß Norcia als Zauberer-Nest galt.

10574. *Gewehre* in der alten Bedeutung: Waffen aller Art.

10584ff. *Nebelstreifen*: Fata Morgana. 10596 *Flämmchen*: Geisterflammen wie das Sankt-Elms-Feuer; sah man es im Altertum am Mast eines Schiffs, so betrachtete man es als Zeichen der Gunst der Dioskuren, die Schützer der Schiffahrt waren. Daran erinnert Faust in den folgenden Zeilen. — Vgl. auch 11125.

10606f. *dem Meister*: gemeint ist der Nekromant von Norcia, von dem 10439ff. die Rede war.

10625. *Greif*, Fabeltier mit Flügeln, Adlerkopf und Löwenleib; Motiv auf babylonischen und altgriechischen Bildwerken, auch häufig in Kunst und Literatur des Mittelalters, besonders auch in der Heraldik, und insofern hier allegorisch für den Gegenkaiser, während der Adler der Vogel des Kaisers ist.

Des Gegenkaisers Zelt

10828. *Kontribution* wird von den Heerführern der Bevölkerung eines eroberten Gebietes abverlangt. Habebald sagt: Dort, wenn die Großen es tun und es den Feinden abgepreßt wird, nennt ihr es *Redlichkeit*, hier, wenn die Kleinen es tun und es sich um Beute handelt, nennt ihr es Diebstahl.

10849. *Es sei nun, wie ihm sei ...* Die Alexandriner setzen ein. Schon der erste Vers kennzeichnet den Kaiser; ihm war bei den ma-

gischen Helfern nicht wohl, aber die Hauptsache ist ihm, daß die
Schlacht gewonnen ist. Dieses „zwar — aber" wird durch die formale
Antithetik des Versmaßes herausgehoben.

10871—10930. Die Verleihung der Reichsämter an die vier weltlichen Kurfürsten, anschließend an die „Goldene Bulle", das von
Karl IV. im Jahre 1356 erlassene Grundgesetz des Reiches. Der Zusammenhang bringt mit sich, daß die folgende Partie aus der amt-
lichen Sprache schöpft: 10927 *Gift* = Gabe; 10942 *Anfall* = zufal-
lendes Erbe; 10947 und 11024 *Beth'* (Bede) = Abgabe von Naturalien;
Geleit = Straßenzoll.

10931. *Der Erzbischof tritt auf.* Im Folgenden wird er dann *Erzkanzler* genannt. Er ist beides zugleich, denn nach der Verfassung des
alten Deutschen Reichs hatte der Erzbischof von Mainz, ein geistlicher
Fürst, die oberste Stelle unter den Kurfürsten und war Erzkanzler des
Reichs. Goethe setzte das als bekannt voraus. Neuere Ausgaben haben
z. T. überall das Wort *Erzbischof* eingesetzt oder in der Regieanweisung
die Formulierung *Erzbischof-Erzkanzler* gewählt, die bei Goethe nur an
einer Stelle in der Handschrift vorkommt (vor Vers 10977; Weim.
Ausg. 15, 2 S. 146).

10987f. *den Zauberer befreit.* Der Erzbischof-Erzkanzler erinnert
daran, daß der Kaiser nach seiner Krönung in Rom den Nekromanten
von Norcia befreit und dadurch sich die Geistlichkeit zu Feinden gemacht hat.

11035f. *dem sehr verrufnen Mann / Des Reiches Strand verliehn . .*
Nur in diesen Zeilen wird davon gesprochen, daß Fausts in den Versen
10227—10233 ausgesprochener Wunsch in Erfüllung gegangen ist.

11042. *zunächst* = gleich anschließend, als Nächstes.

FÜNFTER AKT

Am Ende des 4. Akts erwähnt der Erzbischof, daß Faust der Meeresstrand verliehen wurde (11035). Jetzt besitzt er ihn schon lange Jahre.
Die beiden Alten auf der Düne denken zurück an die Zeit, als ein
Herold die Belehnung kundtat und dann Fausts Palast erbaut wurde
(11117ff.). Faust ist sehr alt; Eckermann verzeichnet eine Äußerung,
er solle *gerade hundert Jahre alt sein* (6. 6. 31; S. 456). Die Verbindung
zum 4. Akt ist nicht nur handlungsmäßig durch die Belehnung gegeben, sondern auch innerlich: die drei Gewaltigen sind immer noch
bei Faust, er ist immer noch in einer Welt der Gewalt. Sein Anfangs-
motiv, als er sich dieser Welt näherte, war einer seiner titanischen Aus-
griffe: Land aus Meeresboden gewinnen (10198ff.) — er wollte es
nicht, um notleidenden Menschen zu helfen (davon kein Wort), sondern um über die Elemente zu triumphieren. Seine Helfer sind Mephistopheles und die drei Gewaltigen, und damit ist er verstrickt in Böses.

Doch er sehnt sich davon weg: *Könnt' ich Magie von meinem Pfad ent-fernen* ... (11404). Dennoch bleibt er dieser Welt verbunden; eins seiner letzten Worte ist: *Bezahle, locke, presse bei!* (11554). Erst in seiner letzten Vision (11559ff.) ist das Kolonisationswerk nicht mehr da, um dem Element zu trotzen, sondern um Menschen zu sinnvollem Leben zu verhelfen, und vollzieht sich nicht mehr durch mephisto-phelische Helfer, sondern durch gemeinsame Arbeit tüchtiger Men-schen. Da erst ist Freiheit. Vorher hieß es: *Noch hab' ich mich ins Freie nicht gekämpft* (11403). Faust fühlt sich als Herrscher — wie in allem — bedingt durch die engen Grenzen menschlichen Könnens; um weiter greifen zu können, bedient er sich der Magie; aber anstatt frei zu sein, ist er nun wiederum bedingt, nur auf andere Weise. Alle Szenen des Akts sprechen von Freiheit und Bedingtheit, im Zusammenhang da-mit von Reinheit und Gewalt, und weiterhin von betrachtendem und tätigem Leben. *Der Handelnde ist immer gewissenlos; es hat niemand Ge-wissen als der Betrachtende.* (*Maximen und Reflexionen*; Bd. 12, S. 399, Nr. 251.) Aber der Mensch darf auch nicht nur ein Betrachtender sein. Fausts neugeschaffene Welt ist groß, aber gewaltsam: Palast, Ziergarten, Kanal und Deich. Er begehrt Philemons Hütte, weil sie ein Stück fremder Welt in seiner Welt ist, die durch ihr bloßes Dasein seine Welt in Frage stellt. Seine Existenz zeigt noch einmal — wie vorher in der Gelehrtentragödie, Gretchentragödie und Helenatragödie — Größe und Frevel zugleich, so eng miteinander verstrickt, daß später selbst die Engel diese *Zwienatur* nicht trennen können: *Die ewige Liebe nur / Vermag's zu scheiden.* (11964f.)

Alle Szenen des 5. Akts bis zur Grablegung spiegeln einander wechselseitig, indem sie zu den Themen Freiheit und Bedingtheit, Tun und Schauen, Welt und Ich, Altsein und Sterben Bilder auf-stellen, die einander ergänzen. Die Szene *Bergschluchten* nimmt eine Sonderstellung ein; sie gehört zu dem Gesamtwerk, fast so wie der *Prolog im Himmel.* Der Stil der Szenen ist ein Äußerstes an Trans-parenz. Mit leichter Hand sind symbolische Bilder aneinandergereiht, wie der Altersstil es liebt. Bezeichnend ist der Standpunkt des Dichters: Sympathie und Ironie zugleich (zumal bei Fausts Tod). Dieses An-erkennen und Ironisieren zugleich ist ein Zug des Altersstils, der einst im *Divan* begann. Der 5. Akt ist ein Akt mit viel Monologen; Faust, Lynkeus, Mephisto, die Sorge, die Engel sprechen oft, ohne jeman-den anzureden. Und doch ist alles, was sie sagen, auf einander be-zogen, aber diese Einheit zu erkennen, bleibt dem Hörer aufgegeben. — Der Akt ist in den Jahren 1831 und 1832 vollendet. Vermutlich sind größere Partien schon 1825 und 1826 entstanden. Entwürfe rei-chen noch weiter zurück, in die Zeit, als Schiller zur Vollendung des Werkes antrieb.

Helene Herrmann, S. 101—107. — Geneviève Bianquis, Faust à travers quatre siècles. Paris 1935. — Kommerell, S. 47—52, 75—131. — v. Wiese, S. 159—169. — Flitner, Goethe im Spätwerk. S. 287—304. — P. Requadt, 1972, S. 354—384. — Vgl. die Bibliographie.

Offene Gegend

Fausts neue Welt wird vom Gegensatz her gezeigt. Er hat Meeresboden entwässert. Daneben liegt die frühere Stranddüne, dort wohnen zwei alte Leute. Von ihrer Hütte aus überblickt man das neue Land, *ein paradiesisch Bild* (11086, 11095 f.). Fausts Palast steht in der Nähe. Er will diese Hütte mit dem Grundstück erwerben (11131 f.), weil er von dort den besten Blick auf seinen Besitz hätte. Aber die Alten wollen bleiben, zumal Baucis, die als Frau gefühlssicherer ist. Faust traut dem Deichwerk von Menschenhand, sie aber nur dem alten Dünenboden; er denkt ans Diesseits, sie im Gebet an den *alten Gott*. Zu den beiden Alten kommt ein Mann, den Philemon vor vielen Jahren hier aus Seenot gerettet hat. Sie erklären ihm das neue Werk, Philemon mehr die natürlichen, Baucis mehr die magischen Vorgänge; das Verhältnis beider ist nicht abzuschätzen; doch die folgenden Szenen verdeutlichen zur Genüge: Mephistopheles hat auch hier seine Hand im Spiel. — Die Heiterkeit des Alters, Begrenztheit, Geborgenheit, Ruhe wird Klang in kurzen Viertaktern, aber ohne das Tempo, das diesem Maße sonst meist eigen ist. Sprachlich eine gewisse Umständlichkeit des Alters, zugleich eine fast kindliche Art, zumal bei Philemon (Baucis ist rüstiger), die Sätze meist schlicht-aufzählend aneinander gereiht. Wo der Reim schließt, endet auch jedesmal der Satz. Wie anders dieses Altsein als das Fausts! Wir fühlen eine Ahnung aufsteigen, daß diese Welt bedroht ist von der seinen; wie umgekehrt Faust seine Welt verneint fühlt durch diese. Die Szene hat den ganzen Zauber des Idylls (darum auch durch die Namen anknüpfend an ein antikes Idyllenmotiv). Als Stimmung und Bild ist sie der völlige Gegensatz zu der weltweiten Herrschaft, zu Willen und Härte der folgenden Szenen. Auch in ihrer schlichten Sprache kontrastiert sie ebenso zu dem harten Ton der folgenden Faustszenen wie zu dem Hofstil des vorhergehenden Aktschlusses. — Es ist die zuletzt geschriebene Szene des 5. Aktes, entstanden etwa zwischen April und Juni 1831. — Kurt May, S. 226—231.

11053. *Das, um heut mir zu begegnen, / Alt schon jener Tage war*: Das eigentlich damals schon zu alt war, um mir heute noch begegnen zu können.

11071 f. Ein Feuer, das Philemon (wohl als Leuchtzeichen) unterhielt, und das Läuten der Kapellenglocke halfen seinerzeit dem Schiffbrüchigen (11049 f.).

11087f. *Älter, war ich nicht zuhanden.* Da ich schon zu den Alten gehörte, als die Arbeit begann, war ich nicht mit dabei tätig.

Palast

Im Gegensatz zu *Düne* und *offener Gegend* der vorigen Szene stehen hier *Ziergarten* und *gradgeführter Kanal,* eine Geformtheit von Menschenhand, die, sinnvoll verwendet, Gutes hat, aber zur Hybris werdend Gefahr bringt und wieder zur Vernichtung führt. Daß in diesem Falle das Gewaltsame vorherrscht, zeigt sich sogleich: die drei gewaltigen Gesellen aus dem 4. Akt sind auch hier vorhanden und verkörpern die Welt, die schon vorher in Baucis' Erzählung aufklang: *Menschenopfer mußten bluten* ... (11127ff.), und auch späterhin noch von Faust aufgerufen wird: *Bezahle, locke, presse bei!* (11554.) Im Gegensatz dazu ist Lynkeus nur Auge, ist rein kontemplativ. Die heranziehenden Schiffe sind Symbole dafür, wie Faust herrscherlich-weitgreifend Welt an sich heranzieht (im Gegensatz zur Beschränkung der vorigen Szene). Dieses Welt-Erfassen gehört zu seinem Wesen. Weder Deiche-Bauen noch Handel-Treiben ist an sich böse, aber Fausten ist das, was er mit natürlichen Kräften erreichen würde, zu wenig; er braucht Mephistopheles und die drei Gewaltigen. Trotz seiner Weltweite lebt er eingesponnen in seinen Bereich, in dem er nur sieht, daß es vorwärts geht, nicht achtend auf die Menschenopfer. Aber mitten in dieser seiner Welt bemerkt er wie einen Splitter einer anderen Welt Hütte, Linden, Kirchlein und Glocke der beiden Alten. Es mag unbewußt wie ein Vorwurf wirken; denn diese neue Faustische Welt kann nur leben, wenn sie nichts sieht als sich selbst. Darum begehrt Faust jenen Besitz. Er will den Tausch erzwingen: *Das schöne Gütchen kennst du ja, | Das ich den Alten ausersah.* (11276f.) Wir fühlen: Es wird auch hier nicht anders gehn als bisher: Als Kauffahrer sandte Faust seine Schiffe aus, als Piratenflotte kamen sie zurück. Einst wollte er von Mephistopheles ein Schlafmittel (für Gretchens Mutter), und dieser brachte Gift. Jetzt will er Tausch — kennt er Mephistopheles nicht? Ist dem Menschen, der willensstark, tätig, weitblickend seine Welt aufbaut, diese Gefährdung so nahe? Und zeigt sich in ihr — wir nähern uns dem Ende — Faustisches Wesen besonders deutlich?

11143. *Lynkeus.* Ebenso wie im 3. Akt ist hier der Türmer Lynkeus genannt. Nicht, weil es sich um die gleiche Person handelt, sondern weil es die gleiche Funktion ist; Lynkeus bedeutet: ganz Auge sein; so war jener es gegenüber Helena, so ist dieser es gegenüber der weiten Landschaft und allem, was in ihr geschieht.

11157. *Baute* = Baude, Hütte.

11194. *Widerlich Gesicht:* Abweisendes, widerstrebendes Gesicht.

11195. *Das Königsgut:* Gut, das so köstlich ist, daß es eines Königs wert wäre.

11217. Wohl ähnlich wie 7773 f. Ein Einschlag von Matrosensprache, wie 10331 ff. von Soldatensprache.

11255. *Kür* = Wahl, Entschluß. Das Wort „Willkür" ist durch diese Teilung vermieden und zugleich verstärkt.

11287. *Naboths Weinberg.* Im 1. Buch der Könige, Kap. 21, wird erzählt, daß der reiche König Ahab von Samaria den seinem Palast benachbarten Weinberg des frommen Naboth haben will. Dieser verkauft ihn aber nicht. Ahab mag vor Ärger nichts mehr essen. Daraufhin intrigiert seine Frau Isebel ohne sein Wissen gegen Naboth; dieser wird verklagt; bestochene Zeugen sagen gegen ihn aus, und er wird wegen Gotteslästerung durch Steinigung getötet. — Es ist möglich, daß Goethe durch das Naboth-Motiv zu dieser *Faust*-Szene angeregt ist.

Tiefe Nacht

Die beiden Anfangs-Szenen des Akts zeigten im Licht der Abendsonne erst die offene Landschaft, dann Kanal und Garten. Jetzt herrscht Dunkelheit. Man erkennt den Palast. Oben auf der Warte singt Lynkeus. Danach, in mittlerer Höhe, erscheint Faust auf dem Balkon. Schließlich unten Mephistopheles mit den drei Gewaltigen. Zwischen das grausige Geschehen, das sich schon drohend ankündigte und nun sich vollzieht, ist im schärfsten Kontrast das Türmerlied gestellt, reinste Lyrik und reinste Weltbejahung. Faust ist tätig, aber bleibt bei Mephisto. Lynkeus ist nur Auge, aber kann nicht helfen. Er preist die Natur und beklagt, was er in der Menschenwelt sieht. Könnte Fausts Welt nicht auch so sein, daß Lynkeus sie preisen könnte? Damit das tätige herrscherliche Ordnen einbezogen werden könnte in das große bejahende Schauen, müßte es ein Bild bieten, wie es später der Schlußmonolog (11559—11586) schildert. Faust als Herrscher: Tat und Wirklichkeit, aber keine Schönheit. Lynkeus: Schönheit und Wirklichkeit, aber keine Tat. Fausts Schlußmonolog: Tat und Schönheit, aber keine Wirklichkeit. So spiegeln die verschiedenen Szenen einander wechselseitig, und es gehört zu der Tragik des Aktes, daß immer die Verbindung zweier dieser Motive das dritte auszuschließen scheint.

Lynkeus spricht in Liedrhythmen, wiegend-leicht; es ist die „glatte Fügung" Goethes: den Satzgliedern und Sätzen entsprechen die Verse, einer stellt sich neben den anderen, eine selige Schau von innerer Heiterkeit. — Helene Herrmann, S. 104: „Wenn dann die reine Heiterkeit dieser Stimme untergegangen ist in der angstvollen Schil-

derung der Vernichtung, die Fausts Herrscherwille über das einfache
Glück verhängt hat, wenn dann auch Fausts Stimme unruhig fragend
auffährt, kommt erbarmungslos kalt, blechern, der Bericht der grausamen Tat durch die Täter, mit der ganzen Gefühllosigkeit des äußeren
Lebens, bis dann die gleichgültigen Stimmen im dumpfen Hohn der
Schlußworte sich zu drohender Anklage wandeln. Man beachte, wie
beinahe bänkelsängerisch die Verse klappen: *Da kommen wir mit vollem
Trab; | Verzeiht! es ging nicht gütlich ab.* Die brutale Wirkung dieser
absichtlichen Trivialität wird gesteigert durch das monotone, seelen-
lose Aufzählen der Geschehnisse (11362—11365). Prachtvoll ist es dann
aber, wie in den Schlußversen des Chorus *Das alte Wort, das Wort erschallt* ... das gleiche Versmaß und die gleiche Monotonie der Sprache
durch eine leichte Veränderung ins Großartig-Drohende übergeht.
Und wenn nun die einsame Stimme, ganz allein gelassen, sich erhebt,
scheint ihr tiefer Schauer die Dämonen aus dem Raum heraufzuziehen,
von denen die Seele sich jetzt plötzlich willenlos gelenkt fühlt."

11382/3. Zwei scheinbar unverbundene Sätze. Aber der Reim
bindet und deutet die innere Beziehung an.

Mitternacht

Ohne Pause schließt diese Szene sich an die vorige; doch jene
spielte draußen, man sah Fausts gewaltsam geschaffene Welt mit Palast
und Kanal; diese spielt in einem Innenraum, und sie behandelt ein
Innen der Seele. Mangel, Schuld, Sorge und Not engen den Menschen
ein, würgen ihn und zehren an seinem Leben, darum sind sie dem Tode
verwandt. Faust hat durch Mephistopheles Reichtum und Gesundheit;
deswegen können Mangel, Schuld (vgl. die Anmkg. zu 11384) und
Not nicht zu ihm. Am Ende der vorhergehenden Szene stieß Faust mit
Abscheu Mephistopheles und seine Helfer für den Augenblick von
sich (11373, 11382). Jetzt spricht er deutlich aus, daß er ganz ohne die
Magie leben möchte (11404f.). So hat er bisher nie gesprochen. Es ist
ein bedeutsamer Widerruf, und darum denkt er hier zurück an den
Zeitpunkt, da die Magie für ihn begann, und die Zeit davor, als er ohne
sie lebte (11408ff.). Besteht ein innerer Zusammenhang zwischen dem
Widerruf der Magie und dem Erscheinen der Sorge? Faust war durch
Mephistopheles aller äußeren Sorge enthoben, und auch sein Kolo-
nisierungswerk war gesichert. Wie soll es jetzt weitergehn? Wenn
er in dem Leben mit Mephistopheles der Sorge zugänglich gewesen
wäre, hätte er an die Zeit nach dem Tode denken müssen — doch
daran dachte er nicht: *Das Drüben kann mich wenig kümmern* (1660).
Auch jetzt schiebt er diesen Gedanken fort. Den Kampf mit der Natur
will er auch ohne magische Mittel aufnehmen: Vers 11406 *Stünd' ich,
Natur* ... bezieht sich auf den Deichbau, ist aber darüber hinaus auch

verallgemeinernd gesprochen. Das große Selbstbildnis im Monolog
(11433 ff.) bekennt die Leidenschaft des *Begehrens*, und dieses *Begehren*
brauchte viel *Welt* (11446), und immer gelang es, diese zu ergreifen.
Dieses Wort *Welt* nimmt die Sorge auf (11454), denn sie versteht es,
sich zwischen den Menschen und die Welt zu stellen. Faust will zwar
hinfort ohne Magie den Kampf mit der Natur aufnehmen, doch Sorge
macht ihm auch das nicht. Faust beweist seine Kraft, indem er die
Sorge von sich weist. Die Sorge beweist ihre Kraft, indem sie das Verhältnis von Welt und Ich stört und Faust blind macht: er denkt, der
Aufseher ließe den neuen Entwässerungskanal graben, doch Mephistopheles läßt nur sein Grab schaufeln. Doch wieder bewährt sich
Fausts Stärke: in sich selbst gedrängt, zeigt sich sein Wesen in dem
neuen Monolog (11499—11510) in reinster Gestalt. — Klanglich ist
diese Szene eine der großartigsten Leistungen des Spätstils. Fausts
Sprache völlig in alter Kraft und zugleich jetzt mit dem Ton des
Befehlsgewohnten; seine Stimmlage ist tief, zugleich aber wechsel-
reich; eine bewegte Kurve der Leidenschaft. Die Stimme der Sorge ist
hoch; sie spricht gleichmäßig, einlullend, lähmend; ihr Rhythmus
(11424 ff., 11453 ff., 11471 ff.) ist wiegend, eintönig, benebelnd. Fausts
Sprachklang wird nicht im geringsten von ihr beeinflußt und hebt
sich herrisch-gewaltsam von dem ihren ab.

    K. Burdach, Faust u. die Sorge. Dt. Vjs. 1, 1923, S. 1—60. — H.
Herrmann, Faust u. die Sorge. Ztschr. f. Ästhetik 31, 1937, S. 321 bis
337. — H. Herrmann, Ztschr. f. Ästh. 12, 1917, S. 104—106. — Kommerell S. 75—111. — Emrich S. 463—480. — Stöcklein S. 88—124. —
Ernst Jockers, Faust und die Natur. PMLA 62, 1947, S. 436—471,
707—734. Wiederholt in: Jockers, Mit Goethe. Heidelberg 1957.
S. 90—147. — Albert Fuchs, Le Faust de Goethe. Paris 1973. S. 99 ff.

    11384. *Schuld.* Adelung, Wörterbuch (1808): „Jede Verbindlichkeit,
welche man einem andern zu leisten verbunden ist", d. h. die zu
bringende Abgabe an Geld, Getreide, Arbeitsleistung usw.; in den
sozialen Verhältnissen des 16., 17., 18. Jahrhunderts das „debitum"
des kleinen Mannes, zumal des leibeigenen Landmannes, das oft Sorge,
Not und ein Sich-Abarbeiten mit sich brachte, weil es manchmal kaum
aufzubringen war und doch aufgebracht werden mußte, da er sonst in
den „Schuldturm" kam. Deswegen hier im Zusammenhang der leben-
einengenden, quälenden Gewalten genannt, die einem *Reichen* nichts
anhaben können. (So auch Erich Schmidt und Daur, Faust u. der
Teufel, 1950, S. 466.) Die Bedeutung von „sittlicher Schuld" (so
Emrich und Staiger) halte ich hier für nicht zutreffend, zumal Faust
gerade sittliche Schuld auf sich geladen und sie sogar halb eingesehen hat.

    11403 ff. Die handschriftlichen Entwürfe zeigen mehrere Fassungen,
u. a.: *Noch seh ich mich ins Freie nicht gekämpft | Magie hab ich schon*

längst entfernt | Die Zauberfrevel (Zaubersprüche) williglich verlernt (W. A. Bd. 15, 2. S. 154).

11408. *sonst, eh' ich's* ... : vor dem Sich-Einlassen in die Magie (377) und vor dem Teufelspakt.

11409. *Mit Frevelwort* ... Vers 1591—1606.

11414. *von junger Flur.* Vermutlich: von dem neuen Marschland; aber zugleich allgemein: von frühlingshaft aufsprießendem Leben in der Natur.

11417. *Es eignet sich* = es tritt vors Auge, erscheint. Goethe schreibt meist *sich eräugnen* (5917, 7750), sprachgeschichtlich richtig (Zusammenhang mit „Auge“; mittelhochdeutsch „eröugen“); ihm, dem Augenmenschen von bildhafter Phantasie, war diese Wortform willkommen.

11423. Faust spricht den Satz zu sich selbst (anknüpfend an 11405); er verzichtet darauf, mit einem *Zauberwort* die Sorge fortzubannen, und leistet ihr lieber inneren Widerstand, seines Erfolgs gewiß.

11429. *ängstlich* = Angst machend, Enge machend, beklemmend. Ähnlich 7516; 9655; 11651.

11442. *Nach drüben* ... Faust spricht diese Sätze im Hinblick auf die Sorge und läßt diese nicht auf sich wirken. Vielleicht darf man folgern: Wer die Sorge kennt, der denkt an das *Drüben*, d. h. daran, was aus ihm nach dem Tode wird. Faust schiebt diesen Gedanken weg. Seine Sätze sind nicht ein Bild des Menschen schlechthin (wie man sie manchmal aufgefaßt hat), sondern ein Selbstbildnis, zumal seines Alters, tätig, zielstrebig, dämonenumgaukelt, unbefriedigt. Wieder ist in Faustischer Weise das Tüchtige mit dem Vorschnellen, Hybriden und Dämonischen verbunden. Als bald darauf in den Schlußszenen Gestalten des *Drüben* auftreten, werden Grenzen und Mängel dieser Sätze besonders deutlich.

11492. *streng* = fest bindend. Vgl. 3239, 7444, 8171, 11543. In Zusammenhang mit dem Verb *strengen* (9648). Die Verbindung *geistig-streng* typisch für den Altersstil; „das feste geistige Band“.

Großer Vorhof des Palasts

Die Szene spielt im Gegensatz zur vorigen wieder draußen, auf dem Hof. Faust tritt heraus, aber jetzt sieht er das Außen nicht mehr. So ergibt sich die tragische Ironie, daß sein Grab geschaufelt wird und er meint, es sei der Graben der großen neuen Landentwässerung. Er denkt nur an sein tätiges Ziel. Sofern es sich um die Idee handelt, hebt sich das Hohe und Rechte heraus; es findet vollendete Form in dem großen Schlußmonolog. Doch wenige Zeilen davor stehen andere Worte: Wo es sich um die Wirklichkeit handelt, greift Faust zu Mitteln, bei denen neben dem Rechten das Unrechte steht: *Bezahle, locke presse bei!* (11554.) So ist Faust am Ende nicht anders und nicht besser als am Beginn. Wie einst seine Liebe, die Ewigkeit und Reinheit wollte, zu gestohlenen Geschenken und verhängnisvollem Schlafmittel griff, so greift hier Tätigkeit an idealen Zielen zum Locken und Pressen der Arbeitskräfte. Noch einmal tritt diese Verstricktheit hervor, noch einmal aber auch Fausts Größe; ihr Symbol ist das kraftvoll und liebevoll geformte Bild des glücklichen Volks im Lande hinter dem Deich. In diesem Augenblick, da Faust ganz er selber ist in seinem Ausgriff ins Weite, holt ihn der Tod. Er ist auch jetzt ein Strebender: seine Vision ist nur *Vorgefühl*, Zukunftsplan. Wenn sie in Erfüllung ginge, könnte er zum Augenblicke sagen: *Verweile doch* ... Aber solche Erfüllung ist fern. Mephistopheles hat nicht acht darauf, daß diese Rede Irrealis, optativisch-futurisch ist (*wär'* ..., *möcht' ich* ..., *dürft' ich* ...), er hört nur die Worte, die einst beim Paktschluß fielen (11581 f., entsprechend 1699f.); er glaubt gewonnen zu haben. — Fausts Rede bringt Kernwörter Goetheschen Lebensglaubens: *tüchtig, frei, tätig*; aber zugleich übersteigert sie: Faust spricht von *Äonen* der Wirkung — sehr ungoethesch. Hier steht der Dichter tief ironisch daneben: Während Faust von Ewigkeit redet, ist der Tod und damit der Verfall seines Werks ganz nah. Während er von *Gemeindrang* spricht, ist ringsum eine *frönende Menge* (11540), die verlockt und gepreßt ist (11554). Und doch ist seine Vision groß und edel. Größe und zugleich Hybris war schon in Fausts Anfangsmonolog, als das Streben nach Erkenntnis sich dazu verstieg, erfahren zu wollen, *was die Welt | Im Innersten zusammenhält*. Größe und Hybris auch hier. Darum Anerkennung und zugleich Ironie, weit mehr als in dem früh entstandenen 1. Teil. So schafft diese Szene die höchste Spannung, ob Größe oder Frevel den Ausschlag geben wird, eine Spannung, die dann in der Schlußszene ihre Lösung findet. — Was bleibt? Faust glaubt: ein unvergängliches irdisches Werk (11583f.); doch davon wird nichts bleiben (11544—47). Sehr bald erfahren wir, was bleibt: *ein Erdenrest, zu tragen peinlich* (11954f.); und wir erfahren auch, daß Faust noch einmal neu anfängt: er, der so selbstgewiß und so viel sprach, lernt schweigen; er, der immer an sich dachte, lernt an andere denken im Kreise der Liebenden; er, der nur Irdisches sah, lernt Jenseitiges sehen; er, der auf sich und die Dämonen baute, erfährt als einzige hilfreiche Kraft *die Liebe von oben* (11938f.). — A. R. Hohlfeld, Zum irdischen Ausgang von Goethes Faustdichtung. Goethe 1, 1936, S. 263—289. Stark erweitert in: Hohlfeld, Fifty years ... S. 61—126. — Kommerell S. 79, 111. — Hefele S. 190ff. — Daur S. 471—479. — Atkins S. 253—256. — Staiger III, S. 443—450.

11515ff. Die *Lemuren* (lemures) kannte Goethe aus seinen Studien antiker Kunst. K. L. Sickler, Hauslehrer bei Wilhelm v. Humboldt in

Rom, dann Gymnasialdirektor in Hildburghausen, hatte die bildlichen Lemuren-Darstellungen eines Grabes bei Cumae veröffentlicht (Ruppert Nr. 2125), und Goethe schrieb daraufhin den Aufsatz *Der Tänzerin Grab*, 1812, in dem es u. a. heißt: *Ich gehe zum zweiten Blatt. Wenn auf dem ersten die Künstlerin uns reich und lebensvoll … erschien, so sehen wir hier in dem traurigen lemurischen Reiche von allem das Gegenteil … alles gibt den Ausdruck des Stationären, des Beweglich-Unbeweglichen: ein wahres Bild der traurigen Lemuren, denen noch so viel Muskeln und Sehnen übrigbleiben, daß sie sich kümmerlich bewegen können, damit sie nicht ganz als durchsichtige Gerippe erscheinen und zusammenstürzen.* — Die Lemuren sind Geister von Verstorbenen, die als Gespenster umgehen, und zwar nicht als friedliche, sondern ruhelose und erschrekkende. — B. Hederich, Mythol. Lexikon. Verbessert von J. J. Schwabe. Lpz. 1770. (Ruppert Nr. 1968.) — Schmitz, Goethes Altersdenken. 1959. S. 565. — Abbildung: Weim. Ausg. 48, S. 146.

11523. Das *künstlerisch Bemühn*, das Mephistopheles für überflüssig hält, bezieht sich auf die Meßkunst, von der die Lemuren soeben sprachen, um kunstgerecht die verlangte Form herzustellen.

11531ff. Das Lemurenlied ist (ähnlich wie Mephistos Lied in der Valentinszene, 3682ff.) freie Bearbeitung eines Liedes aus Shakespeares „Hamlet", und zwar des Totengräberliedes im 5. Akt. Goethe kannte es seit seiner Jugend, und zwar in der Fassung, die Percy in seinen „Reliques of ancient poetry", 1765, Bd. 1, S. 161, mitgeteilt hatte: „I loth that I did love, / In youth that I thought swete, / As time requires; for my behove / Methinks they are not mete. / For Age with steling steps / Hath clawde me with his crowch; / And lusty Youthe awaye he leapes, / As there had bene none such."

11545. *Buhnen.* Bei dem Bilde der Deichlandschaft benutzt Goethe diesen Fachausdruck, den er vielleicht durch Eckermann kennen gelernt hatte. *Buhnen* sind in die See hinaus gebaut, *Dämme* parallel zum Ufer.

11559ff. Fausts großer Schlußmonolog. Faust hat, wie aus der Anfangsszene des Akts hervorgeht, bereits einen beträchtlichen Landstreifen vor dem alten Strande entwässert und dort Bewohner angesiedelt. Doch dies Errungene erscheint ihm wenig im Vergleich zu dem, was er plant. Er denkt an noch weit größere *Räume*, wenn er ein Sumpfgebiet ebenfalls entwässert haben wird. (Anscheinend liegt es am Fuße des alten Landes, denn es liegt neben *Gebirge*, und damit ist doch wohl bergiges Küstengebiet gemeint; das Bild ist, gegen sonstige Goethesche Art, nicht völlig klar; vielleicht spielt hier die Entstehung in verschiedenen Arbeitsperioden mit.) Es ist Zukunftsphantasie. Da er den Meeresstrand zum Lehen erhielt, wäre er Beherrscher auch dieses neuen Marschlandes. Er spricht nun von dem Zustand der Bewohner

(er denkt an *Millionen*). Der *Hügel* (11567), hinter dem sie angesiedelt
sind, ist der Deich (wie 10223). Seine Pflege ist Sache der Gemeinschaft. Wenn alle dabei tätig sind, sind sie sicher vor der andrängenden
Meeresflut. Dafür haben sie das fruchtbare Land, das bei sachgemäßer
Bearbeitung reichen Ertrag gibt. So ist das Leben *tüchtig*, es ist *tätig*
und durch Tätigkeit *frei*. Was hier gegeben ist, ist schlechthin ein Bild
des Menschen: in Gemeinschaft lebend, tätig, das Elementare in
Grenzen haltend und dadurch glücklich und frei, zwar äußerlich *umrungen von Gefahr*, aber um sie wissend, ihr gemeinsam begegnend
und dadurch sie bändigend. Welch Gegenbild zu Faust! Er war kein
Mensch der Gemeinschaft, er gehörte, bis er den Strand erwarb, nicht
zum tätigen Leben, er hat sich nie in selbstgesteckten Grenzen zufrieden gegeben; er hat nicht wie diese Menschen selbst etwas er-
arbeitet, sondern es sich durch Mephistopheles bringen lassen, und
darum war er nicht wie sie frei. Das Wort *frei* meint hier vor allem:
frei von Mangel, Schuld, Sorge und Not (das ist die unausgesprochene
Beziehung zur vorigen Szene), aber auch frei von Magie. Es ist ein
Bild des Menschen, wie er sein soll. Das Drama *Faust* bringt im allgemeinen ein Bild des Menschen, wie er ist. Sein Bild des Menschen,
wie er sein soll, hat Goethe in den *Wanderjahren* gegeben, eines entsagenden, tätigen, in Gemeinschaft wirkenden Menschen, der sich bedingt; während Faust sich nie bedingen wollte, wie er soeben selbst
ausgesprochen hat: *Ich bin nur durch die Welt gerannt* ... (11433 ff.)
Auch in den *Maximen und Reflexionen* hat er von Bedingung und Freiheit gesprochen, und der dortige Gebrauch des Wortes *frei* kann auch
zum Verständnis der *Faust*-Stelle förderlich sein: *Es darf sich einer
nur für frei erklären, so fühlt er sich den Augenblick als bedingt. Wagt er
es, sich für bedingt zu erklären, so fühlt er sich frei.* (Bd. 12, S. 520, Nr.
1117.) — *Niemand ist mehr Sklave, als der sich für frei hält, ohne es zu
sein.* (Ebd., S. 520, Nr. 1116.) — *Unbedingte Tätigkeit, von welcher Art
sie sei, macht zuletzt bankerott.* (Ebd., S. 517, Nr. 1081.) — Die Bewohner
des Marschlandes wissen ihre Bedingtheit: sie müssen den Deich pflegen
und den Acker bauen; dann aber sind sie frei. Faust möchte an dieser
Freiheit teilhaben, als der Leiter von ihnen. Dies vor allem ist mit dem
Worte ausgesagt. Das Politische mag mitklingen — frei vom Zwang
einer drückenden Lehensordnung —, aber es ist nicht das Wichtigste
und ist mit in jenem enthalten. Auch bei dem Worte *Volk* ist der Goethesche Wortgebrauch zu beachten, der, ans 18. Jahrhundert anknüpfend, anders ist als der heutige, durch Romantik und 19. Jahrhundert
geprägte. *Volk* bedeutet für Goethe meist einfach eine Menge von
Menschen, wie Mephisto von den Lamien sagt: *Man weiß, das Volk
taugt aus dem Grunde nichts.* (7714.) So fast immer in *Faust* (43, 82,
863, 938, 2161, 2295, 4078, 4090, 4092, 4144, 5738, 5815, 7090 usw.).

Was Faust an dieser Stelle meint, ist eine Menge freier Menschen. Und der Grund ist frei, weil er niemandem als ihm gehört und die Bewohner das, was sie erarbeiten, zu eigenem Genuß haben sollen. Insofern ist es, wie das Schema sagt (vgl. die Einleitung zum 4. Akt), *Gesellschaft in ihren Anfängen*, ein Thema, das in den *Wanderjahren* breiter behandelt ist. *Nur der verdient sich Freiheit wie das Leben, | Der täglich sie erobern muß* — es wäre ein Leben ohne Magie, ohne Egoismus, ohne Zweifel am Sinn, insofern ist dieses Bild die Fortsetzung des Wunsches *Könnt' ich Magie von meinem Pfad entfernen* ... (11404). Während Mephistopheles hofft, daß das ganze entwässerte Land wieder eine Beute des Meeres wird (11544—11550), glaubt Faust eine Leistung für alle Zeiten zu vollbringen, superlativisch wie immer. Doch er hat erst das *Vorgefühl* davon. Er genießt nicht, daß er schon ein Stück Meeresboden entwässert hat, er denkt nur an das weit größere Geplante, das er im Geiste schon vollendet vor sich sieht. So ist dieser sein letzter Augenblick: Streben, Bewegung auf etwas hin, keineswegs Besitz und Genuß. — Wilhelm Mommsen, Die politischen Anschauungen Goethes. Stuttgart 1948. S. 225—234.

11593 f. Die Worte des Pakts: *Die Uhr mag stehn, der Zeiger fallen* (1705) werden hier wiederaufgenommen.

11597 ff. Mephistopheles spricht hier am Ende nochmals sein Wesen aus wie bei seinem ersten Auftreten (1341).

Grablegung

Die letzten Szenen zeigten in Fausts Seele das Mephistophelische und das ins Licht Strebende. Jetzt, da er tot ist, werden diese Gegensätze Gestalt als Teufel und Engel. Aus dem persönlichen Schicksal wird ein kosmisches Geschehen. Mephistopheles ist im Haushalt des Kosmos notwendig als Verneiner. Er weiß, daß er es ist, aber er weiß nicht, wozu er es ist und daß er es sein soll. Das ist seine Bedingtheit. Es kommt nicht so, daß er den *blutgeschriebnen Titel* (11613) vorzeigt und dann von den Engeln auf seine Bedingtheit hingewiesen wird, sondern diese seine Begrenztheit tritt unmittelbar hervor in einem Geschehen: er zeigt sich als der lüsterne und dumme Teufel; der bloß Verneinende ist letztlich der Perverse und als solcher nur grotesk. Fausts Seele würde auch ohne dies den Engeln gehören. Aber Mephistos Grenzen im Haushalt Gottes würden ohne dieses Geschehen nicht so deutlich werden. Wir sahen ihn zuletzt in der Menschenwelt, und da war er mächtig. Jetzt erscheint er im Zusammenhang des Geisterreichs, und damit kehrt das Geschehen wieder in den Rahmen zurück, den der *Prolog im Himmel* setzte. War die Szene mit der Sorge der Anfang des Sterbens (Zurückführung der Entelechie auf sich selbst), die folgende Szene der Augenblick des Sterbens, so bringt diese nun die Frage, was an dem Toten Element sei, und erst die folgende gibt das Letzte: die Wandlung der Entelechie, ihre Befreiung vom letzten Stofflichen. — Die Szene ist zum größten Teil Monolog Mephistos, der in gewohnter Weise in Madrigalversen spricht. Scharf heben sich die Engelchöre ab(11676ff. vgl. 737ff.); in den schwebenden Rhythmen der reimreichen Kurzverse werden bildhaft, andeutend-knapp Wahrheiten der göttlichen Ordnung ausgesprochen. — Über bildliche Anregungen zu der Szene: Witkowski in seinem Kommentar. Es wäre reizvoll, diesen Motiven (wie überhaupt den Bildmotiven in *Faust*) einmal in Goethes Sammlungen (Reproduktionsstichen, Zeichnungen, Büchern usw.) in Weimar nachzugehen.

11604ff. Das Lemurenlied hat wieder Anklänge an das Totengräberlied in „Hamlet": „A pickaxe and a spade, a spade, / For — and a shrouding sheet; / Oh, a pit of clay for to be made / For such a guest is meet."

11606f.: für den Gast im Sterbehemd ist das Haus (Grab) noch viel zu gut.

11613. *Titel* = Urkunde.

11635f. *flügelmännisch*: Goethe gebraucht das Wort auch sonst öfters, so bald darauf in Vers 11670. *Flügelmann* ist bei einer Mannschaft der, nach dem sich die anderen richten; so nennt Goethe z. B. Cellini einen *Flügelmann* für die Florentiner Kunst seiner Zeit. Wenn Mephistopheles hier *flügelmännische Gebärden* macht, sind es Gebärden, nach denen sich die Teufel, die er im Folgenden anredet, richten sollen. In Vers 11670 ist die Bedeutung des Wortes ein wenig anders: der Flügelmann ist meist besonders groß, und hier dient das Adjektiv zur Bezeichnung der Größe. — Beispiele bei P Fischer, Goethe-Wortschatz. Lpz. 1929; E. A. Boucke, Wort und Bedeutung in Goethes Sprache. Bln. 1901; bei Erich Schmidt u. a. m.

11665. *Schläuche*: Dickbäuche, Schlemmer (wie 6162).

11676f. *Gesandte*: Boten des Himmels (ἄγγελοι); *Himmelsverwandte*: im 18. Jahrhundert dient das Wort *Verwandte*, zumal in Zusammensetzungen, vielfach dazu, Freunde, Zusammengehörige, in Beziehung Stehende zu bezeichnen; es gibt bei Goethe *Kunstverwandte*, *Ratsverwandte*, *Kanzleiverwandte* usw. Das Wort *Himmelsverwandte*, das uns eigenwillig erscheint, blieb damals im Rahmen des Üblichen, während andere Wendungen Goethes, die seinerzeit neuartig und kühn klangen, in unserer durch ihn und seine Nachfolger bereicherten Sprache nicht mehr so erscheinen.

11679ff.: „Folgt, um Sündern zu vergeben und die Toten zu neuem Leben zu erwecken; allen Naturen hinterläßt durch euer Wirken freundliche Spuren . . ."

11696. *Es sind auch Teufel, doch verkappt.* Mephistopheles verdreht hier die Tatsachen wie schon oft. Nicht die Engel sind verkappte Teufel, sondern die Teufel sind gefallene Engel. Luzifer fiel von Gott ab und zog eine Anzahl von Engeln mit sich, während die anderen Engel bei Gott blieben. Wegen dieser ursprünglichen Verwandtschaft die seltsame Haßliebe Mephistos. Während die Engel klar ihre Aufgabe erfüllen, ist er in sich selbst verwirrt; so zeigt sich seine Bedingtheit im Gesamtgefüge der Welt, und darum muß er den Streit verlieren. Über die Luzifer-Geschichte, die Goethe seit seiner Jugend beschäftigte. Bd. 9, S. 351—353,24 u. die Anmkg.

11699ff. Das *Rosen*-Motiv, durchaus symbolisch, durchzieht die folgenden Verse. Die Kraft in ihnen beweist sich an denen, welchen die Engel sie zuwerfen (11702), sie bringt den Toten etwas Paradiesisches (11708f.). Die Teufel versuchen sie durch ihr Pusten zu vernichten (11716ff., 11721f.), aber vergebens (11741ff., 11786); Mephistopheles wird von der Berührung der Rosen körperlich mit Wunden bedeckt, er bezeichnet sie als *Irrlichter* (11741). In der folgenden Szene berichten die Engel noch einmal von dem Kampf mit Hilfe der Rosen, die sie *aus den Händen liebend-heiliger Büßerinnen* empfingen (11942—11953). Die Rosen kommen aus der himmlischen Liebe, sie tragen das göttliche Licht; daher ihre brennende Wirkung: sie vernichten Irdisches und steigern Geistiges. Bei Mephistopheles kann sich diese Liebeskraft natürlich nicht auswirken, da sie aber auch nicht wirkungslos bleibt, erfolgt bei ihm die Umkehr ins Teuflische, Perverse.

11707. *Purpur und Grün.* Über *symbolischen* und *mystischen Gebrauch* dieser Farben spricht Goethe in seiner *Farbenlehre* zumal § *794—796, 802, 810, 915—919.* (Bd. 13.)

11716. *Püstriche.* Ein feuerspeiender Geist im alten Bildwerk wurde „Püsterich" genannt; Goethe schreibt in seiner Polemik gegen Pustkuchen, den Verfasser der falschen „Wanderjahre": *Püsterich, ein Götzenbild, | Gräßlich anzuschauen, | Pustet über klar Gefild | Wust, Gestank und Grauen* ...

11730. „wie (das) Herz es mag", nach dem Wunsch des Herzens.

11741ff. *Irrlichter.* In Schwaiggers „Journal für Chemie und Physik" Bd. 6, 1812, S. 40 (Goethe kannte den Band) schrieb R. L. Ruhland über die Irrlichter: „wenn man sie hascht, so findet man eine gallertartige, froschlaichartige Masse, die etwas klebrig ist und gleich der Materie der Sternschnuppen und Feuerkugeln Schwefelgeruch verbreitet". — Goethe 13, 1951, S. 275.

11745ff. Die Engelchöre sagen die Botschaft der Engel aus, sie sind nicht Dialog mit dem Teufel. Diese Verse sprechen zu den irdischen *Naturen* (vgl. 11681). 11749ff.: „Wenn es (das, was euch das Innre stört, das Böse) mit Gewalt auf euch eindringt, mussen wir (die Engel) tüchtig sein ..." Für den ganzen 5. Akt ist bezeichnend, daß Gestalten ihre Botschaft aussprechen, ohne andere direkt anzureden.

11803. *Die sich verdammen*: sich dem Bösen zuwenden.

11831. *weggepascht* = weggeschmuggelt, heimlich beiseitegebracht.

Bergschluchten

Notizzettel Goethes lassen erkennen, daß er in einem frühen Stadium der Dichtung in Erwägung gezogen hat, als Gegenstück zu dem *Prolog im Himmel* an das Ende der Dichtung wiederum eine Gesprächsszene im Himmel zu stellen. Doch in seiner Schöpferphantasie stiegen andere Visionen auf, und so schrieb er statt dessen die Szene *Bergschluchten*. Ihre Bilder der Steigerung brachten seine religiösen Ahnungen besser zum Ausdruck als ein Gespräch, das wie ein Prozeß mit einem Urteil über das Geschehene geendet hätte. Goethe schuf hier wieder eine ganz eigene, seinen bildhaften Weltvorstellungen entsprechende Szene, aber er nutzte dabei zahlreiche Anregungen. Es ist eine christliche Landschaft, wie Legende und Malerei sie prägten: Berge, Wälder, Einsiedler, schwebende Engel. Er kannte dergleichen Motive aus den Fresken des Campo Santo in Pisa, die ihm von den Stichen des Lasinio geläufig waren, aus Dante, aus alten Heiligenlegenden, aus Humboldts Montserrat-Beschreibung u. a. m. Eckermann notiert am 6. 6. 1831 Worte, in denen davon die Rede ist, wie wichtig ihm die *scharf umrissenen christlich-kirchlichen Figuren und Vorstellungen* waren, um sich nicht *im Vagen* zu *verlieren* (S. 456). Die Szene entstand in der letzten großen Schaffensperiode, wahrscheinlich 1830. Aus jenen Jahren stammen auch Goethes späte, sich in mythisch-bildhafte Form kleidende Äußerungen über seine Ahnungen einer Fortdauer unserer Existenz; eine große Entelechie werde auch nach dem Tode sich als solche bewähren und, sich umgestaltend, aufsteigen; die Bewegung zur Weltseele führe, wenn dieses Dasein vorüber sei, in einer uns nur ahnbaren Form weiter. So an Zelter am 19. 3. 1827: *Wirken wir fort, bis wir, vor oder nach einander, vom Weltgeist berufen, in den Äther zurückkehren! Möge dann der ewig Lebendige uns neue Tätigkeiten, denen analog, in welchen wir uns schon erprobt, nicht versagen! Fügt er sodann Erinnerung und Nachgefühl des Rechten und Guten, das wir hier schon gewollt und geleistet, väterlich hinzu, so würden wir gewiß nur desto rascher in die Kämme des Weltgetriebes eingreifen. Die entelechische Monade muß sich nur in rastloser Tätigkeit erhalten; wird ihr diese zur andern Natur, so kann es ihr in Ewigkeit nicht an Beschäftigung fehlen. Verzeih diese abstrusen Ausdrücke! Man hat sich aber von jeher in solche Regionen verloren, in solchen Sprecharten sich mitzuteilen versucht, da, wo die Vernunft nicht hinreiche und wo man doch die Unvernunft nicht wollte walten lassen.* (Ähnlich zu Eckermann am 4. 2. 1829.)

Faust ist gestorben. Aber wir begegnen ihm noch einmal. Engel nähern sich und tragen *Faustens Unsterbliches* (in einer Handschrift heißt es *Faustens Entelechie*). Dieses spricht nicht, auch wird sein Name nicht mehr genannt. Aber es beginnt in ein Geschehen einzugreifen, es wächst in eine Ordnung hinein, und diese Ordnung wird zum Bild. Was hier geschieht, geschieht in Bezug auf Faust. Schon in anderen Szenen des 2. Teils war er stumm, und die Handlung spiegelte symbolisch, was er erlebte. Seine Entelechie ist jetzt nach dem Tode mehr als je vorher nur noch Beispiel einer bedeutenden strebenden Menschengestalt schlechthin.

Das Bild der Szene zeigt Berg und Bäume, Einsiedler und schwebende Engel, es ist ein Bild, in dem die Vertikal-Bewegung besonders betont ist. Allmählich zieht sich die Handlung von den unteren Regionen in die obere. Einleitend spricht der Pater ecstaticus; sein Thema ist die Verbindung von Mensch und Gott; seine Bewegung ist entsprechend ein vermittelndes Hinauf und Hinab, darum macht diese den Beginn, wie ein Leitsymbol. Der Pater profundus, in tieferer Region, ist noch dem Sinnenhaften verbunden, aber dieses wird ihm zum Gleichnis des Ewigen; sein Bereich ist die Natur. Unmittelbarere Offenbarungen des Göttlichen zeigen die folgenden Bilder. Der Pater Seraphicus hat bereits Verbindung zu den Engeln. Aber auch er ist noch nicht ganz vom Boden gelöst, und darum kann er den Seligen Knaben die Welt zeigen. Über Fels und Wald schweben himmlische Gestalten, manche tiefer, andere höher. Auch einer der Patres schwebt. Denn zwischen Erde und Licht gibt es zahllose Übergänge (nicht eine Kluft), und die Szene ist ein Bild dieser Steigerung.

Die Bilder zeigen das Geschick der Entelechie nach dem Tode, ein Erhaltenbleiben und zugleich ein Sich-Auflösen. Schon die einleitenden Worte des Pater ecstaticus bitten, *Daß ja das Nichtige | Alles verflüchtige* (11862 f.); später sprechen die Engel von der Reinigung der *geeinten Zwienatur* (11962). Das, was hier geschehen muß, ist das Aufhören, das allmähliche Sich-Ablösen des Materiellen (und insofern ein *Erlösen*). Fausts Entelechie ist zwar nicht mehr irdisch, aber sie ist erst *im Puppenstand* (11982), d. h. ist von der Vollendung noch so entfernt wie die Puppe vom Schmetterling. Die Wandlung, die er durchzumachen hat, führt noch weiter. Die Region, in die er nun eintritt, ist ein Geisterreich. Die Seinsform dieser Gemeinschaft der Heiligen ist ein liebendes Einander-Helfen, Für-einander-Bitten, Einander-Lehren. Der Pater Seraphicus hilft den Seligen Knaben zu Erkenntnis, indem er sie die Welt sehen läßt; die Engel geben Fausts Entelechie an die Seligen Knaben zur Pflege (11978 ff.); der Doctor Marianus bittet für die drei Büßerinnen; diese bitten dann für Gretchen; und Gretchen bittet ebenfalls nicht für sich, sondern für *den früh Geliebten*. Seine Entelechie wird, sobald sie erscheint, in dieses Füreinander-Sein hineingezogen. Ihm begegnen die Seligen Knaben, die gleich nach der Geburt starben; was ihnen mangelt, ist Welt, was sie haben, ist Reinheit; somit sind sie Fausts Gegenteil, und nun bitten sie, von ihm belehrt zu werden, und zugleich geben sie ihm, was sie zu geben haben. Dadurch, daß in diesem Reich ein stetes Geben und Nehmen ist und zugleich ein Höher und Tiefer, kann die Darstellung ein dichterisch-dramatisches Geschehen daraus machen. Es führt zweimal an Punkte, wo die Bewegung stockt, bis sie durch die Wechselwirkung der Liebe wieder gelöst wird. Die Engel tragen Fausts Unsterbliches empor, aber die älteren Engel sprechen aus, daß nun ihr Können erschöpft sei. Die Seligen Knaben übernehmen ihn und geben ihm in *treuer Pflege* (12078) Wesentliches, dessen er bedarf. Doch immer noch bleibt die *Zwienatur* zu reinigen vom letzten Materiellen. Nur die *ewige Liebe* vermag es. Und nun greift diese ein durch die *Una Poenitentium* und die Mater gloriosa. Nun ist auch der weitere Weg geöffnet.

Diese stete Bewegung und Wandlung, dieses Geben und Nehmen, dieses Lehren und Lernen (d. h. zum höchsten Geiste hinführen, nicht im Wissen, sondern im Sein), dieses Durch-fremde-Augen-sehen-Lernen, dieses *Umarten* (12099) und Aufsteigen spricht sich sehr stark in der Wortwahl aus; immer wieder folgen Wörter, die von einem Zustand in einen anderen hineinführen: *Steigt hinan* (11918), *wachset* (11919), *entfaltet* (11925), *steigender Vollgewinn* (11979), *Puppenstand* (11982), *schwebend nach oben* (11992), *in die Ewigkeiten steigerst* (12064), *er überwächst uns* (12076), *hebe dich zu höhern Sphären* (12094) usw. Während die Wortwahl diese Bewegung und Entfaltung zum Ausdruck bringt, spricht der Rhythmus eine Hoheit aus, die überirdische Sphären fühlen läßt. Es gibt fast keine der früheren Sprechverse mehr, alle Worte werden klangvoll und melodiös, und die Chorstrophen sind reine Musik der Sprache. Das Schwebende, Leichte und zugleich das Ernste, Betonte (rhythmisch: die Häufigkeit der Hebungen) gibt den Eindruck des Heiligen, Gottesdienstlichen. Betrachtet man diese klangvollen, schönwortigen Verse auf ihren Inhalt hin — fast vergißt man über dem Klang, sie genau daraufhin zu befragen —, so zeigen sie sich als tiefsinnig-bedeutungsschwer; Worte über Geist und Element, über Tod und Verwandlung, über den Stufenbau der Gotteswelt und über die Liebe; in ganz kurzen Formeln die ganze Goethesche Lehre vom Gleichnischarakter der Welt und von der Rückkehr der durchgeisteten Welt in Gott. Diese Verbindung reinster Sprachmelodie mit tiefstem Sinn, des leichtesten Stoffes mit schwerster Bedeutung macht diese Chöre zu wahrhafter Geistermusik. Sie haben in Goethes Dramen nicht ihresgleichen, und nur einige höchste Erzeugnisse seiner Lyrik könnte man ihnen zur Seite stellen.

Der Schlußchor ist ein *Chorus mysticus.* Mystik richtet sich auf das *Unbeschreibliche.* Sie deutet es an. Aussagen kann sie es nicht. Sie weist hin im Symbol, und ihre Sprache hält die Sicht ins Unendliche offen. So deutet diese Szene darauf hin, wie das Stoffliche durch die Liebe weggeschmolzen wird, wie der Geist vom Erdhaften abgelöst, erlöst wird, wie das Unsterbliche Fausts *umgeartet* (12099) wird. Die Liebe erscheint stufenweise: Gott — Maria — Büßerinnen — Gretchen, und die Person der Liebenden darf auch in diesen Regionen für die des *früh Geliebten* bemüht sein. Was Gretchen für den irdischen Faust bedeutete, sagte der Anfang des 4. Aktes; sie zog *in den Äther hin ... das Beste meines Innern mit sich fort* (10065 f.). Faust ist immer der Strebende gewesen. Jetzt singen die Engel: *Wer immer strebend sich bemüht, / Den können wir erlösen.* (11936f.) Das Streben setzt sich fort in höhere Regionen. Aber dort muß ihm die Liebe von oben begegnen. Ohne sie wäre alles Streben vergebens. Die Engel sagen nicht, sie wollten oder würden oder müßten erlösen, sondern sie könnten es. Daß es geschieht, ist Gnade. Der Bewegung von unten muß die Bewegung von oben antworten (wie im Gedicht *Ganymed* Bd. 1, S. 46). Daß es geschieht, ist ein Geschenk. Die Liebe, die emporhebt, hatte einst ihren Abglanz in irdischer Liebe. Abglanz, Symbol, Gleichnis ist alles Irdische. Gretchens Liebe war es, und die Natur war es, wie Faust sie bei Sonnenaufgang sah (und wie der Pater profundus sie jetzt sieht), und die Schönheit Helenas war es. Aber das Irdisch-Unzulängliche weist nur gleichnishaft hin auf das, was hier Wirklichkeit, *Ereignis* ist. Gott strömte sich aus in die Welt, nur darum kann sie sein Gleichnis sein. Als Schöpfergott erscheint er menschlichen Augen männlich. Aber alles Irdische sehnt sich ins höchste Licht zurück und wird wieder zu ihm emporgehoben. Hier aber, wo das Göttliche sich offenbart als das Liebende, Gütige, erscheint es menschlichen Augen weiblich. Darum führt eine Linie von dem irdischen Gretchen zu der Una Poenitentium, zu den drei heiligen Büßerinnen, zur Mater gloriosa und ins Urlicht göttlicher Liebeskraft hinein. Man kann ihren Anfang erkennen und gleichnishaft verstehen, man kann ihren Fortgang symbolisch anzudeuten versuchen, dann aber verliert sie sich ins Unbeschreibliche. Dorthin noch zu blicken, ist Mystik. Und so ist es ein *Chorus mysticus,* der das Stück abschließt.

C. G. Carus, Briefe über Goethes Faust. Lpz. 1835. Insbes. S. 85. — Obenauer, Goethe in seinem Verhältnis zur Religion. 1921. Insbes. S. 162—164. — Obenauer, Der faustische Mensch. 1922. S. 208—223. — Heinrich Rickert, Fausts Tod und Verklärung. Dt. Vjs. 3, 1925, S. 1—74. — Wilh. Hertz, Fausts Himmelfahrt. In: Die Ernte. Fest-

schrift für Fr. Muncker. Halle 1926. S. 59—92. — Kommerell S. 112 bis
131. — Reinhold Schneider, Fausts Rettung. Bln. 1946. — W. Flitner,
Goethe im Spätwerk. 1947. S. 298—304. — Eduard Spranger, Heilige
Liebe. In: Spranger, Goethe. Seine geistige Welt. Tübingen 1967.
S. 392—415. — Daur, Faust und der Teufel S. 481—489. — Albert
Fuchs, Le Faust de Goethe. Paris 1973. Insbes. S. 77—88.

11844ff. Die ersten Verse schon geben klanglich den Charakter der
Szene an. Die Hebungen stehen nah beieinander, dadurch das Langsame, Betonte; zugleich aber gibt das Melodische, Gelockerte, Pausen-
reiche den Eindruck des Leicht-Seins und Schwebens. Ernst und Heilig-
keit des Klanges bleiben durch die ganze Szene hindurch. Zu Beginn
herrschen die längeren, schwereren Rhythmen vor, am Ende die
kürzeren, leichteren; es ist, als wolle auch der Versklang auf diese Weise
den allmählichen Aufstieg in höhere Regionen andeuten. — Andreas
Heusler, Deutsche Versgeschichte, Bd. 3, Bln. u. Lpz. 1929, S. 400,
liest die Verse folgendermaßen:

> *Wáldùng, sie schwánkt herán,*
> *Félsèn, sie lásten dràn,*
> *Wúrzèln, sie klámmern án,*
> *Stámm dícht an Stámm hinàn.*
> *Wóge nach Wóge sprítzt,*
> *Höhlè, die tiefste, schützt.*
> *Löwèn, sie schlèichen stúmm-*
> *frèundlìch um ùns herúm,*
> *Éhrèn gewéihten Órt,*
> *Héilìgen Liebeshòrt.*

> ∧ *Uns blèibt ein Érdenrèst* ‖ ∧ *Zu trágen péinlìch,*
> ∧ *Und wàr' er vòn Asbést,* ‖ ∧ *Er ìst nicht réinlìch.* .
> ∧ *Hier ìst die Aússicht fréi,* ‖ ∧ *Der Géist erhöbèn.*
> ∧ *Dort zìehen Fráun vorbéi,* ‖ *Schwébènd nach óbèn.*
> *Die Hérrlichè mìttenínn* ‖ ∧ *Im Stérnenkrànzè,*
> ∧ *Die Himmelskönigìn,* ‖ ∧ *Ich séh's am Glánzè...*
> *Állès Vergänglichè* ‖ ∧ *Ist nùr ein Gléichnìs;*
> ∧ *Das Únzulänglichè,* ‖ *Hìer wìrd's Eréignìs;*
> ∧ *Das Únbeschréiblichè,* ‖ *Hìer ìst's getán;*
> ∧ *Das Éwig-Wéiblichè* ‖ *Zìeht úns hinán.*

Heusler sieht also in diesen Versen Viertakter, die aber vielfach pausiert
sind. — Zur Rhythmik kommt die Wortwahl mit ihren bewegten
Bildern: *Waldung, die heranschwankt*; auch Felsen und Wurzeln in Bewegung, in Funktion. Durchaus eine seeleninnere Landschaft und reiner
Ausdrucksstil, so daß die Aussprache des innersten Gefühls in den
anschließenden Worten des Pater ecstaticus völlig im gleichen Stil

bleiben kann wie diese Worte des Chors, die (äußerlich gesehen) nur die Landschaft schildern. — Vgl. auch die Anm. zu 12104 ff.

11854. *Pater ecstaticus, auf und ab schwebend.* Das Wort *schwebend* bezeichnet das Phänomen der Levitation, das zur besonderen Eigenschaft einiger Heiligen wurde; Goethe erwähnt es bei Philipp Neri (Bd. 11, S. 327,14—16). Eine Handschrift hat: *Ein Bruder in Verzückung,* eine andere: *Pater ecstaticus, auf und ab schweifend.* Da die Echtheit der Eckermann-Riemerschen Druckfassung von 1832 — *schwebend* — nicht völlig sicher schien, setzten Hecker und Beutler in ihre Textdrucke *schweifend* ein. Doch aus der Bildsymbolik der Szene, welche das Höher und Tiefer, die Aufwärtsbewegung, den Übergang von der Region der Patres zu der der schwebenden Engel herausarbeitet, geht für mich hervor, daß Goethe selbst in letzter Fassung *schwebend* eingesetzt hat (und es ist mir undenkbar, daß Eckermann und Riemer, deren Änderungen meist ganz andere Richtung — sprachliche Glättung — haben, die Levitation des Pater ecstaticus eingeführt hätten). Die Patres sind in dem, was sie sagen, abgestuft. Schon die Namen erleichtern es, jeden in seiner Eigenart zu erkennen. *Pater ecstaticus:* ein Pater, der in besonderem Maße der Ekstase fähig ist. *Profundus* heißt „tief", bildlich: tief empfindend und tief erkennend; hier: in das Geheimnis der Gleichnishaftigkeit der Welt und der göttlichen Liebe hineinblickend und insofern mystisch. *Seraphicus:* die „Seraphim" sind Engel; man nahm im Mittelalter verschiedene „Ordnungen" von Engeln an, die Seraphim und Cherubim gehören zu den höheren; sie schauen Gott an; der *Pater Seraphicus* hat einen auf die Engel gerichteten Geist, ein ihnen verwandtes Gemüt. *Marianus:* der ganz in der Verehrung Marias lebt. Diese Bezeichnungen kamen im Mittelalter vor und wurden für den heiligen Antonius, Bernhard von Clairvaux, Franz von Assisi und andere angewandt, jedoch hat Goethe hier nicht an diese gedacht. — Das Phänomen der Levitation berichtet Goethe bei Philipp Neri (Bd. 11, S. 470, 10—15). Er entlieh Bände der „Acta Sanctorum" am 6. Juli 1799, 27. Okt. 1815 und 2. Mai 1829 (Keudell). Dazu notiert das Tagebuch am 2. Mai 1829: *Las in den Actis Sanctorum nach geraumer Zeit das Leben des Philippus Neri wieder.* — Lexikon f. Theologie und Kirche 6, 1961, Sp. 996 Art. „Levitation".

11867. *tieferm Abgrund.* Nach Goethes eigenhändiger Handschrift (Reproduziert: Schr. G. Ges. 42, Blatt 20). Johns Abschrift hat *tiefen,* so auch der erste Druck. — Dazu: Witkowski im Jahrbuch der Sammlung Kippenberg 8, 1929/30, S. 304—308.

11894 ff. *Chor seliger Knaben.* Der emporschwebende Knabenchor erscheint in einem *Morgenwölkchen:* die Wolkensymbolik klingt wieder auf (wie auch später in Vers 12014). Der Pater Seraphicus nennt diese Knaben *Mitternachts Geborne* (11898). Dem Volksglauben nach sterben

Kinder, die zur zwölften Stunde geboren werden, bald nach der Geburt.
(HwbA 3, 1930/31, Sp. 410.) Darum bedürfen diese Knaben noch der Be-
lehrung, ehe sie höher gelangen. Sie haben Liebe als irdisch-himmlische
Macht noch nicht erfahren. Ihnen fehlt jede Welt-Aneignung. Faust
als eine Entelechie, die viel Welt in sich aufgenommen hat, kann sie belehren: er ist ihnen an Erfahrung überlegen wie sie ihm an Reinheit.
Indem er ihnen sich verbindet, geht er ein in die Lebensform dieses Geisterreichs: wechselseitiges Einander-Helfen und -Fördern. Die Seligen
Knaben bleiben bis zum Ende der Szene zwischen den übrigen Gestalten,
gleichsam wie die kindlichen kleinen Engelfiguren auf einem Gemälde.

11906ff. Der *Pater Seraphicus* nimmt die Seligen Knaben in sich
auf, und sie sehen nun durch seine Augen. Bedenkt man, daß alle
Bilder hier Symbol sind, so ist diese Vorstellung nicht befremdlich,
sondern nur sinnfällig. Jeder entwickelt Erkenntnis nicht nur aus sich
allein, sondern lernt durch andere, lernt mit ihren Augen die Welt
sehen. Goethe hatte in seiner Jugend aus Swedenborg (von dem in der
Bibliothek des Vaters 3 Werke standen, darunter: Von den Erdkörpern
der Planeten und des gestirnten Himmels Einwohnern, aus dem Lat.
von Fr. Chr. Oetinger. Ansbach 1771) das Bild, daß ein Geist andere
Geister in sich aufnimmt, kennen gelernt, und es wurde eine der opti-
schen Vorstellungen, die sich ihm so einprägten, daß er sie nie mehr
vergaß. Er hat es mehrfach benutzt, in verschiedenen Zeiten. So
schreibt er an seine Mutter am 3. Oktober 1785: *Wenn man nach Art
Schwedenborgischer Geister durch fremde Augen sehen will, tut man am
besten, wenn man Kinderaugen dazu wählt.* Und an F. A. Wolf am
28. November 1806: *Warum kann ich nicht sogleich mich wie jene Schwe-
denborgischen Geister, die sich manchmal die Erlaubnis ausbaten, in die
Sinneswerkzeuge ihres Meisters hineinzusteigen und durch deren Vermittlung die Welt zu sehen, auf kurze Zeit in Ihr Wesen versenken?* (Ähnlich
an Charlotte v. Stein, 1. 10. 1781 und an J. W. E. d'Alton, 20. 8. 1824.)
—Der Pater Seraphicus läßt die Seligen Knaben die Welt durch seine
Augen sehen, sie erblicken Felsen, Gebirgsbach und Bäume; sie sehnen
sich nach höheren, lichteren Bildern, und so entläßt er sie mit den
Worten: *Steigt hinan zu höherm Kreise* . . .

11911. *abestürzt* = abwärtsstürzt; ähnlich *Pandora* 762 und 778:
mit abegewendetem (abwärtsgewendetem) *Blick.* Durch alte und
mundartliche Formen angeregt.

11934ff. *Engel,* . . . *Faustens Unsterbliches tragend.* Eine Goethesche
Handschrift hat vor 11954 ursprünglich: *Chor der Engel, über dem Berggipfel, Faustens Entelechie heranbringend.* Das Wort *Entelechie* bezeichnet die auf ein Ziel zustrebende lebendige Einheit, die um einen
Richttrieb organisierte Monade, die Person (ein Thema, von dem
schon am Ende des 3. Aktes die Rede war). Die Worte *Chor der Engel*

bestätigen die — auch an sich wahrscheinliche — Annahme, daß die
Bezeichnung *Engel* in der *Ausg. l. Hd.* ein Plural ist, nicht (wie einige
moderne Erklärer annehmen) Singular. — Faust wird als ein *Glied der
Geisterwelt* bezeichnet, das gerettet sei. Der folgende Satz ist in Anführungszeichen gesetzt, um herausgehoben zu werden. (Diese Funktion haben die Anführungszeichen in der Goethezeit oft; dem entspricht
in heutiger Schreibweise am ehesten Sperrung.) Noch einmal taucht
hier das Wort *streben* auf, das geradezu leitmotivisch für Faust war
(317, 697, 767, 1075, 1676, 1742, 7291). Die Mystik aller Zeiten hat
sich zur Andeutung der Polarität und Vereinigung mit dem Absoluten der Sprache der Liebe bedient, und bei Goethe wird diese aus
innerem Erleben neugeboren. Das Wort *erlösen* bezeichnete in jahr-
hundertealter christlicher Tradition, daß der infolge der Erbsünde der
Hölle verfallene Mensch durch die Tat Jesu Christi für eine Aufnahme
in den Himmel fähig gemacht sei. Dieser dogmatische Inhalt war in
der Sprache des Pietismus und der Empfindsamkeit abgeschwächt, und
bei Goethe klingt oft die konkret-natürliche Bedeutung „ablösen" mit
(wie in Vers 11806) oder „auflösen", wie er von der *Erlösung* der Wolken in den Äther spricht (in dem Howard-Gedicht, Bd. 1, S. 351).
Erlösen ist hier: Frei-Machen, ein Ablösen der Entelechie vom Erdhaften, Starren, Dunkeln, Mephistophelischen; und ist Auflösung ins
Lichte, Geisthafte, Göttliche.

11942ff. Rekapitulation des Geschehens der vorigen Szene, 11699
bis 11824.

11954ff. Die Engel sprechen seit ihrem Erscheinen von Flammen,
die das Geistige vom Irdischen trennen (11727, 11802, 11817), so auch
der Pater ecstaticus (11854f.). Während die jüngeren Engel jubilieren,
die Seele dem Teufel entrissen zu haben, spüren die vollendeteren
Engel, daß Fausts Unsterbliches sich noch sehr wandeln müsse.
Asbest: ein weicher Stein, der sich zu einem Gespinst verarbeiten läßt,
das dem Feuer standhält. (Adelung 1, 1808, Sp. 445.) Hier im Zusammenhang der Feuer-Symbolik etwa: „und wäre er auch schon lange
dem Feuer ausgesetzt und ganz durchgeglüht, er ist doch noch irdisch...". Fausts *starke Geisteskraft* hat Elementares und Geistiges
so eng vermischt, daß kein Engel beides trennen könnte (so ist das
konjunktivische *trennte* zu verstehn); nur die *ewige Liebe* (die bald darauf
eingreift) vermag es.

11981ff. *Puppenstand*: nicht etwa Goethesche Neubildung oder
manierierte Seltenheit, sondern eine der im 18. Jahrhundert gebräuch-
lichen, im 19. Jahrhundert abgekommenen Zusammensetzungen mit
„-stand". Adelungs Wörterbuch (das Goethe besaß und gebrauchte)
schreibt: „Puppenstand: derjenige Zustand eines Insektes, da es eine
leblose, wenigstens unbewegliche Puppe ist, derjenige Stand, welcher

auf den Raupenstand folgt und unmittelbar vor dem Stande des vollkommenen Insektes vorher gehet." Goethe benutzt das alte Sinnbild
der Seele als Schmetterling und bezeichnet bildhaft-knapp den Zustand des schweigenden, gleichsam noch „unbeweglichen" Faust vor
dem Eingreifen der erlösenden Liebe. Er ist noch in sich versponnen
wie die Schmetterlingspuppe; darum *Löset die Flocken* (d. h. das Gespinst) *los*. Das Bild betont, daß Fausts jetziger Zustand anders ist als
einst im Leben, doch erst recht anders als der, welcher noch bevorsteht.
Metamorphose und Steigerung gehören in Goethes religiöse Vor-
stellungswelt. (Vgl. auch Bd. 9, S. 334,27.) *Also erlangen wir ...*:
„Durch ihn erlangen wir von den Engeln eine Gewißheit, daß wir an
ihm wachsend im Bereich der Geister mitwirken und uns in ihm entwickeln dürfen." (Vgl. 12078—12083.)

11989ff. *Doctor Marianus*: ein Heiliger, der sich ganz der Verehrung Marias widmet. Während das Wort *Pater* auf die Heiligen der
Urkirche wies, erinnert *Doctor* an die des Mittelalters, die großen Mystiker und Marienverehrer.

12037ff. *Magna peccatrix*. Lukas 7, 36—39: „Es bat ihn aber der
Pharisäer einer, daß er mit ihm äße. Und er ging hinein in des Pharisäers Haus und setzte sich zu Tisch. Und siehe, ein Weib war in der
Stadt, die war eine Sünderin. Da die vernahm, daß er zu Tische saß
in des Pharisäers Hause, brachte sie ein Glas mit Salbe. Und trat hinten
zu seinen Füßen und weinte und fing an, seine Füße zu netzen mit
Tränen und mit den Haaren ihres Haupts zu trocknen, und küßte
seine Füße und salbte sie mit Salbe. Da aber das der Pharisäer sah,
der ihn geladen hatte, sprach er bei sich selbst und sagte: ‚Wenn
dieser ein Prophet wäre, so wüßte er, wer und welch ein Weib das ist,
die ihn anrühret; denn sie ist eine Sünderin.'" (Luther.)

12038. *Deines gottverklärten Sohnes ...* Die Reden der drei Büßerinnen
(12037—12060) sind diejenige Stelle in der Schlußszene, an welcher
Christus erwähnt wird. Die ganze Szene spielt nicht im „Himmel", wie
man manchmal gesagt hat, sondern sie zeigt das Höchste des Irdischen:
Berggipfel, Bäume, darüber Wolken; einen Heiligen in Levitation,
schwebende Engel; in diese Region läßt sich die Mater gloriosa (die
ihrerseits unter Gott steht) für einen Augenblick herab, und sie weist
hin auf die *höhern Sphären* (12094). Es ist eine Szene, in welcher von
der Erlösungsbedürftigkeit des Menschen (11862ff., 11936ff., 11954ff.,
12019, 12065ff.) und auch von Reue (12097) sowie von der göttlichen
Liebe und Gnade (12019, 12072, 12103) gesprochen wird. Das, was
Faust hier rettet, ist die unmittelbare göttliche Gnade, nicht die Er-
lösungstat Christi. Goethe gibt keine Schlußszene, in welcher Christus
oder der Herr als Richter auftritt oder in der auf den Opfertod hingewiesen wird und dieser sich erlösend auswirkt. Anderseits schließt

Goethe das Christus-Motiv hier nicht aus, so wenig wie vorher in den Versen 737ff. Für den Vorgang in der Szene steht es hier (12037 bis 12060) aber am Rande. Wie weit die göttliche Liebe, welche in dieser Szene erlösend wirkt, zugleich die des (hier so feierlich genannten) *gottverklärten Sohnes* ist, bleibt offen. In dem allen ist die Szene genau ein Ausdruck dessen, was Goethe schaute und innerlich erlebte — durchaus Bekenntnis; in der Art, wie einzelne Motive tragend werden, andere zurücktreten, ist sie ein Bild dessen, was er deutlich sah und was für ihn im Hintergrund oder nicht klar sichtbar war.

12045 ff. *Mulier Samaritana.* Die Worte der Samariterin hier knüpfen genau an das 4. Kapitel des Johannesevangeliums an, in dem erzählt wird, wie Jesus auf der Reise durch Samaria an den Brunnen kommt, aus dem schon Jakob seine Herde tränkte, und wie dort sich ein Gespräch entwickelt von dem Wasser, das Jesus zu geben habe, dem Wasser, „das in das ewige Leben quillet" (Luther). — *überflüssig* = in Überfluß.

12053 ff. *Maria Aegyptiaca.* Die *Acta Sanctorum,* welche Goethe anmerkungsweise nennt, sind die Heiligenlegenden in der Ausgabe der jesuitischen Bollandisten; in ihnen wird (Bd. 1, 1643, S. 69; Goethe benutzte den Band im Jahre 1829) von der ägyptischen Maria berichtet, die ein sündhaftes Leben führte, dann an die Grabeskirche in Jerusalem kam (12053f.), wo eine geheime Kraft sie am Eintritt hinderte (12055f.), und daraufhin eine innere Wandlung durchmachte und fortan über 40 Jahre in der Wüste als Büßerin lebte (12057f.), bis sie dort starb; vor ihrem Tode schrieb sie in den Sand die Bitte, ihr Beichtvater möge für sie beten (12059f.).

12061ff. Die drei Büßerinnen haben bisher einzeln gesprochen, jede mit *Bei* ... beginnend, jede gleichsam nur den Vordersatz; der Hauptsatz, die Bitte für Gretchen, folgt jetzt, zu dritt gesprochen, hinüberlenkend in das Chorische, Gemeinsame der anderen himmlischen Stimmen.

12068. *angemessen* = deiner Güte entsprechend und darum der Buße der Sünderinnen entgegenkommend, damit *büßendes Gewinnen* daraus werde. Sowohl eine Handschrift wie die *Ausg. l. Hd.* haben *angemessen*; die öfters ausgesprochene Vermutung, es läge Schreibfehler für „ungemessen" vor, läßt sich aus der Überlieferung gar nicht und aus dem Zusammenhang wenig begründen.

12069ff. *Una Poenitentium* = eine der Büßenden. Ursprünglich standen in der Handschrift nur diese zwei lateinischen Wörter; Goethe fügte dann eigenhändig hinzu: *sonst Gretchen genannt,* verbindend und distanzierend zugleich. Auch in den nun folgenden Worten an die Mater gloriosa tritt im Vergleich mit dem Gebet 3587ff. (an welches der Klang sogleich erinnert) nicht nur das Gleiche, sondern ebensosehr

das Verschiedene hervor — die Einheit der Person und die Anders-
artigkeit des Zustands andeutend. — Metrische Analyse: Heusler,
Versgesch., Bd. 3, S. 388.

12084. *Vom edlen Geisterchor umgeben*... bezieht sich auf die Seligen
Knaben, aber auch auf die anderen Gestalten, die hier um Fausts
Entelechie sind.

12096ff. *Blicket auf*... Noch einmal spricht der *Doctor Marianus*, der
höchste der Patres, wie schon 11989ff. — Es war eine schlechte
Bühnentradition des 19. Jahrhunderts, diese Verse nicht den Doctor
Marianus, sondern Faust sprechen zu lassen (damit der Schauspieler
der Hauptgestalt in der Schlußszene nicht immer schweigen müsse).
Faustens Unsterbliches muß noch sehr viel lernen, und das geschieht zunächst schweigend. Aber alles um ihn wird in Bezug auf ihn gesprochen,
auch diese Worte des Doctor Marianus, der ihm an Erkenntnis weit
voraus ist.

12097. *Alle reuig Zarten.* Goethes Alterssprache legt oft das Wesentliche ins Adjektiv; also etwa: alle mit zarter Seele Bereuenden. Wie
alles hier steht auch dies in Bezug zu Faust. Reue war bei ihm bisher
nur zwei Mal — in Ansätzen — gezeigt (4623 f., 11382); desto bedeutsamer ist das Wort hier 14 Zeilen vor dem Schluß. (Ganz andersartig
kam das Motiv bei Gretchen in der Kerkerszene vor, 4547, 4605.) Die
Worte des Doctor Marianus beginnen mit der Reue des Menschen und
enden mit der Gnade von oben; das für die Szene wesentliche Leitmotiv der *Gnade* (12019, 12072) findet hier (12103) seinen Abschluß.

12104ff. *Chorus mysticus.* Eine Handschrift hat *Chorus in excelsis.*
Während dies den überirdischen Bereich der singenden Engel bezeichnet, deutet *Chorus mysticus* mehr auf den Inhalt des Gesangs, die Beziehung von Vergänglichem und Ewigem. Denn eben dies ist Goethes
„Mystik", daß alles Irdische ein *Gleichnis* des Göttlichen sei, und wer
dieses gleichnishafte Sehen sich zu eigen gemacht hat, ist ein Mystiker.
Die Betrachtung der Natur zeigte ihm *Geheimnisse*, darin bestehend, daß
Gott in der Natur, die Natur in Gott, von Ewigkeit zu Ewigkeit, schafft und
wirkt (Bd. 13, S. 31). *Alle Mystik ist ein Transzendieren und ein Ablösen
von irgendeinem Gegenstande*... (Bd. 12, S. 375.) Goethe nennt Hafis *in
die Geheimnisse der Gottheit von fern hineinblickend* und deswegen *mystisch*
(Bd. 2, S. 159 u. 24). Der *Chorus mysticus* spricht das Verhältnis der
Menschenwelt zur Gotteswelt aus. Er besteht in einer einzigen acht-
zeiligen Strophe. Je ein Satz füllt 2 Kurzzeilen. Und in jedem Satz
werden die zwei Bereiche in Beziehung gesetzt. Alles in unserer Welt ist, recht gesehen, *Gleichnis* eines höheren, göttlichen
Bereichs. Was auf Erden *unzulänglich,* unvollkommen ist, wird dort
vollkommen; dieses ist das schon 11964 f. und 12099 angedeutete
Ereignis. Da menschliche Sprache zur Bezeichnung des Göttlichen

nicht ausreicht, bleibt nur ein Negativ als Hinweis, *das Unbeschreibliche*; ähnlich ist im *Divan* des Emporsteigen in höhere Sphären als Übergang von menschlicher Sprache in übersprachlichen Ausdruck dargestellt (Bd. 2, S. 117). So wie die ersten 3 Sätze setzt auch der vierte das Irdische und das Jenseitige in Beziehung. Die Wortbildung *das Ewig-Weibliche* weist als solche schon darauf, daß ihm als *Gleichnis* (12105) im *Vergänglichen* (12104) eine Präfiguration (mit allen menschlichen Bedingtheiten) entspricht und daß es nun darauf ankommt, von dieser aus alles umzudenken ins *Ewige*. Nachdem die ersten drei Sätze von dem Verhältnis des irdischen und des himmlischen Bereichs gesprochen haben, sagt der vierte, was aus jenem in diesen *hinanzieht*. Was das sei, kann keine Frage mehr sein, nachdem die Szene dieses Motiv als Hauptmotiv immer stärker erklingen ließ; zu Beginn *Heiliger Liebeshort* (11853), *Ewiger Liebe Kern* (11865), *die allmächtige Liebe* (11872), *Liebesboten* (11882), und so fort in vielen Variationen, gipfelnd in Worten wie *Ewigen Liebens Offenbarung, die zur Seligkeit entfaltet* (11924f.) sowie *Und hat an ihm die Liebe gar von oben teilgenommen* (11938f.). Nachdem die Engel gesagt haben *Die ewige Liebe nur vermag's zu scheiden* (11964f.), erscheint diese in Gestalt der *Mater gloriosa*. Sie wird nur durch zwei Zeilen (12094f.) charakterisiert: sie zieht Gretchen (und mit ihr Faust) hinan. Die Schlußzeile spricht dieses *Zieht… hinan* noch einmal verallgemeinert aus. — Dieser Inhalt des Schlußchors entspricht der Bewegung der Szene, die vom Pater profundus bis zur Mater gloriosa immer weiter emporgeführt hat. Die Engel, die dies singen, schweben ganz oben (*in excelsis*). Aber eben von dort erfahren wir, daß die Welt sinnvoll sei, weil sie *Gleichnis* ist; sie erfährt — rückschauend — Bejahung und Heiligung. Die Deutung der Welt in ihrer Gleichnishaftigkeit — man könnte sie das Hauptanliegen von Goethes Dichtung nennen, das aller seiner Darstellung Klang und Glanz gibt — ist hier am Ende des Dramas noch einmal in kürzeste Formel zusammengefaßt. Und die gedanklich-genaue Sprache wird Musik in den kurzen Versen, die untereinander durch die Kreuzreime so verbunden sind, daß kein Satz in sich geschlossen ist, sondern in übergreifenden Zusammenhängen verklingt. Klanglich nimmt der Schlußchor die Form auf, welche der Engelchor 11954ff. hatte, und ist nahe verwandt den Chören *Christ ist erstanden* 737ff., 785ff., bei denen eine Beziehung zu altkirchlichen Hymnen naheliegt. Es gibt im Mittelalter Strophen, die dem Verstyp 12104ff. sehr ähnlich sind: „Sacris sollemniis / iuncta sint gaudia, / Et ex praecordiis / sonent praeconia…" von Thomas von Aquino (Dreves-Blume, Ein Jahrtausend Hymnendichtung I S. 357f.; ähnlich „O quanta qualia…" ebd. I, 225); ebenso gibt es Verwandtes zu dem Verstyp 12096ff.: „Salve sancta facies / nostri redemptoris / In qua nitet species / divini splendoris" (ebd. II, S. 74; ähnlich „Patris sapientia, /

veritas divina" II, S. 69). Ähnliche Rhythmen aber auch *Faust* 9811 ff.;
Pandora 189 ff., 240 ff.; und bei Zacharias Werner, Das Kreuz an der
Ostsee, 1806. — Vgl. 4695—4727 u. Anmkg.; Bd. 1, S. 357 ff. u.
Anmkg. — Und Jahrbuch „Goethe" 16, 1954, S. 36—56.

12109. *Hier ist's getan.* Seit der „Weimarer Ausgabe", deren *Faust*-Band Erich Schmidt 1888
herausgab, haben die neueren Ausgaben fast alle den Vers in dieser Form gedruckt. Goethes
eigenhändige Niederschrift (Goethemuseum Düsseldorf) und Johns Reinschrift (Goethe- und
Schiller-Archiv, Weimar) haben: *Hier ist es getan,* in Vers 12107 aber *Hier wird's Ereignis* mit
Apostroph. Es kommt künstlerisch darauf an, daß Vers 12109 klanglich genau dem Schluß-
Vers *Zieht uns hinan* entspricht. Auf diese Sprechweise wird durch die Schreibung *ist's* hingewiesen. Goethe war in der Schreibung lässig und nicht einheitlich. Er gab oft den Philologen
und den Druckern nach, die Apostrophierungen vermeiden wollten. Daß die gesprochene
Sprache hier zu apostrophieren hat, folgt aus der Struktur der Strophe: Rhythmisch entsprechen einander 12104 und 12106, ebenso 12105 und 12107; sodann 12108 und 12110, gleichwie
12109 und 12111. In diesem Gefüge darf es keine Unregelmäßigkeit, kein Holpern geben. Nur
wenn man beim Sprechen diese Harmonie Klang werden läßt, symbolisiert die Form den Ausklang, die Läuterung, welche durch die ganze Szene sich steigert und hier ausklingt.

FAUST IN URSPRÜNGLICHER GESTALT
(URFAUST)

Im Jahre 1887 sah der Literarhistoriker Erich Schmidt den Nachlaß des Hoffräuleins Luise v. Göchhausen durch, die als literarisch interessierte, witzige Gesellschafterin der Herzogin Anna Amalia im Weimar des 18. Jahrhunderts eine Rolle gespielt hatte. Er fand hier eine
Abschrift von Goethes *Faust*, und zwar von einer Fassung, die uns
sonst nicht erhalten ist. Goethe hatte sein *Faust*-Fragment, das er aus
Frankfurt mitgebracht hatte, in dem ersten Winter in Weimar, 1775/76,
vorgelesen und reichen Beifall dafür geerntet. (S. 422: Stolbergs Brief
vom 6. 12. 1775.) Luise v. Göchhausen lieh sich die Handschrift aus
und schrieb sie ab. Wann das geschah, wissen wir nicht. Es muß irgend-
wann zwischen Goethes Ankunft im November 1775 und seiner Ab-
reise nach Karlsbad und Italien im Juli 1786 gewesen sein. Es liegt nahe,
zu vermuten, daß es auf Grund des frischen Eindrucks einer Vorlesung
geschah, in einer Zeit, als Goethe noch nicht an *Iphigenie* arbeitete. Abschreiben von Dichtungen gab es damals öfters, zumal wenn Dichtungen nicht veröffentlicht wurden; so haben z. B. Verehrer Klopstocks sich Abschriften seiner Gedichte angelegt (Bd. 9, S. 517,1 u.
Anmkg.); das Ehepaar Herder sammelte Abschriften Goethescher Gedichte, und Barbara Schultheß in Zürich schrieb *Wilhelm Meisters
theatralische Sendung* ab. Luise v. Göchhausen machte die Abschrift wohl
nur für sich selbst. Sie schrieb nicht mit der Genauigkeit eines Philo-

logen. Wieweit Abkürzungen, Rechtschreibung und Zeichensetzung auf ihre Rechnung zu setzen sind, kann man nur in allgemeinen Zügen vermuten. Von Goethes ursprünglichen Manuskripten ist nur ein ganz kleines Stück, die Szene *Landstraße*, Vers 453—456, erhalten geblieben, vermutlich deswegen, weil diese Szene in die späteren Fassungen nicht hineinkam. Man kann nicht wissen, ob und wieweit Goethe außer den Szenen, die er Luise v. Göchhausen gab — sie sind alle in sich abgeschlossen —, noch Notizen und Skizzen zu anderen Szenen vorliegen hatte. Viel wird es wohl nicht gewesen sein. Aufs Große gesehen kann man sagen: Diese Abschrift gibt *Faust* so, wie Goethe das Werk nach Weimar mitbrachte. Es ist der Sturm-und-Drang-*Faust*. Erich Schmidt gab ihm den Namen „Urfaust", der sich seither eingebürgert hat.

Manches ist hier anders als in dem späteren Werk. Im Gespräch mit Wagner kommt der Gegensatz von Barock und Sturm und Drang deutlicher zum Ausdruck. Das Schülergespräch ist nicht nur Wissenschafts-Satire, sondern auch Universitäts-Satire, die auf die Verhältnisse des Studentenlebens eingeht; vieles ist hier mehr achtzehntes als sechzehntes Jahrhundert. Es fehlt die Hexenküche mit der Verjüngung, und zwar wohl nicht als Lücke in der Ausführung, sondern weil sie hier nicht geplant und nicht nötig war. Man wurde im 16. wie im 18. Jahrhundert nicht selten schon mit 30 Jahren Professor; Magister — und das heißt Dozent — schon mehrere Jahre früher. Wenn Faust *an die zehen Jahr'* Studenten unterrichtet, braucht er nur wenig über 30 Jahre alt zu sein. Man darf sich den Helden des „Urfaust" als jugendlichen Gelehrten denken, der mit der Leidenschaft dieser Jahre seine Verzweiflung an der Wissenschaft ausdrückt und keiner Verjüngung bedarf, um leidenschaftlich für Gretchen zu erglühen. Begegnung und Pakt mit Mephistopheles fehlen. Aber die Gretchenszenen sind alle schon vorhanden: lückenlos reihen sich hier die Glieder des tragischen Geschehens aneinander. Die wesentlichen Züge des Gehalts sind die gleichen wie in *Faust I*. Die Sehnsucht nach Entgrenzung, erst im Erkennen, dann im Lieben, der Ausgriff des sehnsuchtsvollen Helden in die Welt und das Schuldigwerden dabei — es sind die gleichen Motive, welche später der vollendeten Dichtung ihren Charakter geben.

Fast mehr als im Gehalt unterscheidet sich der „Urfaust" in der Form von dem fertigen Werk. Wichtige Szenen, die später in Versen erscheinen, haben hier eine kräftige, leidenschaftliche Prosa. Die Sprache hat den Stil des Sturm und Drang; alles, was ausdruckskräftig, charakteristisch, lebendig wirkt, ist ihr recht. Deswegen greift sie zu Neubildungen, mehr noch zu Umgangssprachlichem und Mundartlichem. Goethe hatte in den *Mitschuldigen* und in den anakreontischen Gedichten das Mundartliche gemieden. Hier aber herrscht ein anderer Stilwille. Die Sprache der „Genie"-Dichtung nimmt Wörter, die in

einer Landschaft, einer Familie oder einem Freundeskreis üblich sind,
sowie eigene Neubildungen ohne weiteres in die Dichtung hinein, sofern sie durch Klangsymbolik, Bildlichkeit, Witz, Treffsicherheit zur
Charakteristik beitragen. Goethe will die Welt, in der Gretchen lebt, in
die der Student kommt und in welcher Mephistopheles sich zu Hause
fühlt, durch sprachliche Mittel lebenswarm und atmosphärisch gestalten. Deswegen greift er tief in die Umgangssprache; es ist das Frankfurtisch des 18. Jahrhunderts, eine stark mundartliche Umgangssprache,
die auch in den höchsten Kreisen üblich war. Aus dem gleichen Streben
nach Charakteristischem kommen die Neubildungen, die hier im „Urfaust" stellenweise ebenso kühn sind wie in den großen freirhyth-
mischen Gedichten (Bd. 1, S. 33—52). Einiges kommt auch aus der
Sprache des 16. Jahrhunderts, hatte Goethe sich doch in Wortschatz
und Klang der Lutherbibel, des Paracelsus und Hans Sachs mit Begeisterung eingelesen. Erst in Weimar, im Gebiet der sächsischen Kanz-
leien, und mit der Wendung zur „Klassik" kam die Wandlung; nun
dachte er an ein normalisiertes Schriftdeutsch und an Leser in allen
deutschen Landschaften. Damals hat er in dem alten *Faust*-Manuskript
nicht nur wegen des Inhalts, sondern auch wegen der Sprache vieles
umgearbeitet und manches gestrichen. So sehr für das spätere Werk als
Ganzes, zumal im Zusammenhang mit *Faust II*, dieser Wandel notwendig war — die Eigenheiten der frühen Fassung haben auch wiederum ihren besonderen Reiz. Seit man den „Urfaust" kennt, genießt man
ihn als eine Köstlichkeit. Er übt in besonderem Maße jenen Zauber des
Unmittelbaren, Lebensprühenden, Innig-Kraftvollen aus, der die
Werke der vorweimarer Jahre kennzeichnet, jenen Zauber, der für uns
bezeichnet ist in den Worten: der junge Goethe.

Umgangssprachliches in der Wortwahl: *Storcher* 381,6, *eine Kommission kriegen* 529,
Grasaff' 1213; in der Flexion: *Eim* 258, *hätt* 612, *bei'em* 1372, *Liedcher* 418,19; der Laut-
stand wird besonders deutlich im Reim; in Frankfurter Sprache des 18. Jahrhunderts
sind reine Reime *erklärt — hört* 74/76, *steigen — reichen* 96/97, *lag — nach* 980f., *Tage —
Sprache* 1155 f. — Aus dem Bereich der Neubildungen im Sturm-und-Drang-Stil kommt
Brandschande-Malgeburt 1326; Neubildungen sind vielleicht auch *schellenlaut* 196, *vertripplistreichelt* 284, *neugierden* 767.

Da die Hambg. Ausg. alle Texte in der Rechtschreibung unserer Zeit bringt, ist das
auch bei dem Text des „Urfaust" der Fall; es gibt viele buchstabengetreue Abdrucke
von ihm; diese geben die Schreibweise des Fräuleins v. Göchhausen wieder, doch
scheint diese sich weitgehend Goethe angeglichen zu haben. Komposita schrieb man
damals meist in 2 Wörtern: *Land Straße, Keller Nest* usw.; sie sind in unserem Druck
zusammengezogen. Da in Goethes Frankfurter Mundart das g oft als ch ausgesprochen
wird, geht die Schreibweise durcheinander; das „Urfaust"-Manuskript schreibt
Gretgen, gesprochen wurde natürlich „Gretchen"; unser Text hat die Schreibweise
Gretchen, die schon in dem *Fragment* 1790 eingeführt wurde.

Fraglich bleiben manche Endungen auf -n und -m, da in Frankfurter Mundart die
Endkonsonanten nicht deutlich ausgesprochen oder weitgehend weggelassen wurden.
Die Göchhausensche Handschrift hat 258 *Ein*, 675 *den*, 909 *mächtgen*, 1181 *ihn*, 1243 *den*,
1256 *ihren* usw., wobei nicht mit Sicherheit zu bestimmen ist, was auf den Dichter, was

auf die Abschreiberin zurückgeht. Unser Text schließt sich hier der Normalisierung bei E. Schmidt, Petsch, Witkowski an, gegen die Handschrift. Dagegen folgt er nicht diesen Philologen sondern der Handschrift in den Lesungen 418,6 und 418,28 *erfaßt*; hier zeigt das Manuskript deutlich jedesmal ein Wort, im Unterschied von 417,20 *Er faßt*.

An einigen Stellen sind Fortlassungen der Abschreiberin ergänzt; so schreibt sie 302 *aufs* — *Haus* und ersetzt 380,12 den Namen Luthers durch Striche; zu 382,30 —31 vgl. die Anmkg.

Die Zeichensetzung ist schonend modernisiert.

58. *inn* = innen.

64. *Totenbein* = Totenknochen, Skelette (als medizinisches Studienmaterial).

77. *das Zeichen des Makrokosmus.* Als ungefähre Andeutung, wie man sich ein solches *Zeichen* zu denken habe, kann die zeichenhafte Erscheinung auf Rembrandts „Faust"-Radierung gelten (die Goethe bei der Abfassung des „Urfaust" vielleicht schon kannte) und die Zeichnung, welche den Zusammenhang von Gott, Luzifer und Welt darstellt, in Wellings „Opus mago-caballisticum" (einem Werk, das Goethe damals genau angesehen hatte). — Bd. 9, Anmkg. zu 351,1 (mit Abbildung).

96. *Wie Himmelskräfte auf und nieder steigen.* Das dichterische Bild spricht vom Weitergeben der göttlichen Kraft und von ihrer Wirkung auf das All und auf die Erde; es nimmt also die alten neuplatonischen und pansophischen Vorstellungen auf, daß von Gott Wirkung ausgeht auf das All, daß alles mit allem zusammenhängt und eine kosmische Harmonie (100) besteht. In der Faust-Forschung ist darauf aufmerksam gemacht, daß hier das Motiv der Jakobsleiter mitgewirkt haben kann, das im 16. und 17. Jahrhundert oft bildlich dargestellt wurde, und auch das Bild der auf- und niedersteigenden Planeten mit ihrer Wirkung auf die Erde.

106. *schmacht ich.* Adelungs Wörterbuch, das den Sprachstand des ausgehenden 18. Jahrhunderts festhält und das Goethe selbst (in der Ausgabe von 1774—86) besaß und benutzte, erläutert: „Schmachten: den höchsten Grad des Hungers und Durstes empfinden ... Vor Durst, vor Hunger schmachten ... Vor Hunger und Durst abgezehrt werden. Im Gefängnisse schmachten, in weiterem Verstande: aus Mangel an Freiheit und Bequemlichkeit abgezehrt werden. Einen hohen Grad der Sehnsucht, des sehnsüchtigen Verlangens empfinden ..." — Dt. Wb 9, 1899, Sp. 885—890.

129. *in widerlicher Gestalt.* Das Wort *widerlich* kommt auch in *Faust* 6036, 10029, 10215, 11194 vor. (Ähnlich *widerwärtig* 5791, 6235, 7182, 7523, 8085, 9435, 9798. Vgl. auch Bd. 8, S. 107,1 und Brief an Charlotte v. Stein vom 24. 5. 1807.) *Widerlich* wird bei Adelung erläutert: „1. den äußern Sinnen zuwider, Widerwillen, Ekel erregend; 2. Widerwillen verratend, mürrisch, verdrießlich." Morris, Der junge Goethe 6,

S. 535, umschreibt: „in Schrecken erregender Gestalt". Fischer,
Goethe-Wortschatz, umschreibt: „in abweisender Haltung" und erinnert an Goethes Brief an den Grafen Brühl vom 2. Juni 1819:
... *Diese Darstellung des Erdgeistes stimmt im Ganzen mit meiner Absicht
überein. Daß er durch's Fenster hereinsieht, ist gespensterhaft genug. Rembrandt
hat diesen Gedanken auf einem radierten Blatte sehr schön benutzt. Als wir uns
hier auch einmal vornahmen, dieses Stück anzugreifen und vorzubereiten, war
mein Gedanke gleichfalls nur, einen kolossalen Kopf und Brustteil transparent
vorzustellen, und ich dachte, dabei die bekannte Büste Jupiters zu Grunde zu
legen, da die Worte „schreckliches Gesicht" auf die Empfindung des Schauenden,
der vor einer solchen Erscheinung allerdings erschrecken kann, eben sowohl als auf
die Gestalt selbst bezogen werden konnten; auch überhaupt hier nichts Fratzen-
haftes und Widerliches erscheinen durfte.* Diese Worte stammen aus einer
Epoche, in der Goethe sein Drama anders sah als in der Zeit, da er den
„Urfaust" schrieb. Doch die Gestalt des Erdgeists kann er wohl zu allen
Zeiten als großartig, übermenschlich und insofern erschreckend gesehen, wobei wohl auch mitspricht, daß man dem Erdgeist ansieht, daß
er nicht als ein dienstbarer, „zitierter" Geist kommt, sondern schon
beim Erscheinen die Haltung äußert, aus der heraus er dann Faust so
scharf in seine Schranken weist. Faust wird vor ihm zum *weggekrümmten
Wurm.* Das Wort *widerlich,* ähnlich wie *widern* und *widerwärtig,* bezeichnet
bei Goethe eine Richtungstendenz, eine Bewegung von etwas fort. Bevor der Geist erscheint, glaubt Faust sein *Herz* ihm *hingegeben* (128);
im Augenblick des Erscheinens macht aber das Wort *widerlich* deutlich:
beide müssen auseinanderstreben, sowie sie einander begegnen. —
Dt. Wb. 14. Bd., 1. Abt., 2. Teil. Sp. 1112—1115.

154. *Ein wechselnd Leben!* So lautet die Fassung in der Göchhausenschen Handschrift. Vielleicht ein Abschreibe-Fehler. Schon das *Fragment* von 1790 hat die Fassung,
welche später in *Faust* 506f. steht.

168. *Schwärmer.* Adelung: „Eine Person, welche undeutliche und — in noch enge-
rem Verstande — welche verworrene Vorstellungen zum Nachteile deutlicher und
klarer zum Bestimmungsgrunde ihrer Urteile und Handlungen macht." — Bd. 1, S. 179;
Bd. 10, S. 156,34. — Dt. Wb. 9, 1899, Sp. 2290—2292.

169ff. Vgl. die Anmkg. zu *Faust* 522ff.

186. *ein Ragout von andrer Schmaus*: eine Mischung von dem, was vorher andere bereitet haben. Dichtung und Wissenschaft des Barock
hatten das Prinzip, bei der Herstellung eines Werkes aus anderen
Werken möglichst gute Gedanken und Formulierungen zu übernehmen,
um auf diese Weise das Beste über eine Sache zu sagen. Das Gegenteil war der im 18. Jahrhundert in den Vordergrund tretende Gedanke der schöpferischen Persönlichkeit.

193. *der Vortrag,* lat. pronuntiatio, spielt in der Rhetorik der Neu-
lateiner und Barockgelehrten, anknüpfend an Quintilian und die antike
Rhetorik, eine große Rolle. Noch Gottsched in seiner „Ausführlichen

Redekunst" widmete dem „Vortrag" ein ausführliches Kapitel. (5.Aufl. Lpz. 1759, S. 380—398.) Er sagt, „daß derselbe einem Redner höchst nötig sei", und schildert dann, daß Demosthenes durch Unterricht bei Schauspielern lernte, „seinen an sich guten und gewaltigen Reden durch den guten Vortrag den rechten Nachdruck und das nötige Gewicht zu geben". (S. 380f.)

195 ff. *Mein Herr Magister, hab Er Kraft* ... Faust spricht hier die Kunstbotschaft des Sturm und Drang aus. *Kraft* muß der Schöpfer vor allem haben, er bedarf keiner Regeln. Das starke Gefühl findet seine Form von selbst: *Freundschaft, Liebe, Brüderschaft, trägt die sich nicht von selber vor?* Er nennt hier diejenigen Erlebniskreise, aus denen heraus im 18. Jahrhundert eine neue Sprache des Herzens und neue Dichtung entstand. Diese Form der Empfindsamkeit und des Sturm und Drang tritt in Gegensatz zu der lehrbaren und lernbaren Form des Barock, von der Wagner spricht. Goethe hat diese Partie später umgearbeitet, wobei aus dem Gegensatz der Zeitalter ein solcher der Menschentypen wurde.

196. *schellenlauter Tor*. Der Tor, d. h. der Narr, trug nach mittelalterlichem Gebrauch Schellen (Glöckchen), daher das Wort „Narrenschelle" und Sprichwörter wie „Hänge dem Narren nicht Schellen an, man kennt ihn so". Um den Gegensatz von gefühlter und erlernter Sprache zu bezeichnen, greift Goethe zu einer Wendung, die an das Lutherdeutsch bzw. die Bibel anklingt, wo es 1. Kor. 13,1 heißt: „Wenn ich mit Menschen- und mit Engelzungen redete und hätte der Liebe nicht, so wäre ich ein tönend Erz oder eine klingende Schelle." Das Wort *schellenlaut* vielleicht Goethesche Neubildung, das Dt. Wb. bringt keinen anderen Beleg. (Bd. 8, 1893, Sp. 2498.) — Bd. 9, S. 316,33.

202. *Schnitzel kräuselt*. Vgl. die Anmkg. zu *Faust* 554f. — Morris, Der junge Goethe, Bd. 6, S. 536f. bringt Parallelstellen aus Herder, Jacobi und W. Grimm.

249 ff. Die Schülerszene folgt auf die Wagnerszene. Es besteht also eine Lücke in der Handlung. Mephistopheles ist da, ohne daß wir erfahren, wie er gekommen ist. In der Schülerszene ist ebenso wie in der Wagnerszene viel von den Fragen des 18. Jahrhunderts und auch von Goethes eigenen Anliegen enthalten. Mephistopheles als skeptischer Realist beginnt mit den Themen Wohnung und Essen. Die hier folgende Karikatur knüpft zum Teil wohl an Leipziger Zustände an, daher auch *Kaffee und Billard* (282), die natürlich nicht ins 16. Jahrhundert gehören (so wenig wie später das *Wochenblättchen* der Frau Marthe), doch das ist künstlerisch belanglos. Für *Faust I* wurde manches aus der alten Fassung gestrichen (z. B. die ganze Partie 265—332). Mephistos Worte klingen wie reiner Hohn, gehen aber recht genau auf Zustände des 16.—18. Jahrhunderts ein. Ein Mediziner mußte, bevor er

in seiner Fakultät studieren durfte, die allgemeinen Kurse der Artisten-Fakultät durchgemacht haben, und dazu gehörte in der Tat als erstes das *Collegium logicum*, wo u. a. nachgewiesen wurde, daß die schulgerechte Logik alles das vollkommen vollziehe, was die natürliche undeutlich täte. Dann kam die Metaphysik an die Reihe, in Form der akademischen Schul-Metaphysik. Immer wurde ein Lehrbuch zugrunde gelegt, das der Student zu Hause lesen konnte. Der Professor erläuterte es in der Vorlesung. Brachte er wesentliche Ergänzungen, so wurden diese wörtlich diktiert. Mephistopheles zielt also auf einen veralteten barocken Unterrichtsbetrieb, und die Ironie besteht darin, daß er das geistig Erstarrte und insofern sinnlos Gewordene gerade als Aufgabe hinstellt. Der Student im „Urfaust" will Mediziner werden (335) und muß zuvor noch in die philosophische Fakultät, deswegen bespricht Mephistopheles diese beiden Fakultäten. In *Faust I* ist der Student noch unentschlossen und veranlaßt dadurch Mephistopheles, über jede der Fakultäten etwas zu sagen. — August Tholuck, Das akademische Leben des 17. Jahrhunderts. 2 Bde. Halle 1853—54. — W. Erman und E. Horn, Bibliographie der dt. Universitäten. 3 Bde. Lpz. und Bln. 1904—1905. — F. Paulsen, Gesch. des gelehrten Unterrichts. 3. Aufl. 2 Bde. Lpz. 1919—1921.

283. *geilen* = „auf unverschämte Art um etwas betteln" (Adelung). — Ph. Diez, Wörterbuch zu Luthers Schriften. Lpz. 1870. Bd. 2, S. 50. — Dt. Wb., Bd. 4, 1897 Sp. 2597.

284. *Vertripplistreichelt*. Das Dt. Wb. 12,1. Lpz. 1956, Sp. 2003 nennt nur diese Stelle als Beleg („mit trippeln und streicheln hinbringen"), also wohl Goethesche Neubildung.

285. *leidlich* als Adverb, wie in Vers 583, „ziemlich", „einigermaßen". Dt. Wb. 6, 1885, Sp. 679.

287f. *Uns ... untern Absatz kriechen*. Fischer, Goethe-Wortschatz S. 7: „uns zu Füßen Platz nehmen".

299. *gefacht* von *fachen* = fügen, in Fächer gliedern, bauen. — Goethe-Wortschatz S. 220f. — Dt. Wb. 3, 1862, Sp. 1223.

312. *geschiedne Butter*. Mundartlich sagt man „Butter scheiden", d.h. die Butter vom Rahm bzw. der Milch trennen. (Luise Berthold, Hessen-Nassauisches Volkswörterbuch, 3. Bd., 1. Lieferung, 1944, Sp. 116.) Petsch in seinem Kommentar S. 705 vermutet: „schlechte, käsige Butter mit so wenig Fettgehalt, daß sie auseinanderläuft und das klare Wasser hervortritt".

316. *bekleiben* = haften bleiben, gedeihen (d.h. sie machen nicht fett). — Wilh. Crecelius, Oberhessisches Wörterbuch. Bd. 1. Darmstadt 1897. S. 116.

317. *Hammel und Kalb küren ohne End* ... Morris 6, S. 538: „Ihr müßt euch Hammel-und Kalbfleisch gefallen lassen so endlos wie die Zahl der Sterne."

320. *Schwärmerian* = Herumtreiber, Leichtfuß, der dauernd zu Vergnügungen geht. Wortbildung wie „Schlendrian", „Lüderian". Dt. Wb. 9, 1899, Sp. 2293. — *geschwänzt* = schuldig geblieben ist. Fischer, Goethe-Wortschatz S. 553. Dt. Wb. 9, Sp. 2269/70.

332. *Tempe*, das schöne Tal am Olymp, in der Sprache des Barock-humanismus und der Aufklärungsdichtung metaphorisch oft genannt, daher paßrecht in der Sprache des Schülers, der zeigen will, daß er schon einiges weiß, und doch nicht mehr als die Phraseologie des Latein-

unterrichts aufweisen kann. — Johann Hübner, Staatszeitungslexicon.
Lpz. 1711 u. ö., Artikel „Tempe".

342. *Collegium logicum*. Im 16., 17. und noch 18. Jahrhundert begann
das Studium aller Wissenschaften damit, daß man an der philosophischen Fakultät Vorlesungen über Logik, Rhetorik und Poetik mit-
machte. Die Schulung in der Logik war erstaunlich gründlich. —
Bd. 9, S. 247,39—248,7. — Max Wundt, Die dt. Schulmetaphysik des
17. Jahrhunderts. Tüb. 1939. S. 28, 50, 172, 279f. u. ö. — Zedler,
Universal-Lexicon, Bd. 18, 1738, Sp. 260—272 sagt u. a.: „Logica
artificialis ist eine durch Unterricht erlangte Fertigkeit, den wahren
Verstand der logicalischen Regeln recht, das ist deutlich, einzusehn,
und jede ins besondere in einem jeden vorkommenden besonderen
Falle ... anzuwenden. Sie wird auch Schulwitz genennet ... Von der
natürlichen gehet sie in so fern ab, daß jene die logicalischen Regeln nur
undeutlich sowohl erkennet als anwendet; diese aber beides, eine deutliche Erkenntnis als deutliche Anwendung der logicalischen Regeln
gewähret." (Sp. 262.)

367. *Lebigs* für „Lebendiges": südwestdeutsch mundartlich und umgangssprach-
lich.

372. *einen Esel bohren*: verspotten, zum Narren halten. (Auch bei Wieland, Klinger
u.a.) — Dt. Wb. 2, 1860, Sp. 228; 3, 1862, Sp. 1145f.

380. *Metaphysik*. Nach der vom 16. bis 18. Jahrhundert üblichen
Lehrmethode folgte auf den Unterricht in der Logik der in der Metaphysik, die sorgfältig abgegrenzt war von der Theologie, welche die
Krönung aller Wissenschaften bildete. Es handelte sich um „Schul-
metaphysik" als Lehrfach und Unterricht auf Grund von Lehrbüchern,
nicht etwa um Gedankensysteme eigenwilliger Denkerpersönlichkei-
ten. — M. Wundt, Die dt. Schulmetaphysik des 17. Jahrhunderts. Tüb.
1939.

406. *die groß und kleine Welt*. Makrokosmos und Mikrokosmos (und
ihre Beziehungen).

442. *Eritis sicut Deus* ... 1. Mos. 3,5.

445 ff. Die Szene *Auerbachs Keller* ist im „Urfaust" noch großenteils
in Prosa geschrieben. Elemente der Studentensprache des 18. Jahrhunderts sind hier zahlreicher als in der späteren Fassung.

379,12. *einen Papst wählen*: einen wählen, der das Präsidium führt. Belege aus anderen
Werken (Laukhard, Arnim usw.) nennt E. Schmidt in seiner Ausgabe des „Urfaust",
5. Aufl., 1901, S. XLIV. — Dt. Wb. 7, Sp. 1449. — Fr. Kluge, Dt. Studentensprache.
Straßburg 1895, S. 110.

379,15 ff. *Eine Hammelmauspastete* ... Morris, Bd. 6, S. 539f. gibt
zu diesem Satz folgende Erläuterung: „*Hammelmaus*: Heimchen, Grille
(rheinisch). *Eichenblättern vom Blocksberg*: die das Mädchen als Hexe

kennzeichnen sollen. *Hahnenkopf*: zur Andeutung des eigenen Hahn-reitums. *Meinen Stutzbart und alle Appartinenzien* (Zubehör): mich. In Siebels Redeweise ahmt Goethe Shakespeares Quibbles nach."

380,12. Die gut lutherische Luise v. Göchhausen schrieb in ihrer Abschrift: *Als wie der — — — —.*

381,6. *Storcher* (Storger, Störger): Landfahrer, Hausierer, Quacksalber. Das Wort kommt häufig bei Grimmelshausen vor. Dt. Wb. 10,3. Lpz. 1957. Sp. 416f.

381,23f. *der versteht den Rummel.* Das Dt. Wb. 8, 1893, Sp. 1481f. erläutert: *Rummel* = die Zahl der gleichfarbigen Karten im Piquet-Spiel. Also: „der versteht das Spiel".

381,28 und ähnlich **383,9.** *aus dem Reiche.* In Nord- und Mittel-deutschland (Preußen und Sachsen) bezeichnete man im 18. Jahrhun-dert vielfach mit diesem Worte den deutschen Süden und Westen, wo die meisten reichsunmittelbaren Herrschaften und Städte lagen und wo der Reichsgedanke lebendiger geblieben war als in den Territorien der modernen Fürsten mit erstarkter Hausmacht. — Wilh. Mommsen, Die polit. Anschauungen Goethes. Stuttg. 1948. S. 60. — Dt. Wb. 8, 1893, Sp. 576f.

382,5. *einzusuckeln* = einzusaugen (Iterativbildung).

382,8. *Schöne Rarität!* war der Ausruf der Männer, die einen Guck-Kasten mit sich führten, in welchen man für Geld hineinschauen durfte. Daher allgemein: etwas, was man sonst nicht zu sehn bzw. zu hören bekommt. — Bd. 6, S. 65,4f. u. Anmkg.; Bd. 12, S. 226,19 u. Anmkg. — Zedler, Universal-Lexicon, Art. „Raritätenkasten".

382,30—31 fehlt in der „Urfaust"-Handschrift, aus Versehen; mit 382,29 hört eine Seite auf, mit 382,32 fängt die neue an.

382,32 und **34.** *knicken.* Adelung: „mit Hervorbringung des Schalles ,knick' zer-brechen. Läuse knicken (oder knacken) = zerdrücken".

383,34. *schafft* = verlangt, wünscht, befiehlt. — Ähnlich *Faust I* 2518 und Bd. 4 S. 100,23.

384,12. *eingeschifft.* Bildhafter Ausdruck für: in die rechte Situation gebracht.

384,29. *vogelfrei.* Adelung sagt zu diesem Wort: „man gebraucht es nur von geäch-teten Personen, welche jeder fangen oder auch töten darf, der da will oder kann".

456. *genung.* So in der Göchhausenschen Abschrift. In Goethes Manuskript — diese Szene ist die einzige des „Urfaust", von der eine Handschrift Goethes erhalten geblie-ben ist — steht *genug.* An anderen Stellen kommen wechselnd beide Formen vor, auch im Reim: „Urfaust" 68 als Reim auf *Buch,* dagegen 1263 als Reim auf *Jung;* ähnlich in der Jugendlyrik.

475. *hart am Stuhl herbei:* nahe an den Beichtstuhl heran und an ihm vorbei.

485. *Lobesan* = lobesam, löblich. Wurde formelhaft oft hinter das Substantiv ge-setzt, zumal bei Anreden von Gelehrten. Hier ironisch. — Bd. 1, S. 88,3. — Dt. Wb. 6, 1885, Sp. 1083f.

491. *was gehn und stehen mag.* Etwa in der Bedeutung: was überhaupt geht, was angehn mag, was im Bereich des Möglichen liegt. Dieselbe Wendung in Vers 852.

499. *so grade* = so geradezu, ohne weiteres.

506. *Schimpf* = Scherz.

520. *Nachbrin.* So im Manuskript. Die Form kommt mundartlich im Hessischen vor.

527. *Luzifer.* Der oberste der Teufel, ursprünglich der von Gott ab-gefallene höchste Engel. — Bd. 9, S. 351,16.

528. *vermünzen* bedeutet im allgemeinen „in Münzen umprägen" (Dt. Wb.); hier wohl: „an Münzen verbringen, verschwenden" (Goethe-Wortschatz S. 689).

529. *eine Kommission kriegen*: „unter Vormundschaft gestellt werden" (Goethe-Wortschatz S. 840); „*Kommission*: eine gerichtliche Abordnung, die den Verschuldeten unter Kuratel stellt. Frankfurtisch: der lädt sich noch e Kommission uffen Hals" (Morris 6, S. 542).

557. *Teppich.* „Eine jede zierliche, besonders gewirkte Decke, womit die Wände, Fußböden, Tische, Sitze, Altäre usf. zur Zierde bekleidet werden" (Adelung).

564. *eingeboren* = „von Geburt an im Innern angelegt" (Goethe-Wortschatz S. 175). — *Faust I* Vers 1092.

568. *Entwürkte*, entsprechend *Faust I* 2716 *Entwirkte.* Fischer, Goethe-Wortschatz S. 197: „Sich naturgemäß entwickeln. Diese Verwendung des Wortes vorzugsweise Goethisch". — Dt. Wb. 3, 1862, Sp. 660.

579. *Der große Hans*: „volksmäßig für: mächtiger, vornehmer Mann" (Morris 6, S. 543).

583. *Hier ist ein Kästchen* ... Zu dieser Stelle macht Morris Bd. 6, S. 543 die Anmerkung: „Mephisto greift ein und vernichtet Fausts Entschluß zu entsagen."

596. Mephistos Geste als Ausdruck des Nachdenkens und der Vorbereitung einer schwierigen Sache, wie bei Vers 277.

612. *hätt.* Im Manuskript *hett*, wie 380,11 u. 13, ferner 382,11 u. 382,23 süddeutsch-mundartlicher Indikativ, entsprechend dem mittelhochdeutschen „hete": „er hatte einen goldenen Becher erhalten von seiner Geliebten".

617. *Die Augen gingen ihm über*: sie strömten über von Tränen, er weinte. Luther übersetzte Ev. Joh. 11,35 „Und Jesu gingen die Augen über", wo die Vulgata sagt „Et lacrimatus est Jesus".

633. *Die Augen täten ihm sinken.* Formal ähnlich wie 617, dadurch Betonung der inneren Beziehung der beiden symbolischen Situationen; indikativisch; inhaltlich vorbereitet durch 628 *letzte.* Die Augen „sinken" dem Einschlafenden, dem Sterbenden, in diesem Doppelsinne auch „die Augen schließen", „die Augen zutun". — Dt. Wb. 10,1. Lpz. 1905. Sp. 1100.

645. *Feiertag.* Der Klang fordert *Feiertage*, so in *Faust* 2793. Vielleicht hat die Abschreiberin das End-*e* versehentlich ausgelassen.

650. *junges Blut* wie 488, 761 und *Faust I* 872; in der Sprache des 16. Jahrhunderts und des Volksliedes formelhaft für einen jungen Menschen.

657. *Bei* war das formelhafte Wort in Schwüren, Beteuerungen usw., so z. B. „bei Gott", „bei meiner Treu", „bei meiner Seele" usw. Mephistopheles schwört bei dem, was ihm entspricht.

659. *petzt*: kneift, quält. — Dt. Wb. 7, 1889, Sp. 1580.

680. *Mann'.* In *Faust* 2826 die Form *Manna*. Auch bei Luther kommt die Form „Man" vor; in der Bibel oft erwähnt, z. B. 2. Mos. 16,15 u. 31; 4. Mos. 11,7; Ps. 78,24.

763. *Schmeid*: Geschmeide. Laut Dt. Wb. anderweitig nicht belegt. Im Zusammenhang des Verses klangvoller Stabreim. In *Faust I* geändert. — Dt. Wb. 9, 1899, Sp. 996.

765. *scharf* = „durchdringend" (Goethe-Wortschatz S. 523).

767. *neugierden.* Nur hier belegt; wohl Goethesche Neubildung in der Sprechart des Sturm und Drang; in *Faust I* geändert. — Fischer, Goethe-Wortschatz S. 457.

816. *fabelte*: redete irre, phantasierte. Dt. Wb. 3, 1862, Sp. 1216.

836. *Napel* = Napoli, Neapel.

855. *Geding*: Bedingung, Übereinkunft. — Dt. Wb. 4,1. Sp. 2025—30.

873. *Knab* in der Bedeutung „junger unverheirateter Mann" oft im Volkslied; in *Faust* 79, 832, 6514, 8395; ferner Bd. 1, S. 78 u. ö. — Dt. Wb. 5, 1873, Sp. 1311—1323

894. *da wärt Ihr's nun!* bezieht sich auf *heil'ger Mann.*

933. *inkommodieren:* Mühe machen. — Bd. 6, S. 17,32.

953. *Kurzsinn:* „Beschränktheit, Kurzsichtigkeit" (Fischer, Goethe-Wortschatz S. 393). — Bd. 7, S. 129,5.

991. *es durfte kaum sich regen* ... Das Verb *dürfen* in der Bedeutung des 18. Jahrhunderts: „wenn es sich nur regte, erwachte ich", „es brauchte sich nur zu regen, so war ich wach". — Bd. 8, S. 291, Nr. 52; Bd. 9, S. 222, 10; S. 465,39; Bd. 10, S. 52,32; S. 121,3; Briefe Bd. 2, S. 231,5.

1020. *Unanständiges:* der Sitte nicht Entsprechendes, nicht Geziemendes.

1052. *Sommervögel.* Wörtlich: Vögel, die nur im Sommer da sind; bis ins 18. Jahrhundert aber als Bezeichnung für Schmetterlinge gebräuchlich. — Bd. 1, S. 144, Vers 20. — Dt. Wb. 10,1. Sp. 1563—65.

1128. *sich unterwinden.* Aus dem Sprachbereich Luthers (Apostelgesch. 19,13), im 16. und 17. Jahrhundert häufig. Dt. Wb. 11,3. Lpz. 1936. Sp. 1909: „sich vermessen, anmaßen, getrauen, sich zu etwas versteigen, wagen, sich erdreisten, erkühnen, erfrechen u. dgl.".

1161 f. Die Worte Gretchens über Mephistopheles schließen unmittelbar — und nicht zufällig — an den Satz *Denn du hast kein Christentum.* Gretchen hat ein intuitives Grauen vor Mephistopheles, so sehr, daß sie sich, wenn er hinzutritt, ihrer Liebe nicht mehr bewußt ist (1189). Sie glaubt — bezeichnend für ihre Situation — in seiner Gegenwart nicht beten zu können (1190). Später dagegen, in der Kerkerszene, rettet sie sich, als Mephistopheles eintritt, ins Gebet (420,27f.; 420,31); sie gibt sich Gott anheim und löst sich damit aus ihrer Verstrickung in Schuld. Von Faust muß sich trennen, denn er bleibt dem Bösen verbunden (420,32); ihre Liebe bleibt aber trotzdem bis in den Tod bestehn (420,35).

1168. *Puppe.* Adelung Bd. 3, 1798, Sp. 866: „ein liebreicher, schmeichelhafter Ausdruck für ein Kind, besonders weiblichen Geschlechts ... Geliebte, auch erwachsene Personen des anderen Geschlechtes pflegt man in vertraulicher Zärtlichkeit gleichfalls mit diesem Namen zu belegen."

1175. *geben,* ähnlich wie Bd. 4, S. 40, Vers 311, vermutlich wegen des pluralisch aufgefaßten *mehr;* Konstruktion nach dem Sinn. (Duden, Grammatik. Hrsg. von P. Grebe. 1959. § 1186: Constructio ad sensum, Synesis.)

1213. *Grasaff':* „ein vielleicht ursprünglich mundartliches Wort, das von Goethe in die Literatursprache gehoben wurde" (Dt. Wb. 4, 1. Abt., 5. Teil. 1958. Sp. 1942). Bei Goethe auch in Briefen als Ausdruck für junge Mädchen und Frauen (z. B. Briefe, Hbg. Ausg., Bd. 1, S. 273,23). — Goethe-Wortschatz S. 305.

1231. *borgnen* von „bergen", ohne die Vorsilbe „ver-" in Art der Sturm-und-Drang-Sprache, die gern das Simplex statt des Kompositums setzt. *Faust* 3539 *verborgnen.* — Goethe-Wortschatz S. 102.

1255. *nachts* in südwestdeutschem Sprachgebrauch: abends nach dem Dunkelwerden. *'nabe* = hinab (auf die Straße). — Goethe-Wortschatz S. 449 und 444.

1260. *Kirchbuß.* Für das „Geheime Consilium" des Herzogs Carl August verfaßte Goethe einen vom 14. Dezember 1780 datierten Aufsatz über die Abschaffung der Kirchenbuße. Dieser wurde erstmalig in der Vierteljahrsschrift für Litteraturgesch. 6, 1893, S. 597—608 (mit Erläuterungen von B. Suphan) gedruckt, dann in der Weim. Ausg. 53, 1914, S. 234—239 und in Goethes Amtliche Schriften, Bd. 1, hrsg. vom W. Flach, Weimar 1950, S. 115—119. Goethe setzt sich in diesem Aufsatz dafür ein, die Kirchenbuße in der um 1780 üblichen, für das Empfinden der Zeitgenossen veralteten Form (öffentliche Abbitte vor dem Altar usw.) abzuschaffen. — Zedler, Universal-Lexicon, Bd. 15, Halle u. Lpz. 1737, Sp. 742—744: Art. „Kirchenbuße".

1264. *durch* = durchgegangen, entflohen. Dt. Wb. 2, 1860, Sp. 1577.

1266f. *Das Kränzel* herabreißen und *Häcksel streuen:* Symbolischer Ausdruck der Verachtung im Volksbrauch. HwbA., Art. „Kranz" Bd. 5, Sp. 413; Art. „Häckerling, Häcksel" Bd. 3, Sp. 1299.

1275. *bloß* = bloßgestellt, preisgegeben, ausgesetzt. Dt. Wb. 2, 1860, Sp. 148. — Goethe-Wortschatz S. 125.

1282. *taub* = betäubend, dumpf. (Goethe-Wortschatz S. 620.)

1289. *Gebein* = die Glieder, Gesamtheit der Gliedmaßen, wie *Faust* 2474 und 8914.

1311. *Exequien*: die Gesamtheit der zum kirchlichen Begräbnis gehörenden Zeremonien (Überführung der Leiche in die Kirche, Totenamt, Segnung des Sarges, Prozession zum Friedhof, Beerdigung); im engeren Sinne: die Seelenmesse, das Requiem. Die Regieanweisung unterscheidet *Exequien* und *Amt.* Wieweit Goethe, der in lutherischer Umwelt aufgewachsen war, die Gebräuche der alten Kirche bekannt waren, ist schwer zu sagen. Vermutlich hat er sich von seinem Frankfurter Freunde, dem Dechanten Dumeiz darüber belehren lassen; in *Dichtung und Wahrheit* sagt er, daß dieser ihm *über den Glauben, die Gebräuche, die äußern und innern Verhältnisse der ältesten Kirche schöne und hinreichende Aufschlüsse gab.* (Bd. 9, S. 586,15 ff. u. Anmkg.) In dem lockeren Aufbau des „Urfaust" ist das Psychologische schlüssig: Gretchens wachsende innere Not. Die Frage nach dem „realen" Zusammenhang ist demgegenüber unbedeutend. In *Faust I* steht die Szene *Dom* hinter der Valentin-Szene; hier handelt es sich vermutlich um das Totenamt für Valentin (3789); die Regieanweisung ist geändert. — *Dies irae* ist eine Sequenz (Sonderform des lateinischen Hymnus), die zur Liturgie der Totenmesse gehört. Sie wird Thomas von Celano (gest. 1250) zugeschrieben. Goethe konnte den Text in jedem katholischen Meßbuch finden; außerdem war er, als eine der großartigsten kirchlichen Dichtungen des Abendlandes, auch in protestantischen Kreisen bekannt geblieben (z. B. hat Gryphius ihn übersetzt). — Lex. f. Theol. u. Kirche. 2. Aufl. Bd. 10, 1938, Art. „Totenoffizium". — Wilhelm Nicolay, Goethe und das katholische Frankfurt. Frankf. 1933. — F. G. Lisco, Dies irae. Bln. 1840. — Ein Jahrtausend lat. Hymnendichtung. Hrsg.

von G. M. Dreves u. C. Blume. 2 Bde. Lpz. 1909. — Die kirchl. Hymnen u. Sequenzen. Dt. Nachdichtungen mit den lat. Texten. Hrsg. von O. Hellinghaus. M.-Gladbach 1926. S. 530—537.

1326. *Brandschande-Malgeburt.* Sprachbildung in der Art des Sturm und Drang, die das im Geist Zusammenschießende unmittelbar zum Wort werden läßt; Gedankenassoziation wird Wortkomposition. Geburt, Schandmal, Brandmal als Zeichen der Schande, Brand innerer Verzweiflung, das alles mischt sich hier. Das Wort *Brandmal* benutzt Goethe auch in seinen *Betrachtungen über die abzuschaffende Kirchenbuße* (vgl. Anmkg. zu 1260) in der Verbindung *Ausstoßung und Brandmal.* Diese Wortbildung — der Böse Geist spricht nur aus, was Gretchen empfindet — ist Vorklang der Sprache (und der Seelenqualen) der Kerkerszene mit ihren wilden symbolhaltigen Denkbild-Verbindungen. Vergleichbare Komposita kommen in Goethes Gedichten in freien Rhythmen aus dieser Zeit vor. (Bd. 1, S. 33—52 u. Anmkg.)

1328. *abndevoll.* Zum Wortgebrauch: Bd. 1, S. 48 *Ewigen Lebens abndevoll;* Bd. 1, S. 126 *Sag' ich's euch, geliebte Bäume, Die ich abndevoll gepflanzt* ... u. ö.

1333. *Dies irae* ... Goethe hat aus den 19 Strophen des Hymnus nur drei ausgewählt — der ganze Hymnus hätte den Rahmen der kurzen Szene gesprengt —, und zwar die, welche von der Angst des Sünders und dem Gericht sprechen. Der Hymnus spricht aber auch — und ausführlicher — von dem verzeihenden Erbarmen und der Vergebung der Schuld, und ebenso spricht davon die Liturgie der Totenmesse als Ganzes. Es ist bezeichnend für Gretchen in diesem Augenblick, daß sie nur bestimmte Motive hört. Die Worte, welche sie vernimmt, haben Beziehung zu Worten der Sequenz. 1336 *Der Posaunen Klang* ...: „Tuba mirum spargens sonum / Per sepulcra regionum / Coget omnes ante thronum." 1357f. *Blieben verborgen Dein Sünd und Schand?:* „Quidquid latet adparebit ..." 1364f. *Ihr Antlitz wenden Verklärte von dir ab* ...: „Quem patronum rogaturus ... " Die Worte des Hymnus knüpfen ihrerseits eng an Bibelworte an: Matth. 24,31; 25,31ff.; 1. Kor. 15,52; 1. Petr. 4,18; Off. Joh. 20,12 u. a.

1339. *Aschenruh:* der Tote ruht als „Asche" in der Erde (Hiob 34,15 u.a.), er wird auferweckt (*wieder aufgeschaffen*) zum Jüngsten Gericht, das den Schuldigen zu *Flammenqualen* führt.

1386. *Top!* Ebenso *Faust* 1698 und 3634. Adelung: „Eine Interjektion, welche noch im gemeinen Leben sehr häufig ist, die Gültigkeit einer Wette auszudrücken."

1415. *Zweck* in der alten Bedeutung „Ziel". Dt. Wb. 16, 1954, Sp. 955—963.

416,1f. *du unendlicher Geist* und 416,23 *Großer, herrlicher Geist* . Anreden an den Erdgeist.

416,19. *wenn du nicht mit uns* fehlt im Göchhausenschen Manuskript (wohl versehentlich), ebenso 416,21 *dich.* — Das Wort *auswirtschaften* bedeutet „bis zu Ende wirtschaften"

417,3. *Blutschuld.* Hinweis darauf, daß durch Mephistopheles und Faust Valentin erschlagen ist — eine Szene, die im „Urfaust" nicht ausgeführt ist.

1436. *Rabenstein*: „der gemauerte Richtplatz unter dem Galgen"
(Dt. Wb. 8, 1893, Sp. 11). Es ist der Ort, an welchem man Gretchen
hinrichten wird.

417,17. *verwohnt*. Fischer, Goethe-Wortschatz S. 701: „dessen ich mich entwöhnt
habe (vereinzelt)". — *Faust* 4405 *entwohnt*.

417,26. *die Bein*: die Knochen (wie im Märchen vom Machandelboom).

418,16. *Sie verirrt*: sie redet irre. — Dt. Wb. 12,1. 1956. Sp. 600. — Goethe-Wortschatz S. 684.

418,19. *Liedcher*: mundartlich.

420,22. *das Stäbchen bricht*: das Brechen des Stabes war im Strafprozeß Zeichen der
Schuldigerklärung.

BIBLIOGRAPHIE

Da die Literatur zu Goethes „Faust" außerordentlich zahlreich ist, kann hier nur eine kleine Auswahl genannt werden. Wer weitere Angaben sucht, sei verwiesen auf die in dem Abschnitt „Bibliographien und Forschungsberichte" genannten Werke, insbesondere die Goethe-Bibliographie von H. Pyritz u. a., 1965 ff., und die jährlichen Verzeichnisse der Neuerscheinungen im Jahrbuch der Goethe-Gesellschaft.

ABKÜRZUNGEN

Adelung = Joh. Chr. Adelung, Grammat.-kritisches Wörterbuch der hochdt. Mundart. 5 Bde. Lpz. 1774—86. (Ruppert Nr. 638.)

Atkins = St. Atkins, Goethe's Faust. Harvard Univ. Press. Cambridge, Mass., 1958.

Ausg. l. Hd. = Goethes Werke. Ausg. l. Hd. Bd. 12. Stuttg. u. Tüb. 1828. (Faust I.) Und: Goethes Nachgelassene Werke, Bd. 1. Stuttg. u. Tüb. 1832. (Faust II.)

Beutler = Goethe, Faust und Urfaust. Erläutert von Ernst Beutler. 2. Aufl. Lpz. 1940.

Dt. Vjs. = Deutsche Vierteljahresschrift für Literaturwissenschaft und Geistesgeschichte.

Dt. Wb. = Deutsches Wörterbuch. Begründet von Jacob Grimm u. Wilh. Grimm. Lpz. 1854—1962.

Emrich = Wilhelm Emrich, Die Symbolik von Faust II. Bln. 1943. — 2. Aufl. 1960.

Goethe = Goethe, Vierteljahresschrift der Goethegesellschaft. Weimar 1936 ff.; seit Bd. 10, 1947, als Jahrbuch.

GR = Germanic Review.

Gräf = Gräf, Goethe über seine Dichtungen 2,2 (Faust). 1904.

HwbA = Handwörterbuch des dt. Aberglaubens, hrsg. von H. Bächtold-Stäubli. 10 Bde. Bln. 1927—1942.

Hefele = H. Hefele, Goethes Faust. 3. Aufl. Stuttg. 1946.

Helene Herrmann = H. Herrmann, Faust, 2. Teil. Studien zur inneren Form. Ztschr. f. Ästhetik 12, 1916/17. S. 86—137, 161—178, 311—351.

Hohlfeld = A. R. Hohlfeld, Fifty Years with Goethe. Madison 1953.

Jb. G.Ges. = Jahrbuch der Goethegesellschaft.

JEGPh = The Journal of English and Germanic Philology. Urbana, Illinois, USA.

Keudell = E. v. Keudell, Goethe als Benutzer der Weimarer Bibliothek. 1931.

Kommerell = Max Kommerell, Geist und Buchstabe der Dichtung. 3. Aufl. 1944.

Dorothea Lohmeyer = Dorothea Lohmeyer, Faust und die Welt. München 1975.

Kurt May = K. May, Faust, 2. Teil, in der Sprachform gedeutet. Bln. 1936.

MLN = Modern Language Notes.

MLR = Modern Language Review.

Monatshefte = Monatshefte. A Journal devoted to the Study of German Language and Literature. Madison, Wisconsin, USA.

Obenauer = K. J. Obenauer, Der faustische Mensch. Jena 1922.

PEGS = Publications of the English Goethe Society. New Series.

PMLA = Publications of the Modern Language Association of America.

Rickert = Heinrich Rickert, Goethes Faust. Tübingen 1932.

Ruppert = Goethes Bibliothek. Katalog, von H. Ruppert. Weimar 1958. (XVI, 825 S.)

Erich Schmidt = Goethes Werke. Jubiläums-Ausgabe. Bd. 13 u. 14: Faust, hrsg. v Erich Schmidt. 1903 u. 1906.

Staiger = E. Staiger, Goethe. 3 Bde. Zürich 1952—59.

Stöcklein = Paul Stöcklein, Wege zum späten Goethe. Hamburg 1949. — 2. Aufl. 1960.

Storz = Gerhard Storz, Goethe-Vigilien. Stuttg. 1953.

v. Wiese = Benno v. Wiese, Die deutsche Tragödie von Lessing bis Hebbel. Hamburg 1948. — Zitiert nach: 6. Aufl. 1961.

Witkowski = Goethes Faust, hrsg. v. Georg Witkowski. 8. Aufl. Lpz. 1929.

AUSGABEN VON GOETHES UND ECKERMANNS HAND

Goethes Schriften. 7. Band. Lpz. 1790, S. 1—168: Faust, ein Fragment.

Goethes Werke. 8. Band. Tübingen 1808, S. 1—234: Faust, der Tragödie 1. Teil. — Dasselbe auch als selbständige Veröffentlichung.

Goethes Werke. 9. Band. Stuttg. u. Tübingen 1817. S. 1—234: Faust, 1. Teil.

Goethes Werke. Ausgabe letzter Hand. 12. Band. Stuttg. u. Tüb. 1828. S. 1—247: Faust I. — S. 249 — 313: Faust II, Vers 4613—6036. — Bd. 4. 1827. S. 229—307: Helena, klassisch-romantische Phantasmagorie. Zwischenspiel zu Faust. (Akt III.)

Goethes Nachgelassene Werke. 1. Band. Stuttg. u. Tüb. 1832. Faust, der Tragödie zweiter Teil. (= Ausg. l. Hd., Bd. 41.)

WISSENSCHAFTLICHE TEXT-AUSGABEN

Goethes Werke. Weimarer Ausgabe. Bd. 14: Faust I. Bd. 15, 1. Abt.: Faust II. Bd. 15, 2. Abt.: Faust II, Lesarten. Hrsg. v. Erich Schmidt. Weimar 1887—1888.

Goethes Faust in ursprünglicher Gestalt, nach der Göchhausenschen Abschrift, hrsg. von Erich Schmidt. 1. Aufl. Weimar 1887. 8. Aufl. 1915.

Goethes Faust. Gesamtausgabe. Textrevision von H. G. Gräf. Lpz., Inselverlag. 1. Aufl. 1909. (= Bd. 6 der Großherzog-Wilhelm-Ernst-Ausgabe.)

Faust I. Synoptisch hrsg. v. H. Lebede. Bln. 1912. (Urfaust, Fragment 1790 und Faust I, 1808, nebeneinander.)

Faust, der Tragödie letzter Akt. In Faksimile-Nachbildung hrsg. v. Hans Wahl. Weimar 1929. = Schr. G.Ges., 42.

Goethes Werke. Hrsg. v. A. Kippenberg, J. Petersen u. H. Wahl. Welt-Goethe-Ausgabe. Bd. 12 und 13: Faust I u. Faust II. Hrsg. v. Max Hecker. Mainz u. Lpz. 1937.

Zwei Szenen des Faust von Goethes eigener Hand. Faksimile-Ausg., hrsg. v. Wilhelm Hansen. Berlin, Maximilian-Verlag, 1941.

Goethe, Urfaust und Faust, ein Fragment. Hrsg. v. L. A. Willoughby. Oxford 1943. 2. Aufl. 1946. (298 S.)

Goethe, Urfaust. Ed. by R. H. Samuel. Melbourne, Australia, 1950. (112 S.) — Dasselbe, neu überarbeitet: London 1958. (XXVIII, 110 S.)

Werke Goethes. Hrsg. v. d. dt. Akad. d. Wiss. zu Berlin. Faust. Bd. 1: Urfaust; Faust, ein Fragment. Bln. 1954. (300 S. und Facsimile der Urfaust-Handschrift.) — Bd. 2: Der Tragödie 1. Teil. Hrsg. von E. Grumach u. I. Jensen. Bln. 1958. — (Ergänzungsbd.:) Urfaust. Faust, ein Fragment. Faust I. Paralleldruck. Bln. 1958. (262 S. Querformat.)

WORTSCHATZ UND TEXTKRITIK

Friedrich Strehlke, Wörterbuch zu Goethes „Faust". Stuttg. 1892. — Dazu die Rezension von Erich Schmidt im Anzeiger für dt. Altertum 20, 1894, S. 285—311.

Wortindex zu Goethes „Faust". Hrsg. v. A. R. Hohlfeld, Martin Joos und W. F. Twaddell. Department of German, University of Wisconsin. Madison (U.S.A.) 1940. — Ergänzend: Der Wortschatz der Bühnenprosa in Goethes „Faust". Ein Nachtrag. Von P. M. Kittel, A. R. Hohlfeld u. N. Fuerst, 2. Aufl. Madison 1946.

Georg Witkowski, Notwendige Faust-Emendationen. Jahrbuch der Sammlung Kippenberg 8, 1929/30, S. 304—307.

Alexander Rudolf Hohlfeld, Zur Textgestalt der neueren Faustausgaben. Monatshefte (U. S. A.). 32, 1940, S. 49—71. — Wiederholt in: Hohlfeld, Fifty years... S. 171—201

KOMMENTIERTE AUSGABEN

Goethes Werke. 12. Teil. Faust. Hrsg. v. H. Düntzer. = Dt. National-Literatur, hrsg v. J. Kürschner. Bd. 93. Bln. u. Stuttg. o. J. (1882.)

Goethes Faust. Ed. by Calvin Thomas. I. The first Part. Boston, Chicago, New York, 1892. 3. Ed.: 1912. — II. The second Part. Boston, Chicago, 1897.

Goethes Sämtliche Werke. Jubiläums-Ausgabe. Bd. 13: Faust I. Bd. 14: Faust II. Hrsg. v. Erich Schmidt. Stuttg. u. Bln. 1903 u. 1906.

Goethes Faust. Hrsg. v. Georg Witkowski. 2 Bde. 1.Aufl. Lpz. 1907. 8.Aufl. Lpz. 1929. 9. Aufl. Leiden 1936.

Goethes Faust. Kritisch durchgesehen und erläutert von Robert Petsch. Lpz. 1924. 2. Aufl. 1925. (Titelauflage von: Goethes Werke, Festausgabe, Bd. 5.)

Goethe, Faust und Urfaust. Erläutert von Ernst Beutler. Lpz. 1939 u.ö. = Sammlung Dieterich, Bd. 25.

Goethe, Die Faustdichtungen. Hrsg. v. E. Beutler. Zürich 1950. = Goethe, Artemis-Gedenk-Ausgabe, Bd. 5. (838 S.)

Goethe. Berliner Ausgabe. Poetische Werke. Bd. 8. Faust. Hrsg. von Gotthard Erler. Bln. (Ost) 1965. (987 S.)

BIBLIOGRAPHIEN UND FORSCHUNGSBERICHTE

Grundriß zur Geschichte der deutschen Dichtung. Von Karl Goedeke. 3. Aufl. Bd. 4, Abt. 3. Dresden 1912. — Bd. 4, Abt. 5. Bln. 1960.

Katalog der Sammlung Kippenberg. 2. Auflage. 3 Bde. Lpz. 1928.

Hans Titze, Die philosophische Periode der dt. Faustforschung (1817—1839). Phil. Diss. Greifswald 1916.

Geneviève Bianquis, Faust à travers quatre siècles. Paris 1935. (370 S.)

Alexander Rudolf Hohlfeld, Karl Ernst Schubarth und die Anfänge der Faust-erklärung. Internationale Forschungen zur dt. Literaturgeschichte. J. Petersen zum 60. Geburtstag. Lpz. 1938. S. 101—126. — Wiederholt in: Hohlfeld, Fifty years ... S. 29—60.

Ada M. Klett, Der Streit um Faust II seit 1900. Jena 1939. = Jenaer germanistische Forschungen, 33.

Ernst Beutler, Der Kampf um die Faustdichtung. In: E. Beutler, Essays um Goethe. Lpz. 1941. (= Sammlung Dieterich, 101.) S. 300—318. — 3. Aufl. 1946. S. 364 bis 386.

Johannes Pfeiffer, Zum Faust-Bild der Gegenwart. Die Sammlung 3, 1948, S. 687—694.

Werner Milch, Wandlungen der Faust-Deutung. Zs. f. dt. Philol. 71, 1951, S. 23—38.

Leonhard A. Willoughby, Die Goetheforschung in Amerika seit 1949. Euphorion 48, 1954, S. 220—236.

Stuart Atkins, Faustforschung und Faustdeutung seit 1945. Euphorion 53, 1959, S. 422—440.

Goethe-Bibliographie. In: Goethe. Jahrbuch d. Goethe-Gesellschaft (Erstmalig:) Bd. 14/15, 1952/53. (Seitdem alljährlich.)

Goethe-Bibliographie. Begründet von Hans Pyritz, fortgeführt von Heinz Nicolai und Gerhard Burkhardt. Bd. 1. Heidelberg 1965. Bd. 2. Ebd. 1968.

Stuart Atkins, The Interpretation of Goethe's Faust since 1958. Orbis Litterarum 20, 1965, S. 239—267.

Faust-Bibliographie. Bearbeitet von Hans Henning. Teil 1. Bln. u. Weimar 1966. (XVIII, 512 S.) Teil 2. Ebd. 1968—1970. (X, 233 S.; VIII, 320 S.; 320 S.)

FAUST VOR GOETHE

Gestaltungen des Faust. 3 Bde. Hrsg. v. H. W. Geißler. München 1927.

Philip Mason Palmer and Robert Pattison More, The sources of the Faust tradition from Simon Magus to Lessing. New York, Oxford University Press, 1936.

Günther Müller, Geschichte der deutschen Seele. Vom Faustbuch zu Goethes Faust. Freiburg i. Br., 1939.

Historia D. Johannis Fausti. Nach der Wolfenbütteler Handschrift hrsg. von Gustav Milchsack. Wolfenbüttel 1892.

Franz Neubert, Vom Doctor Faustus zu Goethes Faust. Lpz. 1932. (XXXIII, 248 S. mit 595 Abb.)
Das Faustbuch nach der Wolfenbütteler Handschrift. Hrsg. von G. Haile. Bln. (West) 1963. (180 S.) = Philol. Stud. u. Quellen 14.
Leopold Kretzenbacher, Teufelsbündner und Faustgestalten im Abendlande. Klagenfurt 1968. (188 S., 11 Taf.)
Das älteste Faust-Buch. Mit einer Einleitung von Wilhelm Scherer. Bln. 1884. = Dt. Drucke älterer Zeit in Nachbildungen, 2. (Faksimile-Druck.)
Das Volksbuch vom Doctor Faust. Nach der 1. Ausgabe, 1587, hrsg. von Robert Petsch. Halle 1911. = Neudr. dt. Literaturwerke des 16. und 17. Jahrhunderts, 7—8b.
Will-Erich Peuckert, Pansophie. Stuttgart 1936. — 2. Aufl. 1956.
Georg Rodolf Widmann, Die wahrhaftigen Historien von ... Doctor Johannes Faustus ... Hamburg 1599. Neudruck in: Das Kloster, hrsg. von J. Scheible. Bd. 2, Stuttgart 1846, S. 273—804.
Das Pfitzersche Faustbuch (Nürnberg 1674). Neudruck, hrsg. v. A. v. Keller. Tübingen 1880. = Bibliothek des Literarischen Vereins Stuttgart, 146.
Otto Pniower, Pfitzers Faustbuch als Quelle Goethes. Zeitschr. für dt. Altertum 57, 1920, S. 248—266.
Das Faustbuch des Christlich Meynenden. Hrsg. v. S. Szamatolski. Lpz. 1892. = Dt. Literaturdenkmale des 18. u. 19. Jahrhunderts, 39.
Doctor Johannes Faust. Puppenspiel in 4 Aufzügen. Hergestellt von Karl Simrock. Frankfurt a. M., 1846 u. ö.
Lessings Faustdichtung. Hrsg. v. R. Petsch. Heidelberg 1911.
August Sauer, Das Phantom in Lessings Faust. Vierteljahresschrift für Literaturgeschichte 1, 1888, S. 13—27, 522.
Heinrich Meyer-Benfey, Lessings Faustpläne. Germanisch-Romanische Monatsschrift 12, 1924, S. 78—88.
Faust. Dramentexte, hrsg. von Margret Dietrich. Marlowe, Mountfort, Lessing, Simrock, Goethes Urfaust, Weidmann, Maler Müller, Lenz. München 1970. (376 S.)

ANREGUNGEN UND LITERARISCHE BEZIEHUNGEN GOETHES

Agnes Bartscherer, Paracelsus, Paracelsisten und Goethes Faust. Dortmund 1911.
Max Morris, Swedenborg im Faust. In: M. Morris, Goethe-Studien. Bd. 1. 2. Aufl. Bln. 1902, S. 13—41.
Clara Stockmeyer, Soziale Probleme im Drama des Sturm u. Drang. Frankfurt a. M. 1922.
Kuno Francke, Mantegna's Triumph of Cesar in the 2. part of Faust. In: Francke, Studies and Notes in Philology and Literature. Harvard University, 1892.
Benjamin Hederich, Gründliches mythologisches Lexikon ..., verbessert von J. J. Schwabe. Lpz. 1770.
Konrad Burdach, Faust und Moses. Sitzungsberichte der Preußischen Akademie der Wissenschaften, phil.-hist. Kl., 1912, S. 358—403, 627—659, 736—789.
Erich Schmidt, Danteskes im Faust. Herrigs Archiv für das Studium der neueren Sprachen 107, S. 241—252.
Georg Dehio, Altitalienische Gemälde als Quelle zum Faust. Goethe-Jahrbuch 7, 1886, S. 251—266.
Richard Busch-Zantner, Faust-Stätten in Hellas. Weimar 1932.
Willy F. Storck, Goethes Faust und die bildende Kunst. Lpz. 1912.
Elise v. Keudell, Goethe als Benutzer der Weimarer Bibliothek. Weimar 1931.
Goethes Bibliothek. Katalog. Von H. Ruppert. Weimar 1958. (XVI, 825 S.)
Ronald D, Gray, Goethe the Alchemist. Cambridge 1952. (X, 312 S.) Dazu die Rez. von Willoughby PEGS 22, 1953, S. 140—144.
Günther Schmid, Irrlicht u. Sternschnuppe. Goethe 13, 1951, S. 268—289.
Rupprecht Matthaei, Die Farbenlehre im „Faust". Goethe 10, 1947, S. 59—148.
Stuart Atkins, Goethe, Calderon und Faust II. GR 28, 1953, S. 83—98.

Stuart Atkins, Goethe, Aristophanes and the Classical Walpurgisnight. Comparative
Literature (Eugene, Oregon, USA) 6, 1954, S. 64—78.
Katharina Mommsen, Goethe u. 1001 Nacht. Bln. 1960. S. 185—290.

ENTSTEHUNG

Otto Pniower, Goethes Faust. Zeugnisse und Exkurse zu seiner Entstehungsgeschichte
Bln. 1899.
Goethe über seine Dichtungen. Hrsg. v. H. G. Gräf. 2. Teil 2. Band. Frankfurt a. M.
1904, S. 1—608: Faust.
Christian Sarauw, Die Entstehungsgeschichte des Goetheschen Faust. København
1917. = Det Kgl. Danske Videnskabernes Selskab, hist.-fil. Meddelelser, I, 7.
Wilhelm Hertz, Entstehungsgeschichte und Gehalt von Faust II, Akt II. Euphorion 25, 1924,
S. 389—406, 609—629.
Wilhelm Hertz, Zur Entstehungsgeschichte von Faust II, Akt 5. Euphorion 33, 1932,
S. 244—277.
Karl August Meißinger, Helena. Schillers Anteil am Faust. Frankfurt a. M. 1935.
Ernst Beutler, Der Frankfurter Faust. Jahrbuch des fr. dt. Hochstifts 1936—40,
S. 594—686. Ein Teil daraus neu gedruckt unter dem Titel: Die Kindsmörderin.
In: Beutler, Essays um Goethe. 5. Aufl. 1957. S. 87—101.
Hermann Schneider, Urfaust? Tübingen 1949.
Momme Mommsen, Zur Entstehung u. Datierung einiger Faustszenen um 1800.
Euphorion 47, 1953, S. 295—330.
Heinz Otto Burger, Motiv, Konzeption, Idee — das Kräftespiel in der Entstehung von Goethes
„Faust". Dt. Vjs. 20, 1942, S. 17—64. Wiederabgedruckt in: Burger, Dasein heißt eine
Rolle spielen. München 1963. S. 144—193.
Wolfgang Binder, Goethes klassische Faust-Konzeption. Dt. Vjs. 42, 1968, S. 55—88.

KOMMENTARE

Kuno Fischer, Goethes Faust. 7. Aufl., hrsg. v. V. Michels. 4 Bde. Heidelberg 1913.
Ernst Traumann, Goethes Faust. 2 Bde. 1. Aufl. München 1913—1914. 2. Aufl. 1919
bis 1920. 3. Aufl. 1924.
Karl Justus Obenauer, Der faustische Mensch. Jena 1922.
Herman Hefele, Goethes Faust. Stuttgart 1931. 3. Aufl. Stuttgart 1946.
Heinrich Rickert, Goethes Faust. Tübingen 1932.
Reinhard Buchwald, Führer durch Goethes Faustdichtung. Stuttg. 1942. = Kröners
Taschenausgaben, 183.
Vincenzo Errante, Il mito di Faust. Firenze 1952. Commento alla I. Parte. Bd. 1.
(XII, 276 S.) Commento alla I. Parte. Bd. 2. (514 S.)
Theodor Friedrich u. Lothar J. Scheithauer, Kommentar zu Goethes Faust. Stuttg.
1959. = Reclams Universal-Bibliothek, 7177—80/80a.

DEUTUNG

Carl Gustav Carus, Briefe über Goethes Faust. Lpz. 1835. — Neudruck: hrsg. und
eingeleitet von Hans Kern. Hamburg 1937.
George Santayana, Three philosophical Poets: Lucretius, Dante, and Goethe. Cam-
bridge, Massachusetts, USA. 1910. 11. Aufl. 1947. (VIII, 216 S.) Auch in: Santa-
yana, Works. Tom. 6. New York 1936.
Ernest Lichtenberger, Le Faust de Goethe. Paris 1911.
Friedrich Gundolf, Goethe. Bln. 1916 u. ö. Insbesondere S. 129—151, 747—786.
Hermann August Korff, Geist der Goethezeit. Bd. 1. Lpz. 1923. Insbesondere S. 244 bis
251, 268—271, 274—276, 287—306. Bd. 2. Lpz. 1930. Insbesondere S. 393—423.
Bd. 4. Lpz. 1953. Insbesondere S. 657—699.
Konrad Burdach, Vorspiel. Bd. 2. Halle 1926. = Dt. Vjs., Buchreihe, Bd. 3. Auch als
Einzelveröffentlichung unter dem Titel: Goethe und sein Zeitalter. Halle 1926.

Robert Petsch, Die Geisterwelt in Goethes Faust. Jahrbuch des freien dt. Hochstifts 1926, S. 145—173.

Konrad Burdach, Das religiöse Problem in Goethes Faust. Euphorion 33, 1932, S. 3—83.

Ferdinand Weinhandl, Die Metaphysik Goethes. Bln. 1932.

Günther Müller, Die organische Seele im Faust. Euphorion 34, 1933, S. 154—194.

Wilhelm Böhm, Faust, der Nichtfaustische. Halle 1933.

Wolfgang Mohr, Mephistopheles und Loki. Dt. Vjs. 18, 1940, S. 173—200.

Johannes Pfeiffer, Goethes Faust. Eine Einführung. Bremen 1946. 5. Aufl. 1959.

Eduard Spranger, Goethes Weltanschauung. (Wiesbaden) 1946.

Wilhelm Flitner, Goethe im Spätwerk. Hamburg 1947.

Hans Urs von Balthasar, Prometheus. 2. Aufl. Heidelbg. 1947, S. 483—514.

Ernst Jockers, Faust u. die Natur. PMLA 62, 1947, S. 436—471, 707—734. — Wieder-abgedruckt in: Jockers, Mit Goethe. Heidelberg 1957. S. 90—147.

Benno v. Wiese, Die deutsche Tragödie von Lessing bis Hebbel. Bd. 1. Hamburg 1948, S. 143—201. — 5. Aufl. Hamburg 1961.

Paul Altenberg, Goethe. Bln. 1949. (360 S.) (Dazu G. Müller Dt. Vjs. 26, 1952, S. 144.)

Geneviève Bianquis, Faust, poème de la lumière. Études Germaniques 4, 1949, S. 139 bis 147. Wiederabgedruckt in: Bianquis, Études sur Goethe. Paris 1951. S. 143ff.

Edmond Vermeil, Revolutionäre Hintergründe in Goethes Faust. In: Spiegelungen Goethes in unserer Zeit. Wiesbaden (1949), S. 237—323.

Karl Viëtor, Goethe. Bern 1949.

Paul Stöcklein, Wege zum späten Goethe. Hamburg 1949. — 2. Aufl. 1960.

Albert Daur, Faust und der Teufel. Heidelberg 1950. (VIII, 500 S.)

Norbert Fuerst, The Pentalogy of Goethe's Faust. Goethe Bicentennial Studies. Bloomington 1950. = Indiana University Publications, 22. S. 237—325.

Ernst Jockers, Im Anfang war die Tat? The German Quarterly 23, 1950, S. 63—76 — Wiederabgedr.: Jockers, Mit Goethe. Heidelbg. 1957. S. 193—203.

Carl Roos, Faust u. die Zikade. Das Faustsymbol. Euphorion 46, 1952, S. 31—47.

Harold Jantz, Goethe's Faust as a Renaissance Man. Princeton 1951. (XVIII, 198 S.) Dazu die Rez. von Willoughby PEGS 22, 1953, S. 138—140.

Leonhard A. Willoughby, Faust als Lebensorganisation. In: Goethe u. die Wissenschaft. Frankf. a. M. 1951. S. 35—51.

Emil Staiger, Goethe. Bd. 1. Zürich u. Freibg. 1952. Bd. 2. Zürich u. Freibg. 1956. Bd. 3. Zürich u. Freibg. 1959.

Barker Fairley, Goethe's Faust. Six Essays. Oxford 1953. (VI, 132 S.)

Erich Franz, Mensch u. Dämon. Goethes Faust als menschliche Tragödie, ironische Weltschau u. religiöses Mysterienspiel. Tübingen 1953. (246 S.)

Alexander Rudolf Hohlfeld, Fifty Years with Goethe 1901—1951. Collected Studies Madison, Wisconsin, USA., 1953. (XIV, 400 S.)

Hermann Krings, Der Erlösungsweg in Goethes Faust-Dichtung. In: Christliche Besinnung. Hrsg. v. R. Guardini, H. Kahlefeld u. F. Messerschmid. Würzburg (o. J.). Bd. 5. S. 106—131.

Hans Joachim Schrimpf, Das Weltbild des späten Goethe. Stuttg. 1956. (380 S.)

Alexander Gillies, Goethe's Faust. An Interpretation. Oxford 1957. (VII, 225 S.)

Robert Mühlher, Der Lebensquell. Bildsymbole in Goethes Faust. Dt. Vjs. 31, 1957 S. 38—69.

Stuart Atkins, Goethe's Faust. A Literary Analysis. Cambridge, Mass., USA., 1958 (XIV, 290 S.)

Hermann Schmitz, Goethes Altersdenken im problemgeschichtlichen Zusammenhang Bonn 1959. (584 S.)

Robert Saitschick, Fausts Erdenwanderung — eine Lebensdeutung. In. Saitschick, Schicksal und Erlösung. Darmstadt 1927. S. 101—177.

Wolfgang Schadewaldt, Goethestudien. Zürich und Stuttg. 1963.

Fritz Strich, Goethes Faust. Bern 1964. (167 S.)

Eudo C Mason, Goethe's Faust Its genesis and purport. Berkeley 1967. (XI, 423 S.,

Albert Fuchs, Goethe-Studien. Bln. (West) 1968. Darin S. 26—41. Die Persönlichkeit Fausts
   S. 42—52: Mephistopheles. S. 53—63: Faust und die Natur. S. 64—81: „Die Mütter".
Goethe. Jahrbuch der Goethe-Gesellschaft. Bd. 32, 1970. Darin die Referate von dem Inter-
   nationalen „Faust"-Colloquium in Weimar 1969, von H. Holtzhauer, O. Dshinoria,
   K.-H. Hahn u.a.
Muller, Joachim: Neue Goethe-Studien. Halle 1969. = Müller, Gesammelte Studien, 1
   (304 S.)
Wilkinson, Elizabeth M.: Goethe's Faust. Tragedy in the diachronic Mode. Publ. of the Eng-
   lish Goethe Society, N. S. 42, 1972, S. 116—174.
Fuchs, Albert: Le Faust de Goethe. Mystère, document humain, confession personelle. Paris
   1973. (296 S.)

FORM

Helene Herrmann, Faust, 2. Teil. Studien zur inneren Form. Zeitschrift für Ästhetik
   und allgemeine Kunstwissenschaft 12, 1916/17, S. 86—137, 161—178, 311—351.
Andreas Heusler, Deutsche Versgeschichte. Bd. 3, Teil 4 und 5. Bln. 1929. = Grund-
   riß der german. Philologie, 8,3.
Margarethe Bressem, Der metrische Aufbau des Faust II. Bln. 1931. = Germanische
   Studien, 105. — Dazu die Rez. von Andreas Heusler: Anzeiger für deutsches
   Altertum 51, 1932, S. 215—220; wiederholt in: A. Heusler, Kl. Schr. Bln. 1943,
   S. 498—504.
Robert Petsch, Die dramatische Kunstform des Faust. Euphorion 33, 1932, S. 211—244.
Kurt May, Faust, 2. Teil, in der Sprachform gedeutet. Bln. 1936.
Max Kommerell, Faust, 2. Teil. Zum Verständnis der Form. Corona 7, 1937. Wieder-
   holt in: M. Kommerell, Geist und Buchstabe der Dichtung. Frankfurt a. M. 1940
   3. Aufl. 1944, S. 9—74.
Andreas Heusler, Goethes Verskunst. Dt. Vjs. 3, 1925, S. 75—93. Wiederholt in
   A. Heusler, Kleine Schriften. Bln. 1943, S. 462—482.
Arthur Hübner, Goethe und die dt. Sprache. Goethe 2, 1937, S. 109—124. Wiederholt
   in: A. Hübner, Kleine Schriften. Bln. 1940, S. 254—267.
Rudolf Alexander Schröder, Zur Formenwelt des Faust. In: Schröder, Werke. Bd. 2.
   Bln. u. Frankf. 1952. S. 513—560.
Wolfgang Mohr, Zu Goethes Verskunst. Wirkendes Wort 3, 1953/54, S. 151—163

ZUEIGNUNG, VORSPIEL, PROLOG IM HIMMEL

Stuart Atkins, A Reconsideration of Some Unappreciated Aspects of the Prologues
   and Early Scenes in Goethe's Faust. MLR 47, 1952, S. 362—373.
Friedrich Bruns, Der Prolog im Himmel in Goethes Faust. Monatshefte 45, 1953, S. 171
   bis 180.
Momme Mommsen, Der „Schalk" in den „Guten Weibern" u. in „Faust". Goethe
   14/15, 1952/53, S. 171—202.

FAUST I UND URFAUST

Heinrich Meyer-Benfey, Die Kerkerszene in Goethes Faust. Zeitschrift für Deutsch-
   kunde 38, 1924, S. 364—370.
Heinrich Rickert, Der Erdgeist in Goethes Faust und die Erdgeisthypothese. Jahr-
   buch des freien dt. Hochstifts 1930, S. 91—130
Ernst Beutler, Der Frankfurter Faust. Jahrbuch des freien dt. Hochstifts 1936—40
   S. 594—686.
Paul Stöcklein, Fausts zweiter Monolog und der Gedanke der Sorge. Interpretation
   der Verse 634—651. Germanisch-Romanische Monatsschrift 31, 1943, S. 219—234.
   Wiederholt in: P. Stöcklein, Wege zum späten Goethe. Hamburg 1949, S. 67—87.
Wolfgang Binder, Goethes Faust: Die Szene „Und was der ganzen Menschheit zu-
   geteilt ist". Gießen 1944. = Gießener Beitr. z. dt. Philol., 82. (116 S.)
Vincenzo Errante, Musik und Malerei in Goethes Kunst, dargestellt an Faust I, Auer-
   bachs Keller. In: Thema, Jahrgang 2, 1949, Heft 2, S. 39—42.

Hans Jaeger, The "Wald und Höhle" Monologue in Faust. Monatshefte 41, 1949, S. 395—404.

Harold Jantz, The Function of the "Walpurgis Night's Dream". Monatshefte 44, 1952, S. 397—408.

Stuart Atkins, A Reconsideration of some Misunderstood Passages in the Gretchen Tragedy. MLR 48, 1953, S. 421—434.

Gerhard Storz, Goethe-Vigilien. Stuttg. 1953. (208 S.)

W. F. Twaddell, The Kerker Lexicon and the Gretchen Episode. Monatshefte 45, 1953, S. 355—370.

Eudo C. Mason, Exzentrische Bahnen. Göttingen 1963. Darin S. 24—59: Goethes Erdgeist u. das Pathos des Irdischen. S. 60—80: Mephistos Wege und Gewalt.

Oskar Seidlin, Von Goethe zu Th. Mann. Göttingen 1963. Darin S. 56—64: Ist das Vorspiel auf dem Theater ein Vorspiel zu „Faust"? S. 65—93: Helena. Vom Mythos zur Person.

Steffen Steffensen, Makrokosmoszeichen und Erdgeist in Goethes „Faust". In: Kopenhagener germanist. Studien, Bd. 1. Kopenhagen 1969. S. 186—197.

Dietze, Walter: Der Walpurgisnachtstraum in Goethes Faust. PMLA 84, 1969, S. 476—491. Wiederabgedruckt in: Dietze, Erbe und Gegenwart. Bln. u. Weimar 1972. S. 193—219. Auch in: Aufsätze zu Goethes Faust I. Hrsg. von W. Keller. 1974.

Requadt, Paul: Goethes Faust I. Leitmotivik und Architektur. München 1972. (394 S.)

Aufsätze zu Goethes Faust I. Hrsg. von Werner Keller. Darmstadt 1974. = Wege der Forschung, 145. (XIV, 639 S.)

FAUST II, ALLGEMEINES

Karl Justus Obenauer, Der faustische Mensch. Jena 1922.

Max Kommerell, Geist und Buchstabe der Dichtung. Frankfurt a. M. 1939. 2., vermehrte Aufl. 1942. 3. Aufl. 1944.

Dorothea Lohmeyer, Faust und die Welt. Zur Deutung des 2. Teils der Dichtung. Potsdam 1940. (154 S.) — Neue, gänzlich umgearbeitete Aufl.: München 1975. (427 S.)

Wilhelm Emrich, Die Symbolik des Faust II. Berlin 1943. 2., durchgesehene Aufl., Bonn 1957. (481 S.)

Paul Friedländer, Rhythmen u. Landschaften im 2. Teil des Faust. Weimar 1953. (VIII, 114 S.)

Gottfried Diener, Fausts Weg zu Helena. Urphänomen und Archetypus. Stuttg. 1961. (618 S.)

Wilhelm Emrich, Das Rätsel der Faust II-Dichtung. Pädagogische Provinz 14, 1960, S. 176 bis 194. Wiederabgedruckt in: Emrich, Geist und Widergeist. Frankf. a. M. 1965. S. 211 bis 235.

Walter Weiß, Goethes Mephisto, von Faust II aus gesehen. Diss. Innsbruck 1952. (201 S.)

Paul Requadt, Die Figur des Kaisers in Faust II. Jahrbuch der dt. Schiller-Ges. 8, 1964, S. 153—171.

Katharina Mommsen, Natur- und Fabelreich in Faust II. Bln. (West) 1968. (VII, 255 S.)

Wittkowski, Wolfgang: Faust und der Kaiser. Dt. Vjs. 43, 1969, S. 631—651.

Meyer, Herman: Diese sehr ernsten Scherze. Eine Studie zu Faust II. Heidelberg 1970. (54 S.)

Citati, Pietro: Goethe. Milano 1970. (Darin S. 183—520, 543—568: Faust II.) — Dasselbe englisch: New York 1974. (XX, 469 S. — Faust II: S. 141—428, 434—451.)

I. AKT

Emil Staiger, Fausts Heilschlaf. Hamburger Akademische Rundschau 2, 1947/48, S. 251—257.

Robert Petsch, Fausts Gang zu den Müttern. In: Vom Geiste neuerer Literaturforschung. Festschr. f. Walzel. 1924, S. 49—57. Wiederholt in: R. Petsch, Gehalt und Form. Dortmund 1925, S. 446—459.

Carl Enders, Faust-Studien. Müttermythos und Homunculus-Allegorie. Bonn 1948.

Friedrich Bruns, Die Mütter in Goethes Faust. Monatshefte 43, 1951, S. 365—389.

Jantz, Harold: The mothers in Faust. Baltimore 1969. (96 S.)

II. UND III. AKT

Robert Petsch, Goethes Faust und das griechische Altertum. In: R. Petsch, Gehalt und Form. Dortmund 1925, S. 406—421.

Robert Petsch, Helena und Euphorion. In: R. Petsch, Gehalt und Form. Dortmund 1925, S. 442—445.

Richard Alewyn, Goethe und die Antike. Das humanistische Gymnasium 1932, S. 114 bis 124. Wiederabgedruckt in: Alewyn, Probleme und Gestalten. Frankfurt a. M. 1974. S. 255—270.

Walter Rehm, Griechentum und Goethezeit. Lpz. 1936. — 2. Aufl. 1938.

Ingrid Dzialas, Auffassung u. Darstellung der Elemente bei Goethe. Bln. 1939. = German. Studien, 216. S. 141—163.

Benno v. Hagen, Fausts Hellasfahrt. Goethe 5, 1940, S. 24—44.

Karl Kerényi, Das ägäische Fest. Die Meergötterszene in Goethes Faust II. Amsterdam 1941. = Albae vigiliae, 11. — 3., erweiterte Ausgabe: Wiesbaden 1950. (80 S.)

Humphry Trevelyan, Goethe and the Greeks. Cambridge 1941. — Goethe und die Griechen. Übertragen von Wilhelm Löw. Hamburg 1949.

Karl Reinhardt, Die klassische Walpurgisnacht. In: Antike und Abendland. Hrsg. von Bruno Snell. Hamburg 1945, S. 133—162. Wiederholt in: K. Reinhardt, Tradition und Geist. Hrsg. von C. Becker. Göttingen 1960. S. 309—356.

Fritz Strich, Homunculus. PEGS 18, 1949, S. 84—116.

Werner Kohlschmidt, Klassische Walpurgisnacht u. Erlösungsmysterium in Faust II. In: Kohlschmidt, Form u. Innerlichkeit. München 1955. S. 97—119.

Helmut Rehder, The Classical Walpurgisnight. JEGPh 54, 1955, S. 591—611.

Julius Petersen, Helena und der Teufelspakt. Jahrbuch des freien dt. Hochstifts 1936 bis 1940, S. 199—236.

Rudolf Pannwitz, Die Vereinigung des Klassischen u. Romantischen in Goethes Helena. In: Pannwitz, Der Nihilismus u. die werdende Welt. Nürnbg. 1951. S. 217—237.

Walter Weiß, Der Helena-Akt des 2. Teiles von Goethes Faust und Mephisto. In: Natalicium Carolo Jax. Pars II. Innsbruck 1956. = Innsbrucker Beitr. z. Kulturwiss., 4. S. 75—85.

Wolfgang Schadewaldt, Faust und Helena. Dt. Vjs. 30, 1956, S. 1—40. Wiederabgedruckt in: Schadewaldt, Goethe-Studien. Zürich u. Stuttgart 1963. S. 165—205.

Th. C. van Stockum, Deutsche Klassik und antike Tragödie. II. Goethes Versuch der Neubelebung der antiken Tragödie. Neophilologus 43, 1959, S. 265—277.

Inge Wiemann, Goethe und die griechischen Tragiker. Diss. Kiel 1966 (183 S.)

Schmidt, Johanna: Sparta — Mistra. Forschungen über Goethes Faustburg. (Jb.) Goethe .8, 1956, S. 132—157.

Ost, Hans: Goethes Helena als plastische Gestalt. Arcadia 4, 1969, S. 16—42.

Forster, Leonard: Lynkeus' masque in Faust. In: Forster, The icy fire. Cambridge 1969 S. 148—168.

Boghardt, Martin: Der jambische Trimeter im Drama der Goethezeit. Hamburg 1971. = Hamburger Philologische Studien, 30. (220 S. Text, 155 S. Anmerkungen.)

Michel, Christoph: Goethe und Philostrats „Bilder". Jahrbuch des Freien dt. Hochstifts 1973 S. 117—156.

IV. UND V. AKT

Karl Lohmeyer, Das Meer und die Wolken in den beiden letzten Akten des Faust. Jb. G.Ges. 13, 1927, S. 106—133.

Konrad Burdach, Faust und die Sorge. Dt. Vjs. 1, 1923, S. 1—60.

Helene Herrmann, Faust und die Sorge. Zeitschr. für Ästhetik und allg. Kunstwiss. 31, 1937, S. 321—337.

Max Kommerell, Faust und die Sorge. Goethe-Kalender auf das Jahr 1939, S. 89—130. Wiederholt in: M. Kommerell, Geist und Buchstabe der Dichtung. Frankf. a. M. 1939. 3. Aufl. 1944. S. 75—111.

Paul Stöcklein, Fausts Kampf mit der Sorge. Dichtung und Volkstum 44, 1944, S. 52 bis 78. Wiederholt in: P. Stöcklein, Wege zum späten Goethe. Hamburg 1949, S. 88—124.

Alexander Rudolf Hohlfeld, Zum irdischen Ausgang von Goethes Faustdichtung. Goethe 1, 1936, S. 263—289.

Konrad Burdach, Die Schluß-Szene in Goethes Faust. Sitzungsberichte der Preuß. Akad. d. Wiss., phil.-hist. Kl. 1931, S. 585—604. Dasselbe als Schlußabschnitt von: K. Burdach, Das religiöse Problem in Goethes Faust. Euphorion 33, 1932, S. 46—83.

Walter Hof, Fausts Ende. Germanisch-Romanische Monatsschrift 27, 1939, S. 1—24.

Max Kommerell, Die letzte Szene der Faustdichtung. Zeitschrift für deutsches Altertum 77, 1940, S. 175—188. Wiederholt in: M. Kommerell, Geist und Buchstabe der Dichtung. 3. Aufl. 1944, S. 112—131.

Wilhelm Flitner, Fausts Läuterung und Rettung. In: Geistige Gestalten und Probleme. Eduard Spranger zum 60. Geburtstag. Lpz. 1942, S. 63—92.

R. Ayrault, La structure du Ve acte dans la deuxième partie du Faust. Études Germaniques 6, 1951, S. 231—239.

Stuart Atkins, Irony and Ambiguity in the Final Scene of Goethe's Faust. In: On Romanticism and the Art of Translation. Studies in honor of E. H. Zeydel. Ed. by G. F. Merkel. Princeton 1956. S. 7—27.

Ingeborg Frandsen, Die Alexandriner-Szene in „Faust II". Diss. Kiel 1967. (240 S.)

Hans Jaeger, The Problem of Faust's Salvation. Goethe Bicentennial Studies. Bloomington 1950. S. 109—152. Wiederabgedruckt in: Jaeger, Essays on German Literature. (Bloomington) 1968. S. 41—98.

Eduard Spranger, Heilige Liebe. In: Gedenkschrift zur Verleihung des Hansischen Goethe-Preises. Hamburg 1953. Wiederabgedruckt in: Spranger, Goethe. Seine geistige Welt. Tübingen 1967. S. 392—415.

Dshinoria, Otar: Das Ende von Goethes „Faust". Goethe-Jahrbuch 70, 1973, S. 57—106

BÜHNE UND BILDENDE KUNST

Julius Petersen, Goethes Faust auf der deutschen Bühne. Lpz. 1929.

Carl Niessen, Katalog der Ausstellungen „Faust auf der Bühne" und „Faust in der bildenden Kunst", veranstaltet in Braunschweig. Bln. 1929.

Goethes Faust. Mit einer Einleitung „Faust und die Kunst" von Max v. Boehn. Bln. 1924. Neue Aufl.: Bln. 1938.

Goethe, Faust. I. Teil. Mit Illustrationen aus 3 Jahrhunderten. Hrsg. von Hans Henning Bln. (Ost), Rütten u. Loening, 1969.

FAUSTDICHTUNGEN NACH GOETHE

Julius Petersen, Faustdichtungen nach Goethe. Dt. Vjs. 14, 1936, S. 473—494.

Deutsches Literaturlexikon, hrsg. v. W. Kosch. Bd. 1. 2. Aufl. Bern 1948. Artikel „Faust".

Roy Pascal, Lunatscharski, Faust und die Stadt. In: Gestaltung, Umgestaltung. Festschr. f. H. A. Korff. Lpz. 1957. S. 129—138.

André Dabezies, Visages de Faust au XXe siècle. Paris 1967. = Publ. de la Faculté des Lettres de Paris, Série „Recherches", tome XXXIII. (VIII, 554 S.)

Frenzel, Elisabeth: Stoffe der Weltliteratur. 3. Aufl. Stuttg. 1970. Art. „Faust"

Dédéyan, Charles: Le thème de Faust dans la littérature Européenne. 4 Teile in 6 Banden. Paris 1954—1967.

ZUR TEXTÜBERLIEFERUNG

Faust I ist erstmalig gedruckt als *8.Band* von *Goethes Werken* bei Cotta, 1808 (bezeichnet: A). Goethe hat später diesen Druck mit Riemer für den Neudruck durchgesehen, der als *Band 9* der zweiten Cottaschen Ausgabe seiner *Werke* (bez.: B) 1817 erschien. Die Druckvorlage dieses Bandes wurde mit Goethes Genehmigung an den Verlag Kaulfuß und Armbruster in Wien geschickt, der eine Lizenz-Ausgabe druckte, 1817. Diese hat also für die Textkritik ähnlichen Wert wie die gleichzeitige Cottasche Ausgabe. – Die dritte Cottasche Ausgabe ist die *Ausgabe letzter Hand*. Diese erschien in 2 Formaten, erstens in Großoktav (bez.: C) und zweitens in Kleinoktav (C¹). *Faust I* steht in Band 12. Die Bände in Großoktav erschienen etwas früher als die der „Taschenausgabe"; kleine Fehler in jener konnten also in dieser berichtigt werden.

Handschriftlich ist von *Faust I* (im Gegensatz zu *Faust II*) nur wenig vorhanden. Die Szene 3620—3775 ist als Ganzes vorhanden, einige andere Szenen nur in Bruchstücken. Zu den meisten Partien gibt es keine Handschriften. — Wichtig für die Textkritik ist: *Faust, ein Fragment*, aus *Goethes Schriften* bei Göschen, Band 7, 1790. (Bezeichnung: S.) Seitdem man den „Urfaust" besitzt, hat man auch diesen zur Textkritik herangezogen.

Anders ist die Überlieferungslage bei *Faust II*. Hier ist außerordentlich viel handschriftliches Material erhalten, teils von Goethe, teils von seinen Sekretären, doch es gibt keinen von Goethe autorisierten Druck, da er *Faust II* erst nach seinem Tode gedruckt haben wollte. Nur kleine Teile daraus hat er als Bruchstücke in seiner *Ausgabe letzter Hand*, Band 4, 1827, und Band 12, 1828, mitgeteilt. — Von den Handschriften kann man sich einen Eindruck verschaffen, wenn man Bd. 42 der „Schr. d. Goethe-Ges.", Goethes eigenhändige Blätter zum 5. Akt, facsimiliert, zur Hand nimmt.

Grundlegend für moderne Editionen ist der Eckermann-Riemersche Druck von 1832, mit dem diese bei Cotta „Goethes nachgelassene Werke" begannen. Kleine Fehler in diesem Druck lassen sich auf Grund der Handschriften berichtigen, das ist erstmalig und gründlich durch Erich Schmidt in der Weimarer Ausgabe (W) getan. Spätere Ausgaben haben sich nochmals sorgfältig um Korrektheit jedes Wortes, jedes Satzzeichens bemüht, z. B. die *Faust*-Ausgabe von Georg Witkowski, die von 1907 bis 1936 in 9 Auflagen erschien, und die Ausgabe von Max Hecker in Band 12 und 13 der „Welt-Goethe-Ausgabe", Mainz u. Lpz. 1937; ferner Bd. 8 der „Berliner Ausgabe", hrsg. von Gotthard Erler, Bln. u. Weimar 1965.

Die sogenannten „Paralipomena", kleine handschriftliche Entwürfe und Notizen, meist sehr schwer leserlich, sind erstmalig in der Weimarer Ausgabe ediert, in verbesserter Form von Hecker in der Dünndruck-Ausgabe des Insel-Verlags 1942. Im allgemeinen braucht man die Paralipomena nicht, um das fertige Werk zu deuten; doch gilt das Umgekehrte: ohne das fertige Werk wäre eine Deutung der Paralipomena unmöglich. Die vorliegende Ausgabe verzichtet auf die „Paralipomena" bei *Faust* wie bei den anderen Goetheschen Werken, mit Ausnahme einiger aufschlußreicher Stellen, die entweder in der Zusammenstellung „Goethe über seinen *Faust*", z. B. S. 427, oder im Kommentar, z. B. zu 10039ff. mitgeteilt sind.

Lesarten und Interpunktionsfragen sind nicht nur etwas für Fach-Philologen. Allein wegen der Zeichensetzung von Vers 939f. habe ich viele Fragen aus dem Kreise der Leser erhalten und habe deswegen nun eine ausführliche Anmerkung zu dieser Stelle gemacht.

Etliche Lesarten sind im Kommentar (bzw. im Nachtrag dazu) erwähnt, und zwar zu folgenden Stellen:

21	2348	6453	9218	11867
939	2977	7545	10931	
1405	3762	8609	11193	11936f.
1829	6096	8734	11854	12109

Außerdem sei hier noch auf folgende Stellen aufmerksam gemacht, die in den Editionen nicht einheitlich sind:

503 *Wehe* W.

666 *lichten* Hecker (und Beutler, der Heckers Text nachdruckt).

4685 *immer fortzustreben*. Konjektur bei Hecker (und Beutler), meines Erachtens ein Mißgriff. Die Bedeutung des Wortes *immerfort* bei Goethe und in seiner Zeit nicht erkannt, der Rhythmus verdorben.

4721 *entsprießend* Handschrift; vielleicht vorzuziehn; *ersprießend* die seit dem ersten Druck übliche Fassung.

5117 *finde* in den Handschriften, *findet* in der *Ausg. l. Hd.*

5190 *stillen* handschriftliche Variante.

5929 *solchen* Handschrift.

8023 möglich auch *allsofort*, doch kommt *alsofort* auch sonst beim späten Goethe vor neben *alsogleich* (Goethe-Wb. 1, 1969, Sp. 406).

8783 *Erobert', marktverkauft', vertauschte Ware* Erstdruck.

9005 *viel, Verbündete* W.

9847 *Den* nach der Handschrift. *Dem* Erich Schmidt in W (Konjektur). Riemer hat für seinen Druck 1832 umgedichtet in: „Mit nicht zu dämpfendem / Heiligen Sinn".

11160 *fremdem* Goethe eigenhändig (facsimiliert Schr. G. Ges., 42), *fremden* Johns große Abschrift des *Faust II*, und der erste Druck.

11372 *unbesonnen* Konjektur Witkowskis in seiner 9. Auflage, wegen des Rhythmus sehr erwägenswert.

11703 f. *Zweigleinbeflügelte, Knospenentsiegelte,* steht im ersten Druck. Die große *Faust*-Handschrift von John hat: *Zweiglein beflügelte, | Knospen entsiegelte.* Goethe hat die Verse 11699—11709 außerdem am 9. April 1825 an Boisserée geschickt, damit dieser sie als Autographen-Geschenk an Clementine de Cuvier weiterleitete. Sie waren also von Goethe eigenhändig geschrieben. Boisserée hat, bevor er das Blatt weitergab, eine Abschrift genommen. Auch da sind die Wörter getrennt. Dieses Blatt liegt jetzt im Boisserée-Nachlaß, Univ.-Bibl. Bonn. Goethe schrieb seit seiner Jugend Komposita oft getrennt, z. B. *Herzens Freundin, Natur Ereignis;* so auch in seinen Handschriften zu *Faust II,* z. B. 11857 *Gottes Lust.* Für Eckermann und Riemer ergab sich also bei dem Erstdruck des *Faust II* die Aufgabe, die von Goethe getrennt geschriebenen Komposita zusammenzuziehn. Dabei können sie gelegentlich zu weit gegangen sein; vielleicht ist es an dieser Stelle so; zumindest ist sie problematisch.

NACHTRAG

248. *Wenn:* während doch; zur Bezeichnung eines Zugleich mit leicht gegensätzlichem Nebensinn (Fischer, Goethe-Wortschatz S. 735 f.); *sie* bezieht sich auf die *hohen Werke* (249), aber auch auf *Brudersphären* (245) und *Sonne* (243), die für die Weltordnung als Ganzes stehen; dieser verbindende Beziehungsreichtum ist die besondere Möglichkeit der dichterischen Sprache; *mag* = imstande ist (wie 7215).

279. *Von Sonn' und Welten . . .* bezieht sich auf 243 ff. Auch in 282 nimmt Mephistopheles vorher Gesagtes auf; doch sind die Worte *wie am ersten Tag* in 270 auf die Schöpfung bezogen, welche die Engel *herrlich* nennen, hier auf den Menschen, den Mephistopheles *wunderlich* nennt.

281. *Der kleine Gott der Welt.* Der Mensch wird mehrfach bei Herder als „Gott der Erde" bezeichnet (Werke ed. Suphan Bd. 6, S. 275, 283 u. ö.), ebenfalls bei Klopstock (in der Ode „Bardale"); bei Goethe in dem Gedicht *Der Park (Welch ein himmlischer Garten . . .).* Mephistopheles nimmt diese Wendung ironisch auf.

360. *Heiße Magister, heiße Doktor gar.* Goethe denkt hier an die Zustände des 16. Jahrhunderts, die ihm seit seiner Beschäftigung mit dem *Götz*-Stoff gut bekannt waren. Wer die Artisten-Fakultät (philosophische Fakultät) mit gutem Erfolg durchlaufen hatte, wurde *Magister.* Diesen Titel hatten die meisten Gelehrten; er genügte, um Universitäts-Professor zu werden. Den Titel *Doctor* erhielten nur Gelehrte der theologischen, juristischen und medizinischen Fakultät für ganz besondere Leistungen. Er kam selten vor. Ein so bedeutender Gelehrter wie W. Pirckheimer ist niemals Doktor geworden. — E. Reicke, Der Gelehrte in der dt. Vergangenheit. Lpz. 1900. — Erman-Horn, Bibliographie der dt. Universitäten 1, 1904, S. 252—275. — Dt. Barockforschung, hrsg. von R. Alewyn. Köln 1965. S. 149 ff.

460. *Zeichen des Erdgeists.* Während in den Volksbüchern und Puppenspielen Faust den Teufel beschwört, ruft Goethes Faust den Erdgeist herbei, also nicht den Bösen. Später kommt Mephistopheles zu ihm, aber nicht von ihm gerufen; er schleicht sich ein. Und dementsprechend kommt es nicht zu dem primitiven Pakt wie in den alten Faust-Büchern, sondern zu einer komplizierten Vereinbarung, die Fausts unermüdliches Streben ins Spiel bringt. Goethe hat sein Leben lang gewisse Grundvorstellungen gehabt, die zu dichterischen Bildern wurden. Einerseits ist oft bei ihm von der *Erde* die Rede, anderseits von *Welt* oder *All* (vgl. Artikel *All* im Goethe-Wörterbuch); er schreibt später: *Im Grenzenlosen sich zu finden, | Wird gern der einzelne verschwinden . . Weltseele komm, uns zu durchdringen . .* (Bd. 1, S. 368 f.). Da

ist durchaus etwas anderes gemeint als die *Erde*. Zur *Erde* blicken die Schüler der Pädagogischen Provinz bei dem zweiten Gebärdengruß (Bd. 8, S. 155, 9 ff.); es ist eine Bewegung, die im Gegensatz steht zu dem Blick gen Himmel (ebd. 155, 4 ff.) und dem Blick auf die anderen Menschen (ebd. 155, 22 ff.). Vorstellungen dieser Art gibt es bereits in der Denk- und Bildwelt des jungen Goethe, deswegen konnte er die *Faust*-Dichtung später fortführen. Der *Erdgeist* hat also seinen begrenzten Bereich. — Eudo C. Mason, Goethes Erdgeist und das Pathos des Irdischen. In: Mason, Exzentrische Bahnen. Göttingen 1963. S. 24 bis 59, 321—324 u. 339. (Zusammenfassung der beiden englischen Erdgeist-Aufsätze Masons.)

490. *Übermensch*. Höhnisch-ironisch; gelegentlich kommt bei Goethe auch *übermenschlich* vor, z. B. Bd. 10, S. 78, 11. Das Wort ist belegt seit dem 16. Jahrhundert. Dt. Wb. 11, 2 Sp. 417—421.

939. *Zufrieden jauchzet* ... Am Ende dieser Zeile steht in allen Drucken aus Goethes Lebenszeit ein Doppelpunkt. Um ihn zu verstehn, muß man die Interpunktion der Goethezeit kennen. Der Doppelpunkt gliedert damals eine Satzperiode stärker als ein Komma, weniger als ein Punkt, ähnlich wie ein Semikolon, aber mit dem Sinn, daß hier der Satz sich inhaltlich für etwas Neues öffnet, das sich eng an das vorige anschließt oder aus ihm hervorgeht. Dieser Art sind die Doppelpunkte in *Faust* 389, 1927, 2549, 2816, 3116, 3679, 3712 (die alle schon in den Drucken von 1808, 1817, 1828 stehen) usw. Besonders deutlich wird die Funktion des Doppelpunkts in langen Prosasätzen, deswegen gibt es viele Beispiele dafür in *Dichtung und Wahrheit* (z. B. Bd. 9, S. 427, 36); in dem Abschnitt „Zur Textgestalt" in Bd. 9 hat Lieselotte Blumenthal auseinandergesetzt, daß oft eine lange Satzperiode zunächst durch Kommata gegliedert wird, daß dann aber, als Zeichen, daß es auf den Schluß zugeht, ein Doppelpunkt folgt. So ist es auch hier. 1. Satz: Vers 937, 2. Satz: Vers 938, 3. Satz: Vers 939, alle durch Kommata getrennt. Nun wird etwas angeschlossen, was den Schluß bildet, und das Tor dazu ist der Doppelpunkt. Der Satz *Hier bin ich Mensch* . . . spricht die Stimmung Fausts in diesem Augenblick aus; diese ist — und das ist ihm bewußt — hervorgerufen dadurch, daß er zwischen anderen Menschen ist (937—939). Es gibt moderne Ausgaben, die Vers 940 in Anführungszeichen gesetzt haben; das ist ein Mißverständnis des Inhalts und Unkenntnis der Zeichensetzung der Goethezeit. Da heutigen Lesern aber ein Doppelpunkt am Ende von Vers 939 erfahrungsgemäß Schwierigkeiten bereitet, ist in unserem Druck an dieser Stelle ein Semikolon eingesetzt. Es entspricht in heutiger Zeichensetzung am ehesten dem, was Goethe und seine Mitarbeiter mit dem Doppelpunkt bezeichnen wollten. — Burdach in: Aufsätze zu Goethes Faust I. Hrsg. von W. Keller, 1974. S. 29.

1116. *Dust* = Staub, Spreu; das, was wertlos ist. Dasselbe Wort 6758. — Dt. Wb. 2, Sp. 1761.

1139 ff. *weil* = indes, während (weilen); *lispeln englisch* = flüstern freundlich wie Engel — und dabei lügen sie. Vgl. 28, 4638, 5708.

1224 ff. *Im Anfang war das Wort* . . . Mary E. Wilkinson: Faust in der Logosszene. In: Dichtung, Sprache, Gesellschaft. Akten des IV. internat. Germanisten-Kongresses 1970 in Princeton. Hrsg. von Victor Lange. Frankf. a. M. 1971, S. 115—124.

1593 ff. *Verflucht* . . . Das Motiv kommt 11409 wieder vor, diese spätere Stelle hilft zur Deutung von 1593 ff.

1675—1687. Eine Parallelstelle ist 1765—1767 mit den Formulierungen: *schmerzlichsten Genuß, Verliebtem Haß, erquickendem Verdruß* — jedesmal widerspricht das Adjektiv dem Substantiv. So auch hier 1678 ff. Mephistopheles bietet Speise, die sättigt, Faust will *Speise, die nicht sättigt*, — ein Zeichen für sein Inneres, das von Mephistopheles nicht durchschaut wird. Dieser Abschnitt ist die Vorbereitung zu der Wette, denn er spricht Fausts innere Unruhe aus: *ein Spiel, bei dem man nie gewinnt.* Deswegen schließen 1692 ff. inhaltlich hier an.

1705. *Die Uhr mag stehn, der Zeiger fallen.* Wiederholt in 11593 und 11594. Witkowski: „Das Fallen des Zeigers wird am einfachsten als Herabfallen auf die VI gedacht, nachdem das Werk, das ihn bewegte, zerstört ist."

1940. *Encheiresin naturae.* Historisches Wörterbuch der Philosophie, hrsg. von J. Ritter, Bd. 2, 1972, Sp. 480 Art. „Encheiresis naturae".

2577. *Sibylle:* ursprünglich „Wahrsagerin", kommt das Wort später auch zu der Bedeutung „Hexe", deswegen im 18. Jahrhundert mitunter als Schimpfwort benutzt. Mephistopheles wählt also geschickt und witzig seine vieldeutige Anrede, die er mit dem Beiwort *treffliche* würzt.

2605. *Fräulein.* Adelung schreibt noch 1808: „Fräulein: ein Ehrenname unverheirateter adeliger Frauenzimmer; für das veraltete: Edeljungfer." Bürgerliche Mädchen wurden „Jungfer" oder „Mamsell" angeredet. Dasselbe Wort 2906, 3020.

2823 ff. Mephistopheles schmückt sein Bild der habgierigen Kirche mit Sprachwendungen aus der Bibel, so 2823 f.: Sprüche Salomonis 10,2; 2826: Off. Joh. 2,17; 2835: Off. Joh. 21,7.

2887. *dem Spiegelglas vorüber* = vor dem Spiegel hin und her. Eine in der Goethezeit geläufige Wendung.

2898. *erbeten* = erbitten. Vgl. 6223 das *Unerbetene.* Im Brief an Boisserée 16. Juni 1826: *Mitteilungen mir erbetend.*

2904. *Nachmittage.* Adelung schreibt: „Auch adverbialiter gebraucht: ‚Ich komme Nachmittag‘, im gemeinen Leben ‚nachmittage‘." Mephistopheles spricht also bei Frau Marthe so, wie man „im gemeinen Leben" spricht.

2933. *Schaustück:* Schaumünze, Medaille, wie sie im 16., 17. und 18. Jahrhundert beliebt waren. — Adelung unter „Schaugeld".

3019. *Knab'* = junger Mann.

3431 ff. Wilkinson, Elizabeth M.: Theologischer Stoff und dichterischer Gehalt in Fausts sogenanntem Credo. In: Goethe und die Tradition. Hrsg. von H. Reiss. Frankf. 1972. S. 242—258. — Wiederabgedruckt in: Aufsätze zu Faust I. Hrsg. von Werner Keller. Darmstadt 1974. S. 551—571.

3834. *Fläschchen.* Adelung: „Riechfläschchen, ein kleines, mit einem stark riechenden Spiritus angefülltes Fläschchen, in Ohnmachten u. s. f. daran zu riechen."

Vor 4613. *Äolsharfen:* Windharfen, in der Goethezeit beliebte Instrumente. Vgl. Bd. 1, S. 376 u. Anm.; Bd. 12, S. 328,7. Als eine Art „Naturinstrument" — der Wind ruft die Töne hervor — paßt die Äolsharfe zu den Naturgeistern, auch in ihrem sanften lyrischen Charakter. — Die Musik in Gesch. u. Gegenwart, Art. „Äolsharfe".

4685. *immerfort.* Seit Luthers Bibelübersetzung geläufiges schriftdeutsches Wort in der Bedeutung „in steter Dauer, in regelmäßiger Wiederholung, immer wieder neu". Bd. 8, S. 358, 39 u. 360,33 f.; Briefe Bd. 3, S. 317,28.

4811. *Geht . . . zu Raub.* Dt. Wb. 8, 1893, Sp. 216: „einer, etwas wird zum Raube". Demgegenüber hält Fischer, Goethe-Wortschatz, S. 270, für möglich: „in solchen Fällen, wo der Richter sich zum Verbrecher gesellt (4806), sieht selbst der Kaiser sich zum Raub (an seinen Untertanen) gezwungen."

4915. *Ihr hegt euch* = ihr haltet fest an . . ., ihr habt eine Vorliebe für . . . Dt. Wb. IV, 2 Sp. 781. — Fischer, Goethe-Wortschatz S. 327.

4992. *Da liegt der Spielmann.* Eine alte Redensart war, wenn jemand stolperte: „Da liegt ein Spielmann begraben." Mephistopheles sagt also, man werde ebenso leicht durch eine plötzliche Reaktion die Stelle finden, wo ein Schatz begraben liegt. — Dt. Wb. 10,1 (1905), Sp. 2411.

5039 ff. *Nimm Hack und Spaten . . .* Das Motiv kommt schon 2353 ff. vor.

5051. *uns versühnen:* das Osterfest begehen. Der sündige Mensch „versühnt" sich mit Gott durch die Tat Christi. Diese wird Ostern gefeiert. (Dazu gehören Buße, Beichte und Absolution.) Der Astrolog ist von Berufs wegen der, welcher die rechte Zeit für etwas weiß. Er mahnt hier zum Aufschub, da Mephistopheles Zeit gewinnen will.

5088 ff. *Euren Beifall . . .* Jensen, Inge: Zum Chor der Gärtnerinnen in der Mummenschanzszene. Festschr. f. Lieselotte Blumenthal. Weimar 1968. S. 165—177.

5393 ff. Die Beschreibung dieser Gruppe ist weitgehend angeregt durch die Blätter nach Mantegna, die Goethe besaß (und die noch heute in Weimar sind). Er hat ihnen zwei ausführliche Aufsätze gewidmet (Bd. 12, S. 182—202 u. Anm.). Blatt 5 zeigt mehrere Elefanten, von ihnen ist einer im Vordergrund ganz sichtbar, auf ihm ein Jüngling, der ihn mit Stäbchen lenkt. Der Elefant hat einen Teppich als Schabracke, reich mit Schmuck behängt (wie Vers 5396ff.). Blatt 9 zeigt Cäsar auf dem Triumphwagen, von Pferden gezogen; er sitzt auf einem *Wagenthron* (wie Vers 5553).

5479. *Otter* (= Natter): Schlange. — Dt. Wb. 7, Sp. 1384f.

5546. *Socken:* Schuhe der antiken Schauspieler. Wie 1808.

5864ff. *Die wilden Männer* waren im Mittelalter und noch im Barock ein Motiv als Wappenbilder, als Hauszeichen, in der Plastik, auf Radierungen usw. Bei Festaufzügen des 16. und 17. Jahrhunderts traten sie dramatisch auf; dieses Motiv greift Goethe hier auf. — Knappe Orientierung mit Bild geben meist schon Konversations-Lexika. Spezialliteratur: Lise Lotte Möller, Die wilden Leute des Mittelalters. (Ausstellungskatalog) Museum f. Kunst u. Gewerbe, Hamburg 1963. — Fr. Sieber, Volk u. volkstüml. Motivik im Festwerk des Barocks. Bln. 1960. = Dt. Akad. d. Wiss. zu Berlin, Veröff. f. Volkskunde, 21. Insbes. S. 100, 102, Abb. 72—75.

5917. *eräugnen:* vor Augen sehen lassen; wie 7750. Adelung in seinem „Wörterbuch der hochdeutschen Mundart", 1774—1786, das Goethe seit den achtziger Jahren besaß und gelegentlich benutzte — es stand in seinem Arbeitszimmer (Ruppert Nr. 638) —, hat das Stichwort „eräugnen", verweist bei diesem aber auf „ereignen". Dort schreibt er: „sich ereignen: sichtbar werden, sich zeigen; in dieser eigentlichen Bedeutung nur noch im Oberdeutschen. Im Hochdeutschen gebraucht man es nur in engerer Bedeutung von Begebenheiten, für unvermutet wirklich werden . . . Aus allem erhellet, daß ‚ereignen' unstreitig von ‚Auge' abstammt, und wenn die Abstammung das höchste und einzige Schreibegesetz wäre, so müßte man allerdings ‚eräugnen' schreiben." — Vgl. auch *Ereignis* Bd. 1, S. 389; *Faust* 10436.

6235. *widerwärtig:* Widerstand leistend, gegnerisch.

6237. *versäumt.* Das Dt. Wb. umschreibt: „hemmen, hindern, vernachlässigen, unbeachtet lassen." Vgl. Bd. 10, S. 260,2.

6394. *Teppiche:* Wandbehänge, Gobelins, 6383 *Tapeten* genannt. — Vgl. Bd. 11, S. 361,14ff.

6495. *Die Wohlgestalt* . . . Faust denkt wohl an die 2429—2440 von ihm gesehene Gestalt in dem *Zauberspiegel.*

6758. *Dust:* Staub, Spreu, Nichtiges. Wie 1116.

6807. *Original* . . . Das Wort *Original* wurde in der Zeit des Sturm und Drang ein Schlagwort für das selbständige Denken und Schaffen der literarischen Jugend. Zur Zeit der Romantik versuchte eine neue Generation wiederum, *original* zu sein. Durch Goethes Briefe und Werke ziehen sich seit seiner Jugend Gedanken über das Originelle und das Traditionelle, über echte und falsche Originalität. An Knebel 13. Nov. 1813: *Ich glaube nicht, daß irgend eine Nation eine solche Lust am Krebsgang hat als die deutsche. Kaum schreiben unsre Mädchen und Jünglinge . . . einen natürlichen Stil . . ., so treten junge Männer auf, um etwas ganz Fremdes, Ungehöriges, Unverständliches und Abgeschmacktes geltend zu machen. Und hinter diesem steckt doch eigentlich nur die falsche Sucht, Original sein zu wollen.* An Zelter 2. Jan. 1829: *Es gibt sehr vorzügliche junge Leute, aber die Hausnarren wollen alle von vornen anfangen und unabhängig, selbständig, original, eigenmächtig . . . und wie man die Torheiten alle nennen möchte, wirken und dem Unerreichbaren genugtun.* Dazu viele Sätze aus dem *Max. u. Refl.* und anderen Werken, z. B. *Das sogenannte Aus-sich-Schöpfen macht gewöhnlich falsche Originale und Manieristen* (Bd. 12. S. 480). — Bd. 14, Sachregister „Original", „Originalität, falsche und echte" und Briefe, Bd. 4, Register „Originalität". — *fahr hin* = gehe deines Wegs.

7005 ff. *Klassische Walpurgisnacht.* Goethe hat sich zeitlebens mit antiker Dichtung, Mythologie, bildender Kunst usw. beschäftigt, deswegen waren ihm die vielen Gestalten, die er hier auftreten läßt, vertraut. Wer wissen will, welche Nachschlagewerke und Bücher Goethe für dieses Gebiet besaß, findet Auskunft in: Goethes Bibliothek. Katalog. Bearb. von Hans Ruppert. Weimar 1958. Insbesondere Nr. 1956—1986 (Mythologie), aber auch in den Abteilungen Griechische Literatur, Lateinische Literatur, Archäologie usw. Zu den Anregungen aus der Literatur kommen solche aus der bildenden Kunst. (Über Goethe als Sammler: G Jb. 89, 1972, S. 13—61.) Goethes ständiger Berater in Sachen der Antike war F. W. Riemer, deswegen ist es mitunter aufschlußreich, zu sehn, wie dieser in seinem griech.-dt. Wörterbuch, 4. Aufl., 1823—25, Wörter, Begriffe, Namen usw. behandelt.

7080 ff. Im folgenden werden *Greife* (7083 ff.), *Ameisen* (7104 ff.) und *Arimaspen* (7106 ff.) genannt. Diese Motive stammen aus Herodot, und zwar dem 3. und 4. Buch. Eine kurze Skizze der *Klassischen Walpurgisnacht* wurde am 10. Juni 1826 fertig (WA 15,2 S. 213 f.; Gräf S. 337 f.), im Dezember 1826 ein ausführlicherer Entwurf (S. 438 ff. der vorliegenden Ausgabe). Nun notiert Goethes Tagebuch am 15. April 1826: *Las Herodots zweites Buch . . .,* und am 16. April: *An Faust weiter gedacht. Herodot ferner gelesen.* Sodann notiert er am 19., 20., 22. und 24. April Herodot-Lektüre. Da er mit dem 2. Buch begann und dann weiterlas, hat er also das 3. und 4. Buch gelesen, in welchem die *Greifen, Ameisen* und *Arimaspen* vorkommen. Er benutzte eine französische und eine deutsche Übersetzung, die er 12.—27. April 1826 aus der Weimarer Bibliothek entliehen hatte (Keudell Nr. 1704, 1705, 1707). In dieser Weise ist es vielfach möglich, aus Tagebuchnotizen, Briefen, Gesprächen, Buchentleihungen usw. Goethes Anregungen aus seiner Lektüre oder aus Bild-Betrachtung nachzuweisen. Das Wesentliche ist dann freilich, was er daraus gemacht hat.

7083. *Greife*. Das Motiv wird fortgeführt 7093 ff., 7582 ff., 7602 ff., 10625 ff. Goethe kannte Greife aus der bildenden Kunst, insbesondere von antiken Gemmen (Bd. 10, S. 353,17) — er besaß etwa 4500 Gemmen-Abgüsse —, Vasenbildern (Bd. 11, S. 169,5) und pompeianischen Wandgemälden. Das von Goethe sehr geschätzte Werk von Wilhelm Zahn, Die schönsten Ornamente . . . von Pompeji, Bln. 1829, hat auf Tafel 73 einen *Greif* und eine *Sphinx*. Goethe hatte diese Abbildungen schon 1827 bei Zahns Besuch in Weimar ausführlich betrachtet. Auch in der neueren Heraldik gab es Greife. Herodot erzählt IV, 27, daß die Greife das Gold bewahren. Dieses Motiv weiterspinnend macht Goethe die Greife symbolisch für jemanden, der *über kaum denkbaren Schätzen waltet* (Bd. 10, S. 475,20f.). Einen Aufsatz von Voß „Über den Ursprung der Greife", von 1804, bewahrte Goethe in seiner Bibliothek auf (Ruppert Nr. 1984). Der jüngere Voß berichtet Ende Februar 1804 über einen Besuch bei Goethe: „Wir sprachen von Hyperboreern, Greifen und Arimaspen." (Herwig 1, S. 922.) Riemer, Gr.-dt. Wb. schreibt: „gryps = Greif, ein fabelhaftes, von Aristeas zuerst erwähntes Tier, welches die Goldgruben bewachte und mit welchem die Arimaspen Krieg führten" und verweist auf Herodot und Aischylos. Gelegentlich hat Goethe Greifenköpfe gezeichnet (Corpus der Goethe-Zeichnungen Bd. 3, 1965). — Der kleine Pauly. Lexikon der Antike. Bd. 2, 1957, Sp. 876f.

7403f. *Die Schöne bleibt* . . . Dem Wortlaut nach ist fraglich, ob *Die Schöne* bedeutet: die schöne Frau; oder: die Schönheit; da aber *die Schöne* in Entsprechung steht zu *die Anmut*, ist wahrscheinlich, daß Schönheit gemeint ist. Dasselbe Wort auch *Faust* 345, 1458, 1616, 6497, 8030, 8523, 8917 und mehrfach in anderen Werken. (Fischer, Goethe-Wortschatz S. 546.) Für das Wort *selig* hat sich der Anwendungskreis seit Goethes Zeit stark geändert. In *Faust* kommt es oft vor, z. B. 626, 758, 1573, 2984, 3452, 3532 usw. (Fischer S. 566f.) — Riemer in seinem Griech.-Dt. Wörterbuch übersetzt „kallos" = „Schönheit, Schöne"; „charis" = „Anmut". — Schadewaldt, Goethestudien, 1963, S. 171: „‚kallos' — das ist das Ideale, streng auf sich selber ruhende, abgemessene Sein der Vollkommenheit, das nur ist und sich um dich nicht kümmert. Und daneben ‚charis', die Freudigkeit, genauer „Erfreuendheit', Anmut die sich lebendig anspricht. Für die Auffassung Goethes vom Schönen ist es äußerst bezeichnend, daß er die Anmut nicht wie die Kunstlehre der Aufklärung und etwa auch Schiller in Gegensatz zur Schönheit stellt, sondern als die Integrierung des Schönen ansah."

7469. *bedeutend* wie schon vorher 6903: bedeutungsvoll, eine Deutung gebend. (Vgl. Fischer, Goethe-Wortschatz S. 83f.)

7519. *Seismos* kommt als Personifikation des Erdbebens schon in der Antike vor und geht von da in mittelalterliche Darstellungen über (Roscher, Lex. d. griech. u. röm. Mythologie 4, 1909—1915, Sp. 640 f.). Goethes Darstellung schließt an Raffael an, der den Erdbebengeist zeigt, wie er die Erde mit kräftigen Armen emporstemmt. (Wandteppich im Vatikan. Raffael, Gemälde. Hrsg. von G. Gronau, Stuttg. u. Lpz. 1909. = Klassiker der Kunst, Bd. 1. S. 142.) Dieses Motiv wurde aus den Stichen nach Raffael übernommen auf das Diplom der „Mineralogischen Sozietät zu Jena", die 1798 gegründet wurde. (Abb.: Goethe, Die Schriften zur Naturwiss., Leop.-Ausg., Bd. 1, Taf. XV.) Da Goethe Mitglied und später Präsident der „Sozietät" war, hatte er mit diesen Diplomen, die jedes Mitglied erhielt und die er als Präsident unterschreiben mußte, vielfach zu tun. Auf den Diplomen sind außer dem Raffael nachgebildeten Erdbeben-Geist auch der Meergott Poseidon und Wolken-Genien abgebildet. — Vgl. Bd. 8, S. 261,3—22 u. Anm.; Bd. 11, S. 293,29 ff. u. Anm.; Bd. 13, S. 295,19 ff.; Bd. 14, Sachregister „Erdbeben", „Vulkanismus", „Vulkanisten".

7533. *Der die Insel Delos baute.* Goethe las laut Tagebuch zwischen 25. Sept. und 14. Nov. und 20.—21. Nov. 1808 in Seneca, Naturales quaestiones. Am 18. Nov. schreibt er an den Mineralogen Karl Cäsar v. Leonhard, er habe dort (Buch II, Kap. 26) gelesen, daß die Inseln des Ägäischen Meers vulkanisch emporgehoben seien. Eine dieser Inseln ist Delos, deren vulkanisches Entstehen in einem Brief an Zelter vom 27. März 1830 erwähnt wird. Goethe interessierte der antike Bericht im Zusammenhang seiner Forschungen über Vulkane, insbesondere den Kammerberg bei Eger (Bd. 13, S. 258—270, 278—280). Seneca wird in der *Geschichte der Farbenlehre* ausführlich behandelt und dabei auch seiner Schilderung der *Erdbeben* gedacht (Bd. 14, S. 44,8 u. 23).

7540. *Letten* = Lehm, Tonerde; wie Bd. 11, S. 110,22.

7561. *als mit Ballen schlug* = wie mit Bällen spielte. Die Form *Ballen* für „Ball" auch Bd. 5, S. 319, 35; Briefe Bd. 1, S. 182,17. *Pelion und Ossa:* Berge in Thessalien. Altgriechische Sage erzählt, daß zwei Söhne des Poseidon, Otus und Ephialtes, den Himmel der olympischen Götter ersteigen wollten und deswegen den Pelion auf den Ossa türmten. Dieses Motiv, bei Ovid, Vergil, Horaz und anderen Dichtern vorkommend, war in der Goethezeit bekannt. C. Ph. Moritz erwähnt es mehrmals in seiner „Götterlehre der Alten". In der *Klassischen Walpurgisnacht* vermischt es sich nun — sehr bezeichnend für Goethes Phantasie — mit Motiven aus der zeitgenössischen Geologie. Seismos spricht Meinungen der „Vulkanisten" aus. Vielleicht sind die Verse 7560 ff. über das Ballspiel mit Bergblöcken *in Gesellschaft von Titanen* ein Anklang an das, was zwei Vulkanisten geschrieben hatten. Der italienische Geologe Scipione Breislak schrieb in seiner „Beschreibung der

Provinz von Mailand", 1822, S. 180, „wenn man gegen den See von Olginate . . . herabsteige, so scheine die entsetzliche Verwüstung der umherliegenden fremdartigen Blöcke einen Kampfplatz der Giganten und Titanen zu verraten." Diesen Satz zitierte L. v. Buch in seiner Schrift „Über die Verbreiterung großer Alpengeschiebe" (in den „Annalen der Physik und Chemie 9,1827. Wiederabgedruckt in: Buch, Schriften. Bd. 3. 1877. S. 666). Goethe hat L. v. Buch mehrmals als *Ultra-Vulkanisten* bezeichnet (WA Briefe 36, S. 84, 98, 440). Kenntnis der griechisch-römischen Welt war damals bei den Naturforschern, die alle von humanistischen Gymnasien kamen, so verbreitet, daß gelegentliche Bilder aus der Antike nichts Besonderes waren.

7677. *just* hier: „geheuer, gehörig, recht" (Fischer, Goethe-Wortschatz).

7782. *quammig, quappig* = dick, fleischig. Dazu: M. Mommsen in Jb. „Goethe" 13, 1951, S. 296.

7902 ff. In Vergils „Bucolica" (Hirtengedichte) heißt es VIII, 69: „Carmina vel caelo possunt deducere lunam" (Zaubergesang vermag den Mond vom Himmel zu holen); und in Lukans Epos „Bellum civile", in dem Goethe für die *Klassische Walpurgisnacht* wieder las — Tagebuch 5. April 1826: *Abends Lucan 6. Buch* — kommt das gleiche Motiv vor (Buch 6, Vers 499 ff.).

7930 ff. Goethe bedauerte, daß der Streit zwischen „Vulkanisten" und „Neptunisten" die Forschung seiner Zeit hinderte. Die Neptunisten wollten die Erdgestalt, auch die Gebirgsformen, vorwiegend durch Einwirkung des Wassers erklären. Die „Vulkanisten" deuteten nicht nur die Vulkane als rasch entstandene, durch inneren Druck emporgehobene Berge, sondern glaubten auch Faltengebirge wie die Alpen in kurzer Zeit durch Druck aus der Erde emporgehoben. Goethe, der an eine langsame, allmähliche Entwicklung glaubte, konnte sich dieser Anschauung nicht anschließen. Die im späteren 19. Jahrhundert allgemein gewordene Auffassung der Gebirgsentstehung in riesigen Zeiträumen war zu seiner Zeit noch unbekannt. Wie sich später herausstellte, hatten also weder die einen noch die anderen Recht. Die Neptunisten übertrieben die Einwirkung des Wassers; die (Pseudo-) Vulkanisten glaubten, Gebirge würden rasch emporgetrieben und blieben dann unverändert stehen. Sie hielten es für naturgemäß, *die Erschaffung einer Welt mit kollossalem Krachen und Heben, mit wildem Toben und feurigem Schleudern vorgehen zu lassen.* (Bd. 8, S. 262, 5–8) Es ist also erklärlich, daß Goethe sich keiner Richtung ganz anschließen konnte. Seiner Grundtendenz nach mußte er der *Polterkammer* (Bd. 13, S. 299, 23) der (Pseudo-)Vulkanisten widersprechen. Ebenso wie in die *Wanderjahre* (Bd. 8, S. 260, 27—262, 10) nahm er in *Faust II* die geologischen Motive hinein, weil sie ihn stark beschäftigten und sich in seiner

Phantasie mit dem alten Stoff vermischten. Weil er sich aber über vieles bei den Geologen ärgerte, brachte er diese Motive in die *Klassische Walpurgisnacht*, ähnlich wie er andere Polemik in die *Walpurgisnacht* und den *Walpurgisnachtstraum* des *1. Teils* gebracht hatte.

Bd. 13, S. 251—303. — Goethe, Die Schriften zur Naturwiss. (Leopoldina-Ausgabe). Bd. 1 u. 2. Hrsg. von Günther Schmid. Weimar 1947 u. 1949. — Max Semper, Die geologischen Studien Goethes. Lpz. 1914. — Helmut Hölder, Geologie und Paläontologie in Texten u. ihre Geschichte. Freiburg u. München 1960. Darin S. 139—165 ,,Neptunismus und Pseudo-Vulkanismus" mit Bibliographie S. 535 f. — Günther Schmid, Irrlicht und Sternschnuppe. Goethe (Jb.) 13, 1951, S. 268 bis 289, insbes. S. 287 ff. — Goethes Bibliothek. Katalog. Bearb. von Hans Ruppert. Weimar 1958. S. 562—759, insbes. die Schriften von L. v. Buch, Chladni, K. E. A. v. Hoff, A. v. Humboldt, Chr. Keferstein, J. G. Lenz, C. C. v. Leonhard, J. A. de Luc, K. W. Nose, H. B. de Saussure.

7946. *Es war nur gedacht.* Es ist ein Meteor niedergefallen. Anaxagoras deutet das Phänomen falsch. Er glaubt, den Mond beschworen zu haben und meint, dieser sei herabgefallen. Er sieht nicht mehr hin. Thales dagegen stellt fest, daß *Luna* am alten Platze steht (7934f.). Doch auch Thales geht von seiner Theorie aus, nicht von einem beobachteten Phänomen. Weil es nach seiner Theorie keine Meteore gibt, kann auch keins herabgefallen sein; vielleicht eine Anspielung auf den Satz von J. A. de Luc, er würde nicht an Meteorsteine glauben, selbst wenn er einen niederfallen sähe. (Vgl. Anm. zu 7930 ff.) Das Problem wie *Theorie* und *Erfahrung* zu einander stehen, hat Goethe beständig beschäftigt. In den *Maximen und Reflexionen* (Bd. 12, S. 433—436, 440 bis 449) handeln viele Sätze davon. Thales und Anaxagoras entsprechen hier dem Satz: *Theorien sind gewöhnlich Übereilungen eines ungeduldigen Verstandes, der die Phänomene gern los sein möchte und an ihrer Stelle deswegen Bilder, Begriffe, ja oft nur Worte einschiebt.* (Bd. 12, S. 440 Nr. 548) Für Goethes Denkart typisch ist die Tagebuchnotiz vom 7. Januar 1832. Salinendirektor Glenck besucht ihn, Goethe findet ihn einen *tüchtig praktischen Menschen*, jedoch erfüllt mit *theoretischen Irrtümern*, die im Praktischen *bloß Worte sind;* und er schließt: *Dies belehrt uns, in dem menschlichsten Sinne, tolerant gegen Meinungen zu sein.* — Schon der Prosa-Entwurf der *Klassischen Walpurgisnacht* vom Dezember 1826 zeigt erdgeschichtliche Motive, die mit antiken Naturphilosophen verbunden werden. Thales, der von den Nilüberschwemmungen wußte, wird hier zum Neptunisten. Anaxagoras wird zum Plutonisten. Er hatte gesagt, daß es vom Himmel fallende Meteore gibt, und hatte im Jahre 476 den Fall eines großen Meteors ,,aus der Sonne" vorausgesagt; tatsächlich fiel ein Meteor herab. Das steht bei Plinius (Hist. nat. II, 59, 149). Goethes Tagebuch 11 Dez. 1826: *Aristoteles über die Meteore. Plinius wegen eben der Angelegenheit.* Die Meteore haben Goethe seit den neunziger Jahren bis zu seinem Tode beschäftigt. Die zeitgenössische Forschung befaßte sich viel damit. Chladnis Meinung gewann Anhänger und wurde dann von manchen wiederum übertrieben. Goethe schreibt am 12. März 1820 an Nees von Esenbeck: *Unser guter Heim* (der Mineraloge Joh. Ludw. Heim in Meiningen, 1741—1819) *ließ Fichtelgebirg und Thüringer Wald, Petersberg und Harz vom Himmel fallen; dem Vulkanisten war und ist es etwas Leichtes, dergleichen Massen aus der Tiefe herauszubefördern. Was mag in beiden Fällen nicht durcheinander gepurzelt sein? Und wer möchte sich mit einer solchen Polterkammer nur noch abgeben?*

8063. *mehr als Fische.* Die Nereiden und Tritonen können die Kabiren über das Meer tragen. Die Fische schwimmen nur als Begleiter mit.

8074. *Kabiren.* (griech. „Kabeiroi"): altgriechische Fruchtbarkeits-dämonen, oft nur „große Götter" („megaloi theoi") genannt. Sie wurden auf den Inseln des Ägäischen Meeres, insbesondere Samothrake verehrt. Die antiken Quellen sind bruchstückhaft, dabei vielfältig und ergeben kein eindeutiges Bild. Es ist mitunter von zwei Kabiren die Rede, dann von dreien, auch vier und mehr kommen vor. Sie galten als Beschützer der Seefahrt. Da die Quellen so vieldeutig sind, war die Deutung der Kabiren in der Goethezeit bei Lobeck, Voß, Creuzer, Schelling, Hermann u. a. sehr verschieden (vgl. Erich Schmidts Kommentar Jubil.-Ausg. 14, S. 352 ff.). Goethe amüsiert sich nur nebenher über die Ausleger, im Wesentlichen bleibt er bei der Ausmalung der klassischen Walpurgisnacht, für die er die Kabiren gut brauchen konnte, denn Homunculus will zur Gestalt werden und die Kabiren sind Fruchtbarkeitsdämonen, „zeugungskräftige Vegetationsgötter" (Kern in Pauly-Wissowa 10, Sp. 1422), die ursprünglich mit dem phallischen Hermes zusammenhängen und später im samothrakischen Kult in einer „heiligen Hochzeit" (hieros gamos) gefeiert wurden; immer sind es Mysterienkulte. Die Kabiren sind nicht nur Land-Götter, sondern auch See-Götter. Das alles paßt zu der Klassischen Walpurgisnacht, diesem heidnischen Mysterium, das mit einem geheimnisvollen Werde- und Wandlungs-Vorgang endet. — Ruppert, Goethes Bibliothek. Nr. 1963, 1970, 1978, 1233. — Keudell Nr. 1572, 1704, 1705, 1707 u. a. — Roscher, Lex. d. griech. u. röm. Mythologie. Bd. 2,2. Abt., 1894—97, insbes. Sp. 2525 f. — Art. „Kabeiros und Kabeiroi" in Pauly-Wissowa, insbes. Sp. 1423 ff. über den Kult in Samothrake.

8085. *widerwärtig:* bei Goethe — wie in der älteren Sprache überhaupt — nicht subjektiv, sondern objektiv: widerstrebend, das Gegenteil tuend oder sagend, Widerstand leistend, widerspenstig. — Dt. Wb. Bd. 14, 1. Abt., 2. Teil.

8140 f. *Sie werfen sich ...* Raffaels Fresco „Der Triumph der Galatea" in Rom, Villa Farnesina, das Goethe in Kupferstich-Nachbildungen

besaß, zeigt, wie die Doriden sich von Delphinen *(Wasserdrachen)* her-
überschwingen auf die Rücken der Wasserkentauren *(Neptunus'Pferde)*.
Da Goethe die Raffaelschen Gemälde sehr liebte und sich mit der
Mappe der Nachstiche oft beschäftigte, hat er wohl an dieses Bild-
Motiv gedacht. — Chr. Schuchardt, Goethes Sammlungen. Bd. 1. 1848.
S. 68 Nr. 642 u. 643. — Abbildung des Gemäldes: Raffael. = Klassiker
der Kunst, Bd. 1. 4.Aufl. 1909. S. 108. Und in vielen anderen Raffael-
Werken. — Abbildung des Reproduktions-Stichs von Cunego aus
Goethes Sammlungen: H. Holtzhauer, Goethe-Museum. Bln. u. Wei-
mar 1969. S. 305.

8145. *Galatee*. Goethe kannte die Gestalt der Galatea (er benutzte die
ihm seit seiner Jugend geläufige französische Namensform *Galatee*) aus
antiken Dichtungen wie der 11.Idylle des Theokrit, aus der Gemälde-
beschreibung des Philostrat, die er selbst übersetzt hat (WA 49, 1 S. 104
bis 107) und bildlichen Darstellungen, z. B. Gemmen; vor allem aber
aus Raffaels Gemälde, auf dem Galatea auf einem *Muschelwagen* (8144)
erscheint; er besaß zwei Reproduktions-Stiche davon (vgl. die Anm. zu
8140f.). Auch hatte er 1803 in Schlegels Übersetzung Calderons Drama
„Über allen Zauber Liebe" (El mayor encanto amor) gelesen (an
Schlegel, Mitte Mai 1803), das mit dem Triumph der Galatea endigt. —
Galatea hat mit Venus gemeinsam, daß sie schön ist und Liebe erregt.
Doch Venus (Aphrodite) gehört zu den olympischen Göttern, und
diese ließ Goethe in der *Klassischen Walpurgisnacht* ganz aus dem Spiel.
Galatea gehört zu den Meernymphen, deswegen kann sie hier erscheinen und als deren schönste den Höhepunkt der *Klassischen Walpurgisnacht* bilden. Im Gegensatz zu Venus bleibt Galatea kühl und unnahbar
und lebt immer nur auf dem Meere, umgeben von Nereiden und Tritonen. Diese Motive konnte Goethe hier gebrauchen. Galatea zieht
ihre Bahn, ohne Homunculus wahrzunehmen. Er als geistiges Wesen
wird durch ihren Anblick vom Eros berührt. Als er an ihrem *Muschelwagen* zerschellt, leuchtet das Meer auf, und das Fest der *Klassischen
Walpurgisnacht* hat seinen Höhepunkt erreicht. — H. Dörrie, Die schöne
Galatea. München 1968. (96 S., 8 Taf.).

8170. *Chelone* oder „chelys" ist das griechische Wort für „Schildkröte". Riemer schreibt in seinem Gr.-dt. Wb., 1825 : „die Schildkröte,
aus deren Schale, mit Saiten bespannt, Merkur die erste Lyra (testudo)
verfertigte; daher: Leier; oder: ihr gewölbter Teil, Schallboden."

8253. *Jungfernsohn*. Das altgriechische Wort „parthenios" übersetzt
Fr. L. Stolberg in seiner Reisebeschreibung (Werke Bd. 8, S. 203) mit
„Jungfernsohn", Goethes Mitarbeiter Riemer in seinem Griech.-dt.
Wb., 1825, mit „Jungfernkind".

8384. *derbe Fraun*. Das Adjektiv *derb* hat bei Goethe keinen abfälligen
Sinn oder Anklang, sondern bedeutet: kräftig, tüchtig, gesund, rustikal.

Faust 1114, 3898, 4286, 4390, 5818, 5870, 6747, 9794. Bd. 2, S. 16 u. Anm.
— Boucke, Wort u. Bedeutung in Goethes Sprache. Bln. 1901. S. 18 f.
8488. *Bewundert viel* . . . Da Helena die Verkörperung der Schönheit
ist, bildet Goethes Auffassung des Schönen den geistigen Hintergrund; dazu: Sachregister in Bd. 14, „das Schöne", „Schönheit". —
Wolfgang Schadewaldt, Goethestudien, 1963, S. 174 ff.: „Mit der Deutung der Schönheit als eines ganz umfassenden vitalen Prinzips in
höchster Tätigkeit und Vollkommenheit (areté) und auch aufrufend zu
höchstem Tätigsein eröffnet sich ein noch weiterer Bereich, der das
eigentliche Feld der Schönheit ist. Denn jenes *gesetzmäßig Lebendige*
(Bd. 10, S. 338, 36 f.), die *geprägte Form, die lebend sich entwickelt* (Bd. 1,
S. 359), ist zugleich auch der Inbegriff der Natur . . . Dieses naturhafte
Umfassend-Schöne stellt sich ihm vor allem in der Griechenschönheit
dar. Sie, Helena, ist ihm . . . höchster Abglanz der ganzen Natur. Die
in Italien gewonnene Erkenntnis, daß Kunst und Natur zwei einander
gleichwertige Bereiche des Seins sind, aufruhend auf den gleichen
Grundfesten des *gesetzmäßig Lebendigen,* und daß also das Schöne auf der
gleichen inneren Konstitution beruht, auf der das ganze Sein der Welt
beruht, ist der Gipfel von Goethes Begegnung mit Helena: Natur und
Kunst sind nicht identisch, aber sie kommunizieren in ihrem tieferen
Grunde miteinander . . . Im Besitz der Schönheit gelangt der Mensch
erst eigentlich zum Vollbesitz seiner selbst, wird in sich selbst wirk-
licher. Mit einem Wort: er reift, was nicht besagt, daß er nun weniger
irrt und leidet, wohl aber, daß er reifer irrt und leidet . . . Aus allen
Enden und Ecken von Goethes Werk kann man die Belege für diese
das Dasein steigernde, versammelnde, befestigende, tiefer in sich selbst
begründende, den Menschen recht eigentlich erst verwirklichende
Wirkung des Schönen finden . . . Goethes ganzes Griechenbild, wie er
es vornehmlich von Homer und der griechischen Plastik her gewonnen
hatte und wie es für ihn in der Schönheit gipfelte, bezeugt uns die
durchaus nicht *paralysierende* (6568), sondern vielmehr den Menschen
fest in sich selbst begründende und verwirklichende Wirkung dieser
Schönheit und damit also auch Helenas."
8516 ff. Hier beginnt die erste Chorstrophe. Diese Chorlieder sind
ähnlich gebaut wie die bei Aischylos, Sophokles und Euripides. Goethe
besaß einen handschriftlichen Aufsatz von Wilhelm von Humboldt
über antike Chorlieder und beschäftigte sich mit deren Bau auch an
Hand der Arbeiten des klassischen Philologen Gottfried Hermann.
(Vgl. Bd. 12, S. 310—320 u. Anmkg. — Ruppert, Goethes Bibliothek.)
— 8516—8523 ist die Strophe, 8560—8567 die genau so gebaute Anti-
strophe (Gegenstrophe); 8591—8603 die dazu gehörige Epode (Abgesang). — Es folgen 8610—8618 Strophe, 8619—8627 Gegenstrophe,
8628—8637 Epode. — 8697—8701 Strophe, 8702—8706 Gegenstro-

phe, 8707 ff. neue Strophe (anderer Bauart), 8713—8718 Gegenstrophe
zu der vorigen, 8719—8727 Mesode (Mittelstrophe), 8728—8735
Strophe (eine dritte Form), 8736—8743 Gegenstrophe dazu, 8744 bis
8748 Strophe (vierte Bauform), 8749—8753 Gegenstrophe dazu. Im
ganzen stehen also 8697—8753 vier Strophengruppen (Strophe und
Gegenstrophe) symmetrisch um die Mittelstrophe geordnet. — 8882 bis
8886 Proode (Vorstrophe), 8887—8894 Strophe, 8895—8902 Gegenstrophe zu der vorigen, 8903—8908 Epode (Nachgesang). Ähnlich gebaut im folgenden 9078—9087 Vorstrophe, 9088—9098 Strophe,
9099—9109 Gegenstrophe zu der vorigen, 9110—9121 Abgesang
(Epode). — 9152—9164 ist eine Strophe ohne formale Entsprechung.
Goethe hat sich im Entwurf notiert *Anapäste* (Weim. Ausg. 15, 2
S. 228). Eine Strophe für sich ist auch 9165—9181. Dagegen ist 9385 bis
9410 wieder ein Chorlied mit Strophe, Gegenstrophe und Epode;
ebenso 9482—9505. — Vierteilig ist 9629—9678: Strophe, Gegenstrophe, neue Strophe und Gegenstrophe. — Von 9687 an spricht der
Chor in Reimstrophen, also nicht antik. Nur zum Schluß folgen noch
zwei antike Chorstrophen, jedoch als Einzelstrophen, ohne Gegenstrophen: 9970—9980 und 9985—9991.

8779. *Zu Hauf:* als Haufen, wie 3958, 3967, 5755, 5852, 6648, 7602.

9599. *ein Knabe.* Erst vor Vers 9695 wird er *Euphorion* genannt. Dies
ist ein altgriechischer Name; ursprünglich bedeutet er „leicht tragend,
behend, schnell führend" (Riemer), „behend, geschwind" (Pape-
Benseler). Als Eigenname kommt er in der Antike mehrfach vor. Bei
dem spätantiken Schriftsteller Ptolemaios Chennos (Pauly-Wissowa
46, Sp. 1862) ist Euphorion der Sohn des Achilleus und der Helena; er
ist geflügelt; er wird von einem Blitzstrahl des Zeus erschlagen; die
Nymphen, die ihn bestatten, werden von Zeus in Frösche verwandelt.
Hederich in seinem „Mythologischen Lexicon" und Voß in seinen
„Mythologischen Briefen" nahmen diese Geschichte auf. Goethe hat
sie vermutlich durch solche indirekte Vermittlung kennen gelernt. —
W. Pape, Wörterbuch der griech. Eigennamen. 3. Aufl., bearb. von
G.E.Benseler. Braunschweig 1911. S. 429. — W.H.Roscher, Ausführliches Lexikon der griech. u. röm. Mythologie. Bd. 1. Lpz.
1884—90. Sp. 56 (Achill und Helena), Sp. 1408 (Euphorion). — Der
kleine Pauly. Lexikon der Antike. 2, 1967, Sp. 432 f.

10038. *Phorkyas . . . zeigt sich als Mephistopheles.* Die Geste des Mephistopheles, welche den *III. Akt* schließt, besagt, daß er überzeugt
ist, alles Geschehene sei Schein und er allein sei wissend. Doch er hat
damit - wie immer - nur die halbe Wahrheit; er und Faust denken
wieder an einander vorbei. Das Äußere des Geschehens - die Burg in
Griechenland und die Trompeten des Menelaos - sind Magie des Mephistopheles (wie später die magischen Helfer im Krieg des *IV. Akts*

und beim Deichbau im *V. Akt*). Doch das Innere des Geschehens ist Fausts Erkenntnis der antiken Schönheit, eine Wahrheit, die Mephistopheles überhaupt nicht wahrnimmt (wie Gretchens innere Entscheidung am Ende des *I. Teils* oder den hohen Geist von Fausts Schlußvision im *V. Akt*). Außerdem ist die Helena des *III. Akts* nicht auf die Weise wie die des *II. Akts* herbeigeholt. Es wiederholt sich hier also nur, was sich im ganzen Drama abspielt (in den Szenen um Gretchen, den Deichbau usw.): Mephistopheles sieht die Dinge in seiner Art, Faust macht innerlich etwas anderes daraus; keiner erkennt dabei den anderen; an Fausts Innerlichkeit kann Mephistopheles nicht heran. Falls dieser Akt-Schluß auf der Bühne gespielt wird, welchen Ausdruck muß der Mephistopheles-Darsteller hier haben? Es kann wohl nur der bei Mephistopheles oft vorkommende sein: Es war alles Schein und ist in nichts zerstoben.

10931. *Schlußstein:* „keilförmiger Stein, mit dem ein Bogen oder ein Gewölbe geschlossen wird" (Adelung) und der also für das Gesamtgefüge von zentraler Bedeutung ist. Beliebtes symbolisches Bild bei Goethe, Zeichen für ein Ordnungsgefüge, das einen Mittelpunkt hat. — Das Bild des „Staats-Gebäudes" kommt in der „Goldenen Bulle" und in Olenschlagers Kommentar dazu mehrfach vor. — Herbert v. Einem, Goethe-Studien. München 1972. S. 166 ff.

11083 ff. Das hier folgende Bild der Deichlandschaft zeigt, daß Fausts 10227 ff. ausgesprochener Wunsch, der zur Belehnung mit dem Meeresstrande führte (11035 f.), nun in Erfüllung gegangen ist. Das Bild wird im Folgenden in Einzelheiten ausgeführt. Bei Marlowe sagt Faust vor dem Pakt: „Ja, soll nicht mein die Herrschaft Emden werden?" Goethe bekam Ende Mai 1818 Marlowes „Doktor Faustus" in der Übersetzung von Wilhelm Müller geschenkt, er las sie laut Tagebuch am 11. Juni, sie stand dann unter seinen Büchern (wo sie noch heute ist, Ruppert Nr. 1510), und 1829 äußerte er im Gespräch mit Henry Crabb Robinson seine Hochschätzung des Werks. Goethe, der niemals die Nordsee gesehen hat, wählte das Motiv des Herrschertums am Strande, weil es ihm besonders gelegen kam, um Gewalt und Grenze des menschlichen Planens und Wirkens zu zeigen. Im Februar 1825 erlebte die Nordseeküste eine Springflut mit Deichbrüchen, mehr als 800 Menschen kamen ums Leben. Goethe notiert in seinem Tagebuch *Betrachtungen* darüber (25. 2. und 4. 3. 1825). Diese gingen dann ein in den damals entstehenden *Versuch einer Witterungslehre* (Bd. 13, S. 308, 35—310, 38). Zu dieser Zeit arbeitete er an *Faust*. 1826 machte Eckermann, der aus Winsen stammte, eine Reise in das Küstengebiet. Nach seiner Rückkehr notiert das Tagebuch: *Dr. Eckermann erzählte von Hamburg, Stade und den dortigen Anschwemmungen, Einrichtungen, Ansiedlungen.* Durch ihn wird Goethe wohl einen Spezialausdruck wie *Buhnen* (11545) kennengelernt haben.

Zur gleichen Zeit interessierte er sich für die damals erst in der Idee auf-
tauchenden großen Kanalbaupläne (Rhein-Donau-Kanal, Suez-Kanal,
Panama-Kanal; Eckermann 29. 2. 24; 21. 2. 1827; Tagebuch 7. 3. 1825;
21. 2. 1827). Mit dem Motiv des neugewonnenen Landes hinter dem
Deich verband Goethe nun das antike Motiv von Philemon und
Baucis, das er seit seiner Jugend kannte, insbesondere aus Ovids „Metamorphosen", die er schon früh gelesen hatte und deren Eindruck fest
haftete, zumal da er das Buch in späteren Jahren oft wieder vornahm
(Tagebuch 4. 2. 1813; 22. 6. 1819; 29. 3. 1822; 11. 3. 1827 u. ö.). Hinzu
kamen die bildlichen Darstellungen des Motivs, die im 16., 17. und
18. Jahrhundert häufig waren und von denen Goethe mehrere kannte
(Elsheimer, Baur u. a.). In seinen Werken werden Philemon und Baucis
mehrfach erwähnt (Bd. 4, S. 208, 29; Bd. 6, S. 361, 19f.; Bd. 9, S. 430,
39; Bd. 12, S. 27, 31 ff.). — Bei Ovid (VIII, 618—724) wird erzählt, daß
Jupiter und Merkur in Menschengestalt durch Phrygien wandern, um
Obdach bitten und überall abgewiesen werden, bis sie zu den armen
Alten Philemon und Baucis kommen, die in einer bescheidenen Hütte
wohnen, an einem Hügel, von dem aus man in das besiedelte Tal blickt,
in welchem niemand die Wanderer aufgenommen hat. Die Alten geben
sich größte Mühe, für die Gäste zu sorgen, und bereiten ein Mahl. Die
Götter geben sich zu erkennen und fordern beide auf, mit ihnen den
Hügel zu besteigen. Als sie dessen Gipfel erreichen, sehen sie das Tal
von Wasser überflutet. Die Hütte aber verwandelt sich in einen Tempel. Die Götter stellen den beiden Alten einen Wunsch frei. Diese bitten, Priester des neuen Tempels zu werden und dort einst zur gleichen
Zeit zu sterben. Die Götter gewähren ihnen diese Bitte. Von dem Ort
aber, wo sie vergeblich Obdach gesucht haben, heißt es: „einst besie-
deltes Land, jetzt Gewässer, belebt von Tauchern und Wasserhüh-
nern" (VIII, 624f.). — Auf Grund der antiken Dichtungen des Ovid
und des Kallimachos hat J. H. Voß in einem Gedicht von 164 Hexame-
tern die Geschichte von Philemon und Baucis dargestellt. Er beginnt
mit dem Motiv, daß der Wandrer einen See sieht, und ihm wird berichtet, daß dies einst fruchtbares Land war, das Jupiter und Merkur
durchwanderten, um „Übermut und Frömmigkeit" zu prüfen. Da
Goethe 1804 die Gedichte von Voß ausführlich rezensiert hat, muß man
annehmen, daß er auch diese Fassung des Stoffes kannte. (Neudruck:
KDN 49, S. 148 ff.) Goethe besaß den Stich „Philemon und Baucis"
von Goudt nach Elsheimer (Schuchardt, Goethes Kunstsammlungen 1,
S. 122 Nr. 185), er kannte ihn seit seiner Jugend (Bd. 12, S. 27, 31 ff.).
Goethe hat also mit seiner Genialität des Ergreifens und Verschmel-
zens sehr verschiedenartige Anregungen zu seinem Bilde des Meeresstrandes und des neugewonnenen Landes vereinigt, und schon in
der Wahl der Motive zeigt sich, daß an ihnen sowohl großes Planen

oethe Briefe *und* Briefe an Goethe

oethe, Briefe

vier Bänden. Herausgegeben von Karl Robert Mandelkow unter Mitarbeit von Bodo Morawe. 2028 Seiten Text. 894 Seiten Kommentar und Register.

Band 1 Briefe der Jahre 1764–1786. 2. Auflage. 1969
Band 2 Briefe der Jahre 1786–1805. 2. Auflage. 1969
Band 3 Briefe der Jahre 1805–1821. 2. Auflage. 1970
Band 4 Briefe der Jahre 1821–1832. 2. Auflage. 1976

Briefe an Goethe

in zwei Bänden. Herausgegeben von Karl Robert Mandelkow. 1170 Seiten Text. 312 Seiten Kommentar und Register.

Band 1 Briefe der Jahre 1764–1808. 1. Auflage. 1965
Band 2 Briefe der Jahre 1809–1832. 1. Auflage. 1969

Goethes Leben in Bilddokumenten

Herausgegeben von Jörn Göres

1981. 250 Seiten mit 435, teils farbigen Abbildungen.

Goethes Entwicklung und sein vielfältiges Wirken, die Zeit, in der er gelebt hat, die Orte, an denen er gewesen, und die Menschen, denen er begegnet ist, werden in diesem Band in einer Bildfolge von 16 Kapiteln eindrucksvoll dokumentiert.

Heinz Nicolai
Zeittafel zu Goethes Leben und Werk

1977. 184 Seiten. DM 9,80 (Beck'sche Schwarze Reihe, Band 161)

Verlag C. H. Beck München

und Vollbringen wie auch Frevel und Scheitern gezeigt werden können. — Bd. 9, S. 35, 11—18. — Grumach, Goethe und die Antike S. 377—385 (Ovid). — Manfred Beller, Philemon und Baucis in der europäischen Literatur. Heidelberg 1967. = Studien zum Fortwirken der Antike, 3. (164 S.) — Elisabeth Frenzel, Stoffe der Weltliteratur. Stuttg. 1970 u. ö.

11149. *In dir.* Anrede an Faust, etwa im Sinne von: Dir, deinem Bereich zugehörig. Vergleichbar Bd. 2, S. 40 *Uns ist für gar nichts bang, | In dir lebendig . . .*

11150. *Zur höchsten Zeit.* Vgl. 10987 und 11586; auf dem Höhepunkt von Fausts Leben und Leistung. Da das Eigenschaftswort „hoch" auch mit „Alter" zusammengesetzt wird und „hohe Zeit" oft „letzte Zeit" bedeutet, ist die Formulierung eine knappe Zusammenziehung, in der anklingt, daß der Höhepunkt von Fausts Leben und Leistung in sein Alter fällt.

11193f. Goethe hat in der eigenhändigen Handschrift zunächst geschrieben: Er macht ein widerlich Gesicht;

Das entspricht dem Klang der zweihebigen auftaktigen Verse, es ist metrisch korrekt. Dann aber hat er *widerlich* in Zeile 11194 gesetzt. — *widerlich* = abweisend.

11449. *den Erdentag entlang:* während des Erdentags. Temporales *entlang* auch sonst bei Goethe, z. B. Bd. 1, S. 360 *den Frühlingstag entlang.*

11515ff. *Lemuren.* Goethe besaß seit 1814: Joh. Chr. Ludw. Schaaf, Encyclopaedie der class. Altertumskunde. 2 Bde. Magdeburg 1806. Dort steht Bd. 1, S. 338: „Außerdem hatten die Römer von den Etruskern den Glauben an die herumwandernden Seelen der Verstorbenen angenommen und verehrten diese deshalb unter dem Namen „manes", gute Geister. Eine andere Abart derselben waren die „lemures" oder „larvae", d. i. die Seelen verstorbener Bösewichter, gegen deren furchtbare Erscheinungen man sich durch ein besonderes Fest zu verwahren suchte."

11541. *versöhnet:* friedlich verbindet; wie 11222.

11574. *letzter Schluß.* Fachausdruck aus der Logik, welche Goethe in seiner Jugend geläufig geworden war; das *collegium logicum* (1910ff.) gehörte auch damals noch zum Studiengang (Bd. 9, S. 247,37ff.), und zwar in der Form, welche die Logik seit Christian Wolff hatte. Dieser schreibt in „Vernünftige Gedanken von den Kräften des menschlichen Verstandes und ihrem richtigen Gebrauche in Erkenntnis der Wahrheit", Halle 1725, S. 92f.: „Solchergestalt ist ein Beweis ein Haufen ordentlich an einander hangender Schlüsse . . . Und man nennt ihn eine Demonstration, wenn man seine Schlüsse so weit hinaus führen kann, bis man in dem letzten Schlusse nichts als Erklärungen, klare Erfahrungen . . . zu Förder-Sätzen hat." (Ähnlich dort S. 65 und 141.) *Schluß* bedeutet hier: syllogismus, ratiocinatio, conclusio. Faust als Gelehrter benutzt das ihm bekannte Wort, gibt ihm aber einen neuen Sinn; denn es ist nicht der logische Schluß am Ende einer rationalen Kette von Vordersätzen, sondern *der Weisheit letzter Schluß*, also ein Satz, der am Ende seiner Lebenserfahrung, seiner Lebensweisheit steht und der aus dieser Erfahrung hervorgeht wie der logische Schluß aus den Vordersätzen. Sein Inhalt ist ein Bild des Menschen, der *täglich* neu sich *Leben* und *Freiheit erobert*, — ein Bild, das Faust erst jetzt deutlich geworden ist.

11584. *Äonen.* Das altgriechische Wort „aion" = Zeit, lange Zeit, Zeitabschnitt, Weltalter, Ewigkeit, kam ins Neue Testament, kam dann als Fremdwort ins Lateinische, z. B. bei Tertullian, und wurde Ausgangspunkt christlich-mittelalterlicher Spekulation über die „Äonen". Goethe hat es in der Bedeutung „lange Zeit, Weltalter" in seiner Spätzeit mehrfach benutzt, z. B. Bd. 1, S. 360 am Ende des Gedichts *Urworte, orphisch*, und Bd. 9, S. 352, 10. — Lex. f. Theol. u. Kirche, Bd. 1, 1957, Sp. 680—683. — Evangel. Kirchenlex., Bd. 1, 1956, Sp. 157f.

11850. *Löwen* sind typisch für die Umwelt frommer Einsiedler auf Darstellungen vom Mittelalter bis ins 17. Jahrhundert, von denen Goethe viele (meist Stiche oder Reproduktionsstiche) in seiner Kunstsammlung besaß. Man sieht sie auf den Wandgemälden des Camposanto in Pisa, auf Dürers Hieronymus-Stich und nicht auf den Einsiedler-Bildern Tizians. Goethe nennt in den Entwürfen zu dem Aufsatz *Landschaftliche Malerei* ausdrücklich mehrmals *Einsiedeleien* (Bd. 12, S. 216, 21; 218, 29f.; 219, 26ff.), dabei *Löwen* (218, 30). Das Symbol der Umwandlung des Wilden durch die Güte schimmert auch in dem Löwen-Motiv der *Novelle* durch (Bd. 6).

11854ff. *Ewiger Wonnebrand . . . Siedender Schmerz . . .* Nicht nur beglückend, auch qualvoll wird im Irdischen das Durchbrechen des Überirdischen erlebt, doch eben dadurch wird das Materielle vernichtet und die *Liebe* wird dauernd und herrschend. Die Sprache vereinigt Ausdrücke von *Lust* und *Schmerz* in kraftvollsten Bildern, um diese innere Erfahrung auszudrücken, die Goethe schon einmal in seiner Jugend in dem Gedicht *Sehnsucht* (Bd. 1, S. 97f.) gestaltet hatte.

12104ff. Vgl. die im Sachregister in Bd. 14 unter „Gleichnis Gottes", „Gleichnisartigkeit der Welt" nachgewiesenen Stellen. — Bd. 2, S. 117: *Und nun dring' ich allerorten* . . . Auf einem Blatt mit Notizen über *Agenda* vom 13. August 1829 hat Goethe mit flüchtiger Handschrift notiert: *Vollkommenheit ist die Norm des Himmels, Vollkommenes wollen die Norm des Menschen* (Bd. 12, S. 531. — Weim. Ausg., Tagebücher Bd. 13, S. 247.)

und Vollbringen wie auch Frevel und Scheitern gezeigt werden können. — Bd. 9, S. 35, 11—18. — Grumach, Goethe und die Antike S. 377—385 (Ovid). — Manfred Beller, Philemon und Baucis in der europäischen Literatur. Heidelberg 1967. = Studien zum Fortwirken der Antike, 3. (164 S.) — Elisabeth Frenzel, Stoffe der Weltliteratur. Stuttg. 1970 u. ö.

11149. *In dir.* Anrede an Faust, etwa im Sinne von: Dir, deinem Bereich zugehörig. Vergleichbar Bd. 2, S. 40 *Uns ist für gar nichts bang, | In dir lebendig . . .*

11150. *Zur höchsten Zeit.* Vgl. 10987 und 11586; auf dem Höhepunkt von Fausts Leben und Leistung. Da das Eigenschaftswort „hoch" auch mit „Alter" zusammengesetzt wird und „hohe Zeit" oft „letzte Zeit" bedeutet, ist die Formulierung eine knappe Zusammenziehung, in der anklingt, daß der Höhepunkt von Fausts Leben und Leistung in sein Alter fällt.

11193f. Goethe hat in der eigenhändigen Handschrift zunächst geschrieben: *Er macht ein wi-*
derlich Gesicht;
Das entspricht dem Klang der zweihebigen auftaktigen Verse, es ist metrisch korrekt. Dann aber hat er *widerlich* in Zeile 11194 gesetzt. — *widerlich* = abweisend.

11449. *den Erdentag entlang:* während des Erdentags. Temporales *entlang* auch sonst bei Goethe, z. B. Bd. 1, S. 360 *den Frühlingstag entlang.*

11515ff. *Lemuren.* Goethe besaß seit 1814: Joh. Chr. Ludw. Schaaf, Encyclopaedie der class. Altertumskunde. 2 Bde. Magdeburg 1806. Dort steht Bd. 1, S. 338: „Außerdem hatten die Römer von den Etruskern den Glauben an die herumwandernden Seelen der Verstorbenen angenommen und verehrten diese deshalb unter dem Namen „manes", gute Geister. Eine andere Abart derselben waren die „lemures" oder „larvae", d. i. die Seelen verstorbener Bösewichter, gegen deren furchtbare Erscheinung man sich durch ein besonderes Fest zu verwahren suchte."

11541. *versöhnet:* friedlich verbindet; wie 11222.

11574. *letzter Schluß.* Fachausdruck aus der Logik, welche Goethe in seiner Jugend geläufig geworden war; das *collegium logicum* (1910ff.) gehörte auch damals noch zum Studiengang (Bd. 9, S. 247,37ff.), und zwar in der Form, welche die Logik seit Christian Wolff hatte. Dieser schreibt in „Vernünftige Gedanken von den Kräften des menschlichen Verstandes und ihrem richtigen Gebrauche in Erkenntnis der Wahrheit", Halle 1725, S. 92f.: „Solchergestalt ist ein Beweis ein Haufen ordentlich an einander hangender Schlüsse . . . Und man nennt ihn eine Demonstration, wenn man seine Schlüsse so weit hinaus führen kann, bis man in dem letzten Schlusse nichts als Erklärungen, klare Erfahrungen ... zu Förder-Sätzen hat." (Ähnlich dort S. 65 und 141.) *Schluß* bedeutet hier: syllogismus, ratiocinatio, conclusio. Faust als Gelehrter benutzt das ihm bekannte Wort, gibt ihm aber einen neuen Sinn; denn es ist nicht der logische Schluß am Ende einer rationalen Kette von Vordersätzen, sondern *der Weisheit letzter Schluß*, also ein Satz, der am Ende seiner Lebenserfahrung, seiner Lebensweisheit steht und der aus dieser Erfahrung hervorgeht wie der logische Schluß aus den Vordersätzen. Sein Inhalt ist ein Bild des Menschen, der *täglich* neu sich *Leben* und *Freiheit erobert*, — ein Bild, das Faust erst jetzt deutlich geworden ist.

11584. *Äonen.* Das altgriechische Wort „aion" = Zeit, lange Zeit, Zeitabschnitt, Weltalter, Ewigkeit, kam ins Neue Testament, kam dann als Fremdwort ins Lateinische, z. B. bei Tertullian, und wurde Ausgangspunkt christlich-mittelalterlicher Spekulation über die „Äonen". Goethe hat es in der Bedeutung „lange Zeit, Weltalter" in seiner Spätzeit mehrfach benutzt, z. B. Bd. 1, S. 360 am Ende des Gedichts *Urworte, orphisch*, und Bd. 9, S. 352, 10. — Lex. f. Theol. u. Kirche, Bd. 1, 1957, Sp. 680—683. — Evangel. Kirchenlex., Bd. 1, 1956, Sp. 157f.

11850. *Löwen* sind typisch für die Umwelt frommer Einsiedler auf Darstellungen vom Mittelalter bis ins 17. Jahrhundert, von denen Goethe viele (meist Stiche oder Reproduktionsstiche) in seiner Kunstsammlung besaß. Man sieht sie auf den Wandgemälden des Camposanto in Pisa, auf Dürers Hieronymus-Stich und noch auf den Einsiedler-Bildern Tizians. Goethe nennt in den Entwürfen zu dem Aufsatz *Landschaftliche Malerei* ausdrücklich mehrmals *Einsiedeleien* (Bd. 12, S. 216, 21; 218, 29f.; 219, 26ff.), dabei *Löwen* (218, 30). Das Symbol der Umwandlung des Wilden durch die Güte schimmert auch in dem Löwen-Motiv der *Novelle* durch (Bd. 6).

11854ff. *Ewiger Wonnebrand ... Siedender Schmerz ...* Nicht nur beglückend, auch qualvoll wird im Irdischen das Durchbrechen des Überirdischen erlebt, doch eben dadurch wird das Materielle vernichtet und die *Liebe* wird dauernd und herrschend. Die Sprache vereinigt Ausdrücke von *Lust* und *Schmerz* in kraftvollsten Bildern, um diese innere Erfahrung auszudrücken, die Goethe schon einmal in seiner Jugend in dem Gedicht *Sehnsucht* (Bd. 1, S. 97f.) gestaltet hatte.

12104ff. Vgl. die im Sachregister in Bd. 14 unter „Gleichnis Gottes", „Gleichnisartigkeit der Welt" nachgewiesenen Stellen. — Bd. 2, S. 117: *Und nun dring' ich allerorten ...* Auf einem Blatt mit Notizen über *Agenda* vom 13. August 1829 hat Goethe mit flüchtiger Handschrift notiert: *Vollkommenheit ist die Norm des Himmels, Vollkommenes wollen die Norm des Menschen* (Bd. 12, S. 531. — Weim. Ausg., Tagebücher Bd. 13, S. 247.)

Die kommentierte Hamburger Goethe-Ausgabe

Neubearbeitet zum 150. Todestag Goethes
Dünndruckausgabe in 14 Leinenbänden

*Herausgegeben von Erich Trunz, unter Mitwirkung von Stuart
Atkins, Lieselotte Blumenthal, Herbert von Einem, Eberhard Haufe,
Wolfgang Kayser, Dorothea Kuhn, Hans Joachim Schrimpf,
Dieter Lohmeier, Waltraud Loos, Marion Robert, Carl Friedrich
von Weizsäcker, Benno von Wiese. Rund 10000 Seiten, davon
rund 3000 Seiten Kommentar und Register. Leinen in Kassette*

Inhalt: Band I und II: Gedichte und Epen – Band III–V:
Dramen – Band VI–VIII: Romane und Novellen –
Band IX–XI: Autobiographische Schriften – Band XII:
Schriften zur Kunst und Literatur – Band XIII und XIV:
Naturwissenschaftliche Schriften

Als Sonderausgaben sind erschienen:

Goethe, Gedichte

*Kommentiert von Erich Trunz. 18. Tausend. 1978. 746 Seiten,
davon 335 Seiten Kommentar. Leinen*

Goethe, Italienische Reise

*Herausgegeben und kommentiert von Herbert von Einem unter
Mitarbeit von Alste Horn. 1978. 724 Seiten, davon 168 Seiten
Kommentar und Register. Mit 40 Illustrationen nach zeit-
genössischen Vorlagen. Leinen*

Verlag C. H. Beck München

Goethe Briefe *und* Briefe an Goethe

Goethe, Briefe

in vier Bänden. Herausgegeben von Karl Robert Mandelkow unter Mitarbeit von Bodo Morawe. 2028 Seiten Text. 894 Seiten Kommentar und Register.

Band 1 Briefe der Jahre 1764–1786. 2. Auflage. 1969
Band 2 Briefe der Jahre 1786–1805. 2. Auflage. 1969
Band 3 Briefe der Jahre 1805–1821. 2. Auflage. 1970
Band 4 Briefe der Jahre 1821–1832. 2. Auflage. 1976

Briefe an Goethe

in zwei Bänden. Herausgegeben von Karl Robert Mandelkow. 1170 Seiten Text. 312 Seiten Kommentar und Register.

Band 1 Briefe der Jahre 1764–1808. 1. Auflage. 1965
Band 2 Briefe der Jahre 1809–1832. 1. Auflage. 1969

Goethes Leben in Bilddokumenten

Herausgegeben von Jörn Göres

1981. 250 Seiten mit 435, teils farbigen Abbildungen.

Goethes Entwicklung und sein vielfältiges Wirken, die Zeit, in der er gelebt hat, die Orte, an denen er gewesen, und die Menschen, denen er begegnet ist, werden in diesem Band in einer Bildfolge von 16 Kapiteln eindrucksvoll dokumentiert.

Heinz Nicolai
Zeittafel zu Goethes Leben und Werk

1977. 184 Seiten. DM 9,80 (Beck'sche Schwarze Reihe, Band 161)

Verlag C. H. Beck München

Bibliothek des 18. Jahrhunderts

Die ‹Bibliothek des 18. Jahrhunderts› (jährlich werden
3 bis 4 Bände erscheinen) soll die ganze Vielfalt der
Gattungen dieser Epoche zeigen. Sie wird die
gesamte europäische Literatur, ja gelegentlich auch
Werke aus außereuropäischen Ländern berück-
sichtigen. Die Bände erscheinen in handlichem Format
und enthalten Nachworte von Fachleuten.
Erklärungsbedürftige Texte werden erläutert.
Die ‹Bibliothek des 18. Jahrhunderts› macht die
geistige Vielfalt und die Spannungen des Jahrhunderts
der Aufklärung sichtbar. Sie zeigt damit eindrucksvoll, daß in dieser Epoche unsere moderne Welt
herausgebildet worden ist.

Daniel Defoe
Robinson Crusoe

Mit zeitgenössischen Kupferstichen. Aus dem
Englischen von Lore Krüger. Mit einem Essay von
Friedemann Berger. Zwei Bände in Schuber.
790 Seiten. Leinen

Henry Masers de Latude
Fünfunddreißig Jahre im Kerker

Mit 29 Wiedergaben nach zeitgenössischen Kupferstichen. Aus dem Französischen übertragen und
mit einem Nachwort versehen von Adele Ahues.
372 Seiten. Leinen

Gotthold Ephraim Lessing
Freimäurergespräche und andere
Ausgewählte Schriften

Herausgegeben von Klaus Träger. Etwa 500 Seiten.
Leinen

Verlag C. H. Beck München

Bedeutende Briefwechsel
aus dem 18. Jahrhundert

‹Ich war wohl klug, daß ich dich fand›
Heinrich Christian Boies Briefwechsel mit
Luise Mejer 1777–1785
Herausgegeben von Ilse Schreiber. Nachdruck 1975.
524 Seiten. Leinen

‹Meine liebste Madam›
Gotthold Ephraim Lessings Briefwechsel mit
Eva König 1770–1776
Herausgegeben von Günther und Ursula Schulz. 1979.
386 Seiten mit 7 Abbildungen im Text. Leinen

‹Es sind wunderliche Dinger, meine Briefe›
Meta Klopstocks Briefwechsel mit Friedrich
Gottlieb Klopstock und ihren Freunden
1751–1758
Herausgegeben von Franziska und Hermann Tiemann. 1980.
509 Seiten mit 5 Abbildungen. Leinen

Johann Heinrich Voß
Briefe an Goeckingk · 1775–1786
Herausgegeben von Gerhard Hay. 1976. 207 Seiten mit
4 Abbildungen auf Tafeln. Leinen

Verlag C. H. Beck München